供给侧改革
理论、实践与思考

贾　康　主编

商务印书馆
2016年·北京

图书在版编目(CIP)数据

供给侧改革：理论、实践与思考 / 贾康主编. -- 北京：商务印书馆，2016
ISBN 978-7-100-12146-0

Ⅰ.①供… Ⅱ.①贾… Ⅲ.①中国经济－经济改革－研究 Ⅳ.①F12

中国版本图书馆CIP数据核字(2016)第066147号

所有权利保留。

未经许可，不得以任何方式使用。

供给侧改革：理论、实践与思考

贾康　主编

商　务　印　书　馆　出　版
(北京王府井大街36号　邮政编码 100710)
商　务　印　书　馆　发　行
三河市尚艺印装有限公司印刷
ISBN 978-7-100-12146-0

2016年5月第1版　　开本 710×1000　1/16
2016年5月北京第1次印刷　印张 41 3/4

定价：98.00元

序言 "供给侧改革"的理论内涵与主要着力点

贾 康*

基于十八大后全面改革和全面依法治国的部署，党的十八届五中全会又提出了以创新发展为"第一动力"，结合协调、绿色、开放发展而归宿于共享发展的系统化的现代发展理念，随后，决策层十分清晰地表述了"着力推进供给侧结构性改革"的指导意见，引起广泛关注和热议。

中国的"新供给经济学"研究群体（我所在的华夏新供给经济学研究院和"新供给经济学50人论坛"），在迎接中国共产党的十八大和十八届三中、四中、五中全会的背景之下，提出了从供给侧发力应对现实挑战、破解瓶颈制约的一套认识和建议。十八届三中全会关于全面深化改革、四中全会关于全面推进法治化和五中全会关于"十三五"建议的指导文件的发表，又给予我们更多的研究激励和改革、转型的紧迫感。作为研究者，我们力求在世界金融危机冲击后有所作为地形成对主流经济学理论框架的反思，和对于实现从邓小平提出的"三步走"到习近平表述的"中国梦"现代化目标的理论创新支撑。相关认识的切入点，是需要对已有的经济学成果有"破"有"立"。而引出的基本认识，就是中国为完成"十三五"全面小康决胜阶段的任务并乘势跨越"中等收入陷阱"去对接现代化伟大民族复兴"中国梦"，必须紧紧抓住并处理好"理性的供给管理"与"供给侧结构性改革"的命题。

本书概要性地体现了近几年间新供给研究群体的代表性研究成果。在此愿以序言形式特别强调指出和简略勾画如下几个方面：

---

* 主编简介参见本书第650页。

一、现实生活迫切需要对已有主流经济学成果"破"和"立"

需求管理和供给管理是经济学研究中已有定义的一对概念。总需求与总供给的平衡已被研讨多年,制度需求与制度供给问题的深入研究则尤需跟上。有研究界的朋友问:"新供给"新在哪里?我们已有的研究成果还属初步,但其新意已可做出概要总结:一是新在"破",二是新在"立",三是新在我们成体系的政策主张与思路设计。

(一)"新供给"研究中的"破"

从世界金融危机和中国改革开放的现实生活经验层面考察,人们普遍发问:为什么经济学家对于"千年之交"后震动全球的金融危机既无像样的预测,又无有效、有力的经济学解说与对策思路框架?如何以经济学理论阐释中国的不凡发展与艰巨转轨进程?众多研究者认为:经济学理论迄今已取得的基本成果亟待反思。我们认为,这一中外人士反复提到的挑战性问题可以归结为经济学理论所需要的、在"新供给"研究中已致力做出的"破",这至少集中于如下三个方面:

第一,我们直率地指出了主流经济学理论认知框架的不对称性。古典经济学、新古典经济学和凯恩斯主义经济学虽然各自强调不同的角度,都有很大的贡献,但是共同的失误又的确不容回避,即他们都在理论框架里假设了供给环境,然后主要强调的只是需求侧的深入分析和在这方面形成的"需求管理"政策主张,都存在着忽视供给侧和供给管理的共同问题。最近几十年有莫大影响的"华盛顿共识",理论框架上是以"完全竞争"作为对经济规律认知的假设条件,但是回到现实,即联系实际的时候,并没有有效地矫正还原,实际上拒绝了在供给侧做深入分析,在这样一个重要领域存在明显不足。世界头号强国美国前几十年经济实践里,在应对滞胀的需要和压力之下应运而生的供给学派是颇有建树的,其政策创新贡献在实际生活里产生了非常明显的正面效应,但其理论系统性应该说还有明显不足,他们的主张还是长于"华盛顿共识"框架之下、在分散市场主体层面怎样能够激发供给的潜力和活力,但却弱于结构分析、制度供给分析和政府作为分析方面的深化认识——因为美国不像中国这样的经济体有不能回避的如何解决"转轨问题"与"结构问题"的客观需要，也就自然而然地难以提升对供给侧的重视程度。相比于指标量值可通约、较易于建模的需求侧，供给侧的指标不可通约而千变万化，问题更复杂、更具长期特征和"慢变量"特点，更要求结构分析与结构性对策的水准，更不易建模，但这并不应成为经济学理论可长期容忍其认知框架不对称的理由。

第二，我们还直率地批评了经济学主流教科书和代表性实践之间存在的"言行不一"问题。美国等发达市场经济在应对危机的实践中，关键性的、足以影响全局的操作，首推他们跳出主流经济学教科书来实行的一系列区别对待的结构对策和供给手段的操作，这些在他们自己的教科书里面也找不出清楚依据，但在运行中却往往得到了特别的倚重与强调。比如，美国在应对金融危机中真正解决问题的一些关键点上，是教科书从来没有认识和分析过的"区别对待"的政府注资，美国调控当局一开始对雷曼兄弟公司在斟酌"救还是不救"之后，对这家150多年的老店任其垮台，而有了这样的一个处理后又总结经验，再后来对从"两房"、"花旗"一直到实体经济层面的通用公司，就分别施以援手，大量公共资金对特定主体的选择式注入，是一种典型的政府区别对待的供给操作，并且给予经济社会全局以决定性的影响。然而，如此重要的实践，迄今还基本处于与其经典学术文献、主流教科书相脱离的状态。

第三，我们还直截了当地指出了政府产业政策等供给侧问题在已有经济学研究中的薄弱和滞后。比如，在经济发展中"看得见摸得着"的那些"产业政策"方面，尽管美国被人们推崇的经济学文献和理论界的代表人物均对此很少提及，但其实美国的实践却可圈可点，从20世纪80年代亚科卡自传所强调的重振美国之道的关键是"产业政策"，到克林顿主政时期的信息高速公路，到近年奥巴马国情咨文所提到的从油页岩革命到3D打印机，到制造业重回美国，到区别化新移民和新兴经济等一系列的亮点和重点，都不是对应于教科书的认知范式，而是很明显地对应于现实重大问题的导向，以从供给侧发力为特色。不客气地说，本应经世致用的经济学理论研究，在这一领域，其实是被实践远远抛在后面的"不够格"状态。

（二）"新供给"研究中的"立"

有了上述反思之"破"而后，我们强调，必须结合中国的现实需要，以及国际上的所有经验和启示，以更开阔的经济学理论创新视野，考虑我们能够和应当"立"的方面。

第一，我们特别强调的是经济学基本框架需要强化供给侧的分析和认知，这样一个金融危机刺激之下的始发命题，需要更加鲜明地作为当代学人"理论联系实际"的必要环节和创新取向。在基础理论层面我们强调：应以创新意识明确指出人类社会不断发展的主要支撑因素，从长期考察可认为是有效供给对于需求的回应和引导，供给能力响应体系及其机制在不同阶段上的决定性特征，形成了人类社会不同发展时代的划分。需求在这方面的原生意义，当然是不可忽视的——人有需求才有动力、才要去追求各种各样的可用资源——但是在经济学角度上，对于有效供给对需求引导方面的作用过去却认识不足。我们从供给能力在不同阶段特征上的决定性这样一个视角，强调不同发展时代的划分和供给能力以及与"供给能力形成"相关的制度供给问题，具有从基础理论层面生发而来的普适性，也特别契合于在中国和类似的发展中国家怎样完成转轨和实现可持续发展方面的突出问题。回应和解决这个视角上的问题，其实也包括那些发达经济体怎样在经历世界经济危机冲击后更好地把理论服务于现实需要。在现实生活中，关键是在处理"生产产品满足消费"的需求侧、总量调控为基本要领的"需求管理"问题的同时，解决"生产什么"和"如何生产"的供给侧问题——尤其是"制度供给怎样优化"的问题，其强烈的"供给管理"结构性特征和复杂性特征无法回避。这种把需求与供给紧密联系起来的研究，在人类经济社会发展实践中正在日益凸显其必要性和重要性。

第二，我们强调正视现实而加强经济基本理论支点的有效性和针对性。比如"非完全竞争"，应作为深入研究的前提确立起来，因为这是资源配置的真实环境，牵涉大量的供给侧问题。过去经济学所假设的"完全竞争"环境，虽带有大量理论方面的启示，但它毕竟只可称为一种 1.0 版的模型。现在讨论问题，应进一步放在非完全竞争这样一个可以更好反映资源配置真实环境、涵盖种种垄断竞争等问题的基点上，来升级、扩展模型和洞悉现实。需求分析主要处理总量问题，指标是均质、单一、可通约的，但供给分析要复杂得多，处理结构问题、制度构造问题等，指标是非单一、不可通约的、更多牵涉到政府—市场核心问题这种基本关系，必然在模型扩展上带来明显的挑战和非比寻常的难度，但这却是经济学创新与发展中绕不过去的重大问题。更多的中长期问题和"慢变量"问题，也必然成为供给侧研究要处理好的难题。过去经济学研究中可以用一句话打发掉的"'一般均衡'或'反周期'调控中可自然解决结构问题"，我们认为有必要升级为在非完全竞争支点上的一系列非完全自然演变过程而需加入供给侧能动因素做深入开掘的大文章。

第三，我们认为市场、政府、非营利组织应各有作为并力求合作，这也是优化资源配置的客观要求。在明确认同市场总体而言对资源配置的决定性作用的前提下，我们还需要有的放矢地来讨论不同的主体——即市场和政府，还有"第三部门"（非政府组织、志愿者、公益团体等），它们在优化资源配置里面可以和应该如何分工、合作、互动。在不同的阶段和不同的领域，分工、合作、互动的选择与特点又必有不同。政府、市场由分工、失灵到替代，再由替代走向强调"公私合作伙伴关系（PPP）"式的合作，反映了人类社会多样化主体关系随经济发展、文明提升而具有的新特征、新趋势。

第四，我们特别强调了制度供给应该充分地引入供给分析而形成有机联系的一个认知体系，即物和人这两个视角，在供给侧应该打通，各种物质要素的供给问题和实为人际关系的制度供给问题应该内洽于一个体系，发展经济学、制度经济学、转轨经济学、行为经济学等概念下的研究成果，需要加以整合熔于一炉。通过这样的"立"来回应转轨经济和中国现实的需求，形成的核心概念便是我们在理论的建树和理论联系实际的认知中，必须更加注重"理性的供给管理"。在中国要解决充满挑战的现代化达标历史任务，必须借此强调以推动制度和机制创新为切入点、以结构优化为侧重点的供给侧的发力与超常规的"追赶—赶超"长期过程。

当然，以上这些并不意味着我们就可以忽视需求方面的认识——"需求管理"的认识在已有的经济学理论成果中已经相对充分，我们希望在供给这方面更丰富地、更有针对性地提高认识框架的对称性。这样的认识落到中国经济学人所处的现实中间，必然合乎逻辑地特别强调要"以改革为核心"，从供给侧入手推动新一轮"全面改革"时代的制度变革创新。这是有效化解矛盾累积和"滞胀"、"中等收入陷阱"、"福利陷阱"和"塔西佗陷阱"式的风险、实现中国迫切需要的方式转变与可持续健康发展而直通"中国梦"的"关键一招"和"最大红利所在"。我们的研究意图和可能贡献，是希望促使所有可调动的正能量把重心凝聚到中国迫在眉睫的"十八届三中、四中全会之后新一轮改革如何实质性推进"问题上，以求通过全面改革和理性的供给管理，跑赢危机因素的积累，破解中长期经济增长、结构调整瓶颈，从而使"中国梦"的实现路径可以越走越宽、越走越顺。

总之，世界金融危机之后，对于传统的经济学理论框架和宏观调控"需求管理"为主实践经验的反思，与"理论联系实际"的创新努力，已合乎逻辑地引出了对于"新供给经济学"理论创新和"供给管理"调控与供给侧结构性改革前所未有的重视。中国在认识、适应和引领经济新常态的当前阶段，迫切需要构建经济增长的新动力机制。传统的需求管理"三驾马车"框架下，显然其所强调的消费、投资和出口需求三大方面的分别认知，只有联通至消费供给、投资供给和出口供给，才有可能对应地成为各自需求的满足状态，其中蕴含的是由需求侧"元动力"引发的供给侧响应、适应机制，即其相关的要素配置和制度安排动力机制的优化问题，这些又必须对接十八大以来全面改革和全面法治化的通盘部署。

二、供给侧改革的核心内涵是有效制度供给问题：基于理论创新认识形成的思路建议

基于前述分析，我们认为中国所应强调的供给侧改革的核心内涵，就是理应统领全局的"以进一步深化改革解放生产力"问题，就是在市场化、全球化、民主法治化取向下于改革"深水区"攻坚克难继续推进经济社会转轨升级问题。一句话，就在于以有效制度供给支持结构优化，激活全要素生产率，引领"新常态"，对接"全面小康"、联通"中国梦"。

以理论创新基本认识引出的新供给经济学研究群体的基本政策主张，是以改革统领全局之下的"八双"和面对"两个一百年"历史任务的"五并重"。在这里简介如下。

"八双"的基本要点是：

第一，"双创"——走创新型国家之路和大力鼓励创业。

第二，"双化"——推进新型城镇化和促进产业优化。

第三，"双减"——加快实施以结构性减税为重点的税费改革和大幅度地减少行政审批。

第四，"双扩"——对外开放格局和新的国际竞争局面之下，扩大中国对亚非拉的开放融和，以及适度扩大在增长方面基于质量和结构效益的"有效投资"规模（对于消费的提振当然是比较重要的，已经有了不少研究成果和重视程度的明显提高，但是对于投资这方面的进一步认识，我们认为也需要强调，所以放在"双扩"概念之下来体现）。

第五，"双转"——尽快实施我国人口政策中从放开城镇体制内"一胎化"管制向逐步适当鼓励生育的转变，并积极促进国有资产收益和存量向社保与公共服务领域的转置。

第六，"双进"——在国有、非国有经济发挥各自优势协调发展方面，应该是共同进步，需要摒弃那种非此即彼截然互斥的思维，在"混合所有制"的重要概念之下，完善以"共赢"为特征的社会主义市场经济基本经济制度的现代化实现形式。

第七，"双到位"——促使政府、市场发挥各自应有作用，双到位地良性互动、互补和合作。这方面的分析认识，需扩展到中国势必要发展起来的第三部门，即志愿者组织、公益慈善界的非政府组织、非盈利组织，这些概念之下的一些越来越活跃的群体，应该在社会主体的互动中间发挥他们的潜力。我们非常看重国际上已高度重视的公私合作伙伴关系（官方意译为"政府与社会资本合作"）——PPP模式，在此模式之下寻求共赢，应该是其基本的认识视角。

第八，"双配套"——尽快实施新一轮"价、税、财"配套改革，并积极地、实质性地推进金融配套改革。

在上述基本考虑中,"双创"是发展的灵魂和先行者;"双化"是发展的动力与升级过程的催化剂;"双减"则代表着侧重于提升供给效率、优化供给结构以更好适应和引导需求结构变化的制度基础;"双"是力求扩大供给方面在国际、国内的市场空间;"双转"是不失时机、与时俱进地在人口政策和国有资产配置体系两大现实问题上顺应供给结构与机制的优化需要,以支持打开新局;"双进"是明确市场供给主体在股份制现代企业制度安排演进中的合理资本金构成与功能互补和共赢效应;"双到位"是要在政府与市场这一核心问题上明确相关各方的合理定位;"双配套"是对基础品价格形成机制和财税、金融两大宏观经济政策体系,再加上行政体制,以大决心、大智慧推进新一轮势在必行的制度变革与机制升级。

"五并重"的基本内容是:

第一,"五年规划"与"四十年规划"并重,研究制订基于全球视野的国家中长期发展战略;

第二,"法治经济"与"文化经济"并重,注重积极逐步打造国家"软实力";

第三,"海上丝绸之路"和"陆上丝绸之路"并重,有效应对全球政治经济格局演变;

第四,柔性参与TPP与独立开展经济合作区谈判并重,主动参与国际贸易和投资规则的制订;

第五,高调推动国际货币体系改革与低调推进人民币国际化并重。

这个"五并重"思路设计的视野,是把中国顺应世界潮流而寻求民族复兴的时间轴设为百年、空间轴设为全球,来认识和把握综合性的大格局、大战略问题。

"八双五并重"所引出的消除供给抑制、放松供给约束的取向,正是对应于十八大以来延续市场化改革取向下"国家治理现代化"的制度转轨、机制优化内涵。

三、供给侧改革发力服务全局:需着力解放思想创新思维

我们所主张的上述这些需"立"的学理与思路建议,是生发于对经济规律的探究,对应于中外古今全球视野实践总结,但又聚焦于中国的"特色"和背景,服务于中国现代化的赶超战略。邓小平所强调的"三步走"现代化可理解

为一种实质性的赶超战略。其间前面几十年主要是追赶式的直观表现,最后的意图实现,则确切无疑地指向中华民族能够实现伟大复兴,在落伍近二百年之后又"后来居上"地造福全中国人民和全人类,这也就是习总书记所说的"中国梦"。这个"中国梦"绝不是狭隘民族主义的,而是一个古老民族应该对世界和人类做出的贡献,是数千年文明古国在一度落伍之后,应该通过现代化来加入世界民族之林的发展第一阵营、在人类发展共赢中间做出自己应有的、更大的贡献,即服务于中国和世界人民把对美好生活的向往变为现实。

我们深知,相关的理论和认识的争鸣是难免的和必要的,而在中国现在的讨论中间,似乎还很难避免有简单化贴标签的倾向。比如说在一般的评议中,思想解放、思维创新的空间并未充分打开,反而往往容易处处设限。某些思路和主张很容易被简单地分类——某些观点被称为新自由主义,某些观点被称为主张政府干预和主张大政府,有些则被称为是主张第三条道路。贴标签的背后,是认识的极端化和简单化、浮躁化。

我们自己的认识倾向是希望能够超越过去的一些贴标签式的讨论,侧重点在于先少谈些主义、多讨论些问题,特别是讨论真问题、有深度的问题,来贯彻对真理的追求。研讨清楚了"真问题","主义"也就呼之欲出了。没有必要在经济学框架之内、在对经济规律的认知领域之内,对这些讨论中的观点处处去贴意识形态标签,处处去分辩是左是右、姓资姓社。新供给研究的追求,是继承经济学和相关学科领域内的一切人类文明的成果,站在前人的肩膀上,对经济理论学说做出发展,包括补充、整合与提升。

我们对于理论研究的"从实际出发"应该加以进一步的强调。"一切从实际出发"既要充分体察中国的传统(包括积极的、消极的);充分体察中国的国情(包括可变的与不可变的);也要特别重视怎样回应现实需要——有些已认识的固然是真实合理的现实需要,但也会有假象的现实需要,即不合理的、虚幻的诉求,我们要通过研究者中肯、深入的分析,来把这些理清。既从实际出发体察中国视角上必须体察的相关各种事物,同时也要注重其他发展中国家以及发达国家的经验和教训、共性和个性,包括阐明和坚持我们认为现在已经在认识上可以得到的普世的共性规律和价值。

由破而立，由理论而实际，在分析中就特别需要注重供给侧与需求侧的结合，政府、市场与第三部门互动等全方位的深入考察和相互关系考察，力求客观、中肯，视野开阔，思想开放。"新供给经济学"绝不是为了创新而创新，而是面对挑战有感而发，为不负时代而做出理应追求的创新。中国自20世纪90年代以来宏观调控中"反周期"的政策实践，有巨大的进步和颇多成绩，但延续主流经济学教科书和仿效发达国家的需求管理为主的思路，继续贯彻单一的"反周期"操作路线，随近年的矛盾积累与凸显，已日益表现出其局限性。今后随中国经济潜在增长率下台阶、经济下行中资源环境制约和收入分配等人际关系制约已把可接受的运行状态的"区间"收窄，再复制式地推出"四万亿2.0版"的空间，已十分狭窄，较高水平的理性"供给管理"的有效运用，势在必行。党的十八届五中全会，明确提出了"释放新需求，创造新供给"的要求，其后领导层更宣示了对于推进"供给侧结构性改革"和提升"供给体系质量与效率"前所未有的高度重视，直指形成有效制度供给这一中国现代化的"关键一招"和以创新驱动、结构优化解除供给抑制释放增长潜能的系统工程。既然在中国中长期发展中如何破解瓶颈制约，攻坚克难全面深化改革、优化结构，是国人共同面临的历史性重大考验，那么我们应站在前人肩膀上，以严谨的学术精神，秉持理论密切联系并服务实际的创新原则，更好地解放思想、创新思维，追求经济学经世济民的作用，更多地注重从供给侧发力，在实践中破解瓶颈，服务全局，把握未来。

目 录

第一篇　基本思路与建言

中国需要构建和发展以改革为核心的新供给经济学 / 3

以新供给经济学理论创新促进可持续发展
　　——在改革中加快实现"中国梦"进程的政策建议 / 37

新供给主义宣言 / 62

以增加有效供给的"聪明投资"促进稳增长、促改革、优结构、护生态、
　惠民生的建议 / 69

改善供给侧环境与机制，激发微观主体活力创构发展新动力
　　——"十三五"时期创新发展思路与建议 / 78

第二篇　从新供给视角看改革

供给侧改革的主战场是要素市场改革 / 101

聚焦金融供给侧改革　服务实体经济新发展 / 105

破解中国直接融资难题 / 113

构建中国经济中长期可持续发展的新型驱动力
　　——以新制度供给提升要素配置效率拓展市场空间 / 129

中国式去杠杆：利用优先股空中加油 / 147

国有平台，整合分类，权益求平，渐进归一：中国新型城镇化进程中土地制度改革的难题破解路径
　　——基于深圳调研的报告 / 153
加快试点"股田制"
　　——积极探索符合国情的农业现代化发展新模式 / 182
供给侧结构性改革与新供给经济学 / 207
经济"新二元结构"催生四大反常现象 / 224
"混合所有制"辨析 / 228
"法治化"取向下的历史潮流与中国经济社会转轨 / 240
供给侧改革视角下的我国收费制度研究 / 247
市场准入负面清单制度：提高开放水平，着力深化改革 / 258
扩大文化产品有效供给　释放文化消费需求 / 265

第三篇　新供给的基础理论创新探索

供给侧考察：新供给经济学理论"五维一体化"框架与包容性边界探讨 / 275
"理性预期失灵"：立论、逻辑梳理及其"供给管理"矫正路径 / 316
"三驾马车"认知框架需对接供给侧的结构性动力机制构建
　　——关于宏观经济学的深化探讨 / 337
垄断竞争是新供给经济学的理论基础之一 / 347
先秦诸子经济思想的现代意义及重要启示 / 356
供给侧改革的理论基础：新供给经济学 / 360
经济学的"新框架"与"新供给"：创新中的重要联通和"集大成"境界追求 / 364

第四篇　重大现实问题考察分析

中国特色的宏观调控：必须注重理性的"供给管理" / 381
胡焕庸线：从我国基本国情看"半壁压强型"环境压力与针对性能源、
　　环境战略策略
　　　　——供给管理的重大课题 / 388
直面"中等收入陷阱"真问题
　　　　——基于1962—2013年全球数据对"中等收入陷阱"的判断、认识 / 426
论中国优势 / 479
如何正确理解中国的城镇化 / 498
以"一元化"公共财政支持"市民化"为核心的我国新型城镇化 / 510
"政府价格信号"：我国体制性产能过剩的形成机理及其化解之道 / 519
论国土开发城乡顶层规划与供给体系的优化提效 / 536
经济"新常态"　股市新起点 / 572
2015年股市大震荡的透视与反思 / 577
对我国基础设施与基本公共服务供给条件前瞻性的分析认识 / 590
治理雾霾促进环保需充分运用经济手段，破解"两大悖反" / 596
PPP：制度供给创新的正面效应和政府管理构架 / 602
PPP模式理论阐释及其现实例证 / 610
政府购买公共服务的制度体系建设与政策建议 / 637

代跋　为何今天中国要进行供给侧改革 / 646
附录　主编及作者简介 / 650

第一篇
基本思路与建言

中国需要构建和发展以改革为核心的新供给经济学

贾康　徐林　李万寿　姚余栋　黄剑辉　刘培林　李宏瑾*

引言

中国在应对世界金融危机中的表现和经济率先回升的成绩，引起全世界注目，而关于中国特色的经济社会发展道路的思考，以及深入研究全面深化体制改革的顶层设计与总体规划的现实要求，也成为思想界的热点。20世纪至今波澜壮阔的中国发展实践，带给我们丰富的启示和一系列亟应正视的经济学研究课题。我们认为，从宏观经济"需求管理"的局限性与"供给管理"的必要性引发的相关认识，具有不可忽视的理论内涵和重大现实意义。本篇聚焦于这一需深入研讨的"供给管理"思路。

过去三十多年，中国经济实现了年均近10%的高速增长，经济规模在世界各国当中的排名由第十位上升到第二位，占全球经济总量的比重由1.7%上升至10.5%，2011年人均GDP达到5416美元（按购买力平价PPP计算达8386.7国际元），列世界第90位，约为世界均值的一半[①]。此种巨大规模经济体的长期高速增长，在人类经济史上罕见，堪称中国奇迹。这一成就的取得，主要是在

---

* 徐林为国家发改委规划司司长；李万寿为协同创新基金管理有限公司董事长；姚余栋为中国人民银行金融研究所所长，华夏新供给经济学研究院课题组成员；黄剑辉为中国民生银行研究院院长，华夏新供给经济学研究院课题组成员；刘培林为国务院发展研究中心发展战略和区域经济研究部副部长；李宏瑾为中国人民银行营业管理部副研究员。

① 根据IMF"世界经济展望"数据库(WEO Database) 2012年10月版本数据计算而得。

以经济建设为中心的基本路线指导下,中国在总供给管理角度(制度供给和结构调整)开创性地实现了从计划经济向市场经济转轨的变革,极大地释放了供给潜力,同时也较有效地对总需求进行了管理。但是我国未来10年至30年的发展将面临来自内部和外部两方面的减速压力,经济可持续快速发展的难度显著加大。从内部因素看,高速增长是后发经济体在特定追赶时期的一种增长形态,随着与前沿国家技术差距和其他相关要素、机制差别的缩小,中国经济增长速度将规律性地向成熟经济体的水平逐步收敛。这种意义上的收敛虽然将横跨较长时期,但增长速度由峰值水平转折性地回落,很可能已经开始(刘世锦等,2011)。从外部因素看,自2008年全球经济危机爆发以来,尽管美国、欧洲、日本等经济体采取了以宽松货币政策为核心的宏观经济政策,历经五年虽然在局部及个别时段有一些积极信号,但总体形势依然复杂严峻,一方面表明欧美近几十年的主流经济学派专注于从需求端入手调控经济的思路已面临步入穷途的窘境,需要深入反思。另一方面也表明我国以欧美日的需求带动出口,进而带动经济顺利增长的模式,在可预见的未来将不可持续。

增长速度回落时期既有严峻挑战和风险,也蕴藏着重大的机遇。一方面,倘若不能正确认识潜在增长率的应有水平而一味通过政策刺激追求经济高速增长,则很可能重蹈日本泡沫经济的覆辙,导致经济大起大落,特别是这一过程还可能与矛盾凸显期的"中等收入陷阱"式风险叠加。另一方面,更要看到这个时期,尤其是未来十年,中国所面临的重大历史机遇仍与供给方面的特殊国情、特定转轨、特色化结构变迁有关,即以生产关系的自我调整继续解放生产力,以体制改革促进结构优化和经济发展方式转变中,充分释放制度供给潜力,进一步激发全体社会成员参与发展进程的活力,在中等收入阶段培育起以创新为主的持续增长动力,继续促进全要素生产率稳步而持续地提升。以改革为核心带动中国经济总供给的质量上升,同时促进总供需平衡,建设一个较完善的社会主义市场经济体制,这将为中国经济持续、长期的繁荣和发展及现代化战略目标的实现奠定基础。

面对未来的挑战,中共十八大报告提出:"深化改革是加快转变经济发展方式的关键。经济体制改革的核心问题是处理好政府和市场的关系,必须更加尊重市场规律,更好发挥政府作用。"中国应按照党的十八大在凝聚社会共识基础上做出的部署，以改革统领全局。2012年中央经济工作会议指出，全面深化经济体制改革，坚定不移扩大开放。要深入研究全面深化体制改革的顶层设计和总体规划，明确提出改革总体方案、路线图、时间表。

没有洞悉规律、"对症下药"的经济理论做指导，就不能保证正确的改革路径。改革是人心所向，但怎样改革成功，在很大程度上源于较充分的理论准备。为此，我们认为中国应该按照邓小平"发展是硬道理"的核心思想，在"科学发展"中以改革统领全局，构建促进"解放和发展生产力"、促进总供需平衡和结构优化、促进增长方式转变的"新供给经济学"，并作为贯彻落实党的十八大提出的战略部署，指导中国未来可持续发展的核心经济理论框架。

在当前全球应对经济危机对策乏善可陈（欧美日主要依靠宽松货币政策促进经济发展但成效不明显）的情况下，"新供给经济学"着重从供给侧发展实体经济、促进就业的核心理念和政策取向，不仅对中国有重要意义，对促进亚非拉发展和欧美走出危机也有积极意义。欧美等国可以考虑适应全球经济一体化以后形成的新的国际经济格局，通过加快经济体制改革构建有效提升国际竞争力的新型经济体制机制，进而发展实体经济来扩大就业、增加需求，而不能再寄希望于回避实施必要的改革而仅依赖于无限期的量化宽松货币政策。

一、西方经济学和传统供给学派的核心观点及运用成效

（一）经济学和传统供给学派的核心观点与点评

简言之，西方古典经济学和新古典经济学认为，在既定技术条件和价格具有充分弹性的情形下，长期总供给曲线是垂直的，政府不要试图干预经济，因为那除了会带来通货膨胀之外，于经济产出毫无益处；凯恩斯主义经济学则认为长期总供给曲线是倾斜的，价格调整是粘性的，即客观存在经济运行状态"可塑性"的政策空间，当经济衰退时政府应该干预经济。古典经济学、新古典经济学和凯恩斯主义经济学最根本的共同失误是"假设"了供给环境，强调需求而忽视供给，没有足够的意识到生产力革命带来的人类社会总供给方面的根本性变化。事实上，人类从茹毛饮血时代发展到今天，随着科技革命产生巨大

的生产力飞跃，创造了上一时代难以想象的供给能力，然而这些原来让人难以想象的供给，并没有充分满足人类的需求，原因在于人类作为一个适应环境进化的物种来说，其需求是无限的。正因为如此，现实地推动人类社会不断发展的过程，虽然离不开消费需求的动力源，但更为主要的支撑因素从长期考察却不是需求，而是有效供给对于需求的回应与引导。在更综合、更本质的层面上讲，经济发展的停滞其实不是需求不足，而是供给（包括生产要素供给和制度供给）不足引起的。在其中一般而言，要素供给（如生产资料、劳动力、技术供给等）是经济层面的，与千千万万的微观主体相关联；而制度是政治社会文化层面的，直接与社会管理的主体相关联。马克思曾指出："一个新的历史时期将从这种社会生产组织开始，在这个新的历史时期中，人们自身以及他们的活动的一切方面，包括自然科学在内，都将突飞猛进，使以往的一切都大大地相形见绌。"[①] 人类的长期发展过程正是因为不确定性的科技创新产生一次次科技革命，带来一次又一次生产力的提升，也进而推动制度安排的一轮又一轮改革和优化，使总供给能力一次次大幅度提升，促进并保持了经济的长期发展和趋于繁荣。人类的供给能力现实地决定着人类的发展水平，也正是因为这种原因，我们可划分人类社会的不同发展时代：狩猎时代、农业时代、工业时代、信息技术时代，以后随着生物技术的不断飞跃，我们可能会迎来生物技术时代。与之相呼应，人类社会经济形态与制度框架上经历了自然经济、半自然经济、自由市场经济、垄断市场经济和"混合经济"的各种形态，包括我国这个世界上最大发展中经济体正在开拓与建设的"中国特色的社会主义市场经济"。

二战后传统凯恩斯主义曾占据经济学的统治地位，西方国家普遍依据这一理论框架制订政策，对经济进行需求管理，并取得了显著效果。但是在追求经济增长等导向下，凯恩斯主义在实施中一味侧重扩大需求，却终于导致了20世纪70年代西方国家出现失业与物价持续上涨并存的"滞胀"局面。较为典型的情况是美国经济持续出现通胀和失业率同步逐年递增，1980年，即里根上台前，美国通胀率达到13.5%，GDP实际增速则为-0.3%。一些经济学者在这种背景

---

① 《马克思恩格斯列宁斯大林论科学技术》，人民出版社1979年版，第62页。

下纷纷向凯恩斯主义提出挑战，研究替代的理论和政策。供给学派就是在这样的背景下兴起，并在里根总统任期内得以付诸实践。

供给学派强调的所谓"供给管理"，与经济学理论框架中的"需求管理"合乎逻辑地形成一对概念，后者强调的是从需求角度实施扩张或收缩的宏观调控，已为一般人们所熟知，而前者则不然。在凯恩斯主义的"需求管理"概念大行其道几十年之后，在20世纪80年代，"里根经济学"时期有过一段"供给学派"引人注目的实践经历，其所依托的是并不太成体系的供给经济学（Supply-Side Economics），也并非是强调政府在有效供给形成和结构优化方面的能动作用，而是强调税收中性和减税等"减少干预"、使经济自身增加供给的原则。

供给学派针对传统凯恩斯主义需求管理，复活了古典的萨伊定律，即"生产自创需求"——谁也不为生产而生产，目的是消费。生产、分配、交换只是手段。正如李嘉图所言，"任何人从事生产都是为了消费或销售；销售则是为了购买对他直接有用或是有益于未来生产的某种其他商品。所以一个人从事生产时，他要不是成为自己商品的消费者，就必然会成为他人商品的购买者和消费者"[①]。因此，从这一角度审视经济运行机制，问题并不在于需求方面，而是在于政策错误等导致供给出现了问题。供给学派力主加强市场经济作用，反对政府干预。在我国市场发育的实际情况制约和经济追赶（即实施"三步走"现代化赶超战略）的客观需要之下，解读和借鉴供给学派的主张，还应该进一步强调一点，即有必要再加上政府以经济手段为主在合理的政策选择空间内有意优化供给引导政策、结构优化政策而避免行政干预失误。政府的经济政策体现为对经济主体经营活动的刺激或抑制因素，其中财政政策在结构导向上最为重要，同时操作工具、操作方式的合理性亦成为关键，因此应该通过减税刺激投资，增加供给，重视人力资本投资，并以支出的重点安排来引导经济结构优化，并掌握好社会福利提升的"度"，以及必要的再分配优化机制。

（二）供给学派的影响与点评

虽然供给学派具有强烈的政策含义，但并未形成一个完整的理论体系。就

---

① 参见李嘉图：《政治经济学及赋税原理》，商务印书馆1962年版。

其政策主张背后的理论而言，实际上是秉承了源自"看不见的手"为资源配置核心与决定性机制的自由主义传统。尽管1776年《国富论》发表后亚当·斯密的智慧已深植于经济学人理念中，但随着19世纪后期意识形态方面社会主义思潮的涌现、德国历史学派的出现，特别是"大萧条"后"凯恩斯革命"与凯恩斯主义政策流派的兴起，在20世纪50年代至70年代，无论在发达国家、计划经济国家还是广大发展中国家，政府参与经济活动的程度达到了空前程度。随着20世纪70年代后期美国为代表的发达国家陷入"滞胀"、发展中国家"结构主义"和进口替代战略的失败以及计划经济国家的发展长期僵化停滞，包括供给学派、货币主义、理性预期学派在内的新自由主义才再次使"看不见的手"较充分地成为思想和政策的主流。在20世纪80年代初期前后，除受供给学派影响的里根经济学外，以货币主义为指导的英国撒切尔政府和奉行新自由主义的德国科尔政府，共同创造了二十世纪八十年代以来发达国家经济发展的又一个较辉煌时期。然而，螺旋式"否定之否定"的轨迹在"百年一遇"的世界金融危机后再现：危机局面下"国家干预"具有无可辩驳的必要性，使凯恩斯主义的国家干预和马克思主义的制度批判思路再次成为思想界的热点或侧重点。

西方不论是凯恩斯主义独领风骚，还是货币主义大行其道，争论如何"激烈"，在注重总量调控而忽略以政府为主体的供给侧结构调控上，都是一致的。尤其是曾经盛行的"华盛顿共识"，体现的是只注重需求管理的思路，因为其大逻辑是市场平衡与结构问题可全由市场自发解决，所以政府调控近乎无必要，"区别对待"更是可以完全忽略不提。但此次金融危机一来，美国调控当局却实实在在地运用起区别对待的"供给管理"手段，如对若干大型金融机构与企业的"救"与"不救"的区别性选择（对雷曼兄弟公司这个150余年的老店，就是不救，但对于"两房"、"花旗"，却一定要救，以及对"通用"为代表的汽车行业的直接注资与救助）。在外贸上，更是"区别对待"得于结构上锱铢必较、毫不含糊了。应当说，西方主流经济学的框架与其实践仍是缺乏对称性的，在基本逻辑贯通方面的"不周延"缺陷，其实是显而易见的，中国经济学的发展创新中，对此当然不可不察。20世纪80年代以后，已先后有一些中国学者在扩展的意义上讨论"供给管理"，侧重于讨论因政府而使总供给发生变化的机制中更多样化的政府作为，并特别注重与政府产业政策等相关联的结构优化，强调在供给角度实施结构优化、增加有效供给的宏观调控与制度建设。（贾康，2011）可以说，这开始体现的已是理论层面的一种"中国特色"。

至于西方研究者对于"华盛顿共识"的理论支撑——新自由主义，也有积极的反思。如伦敦市前副市长约翰·罗斯义指出："新自由主义是错误的经济政策，因为它从根本上拒绝遵循从实际出发的科学规则，用中国话来说就是——它拒绝'实事求是'。新自由主义创建了一种根本不存在的经济模式。他们设想了所谓的'完全竞争'的企业组成的经济体，在这个经济体中，价格可以自由上下浮动、投资只占经济总量的很小比例。而现实的经济却根本不是这样。银行业'大而不倒'，汽车、航空、计算机、金融以及医药——都不是依照'完全竞争'模式运行的，而是垄断或者寡头。"[①] 中国学者固然可以从新自由主义的思想与学术成果中获得营养和启示，但上述直率与尖锐的批评所针对的新自由主义陷入"完全竞争"理论假设而不能在"理论联系实际"时有效矫正还原的弊端，却更值得我们在讨论经济发展问题尤其是中国问题时充分重视。本篇所持的新供给分析视角，一个重要的理论前提就是把"非完全竞争"及其应引入的政府行为作为始发命题。

（三）美国供给学派得失

可以认为供给学派的政策主张较有效地解决了美国的滞胀问题。在里根上台之前的美联储主席保罗·沃尔克曾用铁腕顶住压力把名义利率提高到20%以上，力求把通胀打下来。这是典型的需求管理手段。对于滞胀中的"胀"来说，这一招当然还是发挥了一些作用的，但对"滞"的解决却毫无贡献，故在历史上难获高度评价。1981年，新上台的里根总统提出的"经济复兴计划"开头就声明，他的计划与过去美国政府以需求学派为指导思想的政策相决裂，改以供给学派理论为依据，采取了大幅度减税和削减社会福利等措施以刺激经济增长和减少政府干预及赤字压力。里根执政期间，主导了两次重要的减税措施的制定和实施（1981年和1986年）。在美国处于高通胀、高利率的不利形势下，里

---

① 《国际金融报》2012年12月24日，第2版。

根经济政策有效地平抑了通胀，并且保持赤字处于可控的水平。即使在里根卸任总统之后，人们依然看到里根经济政策对美国经济和国民活力的恢复与提升的影响。从1982年12月起，美国经济逐渐走出衰退，经济复苏势头比战后历次经济复苏都强劲有力。至1988年5月，美国经济持续增长65个月，成为战后和平时期经济增长持续时间最长的一次。通胀率也由最初上任时的13.5%下降为不到5%。美国GDP占世界的比重也由1980年的23%上升到1986年的25.2%。并且，这一时期亦成为1990年代以硅谷为代表的"新经济"技术革命的孕育期。

但里根的经济政策也带来了一些明显的负面影响。与苏联的军备竞赛和大力推行的减税计划，使得里根执政时期累计财政赤字高达13382亿美元，比此前的历届美国总统所累积的财政赤字总额还要多。这严重影响了美国政府财政的可持续性，在一定程度上终归拖累美国经济的持续发展，也给后任者留下了包袱。直至克林顿总统，还在指责里根的政策是"不计后果"。2000年前后，美国供给学派一度表现得近乎"销声匿迹"。

另外，由于1980年代以来世界经济出现长期的"大缓和"，金融市场的发展和货币政策有效性的提高，发达国家财政政策作为宏观经济调节工具的重要性大大降低。特别是很多国家由于社会福利开支过大，进一步挤压了逆周期的财政政策的操作空间。"华盛顿共识"及其所鼓励的新自由主义取向在若干年内顺风顺水，然而，新自由主义减少监管干预的主张也过了头，并最终出现全球金融危机。目前，很多政府都意识到应适当调低其目标债务水平，以便经济出现大的波动时，政府能够有充足的"财政空间"，以提高具有"自动平衡器"功能和"主动稳定器"效应的财政政策作用。

二、以需求管理为核心的凯恩斯主义与货币刺激实践在欧洲和日本：教训多于经验；德国有亮点

把当前的欧洲债务危机和长期低迷的日本经济前置的"长期引致期"放在一起全面来看，也说明我们在检讨新自由主义的偏颇的同时，亦十分需要认真

吸取传统凯恩斯主义的教训。格林斯潘在1966年写的《黄金与经济自由》一文中对"大萧条"有过这样的解释：当商业活动发生轻度震荡时，美联储印制更多的票据储备，以防任何可能出现的银行储备短缺问题。美联储虽然获得了胜利，但在此过程中，它几乎摧毁了整个世界经济，美联储在经济体制中所创造的过量信用被股票市场吸收，从而刺激了投资行为，并产生了一次荒谬的繁荣。美联储曾试图吸收那些多余的储备，希望最终成功地压制投资所带来的繁荣，但太迟了，投机所带来的不平衡极大地抑制了美联储的紧缩尝试，并最终导致商业信心的丧失。结果，美国经济崩溃了！——其实，格林斯潘对"大萧条"的解释，就是奥地利学派的观点。虽然没有指出准确的时间，但米塞斯和哈耶克确实预测到了"大萧条"的到来。政府失灵要比市场失灵更可怕。在此意义上，我们应该永远铭记朱格拉医生的名言："萧条的唯一原因是繁荣！"

但也必须遗憾地指出，无论是格林斯潘本人，还是欧洲、日本的决策者，在另一方面即在单一需求侧视野之内放任市场力量上，其实也犯有不容忽视的错误。美国基于市场环境超宽松考虑而引出的畸高金融杠杆率，导致了世界金融危机，自不必赘言。在欧洲，当人们庆祝欧元及其货币联盟诞生之后，过于沉浸在欧洲一体化的梦想之中，更多的是要享受统一货币带来的好处，而对于需匹配的财政联盟、即维持欧元稳定性与可持续性必不可少的控制财政赤字的有效制度安排，则漫不经心。作为欧元区支柱的德国和法国两个"带头大哥"在2002—2005年财政赤字占GDP比重已均突破了3%。虽然经过调整两国财政情况有些好转，但对于突破限制的行为却没有任何惩罚性的措施，其他小国情况更甚。更为恶劣的是，很多南欧国家只是一心要享受统一的欧元所带来的低利率的好处，任意扩大政府福利开支和放任市场调节来寻求执政者任期内的"得分"。作为经济发展相对落后的希腊，为了尽快达到加入欧元区的标准，甚至通过投资银行的帮助利用金融手段对国家的资产负债表进行"作假"的包装，使得希腊得以在2001年顺利加入欧元区，这一伎俩直至新政府上台发现并在全球金融危机的冲击到来再也无法隐瞒的情况下，才被公之于众。而且，希腊长期以来消费过多，社会福利负担过重，财政赤字长期无法实现"马约"的要求，终于出现了当下四面楚歌的危险境况。

日本的教训更是深刻。在面对20世纪60、70年代大规模顺差和升值压力时，日本本应主动进行政策调整。但是，按照日本中央银行前副行长绪方四十郎的话说，当时日本"社会心态膨胀，对日本经济过于自信，尤其是国家领导人的心理膨胀，政策决策者们开始变得傲慢，听不进外面的意见，本该主动从自己的角度早做政策调整，但调整的严重延迟，最终导致日本当时无力应付国内市场运行和国际政治的双重压力，最终做出了被动性调整。而那之后，我们其他的经济政策调整（如紧缩货币政策），实际上仍然是一个个地被耽误"。这里，需要澄清的一个误解是，国内对日本"失去二十年"的解读，往往归咎于广场协议的日元被迫升值，但这在国际和日本国内并非主流认识。日元升值至多只是其中因素之一，并不是最重要的因素，极度宽松的货币政策和资产泡沫才是症结所在。长期在日本财务省任职的现任亚洲开发银行行长黑田东彦就是这一观点的代表。特别是，日本社会特有的终身雇佣制度及政策救助企业的强烈倾向，再加上日本自1999年以来长达十多年的几乎零利率政策，最终只是造成了占据大量资源的僵尸企业，严重缺乏"创造性破坏"，而这正是熊彼特企业家理论和经济周期理论的基础。

与日本相比较，德国经验值得借鉴。同样是广场协议后，德国马克大幅升值36%，但德国并没有开展大规模刺激政策。时任联邦德国经济发展专家委员会主席的施奈德教授在解释当时政策的出发点时指出，对于解决失业问题，凯恩斯的需求管理政策可以在短期内奏效，但是无法在长期中根本性地解决问题。增加就业要靠投资，但利率下降只是暂时性、一次性减少了企业的投资成本，而企业投资是一种长期行为，最终将取决于利润率情况。因此，政府应该采取措施，改善企业盈利的环境，而不是一味地对经济直接进行刺激。1982年至1987年，德国财政赤字占GDP比重由3.3%递减到了0.4%的水平。在税收政策方面，对企业和个人大幅减税；在财政支出方面也通过减少补贴等手段削减开支。这些是在约束政府作用方面的理性的、机制性的调整。另外，政府又确实有所作为：在削减财政收支的同时，注重对经济结构的调整，用财政补贴资助投资周期长、风险大的一些生产行业；积极支持企业的研发，并向劳动者提供各种培训及其他形式的帮助，从而提高劳动者的素质。如果不考虑两德统一的影响，广场协议后的德国经济一直保持了 2% 左右的温和增长。至今，德国成为表现稳定且有可持续性的经济体，在金融危机冲击下仍无大患，也因而成为维系欧元区不解体的决定性力量。

三、中国供给管理应以推动机制创新为切入点，以结构优化为侧重点

其实中国特色的新供给管理在过去三十多年已在客观的孕育过程之中，主要内源于从计划经济向市场经济转轨而寻求现代化的历史命题。回顾历史不难发现，我国改革不断深化的进程正是"摸着石头过河"与阶段性推进的"顶层设计"相结合的过程。自 20 世纪 80 年代以来，我国经济体制改革进程中召开过三次意义重大的"三中全会"：1984 年 10 月召开的十二届三中全会做出《经济体制改革的决定》，阐明了经济体制改革的大方向、性质、任务和各项基本方针政策，富有远见地断言，"改革是为了建立充满生机的社会主义经济体制"，并指出，"为了从根本上改变束缚生产力发展的经济体制，必须认真总结我国的历史经验，认真研究我国经济的实际状况和发展要求，同时必须吸收和借鉴当今世界各国包括资本主义发达国家的一切反映现代社会化生产规律的先进经营管理方法。中央认为，按照党历来要求的把马克思主义基本原理同中国实际相结合的原则，按照正确对待外国经验的原则，进一步解放思想，走自己的路，建立起具有中国特色的、充满生机和活力的社会主义经济体制，促进社会生产力的发展，这就是我们这次改革的基本任务"；1993 年 11 月召开的十四届三中全会做出《建立社会主义市场经济体制的决定》，提出了建立社会主义市场经济体制的总体思路，利用有利的国际环境来加快国内的改革发展，是当时强调"战略机遇"的主要着眼点。20 世纪 90 年代以来中国在加快内部经济改革的同时，努力融入国际社会和世界经济，逐步建立一整套基本市场经济制度，也为此后十多年的经济高速增长提供了良好的制度条件，其间 2003 年 10 月召开的十六届三中全会做出《完善社会主义市场经济体制若干问题的决定》，是进一步深化经济体制改革的纲领性文件，为全面建设小康社会奠定了坚实基础。但也需要

强调指出，近些年中国经济、社会伴随着"黄金发展"而来的"矛盾凸显"，已使渐进改革路径依赖下制度供给的所谓"后发劣势"有所暴露，改革进入深水期和既得利益阻碍明显的胶着期，亦成为难度明显加大而又时不我待的改革攻坚期。

在以转轨为主题的中国式供给经济学中，必然需要有精细化的思考。前已述及，在中国改革开放的经济实践中，20世纪80年代以后，就先后有一些学者在扩展的意义上讨论"供给管理"，这一视角下所讨论的重点，是强调在供给角度实施结构优化、增加有效供给，以及以制度供给创新衔接中长期目标的宏观调控创新。所体现的从理论层面到实践层面的"中国特色"其来有自。

应当看到，在我国经济体制转轨已有长足进步的同时，渐进改革的难度也已明显上升，尚有不少深层次问题有待通过经济理论上的明晰而达成共识，以进一步深化改革来解决。在目前阶段，一系列的"两难"和"多难"式问题，以及结构优化、方式转变已被多年重视而又迟迟没有取得突破性进展等问题，固然有客观原因，但在缺乏理论指导方面的因素不容回避。没有一个以改革为核心的充分注重于供给方面的经济理论来指导改革，就难以达成清晰、理性的配套推进思路，并凝聚社会共识。攻坚克难的实质性改革能否得到真正推进，将决定中国现代化事业的命运。

四、从供给端入手推进中国新一轮改革，才能有效化解潜在"滞胀"等风险，并实现经济新一轮可持续健康发展

（一）中国宏观调控面临新环境、新局面及新挑战

虽然我国已经成为"世界工厂"，但技术方面自我创新能力仍然不足，技术进步很大程度上仍是对国外技术的模仿，而如今作为技术领头羊的美国通过信息、生物、新能源等技术进步继续引领潮流的努力，伴随着严酷的国际竞争手段，未来中国技术进步的空间仍会受到限制。战略性新兴产业政策亟须达到预期效果，但前景未必全为乐观——近来光伏产业面临的阶段性困局包含了多种启示与警示。人力资本方面，经过高校扩招的教育大跃进，虽然人均受教育年

限有所增加，但如今教育的主要功能似乎更多地在于缓解社会就业压力，人力资本质量提高的空间受到多种因素制约；职业教育的发展虽有积极努力，但仍任重道远。劳动力供给方面我们更面临着日益老龄化的长期问题。因此，中国面临的总供给冲击问题已非常迫切。

当前及今后一个时期，中国经济必须适应弥合"二元经济"所必经的中长期经济模式的转变和社会转型，并在国际金融危机之后学会在一个更具广泛性、与国内消费联系更大、对出口和投资依赖程度较小的增长模式中操作。当跨过刘易斯拐点和"巴拉萨-萨缪尔森效应"起点后，由于劳动力供应趋于紧张，劳动者工资率趋于上升，从而有望提高劳动者收入在国民收入中的比重，同时实际有效汇率也将表现为升值。新的背景下，虽然通常的反周期性质的总需求管理不乏其用武之地，但寻求促进生产率长期持续增长的供给政策，将具有越来越重要的意义。

（二）传统意义上的货币和财政政策已难以适应中国经济步入新的发展阶段后的总体要求

1．货币政策的局限性

货币政策作为总量管理政策，难以有效解决经济中的结构性问题。我国最近两轮通货膨胀具有明显的结构性特征，主要以食品价格推动为主因（在CPI的上涨因子中高居75%—85%的份额），交通通信及服务和娱乐教育文化用品及服务类商品价格几乎没有上涨，甚至小幅下降。对于猪肉等食品价格上涨，除考虑货币因素外，如果能够有效增加产品供给，将可以缓解物价上涨并实现价格调控目标，而无须全面实行"一刀切"的银根紧缩货币政策调控，减少对本应大力发展的其他部门的不利影响。（贾康，2011）

在劳动力成本上升和潜在增长率下降的情况下，总需求管理如果操作不当，不仅可能会和其他因素综合而使经济运行陷入"滞胀"风险——美国等已有前车之鉴，还可能引发资产泡沫——日本就是很明显"泡沫化"的前车之鉴。日本经济在1980年代中期达到顶峰后，不可能再像六七十年代那样高速增长，但是日本决策当局过分自信和迷信宏观政策的刺激作用，实行了低利率的宽松货币政策。最终结果是放任了资产泡沫的发展，并导致泡沫崩溃和陷入痛苦的

"失去的二十年"。

2. 财政政策的局限性

财政政策所受的"三元悖论"式的制约,是一个永恒的命题,即减税、增支和控制负债三项要求不可能同时满足(贾康、苏京春,2012)。经历上一次4万亿元政府投资为代表的扩张性财政政策后,我国财政政策刺激经济的安全空间已明显收窄。而且,更为主要的是,虽然我国宏观税负总体水平尚属合理,但考虑各种制约因素和居民实际社会保障情况,进一步提升税负水平并不可行,在完善税制基础上通过结构性减税刺激经济增长是必要的也是可行的,而且这并不一定会产生长期视野内限制政府财政能力的影响,但短中期内的"过紧日子"的压力影响却无可回避。与此同时,未来我国财政支出将迅速增加,包括用于健全养老金体系、医疗保障、教育、住房等方面的支出,以及建设"创新型国家"的必要投入。另外,目前积累的大规模地方政府融资平台贷款已形成了不容忽视的隐性财政负担。因此,中国公共财政负担总体而言会逐渐加重,不突破预留财政空间和保持财政可持续性是重要的目标,需要有关部门未雨绸缪,及早做出安排。当然,这并不意味着短期财政政策不重要,在总需求突然下降时,积极的财政政策对刺激需求起着重要的作用,并且短期措施与中长期结构优化、改革深化的衔接与协调,也需要财政政策发挥"区别对待"的特定调节功能。但由于刺激政策、区别对待政策功能与作用空间毕竟具有局限性,容易与政府的不适当强势干预及改革难题形成交织与纠结。

尽管我国社会福利体系健全完善需要大量的资金投入与财政支持,但其保障水平应符合我国财政可承受力等方面的实际情况。拉美国家的经验可以为我们提供重要启示。很多拉美国家的政治家为了取悦选民,只是一味追求高水平的"福利赶超"而跌入"中等收入陷阱",痛失大好发展机会而一蹶不振。当前的欧债危机的演变轨迹也与此有相似之处。建立一个正确的社会保障模式和社会福利模式是构建可持续和谐社会的前提条件和基础,我国现阶段特别需要关注基本民生、改进福利状况,但也需注重在统筹协调的科学发展观指导下,在福利增进过程中合理把握"度",积极稳妥地掌控好可持续的渐进过程,财政政策的客观局限性在此是不可忽视的。

(三)成本推动是中国通货膨胀的重要特征

虽然以弗里德曼为代表的货币主义将通胀原因仅归结于货币因素,这在竞争完善和要素充分自由流动的成熟市场经济国家是无大问题的,因为在较为健全完善的市场机制作用下,经济会很快形成新的均衡,结构性问题与非货币供应量因素并不突出。但显然这一条件在我国并不适用,相伴而来的可能误导,是易使人们简单地在观察认知时,把物价上涨完全等同于货币过多、通货膨胀,进而又唯一地在对策方略上,把货币政策从紧作为解决问题的不二法门、完全手段(与之相应,在经济面临通缩压力的阶段,则只顾及考虑放松货币政策)。靠货币政策"单打一"地调节有效需求,在中国是尤显不够的。

最近两轮通胀经验表明,通胀预期在通货膨胀中起的作用越来越大,并伴随明显的结构特征(如前所述,我国CPI上涨中的主要影响因子多年内就是"贡献率"高达75%—85%的食品类)。由于市场机制的逐步发育等原因,社会通胀预期的形成既基于以往经验,也根据对政策及未来经济变化的判断,属于"前瞻后顾"型预期,是具有较强惯性的"适应性预期"与"理性预期"的混合体。

与此同时,长期以来投资驱动兼出口导向型的经济增长动力开始弱化。中国的高速经济增长很大程度上得益于劳动人口占总人口的比例不断上升的"人口红利"。但是,中国已经接近刘易斯拐点和"巴拉萨-萨缪尔森效应"起点(沈建光、姚余栋,2011)。目前,我国人口已经开始迅速老龄化,中国可能很快迎来"刘易斯拐点",即劳动力市场从过剩逐步转向不足。随着劳动力供给逐步趋紧,劳动力成本上升,"巴拉萨-萨缪尔森效应",也即要素跨部门流动导致的要素价格均等化效应,将导致非贸易品价格即"劳动密集型"服务业价格加快上涨,推动成本的上升和整体物价水平的上涨。因此,货币政策对这种趋势性的成本推动的通货膨胀需要做出有效反应,引导通胀预期,对通货膨胀时刻保持高度警惕。

(四)我国将面临潜在增长率下降

与"巴拉萨-萨缪尔森效应"和"刘易斯拐点"相伴随的是,我国经济的潜在增长率也将下降。因此我们应容忍一定程度的结构性通货膨胀,但控制其在没有加速上升的幅度之内,也就是保持非加速通货膨胀经济增长率NAIRG(non-accelerating inflationary rate of growth，姚余栋、谭海鸣，2011），是指既定的技术和资源条件下，不引发显著和加速的通货膨胀的情况下，我国所能达到的可持续的经济增长率。同时，也有保持非加速通货紧缩经济增长率 NADRG（non-accelerating deflationary rate of growth，姚余栋、谭海鸣，2011）。

但是，由于潜在增长率下降，我国面临一种重大可能性：中国经济潜在增长率下降时，NAIRG 可能随之下降。2011 年，国务院发展研究中心课题组（刘世锦等，2011）对中期之内的中国经济增速做了预测。其主要依据是其他成功追赶型经济体的历史经验，并假定中国的发展路径与这些成功追赶型经济体较为接近。由此得到的预测结果是，中国经济潜在增长率有很大可能性在 2015 年前后下一个台阶，时间窗口的分布是 2013—2017 年。目前国内的共识是潜在经济增速将会下降到 7% 左右。按照这一假设，根据姚余栋、谭海鸣（2011）测算，未来要将中长期通胀预期稳定在 2% 左右，通货膨胀稳定在 4% 左右，初步估计，我国非加速通货膨胀经济增长率（NAIRG）在 8% 左右，而非加速通货紧缩经济增长率（NADRG）在 6% 左右。

（五）宏观调控的弹性空间收窄，加大调结构力度加快发展方式转变，才能化解潜在"滞胀式"威胁，实现可持续快速发展

上述从中长期可预见的通胀因素与增长速度下降的因素合在一起，已使中国经济运行面临某种"滞胀式"的潜在威胁，调控当局的操作空间正明显收窄，"经济问题政治化"的临界点压低。从近年我国的调控实践做一经验观察，我国年度经济增速波动区间的下沿大体需维持在不低于 7.5% 的量值（非加速通货紧缩经济增长率，NADRG，测值为 6%），而上沿则需控制在 9% 左右（非加速通货膨胀经济增长率，NAIRG，测值为 8%），其中也就有 1.5—2 个百分点的弹性空间（从长期估测，则有可能演变为 6.5%—8% 之间的弹性空间）；与之相应的经济景气水平反映到物价（以 CPI 为代表）表现上，其波动区间的下沿以不低于 1% 为好（如低于 1%，此指标的灵敏波动中很容易击穿 0 而引出通缩恐慌），而上沿则需在 4%—6%，其中仅有 3—5 个百分点的空间。2011—2012 年的实际生活表明，我国宏观经济运行状况如要脱出上述速度与物价变动区间，一系列随之而来的"矛盾凸显"问题便极易带上"经济问题政治化"的色彩和社会生

活中的"火药味",政治决策就必然倾向于"稳定压倒一切"而不惜代价,也宁肯不顾经济学的"戒律天条"。这种区间制约的严苛特点,是改革开放前面三十余年从未出现的情况,足以使具有"远见卓识"意识的观察者和管理当局警醒。

分析表明,由于我国非贸易产品大多是低生产率且人工密集型产品,这也是这些部门的劳动力分享经济高增长收益的重要途径。因而,宏观决策者应当适度降低经济中长期增长目标并适当提高通胀容忍度。但这却碰到了上述"经济问题政治化"的天花板。

劳动力成本的变化和潜在增长率的下降,使我国经济越来越不可能维持以往的高速增长。特别是与大宗商品成本的周期性冲击不同,劳动力成本冲击属于持久性冲击。李斌(2011)、伍戈(2011)的分析表明,在这种情况下,如果决策者仍想实现过去较高的经济增速,最终只能带来物价更高水平的持续上涨,而对产出拉动的作用不大。因此,总需求刺激政策并不明智,很可能仅是出现比以往更高的物价上涨,但经济增长仍未见起色,甚至还要低于已经下降的潜在经济增长率(如落至6%)。

一旦在某个临界点上(如7%—8%),我国经济增长率居于下方,而通胀水平居于上方,中国的运行和调控将变得极其"两难"和棘手。此即中国不可忽视、无法回避的"滞胀式"威胁,并且极易引发和加入以综合性社会问题为背景的"中等收入陷阱"(增长过程突然失速)与"塔西佗陷阱"(政府公信力急剧丧失)因素的恶性叠加。所以,只有以实质性的结构优化和增长质量的提升,形成全要素生产率的支撑作用,在以可持续的上行因素对冲各种下行因素之后,保持增长率居于上方而通胀水平居于下方的基本格局相对稳固,才能化解这种"滞胀式"威胁等的"两难"、"多难"困局;而优化结构和提高增长质量,势必要求以实质性的改革克服种种既得利益的阻碍,化解深层矛盾制约。

五、中国未来宏观经济调控需坚持以改革为依托衔接短期与中长期,更多侧重于从供给端的机制创新入手

三十余年的"中国奇迹"是依靠全面开放、利用人口红利参与全球分工和

竞争，但更主要的是依靠改革调动了相关经济资源的积极潜力。市场经济在逐步替代计划经济、降低交易成本、提高经济效率的同时，其制度优化进程还存在不对称的地方。目前，我国一般产品市场已基本完全放开，但要素市场和大宗基础能源、资源市场仍然存在严重扭曲，人为压低要素价格，从而粗放地促进经济增长。但也正是如此，对生产者和投资者的补贴，使得经济严重依赖投资和出口，经济结构失衡的矛盾可能会越来越突出。因此，我们必须在实质性推进"顶层规划"下的全面配套改革中对经济结构进行调整，从而合理地运用市场和政府力量的结合，顺利实现向较高水平的常规经济增长路径和可持续增长路径转变。

根据未来一个时期我国面临的内外部形势，我国宏观调控政策一方面要在总需求管理上稳健审慎且能预调微调，避免在稳增长努力下通胀轻易抬头；另一方面，需在货币政策的"稳健"和财政政策的"积极"搭配下，坚持有所区别对待地在我国"三农"、社会保障、区域协调发展、自主创新、节能降耗、生态保护等领域运用结构性对策加大要素投入的力度和促进相关机制创新改进，通过"供给管理"加强这些经济社会中的薄弱环节，即增加宏观经济中的有效供给。这只会改进而不会恶化总供需的平衡状态，只会有利于维护"又好又快"的发展局面而不会助长下一期的通货膨胀和经济过热，而且将会增强我国在国际竞争环境中的综合竞争力和发展后劲。这里最为重大的要领是，应考虑从根本上通过一系列的改革衔接短期诉求与中长期目标，化解制约我国长期发展和全要素生产率进一步提升的深层制度因素。虽然在中长期内，我国面临外部经济环境恶化和老龄化等问题，势必告别高增长奇迹，但这也并不意味着中国经济没有继续保持10—20年较快增长的可能。当前，我国还有很多深层次改革仍未全面开展，如资源型产品价格形成机制改革、新一轮价税财改革、中小企业融资机制改革、减少行政审批、打破垄断的改革以及户籍制度改革等等，这些改革都能够帮助企业对冲成本上升的压力，增加总供给，从而提高经济活力，既有利于控制住物价，又有利于保住增长的可持续性。"制度红利"是中国未来十年、二十年最需要着力争取的因素，也是超越西方的凯恩斯主义、供给学派两端的偏颇，正确发挥出"供给管理"优化结构、促进转轨的合理政府作用而成功地使我国实现现代化的关键条件。

毋庸讳言,在供给端"有保有压"、"有支持有节制"的结构性方略,也有可能给政府体系带来一种"政府万能"的幻觉和轻易滑向过度调控的危险性(甚至带上"旧体制复归"色彩),所以极有理由使承担调控之责的各政府部门务必保持清醒头脑,始终把结构对策、供给管理,掌握在符合市场经济配置资源基础机制的"政策理性"范围之内,避免做出那些过多、过细碎的行政干预和"越界"调控,特别应强调尽量运用经济手段(经济杠杆)来贯彻结构优化的追求,避免出现新的产能过剩而生成高质量、有效益、能适应市场需求且可以引领市场潮流的供给。这方面"制度保证条件"的形成,就主要将依靠改革之功效了。

在研究者"理论密切联系实际"的分析考察中,有必要把供给端的重要主体——公权体系和供给形式中的重要内容——制度供给,更充分地纳入"新供给经济学"的理论框架。以政府和立法、司法机构一并构成的公权体系,其所必然实施的制度供给,是客观存在、有弹性空间(即有可塑性)和有高下之分的。在中国追求现代化的历史过程中的供给管理,除经济部门、产业、产能、产品、技术等结构方面的供给内容之外,最关键的还须着眼于打开"制度红利"这一转轨中最大红利源的释放空间,形成激发经济社会活力、潜力的有效制度供给,及实现相关改革决策的较高水准。制度安排层面深刻变革的取向是坚定不移的市场化,但又不能简单限于、止步于市场化概念下的作为。其实,中国的市场发育和经济赶超正是改革中最难处理的一项基本矛盾:国际竞争的基本现实已不允许我们再常规地、跟随式地经历和等待以平均利润率机制主导的漫长的市场发育及经济结构优化的自然过程,需要从供给端得到一种比自然、自发的市场配置在某些领域、有限目标下更强有力的机制——政府"理性主导"机制,并使之与市场机制"1+1＞2"式地叠加,才能逐渐接近并最终实现赶超目标。把后发优势与理性的政府主动作为结合在一起,摆脱经济学发展到凯恩斯主义、新古典学派和货币学派的"百家争鸣"仍未摆脱的需求—供给不对称框架,在现实生活中就要着眼于此,形成凌驾于"政府与市场绝对冲突"或"要么政府、要么市场——二者必居之一"旧式思维之上的新思想方法来指导改革与发展的实践。在尊重市场、培育市场的旁边,供给端的特定作为必须包括政府积极有效地建设市场、组织市场和"合作式"的超越市场平均利润率机制自然过程。

因此,未来中国的经济发展迫切需要凝聚改革共识,也强烈呼唤能促进改革的新供给经济学,并在这个理论框架下探讨"顶层设计"和"系统改革"。三十多年来我国经济社会发展取得了举世瞩目的成就,同时也遗留诸多问题(绝大多数属于棘手问题、难啃的"硬骨头"问题),种种问题很难通过制定一两条政策来解决,必须进行全面、系统的改革"顶层设计"。改革的全面、协调推进将是今后决定中国现代化命运的重心与关键。为提升全面改革的可操作性,从土地制度、人口流动、公共资源配置、改善民生、优化收入分配等重大现实问题入手,也需要理论的烛照与指导,呼唤着把政治经济学、制度经济学、转轨经济学等熔于一炉的中国特色的新供给经济学。

总之,我们认为,中国宏观调控中无论作何种具体的政策组合的选择,客观上都需要以改革为基本依托,中国的改革攻坚和配套推进,需要以改革为核心的新供给经济学的理性认知思路来引领。

六、"新供给经济学"的基本政策主张是以改革统领全局,以"双创、双化、双减、双扩、双转、双进、双到位、双配套"引领我国经济可持续健康发展

党的十八大指出:"我们必须清醒认识到,我国处于并将长期处于社会主义初级阶段的基本国情没有变,人民日益增长的物质文化需要同落后的社会生产力之间的矛盾这一社会主要矛盾没有变,我国是世界最大发展中国家的国际地位没有变",这"三个没有变"体现的国情特征以及我国13亿人口的消费品市场的供给端呈现为"本国生产为主,海外进口为辅"的特点(与美国全球供给、海外进口为主,本国生产为辅的市场结构有本质不同),决定了中国在相当长时期内经济领域的主要矛盾是在供给端。从经济生活的实际情况看,近年国庆期间"火车票一票难求"、"高速路车满为患"、"旅游景点人声鼎沸"等现象,以及房价房租不断上涨的趋势、看病难看病贵、上学难学费贵等问题,清楚地

表明了我国有着巨大的真实需求，而结构性供给不足的矛盾十分突出且将长期存在。

由此，我们的基本政策主张是中国未来的宏观政策取向核心是深入贯彻"发展是硬道理"的战略方针并升华为"科学发展是硬道理"层面，通过改革开放不断解放和发展生产力来提升农业、工业、基础设施和服务业、文化产业、生态环境产业等的供给能力，通过发展实体经济、促进就业、改善生态达到建设"幸福中国"、"美丽中国"、"和谐中国"发展目标，最终实现以中华民族伟大复兴为标志的"中国梦"，并为全球经济发展做出应有贡献，使人类的共同家园"地球村"成为"和谐世界"。已有的一种分析认识强调：仅靠推进"比较优势"战略尚不足以支撑实现"中国梦"的宏伟目标，作为中国之必然选择的"三步走"赶超战略，需要更为全面、丰富、科学的理论和政策设计支撑决策。（贾康、刘军民，2010）

我们对中国当前的具体经济政策主张，可概述为：建议着重从供给端入手推进我国经济实现"双创、双化、双减、双扩、双转、双进、双到位、双配套"；而对备受各方关注的"通胀问题"，则不宜简单直接套用美国主要从需求端入手加以调控的模式，而应当确立"物价上涨"不等于"通胀"的基本理念，并积极构建与我国经济发展阶段、发展水平及市场供求结构相适应的物价调控模型和机制。

（一）走创新型国家之路

面对新一轮生产力革命（"第三次产业革命"）的挑战，我国为实现可持续发展和国际竞争中的向好，必须走创新型国家之路。从1840年起，中国从农业经济转向工业经济的阶段，时间之长，代价之大，是谁都没有想到的。农业技术的高水平，并不是工业革命发生的充分条件，中国在18世纪、19世纪相对欧洲具有高水平的农业技术，却错过了工业革命机遇，就是明证。现时"中国制造"的成功并不能保证中国新经济的出现。从长期来看，中国经济需要在高端"买不来的技术"领域靠自主创新艰难前行，最终建成"创新型国家"，才能完成从工业经济向与"第三次产业革命"接轨的"中国新经济"的艰难转轨。可以预计，信息产业、新能源产业、生物产业和纳米产业等战略性新兴产业可能成为中国经济的新引擎。在此过程中，科技创新客观需要以制度创新和运行机制的改造作为关键性的支撑，从这种中国特色转轨道路上的创新特色而言，我们可以强调地说："制度高于技术。"

必须深化科技体制改革，完善支持自主创新和成果转化的政策体系，引导各类创新主体加大研发投入，调动社会各方面参与和推动自主创新的积极性。完善以企业为主体、市场为导向、产学研结合的技术创新体系。加强创新型人才队伍建设，重视培养引进高科技领军人才。培育创新文化，保护创新热情，宽容创新挫折，形成有利于创新的全社会氛围。为支持从发展基础科研、实施国家科技重大项目到促进科技成果产业化各个方面的自主创新，必须在实行科技体制和管理体系改革、提升绩效的同时，下决心调动、引导相关各方增加科技投入，而当前这方面的资金需求尚未得到很好满足，仍然处于资金制约之下的科技投入相对不足状态。近年中国财政对研发的投入已有明显提升，今后还需要政府对研发的长期投入，并带动市场主体共同形成并于2020年后保持占GDP 3%左右的研发投入。

（二）大力鼓励创业

必须充分激发全社会的创造活力，鼓励全民创业，特别在中小微企业和现代服务业上。以我国人口规模，企业数量可能比现在多几倍。民营经济是经济发展的生力军。民营经济的发展质量和水平，以及升级换代的进展如何，在很大程度上决定了国民经济的整体素质。要以多种制度变革和政策优化举措，支持实现民营经济新飞跃，完善和落实促进民营经济发展的政策举措，鼓励民营企业加强技术创新、管理创新、制度创新和企业文化创新，大力实施品牌战略，着力提高市场竞争能力。国有企业需要进一步深化战略性改组，在健全国有资产管理体系和深化改革中消除过度垄断因素和优化治理结构，发挥其应有的特定功能与辐射力，与民营经济相辅相成共同发展。

（三）推进新型城镇化建设

2011年，我国以常住人口为统计基础的城市化率为51.3%，考虑到我国城乡人均收入差距，以及农业与非农产业比较劳动生产率的差距还相当大，我国农村劳动力向非农产业和城市地区转移的动力依然强劲，这也是中国城市化的动力所在。由于城市化意味着收入的提高、消费的提升，人口的高密度聚集，以及进城农民生活和居住方式的改变，城市化毫无疑问是中国经济增长持久的内生动力。城市化也意味着强烈需要供给结构的变化，城市人口的聚集和规模扩大形成的规模经济，将大大促进产业分工的细化和就业结构的细化，同时可以促进农村土地集约使用和农业集约化经营。

在推进城镇化过程中，应根据人多地少的国情，走"大都市圈"战略，避免"四处点火"的城市布局规模不经济现象。2011年，中国人口超过一千万的城市已经有13个。2011年，京津冀、长三角和珠三角三大都市圈（带）承载了中国28%的人口，却产生了41%的GDP。应根据国际城市发展演化的规律，综合考虑水资源和环境的承载能力，提早规划若干个人口在三千万以上的"大都市圈"，最大限度地利用规模经济和劳动分工的好处，节约城市基础设施建设成本，促进服务业发展，也最大限度地节约耕地和保障粮食自给自足。

但引导好中国城市化的进程，发挥城市化红利，需要对阻碍城市化进程的现行户口制度以及户口附属的福利制度、农村土地制度、城市社会管理、社会保障制度、城市规划体制、路行政区的协调机制等一系列制度，进行相应的变革。必须在弥合"二元经济"的历史过程中，以制度建设、经济手段和其他各种调控手段、政策措施的优化组合，走出一条伴随新型工业化、新型服务业化而同时推进新型城市化、农业现代化而最终达到城乡一体化一元经济和谐境界的"中国道路"。但在城市化过程中，要预防和阻止房地产泡沫的产生与发展，对资产泡沫危险绝不可掉以轻心。由于很难事前判断资产泡沫的积累，一个简单实用法则是有价值的。每年平均房价上涨幅度不应超过全国或某地区经济增长率、通货膨胀预期和城市化人口增长率三项之和，即"清华规则"（姚余栋、付竞卉，2012）。以全国经济增长幅度为7%，通货膨胀预期为2%，城市化率1%计算，全国每年平均房价增长速度不能超过10%。

城镇化如果是实现了进城农民工的市民化，毫无疑问有利于扩大内需。但城镇化更大的意义在于供给侧效率的提高，特别是"大都市圈"在规模经济上的明显优势。城市规模的扩大使得规模经济不断产生并推动专业化分工进一步细化，集聚效率进一步提高，于是形成大量的创业机会和就业机会。要使城市化的这一效应得到发挥,需要政府在制度上减少创业障碍,在政策上扶持创业行为,形成有利于创业的制度和政策环境,从而真正形成城市经济的活力和创新能力。因此市场化改革,是城市化能够顺利推进的根本保障。

(四)促进产业优化

在扶持战略性新兴产业的同时,中国不能放弃制造业的升级换代,不能简单将现有传统产业淘汰到国外,而应结合主体功能区规划和通过政策引导促使其渐次向中西部转移,同时鼓励现有产业改造升级,并大力促进第三产业,特别是现代服务业的充分发展。要在成为创新大国的过程中,通过技术创新、商业模式创新、产业创新和以股权投资母基金引导社会资本投入方向,形成合力来加大战略新兴产业的成长步伐,争取弯道超车后来居上。要加快在资源能源、光电、文化、医疗、教育等垄断行业或过度垄断领域的改革,放开步伐,引入民间资本和资本市场力量,加快形成健康产业、老年护理产业、文化产业、创意产业等新的产业链、价值链和新兴产业群,释放出巨大的产业能量和活力。要通过4G建设、高铁主干网建设、城镇化建设和航天军工民用化,带动移动互联网、绿色建筑、高端装备产业和新材料的发展。应推出有利并购重组的政策,以及通过资本市场功能的发挥促使产业、行业间资源重新有效配置,改善经济整体质量。

同时必须看到,政府扶植产业的效果已经在逐渐递减。中国产业结构优化升级的动力和压力分别来自收入提高后的需求结构多样化和需求结构升级、人口红利逐渐消失后因劳动力成本上升导致的传统比较优势的丧失、全球化环境下开放带来的国际竞争压力,等等。开放条件下国际贸易和投资规则的限制,使我们传统的通过政府扶持和优惠为主的产业政策手段,越来越多地受到贸易对手的关注和制约。因此,新时期推动结构优化和升级的措施,应该更加注重发挥市场机制的作用,让企业真正成为围绕需求结构变动展开创新和产业、行业结构升级的主体。政府的作用应该更为突出重点地转向营造良好的市场环境,包括改革深化金融体系、培育创业和风险投资、提供必要的政策性金融产品,为结构升级提供更加高效的融资服务;加强基础研究和技术研发的政府投入,引导并激励企业加强研究开发投入和产品与品牌创新,赋予学校更大的办学自主权并引导教育结构更好地满足结构升级的需要；营造更加公平的竞争环境，减少对不同产业领域的行政管制和垄断，推动产业投资准入的进一步开放和全过程的公平竞争。

（五）加快实施结构性减税

应以结构性减税作为现阶段宏观调控和财税政策的重点和亮点之一。结构性减税是激发市场主体"两创"活力并以经济杠杆引导结构优化、方式转变的代表性机制之一。税外负担的减轻需与减税相互结合与协调。税制的总体优化需在远景上按现代社会、现代国家发展目标模式，近景上适应各发展具体阶段上的要求与制约，纳入财政、经济、行政和政治体制配套改革，积极有序推进。

"营业税改增值税"的改革，在进口、中小微企业、创新活动、养老产业化等环节和领域的减税与税收优惠举措，应成为现阶段结构性减税的重点，并与资源税、房地产税改革等一并纳入财税改革的通盘设计。

（六）大幅度减少行政审批

减少行政审批应成为进一步转变政府职能、推进市场化改革的重要切入点和基本取向，进而以实质性减少政府行政干预特别是行政许可的制度改进，营造良好的企业经营环境，降低交易成本，达到鼓励创业、创新，提高效率推进两化的综合效应。

我国各级政府大大小小的行政审批不仅导致各类寻租腐败行为，而且增加了企业经营的不确定性和交易成本。未来中国产业结构的调整和升级，不可能再主要指望产业政策对几个支柱产业或战略性新兴产业和国有企业的扶持来实现，更多的是需要通过广泛的创业和创新活动来实现，而这类创业和创新活动的主体，必然是遍布各地和各个产业的中小企业。为了促进中小企业的创新和创业，必须大大减少不合理的政府行政审批项目，加强对私人产权的依法保护，花大力气改进企业的营商环境。国务院最近减少行政许可事项的改革，以及广东省减少行政审批事项，开展以"三打两建"为主要内容的建立具有国际水准的营商环境的努力，是一个有远见的开端，需要进一步深入。

（七）着力扩大中国对亚非拉地区的开放融合

经济全球化、一体化已成为不可逆转的发展趋势，但由于美国次贷危机、欧债危机等因素，2008年以来欧美日等发达国家经济陷入危机状态，其进口需求增速显著放缓，贸易保护主义抬头，且呈中长期化态势。而我国与东盟双边贸易额从1991年的79.6亿美元上升至2011年的3629亿美元，年均增长20%以上；中非贸易额从1992年的105亿美元攀升至2011年的1600亿美元，年均增长22%；中国与拉美贸易额自2001年以来年均增长30%，至2011年达到2415亿美元。

面对这一变化了的国际经济格局，我们认为，我国必须坚持和实施更加积极主动、更加能够体现比较优势的新型开放战略。以主动在海外设立投资基金方式投资欧美高技术密集地区的高技术企业，用股权整合国际高技术资源，以国际产业整合方式支持国内产业升级，推动新兴产业的成长。在努力巩固与欧美国家经贸关系的同时，将更多的关注点和可用资源投入到亚非拉新兴经济体国家，通过拓展外汇储备运用渠道、推动人民币国际化两大动力，围绕"两个市场，两种资源"，运用"基础设施换资源"原理，积极探索将中国的资金优势、基础设施建设能力优势、经济开发区建设经验与亚非拉国家的资源优势、基础设施需求、农业发展需求、工业化进程需求实施有效对接，并以其相关需求带动我国资金、人才、产品和技术"走出去"。

（八）适度扩大在增长方面基于质量和效益的投资规模

我们主张，在中国当前所处的发展阶段，不能简单批评"高储蓄、高投资"，也不能照搬套用欧美国家以消费促增长的发展模式（已被实践证明是导致危机的根源），更不能认为消费产生的GDP才是高质量的GDP而投资产生的GDP是低质量的GDP，扩大投资并不必然导致产能过剩、重复建设。实际上，没有投资就没有供给，也就没有消费（除非像欧美部分国家一样靠借债、靠印刷货币、靠进口消费）；投资是消费的前提和基础，也是国家经济硬实力的依托和就业的源泉，对中国和广大发展中国家，在超常规的"追赶"阶段，投资对经济发展的重要性尤为重要。从改革开放三十年的实际进程和成效看，由高储蓄支撑的高投资，不仅不是中国经济的主要问题，相反这是中国得以实现快速发展的重要经验。我国投资与消费的比例和结构，应当随着中国经济发展水平的提升、居民收入水平的增加而逐步合理演进而不宜人为强力调整，更不宜直接套用早已实现工业化、信息化并进入后消费时代的美国的投资消费结构指标，作为中国目前所处发展阶段的参照指标，否则容易导致错误的宏观政策导向，人为造成错失当前对中国较为有利的发展机遇。

中国投资领域的核心问题不是总量和增速，而是结构、质量和效益。从结构看，未来宜重点围绕新型工业化、信息化、城镇化、农业现代化、服务业现代化、国防现代化及住房、医疗、教育等领域，优化投资结构，提升投资强度；从提升质量效益看，要大力深化改革投融资体制改革和金融改革，以创新投融资模式，引入多元投资主体，以公私合作伙伴（PPP）和政策融资机制，扩大融资渠道，降低融资成本。此外，对电力、公路、铁路、地铁、公交等具有正外部性且实行政府定价的公共性领域和医院、学校等准公共性或公益性领域，应树立"大效益"的理念，运用综合绩效评估方式，决不应简单以财务效益、是否亏损作为衡量其投资必要性、可行性的依据。

（九）尽快实施人口政策中放开"一胎"管制的转变

为应对我国已确定无疑面临的人口老龄化压力，"人口红利"的迅速消退、迫近的刘易斯拐点与不断上涨的劳动力成本，我国现行人口政策中"一胎化政策"及相关管制状态亟须尽快转变。

实际生活中"一胎化"政策还有实际控制效力的覆盖面，早已收缩到我国城镇"体制内"人群中的几千万适龄人口而已，当下及时地转向"二胎"政策，不会带来我国人口压力的激增，却会在对冲老龄化给经济增长、社会养老带来的压力、缓解"一胎"引致的社会问题（如"失独"家庭痛楚、贯彻"一胎"政策带来的政民矛盾、独生子女带来的养育焦虑、"中国小皇帝"式身心负面效应以及强化收入分配差距等）、适当提振消费和使城镇生活"幸福感"提升等方面，产生一系列正面效应。人口政策的完善，需要妥善处理好"二胎"政策实施的路径和各级计生部门的职能转变与人员分流安置问题，这方面并不存在任何硬障碍，关键在于"冲破利益固化藩篱"的决心与在方案操作层面设计好协调配套，切不可再久拖不决。

（十）积极促进国有资产收益和存量形态的转置

国有经济部门（主要以大型国有企业为主）是在改革开放中继续发挥重要

作用的一个重要方面，是顺应社会诉求以更大比重的资产收益上交国库，转而支持社会保障体系的运行和公共服务的优化。中国国有经济既有相同于其他国家、又有区别于其他国家的定位：一是应发挥弥补市场缺陷的特定功能。二是在实现中国"伟大民族复兴"、"现代化赶超"的"三步走"战略目标过程中，遵循经济规律的同时具有中国特色地、守正出奇地在贯彻国家意志方面发挥其不可替代作用，包括超常规地支持不同阶段上的战略重点事项——如现阶段有待尽快充实的社会保障基金，与强化基本公共服务均等化可用财力的筹集机制。

在这种定位之上，健全国有资产管理体系应结合各级政府分别行使出资人职责的原则，将国有资产实施经营型、公益型和自然资源型三类资产的分类管理，坚持"资产全民所有，收益全民所用"的原理下，完善国有资本经营预算管理体制，提高利润上缴比例进而对社会保障和其他公共服务的支出加大支持力度，合理纳入预算体系内统筹协调。此外，公益型资产处置（如文化企业转制过程中国有资产的处置）也应纳入国有资本经营预算体系中来。

今后随着国有经济"战略性改组"逐步到位，中央政府在国资委管理范围内的 100 多家企业收缩至 100 家以下后，应积极探索通过立法方式，确定各类企业的设立依据、政策目标、国有资产收益的合理转置等相关规则，在动态优化中形成以国有资产收益和存量形态的合理转置服务于全社会公共目标的法治化制度体系。

（十一）国有企业（国有资本）与民营企业（民间资本）应发挥各自优势，协调发展，共同进步

我们不主张"贴标签"式地讨论"国进民退"、"国退民进"问题，且"进"、"退"也不是仅体现在"领域"的进出、"市场份额"的高低方面。我们主张，要按照马克思"生产力决定生产关系"的原理作为观察问题的着眼点，并按照小平同志"三个有利于"的核心思想作为衡量标准，在经济发展的一定阶段，既不是"越公、越国有越好"（20 世纪 50 年代末的"大跃进"、人民公社，搞"一大二公"，有过惨痛教训），也不是"越私、越民营越好"（印度等亚非拉发展中国家的产权模式，以及 20 世纪苏东巨变后私有化形成寡头垄断，严重破坏国民经济发展，亦重蹈失败覆辙）。此外，从历史上看，中国明清时期、民国

时期，没有什么像样的国有企业，全是民营企业、民间资本，也没有实现"强国富民"、社会公平公正的目标。

我们认为，国有企业、国有经济与民营企业、民间资本各有其特点和优势，在当前中国进入工业化中后期、进入资本社会化时代且面临全球化竞争格局的条件下，观察国有企业的存在必要性、作用方式和空间，探索其有效管控模式，必须引入新的理念、新的视角，运用新的思维。

国有经济、国有企业具有依托或隐含国家信用、能够整合各方资源、规模经济、资本实力强、管理相对规范、社会责任感较强等优势，是政府调控经济、维护国家经济安全，保障社会公平公正的重要调控、辐射力量和政策工具，特别是在某些从国家中长期战略看很需要但暂时面临市场缺损或发育不足的领域，其作用更显重要，但其也存在由政企关系界定不清或内部管理人员道德风险所诱发的盈利动机不强、不注重管控成本反而易持续抬高管理成本和福利、工资，运营效率偏低、服务质量较低等问题；民营企业具有市场嗅觉敏锐、机制灵活、客户观念强等优点，但其与生俱来的最大化逐利本性容易导致主要关注企业自身利益或局部利益、浪费资源、短期行为、压低劳工安全条件和薪酬、破坏环境、社会责任感不强等问题。我们主张，要通过扩大市场准入、加强市场监管、完善法律法规，发挥其各自长处，抑制其各自不足，构建国企国资、民企民资平等竞争，互为补充、双向良性互动的市场格局。国企国资在一般性竞争领域可逐步完全退出，在涉及国家经济安全、经济命脉的特定领域其以股权衡量的控制力大致可初步掌握在 30%—60% 区间。

股份制是公有制的重要实现形式和融合"国有企业"、"民营企业"分野而发展"混合经济"式现代企业的制度形式。原来"国"与"民"在一般概念上的截然不同，从历史大趋势上观察，将越来越多地转化为依阶段、领域等的不同而生成的股份制企业股权结构的变动问题，即归为国有与非国有股权的一体化生存与"共赢"问题。

（十二）政府和市场都是现代经济健康运行的重要组成部分，但两者都不应越位、缺位，而应发挥其各自应有作用，实现"双到位"

我们既不主张经济完全由政府主导，也不同意单一维度的所谓"小政府，大社会"或"政府退出经济领域,完全由市场自身配置资源"的观点。经济完全由政府主导,即实行计划经济,企业全部国有,则形不成市场,价格、资源必然扭曲,供给必然不足,效率必然低下,苏联东欧国家及中国改革开放前已有深刻的历史教训;经济完全由市场自发运行,企业全部是非国有企业,也会出现西方经济学亦承认客观存在的"市场失灵",其对国民经济造成的伤害也会十分巨大——1929年大萧条的出现是其典型案例;2008年以来出现的由美国次贷、欧债引发的最新一轮全球经济金融危机也充分证明,并非政府不参与经济运行,经济就可以很健康地发展。

我们主张,政府和市场应发挥其各自应有作用,并实现良性互动互补与合作。在中国特色的市场经济条件下,政府既是提供公共服务、监管市场运行的主体,也是部分特定领域的供给(生产)主体。中国政府未来一方面要运用财政政策、货币政策、收入政策等宏观政策,并通过制订国家中长期发展战略、区域和行业发展规划引导市场这只"看不见的手"调控经济运行,另一方面,还应颁布相关法律法规、设立监管机构来监督市场运行,并在涉及国计民生的关键领域通过构建一定数量的强大的国有控股企业这只"看得见的手",来保障国家经济安全和弥补"市场失灵",贯彻现代化赶超战略。

我们的上述主张绝不意味着看轻国有经济、国有企业深化改革的艰巨任务,也并不意味着主张政府"既当裁判员,又当运动员",而是主张将政府三个职能分离由三个不同的主体来承担,以确保政府调控、引导经济发展职能与市场配置资源职能"双到位",具体模式是:一是由政府设立的"行政部门"承担制定发展规划、审核市场准入等行政职能;二是要由政府组建"监管机构"来履行监管市场职能;三是对于涉及国家经济安全、国民经济命脉的重点领域或存在"市场失灵"的领域,还应由政府出资在同一领域成立若干"企业实体"参与有外资、民资等主体加入的市场竞争。公私合作伙伴关系模式下的发展取向与机制创新,应成为政府、市场主体与非政府"第三部门"(民间志愿者组织)公益机构与更充分地合作而寻求"共赢"的主题(贾康、孙洁,2009)。

经过30年的不断改革开放,我国的冶金、有色、航空、金融、电信等领域已基本上实现了政府行政、监督、股东三项职能的分离,初步形成了政府与市场互动格局，而电力、铁道、公路、卫生、教育等领域仍维持了或大体未打破原有格局，政府三项职能集中于一个机构，或仍实际维持了过度垄断与过度管制，需要通过大力深化改革，实现三者的履职主体有效分离。

（十三）尽快实施新一轮价、税、财配套改革

各项改革进入深水区和攻坚阶段，非常有必要多项改革协调并进，其中应充分看重的是价、税、财等通盘协调的配套改革。财政问题，实质上是公共资源配置体系与机制问题，是"以政控财、以财行政"的配套体系，因而与公共权力主体的系统化改革息息相关，与整体资源配置机制改革息息相关。也正是如此，我国改革开放以财政体制改革为突破口，社会主义市场经济体系建设又以1994年财税体制改革为突破口，实践证明是十分成功的。财政处于经济社会的中心点，相应当前面临的资源环境以及人际关系等方面的问题或多或少均与财税价有关，所以新一轮价、税、财配套改革是"牵一发而动全身"的改革，也可以起到"事半功倍"的效果。

总体而言，价、税、财配套改革的近中期要点包括：通过营改增改革，在减轻税负落实结构性减税政策的同时，消除服务业发展的重复征税因素、推动企业发挥潜力做专业化细分并推动产业结构优化，提振消费提升经济增长质量；分步全面推进资源税改革，一方面将其作为我国基础品价改和电力体制改革的重要切入点，理顺基础能源、资源产品价格形成机制，另一方面从源头上对节能降耗形成长效杠杆机制；以房产税改革试点的适时扩大，呼应十八大要求的"构建地方税体系"，促进地方政府职能转变；允许发行以财产税等地方税为支撑的地方债券，为新型城镇化融资，淡化区域间税源竞争导致的"经济壁垒"，进而对全国统一大市场的形成产生积极作用，同时可在房地产调控、收入再分配优化等方面产生积极效应；个人所得税分步走向"综合加分项扣除"模式的改革，可以缓解因收入分配差距过大带来的中国社会人际关系紧张的矛盾，同时在培养国民纳税意识、促进预算民主化方面有所作为。而上述各项税制改革的共同推进，自然而然地将我国税制结构向提高直接税占比的方向推进，逐步形成与市场经济纵深发展相适应的现代税制，而这也恰是实现社会经济转型、社会公平的必然要求；积极推进省以下分税制财政体制，一方面可以解决现实

中基层财政困难、"土地财政"等问题，也能促进行政框架扁平化以及政府职能转变，从而降低行政成本，优化财政支出结构和更好地释放市场主体活力，为其他改革打开空间，释放经济发展潜力。

（十四）积极推进金融改革和创新的配套改革

把握住全球化中的战略机遇，在已有成绩的基础上继续推进金融改革和创新，扩大金融对实体经济的服务覆盖面和融资渠道，提高银行业、证券业、保险等行业的全球竞争力需要。进一步深化金融机构的改革，特别是深化国有控股商业银行改革。一是进一步降低国家持股比例；二是提升社会资本持股比例，大力发展证券、保险等非银行金融机构；三是在政策性融资机制创新中构建多层次、广覆盖、可持续的农村金融服务体系，并健全小型、微型企业融资体制，改进小微企业的金融服务；四是尽快建立存款保险制度，加快发展民营金融机构，通过降低准入门槛，引入民间资本或将现行的民间放贷机构合法化，增加金融供给主体和金融产品，更好满足中小微企业融资需求；五是以显著提升直接融资比重为目标，大力发展债券市场；六是发展企业年金、职业年金等，为老龄化社会的养老和医疗保障提供充分的投融资机会；七是继续完善主板、中小企业板和创业板市场，积极探索覆盖全国的股权交易市场（三板），并推动"大资产管理公司"建设；八是提高金融业稳健性标准，积极稳妥地推进银行业实现第三版巴塞尔协议，防范银行表外业务风险，牢牢守住发生系统性风险、区域性风险的底线。

总之，我们认为，应坚持小平同志"发展是硬道理"的核心思想，以改革统领全局，适应中国新一轮经济发展的总体要求，针对当前和今后一个时期面临的多方面问题和矛盾，着重从供给方入手，构建促进总供需平衡和结构优化、增长方式转变的"新供给经济学"，并作为指导中国未来可持续发展的核心经济理论之一。在上述基本考虑中，"双创"是发展的灵魂和先行者；"双化"是发展的动力与升级过程的催化剂；"双减"则代表着侧重于提升供给效率、优化供给结构以更好适应和引导需求结构变化的制度基础；"双扩"是力求扩大供给方在国际、国内的市场空间；"双转"是不失时机地在人口政策和国有资产配置体系两大现实问题上与时俱进地顺应供给结构与机制的优化需要，以支持打开新局;"双进"是明确市场供给主体在股份制现代企业制度安排演进中的合理资本金构成与功能互补和共赢效应;"双到位"是要在政府与市场这一核心问题上明确长期困扰相关各方的合理定位;"双配套"是财税、金融两大宏观经济政策体系上以大决心、大智慧推进新一轮势在必行的制度变革与机制升级。试以以上"八双"来粗线条地、突出重点地表达我们在以改革为核心的新供给经济学思路上所强调的基本政策主张。

十八大报告已经发出明确的号召:"我们一定要坚定信心,打胜全面深化经济体制改革和加快转变经济发展方式这场硬仗,把中国经济发展活力和竞争力提高到新的水平。""空谈误国,实干兴邦"。当前,最重要的就是落实 2012 年中央工作会议要求,尽快提出一个明确的改革总体方案,并明确路线图和时间表。这件意义极为重大,涉及社会主义市场经济在 2022 年后究竟走向什么样的成熟模式,关系中华民族能否最终实现伟大复兴目标的光荣而艰巨的任务,需要中国整个经济学界乃至全社会的积极参与,集中各方面的智慧,通过深入的讨论和思想碰撞,才能凝聚共识,抓住改革的机遇。作为参与这个碰撞和讨论的形式之一,我们诚挚地希望并邀请更多的经济学工作者加入到构建和发展中国新供给经济学的研究和相关政策探讨行列,共同交出一份无愧当代经济学工作者历史使命的答卷。

主要参考文献

1. 贾康:《中国特色的宏观调控必须注重理性的"供给管理"》,财政部财政科学研究所编:《热点与对策——财政研究报告 2009—2010》,中国财政经济出版社 2011 年版。

2. 贾康、苏京春:《财政分配"三元悖论"制约及其缓解思路分析》,贾康主编:《收入分配与政策优化、制度变革》,经济科学出版社 2012 年版。

3. 贾康、刘军民:《政策性金融与中国的现代化赶超战略——兼与林毅夫教授商榷》,《财政研究》2010 年第 1 期。

4. 贾康等:《战略机遇期金融创新的重大挑战:中国政策性金融向何处去》,中国经济出版社 2010 年版。

5．贾康、孙洁：《公私伙伴关系（PPP）的概念、起源、特征与功能》，《财政研究》2009 年第 10 期。

6．贾康、冯俏彬：《从替代走向合作：论公共产品提供中政府、市场、志愿部门之间的新型关系》，《财贸经济》2012 年第 8 期。

7．刘世锦等：《陷阱还是高墙？中国经济面临的真实挑战和战略选择》，中信出版社 2011 年版。

8．李斌：《经济增长、B-S 效应与通货膨胀容忍度》，《经济学动态》2011 年第 1 期。

9．李稻葵：《新财富滞胀风险呼唤以改革为核心的新供给学派》，《新财富》2008 年第 8 期。

10．李万寿等：课题报告《我国技术创新的体制机制问题研究》，中国国际经济交流中心，2011 年。

11．沈建光、姚余栋：《消费率反转契机》，《财经》2011 年第 30 期。

12．王智鑫、李宏瑾：《被误读的日本"广场协议"教训》，《西南金融》2012 年第 8 期。

13．伍戈：《输入型通胀与货币政策应对》，《国际经济评论》2011 年第 6 期。

14．姚余栋、谭海鸣：《中国金融市场通胀预期——基于利率期限结构的量度》，《金融研究》2011 年第 6 期。

15．姚余栋、付竞卉：《确定可持续性资产价格：清华规则》，《比较》2012 年第 62 期。

以新供给经济学理论创新促进可持续发展
——在改革中加快实现"中国梦"进程的政策建议

中国新供给经济学研究小组

（2013年5月）

党的十八大提出"两个一百年"的宏伟奋斗目标，2012年12月中央经济工作会议明确提出抓紧研究制定深化改革的"路线图和时间表"。带着对中华民族伟大复兴的"中国梦"的美好憧憬，我们来自财政部、发改委、中国人民银行、国家开发银行、国务院发展研究中心、清华大学、重阳投资等机构的"中国新供给经济学研究小组"12位同志，满怀当代经济学人的强烈责任感，基于前期的理论创新研究成果，在分析我国与世界主要发达经济体的差距，以及"中国梦"实现过程可能面临的主要问题的基础上，就推进我国改革开放进程，打造中国经济升级版，提升国际竞争力，加快实现"中国梦"进程，提出了可概括为"八双五并重"的政策建议，梳理了从供给端入手深化重点领域改革的思路和具体措施（详见附件一）。现汇报如下：

一、开展中国新供给经济学研究的背景及意义

第一，国际金融危机的爆发以及无效、低效的救助措施，彰显了西方主流经济理论和政策理念的困境，发达国家可能因此于中期再度陷入"滞涨"困境。现有主流理论既难以指导发达国家真正走出危机，更不能指导发展中国家实现可持续发展。2008年以来爆发于欧美国家的这一轮危机，从根本上说是生产方

式变革迟缓和社会制度僵化产生的危机。经济理论不论是由凯恩斯主义主导，还是由新自由主义诸流派引领，长期侧重于"需求管理"，主要重视和强调如何以政策管理需求端。与此同时，由于社会、政治体制等制约，也没有有效推进结构性改革以充分释放供给潜力。发达经济体在国际贸易中名为推动贸易自由主义，而实质上在多个领域已采取贸易保护主义。

美、欧、日救助金融危机的基本思路是竞争性量化宽松。但是，在不能有效促进供给增长和生产率提升的前提下，这样的政策理念很可能导致全球流动性严重过剩和"滞涨"后果。理论和实践均呼唤对供给端中长期因素的充分重视。

从历史上看，每一次重大经济金融危机的化解，都会催生经济理论的突破性发展。1929年世界经济危机，使主张国家干预但侧重需求管理的凯恩斯主义超越了主张"供给创造需求"的萨伊定律和"政府无为而治"的古典经济理论；20世纪70年代面对以美国为典型的"滞胀"局面，凯恩斯主义无法提出有效的对策之后，数十年新自由主义大行其道，"华盛顿共识"产生了广泛影响。但2007年的国际金融危机促使人们不论对凯恩斯主义还是新自由主义经济学都进行反思，为超越简单萨伊定律之上的新供给经济学的创新发展，提供了土壤与催化因素。

第二，未来我国实现可持续发展，迫切需要构建、引入注重供给端管理的新经济理论。我们认为，十八大提出的"三个没有变"体现的国情特征以及我国13亿人口消费品市场的供给端呈现的"本国生产为主，海外进口为辅"特点，决定了中国在相当长时期内经济领域的主要矛盾方面是供给端。从现实情况看，近年我国国民经济总体平稳较快发展，但"黄金发展期"特征伴生"矛盾凸显期"压力，改革进入深水区而举步维艰，政策调整引用现代经济学教科书理论和发达经济体调控经验较多，而对中国国情（包括人口资源特点、文化传统、市场潜力与供求结构特点、所处经济发展阶段差异等）考虑仍嫌不够，部分政策实施后造成经济短期波动较大（如房地产政策前后左右不够协调、成效不佳，甚至引发社会各界责难），市场、资源、环境等多方面的扭曲不容忽视，诸多领域呈现"两难"、"多难"局面。

面对这些现实问题及中长期可持续健康发展的客观需要，特别是十八大后明确表述的实现"中国梦"目标，近年来社会各界特别是经济界关于"深化改革、整体设计需要新经济学说指导"的呼声很高。美国诺贝尔经济学奖获得者科斯教授不久前也曾撰文提出"经济学的未来在中国"。我们认为，中国改革开放 35 年的成功实践需要系统地给予"中国式创新的经济学解释"，未来"中国梦"的实现需高度注重构建创新型经济理论支撑。更多注重供给端的"新供给经济学"框架，可以适应于、服务于这种现实需要，支持"中国梦"愿景的实现，同时也可以为全球经济发展，特别是发展中国家的经济发展提供指导。

二、新供给经济学的立论基础

第一，解放和发展社会生产力的原理与中国国情的紧密结合。马克思主义关于"生产力决定生产关系"、"经济基础决定上层建筑"，以及通过改革解放和发展社会生产力的唯物史观基本原理，在十八大报告关于国情的基本判断中得到充分体现。报告指出："我们必须清醒认识到，我国仍处于并将长期处于社会主义初级阶段的基本国情没有变，人民日益增长的物质文化需要同落后的社会生产之间的矛盾这一社会主要矛盾没有变，我国是世界最大发展中国家的国际地位没有变。"这是我们主张的通过改革释放供给潜力的重要立论基础。

第二，"中国特色社会主义理论体系"基本原理与不断发展的实践动态需求的紧密结合。中国特色社会主义理论体系凝结了对中国改革开放 35 年发展经验的提炼和总结，将长期指导我国经济社会发展，需要在今后攻坚克难的配套改革、统筹协调的科学发展实践中，更好地、动态地发挥战略指导作用；同时也需要在不断发展的实践过程中加以丰富和深化。

第三，中国传统经济思想和文化的精华与当代文明先进认识成果的紧密结合。《中共中央关于深化文化体制改革的决定》对中国文化做了经典概括："文化是民族的血脉，是人民的精神家园。在我国五千多年文明发展历程中，各族人民紧密团结、自强不息，共同创造出源远流长、博大精深的中华文化，为中华民族发展壮大提供了强大精神力量，为人类文明进步做出了不可磨灭的重大贡献。"从美国次贷危机、欧债危机都可以看出，在福利国家理念下走向偏颇的鼓励过度消费和享受的大众文化，已不可持续。在中国和平崛起进程中，将人类社会一切先进、可用的文明成果与中华文化的精华紧密结合，有益于矫正偏差，形成合理的国民生活理念和方式，追求与实现可持续发展。

第四，将经济学已有成果的去粗取精、去伪存真与经济学势在必行的创新突破紧密结合。发展至今的经济学理论建树和诸多政策流派，属于人类文明的重要组成部分，但仍存在基本理论框架之内学理层面的不对称性、主流教科书原理与调控管理实践"言行不一"等问题。尽管现代经济学对供给端的诸因素也有深厚理论基础，然而，除了减税政策以外，"供给学派"对于其他供给端相关政策层面的研究和应用却相当有限。究其原因，现代经济学赖以产生的基础是发达国家经济体，多年来制度结构已经深深固化，以至于无法有效提供促进可持续经济增长的"制度供给"。这一弊端在各国政策制定者应对本场百年不遇的全球经济危机中暴露得很充分。一些显而易见可以治本的制度性改革（如社会福利制度的改革），在既得利益集团的抵制下迟迟不能得到贯彻推行。与发达经济体相比，以中国为代表的新兴市场国家，一方面存在着巨大的制度改善空间，另一方面可以凭借创新活力帮助实现包容性增长。这两点能够成为中国为代表的新兴市场经济体实现可持续增长的重要推动力。有作为的中国学者亟待将经济学的去粗取精、去伪存真、丰富升华与中国实践所需求的创新突破紧密结合，为经济学理论进步做出卓尔不群的贡献。与传统狭义的"供给学派"相比，新供给经济学内涵更加丰富，更为注重制度供给，也更具实践性和可操作性。

我们的基本主张：我国未来决策的核心取向是，深入贯彻"发展是硬道理"的战略方针并将之升华为"科学发展是硬道理"，通过改革开放不断发展和解放生产力，消除制约中长期发展的深层矛盾，打破抑制供给的瓶颈约束，提升农业、工业、基础设施和服务业、文化产业、生态环境产业等方面的有效供给能力，释放中国巨大的市场潜力，通过促进实体经济升级换代、促进就业、改善收入分配与生态环境，达到建设"幸福中国"、"美丽中国"、"和谐中国"发展目标，最终实现以中华民族伟大复兴为标志的"中国梦"，并为全球经济发展做出应有贡献。

我们作为研究者，力求在理论联系实际取向上，深刻反思近几十年来欧美主流经济学理论框架，构建"新供给经济学"理论，并初步形成了"基于生产力及竞争力、服务中国梦及世界梦的宏观经济分析框架模型"（参见附件二），作为实现"中国梦"历史目标的理论创新支撑。我们强调要以改革为核心，从供给侧入手推动新一轮制度变革创新。

三、中国目前与世界主要发达经济体的差距及制约"中国梦"实现预计将面临的主要问题

认清中国当前与世界发达国家的主要差距，找准制约中国未来可持续健康发展的主要问题，准确判断未来30—50年全球政治经济格局的发展演变趋势，是有针对性地采取有效对策的前提和基础，对实现"中国梦"战略目标至关重要。

（一）中国与发达国家的主要差距

1. 目前中国与主要发达国家存在多方面差距

依据世界银行公布的2011年度数据，可从经济总量及结构、财政金融、国际贸易与投资、工农业发展、城市化与基础设施、能源与环境、科研与教育等七方面，对中国及美、日、德、法、俄等20大经济体进行比较，并获得多方面的有益启示（详见附件三）。

从对比结果看，经过近几十年的发展，中国已成为规模上领先的国家，多项发展指标总量上均处于世界前列，但同时诸多人均指标还处于世界落后位置；财政和金融体系仍不够完善；经济结构、城市化水平、基础设施质量都与发达国家存在较大差距；环境、科研、教育等领域仍处于落后位置。

未来中国的发展目标应从重视规模（单纯追求GDP），转向重发展质量、重产出效率、重国民福利、重可持续性的方向发展。

2. 制约中国整体国际竞争力及企业竞争力提升的主要因素

2012年9月5日，世界经济论坛在瑞士和伦敦面向全球发布《2012—2013年全球竞争力报告》（以下简称《报告》），对全球144个国家和地区进行了全面的量化分析，预测判断各国的经济走势。2012—2013年全球竞争力指数排行榜上，稳坐第一名的还是瑞士，连续四年拔得头筹。新加坡稳居第二，与上一年持平。上年的第三名瑞典，被芬兰取代，两国位置互换。荷兰取代美国成为第五名，德国保持第六名不变，而美国则滑落到了第七名。英国位居第八，中国

香港特别行政区则首次进入前十,位居第九,日本则降至第十。

经过数年稳定上升后,2012年度中国排名由2011年度的第26名下降三个位次,居第29位。2006年至2010年,中国的排名分别为第54、34、30、29、27位。《报告》指出:中国经济竞争力是在连续五年增长后首次下滑,回到了2009年的水平。虽然中国经济在金砖国家中的表现仍然是最为出色的,但是除了市场规模没有变化外,其他影响竞争力的指标都有不同程度的小幅下降。其中下降比较多的是:金融市场发展(第54名,下降了6位),技术采用率(第88名,下降了11位),劳动力市场效率(第59名,下降了14位)。

此外,影响中国竞争力提升的主要因素包括融资便利性低、政府机构效率不高、官员腐败、政策不稳定、基础设施不够完善、税务法规不完善、缺乏受过良好教育的劳动力、税率较高、资本项目不可兑换、劳动法规限制性较强等。

(二)未来30—40年面临的国内外政治经济格局及制约"中国梦"实现的关键问题

从国际政治环境看,一方面美国重返亚太,拉拢盟国并分化一些新兴市场国家和发展中国家,试图从周边对中国实行围堵,这需要中国更加主动地巩固和加强与全球的经贸联系,营造对中国友好的环境;同时不放弃寻求与美国等西方国家合作共赢的努力;另一方面,要和平、促发展、谋合作仍然是世界各国比较普遍的愿望,也是当今世界各主要国家政府间关系的努力方向。2012年G20峰会期间,一些亚非拉新兴国家提出基础设施融资议题,为中国未来推进"两个市场,两种资源"战略提供了难得的机遇。中国需要在认真研究国内外形势的基础上,积极回应国际社会的关注,在多边、双边舞台上积极发挥建设性推动作用,提升国际形象和软实力。

从国际经济环境看,欧美日经济持续低迷,外需不振,贸易保护主义不断升温,同时区域自由贸易体加快形成。美国实施"再工业化"和出口倍增计划,预计这一局面将持续较长时间。在此期间,中国经济规模有望于2020—2030年间超过美国成为世界第一,能源革命将导致全球能源供需格局发生根本变化,预计全球大国间的博弈更趋激烈,21世纪前二三十年甚至前半个世纪,全球都可能处于一种动荡状态。而中国庞大的工业品产能过去主要面对欧美日市场,今后虽可通过内需消化一部分，但是难以全部依赖内需消化。

未来十年是中华民族复兴史上非常宝贵、非常关键的时期，是完成"建党一百年"奋斗目标和为"建国一百年"宏伟愿景奠定基础的时期。从目前发展态势看，到2021年即建党一百周年之际，我国人均收入可能突破1万美元大关。

另一方面，未来中国将主要面临资源环境和社会发展两大方面的多种矛盾约束。一是土地、水、石油、矿产等资源约束；二是粮食肉类等食品自给能力减弱，食品安全态势严峻；三是空气、水、土壤污染治理约束；四是人口老龄化压力下青壮年劳动力不足。城市化进程基本完成后（城市化率达到70%以上），巨量的钢铁、水泥、施工能力，更是难以依靠内需消化。其间，收入分配关系、财产关系、公权体系与公民的关系等，也将经受挑战和调整。如不能以实质性的配套改革打开提高增长质量的潜力空间和化解社会矛盾，不排除遭遇"中等收入陷阱"、"中国式滞胀"及"经济问题政治化"等种种威胁。

四、促进今后5—10年经济改革发展的"八双"政策建议

新供给经济学研讨中形成的基本政策主张，是以改革统领全局的"八双"：

"双创"——走创新型国家之路和大力鼓励支持国民全球创业；

"双化"——推进新型城镇化和促进产业优化（人的城镇化或农民工市民化是新型城镇化的核心，需要服务业大发展来创造就业机会）；

"双减"——加快实施结构性减税为重点的税费改革和大幅度减少行政审批；

"双扩"——在现在的对外开放格局和新的国际竞争局面之下扩大中国对亚非拉国家的开放，并适度扩大国内基于质量和效益的投资规模；

"双转"——尽快向放开"一胎化"的政策转变，并积极促进国有资产收益和存量向社保与公共服务领域转置；

"双进"——国有、非国有经济应发挥各自优势协调发展，共同进步，摒弃两者之间非此即彼、截然互斥的思维；

"双到位"——政府、市场发挥各自应有作用，两者良性互动、互补；

"双配套"——尽快实施新一轮"价、税、财"配套改革，积极推进金融配

套改革创新。

在如何处理需求管理和供给管理的关系上，我们提出"中医"和"西医"的比喻。需求管理可比喻为"西医"，而新供给所强调的供给管理更像是"中医"。"西医"在具体分析上有较好的理论基础，其疗法往往可救急，但副作用也大。中医疗法如文火慢煮，综合施治，容易把握火候，引出的结果会味道浓厚。经历上一次 4 万亿元政府投资为代表的扩张性财政政策和相应的积极货币政策后，既取得了应对百年未遇的国际金融危机的重大胜利，也付出了必要的代价，就是我国通过"西医"来刺激经济的安全空间已明显收窄。同时，由于许多行业产能过剩和居民在国民收入中的分配比例依然过低，扩大内需所面临的困难也很大。相反，我国改革是最大的红利来源，"中医"疗法的余地依然很大。未来十年，应从之前国际主流的需求管理"西医"方式，更自觉、更积极地转向供给方面的改革创新，防止对"西医"过度依赖，采用"中医为主、西医配合"的需求管理与供给管理合理结合的综合疗法。但在经济严重下滑和金融出现系统风险时，仍应果断使用"西医"疗法。

从供给端入手破除制约生产力发展的各项供给压抑和优化结构，需全方位有步骤地深化重点领域改革，实现包容性增长，促进实现社会成员"共同享有人生出彩机会"的环境条件。

五、推动第二个"一百年"目标实现的"五个并重"政策建议

"第二个一百年"的目标，即邓小平同志提出的"三步走"现代化战略的总目标。他曾指出，实现第三步战略目标，"任务更艰巨"，"比前两步要困难得多"，"是很不容易的"。我们建议实施"五个并重"，推动战略目标的实现。

（一）"五年规划"与"四十年规划"并重，研究制订基于全球视野的国家中长期发展战略

新中国成立六十多年来，包括改革开放三十五年来，我国研究制订了十二个"五年计划"、"五年规划"，而美国、欧盟、日本、俄罗斯等国近年围绕国家发展都制订了中长期发展战略（如美国制订《创新战略》，欧盟公布《欧洲2020战略》，日本出台《新增长战略》，俄罗斯提出《2020 年前社会经济长期发展构

想》，巴西提出"壮大巴西"计划等）。国际金融危机后，中国经济地位可以说已呈现"跳升"。在"第一个一百年"目标实现后，中国经济总量很可能就是全球第一。如何在全球视野内寻求中国长期最大经济利益，不光靠实力，还要靠高水平战略思维。建议国家组织跨部门、跨领域的专家团队研究制定中国长期发展战略，为推动技术、产业、人才、机制、制度的全面升级，以2049年（新中国成立100周年）实现"中国梦"为目标，站在全球经济的高度上，研究制订长期性、战略性规划，并针对性地组织制定关键领域和重要产业的具体战略，确定重大方针政策，并设计大致路线图及时间表。

（二）"法治经济"与"文化经济"并重

1. 推进"法治经济"建设

中国服务业占GDP比重较低的主要原因之一在于法治水平较低。在政府对市场失灵补充作用的缺失方面，需要强调的是法律环境对服务业发展的重要性。"中国服务"的崛起，"法治经济"是前提。虽然法律环境对每个行业的发展都很重要，但服务业发展特别需要健全的法律环境。之所以如此，首先其原因在于现代服务业中的交易比较复杂。制造业中的消费者和生产者对产品的认识较为清楚，产品的特性较容易描述，因此，交易合同较容易执行，对法律环境的要求相对而言就不那么高，甚至可能以种种非正式手段来替代法律的作用。但金融服务等服务业不一样，例如银行对企业的风险程度往往不是很了解，把执行贷款合同看成是重中之重。此外，服务业中有更多与服务对象特性相关的定制产品，交易时需要对产品进行非常详细的描述，交易还往往存在时滞性，因此也导致了合同的复杂与执行的困难。这些方面都需要有更好的法律环境来加以支持。如果法律环境不尽如人意，人们就可能会选择不去交易，不到市场上获得产品，导致服务业社会化程度降低。社会主义市场经济是"法治经济"。从建设社会主义法治国家出发，参考曾在春秋战国时期及汉朝中前期发挥过重要作用的"法家思想"和西方在法制化领域的经验与教训，我们十分需要建设"法治经济"。

2. 推进"文化经济"建设

在供给端积极引入中国"梅花与牡丹"为代表的文化。中国经济发展中充分体现了"梅花与牡丹"精神二重性，从而拥有强大的文化资本。中华民族吃苦耐劳，长期保持高储蓄率，这是支撑当前中国经济高速增长的重要因素。从这个意义上说，中国经济具有梅花精神。但另一方面，高储蓄率只是支撑中国经济增长的必要条件，人们越来越意识到多样化的需求和消费对经济的可持续健康发展的重要性。特别是随着中国逐步进入老龄化社会，中国经济增长的动力会发生重大的改变。在摆脱基本物质的匮乏之后，服务业发展加速，对消费的多样性追求和文化消费开支的扩大，要求经济发展模式必须转变过去以资本投入为主的增长模式，转向追求创新和以需求为导向的增长新路径，而这就要求中国经济更加彰显牡丹精神。牡丹精神代表创新求变和海纳百川的包容精神、创业精神，增加每个人的选择机会。应倡导"勤劳立身"，长期保持艰苦奋斗作风的"梅花精神"；同时，倡导鼓励大胆创新、创业和创意的"牡丹精神"。中国经济在"梅花与牡丹"式文化的交相辉映下，才能保持持续发展的生机与活力。

（三）"海上丝绸之路"和"陆上丝绸之路"并重，有效应对全球政治经济格局演变

1. 海上丝绸之路

中国经多年发展航运业，正在形成新的世界贸易中心或国际航运中心。2010年底，中国共有22个亿吨级大港口，上海港继续保持着世界第一大港的地位。我国造船的三大指标全面超过韩国，成为第一造船大国。中国作为贸易大国、港口大国、航运大国、造船大国，在世界航运界的地位显著提高。当我国经济总量超过美国经济总量成为世界第一时，依然会保持制造业的领先地位。这两者决定了我国出口和进口都会居于全球第一位。外向型经济的特点，决定了全球海洋物流产业链条是我国国民经济的命脉。通过对海洋相关行业，例如远洋航运、码头、造船领域，企业或项目进行股权投资或控股收购，将有助于我国构建更为完整的海洋产业链条，建立遍布全球的海洋运输保障系统，确保我国对外贸易的正常开展和我国海洋战略的实施。

2. 陆上丝绸之路

积极研究我国基于"高铁"的"西向战略"，拓展中国战略空间和促进亚欧非三个大陆经济一体化发展。可依托已有的新欧亚大陆桥中通道、南通道，新增从伊朗德黑兰至开罗的铁路通道规划，实现中国的人员、货物从陆路直达非洲。可考虑组织专门力量会同亚洲、非洲有关国家联合研究两个方案：第一方案是依托新亚欧大陆桥中通道（已有规划），修建从新疆乌鲁木齐—喀什—塔什

干—德黑兰—巴格达—安曼—开罗铁路，全长约8000公里，其中从已规划的新亚欧大陆桥中通道途经的德黑兰至埃及首都开罗新增规划里程约3200公里；第二方案是依托起于云南昆明的新亚欧大陆桥南通道（已有规划），经大理、瑞丽、缅甸曼德勒、孟加拉达卡，进入印度，经加尔各答、新德里，向西进入巴基斯坦，经拉合尔，再向西经库姆，全长10000公里，新增规划从库姆经巴格达、安曼至开罗，约3000公里。充分运用开发性金融手段和组建我国为主导的区域性融资机构，是相关的重大事项。

（四）柔性参与TPP与独立开展经济合作区谈判并重，主动参与国际贸易和投资规则的制订

1. 柔性参加跨太平洋伙伴关系协议（Trans-Pacific Partnership Agreement, TPP）谈判

WTO多哈谈判已经搁浅。美国通过TPP绸缪国际贸易新规则的努力，无疑对中国是一个巨大的挑战。美国已说服澳大利亚、秘鲁、越南、马来西亚和日本加入TPP谈判。国际货币基金组织（IMF）数据表明，2010年TPP成员国GDP总额已高达16.9万亿美元，占世界GDP总额的27.2%，日本加入后，其GDP总量将达22.3万亿美元，占世界35.5%，成为世界最大自贸区。一旦TPP做大，加之美欧自贸区谈判的推进，"两洋战略"很大程度上又将美国推动为全球贸易特别是服务贸易的中心。在太平洋TPP方向，在很大程度上将成为WTO的替代版。中国面临是否加入、何时加入、如何参与规则制定等一系列棘手问题。我们的建议是，"将计就计"，不求短期内加入，也不急于加入，但求"从谈中学"，积极靠拢和影响TPP规则。

更重要的在于，2001年中国加入WTO开启了以开放促改革的红利，以应对WTO的态度应对TPP，将起到再一次以开放促改革的积极作用。降低关税之外，TPP在经济透明度、知识产权保护、政府采购、环保高标准等领域的要求，将进一步推动中国改革，并契合中国经济升级版的要义。

2. 加速与美欧自由贸易区谈判，加速推动"中非论坛"和筹备"中国拉丁美洲论坛"

建议国家将参与亚非拉国家铁路、机场、港口、电力、电信等基础设施建设及投资，作为今后30—50年中国推进"走出去"战略，拓展海外市场，获取

海外资源及能源的重大举措。2008年全球经济金融危机以来，由于欧美国家自顾不暇，亚非拉要求我国参与支持其基础设施建设的意愿强烈，需求巨大，这对中国是难得的战略机遇，对提升我国国际影响力，促进经济可持续发展意义重大，且我国在此领域具有丰富经验、明显优势和强大能力。为此，建议国务院成立对外基础设施投融资协调领导小组，成员可包括外交部、商务部、财政部、发改委、交通部、工信部、人民银行、国资委等有关部委及国家开发银行、中国进出口银行等金融机构，统筹谋划，积极实施。

（五）高调推动国际货币体系改革，低调推进人民币国际化

1. 高调推动国际货币体系改革，重在话语权

G20领导人在戛纳峰会上承诺要"构筑更为稳定和更具活力的国际货币体系"，为国际货币体系改革指明了方向。从长期看，应由一个全球中央银行来管理全球流动性。2009年，中国人民银行行长周小川在《关于改革国际货币体系的思考》一文中指出，国际货币体系的理想制度安排应采用超主权货币，如SDR。从短期看，全球流动性管理是迫于国际社会需要。可考虑倡议新布雷顿森林体系，即在G20"强劲可持续平衡增长的框架"下进一步落实G20戛纳峰会承诺和《IMF章程》第一修正案，以基础SDR增长目标为"锚"，落实储备货币的国际协商制度，扩大IMF在全球流动性管理上的监督权，建立更为稳定和更具活力的国际货币体系，从而在一定程度上终结当前全球流动性"总闸门"毫无约束的局面，加强全球流动性管理，为最终向超主权货币过渡创造条件。

2. 低调推动人民币国际化，抢占制高点

全球化不仅仅是贸易国际化，也是货币国际化。由于全球流动性缺乏管理，容易出现过剩局面和全球经济金融化的局面。国际货币和国际金融中心成为孪生兄弟，而且大有凌驾于全球实体经济之上的趋势。如果人民币不能成为国际货币，我国经济越开放，就越面临被动对冲全球流动性泛滥和大幅度波动的困难局面，也没有自己的国际金融中心。所以，人民币国际化是我国经济参与全球竞争的战略制高点。国际货币可分为三个层次，第一层次是美元，第二层次是欧元，第三层次是日元和英镑等。在较长时间段内，不与美元争"老大"，努

力做到与欧元相当的第二层次货币。建议在现有已取得坚实成绩的基础上，低调务实推进。

附件一　从供给端入手深化重点领域改革的路线图和时间表

	改革事项	改革目标	改革思路	时间表
一	明确改革的大方向	●建设较成熟的社会主义市场经济体制与可持续的和谐社会	◆在"顶层设计"与"先行先试"互动中分阶段、步骤推进全面配套改革，建设新型工业化、新型城镇化、农业现代化、充分国际化、高度信息化的"创新型国家"与"法治经济"	目标渐进：2013—2030见眉目；2031—2050见"伟大复兴"
二	产权改革	●明晰产权 ●保护产权及其权益 ●促进产权合法交易流动	◆完善法律法规，维护契约，形成有效的正向激励，稳定预期，降低交易成本 ◆构建各类国有资产所有权、经营权、使用权、收益分配权四者履职法人主体"适当分离、协调配合"的新型管理机制 ◆形成国有产权与民有产权双向良性流动机制，允许互相参股和并购 ◆积极探索农村产权制度改革（含土地制度流转、林权改革深化完善、"占补平衡"之下的"地票市场"试点等）	2013年制订框架思路。2014年至2017年分类分步实施
三	政府改革	●建设服务型政府 ●保障社会公平公正。保障各类社会主体合法权益。促进学习型、创新型社会与"和谐社会"的发展 ●职责清晰，高效、有限 ●机构精干，勤政、廉政 ●服务到位，保障、公正	◆完善法律体系，明确市场与政府边界 ◆制订国家中长期发展战略、谨慎出台行业振兴规划和鼓励政策，防止"一鼓励就过剩"的周期性循环 ◆大幅度减少行政审批。合理界定各级政府职能，减少行政手段对经济、社会的过度管制 ◆加快电力、铁道、公路、卫生、教育领域的改革，打破过度垄断与过度管制，促进市场有效竞争，实现政府在上述领域的"行政、监督、股东"三项职能的履职主体有效分离 ◆少用、慎用总量需求管理手段。特别应慎用行政手段干预市场运行 ◆鼓励第三部门填补政府与市场服务的空白	2013年研究思路和具体方案尽快实施

续表

	改革事项	改革目标	改革思路	时间表
四	财税改革	● 取之于民，用之于民 ● 税负适度，支出透明 ● 调节结构，促进公平	◆ 构建中央、省、市县三级财权与事权相顺应、财力与事权相匹配、自上而下与横向的转移支付合理有效的财政分配体制，完善公共财政体系 ◆ 由粗到细制定三级政府事权明细单 ◆ 加快建设"金财"、"金税"和其他"金字号"工程全面联网的信息系统 ◆ 推行"三年滚动"预算编制与管理 ◆ 优化一般与专项转移支付制度体系 ◆ 实施结构性减税。加快"营业税改增值税改革"；对进口、中小微企业、创新、创业等实施积极减税及相关配套改革 ◆ 以从价方式征收资源税，分步开征财产税，构建和完善地方税体系 ◆ 支持地方公债、市政债券等阳光融资机制的发展 ◆ 逐步下调直至取消大部分产品的出口退税 ◆ 对"豪宅"、"豪车"等奢侈品，抓紧研究征收"特别消费税"，相应税金可设立"专户"，用于保障性住房等基本公共服务均等化支出 ◆ 推进综合与分类相结合的个人所得税改革	2013年制订方案。2014年出台实施
五	金融改革	● 储蓄有效转化为投资，增加资金总量供给 ● 服务实体经济，多样化增加资金有效供给 ● 有效控制风险	◆ 进一步放开银行准入，鼓励民办银行。发展中小银行、社区银行、乡镇银行，在一段时期内将300多家银行发展为数千家，同时尽快建立存款保险制度，防范银行系统性风险 ◆ 积极拓展资本市场的深度、广度，创新交易品种，完善监管机制，建立成熟的资本市场。发展高收益债券市场，鼓励企业创新；大力完善全国统一的三板市场 ◆ 积极推进金融机构国际化，鼓励大银行跨国经营 ◆ 加快推行人民币国际化战略。推动对外贸易由人民币结算，加大人民币海外投资力度 ◆ 积极研究创新利用外汇储备扩大海外投资的新模式 ◆ 稳妥推进利率、汇率市场化改革，实现资本账户可兑换 ◆ 深化开发性金融和政策性融资机制改革	2013年制订方案。2014年出台实施

续表

	改革事项	改革目标	改革思路	时间表
六	教育改革	● 形成多元化办学机制 ● 培育适应现代社会需要的各类人才 ● 提升科研创新能力和职业专才培养能力	◆ 深化教育改革，完善具有中国特色的现代教育体系，全面推进公平教育、素质教育和终身教育体系 ◆ 财政对教育投入占GDP的比重持续保持在4%以上 ◆ 将各级公立学校产权由教育部门划入国有资产管理部门，为教育"去行政化"创造制度前提 ◆ 确立"双取消"方向：公立大学取消行政级别；义务教育阶段公立学校取消"择校"机制 ◆ 引入外资、民资、个资参股公立学校，构建校董事会管理体制 ◆ 建立多元化人才培养机制 ◆ 部分中学可转型为职业发展技术学校。培养农副产品加工、家电维修、中高端制造业、服务业等的专门人才	2013年制订方案。2014年出台实施
七	医疗改革	● 形成有效资质监管下的多元化办医机制 ● 民众较便利地享有高质量、多层次的医疗服务	◆ 将各级公立医院产权由卫生管理部门划入国有资产管理部门，为医院去行政化创造制度前提 ◆ 引入外资、民资、个资参股公立医院，构建院董事会管理体制 ◆ 鼓励各类资本创办医院 ◆ 以机制创新、优化构造财政可持续性	2013年制订方案。2014年出台实施
八	住房改革	● 保障房、商品房双轨统筹下"住有所居" ● 促进房地产业健康发展，充分发挥其对国民经济的重要支撑、带动作用	◆ 政府、市场双到位。商品房由市场调节（适时取消对商品房市场进行限价、限购的调控方式），政府可在新房销售环节征收税费（对高档房可加收消费税），建立专户；保障房由政府负责组织生产（建设）及相关管理 ◆ 积极推进房产税改革试点 ◆ 稳定预期，扩大供给（包括生产主体、生产总量），市场分层（高、中、低收入），分类生产（高档房、普通房、公租房），各得其所	2013年制订方案。2014年出台实施
九	生产主体改革	● 构建国企国资、民企民资平等竞争、互为补充、双向良性互动的市场格局	◆ 加强市场监管、完善法律法规，创造公平竞争的市场环境 ◆ 鼓励行业竞争，打破"玻璃门"，降低垄断行业的准入门槛。进一步落实36条	2013年制订方案。2014年出台实施

续表

	改革事项	改革目标	改革思路	时间表
1	国企改革	●促进宏观经济稳定 ●调节贫富差距 ●遏止寡头垄断的负面效应	◆国有企业进一步深化战略性改组，在健全国有资产管理体系和深化改革中消除过度垄断因素和优化治理结构。国企国资在一般性竞争领域可逐步退出，在涉及国家经济安全、经济命脉的特定领域，其以股权衡量的控制力大致可初步掌握在30%—60%之间 ◆完善国有企业公司治理及外部监督机制。试点将企业现有的"内部监事会"改革为由有关机构成员、公众人士担任监事的"外部监事会" ◆逐年将国企利润上缴、划入社保比例提升到30%—50%以上	2013年制订方案。2014年出台实施
2	民企改革		◆完善公司治理 ◆提升创新能力 ◆鼓励大量走出去，国际化，做大GNP ◆积极促进民企的技术创新 ◆增强社会责任	2013年制订方案。2014年出台实施
3	鼓励创业	●促进就业，以就业促进创业、创新	◆改变观念，鼓励全民创业、全球创业，降低准入门槛 ◆简化工商登记手续 ◆对中小微企业减免税费和各种负担 ◆政府提供免费或低费用职业和创业培训	2013年制订方案。2014年出台实施
4	人口改革	●总量适度控制，结构优化 ●平稳增长中达到人口峰值，注重提升人口质量 ●促进国家经济社会可持续发展	◆高度关注人口结构变化和老龄化问题，制定科学的人口发展战略与政策优化体系 ◆尽快放松仅还对城镇体制内人群有效的"一胎化"控制	2013年制订方案抓紧实施
5	人才战略	●吸引国际一流人才	◆完善全国统一的就业市场 ◆出台全国城乡统一的失业率统计指标 ◆积极解决大学生就业问题，鼓励毕业生去基层、去欠发达地区。在用好国内人才、吸引留学生的同时，积极借鉴美国经验，吸引海外留学生、海外高端专门人才为中国发展服务	2013年制订方案。2014年出台实施

续表

	改革事项	改革目标	改革思路	时间表
十	生产方式改革			
1	鼓励创新	●建设创新型国家。完成从工业经济向与"第三次工业革命"接轨的"中国新经济"转轨 ●促进中国制造向中国创造转型 ●提升国际竞争力	◆改革创新体制，完善创新生态，完善以企业为主体、市场为导向、产学研结合的技术创新体系 ◆加大科研和教育的财政投入力度。科研投入占GDP的比重力争达到2%—3% ◆大力发展知识经济，提高科技向生产力的转化力度 ◆大力保护知识产权 ◆大力培养创新型人才	2013年制订方案。2014年出台实施
2	优化能源结构	●保障能源安全 ●促进节能减排	◆鼓励发展新能源，降低化石能源占比 ◆加大国际能源合作，积极开发海外能源，提高能源保障能力 ◆大力发展节能环保产业，严格限制高耗能、高排放产业的发展	2013年制订方案。2014年出台实施
十一	生产结构改革	●加快推进经济和产业结构调整 ●提升经济增长质量和效率	◆积极支持现代农业发展，改变农业过度依赖劳动力、机械化程度低的特点，提高农业生产效率 ◆积极支持调整产业结构，大力支持先进制造业发展，鼓励企业提高自主创新能力，增强科技成果转化能力，提升产业整体技术水平 ◆支持节能环保、新能源、新材料等产业的发展	2013年制订方案。2014年出台实施
1	发展服务业和文化产业	●提升社会服务水平和质量 ●促进就业	◆支持有利于促进消费，扩大内需的产业，促进服务业企业加快发展 ◆扶植现代服务业发展，打造"中国服务" ◆扶植一批文化创意产业园区	2013年制订方案。2014年出台实施
2	加快新型城镇化建设	●城镇化与"三农"现代化良性互动发展	◆合理制定城市化发展目标，注意防范城市化过快带来的负面问题 ◆推行"农民市民化"工程，帮助进城务工人员适应城市生活 ◆建设若干个人口三千万以上的国际大都市群 ◆从基础设施质量、管理水平、防灾减灾能力等方面进一步大力发展基础设施	2013年制订方案。2014年出台实施

续表

	改革事项	改革目标	改革思路	时间表
3	适度扩大投资	●将国民储蓄有效转化为现代化建设所需的投资 ●扩大基于质量和效益的投资规模	◆在中国当前所处发展阶段,不宜简单照搬欧美国家以消费促增长的发展模式 ◆重点围绕新型工业化、信息化、城镇化、农业现代化、服务业现代化、国防现代化及住房、医疗、教育等领域,优化投资结构,提升投资强度 ◆大力深化投融资体制改革。引入多种投资主体,以公私合作伙伴(PPP)等机制,扩大融资渠道,降低融资成本 ◆对电力、铁路、地铁、公交等具有正外部性且实行政府定价的公共性领域和医院、学校等准公共性或公益性领域,应树立"大效益"理念和发展相应的绩效考评机制	2013年制订方案。2014年出台实施
十二	社保改革	●促进社会和谐稳定 ●促进社会公平公正 ●适度社保。帮助穷人,不养懒人	◆加快形成全国统一的社保机制,构建覆盖城乡居民的社会保障制度,积极妥、循序渐进地推进社会保障制度沿着公平和可持续的方向发展 ◆积极构建养老体系的第二(年金)、第三(商业性保险)支柱 ◆开通全部社保资金可以投资债券的渠道 ◆尽快划拨国有资产收益,增加社保资金积累能力 ◆建立与物价上涨水平挂钩的退休金动态调整机制	2013年制订方案。2014年出台实施
十三	环保改革	●加快污染治理进程 ●建设"美丽中国"实现碧水、蓝天,保持空气、水、土壤的环保安全	◆建立和发展"污染者付费,专业化治理"新机制 ◆通过相关法规促进节能环保型办公楼、住宅建设 ◆促进基于风能、太阳能的分布式能源发展,拓展国内市场,在配套改革中吸收所谓"过剩产能"问题 ◆通过征收资源税等,逐步提高资源、能源价格,形成节能减排自我约束机制	2013年制订方案。2014年出台实施

附件二 基于生产力及竞争力，服务中国梦及世界梦的宏观经济分析框架模型

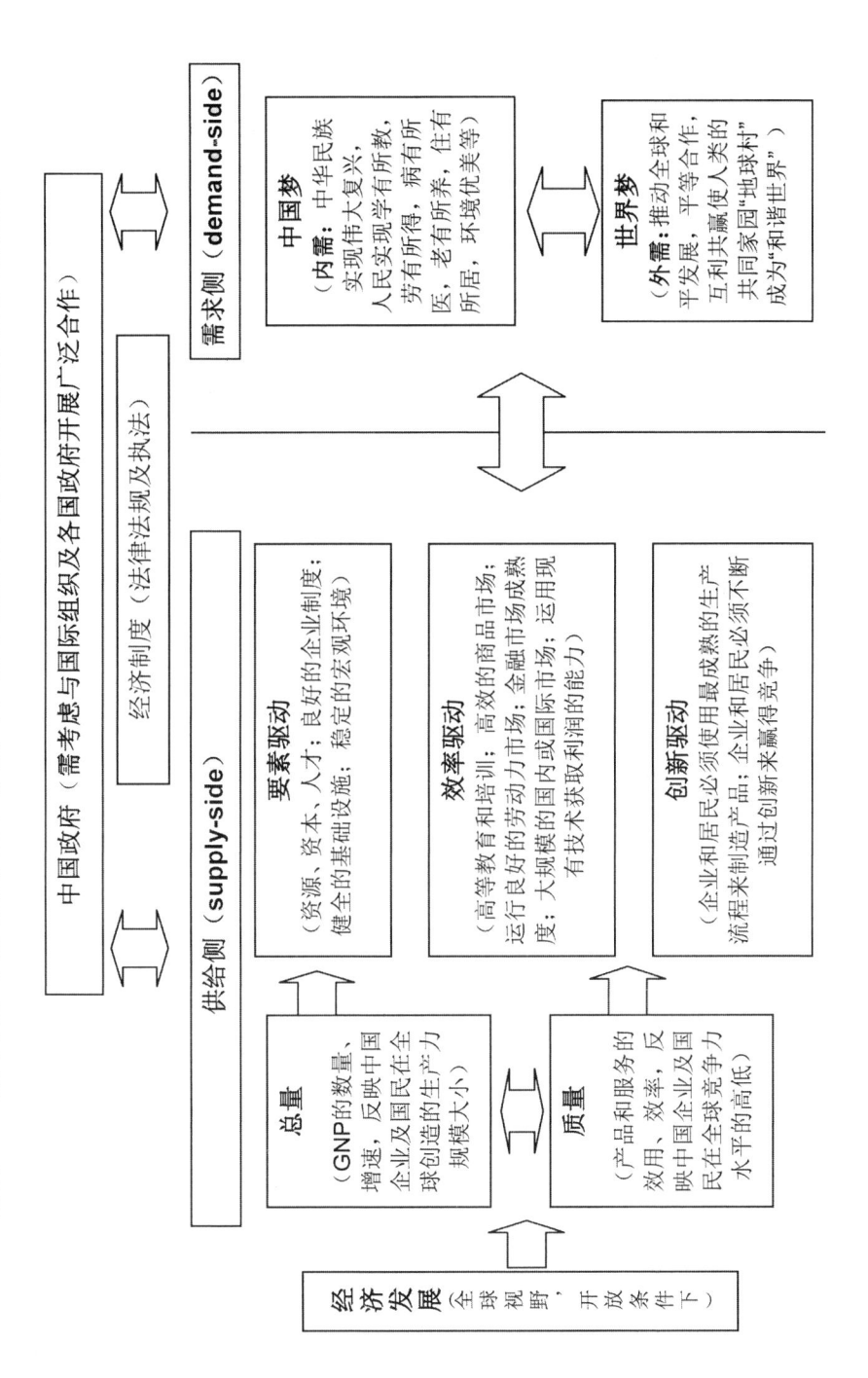

中国政府（需考虑与国际组织及各国政府开展广泛合作）

经济制度（法律法规及执法）

供给侧（supply-side） ⇔ **需求侧（demand-side）**

供给侧：

- **要素驱动**（资源、资本、人才；良好的企业制度；健全的基础设施；稳定的宏观环境）
- **效率驱动**（高等教育和培训；高效的商品市场运行良好的劳动力市场；金融市场成熟度；大规模的国内或国际市场；运用现有技术获取利润的能力）
- **创新驱动**（企业和居民必须使用最成熟的生产流程来制造产品；企业和居民必须不断通过创新来赢得竞争）

经济发展（全球视野，开放条件下）：

- **总量**（GNP的数量、增速，反映中国企业及全球中国国民在全球创造的生产力规模大小）
- **质量**（产品和服务的效用、效率，反映中国企业及国民全球竞争力水平的高低）

需求侧：

- **中国梦**（内需：中华民族实现伟大复兴，人民实现学有所教，劳有所得，病有所医，老有所养，住有所居，环境优美等）
- **世界梦**（外需：推动全球和平发展，平等合作，互利共赢使人类的共同家园"地球村"成为"和谐世界"）

附件三 中国与世界主要经济体 2011 年主要发展指标对比分析及启示

中国新供给经济学研究小组

（2012 年 12 月）

经过改革开放 30 多年的发展，中国在经济、金融、社会发展等方面均取得了长足的进步。党的十八大提出，要"确保 2020 年实现全面建成小康社会宏伟目标"，"在新中国成立一百年时建成富强民主文明和谐的社会主义现代化国家"。那么目前我国的各项发展指标在世界上究竟处于什么样的位置？与发达国家还有多少差距？为回答这个问题，我们最近依据世界银行公布的数据，就世界前 20 大经济体（包括美国、中国、日本、德国、法国、巴西、英国、意大利、俄罗斯、印度、加拿大、西班牙、澳大利亚、墨西哥、韩国、印尼、荷兰、土耳其、瑞士、沙特）的经济总量与经济结构、财政金融、国际贸易与投资、工农业发展、城市化与基础设施、能源与环境、科研与教育七个方面发展指标进行了对比分析，获得多方面的有益启示。

一、经济总量与经济结构

2011 年中国国内生产总值（GDP）达 73185 亿美元，列世界第二，占世界 GDP 总量的 10.5%（1980 年仅为 1.7%）。中国以购买力平价（PPP）计算的 GDP 为 113475 亿美元，列世界第二，占世界 GDP 总量的 14%。

2011 年中国国民生产总值（GNP）达 73066 亿美元，列世界第二。与 GDP 相比少 119 亿美元，反映出我国本国居民在海外的要素收入要少于非本国居民在本国的要素收入。

2011 年中国人均 GDP 为 5445 美元，列世界第 84 位，GDP 同比增长 9.3%，在世界主要经济体及"金砖国家"中列第一位。

2011 年中国资本形成占 GDP 的比重为 46.8%，是主要经济体中最高的；最终消费占 GDP 比重为 50.4%，明显低于发达国家，在"金砖国家"中也是最低的；净出口占 GDP 的比重为 2.8%。

2011 年中国农业、工业与服务业占 GDP 的比重分别为 9.3%、44.4%、46.4%。与主要国家相比，农业占比较高，服务业占比偏低。

数据解读：尽管经济总量位居世界第二，但中国由经济大国走向经济强国的任务仍然艰巨。和大多数发展中国家一样，由于中国在海外的投资收入要小于跨国公司在中国国内的收入，因此中国的 GNP 要小于 GDP，这与发达国家存在不小差距。中国的人均 GDP 水平仅为世界平均值的一半，即使以购买力平价计算的人均国民收入也仅为世界的四分之三。尽管中国的经济增速较快，但经济增长主要依靠投资拉动，消费对 GDP 的贡献占比较低。从产业结构来看，农业占 GDP 的比重较高，服务业占 GDP 的比重偏低，经济结构调整的任务较重。

二、财政与金融

2011 年中国财政支出 1.686 万亿美元，财政收入 1.606 万亿美元，均列世界第二位。财政赤字 803 亿美元，占 GDP 比重为 1.1%。2011 年末公共债务（中央政府与地方政府债务之和）为 17.9 万亿，占 GDP 比重为 38%。两者与世界主要国家相比均处于健康状态。

2011 年末中国广义货币总量（M2）达 12.2 万亿美元，列世界第三。M2 占 GDP 比重为 167%，与发达国家水平相当，明显高于其他"金砖国家"。近 10 年来 M2 年均增长 18.5%，与其他"金砖国家"相当，显著高于发达国家。

2011 年末中国外汇储备达 3.2 万亿美元，列全球第一位，占世界总量的 30.5%。黄金储备达 3389 万盎司，列世界第五位，占世界总量的 3.9%。

2011 年末中国银行业信贷余额总量达 10.7 万亿美元，列世界第三，是 GDP 的 146%，略低于世界平均水平。2011 年中国股票交易总量达 7.67 万亿美元，列世界第二位。

数据解读：中国的财政与金融体系总体上处在健康发展阶段，银行业与资本市场发展的空间巨大。中国的财政收支规模已达到世界第二，但公共债务水平和赤字水平均保持基本健康。中国拥有世界最大的外汇储备，但黄金储备仅为美国的 1/8，外储结构单一。中国广义货币总量列世界第三，但 M2 占 GDP 的比重与发达国家相当，高于其他"金砖国家"，且 M2 的增速也较快。这表明中国经济增长对货币增长的依赖程度较高。中国银行业贷款规模占 GDP 的比重低于世界平均水平，表明尽管以国有大型银行为主的银行体系造就了世界规模前列的大型银行，但银行业整体（尤其是基层金融）仍具有较大发展空间。中国资本市场已初具规模，但市场成熟度仍难以达到发达国家的水平。

三、国际贸易与投资

2011 年中国出口总量达 1.90 万亿美元，列世界第一，进口总量 1.74 万亿美元，列世界第二。贸易顺差达 1551 亿美元，列世界第二。经常账户盈余 2017 亿美元，列世界第二。

2011 年中国吸引外国直接投资 2201 亿美元，列世界第三，占 GDP 总量 3%。对外国直接投资 497 亿美元，列世界 12 位。两者相减形成净 FDI 为 1704 亿美元，列世界第一。

2011 年中国海外净金融资产（国际投资头寸）为 1.78 万亿美元，列世界第二，但仅为日本的 4/7。

数据解读：中国是位于德国之后的世界第二大贸易顺差国和经常账户盈余国，但对外投资与海外资产并不高。巨大的贸易顺差使中国成为世界经常账户盈余最大的国家，也积累了最多的外汇储备。中国是世界第三大吸引 FDI 流入的国家，但中国对外的 FDI 投资规模却不大，因此中国是净 FDI 流入（吸引外国投资减去对外直接投资）规模最大的国家，相比之下，美国则是净 FDI 流出规模最大的国家。中国外汇储备总额是日本的两倍，但海外净资产仅约为日本的七分之四，列世界第二。

四、工农业发展

2011 年中国工业增加值达 3.24 万亿美元，列世界第一，占世界总量的 17.0%。制造业增加值 2.23 万亿美元，列世界第一，占世界总量的 19.1%。制造业占 GDP 的比重达 30.6%，在世界主要国家中列第一位。2011 年中国制造业出口额达 1.78 万亿美元，列世界第一，占全球 13.7%。

2011 年中国汽车产量为 1842 万辆，列世界第一，是第二位美国的两倍。粗钢产量 6.96 亿吨，列世界第一，是第二位日本的七倍。

2011 年中国农业增加值为 6752 亿元，列世界第一，占世界总量的 34.4%。2010 年中国人均农业增加值为 545 美元，仅为美国的百分之一。2011 年中国每百平方公里拖拉机数量为 131 台，机械化程度远远落后于发达国家。

2010 年中国粮食产量 49757 万吨，列世界第一。粮食播种面积 9013 万公顷，列世界第二，单位粮食产量 5521 公斤/公顷，较发达国家存在一定差距。

数据解读：中国已成为世界最大的工业与农业生产国，但仍需向工农业强国的方向努力。中国的工业增加值、制造业增加值均列世界第一，制造业增加值占 GDP 的比重在世界主要大国中列第一。中国的粗钢产量、汽车产量均遥遥领先于其他国家。中国是制造业出口第一大国，出口产品的 90% 以上来源于制造业，制造业对外需的依赖较高。中国是世界最大的农业生产国和粮食生产国，但种植业对劳动力的依赖较高，机械化程度较低，单位面积的粮食产量与发达国家仍存在差距。

五、城市化与基础设施

2011 年末中国城市化率达到 51.3%，高于世界 50.7% 的平均水平，与发达国家 70% 的水平相比仍有差距。近十年来中国年均城市化率提高 1.36 个百分点，是世界上城市化速度最快的国家。

2011 年中国公路里程达 411 万公里，列世界第二。2010 年铁路运营里程达 9.1 万公里，列世界第二。中国每百平方公里公路、铁路里程分别为 43 公里与 0.95 公里，与发达国家差距较大。

2010 年中国港口集装箱吞吐量达 1.3 亿标准箱，占世界总量的 24.1%，列世界第一。但中国港口基础设施质量评分（满分 7 分）仅为 4.5 分，与发达国家有较大差距。

2010 年中国航空货运量达 174.4 亿吨公里，客运量 2.68 亿人次，均列世界第二。每百人年飞行次数为 20 次，仅为美国的十分之一。

2011年中国发电量4.58万亿度，列世界第一。人均用电量3259度，仅为美国的四分之一。

2010年中国每百人互联网用户34人，每百人拥有电话线22条，每百人注册移动电话数64个，均与发达国家有较大差距，与"金砖国家"水平相当。

数据解读：中国未来的城市化与基础设施建设仍存在巨大发展空间。中国目前的城市化率仅略高于中等收入国家，但却是世界城市化速度最快的国家之一。中国交通基础设施规模较大，但人均水平仍处于较低水平，基础设施的质量仍待提高。中国是发电量最大的国家，但人均用电量仍较低。通信基础设施仍有较大的发展空间。

六、能源与环境

中国是全球最大的能源生产和消费国。2011年能源生产量达24.13亿吨标准油，消费量达25.60亿吨标准油。能源净进口1.47亿吨标准油，占整体能源消费量的5.8%。

2011年中国原油产量为407.3万桶/天，占世界总量的5.5%，列世界第四。净进口原油507.1万桶/天，进口依赖度为55%。2011年中国天然气产量为1031亿立方米，占世界总量3.3%，列世界第七。净进口天然气282亿立方米，进口依赖度为21%。2011年中国煤炭产量为38.29亿吨，占世界总量48%，列世界第一。净进口煤炭1.99亿吨，进口依赖度为4.9%。

中国化石能源占全部能源消费量的92%，高于世界平均水平11个百分点。中国每消耗一公斤标准油排放二氧化碳3.4公斤，高于世界平均水平。每消耗一公斤标准油产出GDP为2.9美元，远低于发达国家和世界平均水平。

数据解读：中国已成为世界最大的能源消费和生产国。中国石油、天然气对进口的依赖度较高，煤炭已由净出口转为净进口。中国化石能源占比较高，单位能源产生的碳排放量高于世界平均水平。高耗能产业规模较大，单位能源的GDP产出与发达国家差距明显。

七、科研与教育

2011年中国科研经费投入1022亿美元,列世界第三。占GDP比重为1.4%,明显低于日韩、北欧等发达国家。

中国知识经济指数(KEI)排名十分落后,2012年为4.37,列世界84位。

2011年中国财政对教育的投入为2552亿美元,列世界第二。占GDP比重3.5%,低于世界主要国家。

2010年中国15岁以上识字率为94.3%;平均受教育年数10.3年,显著低于发达国家水平(16年以上)。

数据解读:中国科研和教育水平与发达国家仍有较大差距。中国科研经费投入占GDP的比重明显落后于发达国家,知识经济指数的排名仍然靠后。中国教育经费投入占GDP的比重仍未达到4%的目标。基础教育水平已有很大提高,但高等教育水平仍然偏低,人均受教育年数与发达国家存在较大差距。

新供给主义宣言

滕 泰[*]

一、凯恩斯主义和货币派交替误导中国

凯恩斯主义的全部理论基础都是建立在三大假设基础上,边际报酬递减、边际消费倾向递减和货币流动性偏好。如果这些假设都正确,需求不足一定会周期性出现,因此凯恩斯主义认为政府必须阶段性通过财政政策和货币政策刺激总需求才能维持经济增长和就业。

而货币主义则坚信一切通胀归根到底都是货币原因造成的,因此只要物价指数超过他们的舒适点,他们就毫不犹豫地要求政府紧缩货币。

在以上两种思想的交替指导下,每当经济增速有所下滑,中国决策部门就会高举凯恩斯主义的大旗,拼命刺激"踩油门";每当通胀有所抬头,决策部门就会举起货币主义的大旗,拼命紧缩"踩刹车"——频繁地踩油门和踩刹车的结果,中国经济越来越颠簸,经济周期也越来越短。

在每一轮财政和货币扩张中,传统产能过剩等经济结构性问题都越来越严重,中国经济对政府投资、低端出口的依赖都越来越强;而每一轮剧烈的紧缩,都伴随着金融垄断加剧、高利贷泛滥、中小企业的大批倒闭和股市的剧烈下跌。

此外,一旦决策部门把频繁的周期性调控政策当成其日常专职工作,就会对中国经济的深层次矛盾和长期增长动力问题视而不见,任其不断恶化。

…………

---

[*] 滕泰为万博兄弟资产管理(北京)有限公司总裁,万博经济研究院院长。

事实上，中国经济整体平稳增长的主要动力，根本不是来自于凯恩斯主义的政策刺激，物价得到控制也不是货币主义的功劳。

就增长而言，中国经济的增长动力源自中国人口本身的活力、城市化进程、资本和资源的持续投入、技术的进步和制度的改进——任何内部或外部的力量都不可能压制这种强大的内生经济增长动力。印度人说，我们的经济是在政府睡觉的时候偷偷增长的；中国呢？人们的确看到"政府之手"粘在中国经济列车的尾部，但到底是这只手在推着列车前进，还是列车在拼命挣脱这只手的控制而前行？

可怕的是，越来越多的人在看清了凯恩斯主义危害的同时，却错误地相信了货币派。比如，坊间流传的中国超发了多少万亿货币，并严厉要求政府长期保持偏紧的货币政策，以防止通货膨胀。问题是，中国从 90 年代中期就逐步进入了"过剩经济"阶段。在制造业产能严重过剩的背景下，怎么可能有严重通货膨胀？货币主义同凯恩斯主义错误的根源同样在于他们只看到硬币的一面——需求，而不去分析硬币的另一面——供给。事实上，只有超出过剩产能的货币量才可能造成一般物价水平的上涨，连"单位产能货币供应量"都不去计算的货币派，怎么有资格谈论一般物价水平的上涨呢？

事实上中国 90 年代中期以来的每一轮所谓通胀都只不过是"食品通胀"，而食品通胀的根源在于粮食、蔬菜和猪肉的周期性供给波动。尽管任何的货币紧缩都不能帮助母猪生小猪，但是货币派们照样一次又一次地选择在母猪大批生完小猪、小猪长大、猪肉价格大幅回落的时候，庆贺他们紧缩货币、从而控制猪肉价格（China Pig Price）的光辉业绩，却从来没有人为高利贷泛滥、中小企业倒闭和股市暴跌承担责任。

好在越来越多的中国人开始厌倦了这种来回折腾，甚至玩游戏的人自己也厌倦了在上下一两个百分点的 GDP 增速和物价波动范围内，一会儿踩刹车，一会儿又踩油门。

然而，这些人放弃了凯恩斯主义的调控之手，却并没有放弃其对中国经济的不良影响：比如，当他们意识到其调控范围越来越窄，甚至玩不下去的时候，他们就宣称经济增速下滑是必然的，甚至是理所当然的。因为按照凯恩斯主义的总需求分析框架，出口不可能长期高速增长，投资也不能长期高速增长，消费还面临着边际消费倾向递减，经济增速回落不是很自然吗？

此时，货币派们也站出来帮着说话，"过去的高增长是印钞票造成的虚假繁荣；印钞票长期不能促进增长，所以中国经济高增长结束了"。

中国经济高增长的时代，真的结束了吗？

二、供给创造财富，新供给创造新需求

事实上，凯恩斯主义的被埋葬，在美国已经是30多年前的事了。尽管二战以后以凯恩斯主义为指导思想的"罗斯福新政"的确对美国经济复苏起到积极作用，但是持续扩张需求而忽视供给能力的增长，终于使得美国经济在20世纪70年代陷于"滞涨"的困境。

在中国，凯恩斯主义的三大假设其实都是不成立的：所谓边际消费倾向递减、边际报酬递减、货币流动性偏好等三大假设只存在于传统经济的传统产业领域，而在任何一次技术革命、产业升级、消费升级、城市化、工业化阶段，尤其对于中国这样的起飞经济而言，新技术、新产业、新需求、新资产结构都会阻止居民消费倾向递减，提高边际报酬，改变货币流动性偏好，推动经济的供给结构和需求结构不断进化，因此用凯恩斯主义"三大定律"来长期看空中国是不正确的。

用投资、出口、消费的总需求的分析框架看空中国同样是错误的，从本质意义上讲，需求仅仅是价值实现的条件，供给——创造财富的能力，才是经济增长的源泉。确切地说，制度、人口、技术、资本、资源等五大财富源泉才是经济增长的根本动力。

中国80年代的经济飞速增长，很大程度上都是制度变革的结果。最典型的案例是农村"人民公社"到"联产承包责任制"的改革，在农村总人口、技术水平、耕地面积、资本等其他要素没有明显变化的情况下，仅承包制的改革就带来多少粮食产量的提高？

所以说，制度本身就是财富的源泉，制度变革也是生产力。中国的市场经

济体制还不成熟不健全，中国的制度还孕育着巨大的改革空间，那些垄断的、管制的、国有的低效率部门一旦涌进自由市场经济的空气，就如同80年代、90年代改革一样，一定能焕发出巨大的经济活力。

另一个能够支持中国经济长期增长的是人口要素。根据中国当前农村人均产出和城市人均产出比较可以发现，每一个劳动者从农村转移到城市就业，其对GDP的贡献增加5倍以上。那么，城市化率刚刚50%的中国，还将有数亿人口进城市的中国，高增长时代怎么可能结束呢？

再比如资本，中国无论外汇储备还是国内居民和企业储蓄，都让那些发达国家羡慕。可是我们的这些丰富资本都充分"就业"了吗？为什么作为全球资本最丰富的国家，我国的企业和资本市场却如此的资金紧张？为什么在全球资本最丰富的国家，高利贷泛滥成灾？中国的金融系统到底是在储蓄者和企业之间架起了一座桥梁还是挖了一道深深的鸿沟？中国的金融自由化和资本要素的解放，将带来多么巨大的增长潜力？

当然还有技术引进和技术创新。无论是全球技术向中国的转移，还是中国自主创新的技术进步，都还有巨大的空间，能够推动中国经济持续高速增长。

最后是土地和资源，中国不仅可以通过贸易的方式解决资源投入的问题，而且更面临着软财富时代的巨大机遇。农业生态财富的创造受制于耕地资源限制，工业硬财富的创造也面临着地球资源的约束，而以信息产品、知识产品、金融产品为载体的软财富创造却不受任何资源约束，只依赖于人的思维创造。类似于微软、苹果、Facebook这样的财富创造难道还会受到土地和地球资源的约束吗？

可见，如果能够把眼光从短期需求移开，分析一下供给层面，就会对未来中国经济增长的潜力充满信心。事实上，连凯恩斯本人都知道，他的理论只适合短期经济周期分析，而不适合长期。当有人用长期问题来质问凯恩斯的时候，他幽默地并有些偏执地说："长期？长期人们都死了。"所以，对于那些用凯恩斯主义三大需求来分析中国长期增长的观点，连凯恩斯本人都会反对。

历史表明，任何一个国家的长期持续经济增长动力均来自于供给端的革命性突破，而绝非现有经济结构下的总需求管理。200年前人们对一匹更快的马的需求或许是有限的，殊不知汽车的诞生又能够创造多少交通运输的新需求？在乔布斯创造了风靡全球的苹果手机之前，这个世界对此类电子产品的需求原本是不存在的。如今每天离不开新浪微博或微信的中国人，他们在两年前对新浪微博或腾讯微信的需求也是不存在的。凯恩斯主义的总需求分析框架，仅仅看到老的产品需求不足而看不到新供给能够创造新需求，不是很可悲吗？

三、新供给主义——让财富的源泉充分涌流

在几百年的经济学史上，所有长期增长理论都是围绕供给层面展开，比如亚当·斯密的增长理论重点在于研究制度和社会分工的作用，熊彼特的增长理论重点在于制度和技术的创新，库兹涅茨的增长理论重点在于研究投入和产出的效率。

中国过去30多年的经济高速增长也是以上三种增长模式的综合体现，其中80年代的制度改革开启了中国经济的"斯密增长"时代，而90年代以后更多地是持续的人力、资源、资本、技术投入所换来的"库兹涅茨增长"。展望未来，原有的库兹涅茨增长模式仍然能够延续，而且中国将进入新的"熊彼特增长阶段"，包括技术和制度的破坏性创新（Discruptive Creation）都将成为经济增长的动力。此外，通过进一步深化改革，重启"斯密增长"，更须从刺激新的有效供给着手，让一切创造财富的源泉充分涌流。

当然，重视供给、重视改革、重视释放经济增长的财富源泉，不要随意踩刹车或者油门，并不代表政府在经济上不作为。从这个角度讲，新供给主义不仅区别于新自由主义，也区别于早期供给学派或70年代美国传统供给学派。

自由主义和早期供给主义都相信"萨伊定律"——供给创造自己的需求，认为人们在向社会提供商品的过程中自然会创造出多方面的需求，在信用货币制度下，不会出现购买力不足而发生商品过剩或需求不足的问题，因此经济不需要人为干预。

诞生于70年代末的美国传统供给学派代表人物是芒德尔、拉弗、万尼斯基，以及肯普、罗伯茨等人，他们认为，在供给和需求的关系上，供给居于首要的

决定性的地位；决定经济长期增长潜力的是供给而非需求，产出的增长最终取决于劳动力和资本等生产要素的供给和有效利用；经济研究的首要任务应当是研究如何促进生产、增加供给。

与早期供给学派不同的是，传统供给学派并不认为经济完全不需要干预，而是认为干预的重点是在于供给方面，而非需求方面。具体地说，就是通过财政政策，强化对生产活动的刺激和支持。当然，由于供给学派认为企业家精神和自由市场是创造财富的关键因素，所以其提出的干预措施同自由主义比较接近，比如反对垄断、支持解除各种管制、主张经济的民营化和自由化。

以拉弗曲线为代表的供给学派理论重点研究了税收对经济主体的影响，认为减税特别是降低边际税率能够刺激生产增长，并且能够抑制物价上涨。他们甚至认为降低税率后政府税收长期反而会增加。为了推动减税，他们宣称无论是公共支出还是转移支付，都会效率低下，浪费资源，甚至阻碍生产。

带领美国经济在80年代走出危机的里根总统，采纳了供给学派的主张（同时还有货币派的控制货币供给主张），唤醒了经济内在的巨大增长潜力，促进了就业，成功引领美国经济走出了"滞涨"的泥淖。重振英国经济的撒切尔主义也在刺激生产方面几乎完全采纳了供给学派的政策主张。在中国，从计划经济体制中脱胎出来的邓小平经济思想，坚持经济体制改革和对外开放，逐步推进经济上的自由化和市场化，其采取的承包制等刺激生产措施与供给学派殊途同归。

而建立在软价值论、软财富论理论基础上的新供给主义，着重于从财富创造源泉的角度挖掘经济增长的长期动力〔参见《新财富论》(2006)，《财富的觉醒》(2009)〕。

新供给主义认为，农业生态财富的源泉受制于地球表层生态环境、动植物生长规律、人们的生理需求等约束，其增长前景是有限的；同时认为工业硬财富源泉因为受到地球非生态资源和人们的需求限制，其增长前景也是有限的；只有知识产品、信息产品、金融产品为代表的软财富增长空间是无限的。

新供给主义认为，在农业生态财富和工业硬财富的领域，无视供给和需求约束，盲目扩张生产必然造成产能过剩、资源浪费、环境不可持续等问题，只有大力发展软财富，增加新产品供给，才能不断优化供给结构、创造新需求，引导经济进入供给、就业、需求、创新互相促进、不断优化的良性循环。

新供给主义还认为，传统硬财富由于产能过剩一般不存在恶性价格上涨的可能，只有食品价格会因为供给冲击而周期性地上涨，因而，控制物价的本质手段不应该是紧缩货币，而应该是增加新供给，包括食品供给、硬财富中的新产品供给、软财富供给，这样既可以平抑物价，又可以促进经济增长，还可以推动经济结构调整，宏观政策两难矛盾彻底消除。

新供给主义主张大规模减税并优化财政开支，反对扩大低效率的财政支出，但是不支持无限度地夸大减税的效应——无论是财政支出还是减税，都应该重点支持新产业、软财富。

与传统供给学派一样，新供给学派主张破除垄断与管制，认为中国急需进行新一轮类似20世纪90年代末期的大力度的国企改革，彻底释放被僵化体制长期压抑的增长活力。而搞活国企的本质手段是产权的民营化，只有民营企业才是市场经济体系中最活跃的财富创造主体。新供给学派认为人口也是财富的源泉，这就要求政府进一步提高人口质量，促进人口流动，从控制人口数量转移到提高人口素质和劳动效率的道路上来，并主张逐步放开户籍制度，促进劳动力不断从农村转移到城市。多年来，在凯恩斯主义和货币派的交替误导下，中国经济已经积累了很多深层次的问题，如果继续按照老套路一脚油门一脚刹车踩下去，中国经济原本良好的经济就可能错失良好的发展机遇。

我们此时提出新供给主义，希望更多人从财富源泉的层次看到中国长期增长的潜力；希望政府放弃短周期管理，着眼于解决经济运行中的中长期问题；我们反对完全的自由主义，主张政府刺激新供给、创造新需求；我们支持政府不遗余力地推动放松垄断、放松管制的进程，推进经济自由化、产权民营化；我们认为中国必须尽快压缩并严格限制政府支出，尽快从结构性减税过渡到大规模减税；我们相信，只要能够尽快启动经济体制和政治体制改革，让一切创造财富的源泉充分涌流，中国经济完全可以长期可持续高速增长。

（原文发表在和讯网2012年11月9日）

以增加有效供给的"聪明投资"促进稳增长、促改革、优结构、护生态、惠民生的建议

华夏新供给经济学研究院

中国新供给经济学50人论坛*

（2014年11月27日）

历经数年的经济下行，2014年三季度以来，我国工业、投资、消费等数据又均出现回落，引发不少外媒"唱空中国"，特别是10月底美国第三轮量化宽松（QE3）彻底退出后，国际、国内经济下行压力明显加大。对此，经深入研讨，我们基于运用"中国新供给经济学50人论坛"近年的创新认识，建议从供给端入手在未来一个时期抓住国际石油、矿产等大宗商品价格走低的难得历史机遇，充分运用我国高外汇储备、高储蓄及青壮年劳动力尚较充裕等多方面有利条件，按照我国打造新常态下经济发展升级版的总体要求和发展方向，以增加有效供给的选择性"聪明投资"，着眼于和发力于"补短板、挖潜能、转主体、增活力、提效率、可持续"，促进稳增长、促改革、优结构、护生态、惠民生，为2015年、"十三五"及长期经济可持续科学发展，实现"两个一百年"目标奠定坚实基础，并为全球经济稳增长做出积极贡献。中国投资领域的核心问题其实不是总量和增速，而是结构、质量和综合效益的问题。我们建议的核心内容，是充分利用我国可用、可观、可贵的选择性投资空间，以"改革创新"为核心理念，从解放生产力、提升国际竞争力出发，以提升经济增长质量和改善生态民生、实现可持续发展为落脚点，争取由"聪明投资"积极助力使"新

---

* 简介见本书第651页。

常态"对接一个尽可能长的"中高速"而"质量升级"的增长平台期。

一、加大基于"稳增长、促改革、优结构、护生态、惠民生"的选择性投资力度，是有力应对当前及中长期国内外形势新变化和新挑战的客观需要、战略思维与诉求

从国内外发展经验看，投资是经济发展的重要支撑条件，是消费的前提和基础，也是国家经济硬实力成长性的依托和民生就业的源泉。我们认为，中国目前所处的发展阶段，特别是党的十八大提出的"三个没有变"体现的国情特征，决定了我国在相当长时期内经济领域的主要矛盾方面是在供给端，粗放型投资驱动转为集约型投资驱动并合理扩大消费的转变过程中，结构性有效供给不足的矛盾仍十分突出，为应对新阶段国内外形势的新变化和新挑战，适当增加有效投资对经济可持续健康发展尤显重要。我们所强调的是在决策部门实施理性的"供给管理"视界之下的选择性"聪明投资"（Smart Investment），其可把政府"有所为有所不为"的结构性导向与"让市场充分起作用"的配置机制和多元主体合作制约之下审慎务实、高明聪慧的项目科学决策结合为一体。

（一）应对国际形势最新变化，提升我国综合实力及国际竞争力、影响力，需要增加有效供给的"聪明投资"

从战略格局分析，促进我国中长期可持续发展，实现"两个市场，两种资源"，应对东海方向以"钓鱼岛"为代表的问题、南海方向的摩擦争端问题等，需要我国加大经略周边、全球经济布局的力度。

从应对当前面临挑战分析，今年三季度以来，全球经济整体复苏动能有所减弱，美、英等发达国家经济稳步复苏，而欧元区与日本经济增长下滑，新兴经济体整体复苏动态趋弱，国际经济格局复杂。美国量化宽松货币政策（QE）的彻底退出，成为全球经济发展的最新不稳定因素。为此，加快基础设施建设，出台能够有效稳增长的得力措施，成为全球共识，特别是发展中国家的客观需要与迫切愿望。

（二）确保国内稳增长，需要增加有效供给的"聪明投资"

近年来，我国宏观经济受外部环境变化及"三期叠加"影响，经济发展面临显著下行压力，而要保持7%—7.5%（或7%左右）可接受区间内的中高速增

长，十分需要以增加有效供给的"聪明投资"，加以支撑和驱动。

（三）促进加快改革，需要增加有效供给的"聪明投资"

经济"新常态"下，需要着力通过加快改革创新形成新制度供给，以解除制约生产力发展的制度瓶颈，进而盘活要素存量，并激发创新、创业、创造的潜力、动力和活力。从历史上反复验证的经验看，改革需要一个相对平稳的社会环境，经济增速必须保持在合理的区间内，以维持就业水平与收入增长预期处在防止"经济问题政治化"的临界点之上，而适当增加有效供给的投资，则是最为有力和比较便捷的举措。

（四）优化经济结构，需要增加有效供给的"聪明投资"

具体主要表现在：一是适应新型城镇化推进，一大批中心城市的交通、公用事业基础设施迫切需要加快升级换代（如相互联通的高铁网和中心区域的地铁网、周边区域的轻轨、地铁），实现社会生活基础条件的结构优化，在利用和消化钢铁、水泥等过剩产能的同时，形成长期的支撑性优质资产，这需要积极加大一系列投资；二是调整产业结构，需要运用节能降耗减排的中高端新产能、新供给，选择性投资建设示范园区和示范项目，促进"双高"产能的市场化淘汰、替代；三是我国农业现代化向高端发展，需要选点建设现代化农场、加大农业与科技和信息等现代化因素的结合、探索引入现代化设备和系统升级；四是制造业加快升级改造，需要通过重点企业的技术改造项目，带动新技术的研发和引进、新设备的制造和引入、新产品的创新和开发，促成产业升级和国际分工地位的提升；五是生产性服务业加快发展，需要在加快开放准入的同时加大国家选择性的相关投资。2013年中国服务业对经济增长的贡献率为46.1%，首次超过制造业，但仍远低于发达国家70%左右的水平，也比同等收入水平的发展中国家低10个百分点左右，即便在"金砖国家"中，中国的服务业占比仍然是最低的，这同时所表明的便是其相关投资与发展的空间及其必要性。

（五）使发展成果更好惠及民生，需要增加有效供给的"聪明投资"

未来需要增加有效供给的民生领域主要有：一是应对人口老龄化解决"养老难"，需要积极增加养老设施供给。从现在的人口结构来看，我国已快速进入老龄化社会，养老压力日趋严峻。"放开二胎"等人口政策的进一步调整势在必行，同时在机构养老、园区养老、社区养老等业态从硬件设施到软件服务的所有投入，必须适应客观要求；二是推进人力资本培育，需要增加设施供给。一方面，经济欠发达的中西部（尤以老少边穷区域为代表）教育设施供给仍明显不足、教育资源短缺亟待填补；另一方面，对社会生活影响日升的学龄前教育和作为国家经济发展重要支撑的现代职业教育等领域，有效供给明显不足。三是进一步深化医疗改革解决"看病难，看病贵"，需要增加医疗设施设备投资；四是实现"住有所居"，需要政府在保障房、商品房双轨统筹规划之下，根据社会公平要求继续加快棚户区改造，增加公租房、共有产权房等保障性住房供给；五是为满足人民群众日益增长的文化、体育需求，必须加快相关文化创意产业园区和文体设施建设。参照欧美发达国家经验，2015年以后，"十三五"及中长期，均需要加快建设博物馆、图书馆等文化设施以及足球场、运动场馆等体育设施。

（六）应对"雾霾"式挑战加快改善生态环境，亟需增加有效供给的"聪明投资"

加快生态文明建设，应对以雾霾为代表的环境危机因素的挑战，尽快改善环境，并加强国际合作应对气候变化，是改善民生的最为迫切需要之一。为此，一方面，需要加大相关投入，加快治理河流、大气、土壤等中间的存量污染物；另一方面，需要加快优化能源供给方式，调整能源、资源利用的结构和技术路线，大力加快煤炭清洁利用的设施投资建设，加快发展地铁、轻轨等综合性快速公共交通，加快污水处理厂、垃圾处理厂建设等环保设施建设，多措并举加快节能减排降污。

二、我国具备进一步加大"聪明投资"的多方面有利条件和可用、可观、可贵的空间

（一）国际环境相对有利，亚非拉国家对加大基础设施建设有巨大需求且改善愿望迫切，"一带一路"及周边互联互通战略可成为加大海内外投资的战略抓手

近期我国外交取得一系列重要进步与合作框架构建中的成果，今年11月初

在北京召开的 APEC 峰会通过的《北京纲领》和《亚太伙伴关系声明》，以及 11 月 20 日前后，在澳大利亚召开的 G20 会议通过的设立全球基础设施中心、全球基础设施基金等重大措施，表明加大基础设施建设进程，带动相关投资及产业发展，已成为国际共识。同时可清晰看到亚非拉发展中国家的基础设施短缺广泛存在，以及全球稳增长的迫切愿望，已形成了对我国加快海外投资的极为有利的国际环境。金砖银行的建立和亚洲基础设施银行的筹建进展，成为积极的配套条件。"一带一路"与周边互联互通战略，可成为加大海内外投资的战略抓手。

（二）国家已启动"十三五"研究，即将研究启动建设一批重大经济社会工程，可成为加快有效"聪明投资"的重要驱动力和规划形式

从国内看，国家有关部门已经启动"十三五"研究，落到谋划、推动发展的层面，就要涉及抓紧研究启动一批对加快经济社会发展、结构调整全局带动性强的重大经济社会工程，促进调整经济结构、保护生态、改善民生，推动经济发展和社会进步。

（三）我国已具备前所未有强大设计、制造和施工能力

我国具有在地域广阔、地质条件复杂地区推进铁路、公路、机场、港口、园区等公共工程、基础设施建设的丰富经验，也已具备当今全球实力最强的基础设施项目施工能力，以及适合不同经济体需要的铁路、电力等装备制造能力。总体上足以积极参与国际竞争与合作的强大的项目设计、设备制造和工程施工能力水平，是前所未有的。

（四）我国财政能力具有较大的空间和潜力

从财政能力的整体空间分析，根据国家审计署公布的数据，我国公共部门真实负债率为 40% 左右，参照欧盟规定的 60% 警戒线，我国这一比率显然在安全区内，可用空间还相当可观，亦弥足珍贵，别的主要经济体只有羡慕的份，用得好足以支持我国在较快完成"新常态"调整后乘势发展。

从 2014 年财政预算运行情况分析，未来三年间如分步把公共部门负债率提高至 50% 左右，可增加的公共部门举债资金规模不低于 6.5 万亿元，并将产生拉动社会资本的明显乘数效应，可挖掘的潜力空间巨大。

（五）货币政策仍有较大作用空间

主要表现在：一是大型商业银行法定存款准备率约20%，仍处于历史高点；二是通胀率较低，PPI已历经三年以上长期负增长；三是外汇储备规模巨大，至2014年9月末达3.89万亿美元。

三、政策建议

（一）在2015年、"十三五"期间及更长的历史时期，我国积极考虑适当加大基于质量和效益的结构导向选择性"聪明投资"，作为进入"新常态"、对接一个尽可能长的中高速增长平台的重要宏观政策方略和理性"供给管理"的有效选项，周密稳妥实施

从改革开放36年来的实际进程和成效看，我国由高储蓄支撑的高投资，总体上并不是中国经济的主要问题，而是中国经济得以快速发展的重要经验之一，新阶段上经济增速和投资率的适当调整是必要的，但中国投资领域的核心问题不是总量和增速，而是结构、质量和综合效益。

（二）通过加大相关领域改革力度攻坚克难，为提升投资质量和效益创造良好的政策环境和支撑条件

建议制度改革重点在已有部署上继续从以下方面深化：一是简政放权、放松管制；二是消除过度垄断，实现竞争性市场准入；三是继续推进以"营改增"为切入点的财税配套改革，实现中央与地方财权与事权的合理调整及降低企业成本、促进企业设备更新改造、鼓励企业科技创新等目标；四是加快以"推进普惠制金融发展、扩大金融业开放"为目标的金融多样化改革，其中政策性、开发性金融的健康发展及商业性、政策性金融与PPP（公私合作伙伴关系，亦称政府与社会资本合作或政府与企业合作机制）的良性互动和结合，应当纳入通盘战略性考量；五是加快以"反映市场供求关系"理顺比价关系和价格形成机制为目标的资源、能源产品价格改革；六是深化以"落实微观主体投资自主权"和发展混合所有制经济为核心的投融资体制改革；七是以打造高标准法治化营商环境、"实现投资自由化、贸易便利化和金融国际化"为目标的对外开放制度

安排的改革。

（三）创新国际国内投融资模式，实现"中国全球共赢"、"政府市场双到位"、"国企民企双进步"

为加快推进全球基础设施领域合作，建议在加快资金供给端的金砖国家开发银行、丝路基金、亚洲基础设施投资银行等金融机构组建，并发挥国家开发银行、中国进出口银行作用的同时，积极考虑创新基础设施建设的投融资主体、项目建设主体和相关项目建成后的运营主体构建问题。借鉴中国与新加坡合作的"苏州工业园"和近年表现了上升态势的国内"连片开发"多个案例中的可取经验，运用PPP机制创新，将国内外可带来资金力量的有关开发主体与需要投入资金而预期可取得未来现金流的基础设施建设项目和连片综合开发项目，在法治、契约保障条件下结为合作共同体，政府以提供规划、政策支持为主，并可适当投入追求"乘数效应"的部分资金，打造公司化、国际化、市场化的基础设施和连片开发建设新局面（比如，以基础设施发展公司形成"安哥拉模式"的升级版）。

近期国内基础设施及公共投资领域，正在加快推进市场化改革，开放市场准入，全面推广PPP模式，发挥民间资本的积极作用，对此亟须加快立法和示范指导、多方协作乘势推进，并积极扩大到境外。

（四）结合发展战略、产业政策，通盘规划加大高质量、高综合效益的投资力度，用中高端的"新供给"淘汰落后低端"旧供给"

基于新型城镇化、新型工业化、农业现代化、信息化进程中存在的供给不足等问题，进行有针对性选择性的"聪明投资"，需要极其注重防范无效、低效投资。新型城镇化过程中应注重首先对基本公共服务、养老设施等惠及民生的"托底"事项进行有侧重的投入；在新型工业化进程中应聚焦重点技术研发、产业升级换代、重大设备更新等有助于经济结构调整和产业转型的项目进行政策倾斜支持投入；在农业现代化进程中注重对农田水利、现代化农场、大型农用设备、服务运行体系硬件设施等方面进行有选择的投入；在信息化进程中应注重对大数据时代网络技术、网络系统建设、网络安全、网络人才、智慧城市等重点领域以引导基金等方式进行有选择的投入。

（五）财政和金融政策要为"稳增长、促改革、调结构、惠民生、护生态"提供有效支持

1.财政政策方面：适当加大"积极"力度，有所作为，突出重点，创新机制

有针对性、选择性地加大投资支出，在增加公共产品和服务的供给方面，首先应当针对项目分类，选择资金来源的不同分类组合，注重积极扩大PPP制度供给创新模式的应用。特别应当加大教育、医疗、养老等民生项目投入。随着未来几年适当提升政府债务规模、赤字率，至少可在近两年2.1%的年度赤字率水平上明显提高0.5个百分点（即提高到2.6%以上），对应于年度数千亿元赤字规模扩张。建议地方政府债务规模可积极较快提升至年度发行1万亿元以上，用阳光化、低成本、长周期债务替换隐性化、高成本、短周期债务，减轻政府体系实际债务负担和基础设施融资成本。

2.货币政策方面：有度放松，适当降准

货币政策应适当放松，在前不久降息之后，仍可适当降准。实际上，在利率逐步放开而市场化的条件下，只有降准，才能真正降息，这与经济刺激政策关联不大，主要是对冲美国QE退出，降低企业融资成本，有利于市场稳定和供给端发展。

3.拓展股权投资渠道：发挥资本市场作用，大力发展产业投资基金和政策性引导基金

建议在总结"沪港通"经验的基础上，可适当加大国内资本市场开放力度，及时推出"深港通"等对外"引水"举措，通过适度扩大股票发行增加股本融资，并通过资本市场产生的财富效应拉动国内消费增长。与此同时，建议可鼓励发展各类产业投资基金和政策性引导基金，为"聪明投资"和"创新驱动"提供资金支持。

4.加快民营银行的组建进程和存款保险制度建设，大力发展互联网金融，构建以资金供给端"中小微银行"服务实体经济端"中小微企业"的普惠民生型金融体系

通过增加有效供给，缓解我国经济领域长期存在的中小微企业融资难、融资贵的痼疾，并为民间创业创新的民营经济发展，以及服务业发展提供强有力

金融支持。

5．加快构建绿色金融体系，为绿色经济、生态文明提供有效的金融支持

一方面，可借鉴国际经验，构建以绿色评级、绿色债券支撑的"绿色银行"机构（基于市场化运作的国家级或地方级"绿色银行"），并在现有的一些商业银行内部组建"绿色信贷事业部"，支持污水处理、垃圾处理、水利设施等环保基础设施，以及环保设备生产、低碳型新能源发展等；另一方面，应积极发展绿色保险、绿色信托等促进绿色发展金融机构。

（执笔人：贾康、黄剑辉、苏京春）

改善供给侧环境与机制，激发微观主体活力创构发展新动力
——"十三五"时期创新发展思路与建议

华夏新供给经济学研究院课题组*

  2011年以后，我国经济告别两位数增长状态而进入潜在增长率"下台阶"的新阶段，"新常态"其"新"已在经济下行中明朗化，而其"常"则还未实现，需要完成探底、在企稳后对接一个增长质量提升且尽可能长久的中高速增长平台。对此至为关键的结构优化和创新驱动，必须以实质性推进"攻坚克难"的全面改革来保障。"十三五"规划期在即，党的十八届五中全会基于系统化表述的发展新理念，提出了"释放新需求，创造新供给"的指导方针。为处理好新阶段上动力机制转换与优化、促使微观经济主体潜力与活力充分释放的相关问题，十分需要注重在整个经济体系的供给侧，正确把握改善其环境与机制的思路和要领。在传统的总量型需求管理还有一定作用和优化提升空间的同时，我们迫切需要释放新需求，创造新供给，着力改善供给环境、优化供给侧结构与机制，特别是通过改进制度供给，大力激发微观经济主体活力，构建、塑造和强化我国经济长期稳定发展的新动力。在新近中央财经领导小组第十一次会议上，习近平总书记强调："在适度扩大总需求的同时，着力加强供给侧结构性改革，着力提高供给体系质量和效率，增强经济持续增长动力"，这为推动我国社会生产力水平实现"升级版"的整体跃升，给出了极为重要的指导。

---

* 简介见本书第651页。

一、中国特色的宏观调控：必须注重理性的"供给管理"

在我国进入"中等收入"阶段后，增长状态合乎规律地由"高速"向"中高速"下调，仍在延伸中的弥合"二元经济"过程，将继续释放出巨量需求，但适应和满足需求的供给机制，其动力结构正在经历深刻的变化：前期支持高速增长的人口红利、低廉劳动力等比较优势，需要向"全要素生产率"转型求得替代物；原来我国作为低起点发展中经济体的"后发优势"，正需要从低端产业向中、高端产业爬升；近年我国主要经济指标之间的联动性亦出现变化，居民收入有所增加而企业利润下降，消费上升而投资下降，宏观调控层面货币政策持续加大力度而效果不彰，旧经济疲态显露而以"互联网＋"为依托的新经济崭露生机，东北区域经济危机因素加重而一些原来缺乏基础优势的西部省市则异军突起。简言之，中国经济的供给升级客观需要，和结构性分化过程，正趋于明显。相应于这番情景，必须看到，过去侧重总需求管理的宏观调控手段的可用空间已经显著收窄。在"新常态"下，投资尤其是政府常规投资的边际收益率持续下降，国际需求低迷且不确定性明显。国内需求方面，家电、汽车、住房等大宗"耐用品"已基本走完排浪式消费的历程，正在向个性化、多元化和对接"服务型消费"方向转化，结构性的优化细分成为发展潮流和经济成长性的新支撑因素。因此，基于总量调控和短期的需求管理已远不足以"包打天下"。鉴于我国最近两轮通胀—通缩压力转变都有明显的结构性特征（通胀构成因素中，以食品价格推动为主因，在CPI的上涨因子中高居50%—85%的份额，其他多种商品价格几乎没有上涨），因而仅靠货币政策的总量调节难以从根源上消除引发通胀或通缩的高权重因素。财政政策方面，经历了上一次4万亿元政府投资安排为代表的一揽子扩张性刺激政策后，进一步以财政政策手段刺激经济的安全空间也已收窄，特别是考虑到我国基本上没有可能再提高宏观税负、未来社会保障支出压力伴随老龄化进程极为巨大等情况，就更是如此。

与此同时，中国经济存在着十分突出的结构性问题，由不平衡向较平衡状态做调整以及由被动的高代价平衡向积极主动较低代价的平衡做调整，势在必行，而且变不均衡为均衡的过程，同时也就是释放潜力、激发活力、合成动力、打造"升级版"的过程，客观上需要特别发挥供给侧管理的结构调整作用，即力求在短板上增加有效供给。应考虑：

——我国是世界上最大的发展中国家和最大的"二元经济"体，为解决好"三农"问题，需要在广阔的国土上积极稳妥地推进农业产业化、新型工业化和合理的城镇化，以及基本公共服务的均等化，实施扶贫攻坚、社会主义新农村建设和城乡一体化举措。这需要在一个历史时期中投入天文数字的财力。面对城镇化继续提升、伴随新农村建设和基本公共服务均等化，我们仍然感觉投入不足，大量可做、应做的事情还只能循序渐进、区分轻重缓急，孰先孰后，逐步去办。经济低迷时实行政策扩张，还可以尽力在这方面多办一些事。

——我国的区域间差异在这些年的发展过程中仍然巨大，亟需通过合理的统筹协调来有效地贯彻中央确定的西部大开发、振兴东北等老工业基地、中部崛起和京津冀一体化、长江经济带发展战略等，适当加大中央政府转移支付的力度，控制区域差距、促进区域协调发展。这也需要为数可观的财力，可用的钱还很不足。

——我国在争取 2020 年实现全面小康和努力构建和谐社会的过程中，有与民生密切相关的一系列公共产品和公益服务亟待增加供给。如实行义务教育全面免费后的质量提升、建立城乡基本医疗保障、基本养老保障体系，健全已有的城乡居民低收入保障制度、进一步发展城镇住房基本保障制度；保护生态、治理污染以改进城乡人居环境（如进一步解决欠发达区域至少还有数千万人尚未得到安全饮水保证条件的问题、力求控制与消除已带环境危机特征的雾霾威胁，以多种手段促进"绿色发展"），等等，莫不需要大量的资金来做重点投入。

——我国为有效促进经济增长方式转变，实现可持续发展，必须贯彻国家中长期科技发展规划，走创新型国家之路。为支持从发展基础科研、实施国家科技重大项目到促进科技成果产业化各个方面的自主创新，要在实行科技体制和管理体系改革、提升绩效的同时，下决心继续增加科技投入和研发开支，并努力提升其绩效，我们仍然是处于资金制约之下的科技投入相对不足、绩效待升状态。

——我国的经济社会转轨还在持续过程之中，还应继续瞻前顾后为支撑全面改革垫付和填补转轨成本。某些颇具难度的改革事项如"新医改"，原来曾预计三年内要求8500亿元左右的新增财力"结构化"地投入其关键领域和环节，实际情况是早已成倍付出而收功还未有穷期。

——我国国防和必要的重点建设，仍需可观的资金做重点支持。

总之，如果我们在原来货币政策的"从紧"和财政政策的"稳健"搭配，转入认识适应和引领"新常态"的适当宽松的货币政策与扩张性积极财政政策的搭配之后，坚持有所区别对待地在我国"三农"、社会保障、区域协调发展、自主创新、节能降耗、生态保护、支持深化改革等领域，运用结构性对策加大要素投入的力度和促进相关机制创新改进，便是通过"供给管理"加强了这些经济社会中的薄弱环节，即增加了国民经济中的有效供给和可持续发展支撑条件，并适应了激发微观主体活力、增强经济发展动力的环境建设客观需要。这只会改进而不会恶化总供需的平衡状态，只会有利于维护"又好又快"的发展局面而不会助长下一期的通货膨胀和经济过热，而且将会增强我国在国际竞争环境中的综合竞争力和发展后劲。总之，在中国的调控实践中，针对客观需要并结合世界金融危机以来全球范围内对经济学理论及政府实践的反思，应当把"供给管理"摆在长期视野中并更多地加以强调和优化。作为一个转轨中的发展中大国，追求"追赶—赶超"式后来居上的现代化，大思路定位必然是"守正出奇"，在充分尊重市场总体而言的资源配置决定性作用的同时，也在政府职能方面有意识地把总量型需求管理与结构型供给管理相互紧密结合，特别是把理性的供给管理作为"十三五"及长时期内"更好发挥政府作用"的中国特色社会主义市场经济的内在要求和重要组成部分。

二、我国基本国情与未来经济社会发展的战略选择

当前全球主要国家经济增长分化加剧，美国已完成复苏，欧元区在波折中温和复苏，日本停滞不前，而大部分新兴市场国家则面临较为严峻的经济下行压力。这种发达经济体与新兴经济体复苏步伐不一致的局面加剧了世界经济的

不平衡，使我国经济发展的外部环境面临更大的复杂性和不确定性。正在步入经济发展新常态的中国，无论是从人口总数、市场规模还是经济发展潜力看，都是一个超大经济体的"巨国"，虽然仍有巨大的发展空间、回旋余地和调适弹性、抗跌韧性，但处于增长速度换档、经济结构调整、发展方式转变、增长动力转换的交替关口与阵痛期，外部全球竞争和内部"三期叠加"之下，各类矛盾和风险隐患不能忽视。关于我国供给环境、条件与约束的考察认识，将有助于、服务于做出新时期正确的经济社会发展战略抉择。

(一) 高度重视三大国情约束条件

立足国情，放眼未来，谋划中国发展战略，应当高度重视以下三个视角的基本国情因素和相关的供给环境。

1. "半壁压强型"的巨大能源、环境、空间压力约束

对于中国基本国情的理解认识，亟有必要注重著名的"胡焕庸线"——这是指由胡焕庸教授于1935年提出，其以黑龙江瑷珲和云南腾冲为两点确定的直线，将中国领土划分为东南和西北二部（故亦称"瑷珲—腾冲线"）。该线倾斜约45度，以该线为界，当时东南半壁36%的土地供养了全国96%的人口；西北半壁64%的土地仅供养4%的人口，二者平均人口密度比为42.6∶1。随着以后年月里人口普查工作的陆续进行，相关数据显示，60余年间东南部人口的绝对数值已由4亿多增长为12亿多，但占比较1935年只减少了2个百分点（数据口径均不包括台湾）。截至目前，已历70年的发展过程中（包括多轮次的"支边"等），"胡焕庸线"这条"神奇的中部主轴"对中国人口分布格局所揭示的内容，基本不变！

以"胡焕庸线"为重要线索来进一步认识中国基本国情对经济发展的特殊制约和挑战，具有非同寻常的现实意义。最简要地说，与近年资源、环境矛盾凸显（如雾霾所代表的环境危机因素）有内在因果关联的是：中国的人口密度、汽车空间密度及能源空间消耗密度等，高度集中于东南沿海一带，形成"半壁压强型"的资源、能源耗用及相伴随的环境压力，再加上前些年"压缩饼干式"和粗放式外延型经济发展阶段中超常规的高峰期密度提升系数，又再加上中国资源禀赋条件决定的基础能源"以煤为主"伴生的异乎寻常的环保压力，势必

引发高压力区和高压力阶段上基础能源禀赋结构叠加而成的中国"升级版"可持续发展所面对的矛盾凸显,其所形成的"非常之局",使得以供给管理"非常之策"调整结构、优化供给环境、释放增长空间的任务,越发迫切和不容回避。

2. "中等收入陷阱"历史性考验阶段的到来

"中等收入陷阱"作为一种全球统计现象,是真实世界中的"真问题",更是一个在我国"十三五"及中长期经济社会发展过程中关乎现代化"中国梦"命运的顶级真问题。基于1962—2013年全球数据,对成功跨越"中等收入陷阱"经济体的路径进行研究,可得到相关结论:成功者跨越"下中等收入陷阱"期间GDP增长率均值则至少为8.50%,跨越"上中等收入陷阱"持续时间均值为15.9年,这期间GDP增长率均值为5.08%;中国前面跨越"下中等收入陷阱"持续时间为14年,GDP增长率均值为9.87%,表现不错,但今后在"十三五"及中长期将面临跨越"上中等收入陷阱"的严峻考验。国际经验还表明,中等收入经济体成员在试图摆脱"下中等收入陷阱"和"上中等收入陷阱"的过程中,不乏出现"晋级—退出—再晋级"的反复。我国如何顺利走出中等收入陷阱的潜在威胁,伴随有国内外一系列矛盾纠结和棘手难题,特别是渐进改革"路径依赖"之下制度性"后发劣势"的可能掣肘。这是摆在决策层及全体国民面前一道严肃的历史性考验课题,并对优化供给环境和机制提出了重大要求。

3. 最大发展中国家弥合二元经济走向"共富"过程的严峻现实挑战

由于自然和历史原因,我国是世界上最大的多民族城乡二元经济体。改革开放以来,虽力求通过首先允许一部分地区、一部分人先富起来而走向共同富裕,但意愿中的"共富"进程明显滞后,并且由于主要的制度变革尚未到位,城乡二元特征仍然十分明显,区域差距和居民收入及财富差距有所扩大,最发达的东南沿海、北上广中心城市景象堪比发达国家,而广大的中西部一些地区则形似贫穷落后的非洲国家,伴随着分配秩序紊乱、分配不公多发。如何将城乡、区域差距和居民收入差距、财产差距保持在各方面能够承受的范围内,特别是如何实现收入、财产分配中的公平正义,已形成一种严峻的挑战,并将深刻地影响、联动发展进程中的供给环境与机制优化问题。

(二) 未来经济战略目标与战略分期

党的十八大指出："我们必须清醒认识到，我国处于并将长期处于社会主义初级阶段的基本国情没有变，人民日益增长的物质文化需要同落后的社会生产力之间的矛盾这一社会主要矛盾没有变，我国是世界最大发展中国家的国际地位没有变"，这"三个没有变"体现的国情特征以及我国 13 亿人口消费品市场的供给端呈现为"本国生产为主，海外进口为辅"的特点而势必要逐步在全球化与"和平崛起"过程中逐渐接近美国"全球供给、海外进口为主，本国生产为辅"的市场结构，决定了中国在相当长时期内不断推进经济、社会"升级版"的演变中，供需的主要矛盾方面是在于抓好供给端。从经济生活的实际情况看，近年国庆、春运期间"火车票一票难求"、"高速路车满为患"、"旅游景点摩肩接踵"、"出境旅游呈现排浪"等现象，以及房价房租上涨趋势、看病难看病贵、择校难学费贵等问题，清楚地表明了我国在居民收入上升中有着巨大的真实需求，而结构性供给不足的矛盾十分突出且将与种种矛盾凸显和解决过程伴随而长期存在。因此，我们认为，"十三五"和今后一个较长时期的战略目标应当是：先在"升级版增长平台"上使经济企稳、发展动力转型提升，进而实现全面小康、跨越中等收入陷阱，继续从"追赶"对接到"赶超"，以实质性的"全面改革，全面依法治国和全面从严治党"对接现代化"伟大民族复兴"的"中国梦"。

放眼未来，以 2049 年即建国 100 周年为界，我们认为大致可做如下战略分期：

——2016 年到 2020 年，推进改革攻坚克难，全面建成小康社会并力求十八届三中全会以来的改革顶层规划中排列的重大、基本改革任务取得决定性成果。

——2021 年到 2030 年，乘势架设改革创新之桥跨越中等收入陷阱，建设创新型国家打造高收入国家。

——2031 年到 2049 年，持续强化软硬实力，阔步重返世界之巅。

三、解除供给抑制、放松供给约束是提高我国经济潜在增长率、变微观潜力为发展活力的关键所在

（一）改革开放以来我国经济发展取得巨大成就主要是依靠供给端改革

过去三十多年，中国经济实现了年均近10%的高速增长，总量规模在世界各国当中的排名上升到第二位，占全球经济的比重由以前的不足2%升至10%以上。2010年，我国人均GDP超过4000美元，进入中等收入国家行列。近年来，我国人均GDP继续上升，2011—2012年分别超过5000美元和6000美元，2013—2014年分别为6767美元和7485美元。此种巨大规模经济体的长期高速增长，在人类经济史上罕见，成就的取得，主要是中国在以经济建设为中心的正确基本路线指导下，在总供给管理角度（制度供给和结构调整）开创性地实现了从计划经济向市场经济转轨的变革，极大地释放了供给潜力（当然同时也较有效地对总需求进行了管理）。回顾历史，我国改革不断深化的进程正是不断调整落后、僵化的生产关系以适应不断发展变化的生产力的过程，正是不断自觉进行供给端改革、释放微观市场主体潜力与聪明才智、提升经济社会发展活力的过程。自20世纪80年代以来，我国经济体制改革进程中召开过数次意义重大的"三中全会"。1984年10月召开的十二届三中全会做出《经济体制改革的决定》，阐明了经济体制改革的大方向、性质、任务和各项基本方针政策，富有远见地断言，"改革是为了建立充满生机的社会主义经济体制"，并指出："为了从根本上改变束缚生产力发展的经济体制，必须认真总结我国的历史经验，认真研究我国经济的实际状况和发展要求，同时必须吸收和借鉴当今世界各国包括资本主义发达国家的一切反映现代社会化生产规律的先进经营管理方法"。1993年11月召开的十四届三中全会做出《建立社会主义市场经济体制的决定》，里程碑式地提出了建立社会主义市场经济体制的总体思路与目标模式，利用有利的国际环境来加快国内的改革发展，是当时强调"战略机遇"的主要着眼点。20世纪90年代以来中国在加快内部经济改革的同时，努力融入国际社会和世界经济，逐步建立一整套基本市场经济制度，也为此后十多年的经济高速增长提

供了良好的制度条件,2003年10月召开的十六届三中全会做出《完善社会主义市场经济体制若干问题的决定》,成为进一步深化经济体制改革的纲领性文件,为全面建设小康社会奠定了坚实基础。2013年,党的十八届三中全会做出《关于全面深化改革若干重大问题的决定》,使市场在资源配置中总体而言的决定性作用终于表述到位,并形成了具体操作点多达336项的改革顶层规划(即"六十条"),是在新时期、新形势下进一步释放经济社会潜力、活力的重大举措,也为供给管理注入了新时代背景下的新内容新要求。

(二)当前我国经济仍面临严重的"供给约束"与"供给抑制",呼唤着实质性的供给端改革创新举措

已有的经济理论认为,支持经济长期增长的要素(动力源)主要有五个:劳动力、土地及自然资源、资本、制度、创新。国际经验表明,各经济体在进入中等收入阶段之前,前面三项对于经济增长的贡献容易较多地生成和体现出来,而进入中等收入阶段之后,后面两项的贡献更大,并且极其关键。所以,中国新时期的增长动力构建,实为城镇化、工业化、市场化、国际化、信息化与民主法治化发展过程由五大要素动力源合乎规律的优化重构而成的混合动力体系。结合我国当前的实际情况,这几个要素方面都存在明显的供给约束与供给抑制,需要通过全面的制度改革,化解制约,释放经济社会潜力,提高经济增长活力。

1. 人口红利下降,劳动力成本上升

我国人口总量世界第一。改革开放以来,以农民工及其家庭成员为代表的农村人口向城市、向工业领域的巨量转移,是支持我国获得当今经济发展的主力贡献因素之一。但是,据学界测算,在2011年前后,我国经济发展中的"刘易斯拐点"已经出现,2012年后社会劳动适龄人口规模每年净减少数百万人,以低廉劳动"无限供给"为特征的劳动力转移及劳动适龄人口充裕状况对于中国经济的贡献和支持,颓势已现,近年在各地不断出现的民工荒、招工难以及劳动力工资水平明显上升,就是明证。与此同时,我国人口结构已明显老龄化。新供给团队的研究表明,在未来不到10年间,我国将步入超老龄化社会,速度之快超过日本。通观全球人口与国力变化史,人口基数与结构的变化对国力、

国运长远而言带有决定性的作用。因此我国自 20 世纪 70 年代以来执行的以严格控制人口数量为目标的人口政策，已到了非调整不可的时候，切不可再做拖延。

2．土地制度僵化落后，自然资源粗放、低效耗用

我国土地及相关自然资源管理方面存在的供给机制不能适应市场经济的问题十分明显。随着城镇化的发展，大量邻近城市的农村土地（包括集体建设用地和宅基地等）通过各种形式转化为城市发展用地，这本是城市化的题中应有之义。但是，由于现行土地管理制度过于僵化，未能形成与时俱进的供给机制，引发诸多社会冲突与群体性事件，以及"小产权房"等棘手难题。除土地之外，我国其他各类自然资源方面，也存在着比价关系严重扭曲、市场化价格形成机制缺失以及政府发展经济急切而强烈的动机之下的粗放、低效使用，已经造成近年来各方面有深切感知的、公众意见十分强烈的各类水体、土壤、大气污染问题以及资源能源挥霍式耗用等严重问题。

3．金融压抑明显，对实体经济的多样化融资和升级换代支持不足

无论是从国内储蓄还是外汇储备上看，我国似乎都是世界上"最有钱"的国家。但从资本的使用效率上看，从实体经济得到融资支持的程度上看，我国金融领域存在的供给抑制与供给约束又居世界之冠。一是利率市场化到现在仍然未能走过"行百里半九十"的关键性路程。二是金融市场主体"大小不均"，主体的国有比重过大而民资外资比重过低、超级银行占比过大而中小型金融机构占比过小。三是资本市场结构不合理，主板市场占比过大而创业板、新三板、场外股权交易市场还严重不足。四是除银行间投融资体系高利差抬高融资成本之外，设租寻租、"红顶中介"等，又将创业创新活动的综合融资成本抬得更高。这些导致长期以来我国对经济增长贡献可观，特别是对就业贡献最大的广大中小微企业，得不到较充分的融资供给，实体经济升级换代"突破天花板"得不到投融资供给机制有力支撑，"三农"领域的金融支持也始终盘桓于政策倡导层面而实质性进展十分缓慢，大众创业、万众创新面临的实质性融资门槛，仍然比较高。

4．教育体制扭曲、僵化，科技创新驱动力弱

早在党的十六大文件中，就提出了建设创新型国家。我国经济增长的动力

机制应当而且必须强化创新驱动,已成为各方共识。但从进展看,科技研发的创新活力和相关人才的培养、供给机制,被行政化、官僚主义、形式主义和种种违反科研规律的不当制度机制所扼制。虽然一方面我国科研人员的论文发表数、专利申请数快速增长,已名列世界前茅,然而另一方面科技成果向产业、市场的转化率不到10%,究其原因,相当重要的前置环节——教育领域即人才培养体系中,由于严重的行政化、应试教育化等而窒息创造性人才的生长,形成"钱学森之问"的难解之题;具有支撑意义的基础科研领域中,激发科技人员潜心研究的体制机制不到位;应用研究中,一是科技成果转化的激励机制明显滞后,二是知识产权保护不力,三是后勤支持机制落后,四是狭窄的部门利益形成"条块分割"式创新阻碍和资源条件共享壁垒。

5. 政府职能与改革不到位,制度供给仍严重滞后

改革开放以来我国经济社会获得的巨大增长和进步,与政府管理理念的改变、职能的调整、方式的转化、体制机制的不断优化有极其密切的关联。但随着改革进入深水区,政府职能的优化进程与制度变革的推进,已经大为滞后。一是关键功能不到位。市场经济条件下政府的主要功能应是维护公平正义和市场监管、公共服务与社会管理,但实际生活中,市场公平竞争环境受到过度垄断、设租寻租的困扰与损害,假冒伪劣等不良行径往往不能得到有效监管和打击;应有的公共服务被管理部门与环节上的"权力最大化、责任最小化"之争和扯皮推诿所销蚀;应履行的政府社会发展管理规划职能,其形态与水平明显落后于时代要求,各方一再呼吁的把经济社会发展、国土开发整治、城乡基础设施、交通运输、生态环境保护、产业园区和主体功能区"多规合一",始终未有实质性进展。二是关键和重点领域改革不到位,如土地改革、金融改革、国企改革、收入分配改革、人口战略调整等,大都慢于社会预期,三中全会后首先由政治局审查通过的财税配套改革方案,实施中已出现与时间表要求不匹配的明显迹象。三是政府支持经济发展手段方式陈旧,仍然习惯于以"政"代"经",以"补贴"、"优惠"、"专项"等吃偏饭方式,代替扎实的市场环境打造与市场基础建设。四是政策机制的设计质量往往不高,效果还有待提升,如政府主推的棚改、医改、中心区域交通体系建设等,大方向正确但方案纰漏、缺陷不少。

（三）新供给经济学首先是改革经济学：攻坚克难的改革是统领、改革中"守正出奇"是关键

作为一个转轨中的发展中大国，追求后来居上的现代化，为成功实施赶超战略，在政府职能方面必然要有意识地把需求管理与供给管理相互紧密结合，而且尤需做好供给管理。这既是基于我国三十多年来改革开放的基本经验，亦是基于当下经济发展的现实需要，也是基于对西方主要发达国家近年来在调控、管理经济方面一系列经验教训的总结。特别应当注重制度供给，在新的时期以全面改革为核心，来促进供给端解放生产力、提升竞争力，以此生成我国经济社会升级版所需的有效供给环境条件，解除供给约束，推动改革创新"攻坚克难"、冲破利益固化的藩篱，充分激发微观经济主体活力。这是续接和有效增强经济增长动力的"关键一招"，也是从要素投入、粗放增长转向供给升级、集约增长，引领市场潮流而创造需求，得以实质性联通"脱胎换骨、凤凰涅槃"式结构调整的主要着力点。

新供给经济学的思维重点，首先是强调在"四个全面"总体布局新时期，"攻坚克难"地从增加有效供给角度实施制度创新供给和结构优化，衔接从短期到中长期目标的运行调控。因而供给管理的手段，既需注重充分地尊重和敬畏市场，又要理性地、"守正出奇"地引导和建设市场，以经济手段为主，与深化改革优化制度供给紧密结合，进一步解放生产力，构造"又好又快"发展的持续动力源，实现全面小康与中国梦想。

四、优化供给侧环境与机制，释放潜力托举经济质量"升级"式增长的主要政策建议

以"实现中华民族的伟大复兴和人民群众的美好生活"、"强国富民"为根本发展目标，以"改革开放、动力混成、创新包容"为主驱动力，需更注重以中长期的高质量制度供给统领全局的创新模式，取代短期需求调控为主的凯恩斯主义模式，在优化供给侧环境机制中，强调以高效的制度供给和开放的市场空间，激发微观主体创新、创业、创造的潜能，提升全要素劳动生产率，以释

放潜力、激发活力托举新常态的经济社会"质量升级式"发展，稳增长、优结构、护生态、惠民生。

根据我们的测算，随着我国经济到达"巴拉萨-萨缪尔森效应"（实际汇率上升）和"刘易斯拐点"（劳动成本上升）时，我国经济的潜在增长率合乎逻辑地有所下降。初步估计未来几年间，我国非加速通货膨胀经济增长率（NAIRG）在8%左右，而非加速通货紧缩经济增长率（NADRG）在6%左右。以此而言，2015年确定的7%左右经济增长率，如政策和工作不出大的偏差应可实现，关键是需同时引导市场预期和"升级版"的演变过程进入良性循环，争取相对顺利通过市场"优胜劣汰"压力为主的阵痛期，对接一个尽可能长时间的升级版中高速增长平台。在我国，往往在经济下行压力明显时，也正是改革推进阻力较小之时。应抓住时机，推进改革优化供给侧环境机制，为我国的长远可持续发展夯实基础。

我们的主要建议是：

第一，立即调整人口政策，从控制人口数量转向优化实施人力资本战略。

纵观世界史，国家兴衰与人口的变化息息相关。面对我国劳动人口明显下降、老龄化社会加速到来的趋势，必须尽快、果断调整我国人口政策。在严格的控制人口政策按原"三十年为期"框架实施了三十多年之后，我国实已进入调整人口政策的最后窗口期，绝对不能在这个问题上犯颠覆性错误。一是现仅对体制内几千万适龄家庭人群适用的"一胎管制政策"和"单独两孩政策"，亟须尽快转变为"放开二胎"，此举近中期可缓解"一胎"引致的一系列社会问题并提振消费，中远期可在提升人民群众"幸福感"、夯实和谐社会根基的同时对冲部分人口老龄化压力（中央十八届五中全会宣布的"放开两孩"政策调整出台后，还可以并应当动态推进，后续优化举措）。二是将以计划生育重点针对体制内的人口控制，过渡到以整个社会全面优生和提高人口质量为核心的人口战略，并进一步改写为以教育和提升创新能力为核心的人力资本战略。另外，促进人口流动、适当吸引移民也应当成为我国人口政策的重要内容：一方面，要以实施城乡基本公共服务一体化为制度依托，顺应城市化进程中人口从农村向城市流动的历史性趋势，另一方面要适度放开移民政策，既要积极引入高端、优质的创新型人才，在需要的时候也要有序引入熟练技工。总之，从各方面情况看，人口政策的调整是人心所向、成本最低、见效最快、利国利民、福及千秋万代的"仁政"，应当尽快颁行。

第二，积极审慎推动土地制度改革，逐步建立城乡统一的土地流转制度。

土地是被称为"财富之父"的根本资源，土地制度是国家的基础性制度，也是供给管理的极重要内容。土地制度改革事关利益格局的重大调整，需要长远谋划、积极审慎。当前，土地制度改革的焦点主要集中在农村土地方面（涉及集体经营用地、农民承包地和宅基地）。我们建议积极落实十八届三中全会审议通过的《中共中央关于全面深化改革若干重大问题的决定》中的有关精神，明确农村集体经营性建设用地入市范围和途径；建立健全市场交易规则和服务监管制度，积极总结借鉴重庆等区域以"地票"制度处理远离城市中心区的农民在农地"占补平衡"框架下分享城镇化红利的经验。全面推动农民承包土地使用权的确权、流通、转让、租赁制度，保护农民的合法权益。探索农民住房保障在不同区域户有所居的多种实现形式。应充分重视深圳特区"先行先试"环境下形成的"国有平台，整合分类，权益求平，渐进归一"土地制度改革经验，在逐步建立城乡统一的土地产权框架和流转制度过程中形成兼顾国家、单位、个人的土地增值收益分配机制。土地征收中严格界定公共利益用地范围，规范程序，公开信息；建立对被征地农民的合理、规范、多元的补偿和生活保障、生产引导机制。

第三，全面实施金融改革，积极解除"金融抑制"，有效支持实体经济。

基于金融是"现代经济的核心"的重要性和防其变为"空心"的防范风险的必要性，要针对我国金融市场的结构失衡、功能不全和"金融抑制"，全面推进金融改革。一是进一步深化金融机构特别是国有控股商业银行改革，适当降低国家持股比例提升社会资本持股比例，二是积极发展证券、保险等非银行金融机构；三是在政策性融资机制创新中构建多层次、广覆盖、可持续的开发性金融、农村金融、绿色金融、科技金融等服务体系；四是依托存款保险制积极发展一大批社区银行、村镇银行，通过降低准入门槛，引入民间资本或将现行的民间放贷机构合法化，增加金融供给主体和金融产品，健全小型、微型企业融资体制，并引导小贷公司按"资本金融资、自负盈亏、自担风险"原则发展，改进小微企业的金融服务；五是应全面放开存贷款利率管制，实现市场化定价的方针，择机在利率市场化的最后"临门一脚"——放开存款利率上取得突破；六是以显著提升直接融资比重为目标，大力发展多层次资本市场，在继续完善主板、中小企业板和创业板市场的基础上，积极探索覆盖全国的股权交易市场（三板），并推动"大资产管理公司"建设；七是提高金融业稳健性标准，积极稳妥地推进银行业实现第三版巴塞尔协议，防范银行表外业务风险，牢牢守住发生系统性风险、区域性风险的底线；八是加强金融业监管，落实金融监管改革措施和稳健标准，完善监管协调机制，界定中央和地方金融监管职责和风险处置责任；九是做好准备适时实行人民币在资本项目下的可兑换，支持人民币国际化。

第四，切实以改革为企业经营创业活动"松绑"、"减负"，激发微观经济活力。

结合当前企业的实际情况，应以"负面清单"原则取向，创造"海阔凭鱼跃、天高任鸟飞"的高标准法治化营商环境。一是以自贸区为标杆，进一步简政放权，降低门槛、减少准入控制，同时改革监管方式，优化服务，推动全国统一的行政审批标准化改革，建立覆盖所有法人、自然人的全国性信息信用系统，执行统一的市场监管规则，以此最大限度地减少社会交易成本，为企业创造良好的经营环境。二是适度降低我国社保缴费率，同时加快推进实施基本养老社会保障全国统筹步伐；建立全国统筹的社保体系可结合调入国资经营收益等机制。三是进一步清理收费，降低企业实际综合负担特别是税外负担，在深化财税改革厉行结构性减税的同时，应注重彻底切断行政审批与收费之间的利益关联，分类重建收费管理的体制机制，将"准税收"性质的收费、基金尽快调入一般公共预算，"使用者付费"性质的收费、基金应在基金预算中加强成本核算与信息公开，行业协会、中介组织所提供的服务收费应打破垄断、增强竞争、压低负担水平，对"红顶中介"、设租寻租所强加的企业负担，更应结合反腐倡廉来有效消除。

第五，大力实施教育改革和创新驱动战略，培育高水平人才有效建设创新型国家。

以改造应试教育和去行政化为重点的教育改革势在必行，以利培养造就一大批创新人才。

面对新一轮生产力革命("第三次产业革命")的挑战,我国从中长期来看,需要在高端"买不来的技术"领域靠原始、自主创新艰难前行,在中高端依靠全面开放和"拿来主义""引进、消化吸收再创新"与"集成创新"结合,最终建成"创新型国家",完成从工业时代经济向与"第三次产业革命"接轨的"中国新经济"的转轨。可以预计,信息产业、新能源产业、高铁式重大装备制造业、生物产业和纳米产业等战略性新兴产业,插上"互联网+"的翅膀,正在或可能成为中国经济的新引擎。为力求主动,必须积极深化科技体制改革,完善支持自主创新和成果转化的政策体系,引导各类创新主体加大研发投入,调动社会各方面参与和推动自主创新的积极性。要完善以企业为主体、市场为导向、产学研结合的技术创新体系;加强创新型人才队伍建设,重视培养引进高科技领军人才;培育创新文化,保护创新热情,宽容创新挫折,形成有利于创新的全社会氛围,多元化支持从发展基础科研、实施国家科技重大项目到促进科技成果产业化各个方面的自主创新,提升创新绩效。要充分遵从科研规律,以激励有力、制约到位、分配合理、管理科学的制度规范,调动全体科研人员的积极性与创造力,使科研投入的绩效水平得到提高。

供给端的以上举措,离不开我国行政、财政、国企、收入分配、价格、投资等多方面的综合配套改革。对此,我们亦有以下建议:

第一,"结合式"深入推进行政审批制度改革、大部制改革和"多规合一"制度建设。

深化行政审批制度改革现在已经触及更深层的系统性、体制性问题,需要从"重视数量"转向"提高质量",以法治化、系统化、标准化、信息化、协同化、阳光化为指针,结合"大部制"改革内在逻辑,职能、机构、编制协调联动,"结合式"将行政审批制度改革向纵深推进。一是大力提高行政法治程度,建立严格的行政审批事项准入制度,防止边减边增、先减后增。二是顺应大部制改革前景,动态优化设计、择时启动行政审批的国家标准化工作。三是积极落实"规划先行"、"多规合一"政府职能优化再造工作,可先形成部际联席工作框架,动态对接未来的大部制机构改革和流程优化,发改、国土、城乡、交通、环保、产业、财政等都必须纳入"多规合一"综合体系。四是建立全国统一的行政审批信息数据库及在线行政审批平台，提高政府管理的信息化水平。五是积极推动行政审批业务流程再造，提高系统性与协同性。六是深化收费制度改革，以破除各类收费的"收、支、用、管"一体化为核心，彻底切断行政审批与收费之间的利益机制。七是对社会中介组织做合理培养引导，促进竞争，提高素质，正确地行使其承接政府转移功能之作用。

第二，继续深化财税改革，支持政府治理体系与能力现代化。

财政的实质是公共资源配置的体系与机制，是国家治理的基础和重要支柱，既与公共权力主体的系统化改革高度关联，也与整体资源配置机制改革息息相关。正因为如此，改革开放以来，我国历次重大改革均以财政体制改革为突破口，且取得了巨大的成功。当前，需要继续借力于三中全会后率先启动的财税改革部署，调适优化政府、市场、社会之间的关系。一是加快建设以"规范、透明、绩效"为特征的现代预算管理制度。以"预算全口径"为原则，将政府的所有收入和支出（包括尚游离于"四本预算"之外的债务、各类公共资源资产、各类公共权力收支等）都纳入管理；以"管理全过程"为原则，全面建立以权责发生制为基础的政府综合财务报告制度；深化推行绩效预算、加强财政审计、推动财政问责制，形成覆盖财政资金管理全程的政府收支管理制度体系；实施中期预算框架，建立跨年度预算平衡机制；加快推进预算公开，提高财政透明度，包括扩大公开范围、细化公开内容、完善预算公开机制，强化对预算的外部监督检查等。二是以减少间接税、增加直接税为切入点，建立现代税收制度。"营改增"改革要力争如期收官。消费税改革应结合"问题导向"抓紧形成和推出实施方案。资源税改革要进一步扩大覆盖面并对接各配套联动改革事项。房地产税要加快立法进度，力争于2017年推出。个人所得税改革应坚决校正单纯改起征点的错误氛围，理顺改革设计，分步走向"综合加分项扣除"模式。三是建立事权和支出责任相适应的中央与地方财政体制。可依托正在进行的权力清单、责任清单改革，由粗到细试编和逐步明确各级政府事权清单，再对接以预算支出科目为量化指标的各级支出责任一揽子清单。结合省直管县打造三层级框架积极推进省以下分税制财政体制。构建由地方税、转移支付等共同组成的地方收入体系，促进地方政府事权和支出责任相适应。以促进基本公共服务均等化为导向，优化重构转移支付制度。

第三，有序推进国有企业改革，促进国有资产收益和存量的转置。

规模庞大的国有经济是中国特色社会主义的组成部分。大型国有企业在中国经济社会中发挥重要作用的一个重要方面，是顺应社会诉求将更大比重的资产收益上交国库，支持我国社会保障体系的运行和公共服务的增量提质。今后，随着国有经济"战略性改组"和"混合所有制"改革的深化，中央政府在国资委管理范围内的100多家企业收缩至几十家以后，应积极探索通过立法方式，确定各类企业的设立依据、政策目标、国有资产收益的合理转置等相关规则，形成规范法案，并在动态优化中全面形成以国有资产收益和存量形态的合理转置，在法治化制度体系中服务于全社会公共目标：在坚持"资产全民所有，收益全民所用"的基本原则之下，完善国有资本经营预算（资本预算）管理体制，提高利润（资产收益）上缴比例进而对社会保障和其他公共服务的支出加大支持力度，合理纳入全口径预算体系统筹协调。各类公益型资产处置（如文化企业转制过程中国有资产的处置）也应纳入国有资本经营预算体系中来，以此充实社会保障基金、强化基本公共服务均等化的财力支撑，真正体现国有经济的优越性及全局性贡献。

第四，改善收入分配与再分配相关制度，打造"橄榄型"现代社会结构。

科学、合理、公平的收入分配制度是国家长治久安的保障。必须看到我国长期以来存在的收入分配矛盾问题成因复杂，不可能通过实施某种专项、单项的改革达到"毕其功于一役"的目的。但总体来说是两句话，一是初次分配要侧重于讲效率，二是再分配要侧重于讲共富。在初次分配领域，政府要维护产权规范与公平竞争的规则与环境，尊重、培育和健全市场的资源与要素配置机制，合理调节各地最低工资标准和适当引导企业劳方与资方在工薪分配上的集体协商等，促进社会资源的优化配置和社会财富的最大涌流。在再分配领域，一是建立健全我国税收制度的收入调节功能，坚定地逐步提高我国直接税比重，开征房地产税、改革个人所得税，研究开征遗产和赠予税；二是完善我国社会保障制度，力争在"十三五"期间实现基础养老金全国统筹，建立兼顾各类人员的养老保障待遇确定机制和正常调整机制，发展企业年金和职业年金，加快健全覆盖全民的医保体系，加大保障性住房的供给规模并优化供给机制；三是改革转移支付制度,增强其平衡区域收入差异、人群差异的调节功能,如加大对中西部地区特别是革命老区、民族地区、边疆地区和贫困地区的财力支持,加大教育、就业、扶贫开发等支出,加强对困难群体救助和帮扶,大力发展社会慈善事业等;四是消除部分行业的过度垄断因素,提升相关收入分配制度规则的透明度;五是加强对非工资收入和财产性收入的引导和管理,严厉打击贪赃枉法、权钱交易、行贿受贿、走私贩毒、偷逃税收等相关的黑色收入,同时清理整顿规范种种"灰色收入"——其中合理的、需修正的,都应阳光化,不合理的则应予以取缔;六是积极推进官员财产报告与公示制度的改革试点;七是在管理和技术层面加强"问题导向",有针对性地解决诸如国家特殊津贴专家标准严重不一等遗留多年的问题。分配调节的导向,是逐步形成中等收入阶层成为主体的"橄榄型"现代社会结构。

第五,以满足公共服务需求、优化结构和调动潜能为大方向,积极理顺基础资源、能源产品比价关系和价格形成机制,积极实施选择性"有效投资"和PPP机制创新。

针对我国基础资源、能源产品的比价关系和价格形成机制的严重问题,要抓住煤炭资源税从量变从价改革已形成框架、电力部门改革已有部署的时机和基础,以"从煤到电"这一基础能源链条为重点,攻坚克难实行理顺比价关系和价格形成机制的配套改革,以利内生、长效、全面地促进全产业链节能降耗和释放市场潜力。

在优化供给侧环境机制的同时,必须同时看到,由于我国仍然处于城市化进程的中期,政府投资部分仍然有可以作为的广阔空间。在经济下行中,结合优化结构、提升发展后劲、改善民生等需要,应积极考虑加大选择性"有效投资"(即可以增加有效供给的"聪明投资")的力度。其投入要素又正是我国现成的所谓"过剩产能"的一部分,并吸收和消化相关的劳动力、施工力量与管理力量。投资选择的对象,首先可包括新型城镇化与城乡一体化建设中的基础设施,如一大批中心城市的交通、公用事业基础设施的升级换代、城市管网更新扩建("综合管廊"模式)、"海绵城市"建设、区域交通互联互通、全国大江大河治理、农田水利设施建设与整修等;其次应考虑产业领域,如以节能降耗减排为特征的示范园区和示范项目建设、重点企业的技术改造、各类生产性服务业等；第三是环境领域，不仅需要加快水体、大气、土壤的污染治理，而且需要加快优化能源供给方式，调整能源、资源利用的结构和技术路线，大力加快煤炭清洁利用的设施投资建设，加快发展地铁、轻轨等综合性快速公共交通，加快污水处理厂、垃圾处理厂等环保设施建设，多措并举加快节能减排降污；第四是民生领域，如未来几十年内将需求激增的健康养老产业、仍存突出结构性供给矛盾的教育、以"住有所居"为目的的棚户区改造、公租房、共有产权房等保障性住房供给，各类以满足人民群众日益增长的文化、体育需求的设施建设与产业开发，等等。这些基础设施、公共工程项目，都应充分注重以有限的政府财力通过PPP（政府与社会资本合作）机制发挥"四两拨千斤"的放大效应和乘数效应，拉动民间资本、社会资金合作供给，并提升绩效水平。

总之，我们认为中国经济社会发展的现代化进程已经到达一个非比寻常的关键时期和历史性的考验关口，仅以短中期调控为眼界的需求管理已不能适应客观需要，应当及时、全面引入以"固本培元"为主旨、以制度供给核心，以改革为统领的新供给管理方略，针对中国经济社会的重大现实问题，"中西医结合"多管齐下，共收疗效。为适应中国新一轮经济发展中打造有效动力机制的总体要求，亟应注重从供给侧入手，针对当前和今后一个时期面临的突出问题和矛盾，从微观主体即创业、创新、创造的市场主体层面，释放经济社会的潜力、活力，托举中国经济的潜在增长率，促进总供需平衡和结构优化、加快增长方式转变，进而为实现中华民族伟大复兴的中国梦扫清和拓宽道路。

（主要执笔人：贾康、冯俏彬）

主要参考文献

贾康主编：《新供给：经济学理论的中国创新》，中国经济出版社2013年版。

贾康、苏京春等著：《新供给经济学：理论创新与建言》，中国经济出版社2015年版。

贾康、苏京春：《新供给经济学》，山西经济出版社2015年版。

第二篇

从新供给视角看改革

供给侧改革的主战场是要素市场改革

刘世锦*

近期供给侧结构性改革成为舆论关注的热点,对此存在不同的理解和争论。中国的经济改革,从来是问题导向的。供给侧改革要改什么,要看中国经济运行和发展面临的要害问题是什么。

中国经济已经进入新常态,正处在由10%左右的高速增长向中高速增长的转换过程之中,背后则是结构、动力、体制政策环境的转换,由此也可以称其为"转型再平衡",即由高速增长平台上的供求平衡转向中高速平台上的供求平衡。以往长时期支撑中国经济高速增长的基础设施、房地产等相继出现历史需求峰值,出口的高增长也由于国内要素成本和汇率上升而难以为继。在需求增速回落的同时,供给侧相对应的重化工业也开始调整,但调整幅度远不及需求回落幅度,于是出现了严重的产能过剩,并引发了PPI超过40个月的负增长,最新的PPI已达-5.9%,导致了中国式的结构性通缩。与增速下行压力相比,更具挑战性的工业企业利润出现超过一年的负增长。利润负增长非同小可,持续下去将会加大金融财政风险压力。最新数据显示,这种负增长仍在加剧。分析显示,煤炭、钢铁、铁矿石、石油、石化、建材等过剩最为严重的行业在PPI和利润下降中占到70%以上的份额。

中国经济达到中高速增长平衡点,将会有两个"底"。一个是"需求底"。房地产投资增速已经由以往的高增长回落到最新的月度同比负增长,当房地产

---

* 刘世锦为国务院发展研究中心原副主任。

投资增速由负转正时，将是房地产投资乃至中国经济从需求侧来看的经济增速触底的信号。估计这个"需求底"有较大可能在2016年年中左右看到。另一个是"效益底"，即工业企业利润增速由负转正，并保持可持续的增长。这个"效益底"的出现，直接取决于减产能的力度和进度。但目前来看，仍有相当大的不确定性。如果"效益底"滞后于"需求底"迟迟不能出现，经济很可能落入低效益、高风险的特殊困难时期。

要摆脱这种困局，首先是高度重视并大力度减产能，同时解决其他领域"低效率洼地"问题。这样就涉及需求侧政策的局限性。供给和需求是现代经济活动互为关联的两个方面。所谓"三驾马车"是对需求侧消费、投资、出口活动的形象描述。有人以为讲供给侧结构性改革就是否定"三驾马车"。这种看法会导致误解，而且低估了供给侧结构性改革的意义。解决中国经济当下面临的转型期结构性问题，需求侧政策并非不可用，而是不能只靠需求侧政策，也难以将其作为重点。例如，对一个时期以来的通货紧缩现象，主张放松货币的声音很大。向成因看，中国目前的通缩与某些西方国家曾经出现的通缩全然不同，不是由于流动性不足，而是源于增长阶段转换期的结构性严重过剩。对此类通缩，仅是放松货币不大可能有效，这正是近些年连续降准降息、过剩问题有增无减的原因所在。在增长阶段转换的大背景下，需求侧的刺激政策主要是防止短期内增速下滑过快，而不可能通过刺激政策使过剩产能不再过剩。这个"度"过了，所刺激起来的很可能是短期内无现金流和经济效益、长远效益和社会效益也难以确定的低效或无效投资。另一个同样不能忽视的问题是，注意力放在需求侧刺激上，很可能错过减产能、实现转型再平衡的有利时机。

在这种情景下，供给侧改革的必要性和紧迫性就显而易见了。供给侧改革也有宏观和微观之分。供给侧结构性改革不排除宏观政策的必要调整，比如采取供给学派所强调的减税等措施，但重点还是在微观层面，通过实质性的改革措施，进一步开放要素市场，打通要素流动通道，优化资源配置，全面提高要素生产率。具体地说，优先和重点的改革领域包括如下几项：

第一，对减产能要采取果断管用办法，在一定时间内取得实质性进展。理想办法是通过市场化的优胜劣汰挤出过剩产能，但在现有体制条件下，尤其对国企占主导地位的重化工业领域，市场机制作用有限。可考虑由国家层面确定减产能总量，按现有产能将减产配额分配到各地，同时允许配额交易，这样优势企业可以不减，还可以去买劣势企业配额。同时在解决"人"和"债"问题出台得力政策，如将部分国有资本转入社保基金，解决职工安置问题；对相关银行坏账允许核销等。同时要推动优势企业主导的市场化的兼并重组。

第二，进一步放宽准入，加快行政性垄断行业改革。放宽准入，既要"放小"，更要"放大"，在行政性垄断问题突出的领域，如石油天然气、电力、电信、铁路、医疗、教育、文化、体育等领域，引入新的投资者，鼓励和加强竞争。有的领域，表面上看投资已经不少了，如果放宽准入，还有降低成本、提供效率的很大空间。我们现在最需要的，是那些能够真正提高效率的投资。

第三，加快城乡之间土地、资金、人员等要素的流动和优化配置。中国城市化还有很大发展潜力，但重点不在现有的大城市，而在大城市之间。要把以往孤岛型城市转变为网络型城市，进一步拓展城市带、城市圈，在大城市之间带动大量小城镇发展，推动互联互通和基本公共服务的均等化，带动人口居住和产业布局的再配置，由此将可引出可观的基础设施和房地产投资机会。农民要进城，城里的人员、资金等也有到小城镇和下乡的意愿，要下决心打破城乡间土地、人员、资金等要素流动、交易、优化配置的诸多不合理体制和政策限制。农民所拥有的资产只有在确权的基础上允许流动、允许交易，价值才能充分显现，利益才能得到真正维护。

第四，加快产业转型升级、精致生产。尽管服务业比重超过制造业，但制造业仍然是国家竞争力的核心所在。服务业中发展潜力最大的生产性服务业，直接服务于制造业转型升级。必须牢固确立制造立国的理念和政策导向，推动制造业由粗放经营转向精致生产，倡导"工匠精神"，把活做精做细，提高附加价值比重，向全球价值链的中高端提升。借鉴日本等国的成功经验，全面实行加速折旧政策，此举相当于向企业减税，同时起到促进设备更新、扩大投资需求的多种效应。

第五，尊重创新规律基础上培育创新环境。与模仿为主的发展相比，创新面临的不确定性大大增加。必须通过市场上的大量试错，提高创新成功的概率。

政府习惯于居高临下地做产业规划，但创新从本质上说是很难规划的，最重要的是着力创造有利于创新的环境，包括保护产权特别是知识产权，稳定企业家、科研人员的预期，排除泡沫经济的扰乱，促进创新要素流动，培育人力资本，改造金融支撑体系等。要把培育创新环境与地方竞争结合起来，推动形成若干个有吸引力、影响力的创新中心。

以上重点领域改革，集中于要素市场，这将是供给侧改革的主战场。过剩产能、低效无效要素要出去，有竞争力的、创新的要素要进来，通过生产要素的进一步解放、流动和优化配置，攻占经济生活中仍然随处可见的低效率洼地，形成全面提高要素生产率的新格局。

聚焦金融供给侧改革　服务实体经济新发展

洪　崎[*]

党的十八届五中全会审议通过了"十三五"规划建议，提出了"创新、协调、绿色、开放、共享"的发展新理念，开启了我国全面建成小康社会的新征程。2015年11月10日，习近平总书记在中央财经领导小组第十一次会议上首次提出，要"在适度扩大总需求的同时，着力加强供给侧结构性改革"。中央决定和总书记讲话指明了下一阶段宏观调控的新方向，并确立了金融业改革发展的新重点。

作为中国金融改革的试验田，中国民生银行于2016年1月12日迎来成立20周年华诞。在"十三五"及今后一个时期，民生银行将锐意改革创新，践行"情系民生，服务大众"的办行宗旨，以服务实体经济发展为基础，以提高发展质量效益为中心，推动和落实"凤凰计划"与新的中长期发展战略，构建"战略引领、跨界互联、聪惠共赢"的小微金融升级版，破解制约中小民营企业发展的"融资难、融资贵"痼疾，并通过打造"专业化、连锁化、品牌化的金融沃尔玛超市"式社区金融商业新模式，为居民客户提供可信赖的"金融管家式"服务，全面提升金融服务水平，以新版民生银行助力我国创新发展、协调发展、绿色发展、开放发展和共享发展。

---

[*] 洪崎为中国民生银行股份有限公司董事长。

一、"十三五"规划提出新理念，宏观调控引入新思路

（一）"十三五"规划提出了新理念

"十三五"规划建议旗帜鲜明、浓墨重彩地提出了"创新、协调、绿色、开放、共享"五大发展理念，廓清了中国未来经济社会发展的导向和着力点，也为包括金融业在内的各行业、各领域的发展指明了方向。

创新发展，着力点在于提高发展质量和效益，包括拓展区域发展、基础设施建设、网络经济、蓝色经济，以及推动农业现代化、制造业升级、现代服务业发展等。协调发展，着力点在于形成平衡发展结构，包括实现区域协调、城乡协调、物质文明与精神文明协调、经济建设与国防协调等。绿色发展，着力点在于改善生态环境，包括加快建设主体功能区，推动低碳循环经济发展，全面节约和高效利用资源，筑牢生态环境安全屏障，实现人与自然的和谐共生。开放发展，着力点在于实现合作共赢，包括完善对外开放格局，形成对外开放新体制，推动"一带一路"建设，参与全球治理等。共享发展，着力点在于增进人民福祉，包括增加公共服务供给，提高教育质量、促进就业和创业、推动健康中国、完善社会保障等。

十八届五中全会明确的"创新、协调、绿色、开放、共享"发展理念，是我国改革发展的重大理论突破，必将引领未来的中国在新的发展征程中崇尚创新、注重协调、追求绿色、厚植开放、深谋发展，并在实践过程中突破发展瓶颈、挖掘发展潜力、拓展发展空间、培植发展动力，释放新需求，创造新供给，努力开拓发展的新境界。

（二）宏观调控引入了新思路

2015年11月10日，习近平总书记在中央财经领导小组第十一次会议上首次提出，"在适度扩大总需求的同时，着力加强供给侧结构性改革"。这一全新的表述，标志着中国宏观调控思路发生了重大变化，未来将更加强调通过提高供给体系质量和效率来打造经济发展的新型驱动力，促进经济结构转型升级和长期健康可持续发展。

长期以来，我国受凯恩斯主义影响较深，更注重需求侧的管理，更强调投资、消费和净出口这"三驾马车"的作用。但是，自2008年全球金融危机以来，我国从需求端发力的刺激政策效果逐渐减退，效力明显下降。这一现实反证出当前面临的不是短期的、周期性的、外部的冲击，而是中长期的、结构性的、内部的压力。经济刺激政策对前一种情形或许有效，但对后者却作用有限。

为此，必须改变过去过于强调需求端作用的思路和方式，而应从供需两端同时发力。在适度扩大总需求的同时，着力加强供给侧结构性改革，提高供给体系质量和效率，以高效的制度供给和开放的市场空间，激发微观主体的创新创造的潜能，全面提升全要素生产率，实现强国富民，改善生态民生，进而打造长期、可持续的新型驱动力。

二、实体经济产生新需求，金融机构面临新机遇

随着"十三五"期间国内外经济环境的变化，实体经济的新需求将会不断涌现，并呈现出多元化、差异化、复杂化的特征。金融机构需对此保持密切关注，并积极把握其间蕴含的良好新机遇。

（一）居民消费升级产生新需求

"十三五"期间，我国将有望实现全面建成小康社会的目标，2020年人均收入水平将比2010年翻一番。按照国际经验，人均GDP在8000美元左右时，消费结构将从生存型消费向发展型消费升级。目前我国的人均GDP约为7800美元，已接近这一阶段。随着居民收入水平进一步提高和中产阶级的崛起，居民消费需求将从模仿型、排浪式消费向个性化、多样化消费转变，从"吃穿住用行"的基本需求向"学乐康安美"的方向升级，从第二消费时代向第三、第四消费时代过渡，这必然催生对信用卡、消费信贷、跨境支付等金融产品和服务的大量新增需求。

（二）产业升级转型拓展新市场

2015年5月，国务院颁布了《中国制造2025》，为未来十年的产业发展制定了行动纲领。一方面，传统行业面临转型升级，行业间的并购重组将会加快，对

并购贷款、投行服务需求巨大。另一方面，新产业、新技术、新业态、新商业模式不断涌现，包括互联网、云计算、大数据、信息技术、高端装备制造、航空航天、生物工程、新能源、环保节能、现代服务业等领域的发展方兴未艾。除信贷需求外，对财务顾问、资产管理、资本市场等方面的服务需求也将非常迫切。

（三）基建投资领域仍有新空间

相比发达国家而言，我国在交通、水利、地下管网、民生工程等方面还有较大空间，加大对公共产品和公共服务"双引擎"的投入，短期可以托底稳增长，长期也是改善民生、扩大内需、实现中高速增长的重要推手。新型基建项目的融资主体将从政府平台转向政府和民间资本合作的PPP方式，资金来源也将从"信贷+信托"转向"信贷+债券"。

（四）区域协调布局提供新机遇

"十三五"期间，三大国家级战略（"一带一路"、京津冀协同发展、长江经济带）将会继续推进，四大板块（东、中、西部及东北）之间发展也将趋于平衡。这种区域战略布局的优化将会产生新的业务机遇。特别是随着我国成为对外投资大国和人民币国际化进程加快，企业"走出去"的空间将会进一步打开，也将为银行业推进国际化战略提供重要契机。

（五）加快绿色发展创造新动力

"建设美丽中国、打造绿色经济升级版"是我国"十三五"期间的重要发展目标之一。央行相关研究显示，未来五年我国每年的绿色投资需求为两万亿元，其中财政只能提供10%—15%的资金。而根据世界自然基金会的测算，我国"十三五"期间的融资需求约为14.6万亿元，如果选择更高标准的环境修复方案，资金需求则高达30万亿元。可以看出，我国绿色投资存在巨大的发展空间，特别是在能效融资、碳排放权融资、绿色信贷资产证券化等方面，创新需求将更为迫切。

三、金融改革落实新举措，创新模式提供新供给

"十三五"规划建议稿首次提出，要"提高金融服务实体经济效率"。周小

川行长也强调，要"坚持创新发展理念，全面提高金融服务实体经济效率"。这意味着未来五年金融业必须以服务实体经济为导向，以稳健经营为目标，找准服务实体经济的重点领域和重要环节，构建新的行业监管方式和业务发展模式，改进服务方式，改善服务质量，提高服务效益，促进金融业成为实体经济发展的更为强大的动力源泉。

（一）大力发展创业金融，破解创业融资难题

创新是引领发展的第一动力，创业是激发创新的重要途径。创业金融，目的就是通过一整套的金融制度创新，包括新三板、天使基金、PE/VC以及众创、众包、众扶、众筹等，切实解决创业者的融资难题。

发展创业金融，一方面，要建立健全资本市场体系，支持符合条件的创业企业孵化、上市，并支持创业企业通过债券市场筹集资金；另一方面，要支持并推动金融机构综合化经营，努力向创业企业提供结算、融资、理财、咨询等一站式系统化的金融服务，对于具备发展前景的企业和符合国家政策的项目，要扶上马、送一程，使"草根"创新蔚然成风、遍地开花，在帮助创业者实现梦想的过程中，拓展金融业发展空间。

（二）加快发展互联网金融，实现金融业态协调发展

近几年来，互联网金融快速发展。互联网、大数据、云计算等技术同金融的结合，正引领金融朝着渠道移动终端化、跨界融合常态化、产品服务精细化等方向发展，成为提升我国金融业综合竞争力的新生力量。

未来，互联网金融的发展将进一步规范，不仅可以提高不同地域、不同行业的金融供给和金融需求的匹配程度，有效满足小微企业和个体工商户经营过程中的资金需求，而且可以提高实体经济运行效率，激发社会创业的激情与活力，推进新业态、新动力的形成与发展，为我国实体经济转型升级提供重要支撑。

（三）积极发展绿色金融，促进人与自然和谐共生

近年来，在全国各地不时出现的"雾霾"引发社会广泛关注。绿水青山、蓝天白云、清洁空气、干净水源，对于我国不少地方而言已经变成奢侈品。为此，促进绿色发展成为建设"美丽中国"的必然选择，通过绿色金融，将社会

资金引导到环保、节能、清洁能源、清洁交通等方面，不仅有现实必要性，而且有社会迫切性。

一方面，金融业应综合考虑与环境相关的收益、风险和成本，引领信贷资源逐步从一些高污染、高耗能、低效益的行业退出，支持企业工艺技术装备更新改造，有效缓解我国产业结构"过重"的问题；另一方面，也要加快绿色信贷、绿色保险、绿色证券等金融产品发展，推动用能权、用水权、排污权、碳排放权投融资机制形成，更好地服务美丽中国建设，促进人与自然和谐共生。

（四）注重发展普惠金融，推动发展成果共享

普惠金融有两个特征，一是客户覆盖面更广，服务对象从低收入群体扩展到城市白领、小微企业、弱势产业以及欠发达地区。二是产品和功能更加多样，除了存款类产品，还包括诸如信贷、支付、结算、租赁、保险、养老金等综合化金融服务。发展普惠金融，充分体现了共享发展的理念。

推进普惠金融发展，需政府和金融机构的双轮驱动。从国家层面，应健全商业性金融、开发性金融、政策性金融、合作性金融分工合理、相互补充的金融机构体系，制定有针对性地优惠政策措施，引导金融机构坚定服务小微企业、三农领域、贫困地区发展的战略定力，增加金融产品与服务的有效供给，着力解决企业特别是小微企业"融资难"、"融资贵"问题。从金融机构层面，需要通过创新金融服务模式，使普惠金融的供需两端更加匹配；通过借助互联网、大数据等工具，降低普惠金融的服务成本；通过专业化的风险管理，控制普惠金融的业务风险。

四、民生银行确立新战略，砥砺前行再创新辉煌

1995年前后，前全国工商联主席经叔平在受命筹建中国民生银行初期就提出，民生银行应建设成为"百年老店"。而要打造"百年老店"，就必须制订明确、清晰、系统的发展战略加以引领。

经系统、深入调研，民生银行近期已研究制订了未来10年发展的新战略。展望未来，民生银行将切实贯彻党的十八届五中全会提出的"创新、协调、绿

色、开放、共享"的发展新理念,以服务实体经济为宗旨,以提高发展质量和效益为中心,着力推动以"凤凰计划"打造新版民生银行,以"回顾过去20年,展望未来10年,打造百年老店"为主线,描绘可持续健康发展新蓝图,引领民生银行新发展,再创民生银行新辉煌。

(一)聚焦持续创新,不断提高服务质量和水平

未来民生银行将继续丰富产品服务功能,加大金融创新力度,积极整合外部资源,为实体经济主体提供全方位、一站式的金融产品与服务。一是丰富产品服务功能。除基础性的存款、贷款、结算业务之外,还将根据不同类型实体经济需求,提供理财、现金管理、财务顾问等"融资+融智"、"商行+投行"的差异化服务。二是加强金融创新力度。创新是民生银行的灵魂。下一步,民生银行将会加快资产业务、负债产品、交易业务等金融创新,大力推动网上银行、手机银行等新型渠道发展,以类型丰富、功能齐全、特色鲜明的产品服务满足客户多元化需求。三是积极整合外部资源。未来民生银行将会与证券、保险、租赁、信托、担保、基金等机构广泛合作,建立资源集成、优势互补、风险共担的合作机制,为企业提供一揽子、综合化的金融服务。

(二)调整信贷结构,有效服务我国经济转型升级

一是加大对"中国制造2025"等战略性新兴产业支持。"十三五"期间,民生银行将积极布局九大战略新兴产业,支持《中国制造2025》相关产业发展,优先支持下一代通信网络、物联网、云计算、生物医药等15个行业,助力我国产业加快迈向"中高端";二是通过打造特色分行助力区域协调发展。"十三五"期间我国将会以"一带一路"建设、京津冀协同发展、长江经济带建设为引领,形成沿海沿江沿线经济带为主的纵向横向经济轴带。民生银行将组织各分行因地制宜制定发展中长期发展规划,发展特色业务,形成与金融同业的差异化竞争,为区域性重大战略和重大项目的落地实施提供支持。

(三)发展绿色信贷,助力"美丽中国"建设

"十三五"期间,民生银行将积极发展绿色金融,在加快退出"两高一剩"产业的同时,把信贷资源更多地向环保产业倾斜,将业务重点定位于新能源、低碳行业等领域,积极开发收费权质押、特许经营权质押、未来收益权质押等

多种担保方式，使金融服务方案更好地适应企业发展。

（四）加快全球布局，携手国内企业开拓国际市场

"十三五"期间，国家将加快建设全面开放型经济体进程，民生银行也将适应这一趋势，积极加快国际化布局，加强国际业务团队建设，聚焦"跟随战略"，将金融资源更多地投入"一带一路"等重点建设，服务工商企业"走出去"战略，提供覆盖境内外、本外币的一体化优质金融服务。

（五）坚持"两小"战略，大力支持"双创"

为使金融服务惠及更多的小微企业，民生银行将继续按照"服务大众、情系民生"的宗旨，优化管理体制，提升客户体验，支持创业创新。"十三五"期间，民生银行将致力于构建"战略引领、跨界互联、聪惠共赢"的小微金融生态圈，以互联网为依托，搭建入口多样化的获客平台，优化业务流程，提高审批和放款效率，助力破解制约小微民营企业发展的"融资难、融资贵"痼疾，并通过打造"专业化、连锁化、品牌化的金融沃尔玛超市"式社区金融商业新模式，为社区居民客户提供可信赖的"金融管家式"服务。与此同时，积极推动小微金融与社区金融业务联动，线上线下联动，为小微企业、社区居民提供更加便利、高品质的金融服务和增值体验。

2016年1月12日，民生银行将迎来20周年华诞。作为我国第一家完全由民营企业发起设立的全国性股份制银行，近20年来，民生银行持续改革创新、积极锐意进取，业务领域不断拓展，经营规模持续扩大，各项事业保持稳健，社会美誉度总体上稳步提升，实现了自身从小到大、从弱到强的跨越式发展，并为服务实体经济转型升级和推动我国银行业改革发展做出了积极贡献。在新的历史起点上，民生银行将持续改革创新、不断追求卓越、继续砥砺前行，加快建设成为具有鲜明特色及全球竞争力的跨界互联、聪惠共赢、平台型现代金融服务集团，努力为我国全面建成小康社会和实现民族伟大复兴的中国梦做出新的更大贡献。

破解中国直接融资难题

王广宇[*]

近年，经济金融业界和学界均反复讨论金融与实体经济的关系。主流看法是，政府应推进金融市场化和创新，努力引导资金进入到实体经济部门；金融监管则应通过强化市场监管，倒逼金融机构"去杠杆化"，堵住虚拟经济部门资金"空转"漏洞，以化解实体"钱荒"与虚拟"钱多"并存的怪象。细究其因，除了地方债务沉重、银行流动性恶化、外汇占款与"稳货币"政策的矛盾外，更深层的难题是在经济增长放缓与结构转型的压力下，传统金融模式怎样才能适应实体经济发展？资金怎样才能有效地流入到成长性、可持续的生产领域中去？长期以来，以银行信贷为主的间接融资一直扮演着中国社会融资的主要角色。直接融资比例过低，是造成实体经济"钱荒"的重要原因之一。要促进金融服务于实体经济，构建与现代服务业转型相适应的金融体系，必须加速发展多层次资本市场、债券市场和股权投资市场。提高社会直接融资比例，应作为未来金融改革的着力点。

一、美、德、日等国直接融资模式及特征

合理的社会融资结构能提升金融系统的抗风险能力。纵观发达金融市场，多已形成直接融资和间接融资并重的二元融资体系，二者比例适当，并具有一

---

[*] 王广宇为华软资本管理集团股份有限公司董事长，中国新供给100人论坛理事会副理事长，华夏新供给经济学研究院副理事长。

定替代关系。"十二五"期间我国的直接融资比例非常低，如 2012 年我国直接融资占社会融资比例仅为 17%，同年美国直接融资占比为 70%，韩国、英国均超过 50%，日本为 35%。总结发达市场的两大主要融资模式：一种是市场主导型，典型代表是美国多层次资本市场体系；另一种是银行导向型，典型代表是德国的全能银行体系和日本的主银行体系。

美国的直接融资体系在全球首屈一指，其中最负盛名的莫过于 1971 年设立的全国证券经纪商协会自动报价系统（NASDAQ），90% 以上的高科技成长企业在这里上市，培育了谷歌、微软、苹果等一大批优秀企业。另外，美国的直接融资中，八成以上为企业债券融资，企业债券市场规模庞大，交易活跃，有非常丰富的债券品种，并且可以选择在场内或场外交易，中小企业通过债券融资非常便利。美国也有全世界最为发达的风险投资和股权投资系统，为具有创意、技术和商业创新的青年创业者提供了优质的服务，为企业扩张和收购兼并提供了金融支持，成效显著。

德国主要实行全能银行制，可以同时经营普通商业银行业务和资本市场业务，单家银行便可以提供几乎所有的金融服务，在增加客户便利性的同时，也通过多种业务的联系，解决了信息不对称的问题。由于其各业务互补的优势，德国银行可以直接参股企业。另外，在政府的支持下，最近 20 年来德国风险资本业快速增长。受政府资助的银行并不直接向企业参股，而是向风险投资公司投入长期信贷或承担部分股份损失风险（最高至 50%），通过与创投产业合作支持科技园和企业孵化器的建设，对创新型经济予以扶持。

在日本，由于历史原因间接融资一度占据着绝对的垄断地位，企业的银行贷款负债率曾高达 70%。畸高的负债率使日本金融体系处于高风险状态并最终引爆危机。但近年来，日本开始不断发展直接融资市场，目前有名古屋、福冈、札幌等多家二板市场的地区性交易中心，上市条件非常宽松，使得那些不具备东京交易所上市条件的中小企业可以在此融资；场外交易市场也同样活跃，是中小企业募集资金的另一个重要渠道；日本还推出了高增长新兴公司市场（MOTHERS）服务比场外市场的中小企业还要小的创新企业。另外，为解决创业投资的流动性问题，日本大力发展柜台交易，收效明显。

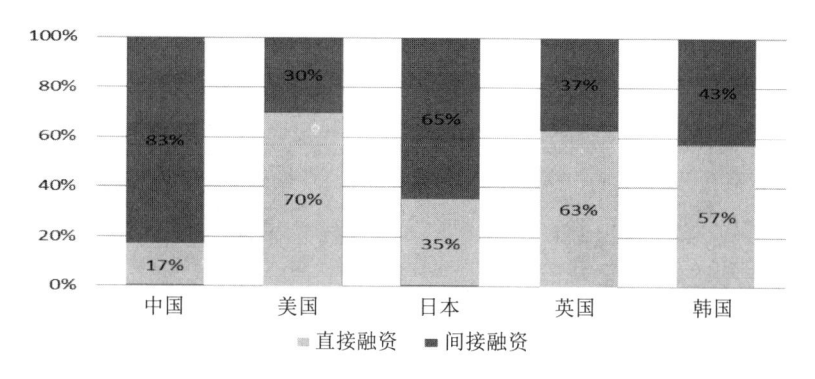

图 1　我国直接融资比例与其他国家对比

由于中国实行金融分业经营模式，商业银行在资本市场所能直接提供的服务非常有限，对直接融资的贡献极少；债券和股票市场在近两年遇到了新挑战和新问题，创投和股权投资行业整体来看还非常弱小。因此，银投合作的德国模式、融资主导的英美模式与多层次场内外结合的日本模式，为未来中国直接融资的发展和金融改革，都提供了可资借鉴的经验。

二、金融脱媒与资本市场融资障碍是造成直接融资偏低的主要原因

直接融资比例偏低与金融脱媒现象是伴生的。储蓄资产在社会金融资产中占比持续下降，由间接融资为主向直接融资转换的过程称之为金融脱媒。长期以来，中国银行业总资产占金融业总资产90%以上，银行贷款占社会融资规模总量的90%以上，极不均衡的融资结构，使得金融服务质量低下、交易成本居高不下，而实体经济对银行信贷依赖性过高。从2002年到2012年，人民币贷款占社会融资总量的比例从91.9%降至57%，表明直接融资比例有所上升。但据人民银行数据，"十五"期间（2002—2005）时期中国直接融资占比平均为5.03%，"十一五"期间（2006—2011）时期直接融资占比平均为11.08%，"十二五"的目标是直接融资占比平均到15%以上。这表明中国金融脱媒化进一步加速，融资结构失衡状态初步有所改善。

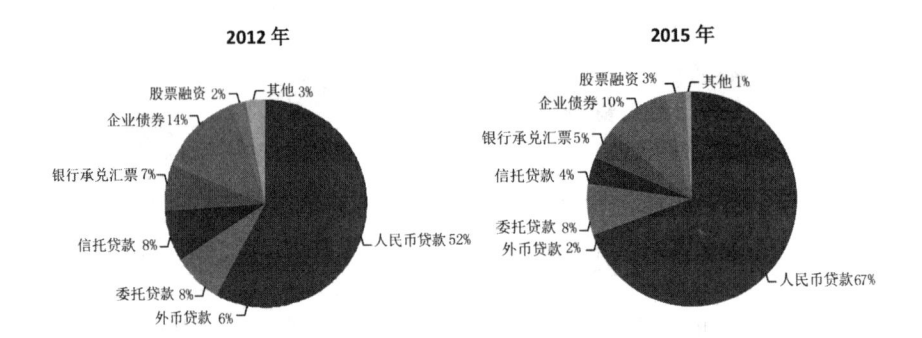

图 2　中国融资结构：2012 年与 2015 年

金融脱媒的背景下，股市剧烈波动呈向下趋势，导致中国企业债券市场迅速扩容。2015 年三季度社会融资总规模中，企业债券占比 10%，净融资 13.47 万亿。与 2012 年相比，虽相对比例下降 4%，但绝对规模增长超过 5.9 倍。除去央行监管的仅在银行间市场交易的商业票据和中期票据，发改委 (NDRC) 控制的主要由国有企业发行的企业债和证监会 (CSRC) 管理的上市公司发行且在公开交易所交易的公司债是两个主要品类。但债券市场目前参与的主体还是以国企、上市公司为主，行业集中在能源、基础设施、房地产等传统行业。而适用于中小企业的融资债券规模微乎其微，中小企业私募债 2015 年初全国共发行 648 只，发行总额为 906.3 亿元，几乎可以忽略不计。

股票市场是企业直接融资的重要渠道。随着股权分置改革与创业板开启，截至 2015 年我国上市公司已达 2827 家。然而股市融资近年来呈震荡态势，尤其是 2012 年 10 月以来 IPO 数次暂停，致使股市融资规模呈现萎缩态势。2012 年社会融资结构中股票融资仅占 2%，较 2010 年下降近半。同年沪深两市包括新股发行、定向增发、公开增发和配股在内的上市公司股票融资总额为 4470.60 亿元，较 2011 年下降了 34.46%；全年共计 150 宗 IPO，实际募集资金 926.95 亿元，数量和融资规模分别较 2011 年下降了 45.2% 和 63.4%，其中 IPO 融资规模创下 A 股市场近 15 年来新低。进入 2015 年，证监会 IPO 审批加速，虽因市场剧烈波动致使 7 月至 11 月间 IPO 再次停摆，但沪深两市 2015 全年共完成 IPO219 宗远高于 2014 年的 125 宗，首发融资规模达到 1586 亿元人民币，但相

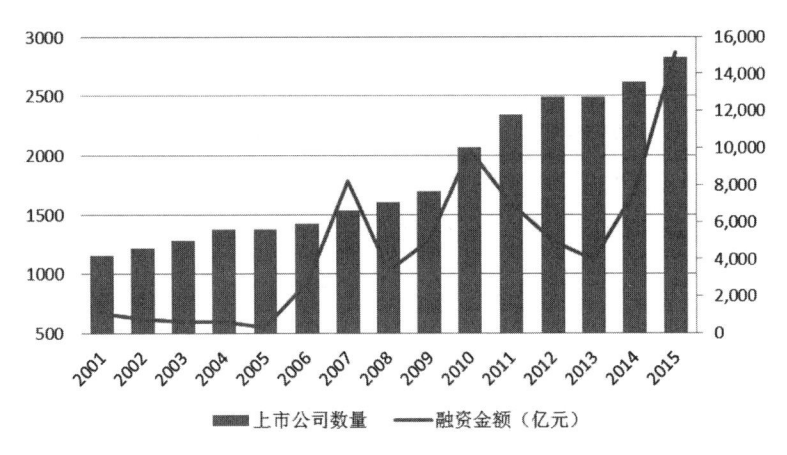

比 2015 年纽交所与纳斯达克市场 2116 亿人民币的 IPO 规模尚有差距。

图 3 中国上市公司数量与股市融资金额：2001—2015 年

债券与股票作为直接融资两大通道，只有两个市场并存和协调发展，才能有效发挥直接融资的基本金融功能，推动实体经济稳定健康发展。我国股票市场发展与经济增长，并没有表现出应有的正相关性，"十二五"期间股市波动不断加大，融资规模和市值不断萎缩。债券市场本质是以债权的形式给投资者及融资者提供低风险的投融资工具，虽然通过信用增级、担保、集合债券等方式降低风险，但市场参与者的风险承受能力有限，而且大量初创型的新兴行业公司无缘债券市场。金融脱媒化和股市融资功能障碍，使得中国直接融资近年出现"双杀"趋势，社会融资结构进一步失衡，这一问题必须在未来金融改革中得到重视。

三、企业债务沉重，"堰塞湖"或有全溃之危

"十二五"期间中国企业部门债务沉重，"去杠杆"问题引发较多关注。有观点认为，中国的杠杆多是（企业）生产性杠杆，而欧美的杠杆多是消费性杠杆。原因是按照主体将债务类型划分为政府债务、企业债务和个人债务，美国

次贷危机是因为居民债务不断攀升所致,欧债危机是由政府债务引爆,中国现在面临的企业债务问题如果得不到很好解决,同样会成为经济发展的重大威胁。路透社调查发现,2015年中国企业债务规模已相当于GDP的160%,数值超过16万亿美元,世界规模第一。不仅如此,标准普尔预计未来五年中国企业债务规模将增长77%,达到28.8万亿美元。按照经济合作与发展组织(OECD)提出的企业部门杠杆率安全阈值为90%的标准,这一比率已经处在危险状态。另从世界主要经济体的杠杆率对比情况来看,中国企业债务也处在极突出的位置,如同高位的"堰塞湖",处理不当或有全溃之危。

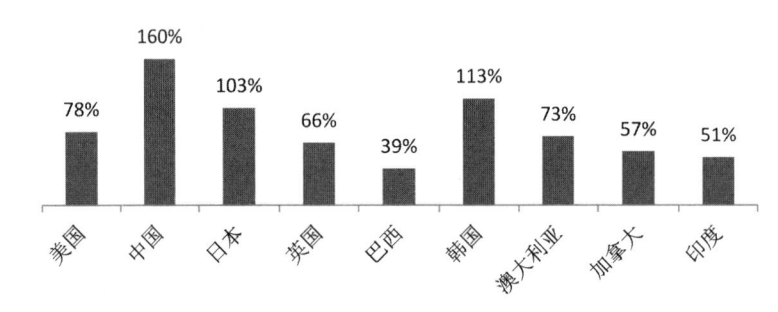

图4 主要国家企业杠杆率比较

数据来源:路透社,IMF,华软研究中心

债务问题实质上是企业资本结构问题。诺奖获得者Modigliani和Miller提出的"MM理论"原本认为资本结构与企业的价值无关。这样看,企业负责率根本不存在"过高"的问题,但这建立在无所得税、无破产风险、资本市场充分有效、交易成本为零等严苛假设条件下。1963年,Modigliani和Miller将企业所得税因素引入MM理论:由于企业支付债务利息是可以计入成本而免交所得税,股息支出则不行,从而导致债权资本成本实际上低于股权资本成本,由于财务杠杆的效应,证明随着企业资本结构中负债率的增高,企业价值也得以增加。

从实际经验来看,负债率提高确实会在一定程度上增加企业价值,但与此同时企业破产风险和经营成本也会随之增加。因此,企业的负债率绝非越高越好。超过平衡"界点"负债,会对企业长期经营产生不可低估的负面影响。从企业看,在资产负债表失衡的情况下,其经营目标可能从"利润最大化"转为"负债最小化",即所有现金流都用于还债,从而陷入一种不事生产、专门还债的"信用紧缩"困局。从产业看,高负债可能使企业丧失融资能力,导致实体经济发生"债务紧缩",大量企业偿债能力衰降则会生成金融体系的巨额不良资产。

中国在1998年前后也出现过一轮企业债务高企的状况。但与之相比,本阶段的企业负债不仅总量大,占GDP比重高,情况也更为复杂。首先,近期信贷规模居高不下,人民银行数据2013年信贷融资规模占比虽降至66.83%,但仍处于较高水平;其次,影子银行的问题开始凸显,虽然其在企业负债中的占比不易估量,但增速极快、风险极大;第三,企业债务偿还期高度集中,如2014年共有1706只企业债将进入派息或兑付,所需现金流合计2770亿元。所以,在当前较为复杂的宏观经济形势下,企业高负债率是最突出的风险之一,如同"堰塞湖"正在形成当中。如果风险因素不断叠加,债务"堰塞湖"可能发生瞬时全溃,将出现危险性最大的状况,一旦生成巨额不良资产就有可能引发系统性的金融危机。

四、国企和工业企业负债率均达"峰值"需引起警惕

国有企业的债务问题由来已久,但独有特色。在1998年达到64.26%的峰值之后,随着政府采取了债转股和银行呆账核销等措施,国企负债率才逐年下降。2003年由于国有银行股份制改造导致的银行惜贷,国企负债率首次降至60%以内,稳定在了59%。随后股票市场出现增长,国有企业在股市融资额增加,同时大规模的资产重估也改善了资本结构,使得国企负债率一度降到2006年56.24%的最低值。但股市2007年后低迷,国企负债率又开始迅速升高,2012年64.91%,2013年末再次升高至70%,达到历史峰值。这表明国企的负债"去杠杆"问题达到前所未有的迫切程度。短期看,通过财政体系大规模注资的可能性较小,通过股市进行融资的难度较大,多数优质国有企业已实

现"证券化",因此只有通过资产重置、清理或退出无效资产、降低非经营性负债,改革和深化国有资本运营体制来"去杠杆"。

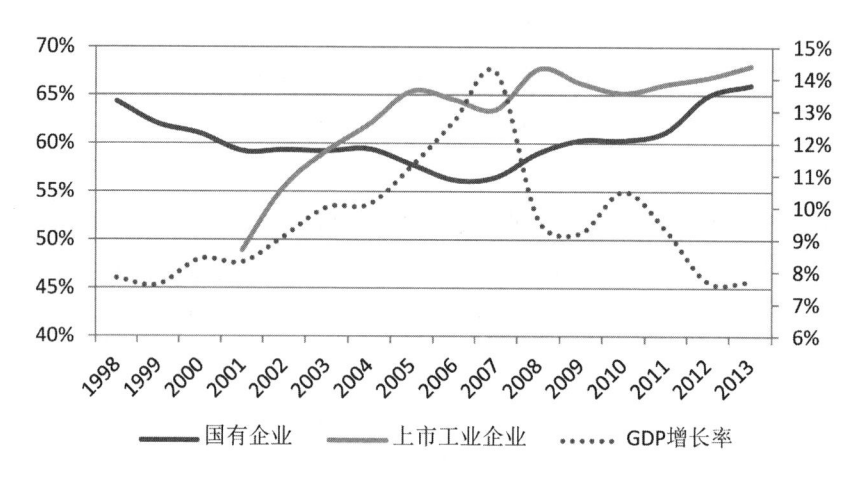

图 5　GDP 增长率、国有企业和上市工业企业负债率

数据来源:国家统计局,华软研究中心

工业企业的负债率的轨迹也类似,2001 年上市工业企业资产负债率仅为 48.90%,2013 年 6 月末升至 68.04%。从周期看,上市工业企业负债率自 2005 年之后就一直高于国有企业约 7%。其主要原因是近十年来政府融资平台的发展和房地产的快速升值,大幅补充了国有企业的资产,而一般私营企业因为没有相应的土地资产,难以享受到资产升值带来的益处。2008 年后高强度的货币政策和财政政策使得各级政府项目的摊子最大限度地被铺开,使得国有企业与一般私营工业企业的负债率差距迅速缩小。在以高投入、高负债、维持高增长的大背景下,企业不断加大举债投资规模,扩大产能占领更多市场份额,进一步加剧了多数行业的产能过剩矛盾。中国社科院的测算表明:产能利用率自 1996 年以来一直走低,2011 年仅 56%。这反映了非市场投资主导型的经济增长方式,伴生了产能过剩,并导致全要素生产率降低、投资回报下降、企业偿债能力进一步降低。相比起其他产业(尤其是地产和金融)的"赚钱效应",实体企业的投资信心受到打击,较高的信贷利率又往往降低其经营效率,产能过剩加剧与偿债能力降低,"去杠杆"时可能出现双向"负螺旋"。

降低负债率的方法不外乎增加资本、主动缩减债务以及引入市场融资机制来解决。从中国经济的实践来看，企业主动缩减债务的可行性较低。在不改变权益的情况下，减债的途径唯有变卖资产。但 2013 年非金融上市企业的固定资产和在建工程合计占比超过 1/3，该部分资产变现能力非常差；交易性金融资产、投资性房地产合计占比不足 2%，变现空间不大。企业还可通过增加留存收益来增加资本。但 2013 年所有非金融上市公司的未分配利润仅 3.8 万亿元，资产负债率为 60.8%，每降低一个百分点需用 3 万亿，表明仅依靠企业的内源性融资难以缩减其债务。从另外的角度观察，与 2013 年 14.2 万亿美元的负债总额相对应的，是全国规模以上工业企业利润总额刚超过 1 万亿美元、国家公共财政总收入 2 万亿美元，表明补充企业资本金的缺口巨大。企业自身和公共财政短时期内几乎都无余力来化解企业债务问题，需要借助新的融资工具。

五、加速推进资本市场改革，为中小企业建设复合性资金供给体系

从结构上看，债券、股票和股权投资（PE/VC），构成社会直接融资的三大主力。债券介于银行信贷和股权融资两者之间，克服了银行信贷资金使用期限短、融资规模有限以及股权融资会产生稀释效应等缺点，但其在扩大了企业财务杠杆作用的同时也放大了财务风险。近年债券市场发展迅速，中小企业私募债等产品为中小企业融资提供了新的渠道，但也存在着门槛、发行成本较高等问题。证券市场暂缓 IPO 对企业直接融资影响较大，国内 A 股上市门槛高，新三板市场流动性欠佳，融资效果难以体现，多层次资本市场的建设仍需时日。股权投资在直接融资方式中最具灵活性，更能满足经济转型和实体经济发展的需要，发展空间巨大，但也面对多重监管、缺少流通市场的现实。未来应当以债券、股票和股权投资这三个市场为切入点，从政策引导、机构准入、制度建设、税收优惠等方面，促进直接融资的复合性"供给"体系建设。

中小企业是金融服务与实体相脱节的焦点。我国中小企业产值约占国内生产总值的 60%，缴税额约占税收总额的 50%，提供了近 80% 的城镇就业岗位。由于金融体制向国有经济倾斜，法律法规和银行设置等原因，中小企业一直面

临着融资难的困境。服务于中小企业必须依靠直接融资，发挥其在融资时间、数量和期限等方面的灵活性。构建复合性的直接融资供给体系，对解决中小企业融资难、促进经济转型有重要意义。

首先，直接融资为中小企业提供长期、有效的资金支持。由于中小企业的担保能力不足，银行往往不愿将大量资金贷给中小企业，经常对其实行所谓的"信贷配给"。此外考虑到效率问题，大银行并无动力向中小企业放贷，以银行信贷为主的间接融资难以满足中小企业的融资需要。应大力发展中小企业债券、新三板融资、创投等融资方式，帮助中小企业解决融资难的问题。商业银行提供的中小企业流动贷款期限一般较短，而企业债券期限一般为3—5年，创投资金投资周期一般长达5—10年，股票融资则为企业提供了一笔可供无限期使用的资金，更容易结合中小企业的实际需要，为其提供匹配的发展资金。

其次，直接融资可以改善中小企业的治理结构，提高企业的创新和管理能力。无论是债券还是股权融资，对中小企业的规范治理均有一定的要求。债券融资相比银行贷款，对企业来说具有更强硬的约束，信息披露更为透明，能更有效地激励中小企业的规范经营。股权融资则能够直接改变企业的股权结构，引入机构投资者，有效改善中小企业的法人治理和现代企业制度。创业投资机构不仅可以为中小企业提供股权资本，还会为其带来先进的管理经验，要求其在技术创新、研发、品牌方面加大投入。相比贷款层面的监管，直接融资的出资方，对中小企业的监管、融资后管理更有针对性和强制性，有利于企业培育核心竞争力。

降低对信贷债务融资的依赖，要从宏观方面进行一揽子的顶层设计。以股权融资取代债务融资，加速推进证券发行体制改革，提升企业直接融资比重是最切实可行的选择。伴随收入的变化，国家的直接融资比重往往提高，如OECD数据显示，G20整体的直接融资比重从1990年的平均55.0%，上升至2012年的平均66.9%。而我国的直接融资比例一直较低。

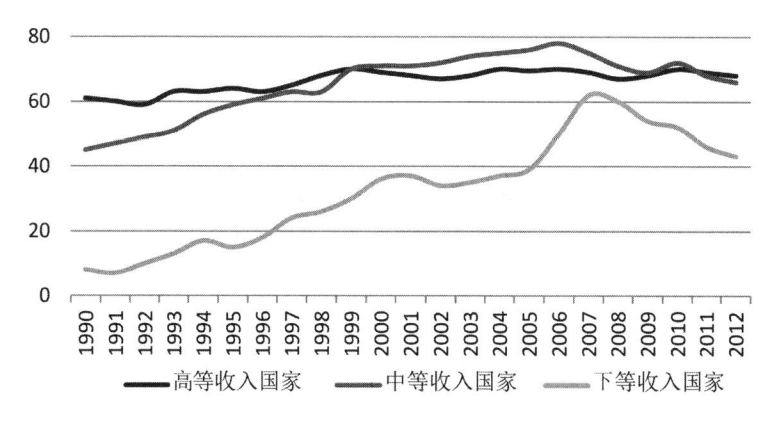

图 6　不同收入国家直接融资比重变化趋势

数据来源：OECD，华软研究中心

间接融资过高引发许多问题，要着力降低对其依赖的程度。首先，储蓄与投资期限严重错配不可持续。"借短用长"是银行运筹资金的基本格局，但一旦存款期限缩短，或经济变化造成贷款期限拉长，银行资产负债表就会积累大量的流动性风险，造成支付危机。其次，在银行间接融资为主的体系下，金融风险的分担机制不对称：一方面必须履行其对存款者的全部提款责任，另一方面还必须承担其贷款违约的所有风险。再次，现实环境下，间接融资过高强化了银行的"事实垄断"地位：一方面是对资金要素垄断，造成资金配置无效率；另一方面国有企业优先获得银行信贷，私营企业只能转向从地下市场或影子银行获得融资，资源错配。人民银行公布的数据显示，2015 年银行体系加大对实体经济贷款，全年增加人民币贷款 11.27 万亿元，同比多增 1.52 万亿元，达到历史最高。虽然 2015 年央行采取宽松的货币政策，增大流动性，降低企业融资成本，但与发达国家相比中国企业整体贷款成本仍处于高位，2015 年中国企业平均利率为 5.38%，中小企业平均利率为 7.47%，同期美国是 3.5%，日本是 1.1%，德国是 2.7% 左右。当年中国企业利息支出超过 4.5 万亿，占新增贷款规模的 40% 左右，利息支出消耗了更多新增融资，放大了信贷需求，又进一步助推利率再次回升，企业资产负债表继续恶化，这一循环显然不可持续。

要增加直接融资、利用股市为优秀企业补充资本金。在 IPO 发行体制改革缓慢推进，拟上市企业排队严重的情况下，这一问题更显重要。按东方财富的数据统计，截至 2015 年 12 月 24 日在中国证监会排队的 750 家公司，负债率分化严重，整体应收账款占比逐年上升。正常待审 653 家公司不少仍是利用银行信贷支持不断做大业务规模，2015 年 IPO 巨无霸中国核建负债水平就高达 74.47%。预披露公司的应收账款占比逐年上升：2011 年占比为 13.39%，2013 年为 16.53%，2015 年预计为 18.41%，由此表明待审企业的资产质量需要检验。如果发行顺利，这些企业通过证券市场募集资金补充资本，将极大地改善其经营结果；反之，可以想象，仅依靠信贷已无法支持其后续发展。

六、促进创投和股权投资产业发展，发挥其直接融资"先锋"作用

创业投资和股权投资是金融市场的"先锋"，其对实体产业的熟悉程度，对优秀企业的敏感性，都高于一般金融类机构。实践中，创业投资指的是以私募方式筹集资金，对未上市企业进行股权投资，并通过 IPO、并购、回购等股权转让方式实现退出，获取回报的投资形式。在中国，创投不仅包含了通常意义上的天使投资（Angle Investment）和风险投资（Venture Capital），也包含了私募股权投资（Private Equity）和并购基金（Buy-out Fund）等形式。经过多年锤炼，中国创业投资和股权投资业已具备坚实的发展基础：首先买方力量壮大，机构化趋势已初现，为直接融资创造了条件。其次，创新经济或高科技产业等快速增长，新产业形态下资源配置的方式更加市场化。这使得投融资双方风险共担、利益共享、定价市场化和服务多层次等机制优势，未来更能得到发挥。近十五年来，创投产业伴随着中国经济成长获得了飞跃，投资规模由 2001 年底的 119 亿元增加到 2015 年的 3859.74 亿元，增长了超过 32 倍（据清科私募通数据）。但创投总额仅占全年社会融资总额的 1% 左右，相对于中小企业的融资需求，未来仍有巨大的发展空间。

创业投资和股权投资对实体行业和企业的选择，充分体现了金融市场资源配置的前瞻性。获得投资的企业，除了明确企业经营计划外，未来在融资、上

市、并购、发债等资本运作上有更清晰的目标。针对企业部门去杠杆、开展股权融资的重要意义还在于：第一，股权融资属于资本而非债务，自然就减少了负债压力；第二，股权融资属于非银行部门之间的直接融资，不参与货币创造，不会对经济周期造成冲击；第三，直接融资可以有效避免资金的期限错配，平衡风险的分担机制，有利于生产要素向效率高的产业流动，缓解产能过剩的矛盾。

面向实体经济和中小企业，创投作为直接融资的"先锋"，某种意义上也对股市融资和债券发行提供了"信号"。创投主要投资于具有潜力、创新的成长型公司，天使投资、风险投资、私募股权投资分别在企业发展的不同阶段给予企业包括资金、管理、市场拓展、财务合规等层面的支持。在微观层面上，企业引入创投后，实现了股权多元化，有利于改善法人治理结构，提升管理水平，建立健全现代企业制度。创投机构作为战略投资者会积极参与公司的发展，由于创投自身具有明确的退出目的，因此获得创投投资的企业，除了明确企业经营计划外，未来在融资、上市、并购、发债等资本运作上有更明确的目标，多项学术研究和实证分析证明，创投的"信号"作用通过证券市场不断显现，有创投持股的企业与无创投持股的企业相比，其IPO后市场表现更为突出。

创投对行业的选择，充分体现了金融资源配置的策略前瞻性。根据清科创投研究中心的数据，最近6年中国创投资本投向广义IT、环保节能、生物健康、现代服务业的金额，与投向其他传统行业的比例是4:1。表明受创投青睐的这些行业，是经济转型的方向，这种前瞻性与经济结构转型的方向潜在吻合。此外，创投是多层次资本市场和金融改革的重要分支。创投凭借其在寻找信息、管理项目等方面所具有的优势，对疏通直接融资渠道，推动创新企业登陆资本市场，改善市场融资结构都有积极作用，同时在退出渠道匮乏的倒逼之下，推动多层次资本市场建设的步伐和金融改革的进程。

近年，中国创投行业出现了"全民PE"的产能过剩怪象。但这并不是真正意义上的绝对过剩，而是大量机构将目光集中在一二级市场的套利上，扎堆于Pre-IPO项目，丧失了创投本应该积极发挥的"价值创造"使命。根本原因还在于资本市场结构失衡，没有多元化的退出渠道，畸形市场导致IPO项目的高回报，但让一般投资者承担了"过度风险"。为发挥好创业投资和股权投资的"信号"作用，在当前面临行业性发展困境时，监管部门应为创投行业健康发展优化外部环境，促进创投成为解决"资本"与"实体"矛盾的突破口。相比之下，发达国家和地区迄今仍对创投行业实行的优惠和扶持政策，值得我们借鉴。

表1 世界主要国家/地区对创投基金的优惠和促进政策

国家/地区	税收优惠政策	引导促进政策
美国	对小企业投2.5万美元的投资者可从其一般收入中冲销由此可能的任何资本损失以减税 长期资本收益税的最高税率降至20% 在出售股票时才课税，实行期权时不必缴税 小企业投资公司的发起人每投入1美元就可以从小企业管理局得到4美元的低息贷款	企业管理局替小企业股权类投资公司公开发行长期债券提供担保并付定期利息 鼓励为创投提供多渠道的资金来源，允许养老基金投资于创业企业发行的股票和创投基金 《小企业投资促进法》规定创投基金不受合伙人数必须按照投资顾问注册的限制
英国	投资者投资于创投基金在缴纳所得税时执行较低税率，可以享受税收抵免。投资到未上市的小型高风险企业，持股3年以上，则可享受投资额的20%进行公司税抵免 创投在持有受资企业股权3年后进行股权处置，可以获得资本利得税的抵免及延期纳税	如果投资者在处置股权投资时出现损失，也可以从其税前收入中扣除损失，即投资损失可实现税前弥补 实施"信贷担保计划"，规定银行向创投企业提供的贷款，若企业不能偿还，贸工部以2.5%的年息偿还债务的70%等
日本	政府通过中小企业事业团向各创投财团提供了总额400—500亿日元的创投基金 1997年修改了养老基金法规，使其可以向创投基金投资	1998年制定了《投资事业有限责任合伙法》，回避了公司制投资的双重纳税问题 不断拓宽资金进入创投领域的渠道
新加坡	吸引海外风险资本，最初5—10年完全免税，并允许创投基金从所得税中扣除 投资于经批准的风险企业造成的损失、连续三年亏损的创投基金提供亏损额50%政府补助	1985年政府成立经济发展局创投基金要用来直接投资于初期的公司 由政府和民间机构共同筹集约1亿新元的科技创投基金，以支持本国产业技术公司
韩国	对创投基金的税收优惠主要有：收入按来源不同，实行分离课税，减免证券交易税和地方税。对在韩国创投基金工作的外国专家给予5年的个人所得税减免 对创投基金的优惠有：个人投资者所得税减免30%，资本利得税减免100%，法人出资者通过费用认定进行抵免	政府出资与其他投资者组成多元化投资主体的创投基金，引导社会资本对基金投资 政府出资参与设立的创投公司和基金完全按照市场化的方式进行运作。创投母基金2010年规模2万亿韩元 和新加坡、以色列政府共同设立了"韩国创投基金"，主要对韩国创业企业进行投资

续表

国家/地区	税收优惠政策	引导促进政策
台湾	创投股东可享受投入资金20%的租税抵减，但须持股两年以上 营利事业投资于创投者，其投资收益的80%，免予计入当年度营业所得额上交税 创投以盈余转增资时股东免予计入当年所得 1994年开放保险业资金投资创投，1996年允许一般商业银行投资创投，2000年开放证券公司资金进入创投	1983年颁布《奖励投资条例》和《创投事业管理规则》，可享受20%的投资抵减 先后由行政院开发基金和国资银行共设了四个政策性引导基金，参与设立创投基金，出资额不超过49%，吸引了大批精英回本岛创业 创投退出灵活高效，有主板、证券柜台买卖中心（二板市场）并设立了"第二类股"，申请限制非常宽松

为促进创投行业发展，一些政策建议包括：（1）为创投产业发展提供适度宽松的监管环境。除加强和完善法制建设外，创业投资由于在资金募集、合格投资者准入、风险识别和承受方面区别于公募基金，因此发达市场均对创投基金采取相对宽松的监管措施。建议在监管框架设计中，主要针对基金投资者保护进行设定，对创投机构运作及管理的监管不宜过度。（2）对创投基金及出资者给予适度优惠的政策。为了鼓励投资者通过基金从事创业投资，就有必要给予适度的税收优惠，不在基金环节征税，而是通过"先分后税"方式在投资者环节征税。对于国内创投目前普遍面临募资困难现实，相关部门应参考国外经验，设计优惠政策，鼓励民间社会资本投入创投行业。（3）完善市场制度，为创投基金提供更多退出途径。成熟的资本市场均有多层次的资本市场体系，企业可根据其发展阶段及风险程度相应选择适合的资本市场。我国多层次资本市场体系的建设应加快，扩大新三板和场外交易市场，开设"二手基金交易市场"以促进交易，提高流动性，为基金项目退出和实现收益建设平台。

总之，为促使金融服务于实体经济，急需要进一步提升直接融资在社会融资结构中的比重，加强债券、股市和股权融资的市场体系建设。创投和股权投资作为与中小企业关系最紧密、利益机制最趋同的融资方式之一，应予鼓励以发挥好"信号"机制作用，与多层次的资本市场体系、债券市场的发展相结合，构建复合性的直接融资供给体系，确保中国经济结构转型顺利实现。

主要参考文献

1．王广宇：《坚信创业、坚持服务、坚守市场》，《投资与合作》2012 年第 11 期。

2．王广宇：《中国企业走向国际化，技术创新是关键》，中国经济网，2013 年 7 月 18 日。

3．王广宇：《破解中国直接融资难题》，《第一财经日报》2013 年 7 月 22 日。

4．王广宇：《加大直接融资，化解企业债务"堰塞湖"》，《第一财经日报》2014 年 7 月 14 日。

构建中国经济中长期可持续发展的新型驱动力
——以新制度供给提升要素配置效率拓展市场空间

黄剑辉

经过35年波澜壮阔的极不平凡的改革开放历程，中国经济获得了年均9%—10%的快速增长，至2013年，中国GDP总量达到56.88万亿元，人均GDP达到约6800美元，按照世界银行的划分标准，中国已经步入中等偏上收入国家行列，实现了历史性跨越和突破。但是，展望自2014年至2049年（新中国成立100周年）的新35年，中国近年来经济增长已呈现出原有增长动力显著减弱的态势，如若应对不力在相当程度上将面临跌落"中等收入陷阱"的风险，亟须构建促进中国经济中长期可持续发展的新型驱动力，以"实现中华民族的伟大复兴和人民群众的美好生活"（简称为"强国富民"）作为根本发展目标，以"改革开放、创新创造、生态民生"的新三驾马车作为主驱动力，以基于中长期高质量制度创新、技术创新为核心的"供给管理"取代短期凯恩斯式的"需求管理"，着力提升要素供给效率，不断拓展市场空间。

一、改革开放以来中国经济发展的动力源泉及机制

改革开放35年来，中国经济在内生和外生两个方面同时获得了充沛动力源泉。内生动力就是改革各项制度，释放微观主体的活力，强调市场配置资源；外生动力就是开放市场，扩大市场配置资源的空间。

首先，通过各项制度改革，释放微观主体活力。以家庭联产承包制为核心的农村改革，理顺了农村生产关系，使农民获得了生产经营的自主权，极大地调动了农民的积极性，解放和发展了农村生产力；国有企业改革、外贸体制改革、外汇管理体制、土地制度等系统性改革使微观主体的活力通过市场竞争释放出来，促进了中国经济的发展。

其次，明确市场经济导向，逐步完善市场经济的微观基础，使资源配置方式完全转到市场主导的基础上来。发展非公有制经济，建立市场经济的微观基础；以建立现代企业制度为核心的国企改革，通过合资、兼并、拍卖、租赁、破产等多种市场方式改造和淘汰效益低、亏损大、无前途的企业，实现产业结构调整；财税体制改革，规范了中央与地方政府的财政关系，建立了适合于市场经济的财政制度基本框架；金融体系改革，则促进了资本要素的积累和资源配置效率，通过建立金融市场来连接商品市场和其他各要素市场，促进了资本要素的流动，提高了资本要素的使用效率，满足了实体经济对资本要素的需求。

第三，加入WTO，开放市场。2001年末加入WTO，中国置身于全球经济体系，参与全球资源再配置，延续并极大地释放了1978年以来改革开放的红利，市场化水平提高与市场空间骤然放大双重因素叠加，使得中国在工业制成品领域大规模生产的比较优势得到空前发挥。

二、中国经济中长期发展面临动力缺失问题

2010年以来，中国经济的增长速度持续放缓，GDP增速从2010年第一季度的12.1%下降至2014年上半年的7.4%。中国经济中长期可持续发展面临驱动力缺失的问题。

一是改革开放红利释放逐步消退，新时期的改革亟待开启。现有的经济体制在相当程度上已不适应当前经济发展的需要，市场配置要素的功能没有充分发挥，落后的管理体制机制削弱、制约了市场主体的创新动力和市场活力。

二是要素驱动型、粗放式、高污染的经济增长模式不可持续。人口红利时代趋于结束，高储蓄率难以为继，资金供给能力面临下降，实体经济的融资成

本显著上升；高投入、高污染、高耗能的粗放式增长方式已严重透支了资源和环境。

三是国际政治经济贸易环境重塑，"中国制造—世界消费"的旧有模式难以为继。金融危机以来，为促进本国就业，美、欧、日等发达经济体开始重振制造业，并通过制定TPP和TTIP等贸易新规则排斥我国的出口产品和对外投资。

三、跨越"中等收入陷阱"的国际经验和教训

当一国从低收入阶段进入中等收入阶段后，原有的成本优势丧失，又未能及时改革各项制度形成新的优势，必然落入"中等收入陷阱"。具体体现为制度体制陷阱、技术创新陷阱、经济结构失衡陷阱、社会危机陷阱等方面。拉美国家深陷"中等收入陷阱"，而日韩等国成功跨越，其经验和教训值得借鉴和吸取。

第一，经济制度或体制改革必须同步于经济发展，避免落入"制度体制陷阱"。拉美国家二战后"进口替代战略"，经济成效显著，但20世纪70年代末期，国内外经济环境已发生变化，拉美国家没能"因时而异"地改变经济增长模式，以及实施与经济增长模式相对应的经济体制制度改革。而日、韩等国均在经济发展的不同阶段依据国际环境及国内经济面临的问题及时转变经济发展模式，并推进相应的改革，从而顺利跨越中等收入陷阱。

第二，只有不断激发科技创新动力，培育新的竞争优势，才能避免落入"技术危机陷阱"。拉美国家20世纪80年代后又受到西方新自由主义思潮影响，大幅削减公共财政预算，研发投入急剧萎缩，丧失了新一轮技术革命带来的重大机遇。而日、韩正是通过几十年来长期不懈地对科技研发投资，提升产业竞争能力，成功实现经济社会的转型发展，跻身高收入国家和发达国家行列。

第三，只有制定合理规划，实现均衡发展，才能避免落入"结构失衡陷阱"。巴西在20世纪70年代末建立起了较为完整的工业体系，但由于长期奉行进口替代战略，从而忽视了出口市场，难以参与国际市场竞争。长期重视工业投资也造成了产业结构失衡问题，第一产业薄弱；第二产业的内部结构不合理，

第三产业难以替代第二产业成为拉动经济增长的动力。日韩则成功将发展动力转向最终消费为主，并使服务业成为主导产业，成功跨越了"中等收入陷阱"。

第四，社会收入必须实现公平分配，才能避免落入"社会危机陷阱"。收入分配不公平的问题严重影响了拉美国家的经济增长，导致内需不振，限制了投资规模的扩大，并间接影响了拉美国家的人力资本积累，使拉美经济缺乏持续增长的基础。日本和韩国重视合理分配收入，构建社会保障体系，很好地控制了社会收入分配问题。

四、中国经济未来增长的潜在空间

从现阶段中国经济发展情况来看，无论是与发达国家相比，还是与"中国经济升级版"所规划的中期发展目标——经济协调发展、居民共同富裕，以及"中国梦"所期盼的长期发展目标——国家富强、人民幸福相比，都存在多方面较大的差距，而这正是中国经济未来发展的巨大潜在空间。

（一）加快城镇化具有较大的空间

缩小城乡差距是中国取得城镇化成功和实现民族复兴的核心要求，也是实现现代化的必由之路。中国目前的城镇化水平与发达国家差距较大，是不完全、不成熟的城镇化。

2013年中国城镇化率达到53.7%，与世界平均水平持平，略高于中等收入国家49.5%的水平，但与发达国家的平均水平相差约30个百分点。若以高收入国家80%的城镇化率为目标，以目前的速度仍需20—25年时间。而且这是按照我国城镇常住人口统计的，包括了在城镇居住半年以上的进城农民，但他们还没有完全融入现代城市生活。如果按城镇户籍人口计算，目前的城镇化率仅为36%左右。

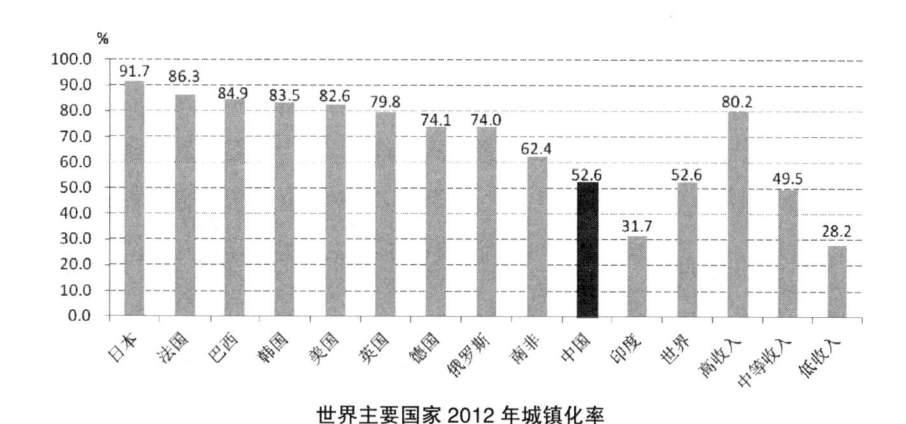

世界主要国家 2012 年城镇化率

数据来源：国家开发银行研究院《2013 年中国与世界主要经济体发展对比启示及政策建议》

日本 91.7、法国 86.3、巴西 84.9、韩国 83.5、美国 82.6、英国 79.8、德国 74.1、俄罗斯 74.0、南非 62.4、中国 52.6、印度 31.7、世界 52.6、高收入 80.2、中等收入 49.5、低收入 28.2

1．城镇化将带动消费增长

城镇化是扩大内需的最大潜力，能够释放出巨大的经济能量，可以带动持续的经济增长。有专家指出，城镇化率每提高 1 个百分点，将带动 1000 万以上的农村人口进入城镇居住、生活、就学和就业，这不仅有利于解决城乡差距问题，还能增加农民收入，刺激消费增长，增强经济的发展后劲。

2．城镇化将带动基础设施等公共产品及服务的发展

中国城镇化的质量还不高，城镇各种基础设施建设和各项社会事业发展都还跟不上，许多公共品或准公共品的供给还处于严重短缺状态。当前，一方面要继续提高城镇化率，另一方面又要提高城镇化质量，有序推进农业转移人口市民化，走集约、智能、绿色、低碳的新型城镇化道路，同时还要推进城乡发展在建设规划、基础设施、公共服务等方面的一体化。这些都是中国经济发展的巨大潜力所在。

尤其是在基础设施方面，伴随着我们整个城市化的进程，基础设施投资占 GDP 的比率在不断上升，20 世纪 80 年代，基础设施投资占 GDP 的比重约仅为 4.4%，到 20 世纪 90 年代迅速上升到 7.5%，目前约为 8%—9%。根据世界银行的最新研究，在可预期的将来，中国每年的基础设施投资将超过 GDP 的 13%。因此，城镇化是推动中国未来经济增长的非常重要的动力。

(二)产业结构升级空间巨大

1. 产业结构升级是中国经济发展的客观需要

从现状分析,产业结构调整的高端化不够,产业竞争力在全球价值链中处于低端环节,依然是中国经济结构性矛盾最为突出的表现之一。通过产业结构的转型升级,提高产业创新能力和技术水平,改变产品附加值低、产能过剩、高端产品供给不足的状况,将生态文明建设与产业结构调整结合起来,发展资源节约型、环境友好型产业,以破解环境与资源的双重约束,达到产业结构的高端化与生态化,是我国由"经济大国"走向"经济强国"的必然要求。

2. 产业结构层次较低造成工业增加值率低

中国工业以附加值低的重化工业为主,多数行业处于国际分工的低端,工业增加值率远远低于美国、日本等发达国家。中国工业大而不强,最集中表现在工业增加值率太低。工业发展的质量和效益体现在工业增加值上,尽管中国目前工业产品种类有500多种,但高档次、高技术含量、高附加值的产品所占比重不大,导致工业增加值不高,在国际市场竞争中处于不利地位。

未来中国需要通过产业升级、提升国际分工地位来提升工业增加值率;转变工业发展方式成功与否的基本标志就是能否显著提升工业增加值率,这是解决中国工业结构性、素质性问题的根本途径,也是推动产业转型升级的重要指针。

(三)基础设施升级空间巨大

基础设施对经济增长具有决定性的拉动作用,基础设施建设是经济持续快速发展的重要保证。中国基础设施不足已经成为制约经济发展的主要障碍。世界经济论坛《2012—2013年全球竞争力报告》显示,中国基础设施质量各项排名均低于美国,全球总排名第69位。

1. 人均用电量仍较低

用电量是反映一个国家能源基础设施发展的重要指标。2012年中国人均用电量为3660千瓦时,虽已超过中等收入国家及世界的平均水平,但与高收入国家差距十分巨大,不足美国的四分之一。

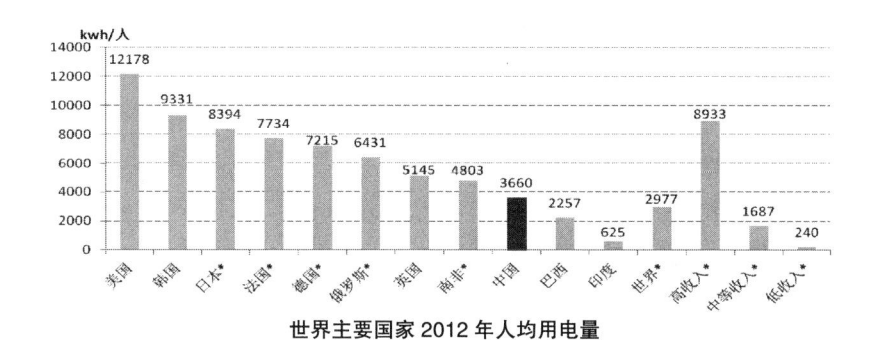

世界主要国家 2012 年人均用电量

数据来源：国家开发银行研究院《2013 年中国与世界主要经济体发展对比启示及政策建议》
注：标 * 号时间为 2010 年，其余时间为 2012 年

2. 交通基础设施质量仍待提高

交通基础设施的缺乏，将对中国国民经济的高速发展造成严重障碍，特别是在主要运输通道上，客货运输能力严重不足，将影响经济的持续稳定增长。中国交通基础设施规模较大，但人均水平仍较低，与发达国家的差距更大。

2012 年中国公路网密度为 44 公里/百平方公里，高于中等收入国家水平，但仅为法国的四分之一。

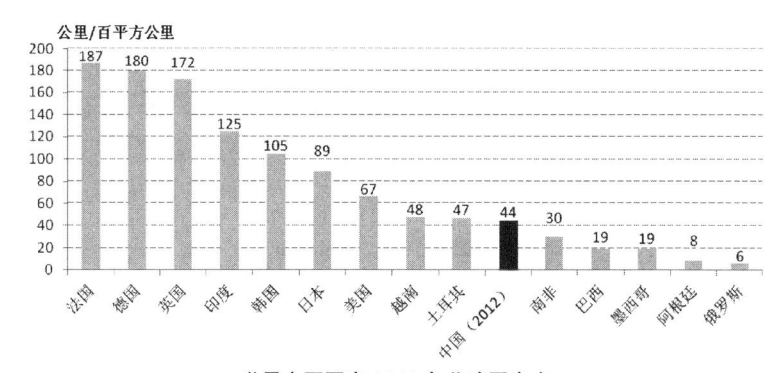

世界主要国家 2010 年公路网密度

数据来源：国家开发银行研究院《2013 年中国与世界主要经济体发展对比启示及政策建议》

铁路网密度为 0.71 公里/百平方公里，远低于世界主要发达国家的水平，是欧盟的七分之一，美国的三分之一。

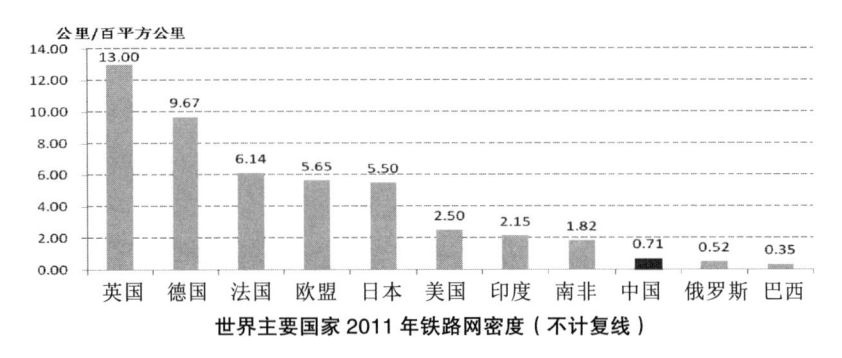

世界主要国家2011年铁路网密度（不计复线）

数据来源：国家开发银行研究院《2013年中国与世界主要经济体发展对比启示及政策建议》

3．通信基础设施仍有加大发展空间

通信方面，2012年中国互联网普及率为42.3%，与发达国家80%左右水平相比，差距巨大。

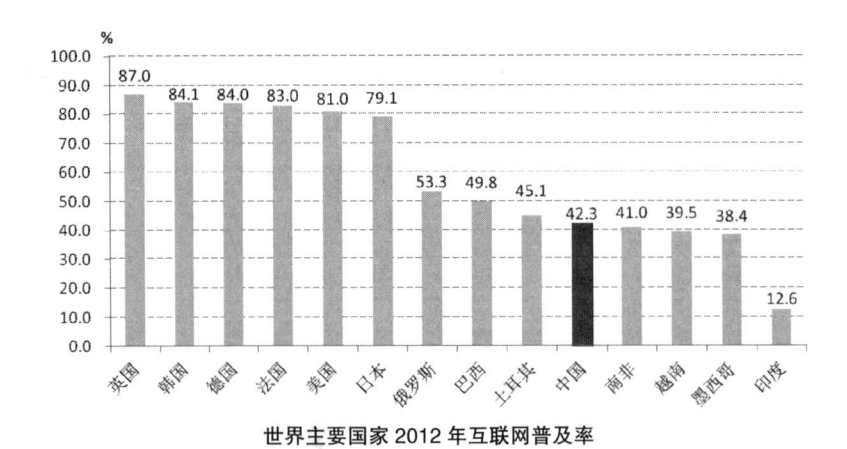

世界主要国家2012年互联网普及率

数据来源：国家开发银行研究院《2013年中国与世界主要经济体发展对比启示及政策建议》

改革开放以来，中国基础设施建设取得了辉煌成就，基础设施从规模上看已经处于世界领先，但从密度与人均水平来看仍然处于世界落后水平，这表明未来中国基础设施发展和升级的空间仍然巨大，如果及时调整基础设施发展的有关政策，将开拓全新的增长空间。

（四）服务业可成为中国经济长期持续健康发展的新引擎

服务业有利于扩大就业、促进消费，是提高人民生活质量的必然要求，服务业占 GDP 的比重反映了一国的经济发展模式与所处的发展阶段。与工业相比，服务业的能源资源消耗低，环境污染少，有利于增强可持续发展能力；服务业能促进消费，有利于实现生产与消费的协调发展；服务业容纳的就业人员多，加快服务业发展有利于扩大就业；作为直接提供消费产品和服务的行业，服务业的发展能够提升人们的生活质量和生活水平。

中国服务业对经济增长的贡献低于发达国家，进一步提升空间较大。尽管中国的经济增速较快，但中国服务业依然是经济社会发展中的一块"短板"。从三次产业结构看，2013 年第一产业增加值占国内生产总值的比重为 10.0%，第二产业增加值比重为 43.9%，第三产业增加值比重为 46.1%，第三产业增加值占比首次超过第二产业。中国服务业对经济增长的贡献虽然明显提高，却远低于发达国家 70% 左右的份额，也比同等收入水平的发展中国家低 10 个百分点左右，即便在"金砖国家"中，中国的服务业占比仍然是最低的。

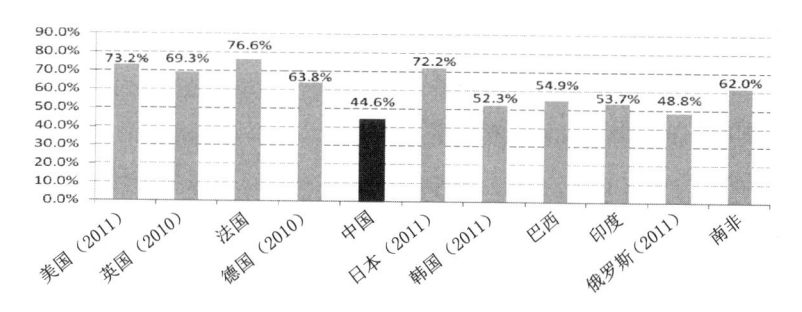

国家	比重
美国（2011）	73.2%
英国（2010）	69.3%
法国	76.6%
德国（2010）	63.8%
中国	44.6%
日本（2011）	72.2%
韩国（2011）	52.3%
巴西	54.9%
印度	53.7%
俄罗斯（2011）	48.8%
南非	62.0%

世界主要国家服务业占 GDP 的比重

数据来源：国家开发银行研究院《2013 年中国与世界主要经济体发展对比启示及政策建议》
注：无括号标注年份的国家其数据公布年份为 2012 年

（五）与科技、信息等因素结合的现代化农业发展空间巨大

1. 目前农业的产出与消费处于紧平衡，粮食安全决定农业发展的必要性

粮食供求总体上进入紧平衡时代，未来中国粮食紧平衡可能长期存在。中国粮食需求将呈现出刚性增长态势。受到人口增长、城镇化及居民食物消费结

构升级，以及粮食用途多元化及工业用粮增多等因素影响，中国粮食需求将长期保持增长态势。

2．农业与科技、信息等现代化因素结合，发展空间扩大

20世纪80年代以来，以发达国家为代表的世界农业在既有的现代化成就的基础上获得了新的发展空间。

首先，高科技农业得到新发展。20世纪90年代以来，随着生物技术和信息技术为主的高新技术不断突破与应用，新技术成为现代农业的先导和发展动力。这包括生物技术、信息技术、耕作技术、节水灌溉技术等农业高新技术；其次，信息化农业发展迅速。信息及知识越来越成为现代农业生产活动的基本资源和发展动力，信息和智力活动对现代农业增长的贡献越来越大。信息化的现代农业不仅包括计算机技术，还应包括微电子技术、通信技术、光电技术、遥感技术等多项技术在农业上普遍而系统应用，其目标都是为实现农业信息资源的高度共享。第三，多功能农业得到发展。相对于传统农业，现代农业正在向观赏、休闲、美化等方向扩延，假日农业、休闲农业、观光农业、旅游农业等新型农业形态也迅速发展成为与产品生产并驾齐驱的重要产业。

（六）环保产业未来发展空间广阔

1．中国环保产业当前总体发展水平较低

中国环保产业近年有了较快发展，但总体上看，发展水平还比较低，与需求相比还有较大差距。

一是创新能力不强。以企业为主体的节能环保技术创新体系不完善，产学研结合不够紧密，技术开发投入不足。一些核心技术尚未完全掌握，部分关键设备仍需要进口，一些已能自主生产的节能环保设备性能和效率有待提高。

二是政策机制不完善，环保投入仍需提高。中国节能环保法规和标准体系不健全，资源性产品价格改革和环保收费政策尚未到位，财税和金融政策有待进一步完善。虽然近年来财政用于环保的支出逐年增加，但环保投入占GDP的比重仍偏低，参照发达国家的情况，中国环保投入占GDP的比重至少应达到2%—3%，目前还存在较大差距（2012年仅占约1.6%）。

三是原有环保产业经济格局已不能适应当今市场经济发展的需要。目前的环保产业结构不合理，产品种类单一，未形成规模经济，企业普遍小而分散。企业技术装备落后，环保设备成套化、系列化、标准化、国产化水平低，低水平重复建设严重。

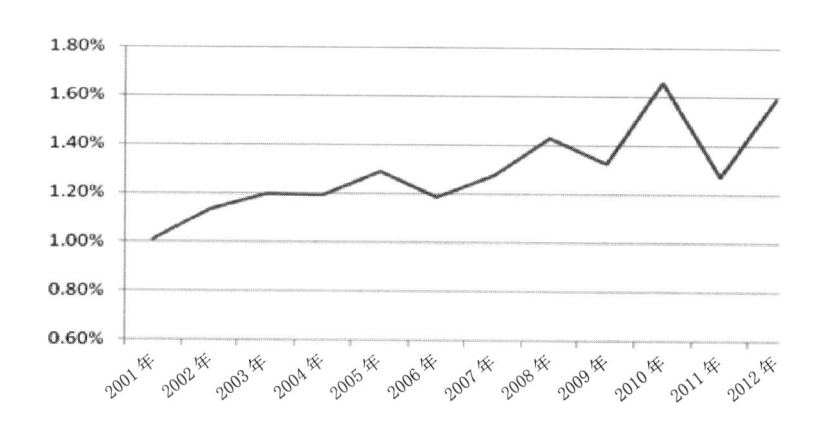

中国环境污染治理投资总额占 GDP 的比重

数据来源：环境保护部

2．国家对于环境保护的重视打开了环保产业发展的空间

节能环保产业涉及节能环保技术装备、产品和服务等，产业链长，关联度大，吸纳就业能力强，对经济增长拉动作用明显。加快发展节能环保产业，是调整经济结构、转变经济发展方式的内在要求，是推动节能减排，发展绿色经济和循环经济，建设资源节约型环境友好型社会，积极应对气候变化，抢占未来竞争制高点的战略选择。

近年来中国环保法规密集出台，如2004年出台《固体废物环境污染防治法》、2008年出台《水污染防治法》，2011年国务院发布《"十二五"节能减排综合性工作方案》、《国家环境保护"十二五"规划》等。《国务院关于加快培育和发展战略性新兴产业的决定》将节能环保产业确定为七大战略性新兴产业之一，更是凸显了对于环保的重视。环保法规与政策并举，引导环保产业成为经济发展新的增长点，并开启了中国环保产业的新征程。

(七)地区间的梯度转移和升级还有很大空间

1. 各省经济发展水平差异较大,落后省份与世界发达国家差距极大

从总量看,地区生产总值第一的广东省 2012 年达 5.7 万亿元 (0.9 万亿美元),超越世界第 16 大经济体印度尼西亚 (0.88 万亿美元),低于排名世界第 15 位的韩国 (1.13 万亿美元)。而西藏仅为 696 亿人民币 (110 亿美元),相当于排名世界第 114 位的乍得 (110 亿美元) 的水平。

从人均看,2012 年天津、北京、上海、江苏、内蒙古人均 GDP 已超过 1 万美元的世界平均水平,其中天津人均 GDP 为 93110 元人民币 (14732 美元),达到世界第 49 位俄罗斯的水平 (14037 美元),而贵州仅为 19566 元人民币 (3096 美元),不及世界第 134 位刚果 (布) (3154 美元) 的水平。

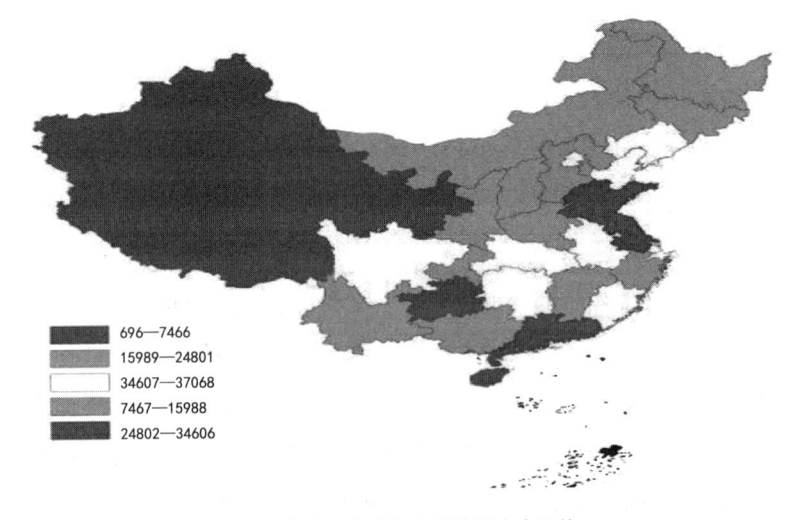

2012 年中国各省级区域地区生产总值

资料来源:国家开发银行研究院《中国各省级区域发展对比启示及政策建议》

2. 以四个层次划分的各省人均水平的差距

依据 2012 年全国 31 个省、市、自治区人均 GDP 的统计数据,全国各地发展水平可分为四个梯队:第一梯队,人均 GDP 超过 10000 美元,有 6 个地区:天津、北京、上海、江苏、内蒙古、浙江;第二梯队,人均 GDP 在 10000 美元以下、6000 美元以上 (也就是高于 6091 美元的全国平均水平),有 8 个地区:

辽宁、广东、福建、山东、吉林、重庆、湖北、陕西；第三梯队，人均GDP在6000美元以下、4000美元以上，有13个地区；第四梯队，人均GDP在4000美元以下，有4个地区。

根据世界银行公布的2012年不同经济体人均国民总收入的分组标准，12616美元及以上为高收入经济体，4086—12615美元为上中等收入经济体，1036—4085美元为下中等收入经济体，1035美元及以下为低收入经济体，中国第一梯队的地区已达到或接近高收入水平，第二、三梯队的地区大体处于上中等收入水平，第四梯队的地区大体处于下中等收入水平。

从各地区人均GDP水平的差距看，中国经济未来发展在地区间的梯度推移和升级还有很大空间。

（八）消费占比低及人均收入增长空间大，注定了我国消费市场潜力巨大

1. 中国最终消费占GDP的比重显著低于世界水平

消费是经济活动的起点和归宿，也是决定经济增长的关键性因素。消费需求的扩大能够引导投资结构优化升级，实现消费结构优化升级、产业结构优化升级相互促进，形成良性循环，从而推动经济发展方式转变。

消费不振是长期困扰中国经济发展的深层矛盾和结构问题。从投资、消费和净出口三大需求结构看，2012年中国最终消费对经济增长的贡献率为49.2%。根据世界银行的统计报告，发达国家消费占比普遍达到70%以上，除中国外的"金砖国家"也普遍高于60%的水平。

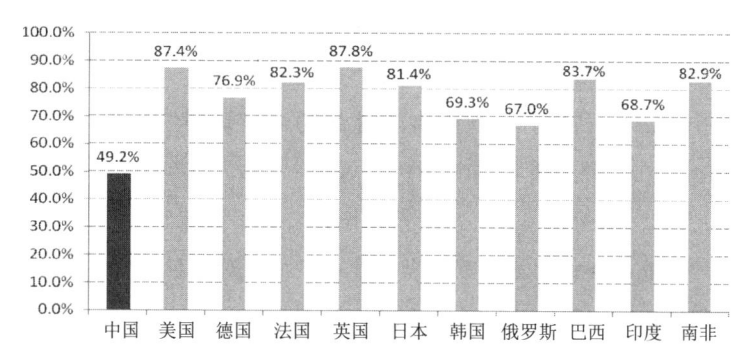

世界主要国家2012年最终消费占GDP的比重

中国 49.2%　美国 87.4%　德国 76.9%　法国 82.3%　英国 87.8%　日本 81.4%　韩国 69.3%　俄罗斯 67.0%　巴西 83.7%　印度 68.7%　南非 82.9%

数据来源：国家开发银行研究院《2013年中国与世界主要经济体发展对比启示及政策建议》

2. 人均收入还有很大的增长空间

2012年中国国内生产总值达519322亿元，折合82271亿美元，列世界第二。中国 GDP 达到美国 GDP 的 52.8%，首次超过一半，且已接近欧洲德、法、英三国总和。中国 GDP 增长率为 7.8%，在世界主要经济体及"金砖国家"中列第一。

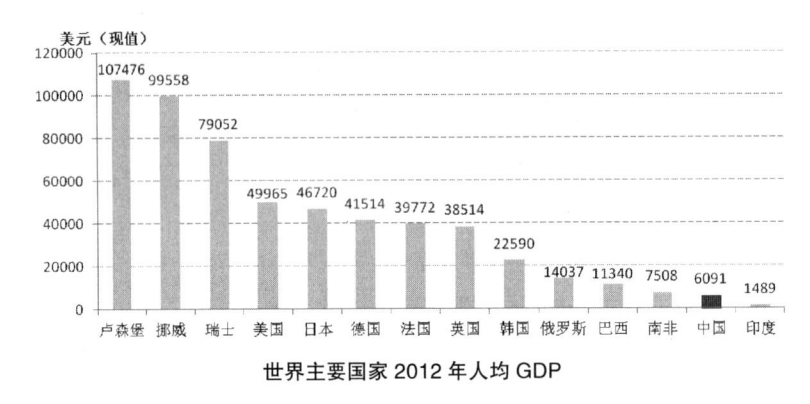

世界主要国家2012年人均GDP（美元，现值）：卢森堡107476、挪威99558、瑞士79052、美国49965、日本46720、德国41514、法国39772、英国38514、韩国22590、俄罗斯14037、巴西11340、南非7508、中国6091、印度1489。

数据来源：国家开发银行研究院《2013年中国与世界主要经济体发展对比启示及政策建议》

尽管经济总规模已位居世界第二，但中国人均 GDP 水平与发达国家相比仍存在较大差距，属于人均 GDP 水平较低的国家。2012年中国人均 GDP 为6091美元，列世界80名之外，约为世界平均水平（10171美元）的60%。而世界前三位的卢森堡、挪威、瑞士人均 GDP 均超过70000美元，是中国的10多倍。"金砖国家"中，仅印度的人均 GDP 低于中国。"总量大国、人均小国"的现实表明，中国距"经济强国"还有很大距离。

在党的十八大报告中，首次提出"到2020年实现国内生产总值和城乡居民人均收入比2010年翻一番"的新指标。如这一计划能够实现，将形成5—6亿的中等收入人群，从而为中国经济可持续增长奠定坚实基础。

（九）外汇储备余额大及对外投资存量小，中国对外投资空间巨大

1. 中国投资存量与发达国家仍有较大差距

商务部、国家统计局、国家外汇管理局联合发布的《2012年度中国对外直接投资统计公报》显示，至2012年底，中国对外直接投资累计净额（存量）为

5319.4亿美元，位居全球第13位，仅相当于美国对外投资存量的10.2%、英国的29.4%、德国的34.4%、法国的35.5%、日本的50.4%。

2．对外投资金额占外汇储备比例较低

2012年底外汇储备余额3.31万亿美元，是全球第一外储大国，但对外投资累计净额占外汇储备余额比例仅为16%。

五、以高质量的新制度供给构建中国经济中长期增长的新型驱动力

（一）总体思路

1．以"实现中华民族的伟大复兴和人民群众的美好生活"（简称为"强国富民"）为根本发展目标

实现国家的繁荣富强，建设美丽中国，人民享有美好生活是中国经济发展的核心目标，也是中国经济增长的原动力，其既是中国经济发展的出发点，也是中国经济发展的落脚点。

2．以"改革开放、创新创造、生态民生"的新三驾马车为主驱动力

"改革"，是要改革现有制度，实现高效的制度供给，提高市场配置资源的效率；"开放"，是从国内国际两个层面开放市场空间，使市场在更广阔的空间配置资源；创新创造，是在高效的制度供给前提下和更大范围的市场空间里，激发微观主体的创新创造潜力，从而实现强国富民的根本目标。"生态民生"，是改变以投资、消费、出口构成的GDP为核心目标的旧发展模式，代之以"美丽环境，美好生活"为核心目标的新发展模式。

3．以中长期高质量新制度供给取代短期凯恩斯式的需求调控

变"着眼于短期需求调控的凯恩斯式的宏观政策"为"着眼于中长期发展的依靠新三驾马车推动的新制度供给宏观政策"。新三驾马车是构建在中国经济中长期发展的层面上，从供给端入手，强调以高效的制度供给和开放的市场空间，激发微观主体的创新创造的潜能，全面提升劳动生产率，实现强国富民，改善生态民生。这与着眼于短期调控的凯恩斯主义，从需求端入手，强调投资、消费、净出口完全不同。

（二）具体措施

1. 建议将"改革开放、创新创造、生态民生"纳入到"十三五"规划

"十三五"期间，中国要实现产业、经济、区域、国际国内的协调发展、创新驱动、绿色发展、共同富裕、人民幸福等目标，需要将"改革开放、创新创造、强国富民生态民生"这三个方面的内容纳入到"十三五"规划的指导思想。

2. 将改革（形成新制度供给）作为引领中国中长期发展的制度性安排

深化改革的目的，是解决前一段经济运行过程中积累的问题和弊端，形成高效的新制度供给，主要作用于经济发展的供给端，激发微观主体的活力，提高市场配置资源和要素的效率。

建议制度改革重点从七个方面入手：一是简政放权、放松管制；二是消除垄断，实现竞争性市场准入；三是继续推进以"营改增"为核心的新型财税体制改革，实现中央与地方财权与事权的合理调整及降低企业成本、促进企业的设备更新改造、鼓励企业科技创新等目标；四是加快以"推进普惠制金融发展、扩大金融业开放"为目标的金融制度改革；五是加快以"反映市场供求关系"为目标的资源品价格改革；六是启动以"落实微观主体投资自主权"为核心的投融资体制改革；七是以"实现投资自由化、贸易便利化和金融国际化"为目标的对外开放制度的改革。

3. 从国内、国际两方面构建开放型的市场体系，实现与周边国家的互联互通，促进市场在更广阔的空间配置资源

对外开放，以促进中国经济中长期可持续发展，并积极提升中国与周边国家之间的关系为目标，形成中国与周边国家命运共同体，共担风险，共同发展。目前我国需加快同周边国家和区域基础设施互联互通建设，在充分发挥国家开发银行、中国进出口银行等政策性金融机构的作用的同时，组建金砖国家开发银行、亚洲基础设施投资银行，推进跨欧亚的丝绸之路经济带、海上丝绸之路建设，形成东西互济的开放格局。

内陆开放，近期应在落实中央已提出的中西部沿长江区域的"长江经济带"开发，以及东部地区的"京津冀一体化"的基础上，推进沿海、沿江先行开发，再向内陆地区梯度推进，打造东部地区、中西部沿长江区域、西南中南腹地三

大新的经济支撑带。

无论对外开放还是对内开放，都需要推进包括交通、基础设施互联互通、产业转型升级与转移对接，实现资源在更广阔的空间内自由流动，提高市场配置资源的效率，高效驱动经济发展。

4. 促进技术升级，将要素驱动转变为效率驱动

当前正在全球兴起的新一轮科技革命和产业变革的特点是，企业成为配置创新要素的核心载体，创新资源整合能力成为企业核心竞争力所在。为此，必须强化企业的创新主体地位；同时，强化市场决定研发方向、技术路线的理念。在政策方面，建立主要由市场决定技术创新项目和经费分配、评价成果的机制；健全技术转移机制，改善科技型中小企业融资条件，完善风险投资机制，鼓励商业模式创新，充分发挥资本市场对创新创业的支持作用。从而促进技术升级，将原有的经济发展模式由要素驱动型转变为以技术为核心的效率驱动型。

5. 以现代农业、高端制造业和生产性服务业为突破口，将中国制造转型为中国创造，实现"三个转变"

习近平总书记2014年5月9日至10日在河南考察时，强调"推动中国制造向中国创造转变、中国速度向中国质量转变、中国产品向中国品牌转变"。我国要实现这"三个转变"，可以将发展现代农业、高端制造业和生产性服务业作为突破口，逐步提高核心技术自有程度，实现中国创造。

现代农业已经发展成为第一、二、三产业高度融合的产业体系，未来要以产业需求为导向，创新农科教、产学研紧密结合的协作机制，引导企业，特别是龙头企业在科技创新中发挥作用，争取在关键技术研发上占领制高点，提高核心竞争力。

科技创新能力决定高端制造的成败，新技术和新兴产业在制造业转型升级过程中发挥主导作用。我国可重点培育和发展节能环保、新一代信息技术、生物、高端装备制造、新能源、新材料、新能源汽车等产业，使这些产业成为传统产业转型升级的重要引擎。

加快生产性服务业。一方面需要在制造业转型升级过程中催生中高端生产性服务需求；另一方面，加快发展现代服务业外包业务。抓住新一轮国际服务

业转移的机遇，推进生产性服务业开放，积极承接国际离岸服务外包，培育一大批具备国际化水平的服务供应商，满足跨国制造业企业的生产性服务需求。

6．加强生态产业的发展

人民群众向往的美好生活是在生态文明、生态和谐的环境中的生活，生态产业既是中国经济发展的出发点也是落脚点。

生态产业要求排放低碳、能量循环、资源再生；产出更具效益。生态产业可以通过改造传统产业，渗透到各行各业，而这种渗透一定是具有科技上的创新性。传统产业经过生态高新技术的洗礼后，脱胎换骨，未来生态高新技术产业群将迅猛发展，并将逐渐成为主导产业。

7．加快民生领域的发展

教育、医疗、住房、养老是民生领域的突出问题，这几方面问题的解决不但是有利于实现经济发展的中长期目标——实现人民对美好生活的向往，同时在很大程度上也将促进短期经济增长。

我国的教育和医疗领域改革开放进展相对其他领域明显缓慢，当前呈现的突出矛盾是总量及结构均供给不足，未来需要放松管制，在合理监管的前提下，适度开放市场，吸进民资及外资进入。

目前中国的住房改革是坚持保障房、商品房双轨统筹下"住有所居"，商品房由市场调节；在保障房方面，由政府负责规划组织生产建设，重点加快棚户区的改造。

8．促进国防领域加快发展

要实现强国梦，则需持续加强国防领域的发展，这既是加强国家安全的需要，也是促进经济发展的重要动力。国防工业的发展，将扩大对信息产业和科技创新的市场需求，从而带动信息产业和高端装备制造业的发展。

中国式去杠杆：利用优先股空中加油

姚余栋 金海年[*]

国际清算银行（BIS）总经理卡努阿纳在2014年的BIS年会发表演讲，指出过去几十年全球经济增长严重依赖负债。自2007年以来，在G20集团成员国中，非金融部门总负债与GDP之比增长超过了1/5。在经济衰退期，发达经济体大规模推出财政刺激政策，新兴市场经济体发行大量企业债券。总体来看，发达经济体的负债与GDP之比达到275%，而新兴经济体则为175%。高负债带来了更大的金融脆弱性，且可能导致越来越具有破坏性的金融周期。在中国经济发展过程中，全社会杠杆率总体呈上升态势，其中非金融企业部门杠杆率近年来增长较快，总体水平也是最高的，有掉入"债务陷阱"的风险。

2014年，我们提出了"空中加油"中国式去杠杆的建议：在经济处于合理区间和保持经济整体杠杆率适度增加前提下，企业部门必须以去杠杆为主，及早增加股本。面对企业部门杠杆率过高的严重挑战，我们继续建议在多渠道补充资本金的同时，利用优先股作为一种重要的资本市场工具层次的独特功能，使用《商业银行法》的例外条款，将部分银行贷款转为优先股，及早降低资产负债率，使得我国企业部门得到长期的发展动力，可能起到"出神入化"的效果，创造性地实现"空中加油"。

---

[*] 金海年为诺亚（中国）控股有限公司首席研究官。

一、中国企业部门高杠杆现状

近年来，中国企业部门债务不断攀升，根据国家审计署数据，截至2012年底，中国非金融企业债务在65万亿元左右，相当于GDP的125%，不但快速上升至历史高位，而且与全球其他国家相比也处于较高水平。并且，我国企业融资成本相对较高，2014年年底银行1—3年和3—5年贷款标准利率为6%，而其他方式融资成本更高，平均大约在8%左右。2014年中国GDP为63.65万亿元人民币，这意味着大约每年企业债务利息支出约为5万亿元左右，是非常沉重的负担，严重挤占了企业的研究创新与发展的投入，对经济增长动力造成了很大的制约。

二、中国企业部门高杠杆的成因

究其原因，主要有以下几个方面：一是中国经济一直处于发展迅速的阶段，自然需要大量资金；二是2012年以来中国股市融资功能不足，2014年非金融企业境内股票融资仅占到社会融资总量的2.65%，主要还要靠债权融资。三是2009年应对危机实施了大量的刺激措施。据笔者到浙江广东一带调研，大量企业在当时被鼓励申请了大量的银行贷款，而这些贷款并无太大的实际需求，近期的偿还却带来了巨大的压力，甚至导致许多企业破产倒闭。四是存在经济周期性过热和行业性过热，导致投资过度。五是城镇化与经济转型期的历史阶段性原因，需要大量投资，许多企业因此融资投入，参与相关建设。六是由于地方政府缺乏足够的正常融资渠道，缺乏现代规范的融资制度设计，部分国有企业尤其是一些地方国有企业承担了地方政府融资功能。

三、中国企业如何去杠杆

中国企业的去杠杆与发达国家高杠杆的原因和解决办法不同。中国需要继续增长和发展，如果采用发达国家常用的货币利率手段去杠杆，往往会对经济增长造成较大的负面作用,因此中国需要在发展中去杠杆,需要"空中加油"的中国式去杠杆方法。

发展中的"空中加油"式方法总体包括三类:(1)给予企业发展的时间和空间,企业收入和利润增加了,债务负担就相对减轻了,存量债务也自然减少了。(2)通过增加股权融资比重、减少债券融资比重,改善资产负债表,增加资产项、减少负债项,从而实现去杠杆。(3)适当延期或减轻利息负担,为企业发展减负,为企业去杠杆扩大空间、延伸时间。

根据初步估计,企业部门(主要是国企)需要筹集10万亿元资本金,用以支持企业股本扩张。我们估算,保险资金和社保资金最多能形成3万亿左右的股本,私募资金能有1万亿。而剩下6万亿的缺口靠国有利润是不可能的。国有企业年利润约2万亿元,不足以支撑这么大资本金的补充需求。财政收入现在更多用于民生和社会保障,拿不出大量资金做政府产业引导资金,没有余力补充国有企业的资本。6万亿缺口可以分两部分弥补:以"国退国进"方式地方国有资产变现3万亿,剩余的缺口可以使用债转股(优先股)。

四、优先股是企业去杠杆、银行去风险的两全方案

如果依照银行传统的信贷资产风险处理习惯,往往会进行顺周期操作,即在经济上行甚至过热时会增加信贷,而在经济低迷需要资金时反而会收紧信贷甚至提前收回,这样会加剧经济波动,甚至延缓经济复苏,造成更大的金融风险,伤害经济恢复和金融恢复能力。

在中国经济进入新常态阶段,在转换经济增长动力、消化前期刺激政策副作用的阶段,银行可以在去杠杆的历史阶段中发挥积极的作用,不但在长期上有利于企业恢复增长的动力,而且在短期消除金融风险也可以发挥意想不到的效果。银行要建立逆周期操作机制,对信贷企业客户进行未来发展与转型能力的分析判断,一是可以适当延期或利息减免,让企业发展,避免债务危机恶化导致经济危机和发展危机;二是可以将不良资产进行隔离处置;三是更好的办法,就是将银行信贷债务部分转为优先股。

优先股法律制度作为金融创新，对于破解企业融资难题拓展新的投融资渠道具有积极意义，相应地对促进生产方式的转变和生产力的发展也势必起着重要的作用。所谓优先股就是利润分红和剩余资产分配权利优先于普通股，相当于有固定股息的类似债权的股权，但无权投票参与企业经营。即：通常具有固定的股息（类似债券），在派发普通股股息前分配；而在破产清算时，优先股股东对公司剩余资产的权利在债权人之后、在普通股股东之前；但优先股股东一般不参与公司的日常经营管理，不参与股东大会投票；而且优先股也可以在二级市场转让，但股价波动往往小于普通股。优先股股东不能要求退股，却可以依照优先股股票上所附的赎回条款，由股份有限公司予以赎回。大多数优先股股票都附有赎回条款。

当信贷企业经营发生临时性困难，如果在资金方面有所改善即可通过未来的发展偿还债务时，银行可以将持有的债权转化为优先股，即可避免因银行抽贷导致企业经营难以为继，也可化解企业信用风险成为银行坏账。在美国处理AIG危机时，美国政府就采用了这一工具，既体现国家投入资金的成本，又要保持公司的治理，防止国有资本干预企业经营。

2013年，中国人民银行行长周小川在《资本市场的多层次特性》一文中指出"优先股是有其用途的"。2013年11月30日，国务院发布了《关于开展优先股试点的指导意见》（国发〔2013〕46号）。2014年3月21日，证监会以97号令的形式发布了《优先股试点管理办法》。根据上述规定，发行优先股的企业既可以是上市公司，其优先股可以在证券交易所交易转让，也可以是非上市公众公司，其非公开发行的优先股可以在全国中小企业股份转让系统转让，转让范围仅限合格投资者。

《商业银行法》第四十三条规定，"商业银行在中华人民共和国境内不得从事信托投资和证券经营业务，不得向非自用不动产投资或者向非银行金融机构和企业投资，但国家另有规定的除外"。很明显，在第四十三条中存在例外条款，为商业银行持有企业优先股预留了通道。

银行入股实体企业，当然也有非常值得注意的方面。典型的教训就是日本。日本的银行广泛地参股实体企业，甚至干涉企业的战略和经营，一方面为防止违约而为僵尸企业输血，另一方面交叉牵涉实体经济，扭曲了市场竞争机制，伤害了企业创新的压力和动力，导致20多年的经济停滞。因此，银行应该以优先股的方式，而不是普通股的方式处理其可以通过发展解决的临时性债务危机，既可实现去杠杆，又可避免重蹈日本覆辙。

因此，与银行债务转为优先股相配套的就是短期内利用《商业银行法》第四十三条例外条款，长期内修改《商业银行法》和《公司法》，同时建立优先股与债权交易市场，在企业赢得发展的时间和空间后，银行逐步退出，最终实现去杠杆，逐步恢复经济增长的元气。

五、贷款转优先股规模初步估算

下面对不良贷款及关注类贷款转优先股做个初步估算。

根据贷款五级分类制度，贷款划分正常、关注、次级、可疑、损失等五种，后三种为不良贷款。其中，次级类贷款损失的概率在30%—50%；可疑类贷款损失的概率在50%—75%，损失类贷款损失的概率在75%—100%。

银监会最新发布的监管统计数据显示，截至2015年第一季度末，商业银行不良贷款余额9825亿元，不良贷款率1.39%。商业银行正常贷款余额69.5万亿元，其中正常类贷款余额67.0万亿元，关注类贷款余额2.48万亿元。

考虑到不同类不良贷款的损失概率，针对不同类的贷款可采取不同的处置组合措施。损失贷款处置可主要采取核销方式，假设有10%的比例转化为优先股；可疑贷款可通过重组、兼并或打包出售等多种方式处置，假设有20%的比例转为优先股；次级贷款质量相对前两种略好一些，假设有30%的比例转为优先股。

值得注意的是，关注类贷款虽然没有划为不良贷款，但关注类贷款可以看作是不良贷款的一个领先指标，其中一部分有可能发展成为不良贷款，如果处置得宜，有助于帮助借款企业渡过难关，也促进信贷资产质量的改善，因此也可以考虑转优先股的处理方式，假设有30%的比例转为优先股。上述指标均针对新增不良贷款和关注类贷款计算。

此外，考虑经济发展状况，我们还假定随着经济金融潜在风险的逐步暴露，2015—2017年不良贷款和关注类贷款比例还会有所上升，随着结构调整逐步推进，2018—2019年不良贷款率保持稳定，关注类贷款比例略有回落；2015—2016年信贷保持13%增速，随着直接融资发展，2017—2019年信贷增速为12.5%。同时，我们假定每年还会处理一些存量不良贷款和关注类贷款。前两年由于信贷资产质量下降压力较大，新增较多，存量处理较少；之后随新增不良贷款降低，可以加大存量处置力度。

初步估算，未来5年共需转优先股2.5万亿元，每年在5000亿元左右。从股票和债券市场的容量看，2015年1—4月股票筹资额已超过4000亿元，债券发行近3万亿元。优先股发行对市场有一定影响，但冲击在可控范围之内。

通过将部分不良贷款和关注类贷款转换为优先股，商业银行将有更大空间向结构调整所支持的行业和领域增加信贷投放。

国有平台，整合分类，权益求平，渐进归一：
中国新型城镇化进程中土地制度改革的难题破解路径
——基于深圳调研的报告

贾康　程瑜　陈龙　陈通*

土地制度属于一国最基本的不动产制度。中国改革开放以来，始于农村的土地制度相关改革（农村土地上的"双层经营联产承包责任制"）不仅为我国经济社会发展提供了农业基础层面的活力与动力，而且构成了其他诸多领域改革的前提和保障，引领了我国改革开放的大潮。随之而起的城镇化快速发展与"经济起飞"过程，对于从农村到城市的土地制度改革提出了更多的要求与挑战性问题。时至今日，土地制度改革已成为我国新型城镇化、农业现代化、城乡一体化、农民市民化、农民权益保障等诸多问题的焦点。顺应时代要求，启动符合全面改革总体、长远要求和未来社会经济发展客观需要的新一轮土地制度改革，亟须在探索、创新中形成可行思路并引出可操作方案设计，这事关中国改革发展全局和现代化事业的成败。

一、中国城镇化和现代化进程中土地制度改革的难题

我国土地制度改革推进的难度之所以很大，主要在于这一改革涉及的层多面广，历史上积累下来的矛盾纠结缠绕，利益平衡的难度很大。当前与土地制

---

*　程瑜为中国财政科学研究院研究员；陈龙为中国财政科学研究院公共收入研究中心研究员；陈通为中国财政科学研究院博士。

度相关而存在的诸多矛盾，其深层次原因都与土地产权制度密切相关。土地产权制度走向何处，是我国弥合"二元经济"而实现城乡一体化发展的现代化进程中必须解决的重大问题。

（一）土地制度改革的核心难题在于土地产权制度改革

从所有权属性上来看，我国土地分为国有土地和集体土地两种性质的土地。城市市区的土地属于国家所有；农村和城市郊区的土地，除无主荒地等由法律规定属于国家所有的以外，属于农民集体所有（深圳已有改变）。农村集体土地在实现承包经营制度框架之下，近年来中央已先后提出允许农民以转包、出租、互换、转让、股份合作等形式流转土地承包经营权，允许农村集体经营性建设用地出让、租赁、入股。但"农字号"的土地始终是与城镇建成区分开的，一旦需要"农转非"，原则上就必须征用为国有土地，完成审批及征用、补偿的全套程序。总体看，现行土地制度框架是"公有二元"特征的把国有土地所有权和集体土地所有权并列的两种产权结构体系。名义上同属公有土地，一为大公，一为小公，大公大到"全民"（国有为其具体形式），小公小到人口变动不居的某一村民小组，具体的权、责、利情况千差万别，十分复杂。从现实来看，这一产权制度结构体系，产生了诸多矛盾或问题，主要体现在以下五个方面：

一是国有土地与集体土地权利、责任"双重不对等"所产生的矛盾。一方面，国有土地与集体土地权利不平等。这不仅表现在集体土地由于实行乡、村和村民小组"三级所有"所带来的所有权虚置与紊乱问题，而且更为突出地表现在使用、收益和处分权上的不平等。长期以来，我国严格限制农村集体土地转为建设用地，除特殊规定外，集体土地使用权不得出让、转让或者出租用于非农业建设。这也就意味着农村集体不能面向市场供地，只有经国家征用转为国有土地后，才能由国家出面出让、转让和用于非农建设。因此，与国有土地权利相比，集体土地的使用权、收益权和处分权都是不完整的。虽然近些年来我国做出了解决这一问题的一些探索和制度调整，但由于受诸多现实制约因素的影响，尚未真正实现国有土地与集体土地权利平等。集体土地与国有土地权利的不平等，又表现为制约农村发展和引发紊乱状态等诸多问题的原因。例如，导致"小产权房"问题大量出现的主要动因，就在于两种土地权利和收益的显著不平等。另一方面，国有土地与集体土地又存在责任不对等情况。在很多地方，政府无法在集体建设用地使用权转让时分享土地增值收益，而政府（代表全民）在公共基础设施等方面进行了大量的投入，是引起土地增值的一个重要原因。如果政府不参与集体土地收益分配，只强调集体土地权利，而不使集体承担责任，显然也是不公平的。这种责任不对等的现象，是近年来现实生活中集体土地产权转让中愈益频繁出现的显化问题。

二是"二元"产权结构体系使土地利益协调和农民权益保护的难度大大增加。在土地利益协调和农民权益保护中涉及的一个根本问题，就是土地增值收益的公平分配。土地"涨价归公"是颇具学理渊源的一个重要思路[1]，来源于孙中山著名的《民生主义》演讲，其针对中国历史及其20世纪初严重的土地问题提出了"平均地权、照价抽税、照价收买、涨价归公"的政策。该政策的理论基础，是认为土地可以私有，但土地，特别是城市土地的级差地租和市场涨价，不是土地私有者带来的，而是社会改善基础设施及其环境，以及人口聚集所带来的。因而，土地的级差地租和市场涨价应当归公，"以酬众人改良那块地皮周围的社会和发达那块地皮周围的工商业之功劳"。这便是孙中山所谓"平均地权"的政策思路。其政策操作过程是，先由土地的所有者按照市场行情去定价（"地价是单指素地来讲，不算人工之改良及地面之建筑"），然后报告政府。政府按照其报价，按率征税（"照价抽税"）。为了避免地主低报地价偷税，他主张政府有"照价收买"的权利。其含义相当于我们今天的政府征收土地的政策。

---

[1] 孙中山在著名的《民生主义》演讲中指出："解决土地问题的办法，各国不同，而且各国有很多繁难的地方。现在我们所用的办法是很简单很容易的，这个办法就是平均地权。……依我的主张，地价应该由地主自己去定。……政府如果定了两种条例，一方面照价抽税，一方面又可以照价收买。那么地主把十万元的地皮，只报一万元，他骗了政府九百元的税，自然是占便宜；如果政府照一万元的价钱去收买那块地皮，他便要失去九万元的地，这就是大大的吃亏。……从定价那年以后，那块地皮的价格再行涨高，各国都是要另外加税，但是我们的办法，就要以后所加之价完全归为公有。因为地价涨高，是由于社会改良和工商业进步。……推到这种进步和改良的功劳，还是由众人的力量经营而来的；所以由这种改良和进步之后所涨高的地价，应该归之大众，不应该归之私人所有。比方有一个地主，现在报一块地价是一万元，到几十年之后那块地价涨到一百万元，这个所涨高的九十九万元，照我们的办法都收归众人公有，以酬众人改良那块地皮周围的社会和发达那块地皮周围的工商业之功劳。这种把以后涨高的地价收归众人公有的办法，才是国民党所主张的平均地权，才是民生主义。……地主真是明白了我们平均地权办法的道理，便不至害怕。因为照我们的办法，把现在所定的地价还是归地主私有。土地问题能够解决，民生问题便可以解决一半了"（孙中山《民生主义》演讲稿第二讲）。

因为有"照价收买"的可能性,地主低报地价可能在土地被政府征收时对自己不利,高报地价则可能在政府抽税时对自己不利,所以,这个机制可以保证土地所有者诚实报价。当地价确定后,如果这块土地发生产权变动,而此时它在市场中的地价高出原有价格,那么,涨价的部分,就应当由政府收走归公。

但现实中的土地增值收益分配,不可能是简单绝对的"涨价归公"或其反面的一律"涨价归私",而应按照"公私兼顾、增值共享"的原则,处理好国家、集体和农民之间以及近郊区直接受益农民与远郊区未受益农民之间、农民的土地权益和社会公共利益之间等多重利益关系,建立合理分配机制。两种产权结构体系并存,特别是集体土地产权主体由于多种原因最易虚置,增加了利益协调和保护农民权益的难度。无论是作为一级政府的乡镇,还是作为农村基层群众自治组织的"村民委员会",都很难成为真正意义上的民事权利主体。在农村社会成员必然变化(如生老病死)和必然流动(如异地嫁娶)以及近些年随外出长年打工等形成的流动性增强的情况下,集体土地产权如何在"集体"中的每个人那里得以体现和受到保护,成为一个十分突出的问题。

三是集体土地产权主体虚置与土地流转相关的扭曲、作弊问题。集体所有权的虚置,成为土地流转的严重制约因素和不规范因子。土地流转是现代农业发展的内在要求和城镇化发展的必然趋势,能够提高土地资源配置效率,促进农村剩余劳动力的转移。虽然近些年来国家逐步放宽并允许农民的土地承包经营权可以采取转包、出租、互换、转让、股份合作等形式流转,但在集体所有权虚置的情况下,农民并未拥有完全的土地使用权,并且受乡镇规划、承包经营期限、具体操作程序等影响,往往限制性扭曲了符合规模化和专业化经营要求的土地流转,而且名义上"一人一票"式所有权的极易落空和虚置,又为侵犯集体土地权益的作弊与腐败大开便利之门。土地征收补偿不合理、强制征收、村委会成员利用土地谋私利等,都严重侵犯了农民的土地权益(当然也包括其背后的全民公共权益)。虽然近年来,我国一些地方在农村采取股份公司、合作社等组织形式,将股份量化到村民,提升了"集体"内部的规范性,但利益分配中的一些问题和矛盾(特别是对外部而言)仍远未得到根本解决。

四是"公有二元"产权结构,加大了政府管控与市场自主调节土地资源间的矛盾。在市场经济下，市场机制是资源配置的基本方式。土地作为一种生产要素，需要发挥市场的配置和调节作用，以提高其配置效率。由于人多地少，土地在我国现实生活中成为一种特殊的"自然垄断"资源，又事关国家粮食安全、十三亿人吃饭问题。如果完全依靠市场自发调节，有可能导致农地使用不当、农地和建设用地比例失调，引发粮食安全问题，更何况城镇化带来的中心建成区的扩大，必然引发市场式"试错"无法有效解决的"通盘规划合理化"问题，因此需要政府发挥积极的管控作用。然而，在土地资源配置权力上，政府与市场之间往往处于一种此消彼长的矛盾之中。解决这一矛盾的关键是如何找到合理的边界和分工、互补机制，使政府与市场都能发挥积极作用，共同提高土地资源配置效率。一般而言，政府应该在保护耕地、保护各类土地产权、实施土地利用规划等方面发挥主导作用，市场应在土地资源配置上发挥主导作用。市场经济的一般经验是土地可分为私有和公有（国有），商业活动对私有土地的需求只能通过市场交易满足，公益项目对私有土地的需求可通过国家征用（有补偿）来满足，政府有规划权，但在依法管控事项之外，应全部交给市场。然而，在我国"公有二元"产权结构和现行体制下，政府在国有、集体均为"公"字号的土地使用、管理与交易中，却明显存在管控过度与管控不到位并存的现象，市场的积极作用被抑制，消极作用又往往未得抑制。一方面，政府在土地征用、开发、拍卖等方面承担了过多的职能，担当了土地供给者和使用决定者的角色。审批程序的复杂以及其他过度管制措施，不仅导致了交易成本过高、阻碍土地的合理流动与优化配置，而且产生诸多腐败问题。另一方面，又存在土地管控不到位的情况，造成规划紊乱低质、土地配置不合理、使用效率不高、私自改变土地用途等问题，特别是一些集体土地，更是出现了乱占乱建、私自交易等问题。

五是"二元"产权结构与城镇化发展之间的成本上升与风险压力日趋明显。截至目前，我国城镇化的推进主要是由政府主导的征地，以现行的一套土地征收制度为支持。随着城镇化发展，两种土地产权结构下的征地成本上升"棘轮效应"加"攀比竞抬"式压力日益显现。其一，政府主导城镇化的现实资金约束和风险日益增强。政府主导城镇化，是以大量的建设资金为前提的。没有资金保障，地方政府就难以为城镇发展提供必要的基础设施建设，政府主导的方式也就难以运行了。我国现有征地制度的一大优势，就是初始开发环节通过低价征收、高价拍卖的方式，为政府推进城镇化提供了大量的资金支持。然而，随着农民土地维权意识的增强和各方"讨价还价"式博弈的变化，政府主导城镇化与现实资金约束增强的矛盾日益显现，因为城镇化很难再以初始阶段的低成本方式继续推进，征地、拆迁费用攀比式的水涨船高不断增长，使政府主导城市化的成本急速上升。农民、市民补偿诉求得不到满足而引发的冲突，成为影响社会稳定的重要因素。这表明"二元"结构下政府主导城镇化的经济风险、社会风险和政治风险都在增加。其二，在一些城市发展中出现"自主城镇化"模式，即在集体土地上建设城市和"农转非"项目（如"小产权房"），突破了城市土地国有的限制，与现行诸多制度产生冲突，也为后续管理、产权登记、交易等诸多方面增加了极大难度和十分棘手的问题。其三，基本农田农地保护与城镇化用地之间的矛盾日益突出。一方面，由于人多地少，实行农地保护制度，是生存与发展的必然要求；另一方面，城镇化发展，必然造成城镇扩张和建设用地的增加，二者构成一对矛盾，而在农地非农化带来的巨大价差诱导下，进一步刺激了"征地"和"变地"冲动，一些地方千方百计将农田转为农村的或非农的"建设用地"，造成乱征收、乱占地现象，对粮食安全和社会稳定等构成了威胁。

（二）土地产权制度改革大思路的理论逻辑：利弊分析及可能选择

由上述考察可知，探讨如何改革我国国有土地与集体土地并存的"公有二元结构"势在必行。纯粹理论分析的大思路可以有三种：

思路一：实行农村土地私有化，取消集体土地所有制。

实行农村土地私有，是不少学者的主张，虽然能够解决集体土地产权虚置、保护农民土地权益、防止村组织以权谋私等问题，但也会带来诸多不可忽视的负面影响，产生极大的经济、社会和政治风险。具体而言：

一是产生经济风险。从理论上说，土地私有化所带来的产权明晰，便于提高土地利用效率，可能会产生良好的经济效益。然而，土地作为特殊资源，在我国实践中却很可能产生一些经济风险。主要在于：其一，在不同地区，受利益博弈等影响，可能会出现相互矛盾的两种发展趋势，一些地区可能出现大规模的土地兼并（重演中国历史上的失地农民矛盾积累过程），而另一些地区的农民则可能拒不流转，从而使农业集约化生产难以有效推进。其二，私有化之后的土地流转，受经济利益驱使，可能会危及粮食安全。

二是带来社会风险。主要表现在：其一，不利于解决劳动力转移和就业问题。在原有土地的劳动力无法得到有效吸收、转移的情况下，如果以土地私有为产权基础放任资本大肆兼并土地，可能会产生城市盲流，影响社会稳定。其二，农村土地私有化将会导致我国城镇化过程中未来的"钉子户"式产权纠纷难题更为明显和加剧，影响社会稳定。

三是引发政治风险。其一，农村土地私有化而城镇土地已完全无私有化的可能，在国民公众权利意识日益兴起的社会背景下，农村土地私有化产生的城乡居民利益反差、心理失衡的社会效应，将会直接影响改革环境的稳定性。其二，由于我国明确地实行社会主义制度，土地公有的观念根深蒂固，土地私有化必将饱受社会和部分体制内人士的质疑，遇到的政治阻力将使其在现实中无法起步而徒增政治斗争的复杂性。

因此，在我国推行农村土地私有化思路的社会成本极高，不可控因素太多，经济、社会，尤其是政治风险十分巨大，可能产生种种难以预期的后果，这一思路难以形成方案，不具备现实可行性。

思路二：维持"公有二元产权"结构体系，坚持并完善农村集体土地所有制。

由于这一思路是不对两种产权结构体系做大的调整，因此，优点是带来的直接负面影响较少，短期社会风险较小，改革较易推动（实际上，这些年来官方态度一直如此）。然而，在这种产权结构体系下，虽然出台的一些政策如土地确权、两权分离、三权分置、允许农村集体经营性建设用地出让等，能够缓和一些冲突，但仍属于治标不治本，无法解决前述分析中的一些深层面矛盾，"同地同权"的表述虽得人心，但难以落到实操层面，进退维谷，因而所谓坚持和完善农村集体土地所有制，实际上很可能是陷入矛盾积累过程、路子会越走越窄，不利于长期、稳定发展，不可成为未来的长期选择目标。

从理论上分析，土地的"集体所有制"，在最讲"产权清晰"的市场经济和必然要与之匹配的要素流动以市场交易为机制的现实世界中，是无法长期有效运行贯彻到底的。因为一个"集体",遇人员死亡、新生、婚嫁等,"一人一票"的总票数必然变动,而土地权益所依托的土地实体,却不可能随之有任何变动,增人无法增地,减人也难减地,内部、外部人际间的权益自然是模糊难定的,无法真正规范的。种种的不规范、扭曲与"作弊"的空间,就往往反而成为常态,以及利益博弈的"灰箱",难言有长效的公正。

如我们有了这一"捅破窗户纸"的基本认识,还需要再加上另一重要判断性认识:现阶段我国具有一定积极意义的集体土地与国有土地"同地同权",与整体、长远考虑必须顾及的"平均地权、涨价归公(以从亨利·乔治到孙中山的主张为代表)"两大原则之间,存在不可调和的矛盾。"同地同权"是有利于保护直接相关农村原住居民权益的原则,"涨价归公"是可能有利于全体国民、特别是大量远离城乡接合部、在一桩桩一件件征地或土地交易事件中不可能直接受益的他地居民的原则(当然有效"归公"的前提是政府职能必须正常行使),或言之,前者是在"小圈子"内分权益的原则,后者是在"全社会"中分权益的原则,两者自然有冲突,而且无法按照"二者必选其一"来求解。把以上的两个认识与判断合在一起,引出的结论必然是:从长远考虑,我国正确处理"土地权益"问题的出路,应在于当下以社会可接受的机制处理一桩桩具体事件中"同地同权"与"平均地权、涨价归公"间的折中权衡方案(现实生活中,我们一直在"讨价还价"式地做这种事情,但显然已越来越吃力),同时面对今后还要经历的几十年快速城镇化过程,长久之计是争取创造条件,把"土地集体所有制"转为产权清晰、无纠结状态的另一种可接受,且有利于可持续处理"涨价归公"问题的所有制形态,以求避免未来矛盾的更加积重难返。如土地私有制无可接受性,剩下的选择便已不言自明了。

思路三:实行集体土地国有化,先有法律框架后加实际内容地逐步取消集体土地所有制。

土地国有化思路,从长远看既能够解决集体土地所有权虚置、土地权利不平等、小产权房等问题,又能以"一次锁定、分步兑现利益"方式避免城市化的巨大资金支出压力,减少因土地产权矛盾积累而引发的社会和政治风险,并且还有利于顺利实施统一市场上的土地流转、便于国家统一规划、管理,发挥中国特色社会主义市场经济的优越性。

贾康等学者曾提出这一思路中的基本考虑如下：土地是城镇化的重要载体，与之相关的重大现实问题，是农村基本农田土地使用权的流转制度，和城镇化必然征用土地的"农转非"全套制度如何合理化。已可看清：在我国农村土地的"集体所有制"无法与市场、法制完整匹配、路子越走越窄的制约条件下，所谓使土地"私有"的方向又至少于政治上在中国不可行。如何处理土地制度这一重大而棘手的难题，是中国统筹城乡和实现民族复兴愿景面临的巨大历史考验之一。未来的改革大方向，可以按照"排除法"，选择"集体所有"、"私有"之外的唯一余项——国有制，把必保的基本农田和其他所有土地，都纳入"国有"法律框架后，其中对基本农田确立永佃制，在非基本农田用地上则一揽子、一次性、一劳永逸地处理好宅基地、"小产权房"等历史遗留问题（物质利益补偿可以分步按合约实现），进而给予全体社会成员"国民待遇"，其后即有可能进入一个统一市场中土地产权的规范化、一元化状态：就是我国全部土地都是国有土地，其使用权可透明、规范地流转，凡是土地使用权流转环节上的租金，就进入国有资本预算（基本农田另行处理，实际上可不要求或象征性低标准要求务农者上交农地的地租）；凡是其流转和持有环节上应征缴的税收，就进入一般公共收支预算。生产要素包括土地要素的流转、配置，可以均进入无壁垒状态。政府应专注于做好国土开发、土地利用的顶层规划，同时非农田建设用地由一套市场规则和特许权规则来调节其交易或特定用途配置。除基本农田用地"封闭"式流转和发展规模化经营之外，真正把所有土地资源放上统一市场的一个大平台。这个前景，是配套于城乡统筹发展和市民化为核心的城镇化历史过程的一个值得探讨的可选改革方向，如果一旦形成决策思路，公共财政理应支持其方案化实践和推进优化过程。

综合以上理论化的、逻辑式的利弊分析，我们认为，实行集体土地的国有化，即将全部土地纳入国有平台，应是中国土地制度改革长远发展战略的大思路。但把集体土地国有化，实践难度很大，当然只能徐图进展。

（三）土地国有化改革需解决的几个重要问题

实现土地国有化改革的预期目标和效果，需要处理好几个重要问题：

一是土地国有化的路径选择。集体土地国有化,是赎买还是直接收归国有?国家显然不具备一步赎买的实力。如果直接收归国有,会引起社会质疑、反对,不利于社会稳定,并且在土地征收等相关制度不完善的情况下,很容易造成对农民权利的侵犯和剥夺。此外,村委会职责的转变、乡村债务等问题都对国有化形成制约。因此,必须妥善选择土地国有化的渐进实施路径。

二是构建以基本农田永久土地使用权(永佃制)为核心的农用地产权体系。在法律上确定国家作为土地终极所有者的地位之后,基本农田土地使用人可行使永久使用权(其实"分田到户"的土地承包制从"30年不变"到"永久不变"的表述,已基本解决了这个问题),它又可具体分解为占有、使用、收益、处分等权能,形成二级产权束。土地使用人享有的土地使用权可以以抵押、租赁、入股、买卖等形式,通过市场优化组合,也可以合法继承、赠予等。这样不仅保证了国家在土地管理和最终决策上的权利,而且又具有很大的灵活性,给实际土地使用者较大的使用、流转权利,防止国家管得过多过死,从而有利于解决当前土地制度中存在的诸多问题和矛盾。

三是探索农民市民化的新路径。城镇化的核心在于实现人的城镇化中进城定居农民的市民化。农民市民化,不仅是身份的变化,而更为重要的是农民能够主动参与城镇化,分享现代化发展所带来的公共服务,实现农民与现代化、城镇化的有机融合。这一问题的着力点又在于如何处理农民进城与土地的关系上。政府应打造包括就业、养老、医疗、住房和教育在内的社会保障体系,为农民的市民化消除障碍。对于农民进城的成本,原则上应由政府、企业和农民三方承担。

四是政府在土地规划、管理中的合理权限问题。全部土地国有化之后,应强化优化国家通盘的土地规划权,把原农村集体建设用地的规划和管理纳入其内,提高土地使用效率,防止重复建设和各种违法建造等行为。同时,还必须以"正面权力清单"方式约束政府公权,使之不越界、不诿责,有效防抑扭曲和设租寻租。

五是探索公平合理、社会共享的土地增值收益分配模式,包括探索对"小产权房"等棘手问题的分类解决方案。只有遵循共享理念,处理好各种相关利益关系，实现土地增值收益的合理分配，才能平抑因征地、拆迁补偿发生的矛盾，为农民市民化和城镇化建设提供必要的财力，使全体城乡居民共享发展成果。

二、难题破解的重要实践启示：深圳的突破路径

前述中国城镇化、现代化进程中间的土地改革难题，突出表现为农村土地集体所有制的道路越走越窄，粗放的土地开发模式已难以为继，必须另寻大思路。新近在深圳调研中我们发现，关于难题破解的路径，深圳市作为经济特区，已有十分值得重视的开创性探索和弥足珍视的初步经验，其方向和逻辑完全符合前文分析排列出的第三种思路。

深圳作为特区，城镇化进程起步后，发展极为迅猛。通过两次城市化土地统征（转），深圳整个市域的土地已实现全部国有：其中第一次是1992年的统征实现了原特区内土地的国有化，第二次是2004年的统转实现了原特区外土地的国有化，因此深圳法律框架下已不存在农村集体用地，也不存在农民。但还存在少量农业地块，而且由于城市化过程中形成了一系列有关土地的历史遗留问题，仍存在土地的二元管理现象，即存在"原农村土地问题"和"原农民土地权益保障问题"。目前原农村集体经济组织实际占用土地中，仍有约300平方公里存在历史问题，被称为"合法外用地"，存在产权复杂、补偿不清、违法建设等问题交织在一起，也存在当地不称为"小产权房"的小产权房问题。针对这些问题，深圳市探索形成了"依现状明晰产权"及"以利益共享推动产权明晰"并行的改革思路，出台了一系列政策措施，深化城镇化进程中原农民土地权益的保障改革工作（详见表1）。

表1 深圳市已出台涉及土地整备相关政策梳理

年份	政策名称	核心内容	主要作用	主要缺口
2011	深圳市人民政府《关于推进土地整备工作的若干意见》（深府〔2011〕102号）	总体要求、组织保障、实施方式及范围、规划计划管理、资金保障、实施机制、激励机制	对土地整备提出总体、全面要求	缺少对土地整备专项规划相关内容的指导规定

续表

年份	政策名称	核心内容	主要作用	主要缺口
2012	《深圳市土地整备资金管理暂行办法》	土地整备资金的管理、计划编制与审批、来源、支出、监督检查与绩效评估	规范全市土地整备资金管理	对土地整备资金安排没有提出具体的规则
2012	《深圳市土地整备专项规划（2011—2015）（初稿）》	识别工作重点难点、构建土地整备空间结构、确定整备规模时序、制定土地整备片区规划实施指引、探索土地整备实施机制	全面系统讨论了研究对象、研究方法、工作内容和工作深度，其技术路线及研究方法已成为相关规划的工作基础和范例	由于城市更新改造区域的存在，对土地整备工作会有一定影响，城市更新区和土地整备区的规定如何统筹协调没有明确规划
2013	《深圳市房屋征收与补偿实施办法（试行）》（深府令〔2013〕248号）	对因公共利益需要实施房屋征收的提供全面政策支撑，其中对因土地整备需征收房屋的情形，也进行了明确的规定	规范了土地整备涉及房屋征收补偿的具体办法和相应标准	在土地整备工作的适用性方面存在一定问题（并不是所有土地整备都基于公共利益需要），在补偿标准方面没有使用的详细规则或解释说明，怎么用这个办法存在问题

（一）全市土地国有化框架下处理对原农民土地权益的保障

深圳市早在1996年的城市总体规划就已将规划范围拓展至全市域，在一个完全国有的平台上，不区分城市和农村，统筹安排全市域土地，配套公共市政基础设施，并在其后《深圳市规划标准与准则》中采用统一标准，为特区一体化奠定了坚实的基础。该举措有别于国家在城乡规划层面的做法，中心城区部分按城市标准规划，其余部分按农村标准规划，从规划层面保障了农民土地权益（配套设施和土地价值一体化）。

在土地政策方面，深圳市不仅按照政策标准支付补偿款，对城市化后城市管理、户籍和计划生育、社会保障和劳动就业、学校教育等进行妥善安排，同时划定了非农建设用地、征地返还用地、支持发展用地（同富裕工程、扶贫奔康、固本强基）等多种原农村"留用土地"，进一步保障和扩展了原农村集体经济组织和农村的权益，有效地使深圳原农村集体经济组织和原农民分享改革开放的红利。在留用土地权益设计上，从保障原农民和原农村集体经济组织平稳过渡为市民和现代企业出发，明确非农建设用地和征地返还用地土地使用权权益以及入市流转途径。

深圳市的土地完全国有化,可望一次性解决制度框架上的权益不公平矛盾问题,具有重大的全局性启示意义。完全可以理解,由于具体的历史条件局限,宣布了土地的统征统转,只是给出了"单一土地国有制"的法律框架,必然遗留下许多问题。在此基础上,深圳市探索在改革创新中逐步完善对原住农民的土地权益保障。

(二)新形势下有关农民土地权益的改革创新举措

为解决深圳市土地资源紧缺问题,有效盘活原农村集体经济组织土地资源,合理保障原农村集体经济组织土地权益,深圳市于2009年启动土地管理制度改革,形成了区政府试点实践、各职能部门政策支撑、社会力量积极参与的改革工作格局和"产权明晰、市场配置、利益共享"协同推进的改革核心思路。

1."依现状明晰产权"

2013年底深圳市在《深圳市人民代表大会常务委员会关于农村城市化历史遗留违法建筑的处理决定》基础上,进一步细化规则,出台了试点实施办法,探索按照全面摸底、区别情况、尊重历史、实事求是、甄别主体、宽严相济、依法处理、逐步解决的原则,推进农村城市化中历史遗留违法建筑的处理工作。

2."以利益共享推动产权明晰"

土地利益分配中,统筹考虑城市、集体、村民等多方发展诉求,充分运用规划、土地、金融、财税等多元手段,与市场形成合力,共享土地增值收益,从城市更新、土地整备和入市流转三个方面破解历史难题。城市更新方面,深圳市根据本地实际,创新产权处置办法,建立了"20—10"的利益共享机制,即允许经批准纳入城市更新计划的城市更新区域内未签订征(转)地协议或已签订征(转)地协议但土地或者建筑物未作补偿,用地行为发生在2007年6月30日之前,用地手续不完善的建成区,原农村集体经济组织在自行理顺经济关系、完善处置土地征(转)手续的协议、将处置土地20%作为确权成本纳入政府储备后,可将处置土地剩余的80%视为合法土地进行城市更新,同时还需缴交公告基准地价10%的费用,用作历史用地行为的处理。

3."两层算账整村统筹"

深圳市在土地整备中创新性地提出了"两层算账整村统筹"土地整备新模

式，即政府与社区算"大账"，社区与内部成员算"细账"的谈判合作模式。这样一来，政府相对超脱，充分调动了社区的积极性。对于"整村"土地，政府综合利用规划、土地及相关政策，与原农村集体经济组织（社区）直接协商谈判，明确政府与集体的利益分成。其中，社区自行厘清土地历史遗留问题，清拆地面违法建筑，自行协商补偿分配方案，从而整村解决历史遗留问题，以实现各方利益平衡和城市发展利益的最大化。整村统筹实行了以后，政府就从整个体系中的主角变成了一个配合组成的部分，原村民的社区则成为与开发商谈判的主体。社区作为主体来承办拆迁，与开发商谈判，与开发商直接对接，避免了政府和社区的利益摩擦，也避免了政府和开发商的复杂协调，从根本上调动了原村民的积极性，让他们"自己做主"改变城市面貌。社区主体对每一个原农民负责，比如说规划不公、非农建设用地不公的问题，要把它在一个村的范围内解决掉，在社区整体中将收益按不同情况实施分配。同时，"整村统筹"模式的运作也避免了村干部私下卖地，暗中抽取土地收益等违法行为，加强了村务透明化管理，实质上也是一个显化资产和加强内部管理的过程。目前，该项工作正在坪山南布、沙湖等社区试点，未来将认真细致总结试点经验，逐步向全市推广。

入市流转方面，深圳市政府出台了拓展产业发展空间的"1+6"文件，明确提出允许原农村集体经济组织继受单位尚未进行开发建设的、符合规划的工业用地进入市场交易，对于合法工业用地，所得收益全部归原农村集体经济组织，对于尚未完善征（转）地补偿手续的，继受单位需先行理清土地经济利益关系，完成青苗、建筑物及附着物的清理、补偿和拆除，入市所得收益政府与继受单位"五五分成"或者"七三分成"，继受单位持有不超过20%物业。2013年12月20日，深圳市首例原农村集体工业用地成功入市，充分发挥了市场配置作用，实现了有需求的企业与原农村集体建设用地的对接，既拓宽产业发展空间，又通过土地出让利益分成解决了原农村土地历史遗留问题，支撑了原农村集体转型发展，为实现不同权利主体土地的同价同权开辟了新路。下面重点就深圳市"整村统筹"土地整备模式，以及"土地精细化管理"来更为具体地介绍深圳市破解难题的路径。

(三)"整村统筹"土地整备模式

随着城镇化的快速推进，粗放的土地开发模式早已难以为继。为了改变"土地城镇化"局面，深圳市"整村统筹"土地整备模式的创新力求"一揽子"解决土地问题。

"整村统筹"是在农村城市化进程中，针对已完全城市化后的特定阶段，形成的一种综合发展理念。即按一定的行政管辖区，整体考虑该地区的发展，将长期利益与短期利益相结合，通过对制约发展的各类限制性因素进行统筹，综合考虑该类区域自然、人文、社会、经济发展的纽带和联系，积极调动行政、法律、社会、政策等多种手段，实现整个地区的完全城市化。"整村统筹"作为一种发展理念，实践的不仅是一个村落的建设重建，还包涵了历史传承、经济发展、权力完善、社会治理、环境提升等更为丰富的内容。

"土地整备"是深圳土地改革进程中的又一创新。其既区别于土地储备，也区别于土地整理或整治。由于针对的主要是城市土地的综合利用和开发，土地整备将土地资产运营的理念贯穿全程，将实现储备、整理、重组、再开发、运营等土地问题统筹综合管理。对于深圳市来说，土地整备是积极储备土地、主动调整供地途径、改善城市环境、加强基层管理的一项工作需求。面向全国来讲，土地整备是整合多方资源，加大社会公共服务职能，做好城镇化布局的重要举措；从现状到未来的一种城市化路径，实现产业的城市化、人的城市化和环境的再城市化同步推进。

1."整村统筹"土地整备的总体思路

"整村统筹"土地整备以原农村实际掌握的土地为主要对象，以整体确定原农村土地权益为平台，以制度创新为支点，撬动城市建设、社区经济转型和基层社会建设的联动，探索一条新型城镇化道路，实现土地"一元化"管理。"整村统筹"土地整备打破了传统土地整备以政府为主导的模式，形成有政府提供政策支持、资金统筹，以社区股份合作公司为实施主体的新模式。新模式通过社区与政府算"土地+规划+资金"的"大账"，社区与居民算"小账"的方式，由政府来统筹解决公共基础设施建设的落地实施、产业用地的划拨、违法建筑处理和确权等问题；由社区来统筹解决辖区内建筑物拆迁、安居民置、物业管理等问题。以"整村统筹"土地整备为平台，承接社区的"基层党建、城市建设、经济发展、社区转型"等多个目标。

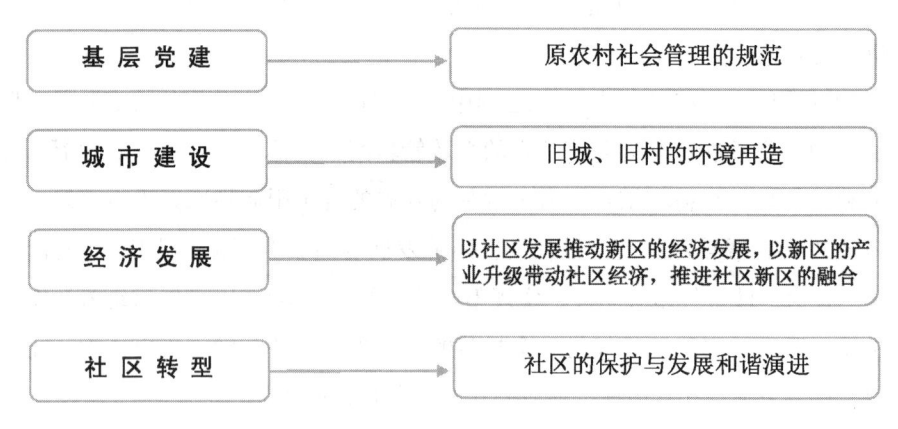

基层党建	→	原农村社会管理的规范
城市建设	→	旧城、旧村的环境再造
经济发展	→	以社区发展推动新区的经济发展，以新区的产业升级带动社区经济，推进社区新区的融合
社区转型	→	社区的保护与发展和谐演进

图1 深圳市"整村统筹"土地整备的主要目标

2. "整村统筹"土地整备的主要内容与流程管理

"整村统筹"土地整备主要内容包括：基础工作、专项规划编制、实施方案编制、专项规划方案与项目实施方案的协调配合。这四大主要内容：一是基础工作，主要包括土地和房屋权属清理、项目测绘、基础数据核查、产权及相关利益主体意愿调查与分析、土地整备空间的需求状况等工作；二是专项规划编制，主要明确社区的规划定位、社区内产业发展、生态建设、基础设施等内容，制定规划空间的分级导引和管制机制；三是实施方案编制，主要明确整备的"土地＋规划＋资金"三大核心要素、社区分期实践方案等内容；四是专项规划方案与项目实施方案的协调配合，主要是将整备过程中的"土地＋规划＋资金"联动起来，规划编制、权属管理、资金运作三条主线相互支撑，实现专项规划方案和实施方案的协调统一。"整村统筹"土地整备主要从以下九个方面分阶段推进，具体流程见图2。

3. 科学的"社区留用地"核定办法

为了解决"社区留用地"核定的问题，统筹考虑土地、规划、资金等核心要素，按照"分类确权"为主线，"以房确地"为核心的思路。深圳市以土地确

```
┌─────────────────┐      ┌──────────────────────┐
│ 社区基础数据调查 │ ---> │ 调查核实社区人口、经济、土地、│
└────────┬────────┘      │ 房屋等数据           │
         │               └──────────────────────┘
         ▼
┌─────────────────┐      ┌──────────────────────┐
│ "社区留用地"核定 │ ---> │ 参照城市更新"五类用地"概念，│
└────────┬────────┘      │ 按照"分类确权"和利益共享的│
         │               │ 原则划定社区发展用地   │
         ▼               └──────────────────────┘
┌─────────────────┐      ┌──────────────────────┐
│ 专项规划编制     │ ---> │ 以上位规划为依据，在法定图则│
└────────┬────────┘      │ 调整和社区土地重新分配的基础│
         │               │ 上，对社区留用地进行详细规划│
         ▼               └──────────────────────┘
┌─────────────────┐      ┌──────────────────────┐
│ 补偿资金确定     │ ---> │ 对社区内未征未转空地、房屋进│
└────────┬────────┘      │ 行资金预算           │
         │               └──────────────────────┘
         ▼
┌─────────────────┐      ┌──────────────────────┐
│ 项目可行性分析   │ ---> │ 核算政府与社区、社区与土地房│
└────────┬────────┘      │ 屋权利人之间利益分配的合理│
         │               │ 性                   │
         ▼               └──────────────────────┘
┌─────────────────┐      ┌──────────────────────┐
│ 地价计收方式及土 │ ---> │ 明确社区留用地的出让方式、产│
│ 地出让方式确定   │      │ 权性质与地价标准     │
└────────┬────────┘      └──────────────────────┘
         ▼
┌─────────────────┐      ┌──────────────────────────────┐
│                 │      │ 以社区为主体，市规划国土委和土地整备│
│ 项目报批及框架协 │ ---> │ 中心共同参与的方式，编制以"土地+规│
│ 议签订          │      │ 划+资金"为核心的项目实施方案，明确社│
│                 │      │ 区整备范围、社区留用地规模、留用地上│
│                 │      │ 建筑规模、货币补偿方案、效益及风险评│
│                 │      │ 估、土地验收及移交方案等内容，并上报│
│                 │      │ 市政府审批，审批通过后签订框架协议  │
└────────┬────────┘      └──────────────────────────────┘
         ▼
┌─────────────────┐      ┌──────────────────────┐
│ 项目分期实施及运 │ ---> │ 制定项目分期实施方案，建立项│
│ 行管理          │      │ 目风险评估、项目运行监管机制，│
└────────┬────────┘      │ 推动项目实施         │
         ▼               └──────────────────────┘
┌─────────────────┐      ┌──────────────────────┐
│ 社区转型发展方案 │ ---> │ 引导社区经济转型发展，社会形│
│ 编制            │      │ 态重构               │
└─────────────────┘      └──────────────────────┘
```

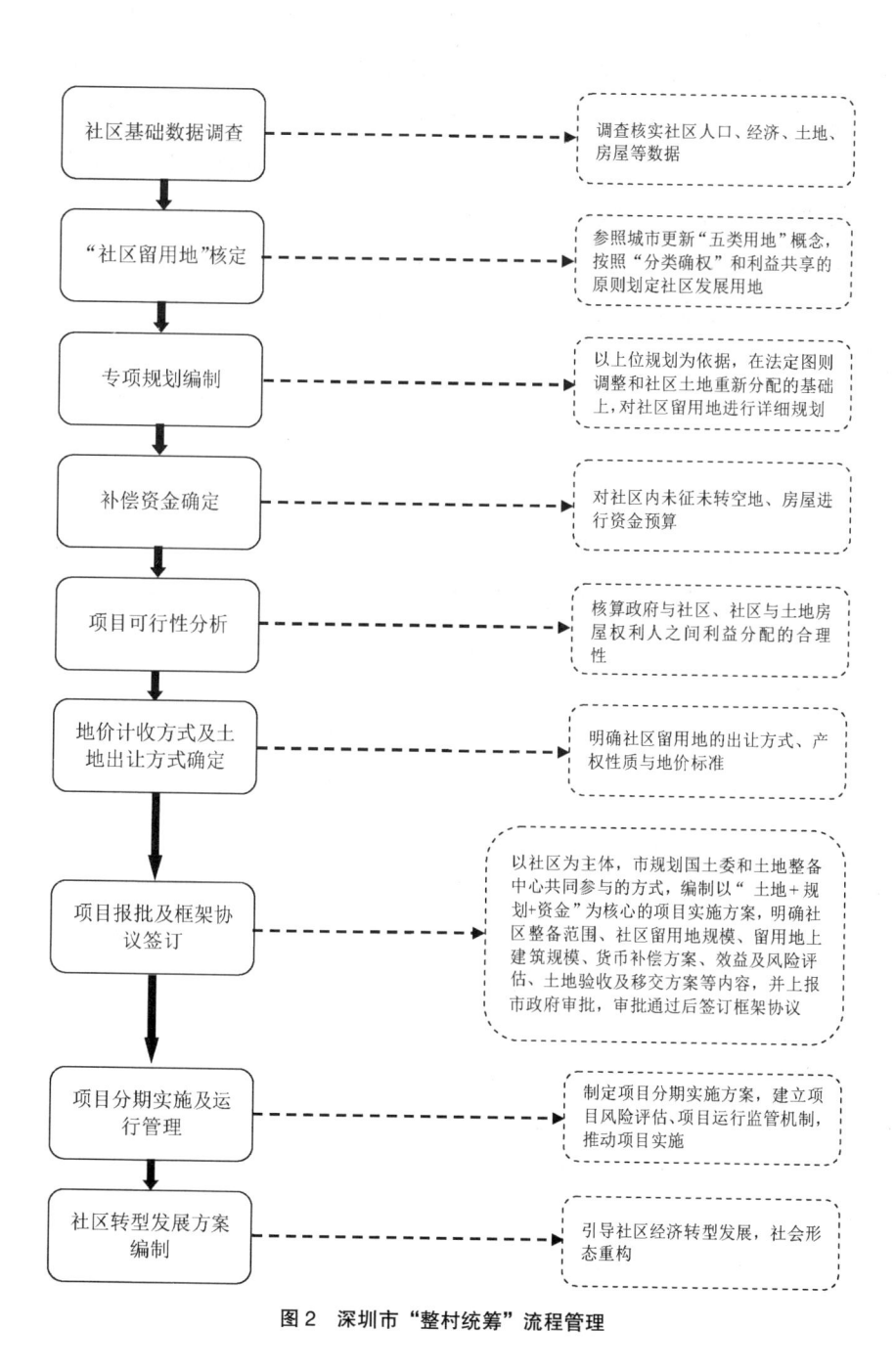

图 2　深圳市"整村统筹"流程管理

权为基础，以"利益共享、尊重客观历史，保障社区发展"的原则确定。同时参照城市更新旧屋村的概念，打破旧屋村认定的政策限制，创新提出了原农村集中居住区的概念及认定办法，解决了政府与社区在认定旧屋村过程中的争议。"社区留用地"核定办法规范了原农村集体经济组织留用建设用地核定工作，从而确保"整村统筹"土地整备工作的顺利进行，为深圳市推动原农村土地确权、规划实施、优化空间布局、特区一体化转型发展奠定了基础。

深圳市在"社区留用地"核定办法中的重要创新是"分类确权"、"以房确地"。

——"分类确权"就是在对继受单位国有已出让用地（出让给继受单位的国有土地）、非农建设用地（含征地返还地）、原农村集中居住区、农村城市化历史遗留违法建筑已处理用地等历史已批准用地认定的基础上，构建重叠的指标或评分，核算继受单位留用建设用地的总规模。社区留用地上的规划以项目专项规划批准为准，对于无法落地的规划指标按照市场评估的价值给予货币补偿。

——"以房确地"就是在"分类确权"认定与核算的基础之上，对社区留用地的规模进一步验证和校核。一是对原农村集体经济组织历史上已批准用地进行确认，结合批复的开发强度或合同约定的开发规模，确定各类建筑的功能与总量；二是设定拆建比及各新区建筑量指标体系，借助规划手段在空间上予以重新安排。整个过程是按照"历史已批准用地→留用建筑量→留用建设用地"的思路进行，同时还结合了规划、资金等要素，开创性地实现了规划、土地、资金互动的新局面。

4."整村统筹"土地整备的借鉴意义

首先，深圳市"整村统筹"土地整备探索了一条在国有平台上整合处理、综合解决社区问题的思路，在"一揽子"形式下分类解决了社区土地开发利用、历史遗留问题处理、土地房屋确权、社区经济社会建设等一系列问题，为深圳市新型城镇化建设奠定了基础。同时其先试先行的大胆创新可以为全国提供宝贵的经验。

其次，深圳市"整村统筹"土地整备可在一定程度上实现土地确权和二次开发，明晰政府、社区的土地产权，维护土地权利人合法合理的正当诉求，一揽子解决社区的未征未转地的开发利用、违法建筑处理等问题，实质性地完成原农村土地到国有土地的改变，实现原农村土地与国有土地之间的腾挪置换以及原农村土地规划功能的调整等问题。

再次，深圳市通过"整村统筹"土地整备试点社区集体股份有限公司从单一、低端的厂房租赁经济模式向多元化经营转变，经济收入主要来源将拓展至物业开发与经营、事业投资等领域，推动社区集体经济转型发展。

最后，深圳市"整村统筹"土地整备打破了传统社区封闭的发展模式，将社区发展与新区城市发展有机结合起来，使社区真正融入城市当中。社区发展可以为新区或开发区提供完善的公共配套设施、公共服务能力、综合管理水平和社区保障体系等优质服务，推动整个区域的城市、产业、社会结构再造，为新区城市的可持续发展注入新活力，实现以"整村统筹"土地整备带动社区发展、以社区发展促进新区城市发展的目标，实现社区与城市"双赢发展"的局面。

基于整村统筹试点，土地精细化管理成为深圳新区土地管理重点工作，以政策法规为依据，制定全覆盖、多层级、高标准的土地管理体系。以此为基础，细化各项制度、规范和程序，严格执行、监督、考核、奖惩，提升土地资源管理工作效率。其主要包括土地批前预控和批后监管、土地资源集约节约利用、土地历史遗留问题处理三个方面的内容（详见附件）。

三、远景展望：在单一国有平台上，通盘规划土地开发利用，使市场充分起作用和更好发挥政府职能，动态优化，因地制宜，积极探索创新我国的土地制度体系

前已论及，我国城镇化推进中，在农村土地的"集体所有制"无法与市场完整、长久地匹配，同时土地"私有"在政治上又不可行的情况下，土地制度改革的大方向，是把所有土地都纳入"国有"法律框架后，对基本农田确立永佃制即赋予永久使用权；在非基本农田用地上则一揽子、一劳永逸地处理好宅基地和"小产权房"等历史遗留问题（具体利益兑现可分步完成），进而给予全

体社会成员"国民待遇",其后即有可能进入一个统一市场中土地产权的规范化、一元化状态:全部土地都是国有土地,其使用权可透明、规范、无壁垒地流转。政府可专注于做好国土开发、土地利用的顶层规划,同时非农田建设用地由一套市场规则和特许权规则来调节其交易或特定用途配置。除基本农田用地封闭式流转和发展规模化经营之外,真正把所有土地资源放到统一市场的一个大平台上。这个思路,过去我们还仅是从理论分析推导出来,作为一种逻辑内洽的可能前景。而在调研中了解到的深圳实践,则使我们知道,现实生活已开始把这种理论推演,变为实践行动。这足以使研究者感慨和兴奋。虽然深圳的实践还只是在一个局部的先行先试,但已可使我们得出以下初步认识:

(一)在土地全部国有法律框架下,可以采用渐进式改革路径,分步实质性落实土地单一国有制改革

十八届三中全会提出,"赋予农民更多财产权利,推进城乡要素平等交换和公共资源均衡配置",而农民的财产其实主要就是归为集体所有制的土地。前已指出,从大的方向上来看,实现全部土地国有化是长期视野中唯一可选择的改革思路,但显然一步到位式的改革完全不具备可行性,无法承担"摆平农民权益"方面可能发生的风险和成本。为此,只能采取渐进式改革路径,分步实行土地国有化改革。大多数地区的第一步,可以"平权"(集体土地与国有土地同样享有参与城镇化、工业化的权利和机会)和"赋权"(赋予农田地永久使用权)为重点,减少土地权利的不平等,特别是在土地使用权的流转方面,允许集体土地的使用权(包括农地和农村建设用地)在符合国家法规的前提下市场化流转。第二步,不同区域中分先后在法律框架上如同深圳那样取消土地集体所有权,建立统一的土地国有制。同时承认原集体所有制下的原住民,有获得权益补偿的资格,需要在摆平利益关系的前提下,以分步兑现到位而完成所有社会成员真正的"国民待遇",同时也就是在分步渐进中实质性地落实了土地完全国有化的改革。深圳凭借其特区的有利条件,已不失时机地走到了第二步。

(二)亟须明确和整合政府全面的国土规划权,建立规范有序的土地流转机制

城乡统筹发展战略已提出多年,但国内不少地方仍存在"城市总体规划"、

"乡镇总体规划"与"村庄规划"不接轨、不交合，甚至相互矛盾的情况。市、区县在做村庄规划的时候，把农村应得的土地指标拿出来用作城市建设，真正到了新农村建设和小城镇建设时，却没有用地指标了。一些应当作为建设用地规划的地块，并没有纳入规划范围，影响土地资源价值的发挥。即使是规划为建设用地的地块，往往由于难以获得相应的建设用地指标，"走正门"开发不了，利益驱动"倒逼"式形成为数可观、实际法律上无法给出产权证书的"小产权房"。深圳的可取之处，就在于其是在单一国有平台上，有了政府的通盘规划之后，有效发挥政府应有职能，在终极产权统一化、清晰化大前提下，面对历史遗留问题，承认利益差异，分类整合，动态优化，因地制宜，循序渐进地消除矛盾，最终可望归于全面国有的规范化局面，而达到长治久安。当然，深圳作为经济特区，地理位置和制度政策都比较特殊，得改革开放风气之先，城镇化进程起步早、发展快，相对于现1000多万实际常住人员，"原住民"的规模仅27万余人，占比甚低。当其土地早在20世纪90年代初就已实现市域内全部国有之后，逐步兑现原住民土地权益再归于彻底的实质性国有化相对容易。其他地方有不同情况，需要因地制宜地进行探索和动态优化。但最终目标是一致的，深圳的思路可望最终变成各地（首先是大城市）迟早的选择。现阶段，即可以把明确和整合政府部门的土地规划权作为切入点，进而发展规范有序的土地流转机制，在政府通盘规划下，让市场充分起作用来实施土地利用优化。

（三）以发展的办法在"做大蛋糕"中实现产权明晰，权益兑现，建立利益共享机制而最终归入一体化

与土地相关的利益能否合理分配，摆平各相关方，是解决土地问题的核心。进入第二步，无论怎样让原农民和原集体兑现利益，都需要在国有大平台上进行，并不是简单的概念上的"同地同权"实现过程，而是一个各方利益寻求可接受的平衡，虽不可避免地具有"讨价还价"机制特征但从长远看利益分配较公平且更加兼顾全局的过程。深圳市在统筹考虑城市、集体、村民等多方发展诉求的基础上，充分运用规划、土地、金融、财税等多元手段，实事求是地形成了"依现状明晰产权"及"以利益共享推动产权明晰"相辅相成的改革思路，采取结合城市更新、土地整备、入市流转、生态保护与发展等，设计渐进改革

措施，以发展的办法在城镇化推进中"做大蛋糕"，即在不断扩大总利益规模（这会得到城镇化过程的支撑——做大可分的蛋糕，当然是得力于城镇化带来的土地溢价等）之中，实现利益共享，消化相关矛盾，化解历史遗留问题。具体处理中，以"政府与社区算大账"，再由"社区与利益相关人算细账"的双层谈判机制，巧妙地调动了社区的积极性和管理潜能，使政府相对超脱，新局面、新境界的形成相对平顺。这些做法对其他地区具有启发意义。我国在推动城镇化和工业化发展的过程中，其所蕴含的人口高密度聚集、人力资本培养、收入提高、消费提升，进城农民生活方式和社会地位的"市民化"改变，以及基础设施和公共服务的不断升级换代等因素，将成为我国经济增长和社会发展的持久内生动力，因此，我国具备在这方面"做大蛋糕"的底气和本钱，一旦有了国有大平台，应积极探索建立合理的土地利益分配和共享机制、结合历史遗留问题的消化方案，最终可落实到一个规范的土地单一国有制上。这是一个可前瞻的"一体化"远景，有利于在中国特色社会主义市场经济的发展中，破解土地制度难题，减少社会矛盾，促进社会和谐，达到总体的土地"涨价归公"、"长治久安"局面。

（四）深化户籍制度、社保制度等改革，推动实现农民市民化，最终实现城乡居民一视同仁的"国民待遇"

城镇化既是我国现代化建设顺应历史潮流的发展任务，又是扩大内需、形成发展动力源的最大潜力所在。城镇化进程中，关键要解决城乡所有居民的"国民待遇"问题，即推进基本公共服务均等化。2013年我国城镇化率已达53.7%，但是城镇户籍人口占总人口的比例却只有38%。大量的农民工实现了地域转移和职业转换，但还没有实现身份和地位的转变。近2亿生活在城镇里的人没有城镇户口和享有城镇居民待遇，很多农民工出现"就业在城市，户籍在农村；劳力在城市，家属在农村；收入在城市，积累在农村；生活在城市，根基在农村"的"半城镇化"现象。如果农民失去土地后相应的社会保障没有及时跟进，会导致失地农民既丧失了原来拥有土地所具有的社会保障因素，又无法享受与城市居民同等的社会保障权利。这对促进城乡要素流动、引导农业人口转移和激发经济活力都会产生较大制约并最终会妨害长治久安。

党的十八届三中全会明确提出："坚持走中国特色新型城镇化道路，推进以人为核心的城镇化。"为此，政府应着力打造包括就业、养老、医疗、住房和教育在内的社会保障体系，为农民市民化消除障碍，逐步实现城乡居民"国民待遇"，最终达到"一视同仁"。深圳市对城市化后城市管理、户籍和计划生育、社会保障和劳动就业、学校教育等进行了积极妥善安排，同时划定了非农建设用地、征地返还用地、支持发展用地等多种农村区域的原住民"留用土地"，进一步保障和扩展了原农村集体经济组织和原农民的权益，有效地使深圳原农村集体经济组织和原农民分享改革开放红利。这些做法也十分值得其他地方借鉴。首先，在户籍制度改革上，不把获得城市户口与放弃原农村土地权利直接挂钩，逐步消除户籍人口与非户籍人口之间的不平等待遇和差距，还原户籍的人口登记功能，将户籍与福利脱钩。其次，促进"农民工"在城镇稳定就业，合理稳定提高其工资水平；逐步实现教育医疗等基本公共服务由户籍人口向常住人口全覆盖；建立覆盖农民工的城镇住房保障体系，促进农民工在城镇落户定居；建立覆盖农民工的社会保障体系，提高覆盖面和保障水平。三是完善城镇公共服务能力的提升和公用事业的扩容。政府是城镇化的规划主体，财政是政府处理城镇化问题的公共资源配置的主要手段。因此，在新型城镇化进程中，结合土地制度应按照财政的内在逻辑和职能，消除我国财政分配的二元特征遗存、构建"一元化"公共财政，以有效化解城乡二元结构，形成走向"市民化"为核心的城乡一体化财力支持后盾。当然，深圳现阶段在单一国有土地所有权平台上的突破，首先是最明显地惠及了"原住民"，更多外来打工者的基本公共服务均等化，需允许有更长的时间来渐进做到位。

（五）以实质性推进的公权体系配套改革来保障"土地单一国有制"状态下的公平正义：公权入笼、民主法治

政府辖区土地如按单一国有制大平台确立其所有制，固然有前文所分析论述的必选缘由、与市场经济的统一规范要素流动客观需要及中国特色社会主义市场经济内在追求的"共同富裕"机制的内洽性等等值得肯定之处，但也无可回避地要面临确有理由的怀疑、否定视角的诘难：实际生活中以"国有"名义引出的公权扭曲、过度干预、设租寻租等种种弊病，是否会由此更加严重、变

本加厉？

这是一个人类社会中一直在探究、在中国改革深水区尤显沉重的话题：怎样有效地实现合理、规范的公权约束，"把权力关进制度的笼子"？

土地国有制，各国都有，只是多少不同。远景上把我国集体土地所有制取消而"大一统"式归入深圳的"单一国有"平台，并不改变原土地制度中"国有"部分的制度安排，但灭失了我国原土地制度中"集体所有"部分的"自治"、"自由裁量"空间，也就等于在达成一次性利益分配方案（可分期兑现）之后，取消了基层的种种原来实际可用的"分权"、"分益"空间，土地利用和管理的规范性在未来固然可望大大提升，但是否"国有"平台上的规范性所掩盖的种种弊病，也会一并扩大了其"势力范围"？

我们认为，回答这种诘难的关键点，就在于我们能否按照十八届三中全会、四中全会的规划部署，实质性地推进经济、行政、政治、社会的全面改革和全面的法治化、民主化进步过程，有效提高"国有制"的健康度。

集体"小圈子"里的权，似也有别于严格的私权而属某种"公权"，但属于非政府的集体经济组织的民事权；一旦到了"国有全民、全社会"概念下的权，则可以是严格意义上的公权，并有种种可能在国有大平台上把其经济权能与政治权能结合，使政府之手越界、政府之弊膨胀，负面表现就会是行政上官僚主义、经济上过度干预、司法上枉法不公……这些社会中早已有之的弊病，在我国土地制度改革的视角之下，如理性地评说，并不能成为拒不考虑集体土地所有制未来改革的理由，毋宁说应成为在认识"排除法"引出的归于国有这个未来唯一选项之后，使我们义无反顾地推进中国实质性改革的激励。土地制度改革是全面配套改革和渐进改革的重要组成部分，改革如愿取得其应有的正面效应的寄托和保障，在于进入深水区后真正的攻坚克难，引出有效的民主法治政治文明的公平正义社会环境，使"公权入笼"、公众事务决策通过合理的制度机制落实于"主权在民"、"走向共和"。如能入此境界，政府牵头的国土开发的规划与管理、执行，应能够在制度依托上长效优化，即实现土地开发利用中"涨价归公"取向下的公共利益最大化可持续机制，相关的权益纠纷，能够在良法体系中得到合理的化解，社会成员能够在预期上消除对"政府不讲理"、"司法不公"、"选择性执法"等的恐惧，如此等等。因此，需要强调，笔者本篇讨论中形成的关于"国有平台，整合分类，权益求平，渐进归一"的思路性基本认识，必须归结到、融合于全面、实质推进改革的联动诉求之中。

主要参考文献

1．贾康、刘薇：《以"一元化"公共财政支持"市民化"为核心的我国新型城镇化》，载贾康主编：《新供给：经济学理论的中国创新》，中国经济出版社2013年版。

2．周其仁：《城乡中国》，中信出版社2013年版。

3．华生：《城市化转型与土地陷阱》，东方出版社2013年版。

4．文贯中：《吾民无地：城市化、土地制度与户籍制度的内在逻辑》，东方出版社2014年版。

5．张千帆：《农村土地集体所有的困惑与消解》，《法学研究》2012年第4期。

6．陈龙：《新一轮土地制度改革的框架性设计与政策要点》，《中国经济时报》2014年3月31日。

7．财政部财政科学研究所、北京财政学会联合课题组：《新型城镇化进程中农民土地权益保障研究》，2014年11月。

附件：深圳新区土地整备基础上的土地资源精细化管理

基于整村统筹试点，土地精细化管理成为深圳新区土地管理重点工作，以政策法规为依据，制定全覆盖、多层级、高标准的土地管理体系。以此为基础，细化各项制度、规范和程序，严格执行、监督、考核、奖惩，提升土地资源管理工作效率。其主要包括土地批前预控和批后监管、土地资源集约节约利用、土地历史遗留问题处理三个方面的内容。

一、土地批前预控和批后监管

加强土地批前预控和批后监管是加快新区建设项目落地投建、防止土地资源流失和土地资源浪费等现象的重要举措。

——土地批前预控是指在土地出让前，对于土地受让人等相关人进行规范，确保土地受让人具有完成土地开发建设的能力。批前预控主要通过制定土地出让审批管理流程，明确土地出让准入条件、土地受让人资格审查、土地规划审查、土地出让公示等内容，加强土地批前预控，确保土地的受让方有能力、有条件、有信用地按期完成土地开发建设工作。

——土地批后监管是在土地出让后，对土地受让人是否按期按规定建设，建成后期是否有违法建筑等行为进行监督和管理的行为。土地批后监管通过建立出让合同用地台账、地价缴交监管、建设情况监管、开竣工预警、联合执法等批后监管的方法，采用现代化的执法手段，对土地、建筑物等内容进行全面的监管，并进一步明确违法违规行为的处罚力度。

(一) 土地资源信息化管理

——土地资源信息化建设。土地资源信息化建设，按照"数据整理——系统构建——监管机制建设"的思路展开，具体从四个方面着手：第一，收集整理各类数据，并进行信息准确性核查、完整性补充和实施更新。第二，设计数据库，把整理后信息导入到数据库中，实现数据的集中存储、快捷搜索。第三，建设规划国土系统，对数据进行综合管理，统计分析，深化利用。第四，建立系统后续维护和监管机制，保证数据的动态更新、系统功能完善和维护。

——非农建设用地管理。以信息化建设为基础，非农建设用地后续管理工作遵循"规范机制管理、保障集体权益、消化历史问题、优化用地结构"的原则，主要适用于非农建设用地的指标落实、调整置换等日常管理。非农建设用地的指标落实是指依法核定的非农建设用地指标规划地落实。非农建设用地的调整置换是指依法划定的非农建设用地因城市规划实施等原因调整置换。

——国有未出让用地分类及管理。以信息化建设为基础，国有未出让用地分类参照《深圳市国有为出让土地日常管理暂行法》和《深圳市保安龙岗两区城市化转为国有土地交接与管理实施方案》规定，按照"以城市规划功能为主导、结合现状、分类管理的原则划分为：农业用地、税务用地、城管用地及可建设用地，并分别移交给新区经纪服务局、城市建设局、城市管理局和市土地储备中心等对口部门管理，各职能部门按照划定范围对国有未出让土地进行日常管理。

（二）规划土地批后管理

尽快清理各相关职能部门批后监管责任，形成规划国土批后监管机制，并建立规划国土批后监管系统，实现新区规划国土批后监管信息化，有效提高规划国土监管水平。规划土地批后管理的要点如下：

一是转变观念、增强责任感。改变重审批轻监管的观念，树立审批是管理、批后监管更是管理的意识，认识到没有批后监管，就是残缺不到位的土地管理。

二是夯实监管基础。建立基础信息台账，逐宗现场拍摄，利用现状图片，逐宗核对利用现状信息并上传备案。

三是跟踪巡查，全程监管，切实规范土地开发利用的秩序。加强国有建设用地公示，增强事前防控方式，有效防止违法违规用地行为，接受社会监督。

四是优化职能分工。调整职能科室、人员结构，同时加强与新区规划、土地监察大队等部门的沟通协调。

五是拓宽监管手段。探索事前防控措施，利用经济、金融等手段，提高违法违规用地成本，加强经济、法律、信息、科技手段的使用。

六是强化工作保障。提供批后监管工作所需的人力、资金等保障。

坪山区管理局承担的规划土地批后监管工作主要包括对辖区内土地使用权出让合同履行情况的监督检查、临时用地合同履行情况的监督检查、建设工程规划许可实施情况的监督检查、房地产预售许可实施情况的监督检查等。监管科负责批后监管系统的搭建和维护，为各科室提供相关技术支撑和服务，负责对各科室所负责的批后监管业务进行统筹和督办，及时提醒和督促各科室开展批后监管工作。

（三）临时用地分类管理

为规范新区临时用地租赁行为，加强临时用地使用监管，查处并纠正用地中存在的违法违规行为，按照土地督查的要求，结合有关政策，开展临时用地清理及常态化监管研究，全面掌握新区临时用地的总量及分布，分析临时用地在使用过程中存在的问题和不足，提出其监管的内容和监管措施的建议，加强对临时用地常态化监管，切实扭转当前土地利用过程中重审批、轻监管的状态，形成长期有效的常态化监管机制。

二、土地资源集约节约利用

(一) 建设项目开竣工管理

建设项目用地习惯性规定一年内开工、两年内竣工，但在实际操作中，通常一年内无法完成开工，就项目开工前置审批流程而言，自土地出让合同签订之日至用地单位区的建筑施工许可证，中间需办理一系列的行政审批手续，多数项目难以在1年内开工。为保证项目开工期限的合理性，应适当延长开工期限至18个月。项目开工前，相关审批程序特别严格的建设项目，主要有环保产业及建筑设计方面有特别要求的建设项目，确需延期开工的，可申请开工延期一次，延长期限最长不得超过1年。

竣工方面，建设项目习惯性规定两年内竣工实际也因多方因素难以完成，据此，新区从建设项目性质、规模、设计、工艺等方面综合考虑设定不同的竣工期限。

(二) 闲置土地预防和处置

对新区拟引进企业的基本情况进行摸底调查，作为土地竞买资格审查的依据；鼓励利用存量产业用房，提高土地利用效率，实施"零土地招商"；创新土地供应机制和产业用地模式，对用地规模较大的建设项目，可分期供应分期建设，并在编制项目计划、规划时预留一定的发展用地；建立弹性土地出让年期制度，提供与企业生命周期相匹配的灵活土地出让期，从而降低土地闲置和提高土地利用效率。此外，应进一步完善土地出让合同条款，增加有关闲置土地处置的警示条款，并加强以出让土地批后监管，从管理体制与模式上预防闲置土地现象的发生。

（三）存量土地再利用

盘活存量土地以行政手段去引导，经济手段来实现，形成盘活存量土地的利益驱动机制。重点围绕加强存量土地台账管理、严格项目准入、强化土地监察力度、搭建信息资源服务平台、完善土地增值分配机制，深化土地收购回收制度、构建协调机制，明确部门职责、深化土地资源市场化配置、完善土地交易市场等内容，探索土地收储与土地入市相结合进行存量土地的盘活新模式。

（四）创新产业用地供应模式

其一，拓展产业用地供应来源。将原农村集体土地、存量已出让产业用地、存量产业用房纳入产业用地供应来源，并开展产业用地转让研究；其二，产业用地使用年限弹性制；其三，用地预申请条件限制；其四，对产业存量用地和存量用房进行盘活利用。

加快试点"股田制"
——积极探索符合国情的农业现代化发展新模式

黄剑辉　张丽云[*]

2004年以来，中央一号文件连续十二次聚焦"三农"，对推动我国农业发展起了重大作用。习近平总书记在有关讲话中也指出，如果没有农业、农民、农村的现代化，就没有中国的现代化；没有农民的小康，就不可能全面建成小康社会。但近年来，在国内外经济增速放缓、运行风险增加、国内经济结构调整和各领域改革不断推进的背景下，农业发展面临众多新的瓶颈，进而影响到"三农"发展的全局。展望未来，中国的经济增长必须要解放思想，加快改革开放。而我国新一轮的发展可以从农村改革入手，通过试点"股田制"等土地制度的变革实践，并借鉴国际经验优化农业发展模式，以加快推动农业现代化，进而带动农村和农民现代化。

一、我国农业发展面临新的瓶颈

（一）农业现代化水平不高，发展滞后

农业现代化就是用现代科学技术和生产手段装备农业，以先进的科学方法组织和管理农业，提高农业生产者的文化、技术素质，把落后的传统农业逐步改造成为具有高度生产力水平和可持续发展的现代农业的过程。农业现代化是

---

[*] 张丽云为中国民生银行研究院研究员。

生产力发展的必然结果，也是国民经济不断发展的客观要求。但在我国工业化、信息化、城镇化、农业现代化"四化"发展的过程中，农业现代化发展滞后，成为现代化建设中最薄弱的环节和短板。

当前，国内对农业现代化水平的测度还没有统一的标准，但通常从农业机械化水平、农业劳动力素质、农业科技贡献率、农业生产能力、农业产业化水平、农业可持续发展水平等几个维度来衡量。从这几项指标的有关数据和资料可以看出，我国农业现代化水平与发达国家相比还存在不少差距（详见附表一）。有关研究表明，中国综合农业现代化指数为38，排世界第65位。另据我国科技部资料显示，我国农业现代化与欧美发达国家大概有20年的差距，主要体现在农业现代化的科技水平、信息化水平、金融能力、管理水平等方面。

受农业现代化发展滞后影响，我国农村现代化水平也较低。农村总体缺乏规划，发展落后，曾有人用"城市像欧洲，农村像非洲"这样尖锐的批评来形容我们当代的中国。在此分化下，农村基础设施建设滞后，尤其是医疗、教育这些公共服务很紧缺，条件非常差。在国外，甚至是人均GDP只有300多美元的赞比亚，它的校舍相对于政府大楼和居民的房子也是最好的，而且有国家统一配发的校服。但我国的教育现状是，很多中小学的校舍还很破旧，教育基础设施严重不足。此外，我国农村的金融机构网点偏少、服务类型单一、贷款难度高、金融获取度低；农村的民主程度、参与社会管理程度、法制程度等也较低。

（二）中国现行的土地制度安排已严重扭曲，暴露出诸多弊端

1．家庭联产承包责任制已难以适应农业现代化发展的需求，制约农村工业化和城乡一体化发展

（1）农地的集体内部均分制度，导致土地细碎和分散化现象突出，降低了农业规模经营水平和利润率，制约了农业现代化步伐。20世纪80年代初实行的以家庭联产承包责任制为核心的土地制度改革增加了农民收入，促进了农村经济的发展。但随着人口的增加，土地承包制不断将土地细分，难以实现农业规模经营和现代化。目前中国人均耕地已缩小至1.5亩，14个省区的人均耕地不足1亩，其中6个省区的人均耕地面积低于0.5亩。而联合国的认定标准为，1亩耕地是维持一个人最低生存的基本条件，中国再继续细分土地已毫无意义。

(2) 家庭联产承包制与农村工业化产生矛盾。乡镇工业发展需要解决区域集中问题，而在征用土地建立乡镇开发区过程中遇到农户和经济合作社的抵制；由于土地价格的飞涨，农民不愿意放弃土地，原来部分已经农转非的农民还要求倒流回农村。

(3) 家庭联产承包制不利于城乡一体化的局面。土地的产权分散在自然村、农户手中，制约着镇一级和管理区对村镇建设的统一规划和统一管理。

2. 我国的农地承包制度面临平等和效率之间的复杂两难问题

对于中国绝大多数农民来说，农用土地一直是他们经济收入的重要来源，因此，在农村集体土地所有制的情况下，平均分配土地，根据人口变化进行土地调整，就成为中国农地集体所有、家庭联产承包体制的内在需求。但问题在于，土地的频繁行政性调整不仅直接导致农业经营出现超小规模的状况，而且不可避免地影响到农地使用者对土地投资的积极性，甚至可能导致土地的粗放利用、破坏地力、降低土地产出。为此，中央政府一直强调要稳定土地承包权，规定"土地承包30年不变"、"增人不增地、减人不减地"，但农村村庄内部不同家庭间人口变动对土地调整的压力却不断呈现，《土地承包法》无法得到有效实施。

3. 中国独特的土地征收制度使地方政府成为实际的土地供应主体，伴随土地用途转变，政府替代农民集体成为土地的所有者和城市土地的经营者

在我国现有的土地管理法律框架下，农地非农化的主体是各级政府机构，而非农地权属的主体即农村集体。政府成为农地转变为市地的唯一仲裁者，拥有从农村获得土地转换给城市使用的排他性权利。1994年分税制后，地方政府"吃饭靠财政、建设靠土地"的格局基本形成并不断强化，导致"土地财政"尾大不掉，在很大程度上推高房地产价格，并让耕地保护成为空话；过于宽泛的征地制度导致冲突不断，农民权益得不到充分保护，危及社会稳定。

(三) 高速城市化下，农业兼业化、副业化、老年化趋势日益突出

由于城市化进程和乡镇企业的迅速发展，大量农村强壮劳动力投入到非农产业中，而把农业生产留给了妇女、儿童和老人。据统计，目前我国农民工总量已经达到2.63亿人，其中外出农民工人数超过1.6亿人。现有的农业小规模生产、副业化和老年化已开始影响我国农业的比较优势，阻碍农业现代化进程

的实现。它们导致农民采用新技术的积极性下降，影响农业机械化作用的发挥，妨碍农业生产力的提高。

而且，受制于长期以来的城乡二元结构以及社会保障、教育、住房等配套因素，农村人口在向城市流动的过程中又不能实现完全迁移，外出务工经商者"离土"的机制无法启动，造成"离土不离乡"的局面，也极大影响了农村内部土地产权的稳定。

（四）中国农产品竞争力减弱，产业安全面临新挑战

我国长期以来的托底收购政策、不断提高的生产资料成本、分散的小农经济，导致主要农产品的国内价格高于国际市场20%以上，中国农产品竞争力减弱。

2013—2014年我国临时收储玉米6919万吨，临时收储棉花629万吨，每吨棉花库存1年的利息和维护成本在2000元左右；临时收储油菜籽油高达600万吨，若按市场价格销售，价差损失超过150亿元；食糖临时收储库存累计500万吨左右，隐亏估计超过200亿元。2006—2012年，我国水稻、小麦、玉米、棉花、油菜籽、甘蔗价格年均涨幅均低于同期成本涨幅，到2013年我国大宗农产品国内价格已全面高于国际价格。

同时，受价差驱动，我国主要农产品进口激增，危及农业产业安全。"大豆之殇"便是其典型表现。由于我国大豆种植户均面积小，难有规模效益，生产成本比美国高30%以上，大豆市场则高度开放。比较效益下，国内大豆种植面积不断减少。

因此，如何在国内经济增速放缓、城镇化推进的大环境下，继续强化农业的基础地位、改善农村生活条件、促进农民持续增收；如何通过有效的土地制度改革和配套改革措施，建立相关的新机制和体制，在兼顾效率与公平的条件下完成"空间城镇化"和"人口城镇化"，同时促进农村内部土地资源有效配置、农业经营规模扩大、农地与农村宅基地的合理流转；如何克服人多地少的自然禀赋，发挥比较优势，在国内外"双重挤压"下创新农业支持保护政策、提高农业竞争力；如何在资源环境硬约束下保障农产品有效供给和质量安全、提升农业可持续发展能力……这些均成为协调城乡矛盾，促进农业现代化，并实现中央政府提出的"以科学发展观统领经济社会发展全局，统筹城乡发展"目标的关键。

二、中国土地制度变革的历程及启示

土地是农业生产的根基,土地制度是中国社会、经济和政治的根源。随着经济社会的发展和城市化进程的加快,土地问题在中国显得尤为重要。解决好土地问题,变革好土地制度,成为推动农业现代化发展,进而带动农村和农民现代化的关键。

"鉴于往事、有资于治道",唯有先行解释清楚历朝历代的土地变革,搞清楚各种约束条件,并适当与海外及当今中国的约束条件比较,才可能做出较为适宜的顶层设计。

(一)中国土地制度变革历程

中国的土地制度最早可追溯到周代的"井田制"。这是古代的一种国有制,"公田"、"私田"的所有权都属于周天子,用益物权或"承包经营权"则属于诸侯,其核心在于梳理了"生产关系"和"社会脉络",明确了土地权属的分配、劳动力的运用和地租的征缴。之后的商鞅变法"废井田、开阡陌",保证了"私田"权益,允许土地自由买卖,开创了延续近两千年的制度模式;但此时形成的"重农抑商"、小家庭政策,封闭了土地根本变革的可能性,此后的土地改革,基本上围绕租税利益的划分,而缺乏产权以及政治制度上的变革。

辛亥革命后,孙中山提出"耕者有其田"的口号,之后国共两党均围绕这一目标展开土地改革。但国民党没有很好地推进,到台湾后才进行了三次比较成功的土地改革。我党1946—1956年贯彻了"耕者有其田",成立了合作社,在此期间起到了比较积极的作用;但1958年推行的人民公社制度将农民的土地变相剥夺,一直到1978年的"去集体化"改革,让农民拥有了土地承包经营权,激发了生产积极性,促进了农村经济的发展。

近些年,在土地流转推动下,全国各地也推进了一些模式的土地改革,包括天津的宅基地换房、重庆的"地票"模式等,对于探索城市近郊或远距离的土地资源优化配置、激活城乡要素市场、反哺"三农"、助推户籍制度改革、加快推进城镇化等方面起到了一定作用，但同 1978 年小岗村废除人民公社搞土地承包制相比，均没有对整个农业的发展起到非常革命性的作用。（详见附表二、附表三和附图一）

（二）中国土地制度变革的启示

中国五千年的历史源远流长，土地制度变革各有特色，从几个重要历史节点的实践看，有若干启示值得我们去品味和思考。

第一，土地制度需因时而变，与经济和社会发展阶段相适应，当前应充分吸取历史经验，加快推进土地制度改革；但在进行制度变革时，需在既定的目标下因地制宜，不宜全国"一刀切"，采取灵活多样的办法达到目的，可减轻改革的阻力，达到事半功倍的效果。

第二，中国历朝历代的土地制度变革多与财政等因素相关（即所谓的税源、粮食和兵源），并未将土地制度安排与保护庶民的财产权利、平民的政治联系起来。现阶段的改革要让农民对土地拥有相对完整的产权，加快土地的灵活流转，并减少行政干预，降低制度成本。

第三，土地政策的设计要经过深入、实地的前期研究，计划先行；土地改革的实施要有法律政策的指导，更要有实际的行政推动力。历史上，一个新政权要稳固发展，必须要将行政深入到基层，直接与农民建立赋税关系，如果没有基层组织，不仅无法管理农民，也无法足额收税。

第四，农业的发展，需要宽松的政策环境，政府需降低税负，简化赋税品种，并实现赋税公平，切实保护农民权益。

第五，一定程度的土地集中对农业技术的推广、财富的积累和农业生产力的提高均起到积极促进作用。加强规模效益、机械化耕作、商品化生产、企业化经营、金融全方位支撑是促进现代农业的积极举措。

三、国外主要国家农业发展模式对比

从全球来看，决定农业发展的因素主要包括劳动力、土地和工业技术水平三个方面。美国经济学家弗农·拉坦实证资料证明：世界上劳均土地在 30 公顷以上的国家，基本上走的是机械技术型道路；劳均土地在 3—30 公顷之间的国家，走的是生物技术-机械技术交错型道路；而劳均土地不足 3 公顷的国家，多数走的是生物技术型道路。具体看，由于国家和地区之间资源禀赋、社会经济条件等存在差异，在三大类型之下，各国和地区农业发展的道路和特点又各不相同，形成多种特色。目前，国际上比较典型的模式有：美国模式、日本模式、韩国模式、以色列模式、荷兰模式、中国台湾模式和德国模式。（见图 1）

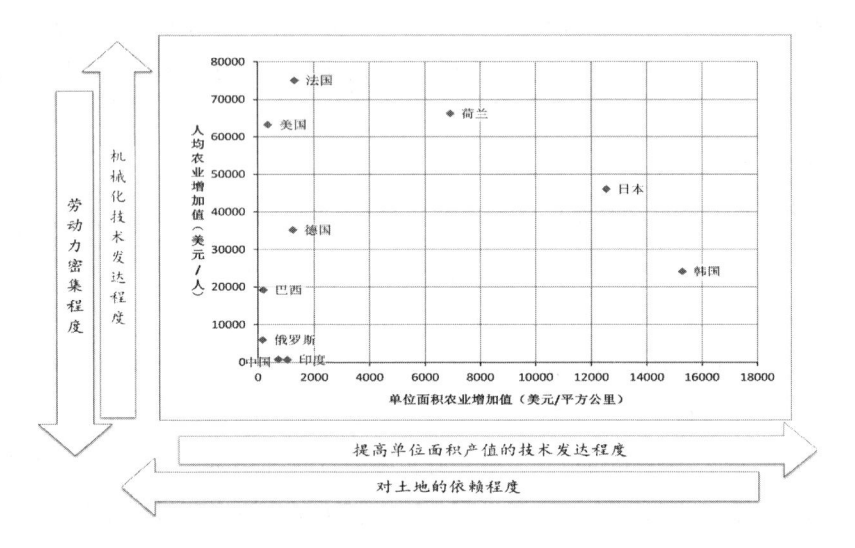

图 1　各国农业发展模式对比

数据来源：Wind 资讯

（一）美国：规模经营型模式

美国幅员辽阔，耕地资源丰富，但农业人口相对较少，因此采用大规模农场经营的发展模式，亦称"大农业模式"和"石油模式"。以提高劳动生产率为核心，以机械化、规模化为途径，"规模化生产＋市场机制＋政府保护"。（见表1）

表1 美国模式的主要特点及优劣势

	主要特点	优劣势
规模化农场经营	6000亩以上的大型农场由20世纪初的0.7%上升到20世纪末的9%，占耕地面积的65%；600—3000亩的中型农场由20世纪初的42.3%下降到20世纪末的37.8%，占耕地面积的比例由50.6%下降到17.9%。	优势：(1) 美国模式极大地提高了劳动生产率，使美国成为世界上输出农产品最多的国家。(2) 专业化生产有利于降低成本，发挥地区优势。(3) 健全的市场机制为农业健康发展提供基础。农产品生产和销售完全依据市场变化进行调节，结构调整有的放矢；充分的市场竞争机制使得生产厂商竞争激烈，坑农害农现象极少发生。劣势：(1) 能源消耗大，利用率低。美国每人一年中消费的食物，是用1吨汽油生产的；其农业生产方式需0.2—0.5卡的热量才能生产1卡热量的食物，而传统方式只需0.05—0.1卡热量。(2) 财政负担大，积重难返。美国每生产1美元农产品需8美元投资，而钢铁工业只需0.5美元。(3) 污染环境，破坏生态。严重依赖化肥和农药，畜牧业的高度集中饲养造成空中和地下水污染，大面积的连年机械单作造成土壤流失和地力衰竭。(4) 单一作物种植减少遗传的多样性。
高度机械化和化学化	美国农业机械化程度世界第一。1970年农业化学品使用量是1930年的11.5倍，1990年化肥使用量是1946年的6.1倍。	
高度专业化和分工化	全美农业形成专业化的生产布局，生产服务也趋向分工专业化。	
高度市场化	土地和劳动力资源市场化，生产资料和农机具供应充分市场化，农产品销售市场化，发达的农产品信息网络使农民把握住市场的脉搏，具有发达的农产品期货市场，规范的现货市场也保障了期货市场的运行。	
农业社会服务形成严密网络	美国农产品协会是介于政府和企业之间的一种行业组织，负责建立批发市场，定期举办交易和展示会，开展国际交流合作，举办专题培训，与政府保持经常性联系，将"农、工、商、产、学、研"有机结合起来。全美目前有4000多个农业合作社，80%以上的农民是社员，主要功能是为农民提供产、供、销环节的全方位服务。	
重视农业科技和政府规范支持	农业科技贯穿生产各个环节，科研机构服务链完善，形成以科研、教育为后盾的农技推广体系，有计划地培养和造就一大批高素质的农业企业家。政府建立完备的法规体系，进行农业投资补贴和信贷支持，51%的农场主通过信贷支持购置地产和从事农业生产，政府还为可持续发展农业赠款。	

资料来源：根据公开信息整理

（二）日本：集约经营型模式

日本耕地面积有限，农业大规模生产受到限制，决定了其要走集约型发展道路。以提高土地生产率为核心，以加大技术和资金投入为特色，"小农经济＋农协组织＋科技教育＋政府保护"。（见表2）

表 2　日本模式的主要特点及优劣势

	主要特点	优劣势
农协的组织保障与农民认证	日本农业的快速发展,得益于政府对农协这个"政府代理机构"的大力支持。农协利用联合力量,承担起农业生产整个过程的大部分服务,将分散生产的农户同城乡结合的大市场有机连接起来,并在贯彻政府农业政策、保护农民利益、化解经营风险等方面起了十分重要的作用。此外,农业认证制度提高了农民参与农业的积极性,强化了农业经营基础,提高了农业、农村、农民地位。	优势:(1)农协组织提高农民的组织化程度,提升生产的专业化水平。(2)资源利用率高。通过因地制宜、规范指导、精耕细作、循环经济、全盘合作化的土地节约和劳动集约,以有限的土地投入获得高产出,为资源匮乏国家的农业现代化提供重要借鉴。劣势:(1)农协垄断经营降低产业竞争力。农协凭借对农用物资和粮食购销的特权以及农村金融市场的核心地位等优势,形成了具有垄断性质的综合性商社。垄断经营造成机构庞大臃肿、管理成本高昂、管理效率低下、市场应变能力迟缓,也一定程度上妨碍了市场的自由公平竞争。(2)农户兼业不利于规模化经营和效率提高,造成农业劳动力老龄化、妇女化。
土地利用高效化、集约化	通过农户和国家两条途径有组织地对农田进行规划、改造和开垦、改良土壤,提高土地耕地面积和土地利用率;高度重视农业基础设施建设,建立完备的农业灌溉体系,畅通农村交通运输;政府借助法律的强制力量推动农地规模经营的发展;以推行适合国情的中小型农业机械为主循序渐进使农业机械化实施顺利开展,实现土地利用的高效化。	
农业科技推广常态化、效益化	确定了优先水利化、化学化而后机械化的方针,并把生物技术的研究和推广、施肥方法的改进等置于极其重要的地位;农业科研机构和专业设置齐全,设备和研究手段先进,经费充足,农业教育普及,劳动者科技素质较高;运用法律、财政政策等途径加强对农业科技推广的扶持。	
政府强有力的保护与扶持	财政金融手段:日本财政不断加大对农业的投资,目前投资比例已超过40%;并为农业提供长期低息或无息贷款。法律手段:制定大量促进农业产业化发展的法律,不断进行完善,并通过一系列经济和行政手段保证法律的贯彻实施。	
农户兼业	政府对农业保护,农民外出打工也会保留土地,兼业农户约占农户总数的85%。近年来,工业和城市的重新布局极大改变了农村产业结构,为农户兼业提供了更广阔的空间。	

资料来源:根据公开信息整理

(三) 韩国:工业反哺农业的行政化推动模式

韩国土地面积少,人口密度居世界前列,农业耕地占国土面积的23%,是一个多山的国家,资源贫乏,因此确立了以工业立国的发展战略。20 世纪 80 年代后,依靠工业发展经济,并反哺农村和农业,走出了一条"新村运动+农协组织+科技教育+政府保护+出口导向"的快速农业现代化之路。(见表 3)

表3 韩国模式的主要特点及优劣势

	主要特点	优劣势
"新村运动"促进农村综合发展	韩国1971年发起"新村运动",成为工业反哺农业,把城市物质文明以及价值观念、生活方式推向农村的重要载体。70年代初期的新乡村建设运动重视硬件建设,工作重点放在改善农民的生产和生活环境上;20世纪90年代以来,韩国掀起新一轮农村建设高潮,融入更多的文化内涵。	优势:工业反哺农业促进产业均衡发展和社会稳定。许多国家在经济发展过程中都经历了"盘剥农业以培养工业"的历程,结果导致农业逐渐萎缩,农业、农村、农民的发展陷入困境。韩国推行"新村运动",以工业反哺农业,通过城市支援农村,在农村硬件和软件上先后发力,全面提升了农业发展水平。劣势:(1)农业保护扩大财政赤字,降低货币政策灵活性,也助长了农户对政府的高度依赖。(2)自上而下的"新村运动"使地方自主权下降。(3)"出口第一主义"降低农产品自给率。目前,畜产品中,除牛奶和鸡蛋基本保证自给外,牛、猪、鸡等肉类的自给率都不足50%。
完整、有效的社会服务体系	韩国自上而下设立三级农业服务体系,中央、道和市郡三级农业服务机构把科研、推广与培训工作纳入统一管理程序,统筹安排使用人力、物力与财力,减少中间环节,避免部门之间的摩擦和推诿,提高工作效率。1957年成立农协,经营内容包括供应事业、销售事业、技术推广事业、农产品加工事业、金融事业等,助推农业现代化进程。	
支持"绿色革命",重视农业科技和教育	1967年韩国掀起了以普及新稻种为中心的大米自给运动,并开始了"绿色革命"。在各方面的共同努力下,新品种及其栽培技术迅速普及。重视农业科研、教育和推广事业;建立全国性的农业信息网络;通过交流会和学习班定向培养农业接班人和农村指导员,尤其对青少年进行热爱农业、热爱农村的教育;利用各种设施和手段对农民进行专业技术、经营管理、农业政策等方面的培训。	
农业保护	提高农产品收购价格;改善农产品和农业机械的流通条件;鼓励大城市的工厂和服务行业往"农工地区"迁移;调整农村产业结构,重点发展二三产业;利用"绿箱政策"来改善农业基础设施。	
产品高附加值,出口导向	国际贸易自由化加剧形势下,为保住国内农产品市场并打入国际市场,韩国政府把发展高附加值农业作为突破口,重点发展"区域特产"和设施园艺。	

资料来源:根据公开信息整理

(四)以色列:以节水为中心的高科技模式

以色列人口密度很高,土地资源却十分贫瘠,国土总面积45%是沙漠,另一半不是高山就是森林,只有不到20%的土地是可耕地;以色列水资源也极其贫乏,是世界上人均占有水资源最少的国家之一。然而面对恶劣的自然环境,外加阿以冲突持续不断的周边环境,以色列依靠"资源节约+科技引领+政府

引导+可持续发展+生产高度集约"的农业发展特色，创造出了"沙漠奇迹"，受到国际组织的高度评价。（见表4）

表4　以色列模式的主要特点及优势

	主要特点	优势
发挥科技的力量	以色列农业增产95%靠科技。滴灌技术克服缺水现实：以色列农业用水总量30年来一直稳定在13亿立方米，而农业产出却翻了5番；无土栽培技术弥补土地资源的不足：将蔬菜等作物种植在完全人为控制的"人工气候室"中，摆脱栽培条件限制，避免土壤作为生长介质引起的病虫害问题，更有利于控制灌溉和农业机械化；分子遗传学、基因工程、细胞和组织培养法、"遗传调节"等生物技术提高农畜产品的产量和品质。	优势：（1）节约理念促进科技创新，实现人与自然和谐发展。以色列所有的国民生产都以耗水量为主要衡量指标，通过发展节水灌溉和采用土壤覆盖保护，地区生态条件得到迅速改善。（2）产学研高度结合，科技迅速转化为生产力。以色列很多直接从事农业生产的管理者都是著名科学家或资深专家；技术推广服务人员主要工作场所是农场、田间、果园，科研一旦取得成功，通过建立示范点迅速进行实地推广；农民既是生产者，又是管理者，他们不仅懂技术、会操作各种机械，懂电脑和网络，甚至可能担任着政府农业技术部门的顾问或推广人员。
有效的政府宏观调控和支持	建立起由政府部门、科研机构和农民合作组织紧密配合的农业科研体系；重视教育培训：大学以上文化程度的农民占47%，大力发展中等专业学校，技术推广服务中心经常举办各类技术培训班；开拓国际市场：农业部每年斥巨资在各国做广告，建立销售网络，密切追踪调查国外市场情况，进行市场预测，制订出口计划，批准新的项目，引导农民与国际市场接轨，对那些第一次打入国际市场的新品种给以特别奖励。	
发挥比较优势，调整产业结构	减少对土地资源要求较高的粮食作物的种植，改种和增种对土地资源要求较少、但对技术要求较高、产值高的蔬菜、水果和花卉，利用季节差价开拓欧洲市场。目前农业正向两个方面发展：一方面继续减少常规农作物面积，大力发展特种水果和蔬菜；另一方面发展生物工程系列产品。	
注重可持续发展	有计划地开发荒地、坡地和沼泽、滩涂，以改善自然环境；通过增加植被种植，绿化沙漠，科学使用农药、化肥等改善土质土层结构；通过"三污"回收与治理，以改善空气、环境和海水的质量；通过北水南调工程，改善全国的水资源配置。以色列农业结构中，基本形成了粮食、经济作物、林业、畜牧业和渔业协调发展的良性态势。	
生产高度集约化	土地高度集约：土地全部属于国家所有，不允许买卖；水资源利用高度集约：污水处理再利用程度很高，城市污水处理净化后用于农业灌溉；生产组织高度集约：具有高度集约化的基布茨（集体农庄）和莫沙夫（私有农场），同时整个国家农业生产经营实现订单生产。	

资料来源：根据公开信息整理

（五）荷兰：比较优势下的专业化生产模式

荷兰人多地狭，土地十分珍贵。依靠精耕细作和"高附加值作物＋集约化、专业化生产＋政府引导"的农业发展特色，这个 60 年前还为温饱发愁的小国，一跃成为全球第三大农产品出口国，蔬菜、花卉的出口更是雄踞世界第一。（见表 5）

表 5　荷兰模式的主要特点及优势

主要特点		优势
发展高附加值农作物	荷兰以种植高附加值农产品为主要特色，着力发展高附加值温室作物和园艺作物。	优势：（1）因地制宜，发挥比较优势。（2）专业生产有利于设施专业化配置，降低生产成本，提高产品质量并形成规模效益；专业化生产促进了专业领域的研究，使企业有长足的发展后劲，也为企业赢得了良好的市场份额。
集约化、专业化生产	荷兰温室农业无论是蔬菜还是花卉，一般都是专业化生产、多品种经营，努力提高土地单位面积产量。	
政府的积极引导与支持	荷兰政府采取了一系列符合国情和气候特点的农业发展战略及政策，避开需要大量光照和生产销售价位低的禾谷类作物的生产，充分利用地势平坦、牧草资源丰富的优势，大力发展畜牧业、奶业和附加值高的园艺作物；通过信贷政策和补贴政策，鼓励重点发展的领域和产业"快步增长"；鼓励出口创汇，积极参加欧盟事务，使整个欧洲成了荷兰的农产品市场。	

资料来源：根据公开信息整理

（六）中国台湾：产业融合模式

工业化初期（1950—1960 年代）台湾当局选择了"以农业培养工业，以工业发展农业"的策略，实施了一系列扶农政策措施，使台湾农业获得了极大发展。20 世纪 60 年代后期以来，在成功完成"培养工业"的重任后，大量农业资本输出并流入工业，台湾传统农业开始出现衰退，促进农业结构调整和推进产业升级成为农业发展的必然。1970 年后，发展外向型精致农业、休闲农业以及加速农业生物科技产业发展成为台湾农业发展主流方向。（见表 6）

表6　中国台湾模式的主要特点及优势

主要特点		优势
大力发展精致、休闲农业	精致农业：依托高新技术改造传统农业，以生产高品质、高科技含量、高附加值的农产品为目标，以特色化布局、标准化生产、产业化经营为主要抓手，从而实现高质量、高效益、高水平的现代农业生产体系。 休闲农业：是结合生产、生活与生态三位一体的农业，具有经济、社会、教育、环保、游憩、文化传承等多方面的功能，呈现出观光农园、市民农园、教育农园、休闲农场、休闲森林、休闲民宿等多元化发展形态。其成功经验是以农林牧渔产品的产销活动为轴心，生产和经营并重，实现可持续经营。	优势：(1)产业融合生成经营新业态，利于产业升级与培育新经济增长点。(2)标准化的生产、企业化的管理模式、产供销一体化的营销体系提升农业竞争力。
科技创新和运用能力较强	台湾地区在农业品种改良、食品加工技术、自动化技术等方面均居国际领先水平。	
农会组织功能齐全且运行规范	台湾农会组织网络健全，其主要功能有农业推广（包括推广优质品种、生产资料和先进适用技术，组织开展农民教育培训等）和供销经营（办理农产品运销及批发市场服务，办理农业生产资料及生活用品经营，兴办农业金融业务等）。	
食品加工业较为发达	食品工业是台湾的传统产业，以食品加工带动农业工业化、农业企业化、农业商业化，缓解产销失衡的压力，增加附加值，维持农业持续经营。	
运销体系健全且运行高效	台湾农产品运销体系的主要形式有批发市场、农贸市场、直销店、产销班，帮助农业生产者解决市场方面的后顾之忧，有力地推动农业产业顺利发展。	

资料来源：根据公开信息整理

（七）德国："集约+机械"的混合模式

德国农业除提供食物外，还被赋予其他非常重要的功能：为工商业提供原材料，并为能源部门提供能源；保护自然资源，特别是保护物种的多样性、地下水、气候和土壤；提供良好的生活、工作和休养的场所。走出了一条以提高土地生产率和劳动生产率并重，"中小农场+机械化+产业多元+集约经营+生态农业"的发展之路。（见表7）

表 7　德国模式的主要特点及优劣势

	主要特点	优劣势
结构优化，产业多元	德国农业生产与加工业比例合理搭配、农牧结构合理搭配。从区域布局看，北部农户种植业较多，南部饲养业发达；从农场经营看，90%以上的农户饲养业和种植业多元并举，以减少风险投资。加工业占重要地位，呈现出加工业引领种植业的特点，农户产品的85%用作食品工业用的原料。	优势：（1）广泛发展"工业作物"实现生态保护。种植可以用来生产矿物能源和化工原料替代品的经济作物，从中提炼新能源和化工品；"工业作物"也为化工和造纸工业提供数量可观的原料。（2）产业多元使德国80%以上的农产品都能够自给。 劣势：大而全的现代化途径，使得农业生产力水平及农产品国际竞争力都不是一流的。
集约经营，竞争有力	推进农业机械化和信息化，鼓励土地等生产要素加速流动，鼓励发展农业联合体和合作社。	
政策扶持，财政补贴	"绿箱政策"：欧盟和德国各级政府依据不同作物的面积和牲畜的头数以及休耕面积进行补贴，人均高达4.5万马克，占农民年均收入的71.4%。补贴和融资支持：成立专门的政策性银行——德国农业养老金银行；对扩大生产规模、降低成本、引进环保措施等投资提供补贴及贴息贷款。税收优惠：农业企业、合作社可免交营业税、机动车辆税；农产品增值税7%，远低于其他产品的16%；农业企业用电量超过一定额度可享受80%的减税优惠，从可再生能源发电站购电可免税。	
生态保护，以人为本	生态农业逐步成为德国农业发展的新趋势：广泛发展"工业作物"，禁止使用化肥、农药、抗生素、转基因技术，实施轮作、间作和休耕制度；政策上实施环境保护补贴。以人为本：一是加强农民教育；二是实施农业社会保障制度，鼓励中老年农民提前放弃农业，从事农业的中老年人及其在农场工作的家庭成员失业的可得到赔偿金。	

资料来源：根据公开信息整理

四、推动我国农业现代化发展的政策建议

中国农业乃至"三农"面临的挑战，是在高速工业化、城市化背景下出现的系统问题，不同层面的问题之间又有非常紧密的联系，因此需要站在整体的视角，从顶层设计入手，制定系统性的解决方案，逐步走出一条在互联网时代、第三次工业革命背景下，"融智＋融资＋融商"的现代化发展道路。

（一）选择符合国情和区情的现代农业发展模式

中国幅员辽阔，省份众多，地理条件、农耕条件各不一样，因此不宜搞

"一刀切"的模式。建议在"十三五"规划中大力推动选择符合国情和区情的现代农业发展模式，注重发挥地方特色。如在东北、山东等平原较多、地域广阔、能实行规模经营的地方，可借鉴美国、德国模式，通过有效地转移农村劳动力来集中土地，推行机械化生产，实现规模经营；在长三角、珠三角、环渤海地区，可借鉴台湾产业融合的模式，通过发展休闲农业、精致农业来打造区域特色和品牌；在西北干旱地区，可借鉴以色列节水高科技模式，将地区劣势转化为新的生产力；在经济发展较落后、地形较复杂的云南、贵州等欠发达地区，可借鉴日本、韩国及荷兰模式，采取集约和特色化经营，通过引进先进适用的农业技术和加快农民技能培训，拓宽农业发展的深度、广度，实行产业化生产。

（二）试点以"股田制"为新动力加快推动农业现代化

从全球看，农地制度改革一直是各个国家农业与农村发展的一个主题。当前我国"三农"面临的一些问题，也源于现有土地制度的制约，唯有通过改革来破题。农耕文明的时候，提出实现"耕者有其田"，迈向工业文明、知识经济时，可尝试走向"劳者有其股"。路径之一便是积极稳妥、加快试点"股田制"，鼓励农民以土地承包权入股，以村镇为单位组建农业发展股份有限公司，并可引入城市工商资本，将土地、劳动力、资金等各类生产力要素整合起来，实现农业生产的公司化、规模化、专业化、现代化。

但土地问题涉及诸多利益集团，土地改革不能仅仅考虑既有的土地制度安排，还要顾及相关配套改革。

第一，"股田制"顺利实施的前提是将农民的土地产权"做实"。产权的完整性体现在产权是否包含了排他的使用权、独享的收益权及自由转让权。产权越完整，越能激励经济主体合理、高效地利用资源，进而提高资源配置效率和经营绩效。从世界各国的情况看，土地仍是公有与私有并存，但土地占有者的产权是"实在"的，这是农业适度规模经营和现代化的重要基础。因此，建议修改《农村土地承包法》、《物权法》、《土地管理法》等法律，明确将农民的土地承包权列为一种永久性权利，搞好土地承包权、宅基地和其他不动产的确权登记，夯实流转基础；并健全土地流转的管理制度和体系，规范流程，搞好服务；进一步健全搞活土地市场机制，促进有序高效流转。还可借鉴英国模式，将土地承包经营权划分为永业权和租业权，农地持有者拥有永业权，土地使用者拥有租业权。

第二，改革现有的征地制度，扭转土地出让的非市场化操作局面，确定"农地转用"的市场转让权。需要建立农地转工商业等非农用途过程中农民与城市政府乃至开发商直接协商机制，允许农村土地直接进入一级市场，只要符合城市规划和土地利用规划的要求，土地开发商可以直接与村集体进行土地交易，使得村集体和村民可以保有土地出让的更多收益。

第三，改革税制。现有土地制度的缺陷，一定程度上与1994年的分税制改革有所关联，让一些地方政府钻了空子，衍生出"土地财政"。因此，变革现行的土地制度，需要进行财权与事权的合理配比，建立一个责、权、利相结合的政府间财政体制。此外，考虑到农地非农化过程中政府的利益会受损，必然没有积极性去推动土地征收市场化。为此应引入、推进土地增值税和物业税（财产税），给地方政府提供更稳定可靠的增长税基，并通过设定合理的税率，弥补政府在土地出让金上的损失，抑制大规模征地和低价招商引资的冲动，切实保护农民利益，提高土地利用效率，降低耕地保护压力，最终实现城乡统筹发展。

第四，改革户籍制度。在以稳定产权为目标的农地制度改革的同时，必须要配套进行减少农村人口的户籍制度改革。只有通过户籍制度改革把"离土不离乡"的农民工永久、完全迁出农村，才能真正有效缓解人口变动带给土地调整的压力，将这些人口在农村持有的土地通过承包权与经营权的分离释放出来，稳定那些长期从事农业生产农户的土地承包关系，实现长期投资和适度规模经营。同时，应剥离土地的社会保障功能，建立城乡一体化的社会保障体系，为统筹城乡改革发展兜底。

（三）组建"政府主导、市场化运作、社会力量共同参与"的乡村规划设计院，促进"美丽乡村"建设

相较于美国、欧洲、日本的美丽乡村，我国农村发展严重滞后，总体规划一直缺位。可考虑组建多家"政府主导、市场化运作、社会力量共同参与"的乡村规划设计院，融合各层级（部、省、地区所属）的农业规划科研机构、各类民间智库、研究公司、专家学者、农民企业家、农业专户以及金融、信息、

旅游、食品加工、电子商务、医疗健康、社会服务、环境保护等多产业的研究实践力量，共同为国家"三农"总体发展路径、农业现代化模式、土地制度改革、新型城镇化、乡村基础设施建设、乡村社会服务体系构建、农业区域分布协调、农业产业升级融合、"三农"金融支持、农业科技创新、农村信息化和电子商务、农村居家养老服务、乡村生态修复等各方面提供规划设计和解决方案支撑，逐步打造出"基本公共服务完备、地域建筑风格统一、民族文化特色彰显"的"美丽乡村"，实现"三生三农"的统筹协调发展。

（四）构建多层次的农村教育体系，全方位培养农业后备人才

纵览各国农业发展经验，重视农业教育是其共同特点。我国的农村教育体系也需要做较大的改革，多层次、全方位培养农业后备人才。从总体看，农村教育体系可构建为四个层次，分别拥有不同的教育核心、教育力量和培养方向。

层次一：学前教育、基础教育。教育核心为"基础认知＋社会化能力＋心理健康"，可采取政府主力办学与志愿者辅助援教的模式，大力开设山村幼儿园和山村小学，使乡村儿童获得公平受教育机会。

层次二：中等职业教育。教育核心为"专业知识＋专业技能＋市场经营管理"，将部分乡村普通中学转型为农业职业技术学校，打造培养具有现代化核心技能的新型"职业化"农民。

层次三：高等大学教育。教育核心为"专业知识＋科学研究＋创新实验"，农业大学生要深入生产实践，产学研密切结合。

层次四：社会化教育、培训和科研机构。教育核心为"专业知识＋实践经验＋市场经营管理"，农业继续教育学院与各类专业教育培训机构相结合，达到终身教育目的；对农业管理者、学者、科研人员创业给以政策和资金支持，使知识便捷转化为现实生产力。

（五）积极拥抱"互联网＋"，搞活农村电子商务

当前，互联网正悄然改变着传统农业种植模式、农产品流通方式等诸多方面，为农业现代化注入新的发展动力。中国农业由几千年小作坊式的小农经济进入互联网时代的现代大农业变得不再遥不可及。

各地要抢抓大数据产业的发展机遇，积极运用物联网和云技术实时、海量

收集、整理、分析农业生产各个环节的数据，搭建园区环境与病虫害信息感知监测系统、测土配方施肥平台、农产品质量溯源系统等各类数据平台，对农业生产进行实时监测、预警并自动防控，实现科技化生产管理。还可与国家、省、市、县、镇各级信息采集站实现数据共享，真正实现生态农业的现代化、智能化。

此外，要积极搞活电子商务，将线上产品引入农村，将线下农产品上网外销，实现农村O2O线上与线下的有机结合。目前，阿里、京东、苏宁等电商巨头已纷纷布局农村市场，阿里更是进一步推出"村淘"计划，准备在1000个县、建立10万个村淘网点，帮助农民上网代购货物；各地涌现的"淘宝村"也表明电子商务农村化已初具规模。

（六）更好发挥政府和金融机构在农业现代化中的作用

现代农业的发展离不开政府的引导保护和各类金融机构的支持，今后应着力从以下几方面入手更好发挥重要作用：

一是加快农业立法进程，完善政府支农的制度安排、组织管理和政策体系。

二是加大农业投入，改善农业基础设施建设。采用政府直接补贴和信贷投入相结合的办法，加强中小河流治理，提高耕地质量，加强农业信息基础设施建设，推动城市基础服务设施向农村延伸。

三是建立和完善农业生产风险防范与保险机制。进一步建立和完善灾害救济制度，对于非人为因素造成的自然灾害，政府应给予农民一定程度的补贴；同时结合农业保险的特殊性，积极推行多种灾害保险制度。

四是对农业现代化、产业化新项目融资提供财政贴息，降低其融资成本；加大金融产品和服务创新力度（如针对季节性收购等流动资金贷款需求，多开办收购信用贷款、农产品订单贷款、保单质押贷款、小额保证保险贷款等；探索开展土地承包经营权抵押贷款业务）；推广产业链金融模式；推广"信贷＋农业龙头企业＋专业合作社＋农户"等产业联合体融资模式；支持农业产业化龙头企业利用资本市场融资；鼓励融资担保机构积极研发担保产品，创新反担保方式，降低对农业企业的担保条件；此外，租赁、信托、期货、投资基金、评估等金融机构有针对性地开展专业服务。

五是积极推动农村互联网金融发展。目前农村金融服务非常匮乏，农村互联网用户却在逐年上升，截至 2013 年数据，农村手机用户占比达 84.6%，城市用户才 79.6%，八亿农村人口的互联网金融服务是一个巨大的空白点。

（七）将产业链、价值链等现代产业发展理念引入农业

要打破县域行政区划界限来规划布局项目，由点状、块状向带状聚集发展优势特色产业带，形成与支柱产业或龙头企业相适应、有特色的区域经济格局，实现专业化、规模化、产业化经营。

以农产品加工转化为龙头，带动原材料基地建设和农产品流通体系完善。以各类农场、庄园、特色产业带、产业园区等为载体，融合乡村休闲观光、现代服务业、高新技术产业，促进农村三产、城市和乡村的有机衔接，形成多环相扣、互相依存的一体化产业链、价值链，从而推进经济一体化进程。

（八）发挥农业合作经济组织的重要作用

综观国外农业现代化发展经验，无论是美国完全由农民自发联办的合作社，还是日本政府推动下的农协组织，都在连接分散的农户与大市场、节约交易费用、增加获利机会、增强农业抵御风险能力等方面发挥了不可替代的作用。

中国目前实行的是家庭分散经营与集体统一经营相结合的双层经营体制，但事实上在很多地方双层经营只剩下家庭分散经营这一个层次。发展中国的现代农业，应在探索"股田制"的同时，积极探索适合农业和农村发展特点的农民合作组织形式，加强农业科技推广体系和农业社会化服务体系建设。

（九）将可持续发展纳入政策框架

在当今资源减少、环境污染、生态破坏的背景下，各国农业现代化的过程中都逐步转向可持续发展之路。以色列农业发展与环境保护、资源配置的统筹协调，德国的生态农业，中国台湾的有机精致农业、休闲农业，日本和韩国的循环农业，以及近年来美国在可持续农业方面的探索实践，都在践行着可持续发展这一目标。

我国要在继续抓好生态重点工程建设、积极推进农村能源建设、大力推广循环经济模式的同时，研究制定符合中国国情的农业生态保护补贴政策，充分发挥农业合作组织的作用，调动广大农民的积极性，应用现代科学技术，保护、培植和充分利用自然资源，防止和减少环境污染，形成农林牧副渔良性循环，保持大农业稳定发展。

附表一 国内外农业现代化水平对比

主要指标	国内水平	国际水平
农业机械化水平	2014年全国农作物耕种收综合机械化水平为61%。小麦、水稻、玉米机收水平较高,但经济作物机收率较低,花生不到20%,油菜、棉花不到10%。	美国农业综合机械化水平达到70%。美国、日本、法国、德国、荷兰等农业现代化先行国家主要作物机械化率达到100%。
农业劳动力素质	我国主要劳动力受教育程度低,劳动力素质差,受过系统、正规农业技术教育和职业培训的人员极少。初中文化程度农村女劳动力占50%以上,高中占10%左右,大专以上占3%左右。	美国农场主大多是各州立大学农学院的毕业生;日本农民中大学毕业生占6%,高中生占75%;法国7%以上的农民具有大学文凭,60%的青年农民具有中专水平,有继承权的农场主子女在接受基础教育后,还要再经过5年农校和3年学徒期,考试合格后才能取得从事农业经营资格;德国7%的农民具有大学文凭,53%的农民受过2年至3年职业培训。
农业科技贡献率	2014年我国农业科技贡献率56%(相当于欧美90年代中期水平,同期日本已经达到70%),我国农业科技研发总体水平与国际先进水平相差10—15年。同时,农业科技推广服务也不足。目前我国50%以上的生猪、肉鸡蛋鸡、奶牛良种以及90%以上的高端蔬菜种子需要进口,玉米、棉花等种业基本由美国等国家控制。	主要发达国家农业科技贡献率已达75%以上。其中,美国、日本达到80%以上,法国达到90%以上。
农业生产能力	我国农业劳动生产率约为世界平均值的一半左右,约为高收入国家平均值的2%,约为美国和日本的1%。我国一个农业人员可养活不足2人。	美国农业劳动生产率是中国的90多倍,日本和法国是中国的100多倍,巴西也比中国高。德国、以色列一个农业人员分别可养活130人、90人。
农业产业化水平	我国农业产业化整体水平较低,以家庭为单位的农业分散经营占主体,农业专业合作社发展较慢。	日本90%以上的农民加入了农协组织;美国农业产业化经营主要分为农场主联合经营、农工商综合企业、农业合作社。美国农业合作社几乎无处不在。
农业可持续发展水平	我国耕地数量和质量不断下降:1987—1989年年均耕地减少289亩,1990—1994年每年净减少490亩,此后的占补平衡政策在维持一定规模耕地总量的同时却难以遏制耕地质量下降趋势;农田灌溉水有效利用系数2011年为0.51,远低于世界先进水平;每生产1公斤粮食耗水量高达800公斤;化肥使用比发达国家高出20%,化肥单位面积平均施用量达到442.88千克/公顷,是安全上限的1.97倍,分别是美国、日本、法国的4.35倍、1.59倍、2.90倍;农药使用比发达国家高出15%;我国中度和重度污染的耕地面积占到了2.9%。	国外发达国家的农田灌溉水有效利用系数达到0.7—0.8。国际公认的化肥施用安全上限是225千克/公顷。

资料来源:根据公开信息整理

附表二　中国五千年土地制度变革史

时期	土地改革内容	评价
周代	"井田制":"公田"和"私田"的所有权都属于周天子,用益物权或"承包经营权"则属于诸侯。农民面对的是诸侯,诸侯面对的是周王,原本是农民占有的"私田"打上了国家的印记,成为国家"给予"的。正是"普天之下,莫非王土;率土之滨,莫非王臣"。	其核心在于"生产关系"和"社会脉络"上,即土地权属的分配、劳动力的运用、地租的征缴。
春秋	鲁宣公十五年实施"初税亩":使公田和私田一律收"税"。	改革的本意是增加中央政府的财政收入,但改革的非意图性结果是"私田"获得了合法地位,可以买卖,使土地商品化成为可能。当然它只具备西方所有权的有限产权或者说当时的私田占有者只拥有残缺的产权。
战国	秦国商鞅变法:"废井田、开阡陌。"保证了"私田"的权益,允许自由买卖,农夫有积极性去开荒;并将秦国军赋从"因地而税"变为按人口征收,百姓承担的赋税公平,就会尽力从事农业生产而不改做其他行业。	战国时期的土地改革为历史上最为彻底的,从根本上击溃了贵族政治集团,开创了延续近两千年的制度模式。贵族政治和井田制逐步瓦解,走向崩溃。但此时形成的"重农抑商"、小家庭政策,封闭了土地根本变革的可能性。此后的土地改革,基本上围绕租税利益的划分,而缺乏产权以及政治制度上的变革。
秦汉	(1)"王莽改制":试图回到"井田"时代,不允许土地买卖,以图阻止土地兼并。 (2)汉武帝实施"代田法":"二牛三人"对于提高农作物产量具有明显优势。但自耕农因势单力薄,不能配备必要的牲畜农具,无法实行有效的劳动协作,又因占有的土地不够多,劳动力不能充分利用。此法对拥有足够财力和物力的地主更加适用。	以禁止土地买卖来阻止土地兼并的改革命中注定只是昙花一现。 从生产力发展水平上看,土地兼并意味着农业生产从分散走向规模经营,未必不是一种社会进步。
北魏	"太和改制": (1)均田制,前后经历300多年。"耕者有其田"、"力田相称",社会底层能够稳定,官僚精英与皇权得以"长治久安"。(2)三长制:重建地方基层的乡官组织系统,规定五家立一邻长,五邻立一里长,五里立一党长,三长皆选择本乡"豪门多丁"之人充任,其职责为检查户口、管理农民、征发租调力役、维持乡里治安。(3)新租调制:名义上以一夫一妇的小家庭作为受田纳租的单位,不再有户等差别,改变了原先赋税征收的混乱现象。	均田制之所以能够推行,在于土地丰富;推行三长制,再造了基础组织,保障了财政收入;新租调制使人民负担大幅减轻。 不足之处:国家保留了大量的土地产权,农户土地产权残缺,如规定田地的用途以及使用期限;对农户土地产权的管制,增加了国家的制度成本;均田制按人分田,保证相对均等,实际上导致农业经营小农化。

续表

时期	土地改革内容	评价
唐代	杨炎的"两税法"：按每户的实有田亩和资产数额征税。其特点为：政府不再授田，土地可自由买卖；税额不定，符合实际；分户税和地税，手续简化；不分主户、客户，一律在定居地登记，按贫富缴税。	"两税法"利于降低收税成本，使官民两利，也扩大了税基，利于增加财政收入。局限：新增税种时很可能重复征税；没有统一的税率和固定税额，为聚敛开了方便之门。 "两税法"是中国古代社会赋税制度由前期向后期转换的分水岭：(1)"两税法"后，国家"不立田制"，土地可自由买卖，此后各朝代"私田"占据主导地位。(2)以"资产为宗"，体现出一定的均税精神，是历史的进步。(3)以"资产为宗"，国家对农民的人身控制日益松弛，佃农身份合法化。(4)为宋元时代所沿用，并开启"一条鞭法"和"摊丁入地"之先河。
明代	"一条鞭法"：将田赋、力役及杂税合并，按照田亩和人丁摊分赋税，将部分力役并入田亩计算。	(1)简化了赋役名目和征收手续，使官民两便。(2)可减轻无地和少地贫苦农民的负担。(3)导致了朱元璋建立的"画地为牢"的社会秩序的解体：改变了政府和人民的关系，不另征丁税，而力役又可纳银代替，人民有较大的迁徙自由，可往城市另觅生计，刺激了城市工商业的发展。(4)一条鞭法的实施，意味着州县财政制度得以建立，之后中国官员开始有了按预算安排本级官府财政开支的观念。
清代	雍正："摊丁入地"：废除单独征收人口税，把过去所课税的丁银全部摊入土地田亩里，然后按单一标准征收税项。	好处：减轻了无地少地农民的负担；更彻底地解放了人身，对劳动力进入商品市场起到很大促进作用；随着手工业和商业发展，土地产权以及经营制度发生巨变，发展出一种类似英美法系的土地批租制度。不足：以征银为主，白银在国家行政运作中有了前所未有的重要地位，不少白银被窖藏，退出流通领域，并未发挥有效作用。 "摊丁入地"变革涉及面相当广，差不多触及所有土地较多的人，特别是地主富户的利益，但整体进展相对平稳，没有引起大的社会震荡。原因在于清政府推行变革时讲究策略，不全国"一刀切"，允许各省因地制宜进行改革。
近代	孙中山的"平均地权"和"耕者有其田"：具体为"二五减租"，即地租减低至不超过总收获的37.5%。但国民党在推行过程中以失败而告终。	改革失败的一个重要原因是减租政策设计不妥。国民党政府未深入了解土地产权的现实就仓促推行改革；二是基层机构不健全，缺乏政策的执行机制。政府的施政一般要经过立法程序，通过行政机构来进行，特别是基层行政机构与乡村组织。

续表

时期	土地改革内容	评价
现代（中国台湾地区）	台湾地区的三次土地改革： (1) 1949年开始的第一次改革： ——三七五减租：也称"二五减租"，即地租减低至不超过总收获的37.5%； ——公地放领：把"国有"和"省有"耕地的所有权转移为农民所有； ——耕者有其田。 (2) 1979年开始的第二次改革：加速"农地重划"，"辅导小农转业"，提供购地贷款，促进土地所有权转移； ——继续推广"共同经营"、"专业区"、"委托经营"等经营方式，扩大农业经营规模； ——促进农业耕作机械化和产品商品化，提高农民的务农意愿； ——修订农业政策，加强农政的统筹与管理。 (3) 2009年开始的第三次改革： ——建立老农退休机制；提供2006年或2007年连续休耕农地出租与承租奖励与补助； ——提供大佃农长期承租农地租金及经营资金优惠贷款； ——提供大佃农企业化经营辅导与补助； ——强化农地银行服务管理功能。	(1) 第一次改革：使相当一部分农民获得了土地，极大调动了农民积极性，促进农业生产发展，租税的大幅降低和土地所有权转移，使农民对土地的投入有了显著增加，粮食产量持续提高。 土地改革后，农业增收，刺激工商业发展和社会繁荣；由于农产品出口换取外汇，购买进口设备原料，从而促进工业发展，部分农村土地资本转向工业生产，使消费性的土地资本转变为建设性的工业资本。可见，在土地改革条件下的农业发展，为培植工业的成长提供了市场、资金、外汇、劳力和原料，土地改革成为台湾经济腾飞的起点。 (2) 第二次改革：目的是为了解决在工商业为主体的情况下面临的农业困境，改善经营管理，扩大经营规模，实质是解除小农经济的束缚，为建立和发展现代大农业创造条件。 (3) 第三次改革：目的是奖励小地主出租农地促进农业劳动结构年轻化，及协助大佃农承租土地并朝企业化经营，降低生产成本，提高经营效率与效益，改善农业经营结构。此改革的方向是正确的，是改造小农经济的积极举措。
现代（中华人民共和国）	2008年之前，国家进行了两次土地改革，重构底层政权服务工业化。(1) 1946—1956年，实行"耕者有其田"，但未主张土地私有化，并通过"集体化"（初级社、高级社）建立农村土地集体所有制。(2) 1978—2007年，"去集体化"的过程，让农民拥有土地承包经营权，农民拥有极大的耕作积极性；同时，通过征地制度安排，并放开国有土地使用权交易，为城市化、工业化建设提供土地供应上的保障和财政资金保障。 十七届三中全会后，允许农村集体经济组织或其他集体建设用地使用者通过转包、转让、出租、抵押、入股等多种方式进行农地流转，各地相继开展一系列改革创新。主要有宅基地换房、土地承包经营权换社保、城镇建设用地增减挂钩流转等模式。	中国历代的土地改革，除战国时期外，中国共产党的土地改革是相对较为彻底的。它与打破旧有政权和旧的非正式制度等联系在一起，为新政权建立了基础，也为工业化奠定了基础。 以1978年启动的家庭联产承包责任制为核心的土地制度改革增加了农民收入，促进了农村经济的发展。但审视36年后的现状，可以清晰地看到目前的土地制度也限制了农民的土地产权，导致经济产权受制于行政权，暴露出诸多弊端。 十七届三中全会后各地试行的多种土地流转模式对于激活城乡要素市场、反哺"三农"、助推户籍制度改革、加快推进城镇化起到了一定作用，但同1978年小岗村废除人民公社搞土地承包制相比，均没有对整个农业的发展起到非常革命性的作用。

资料来源：刘正山《大国地权——中国五千年土地制度变革史》；公开信息整理

附图一 近些年土地流转的几个典型案例

(一) 天津华明镇"宅基地换房"模式

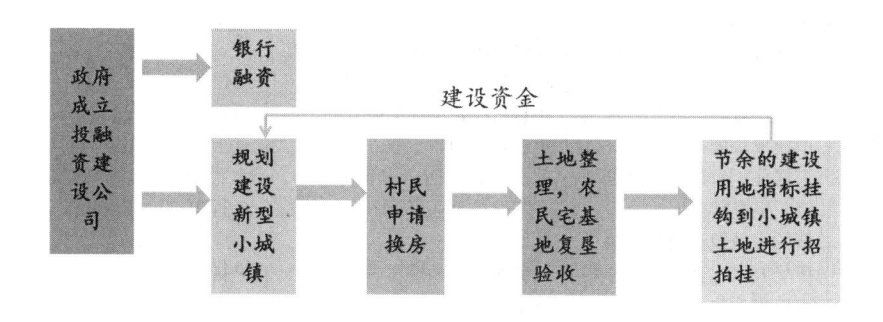

政府成立投融资建设公司 → 银行融资

政府成立投融资建设公司 → 规划建设新型小城镇 → 村民申请换房 → 土地整理，农民宅基地复垦验收 → 节余的建设用地指标挂钩到小城镇土地进行招拍挂

银行融资 → （建设资金）→ 节余的建设用地指标挂钩到小城镇土地进行招拍挂

(二) 重庆九龙坡区"双交换"模式

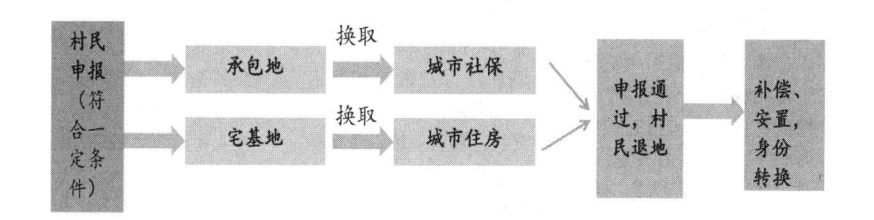

村民申报（符合一定条件）→ 承包地 —换取→ 城市社保 → 申报通过，村民退地 → 补偿、安置、身份转换

村民申报（符合一定条件）→ 宅基地 —换取→ 城市住房 → 申报通过，村民退地 → 补偿、安置、身份转换

(三) 重庆"地票"交易模式

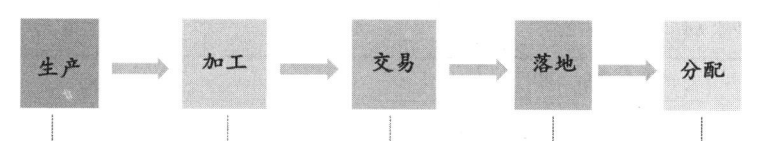

生产 → 加工 → 交易 → 落地 → 分配

- **生产**：由农村集体经济组织或农户向区县国土部门提出将闲置的农村宅基地及其附属设施用地、乡镇企业用地、农村公共设施和公益事业用地等农村集体建设用地进行复垦立项申请，经批准后开展复垦所立项的土地。
- **加工**：农民对土地进行复垦，区县国土部门对复垦的耕地进行质量验收，验收合格后由市土地行政主管部门向土地使用权人发放相应面积的"地票"。
- **交易**：农户或农村集体持票到"重庆农村土地交易所"挂牌出售。城乡法人、具有独立民事能力的自然人及其他组织，均可入场平等竞购地票。
- **落地**：交易所打包组合，构成规模不等的"地票"。政府综合考虑耕地开垦费、新增建设用地有偿使用费等因素定出基准交易价格，采取"招、拍、挂"方式出让"地票"落地对应地块。
- **分配**：地票成交价款扣除复垦成本后，全部收益归农民和农村集体所有。复垦形成的耕地，所有权归集体所有，原则上由原农户承包经营和管护。

资料来源：根据公开信息整理

附表三　天津"宅基地换房"与重庆"双交换"模式对比

模式	核心	配套措施	差异
宅基地换房	坚持承包责任制不变、可耕种土地不减、尊重农民自愿原则，建设有特色、适于产业集聚的生态宜居新型小城镇。农民以宅基地换取小城镇的住宅并迁入居住，农民原有宅基地统一组织复耕。新的小城镇还规划出可供市场开发出让的土地，用土地出让收入来平衡小城镇建设资金。	土地复耕：宅基地换房后，村委会组织村民对宅基地进行复耕。复耕后的土地依然发包给本村村民，不改变原有的土地承包责任制。 就业途径：向全市企业推介、在本区域企业安排、设立新区居民培训学校。 社会保障：为换房后的农民按城镇职工标准缴纳养老保险。	参与对象：界定宽松； 涉及的主要标的：宅基地使用权及宅基地上的原有房屋、新建小城镇中的新住房及国有土地的使用权，农民原有土地承包责任制不改变； 运行主体：政府主导，融资和建设合一模式； 户籍制度：换房后农民身份没有改变。
双交换	分别用城市的社保和住房换取农村的承包地和宅基地。凡是有稳定的非农收入来源，并自愿退出宅基地使用权和土地承包经营权的村民，可申报为城镇居民户口，并在子女上学、养老保险等方面与城镇居民享有同等待遇，同时获得一次性补偿。退出的承包地由镇土地流转中心统一登记，由村土地流转服务站统一管理经营。	子女入学：就近安排。 就业扶持：由区劳动和社会保障部门免费提供职业技能或创业培训、就业指导和职业介绍，符合条件的可享受小额担保贷款、再就业援助等政策。 社会保险：农民变市民人员在单位就业的，用人单位统一参加基本养老保险；未就业或灵活就业的，分类参加城镇或农村养老保险；随迁老人参加农村养老保险。	参与对象：限定严格； 涉及的主要标的：除宅基地及宅基地上的原有房屋、新建房屋及其国有土地使用权外，还有农民的土地承包经营权； 运行主体：政府主导，融资和建设分立模式； 户籍制度：农民变为市民，户口由农业变为非农业。

资料来源：根据公开信息整理

供给侧结构性改革与新供给经济学

徐诺金[*]

一、问题提出与各方解读

在 2015 年 11 月 10 日召开的中央财经领导小组第十一次会议上,习总书记强调,"在适度扩大总需求的同时,着力加强供给侧结构性改革,着力提高供给体系质量和效率"。随后在 11 日国务院常务会议、17 日"十三五"《规划纲要》编制会议及 18 日 APEC 会议上,高层又多次提到供给侧结构性改革。

高层如此密集地提及供给侧改革,引发了理论界和实践界对到底什么是供给侧结构性改革、供给侧结构性改革与新供给经济学有何关系、新供给经济学所主张的新供给又到底是指什么的新供给等问题的热烈讨论。有人认为,供给侧结构性改革主要在于将生产要素从成熟的、老化的产业撤出,投向正在形成和扩张的产业,创造新供给,增加新需求;也有人认为,中央提出供给侧结构性改革,意味着此前通过增加投资刺激需求来拉动经济增长的思路有所转变,因此货币政策会相对收缩;还有人认为,供给侧改革和保增长只能二选一,因为长期供给改革和短期增长存在着难以调和的矛盾;还有的仅仅从制度供给的角度入手,把各种体制改革等同为供给侧改革。如此等等,各方从不同的视角对供给侧改革进行理解,产生了不同的解读。

我认为上面提到这些对供给侧结构性改革的解读都是不全面的、片面的,有的甚至是错误的。那么,供给侧改革究竟是什么含义、到底什么才是正确的

---

[*] 徐诺金为中国人民银行郑州中心支行行长。

完整的供给侧结构性改革呢？这些改革会带来哪些政策变化呢？供给侧改革是否真能离开扩投资而保增长呢？要回答这些问题，我认为需要回到对供给侧结构性改革的理论基础——新供给经济学，以及对中国经济及其发展阶段特征真正地正确地认识上来。

二、中国新供给经济学理论及政策主张[①]

中国新供给经济学是近年来由洪崎、贾康、徐林、李万寿、白重恩、姚余栋、黄剑辉、刘培林、王庆、滕泰等一批跨部门跨行业跨领域跨学科的专家、学者、企业家、政府官员等组成的民间智库，以中关村华夏新供给经济学研究院和中国新供给经济学50人论坛为主要平台，围绕新常态下中国经济到底应该如何发展深入研究而进行的一系列理论探索和提出的政策主张。其主要理论研究成果和政策主张集中反映在由中国经济出版社2013年出版的《新供给：经济学理论的中国创新》、2015年出版的《新供给经济学：理论创新与建言》和由山西经济出版社出版的《新供给经济学》等专著中。他们通过对主流经济学理论框架的反思和对我国现实经济问题的深刻认识，提出了从"供给侧"改革应对中国经济问题的思路。

经过对西方经济学界主要理论和政策实践的考察，他们指出当前西方主流经济学理论研究存在三大不足。

一是认知框架存在不对称性问题。古典经济学、新古典经济学和凯恩斯主义经济学各自强调不同的角度，都有很大的贡献，但是共同的失误又的确不容回避，即他们都在理论框架里假设了供给或需求的一侧，然后主要强调对另外一侧的深入分析和在这方面形成的政策主张，都存在着偏颇的不对称性问题，其中，尤其以自凯恩斯主义盛行以来经济学界过分强调需求侧管理带来的问题为甚。

二是坚持完全竞争假设，只关注总量问题而对结构性问题关注不足。完美市场和完全竞争是西方经济学理论的核心理念，在此理念下，政府只需要关注

---

① 本部分内容主要来自对贾康、苏京春等著《新供给经济学：理论创新与建言》序言的综述。

经济总量中的问题并进行相机的总量调控，而市场会通过完全竞争引导资源配置、自动解决结构性问题。这次金融危机的出现以及西方政府的主要应对实践，显示了以上理论的缺陷。本轮世界经济危机的起因，就在于美国房地产业和金融衍生品交易等局部风险的暴发而带来了全局性的危机。美国等发达市场经济在应对危机的实践中，关键性的、足以影响全局的操作，也首推他们实行的一系列区别对待的结构对策和供给手段的操作，比如美国对部分金融机构"区别对待"的政府注资等，这些在他们自己的教科书里面也找不出清楚依据，但在运行中却往往得到了特别的倚重与强调。然而，如此重要的实践，迄今还基本处于与其经典学术文献、主流教科书相脱离的状态。

三是过度信赖完美市场，对政府在供给侧管理中发挥作用的认识落后于实践。比如，从20世纪80年代亚科卡自传所强调的重振美国之道的关键是"产业政策"，到近年奥巴马国情咨文所提到的从油页岩革命到3D打印机，再到制造业重回美国等，美国的实践对经济产生了一系列积极效果，但被人们推崇的经济学文献和理论界的代表人物均很少提及。其实政府主导的这些政策都不是对应于教科书的认知范式，而是很明显地对应于现实重大问题的导向，以从供给侧发力为特色。不客气地说，本应经世致用的经济学理论研究，在这一领域，其实是被实践远远抛在后面的"不够格"状态。

针对主流经济学的不足，尤其在解释和指导类似于中国这样的转轨经济发展实践中的不足，中国新供给经济学人做出了全面反思和系统性思考，产生了一系列研究成果，新供给经济学理论和政策主张不断完善。其理论观点主要体现在以下几个方面。

一是在新的经济学基本框架中强化供给侧的分析和认知。他们在基础理论层面明确指出人类社会不断发展的主要支撑因素，从长期考察是有效供给对于需求的回应和引导，供给能力在不同阶段上的决定性特征形成了人类社会不同发展时期的划分。同时承认需求在这方面的原生意义也是不可忽视的。人有需求才有动力、才要去追求各种各样的可用资源。他们从供给能力在不同阶段特征上的决定性这样一个视角，强调不同发展时期的划分和供给能力，以及与"供给能力形成"相关的制度供给问题，具有从基础理论层面发生而来的普适性，也特别契合于在中国和类似的发展中国家怎样完成转轨和实现可持续发展方面的突出问题。在现实生活中，关键是在处理"生产产品满足消费"的需求侧问题的同时，解决"生产什么"和"如何生产"的供给侧问题——尤其是"制度供给怎样优化"的问题。

二是正视现实而加强经济基本理论支点的有效性和针对性，比如把"非完全竞争"作为深入研究的前提确立起来。非完全竞争是资源配置的真实环境，牵涉大量的供给侧问题。过去经济学所假设的"完全竞争"环境，虽带有大量理论方面的启示，但它毕竟只是一种极度简化的模型。现在讨论问题，应放在非完全竞争这样一个可以更好反映资源配置真实环境、涵盖种种垄断竞争等问题的基点上，来升级、扩展模型和洞悉现实。需求分析主要处理总量问题，指标是均质、单一、可通约的，但供给分析要复杂得多，处理结构问题、制度构造问题等，指标是非单一、不可通约的、更多牵涉到政府—市场核心问题这种基本关系，必然在模型扩展上带来明显的挑战和非比寻常的难度，但这却是经济学创新与发展中绕不过去的重大问题。更多的中长期问题和"慢变量"问题，也必然成为供给侧研究要处理好的难题。过去经济学研究中可以用一句话打发掉的"一般均衡"或"反周期"调控中可自然解决结构问题，新供给经济学认为有必要升级为在非完全竞争支点上的一系列并非完全自然演变的过程因而被纳入供给侧能动因素深入研究。

三是认为市场、政府、非营利组织等主体应各有作为并力求合作，这是优化资源配置的客观要求。在明确认同市场总体而言对资源配置的决定性作用的前提下，还需要有的放矢地来讨论不同的主体——市场和政府，还有"第三部门"（非政府组织、志愿者、公益团体等），他们在优化资源配置里面可以和应该如何分工、合作、互动。在不同的发展阶段和不同的领域，分工、合作、互动的选择与特点又必有不同。由分离、失灵到分工、替代，再由替代走向强调"公私合作伙伴关系（PPP）"式的合作，反映了人类社会多样化主体关系随经济发展、文明提升而具有的新特征、新趋势。

四是特别强调制度供给应该充分引入到供给侧分析而形成一个有机联系的认知体系，各种要素的供给问题和制度供给问题应该内洽于一个体系，发展经济学、制度经济学、转轨经济学、行为经济学等概念下的研究成果，需要加以整合熔于一炉。以此来回应转轨经济和中国现实的需求，新供给经济学的核心概念便是更加注重"理性的供给管理"。在中国要解决充满挑战的现代化达标历史任务，必须借此强调以推动制度和机制创新为切入点、以结构优化为侧重点的供给侧的发力与超常规的"追赶—赶超"长期过程。

基于对上述问题的理论思考和深入研究，他们系统地提出了应对中国现实发展问题的政策主张，即以改革统领全局之下的"八双"和"五并重"。

"八双"的基本内容是："双创"——走创新型国家之路和大力鼓励创业；"双化"——推进新型城镇化和促进产业优化；"双减"——加快实施以结构性减税为重点的税费改革和大幅度地减少行政审批；"双扩"——在对外开放格局和新的国际竞争局面之下，扩大中国对亚非拉的开放融和，以及适度扩大在增长方面基于质量和结构效益的投资规模；"双转"——尽快落实人口政策的转变，和积极促进国有资产收益和存量向社保与公共服务领域的转置；"双进"——国有、非国有经济发挥各自优势协调发展，共同进步，完善以"共赢"为特征的社会主义市场经济基本经济制度的现代化实现形式；"双到位"——促使政府、市场发挥各自应有作用，双到位地良性互动、互补和合作；"双配套"——尽快实施新一轮"价、税、财"配套改革，并积极地、实质性地推进金融配套改革。

"五并重"的基本内容是："五年规划"与"四十年规划"并重，全面研究制定基于全球视野的国家中长期发展战略；"法治经济"与"文化经济"并重，注重积极逐步打造国家"软实力"；"海上丝绸之路"和"陆上丝绸之路"并重，有效应对全球政治经济格局演变；柔性参与TPP与独立开展经济合作区谈判并重，主动参与国际贸易和投资规则的制定；以及高调推动国际货币体系改革与低调推进人民币国际化并重。

三、中国新供给经济学理论渊源及与美国供给学派的异同

（一）理论渊源

关于中国新供给经济学的理论渊源及与美国供给学派的关系及异同，贾康

和苏京春合写的《探析"供给侧"经济学派所经历的两轮"否定之否定"》（贾康、苏京春，2015）一文辨析得较为清晰。他们认为，中国新供给经济学是"供给侧"经济学的最新发展形式，其理论源头可以追溯到两个多世纪以前的古典自由主义经济学。过去的两个多世纪里，在主流经济学转换发展的四大阶段中，"供给侧"经济学完成了两轮否定之否定的螺旋式提升过程，实现了从萨伊定理到供给学派再到供给管理的历史演变。

"供给侧"经济学发展的第一阶段是古典自由主义阶段。供给创造自己的需求这一萨伊定理是古典自由主义经济学的核心定理，它源自亚当·斯密《国富论》的启发，隐含在萨伊的《政治经济学概论》中，并由大卫·李嘉图和穆勒等人抽象总结出来。古典经济学认为，一国经济增长的快慢，主要受制于土地、劳动、资本、技术、制度等供给侧关键因素。市场会通过价格自动达到均衡。因此古典经济学在重视供给侧因素的决定作用的同时，比较信赖市场的自我调节作用，反对政府对市场的干预。在20世纪30年代之前，古典自由主义一直在经济学界和政策实践中处于主导地位，直到"大萧条"的到来，引发了经济学理论的凯恩斯革命，萨伊定理几乎被彻底颠覆，"供给侧"经济学也迎来历史上第一次否定。

作为对凯恩斯主义的否定，美国供给学派理论是供给侧经济学发展的第二个阶段。20世纪70年代，凯恩斯主义对当时出现的"滞胀"问题的无能为力，宣告了凯恩斯主义辉煌时代的终结。当时经济学界对"滞胀"进行了大量的讨论，供给学派、货币主义学说、新古典综合派、新剑桥学派等新理论应运而生。以裘德-万尼斯基、罗伯特-拉弗等为代表的供给学派否定了凯恩斯主义在宏观调控中以需求侧作为主要视角的认识，重新肯定萨伊定理的正确性和重要性，认为供给侧是更重要的因素，主张大幅度地减税来对经济增长进行激励。这种思想最终因其有效性以及在政治层面满足决策者诉求等多种因素而在国家宏观政策实践中得以脱颖而出，成为20世纪80年代里根政府执政以及英国撒切尔"去国有化"的重要指导思想。然而，尽管走出了"滞胀"，供给学派指导下的美国经济并没有像预期那样增长，还使联邦财政连年出现巨额财政赤字，并导致利率攀升、外贸出现赤字，因而它又迅速丧失信任，带来80年代末凯恩斯主义的复辟。

供给管理是"供给侧"经济学发展的最新阶段。从20世纪80年代末到90年代以及直到2007年次贷危机爆发前，美国经历了以科技发力为主导"新经济"引领的经济增长，期间经济学界以及主要国家的决策者对凯恩斯主义复辟所带来的积极的经济实践结果信奉无疑。然而，2007年美国金融系统爆发次贷危机并带来全球范围的经济危机，再次导致经济学界对凯恩斯主义的质疑。在这次危机中，美国政府在救市实践操作中实质上采用"供给管理"手段，广泛使用"区别对待"政策操作和结构性改革，标志着"供给侧"调控思想对凯恩斯主义的第二次否定。

由上分析可知，西方供给侧经济学经历了"古典经济学→凯恩斯主义→供给学派→凯恩斯主义复辟→供给管理"这一历史历程，自我实现了两轮否定之否定形式的提升。在中国发展起来的新供给经济学，即是立足于"供给侧"经济学的两轮否定之否定的逻辑基础，针对中国现实问题吸纳各个经济流派的优秀研究成果而成的最新经济理论，在它的全新框架内各个流派从对立走向融合，具有明显的兼容并包特性与创新色彩。

（二）与美国供给学派的异同

供给学派是在20世纪70年代美国出现长期"滞胀"后，在全面反思凯恩斯主义、深入研究"滞胀"问题中兴起的一个经济学流派，是"供给侧"经济学发展的第二个阶段。供给学派的主要逻辑和主张包括四大方面。

第一，经济增长的唯一源泉在供给侧。

第二，增加供给的途径是经济刺激和投资。

第三，增加刺激的主要手段是减税。

第四，增加刺激的外部条件是尽量减少政府对经济的干预。

作为不同阶段的供给侧经济学，新供给经济学与美国供给学派除名字相近外，两者的理论基础和政策主张确实存在相似的地方。两者都重视供给侧对经济增长的关键作用，都重视投资对供给和生产能力增加的作用。但两者的差异更大，新供给经济学并不是供给学派的简单复辟。

第一，美国供给学派的理论相对分散，不够系统化。而新供给经济学从基础理论到政策主张，具有严格的逻辑基础和现实基础，是对已有经济学研究成果新的认识凝练与思想结晶，赋予"供给侧管理"以新的解读。

第二，新供给经济学具有建设性的包容性，它对供给侧的重视和强调建立在肯定需求侧的重要意义和实践贡献的基础上，并加入了在制度经济学思想指导下对制度供给层面更具系统化特征的思考，这同美国供给学派存在着根本的不同。

第三，新供给经济学根植于中国国情和世界各国最新实践，对政府和公有制经济在有效供给形成和结构优化方面的能动作用进行系统的研究，认为市场、政府、非营利组织应各有所为，而不像供给学派那样一味强调市场自动调节、减少政府干预。同时，结构分析也是新供给经济学针对中国发展现实而对美国供给学派的重大发展。

四、我的新供给主张及理论基础[①]

我是认同中国新供给经济学理论的。我在2013年有幸加入了中国新供给经济学50人论坛，在这个团体中收获很多，其中体会最深刻的是这个团体学术探讨的开放性和包容性，各种不同的理论和主张都可以在这里充分交流讨论。

我之所以认同中国新供给经济学，是因为他们的理论和主张与我多年一贯的理论认识和主张是内在一致的。我一直主张用好投资这个内在地联结短期需求与长期内形成供给的变量。这种内在的一致要从正确地认识两种不同增长范畴的区别与联系中去理解。

经济增长可以区分为潜在增长和现实增长。潜在增长指的是经济潜在生产能力的大小及其增长快慢。根据古典主义经济学以来的经济增长理论，一国潜在生产能力主要受土地、劳动、资本、技术以及制度等供给侧因素的影响。如果用 GI 表示潜在增长，把 F 定义为制度、用 L 代表土地、La 代表劳动力、K 代表资本、T 代表技术，则潜在增长函数可表示为 $GI=F(L, La, K, T)$。

---

① 我的有关理论观点和政策主张主要体现在《制度变迁中的金融理论及政策主张》、《回归恒等式——我国宏观经济均衡分析新范式》、《中国优势——经济增长的路径抉择》、《优势突围——论中国优势与金融改革》等著作中。

第二种增长范畴指的是现实产出的增长，或者说是 GDP 的增长。根据凯恩斯主义及相关理论，现实产出除了受潜在生产能力的大小影响外，还受一定时期有效需求大小的影响。如果把 D 定义为总需求，它由消费（C）、投资（I）、净出口（X）三部分构成，则这种意义上的增长函数可以写成 GS=F（L，La，K，T；D）。由于 D=C+I+X，则 GS=F（L，La，K，T；C，I，X）。由于在短期内生产潜力相对不变，现实产出主要由总需求决定，因此人们往往形成经济增长似乎由消费、出口、投资三驾马车决定的假象，"三驾马车"论和需求管理理论由此而来。

潜在增长与现实增长存在着差别，也存在联系。这种差别既是潜力与潜力实现程度的差别，也是长期趋势与短期波动的差别。同时两者又是统一的。潜在增长是现实增长的基础，现实增长是潜在增长的目标和动力，两者互为条件、相互促进。为追求短期的增长最大限度的接近增长潜力，我们需要凯恩斯主义，对政府支出、消费、投资及出口等经济的需求侧进行管理。但现实产出无法超过生产潜力，现实增长受潜在增长的终极制约，因此真正的可持续的增长只能是生产能力的增长。为了追求长期生产能力的可持续增长，我们必须从供给侧着力，加大投资促进资本积累，加快创新和技术进步，以及努力促进制度变革等。虽然劳动力数量和土地数量不易调控，但也可以通过提高教育和劳动力培训，促进人力资本积累，通过更市场化的土地利用机制，提高土地利用效率，这些都属于供给侧的范畴。

在潜在增长和现实增长中，我历来主张投资变量非常关键，起的作用非常大。投资在经济增长中到底起什么关键作用呢？以上长期和短期增长函数的设定，为我们的讨论提供了直观的参照。先来看长期增长。从严格意义上说，在决定经济潜在意义上的长期增长中，土地、劳动、资本（投资）、技术、制度等都很重要，缺少任何一个都不可能有真正的高效的增长。但每个要素的作用在不同的约束条件下差异很大。在农业社会阶段，经济产出主要取决于劳动和土地。但进入工业社会后，资本逐渐成为决定经济增长快慢的根本变量，把长短期结合起来看时更是如此。首先，劳动力变量是一长周期变量，取决于人口生产周期，短期内甚至中期内都没有多大的调节弹性。制度变量也多是一个渐进性的变量，大的制度变革通常只能通过长时间很多小变化的积累才能实现，并且制度一旦趋于成熟和稳定，对经济的影响也将趋于常态。再看技术，技术进步对经济增长非常重要，但在现代社会中，技术进步离不开资本的前期投入，技术的使用也必须具体化在新的工厂、设备和工具中。技术也只有通过投资，才能内化到再生产过程中。因此，在所有影响经济长期增长的生产要素和制度结构因素中，只有投资变量才是最活跃、最关键、最可调节的变量。

从短期看，投资同样是影响经济增长的重要变量。由于投资是总需求的重要组成部分，投资越大，潜在生产能力就越能得到充分利用，第二种意义上的现实增长也就越快。长此以往，潜在增长也在越来越快、越来越与潜在增长逼近的现实增长中向前推进。同时，消费主要受长期文化和消费习惯的影响，也受边际消费倾向递减规律的制约，可调控的空间有限。出口来自于外国的需求，可调控性更小。因此，从短期来看，在投资、消费、出口三大影响现实增长的需求引擎中，也只有投资是最活跃、最可控、最关键的因素。

正是由于投资的这种特性，即对长期增长和短期增长、潜在增长与现实增长的联结特性，使投资在短期稳增长和长期促供给中起了特殊作用。从这种意义上说，那种认为长期增长和短期增长之间存在着不可调和的矛盾、深入推进供给侧改革和稳增长只能二选一的观点是站不住脚的。合理扩大投资规模、调整投资结构、提高投资效率，既可以增加短期需求，稳定短期增长，又可以促进经济的结构调整和转型升级，提高经济的长期增长空间。因此，从长短结合来看，投资是决定两种意义上经济增长速度快慢最关键最活跃最可控的因素。

五、中国经济的国情特点与供给侧结构性改革

改革开放以来的中国经济大体可以分为三个发展阶段。一个是从1978—2000年前后的第一阶段，这一阶段的主要特点是需求大于供给，政策着力点在供给侧，落脚点在满足需求。这一时期供给侧改革主要是推进经济体制改革，释放各种生产要素的生产潜力，对外开放，引进外资和技术，增加国内投资和生产能力建设，提高满足需求的能力。正是这些供给侧的政策措施，在满足需

求的过程中实现了高增长。第二阶段在 2000—2008 年左右,国内基本需求得到满足,在凯恩斯边际消费递减规律和我国人口红利越来越大的综合作用下,国内储蓄剩余增加,表现为供给超过需求,剩余生产能力扩大,为寻求供求平衡,我国逐渐走上了一条外向型平衡道路。第三阶段为 2008 年至今。美国次贷危机后,全球经济陷入低谷,外需下降,剩余出口受阻,我国外向型经济受到新的考验。只有国内需求同步扩大,经济才有可能保持原有的增长速度。但世界经济危机使国际对我国的需求急剧恶化,我国内部需求扩大的速度不足以弥补外需下降带来的缺口,结果是近些年来我国的经济增速节节下滑,GDP 增速连下四个台阶,从 10% 以上依次降到 9%、8% 和现在的 7% 左右。

是什么原因造就了中国经济过去 30 多年的高增长?又是什么原因导致这些年经济增长的持续下行?我认为,我国过去 30 多年的高增长,只能从供给侧进行解释。高增长的主要推动力是高投资,高投资的条件是高储蓄,高储蓄的源泉是制度红利和人口红利。所以,这一时期可以说是供给侧发力时期。具体来说,新中国成立后鼓励生育的政策,带来了 1978 年改革开放前后丰富的青壮年劳动力资源;随后的计划生育政策又对人口生育进行控制,带来了中国人口抚养比的大幅下降,由此形成了中国特有的巨大的人口红利。[①] 80 年代的改革开放,则带来了市场经济的激励,激活了微观主体的积极性,由此形成了中国改革开放的制度红利。正是这种巨大的人口红利和改革开放带来的制度红利的历史性结合,形成了中国特有的高储蓄现象,为中国的高投资创造了条件。此时,中国适时地采取了正确的高投资政策,抓住了历史机遇,促进了中国高储蓄向资本的转化和积累,最终带来了经济的高速增长。

回到当前经济下行的现实中来,我认为,中国经济近些年来的下行,可以归因于国外周期性因素和国内体制性结构性因素的共同作用,但也更多的与当前我国主流经济学理论对我国经济存在片面、甚至错误的认识以及在其误导下

---

① 根据王金营、杨磊(2010)的研究,我国 1988 年前后劳动人口总抚养比下降到 50% 以下,从而人口"机会窗口"开启,进入人口红利期。2007 年劳动人口抚养比更下降到了 37.93%。现在这一趋势随着我国老龄化的发展已经开始扭转。据他们预测,到 2030 年前后我国劳动人口抚养比会重新超过 50%,到时人口红利期将结束。

实施的宏观经济调控政策有关。针对我国过去的成功和当前的现实问题，我国经济学家本应植根于国情这个现实从中深究原因、探寻对策。但可惜的是我们的主流经济学采取了简单的拿来主义，直接把凯恩斯的需求管理政策进行简单的套用，既对过去的成功没有正确的解读，也对当下的问题没有正确的认识。根据我的观察和梳理，我国主流经济学的错误理论和认识误区主要表现在以下十个方面。

一是认为中国改革开放以来所形成的高储蓄、高投资、高增长现象是中国问题，不是中国优势，主张提高消费，降低储蓄，控制投资，放慢增长。

二是认为消费可以促进增长，主张用消费取代投资作为推动经济增长的动力。没有看到在长期的潜在增长中，消费根本不是促进经济增长的因素，只有投资既是短期需求又是长期供给，是联系现实增长与潜在增长，真正决定一国经济可持续增长的关键变量。

三是认为中国的储蓄率太高，而没有深入国情和中国经济发展中的阶段性特征揭示中国高储蓄的真正来源。没有发现正是中国改革开放的制度红利与中国人口结构的独特性变化所带来的人口红利的历史巧合才形成了中国独有的高储蓄现象。

四是基于对中国高储蓄形成原因和投资高低判断标准的错误认识形成了中国独有的投资恐高症、投资厌恶症，普遍反对中国的高投资。

五是没有看到基于高投资而来的高增长，对一个经济尚处于发展中阶段的国家来说，是求之不得的有利条件，伴随高增长而来的结构问题、污染问题、能耗问题、环境问题，解决的正确之道在于进一步深化改革，让市场在结构调节中真正发挥决定性作用，而不应是否定高投资、否定高增长的必要与好处。

六是由于对中国高储蓄与高投资形成的原因及相互关系的错误认识，因而无法解释中国高额贸易顺差和巨额外汇储备的真正来源和本质。理论界充斥着诸如贸易顺差源于国内产能过剩、进口太少出口太多，源于出口定价太低，工资太少，土地环保成本没有覆盖等似是而非的认识，因而采取了很多提工资提成本挤压企业出口的措施，致使沿海地区出口企业优势大伤，纷纷外迁。没有看到如果不从投资与储蓄的平衡关系入手去解决高储蓄下必须进行高投资这个根本问题，高额贸易顺差、巨额外汇储备等问题是难以真正解决的。

七是面对中国这个发展中经济体，一方面存在着大量储蓄剩余和巨额外汇储备不知如何应对，另一方面存在着大量的资金和投资建设需求难以满足、国内利率长期高于国际市场水平、融资难融资贵等问题。主流经济学家们只是简单地归因于金融，没有看到形成这种怪象的根源在于我们的经济学理论出了问题，正是由于对投资缺乏正确的认识，对投资存有偏见，因而抑制了投资。

八是把房地产、地方政府融资平台所投入的基础设施排除在实体经济之外，实体经济就只剩下制造业、农业、服务业。同时，主流经济学家又普遍认为中国的制造业过剩，如此一来，我们所提倡的希望金融支持实体经济就只能把巨额的国内金融资源投入农业、服务业及他们所说的新兴产业、高新科技等吸纳资金能力有限的风险高、产业脆弱、不确定性大的领域。事实上，房地产业是解决我们日常生活中衣、食、住、行等四大基本需求"住"的问题的重要产业，地方政府融资平台投入的又是与"行"等基础设施建设相关的领域，不把"住"与"行"看作实体经济，这显然是有问题的。所谓实体经济是马克思主义经济学思想中与证券股票等金融相对应的虚拟经济而言，是应该包括创造物质财富的房地产业和基础设施建设领域的。要金融支持实体经济，是为防止金融等虚拟性不直接创造物质财富的行业自我循环、自我膨胀、自我繁荣。

九是武断地认定中国某些行业存在产能过剩并建议采用粗暴的措施压缩产能。判断一个产业是否过剩，唯一的主体应该是市场主体，解决市场过剩问题的机制应该是市场机制。但当前主流经济学家，一方面在提倡市场化改革，主张市场起决定性作用，另一方面又说中国这个产业过剩，那个产业不足，主张推进结构调节，加快化解产能过剩等主张。

十是忽视中国仍是一个发展中的经济体和发展中存在着紧迫问题及其差异性，忙于在总量超越的喜悦中去总结经验、推广模式，认为中国的发展可以放慢点了，数量和速度没有过去重要了。如果我们回到城乡差别、东中西差别、总量与人均的差异、城镇化、农民工、老龄化等现实问题中来，其实发展的紧迫性一点也不能放松，现在所面临的问题一个也没有减少。按人均水平、城镇化水平、环境质量等来比较，我国与世界各国的发展差距还相差很大，我们的经济既面临着发展中国家普遍面临的发展中陷阱危险，还面临着中国独有的极度老龄化陷阱冲击，我们要保持清醒头脑，坚持"以经济建设为中心，发展是硬道理"仍像过去一样重要。

在主流经济学错误理论的误导下，面对我国当前经济增长放缓的问题，我国实施的是刺激消费控制投资的政策，不但没能令恶化的经济企稳，反而加剧了经济的下行。为什么刺激消费的政策没能产生主流经济学家们预期的效果呢？原因在于消费不足并不是当前我国经济增长放缓的主要原因，更不是当下中国经济的主要问题。尽管我国的消费率一直低于发达国家水平，这些年还存在下降的趋势，但主流经济学据此就得出我国存在消费不足的结论是错误的，是有害的。中国消费率的下降其实是改革开放以来在经济快速增长中人民收入快速提高以及人口结构变化双重因素作用的结果，是符合客观规律的（徐诺金、姜再勇，2015）。其实，中国的绝对消费水平一直是在快速上升的。据统计，2014年全国消费水平是2000年的4.8倍，是改革开放初期的96.2倍。至于饱受主流经济学家们诟病的低消费率，由于我国的消费数据持续存在着低估问题，学者们推算，全国真实的消费率也要比官方的统计高6—8个百分点。这些从中国每年网购规模持续高速增长的事实中都可以得到印证。2011年到2014年的四年中，中国网购规模增长率分别是70.2%、51.3%、59.4%和48.7%，可以称得上飞速发展。2015年双十一购物节，阿里巴巴一家网站（包括淘宝和天猫）当天交易额就达912亿，比2014年的571亿增长了59.7%。同时我们也不断听到中国游客在国外大量购物的消息。中国每年有1亿人次出国旅游，每人在海外的平均购物金额为5000美元，日本马桶盖、韩国的彩妆、澳大利亚的奶粉都成为中国游客暴买的对象。可以看出，目前国内经济的关键问题不是消费不足的问题，而是国内供给满足不了日益丰富多样和升级了的消费需求问题。

但供给不足也不是我国供给侧方面问题的全貌。一方面，我国有众多的企业扎堆在低端，企业没有研发的成本和能力，限制了产品质量的提高和向高端水平的发展，带来高端产品供给不足，以至于消费者没办法在国内买到自己需要的产品，涌向国外。但另外一方面，在长期形成的粗放式发展惯性作用下，我国煤炭、钢铁、部分重化工行业和一般制造业形成了大量的产能消化缓慢，

PPI多年连续为负，企业利润下降，研发投入减少，带来了企业发展在低端的恶性循环。不合理的供给结构，不仅加大了经济下行压力，而且成为突破"中等收入陷阱"过程中的重负。此外，在环境保护、资源节约、公共服务、社会公平等领域，也存在着很多供给短板。推进供给侧结构性改革，既包括扩大投资规模，也包括优化投资结构、提高投资效率，促进我国总量增长问题和结构性优化问题同时得到改善。

再强调一点，中国绝对消费水平的快速上升与中国消费率下降、储蓄率上升的并存，实际上反映的是这一时期中国人口结构的特殊变化，是我国人口红利在消费与储蓄上的特殊反映。由于中国的高储蓄中，有相当部分源自现在人口年轻化的人口红利，而对应的则是未来人口老龄化的抚养负担，是不能轻易拿来消费浪费掉的。因此针对中国高储蓄不主张高投资，反而主张扩大消费是大错特错的，这种错误随着中国老龄化的来临会越来越突出。而正确的做法应是珍惜这种高储蓄的优势扩大投资，形成有效应对老龄化强大物质基础与资本积累。只有这样，中国经济才有可能既走出近期稳增长的困境，又为未来的老龄化做好充分的准备。

六、总结

为我国的政策实践找到正确的经济理论已经非常迫切。要真正从各种错误认识中走出来，就必须结合我国国情的特点，正确认识过剩储蓄形成的真正原因、储蓄充分有效转化为投资对经济增长的重要意义和中国目前仍处于发展中阶段的特点，重新回到重视供给侧结构性改革的思路上来。一是要重视新制度供给，释放制度红利；二要重视新的生产能力和竞争优势的形成，重视增加潜在生产能力的增长；三是要重视增加新财富，形成资本新积累。可以预见，在"十三五"规划中，国家会有更多的供给侧管理政策，致力于改革体制机制中经济发展的障碍，搞活微观；减轻企业税费负担，让企业轻装上阵；降低企业融资成本，增强金融对实体经济的支撑能力；进一步简政放权，助力创业创新；如此等等。

需要强调的是，推进供给侧改革，并不意味着对需求管理的放弃，更不意味着货币政策会收缩、投资会下降。由于投资在短期内是需求因素在长期内是供给因素，扩大投资同时具有稳定短期增长和促进长期增长的作用。所以我国还应继续扩大投资，保持高投资率。这既是必要的，又是可行的。当前阶段我国的人口红利还未完全消失，还有最后10—15年的人口红利期，改革开放红利在进一步深化改革扩大开放中仍在释放，储蓄率也仍然高于世界大多数国家，加上巨量的外汇储备，我国仍然存在高投资的资金来源；同时我国人均资本存量与发达国家还有很大差距，经济还有适度加杠杆的空间，中西部地区发展、城乡基础设施建设、高科技研发、新产业形成、农民工转型等领域还有更多的投资需求和空间。因此，我们应该抓住中国优势的最后阶段，继续发挥高投资对经济增长的积极作用。

主要参考文献

1．贾康：《"新供给经济学"有破有立的创新诉求》，载贾康主编：《新供给：经济学理论的中国创新》，中国经济出版社2013年版。

2．贾康、徐林、李万寿等：《中国需要构建和发展以改革为核心的新供给经济学》，载贾康、苏京春等：《新供给经济学：理论创新与建言》，中国经济出版社2015年版。

3．贾康、苏京春：《探析"供给侧"经济学派所经历的两轮"否定之否定"》，载贾康、苏京春等：《新供给经济学：理论创新与建言》，中国经济出版社2015年版。

4．林建建：《"供给侧改革"和"保增长"也许只能二选一？》，《华尔街见闻》2015年11月23日，http://wallstreetcn.com/node/226453。

5．王金营、杨磊：《中国人口转变、人口红利与经济增长的实证》，《人口学刊》2010年第5期。

6．徐诺金：《什么决定经济增长》，人民银行工作论文。

7．徐诺金：《主流经济学的迷误与反思》，《优势突围——论中国优势与金融改革》，中国金融出版社2015年版。

8．徐诺金：《论中国优势》，《优势突围——论中国优势与金融改革》，中国金融出版社2015年版。

9．徐诺金：《回归恒等式——我国宏观经济均衡分析新范式》，中国金融出版社2009年版。

10．徐诺金编著：《制度变迁中的金融理论及政策主张》，中国金融出版社2014年版。

11．徐诺金：《中国优势——经济增长的路径抉择》，中国经济出版社2014年版。

12．徐诺金、姜再勇：《我国人口红利与人口负债的平衡》，《征信》2015年第8期。

经济"新二元结构"催生四大反常现象

白重恩[*]

在考察经济结构转型与经济增长时,除了传统的投资与消费结构外,还要强调投资结构,即不同类型投资之间的关系,有三个原因:第一,投资结构刻画了中国经济的基本特征;第二,投资结构可能带来很大的影响;第三,要想改变目前的投资结构难度很大,还可能形成陷阱。

为什么投资结构反映了中国经济的基本特征?

这可以用以下几个现象来说明,这些现象很难用传统的经济学教科书理论推导出来。

第一,尽管经济增长速度在下降,但实际利率在上升。一般情况下经济增长下降的时候,投资乏力,对资本的需求减少,实际利率应该下降。但实际情况正好相反,经济在减速,而实际利率一直在上升。

第二,经济增长减速,但是劳动力成本增长的速度仍然很快。即使剔除价格因素,劳动力成本的实际增长速度仍然超过GDP的实际增长速度,这也是一个反常现象。因为当经济增长乏力的时候,对劳动的需求会减少,所以劳动力的价格也应降低,但是我们看到的正好相反。

第三,尽管实际利率在上升,但是资本的回报率在下降。这也是一个反常现象,因为人们之所以愿意选择支付一个实际利率,必须是资本的回报率要高于实际利率。当资本回报率降低的时候,实际利率应该下降,而我们看到的现

---

[*] 白重恩为清华大学经济管理学院副院长。

象正好相反，即资本回报率下降，但实际利率在上升。

第四，劳动力成本在上升，却出现了通缩。这也是不应该发生的事，一般来说工资增长是造成通货膨胀最主要的原因之一，如果劳动力成本不断上升，应该发生通胀而不是通缩。这四个现象通常教科书理论不能解释、在其他国家也难以观察到的现象，是中国特色，而要解释这四个现象必须研究中国的投资结构。

为了把中国投资结构的特殊之处讲得更清楚，可以把整个经济分成两个部门：一个是政策扶持部门，另一个是市场部门。政策扶持部门的范围要比国有企业更大，因为如果政府要投资更多的公路，修公路的企业并不一定全部是国有企业，一旦政府投资大量的钱修公路，造公路的企业即使是民营企业也获利了，所以这里讲的政策扶持部门是范围更广的部门。而有很多政策扶持部门的企业不仅存在该垮台没垮台的软预算约束问题，相反在大家都不盈利的时候，它可能还在盈利，这就超出了软预算约束的范畴。

为什么把经济分成政策扶持部门和市场部门就能解释上述几个教科书里看不到的现象呢？

比如，2015年前三季度的投资，固定资产投资增速在10%左右，其中基础建设投资的增长速度是18%，就是说基础建设投资占固定资产投资的比重在增加，这不仅仅是2015年前三季度才有的现象，2008年以来一直如此。2008年非居民建筑安装投资占总投资的比重是38%，现在是50%，固定资本形成的结构从2008年到现在发生了巨大的变化，其中基础建设投资所占的比重越来越大。

这与刚才说的四个现象有什么关系？第一个现象，实际利率在上升，因为政策扶持部门所占的资源越来越多，包括资本，而市场部门能获得的资源就少了，政策扶持部门挤压了市场部门，使得市场部门的成本增加，也就是说，资本的成本增加了，因为大量资本用在了政策扶持部门，所以市场部门的实际利率就上升了。劳动力也是如此，当政策扶持部门扩张很快的时候，需要雇用大量的劳动力，所以市场部门就要为劳动力付出更高的成本，这就解释了第二个现象，经济下行的时候还会有比较高的劳动力成本增速。第三，如刚才所说，当政策扶持部门越来越大的时候，对市场部门的挤压越来越严重，所以劳动力成本上升，工资成本上升，而政策扶持部门的效率和市场部门相比又较低，资本回报也较低，当资本回报较低的部门在经济中占的比重越来越大，总体回报率就会下降，这解释了第三个现象。第四，为什么劳动力成本上升这么快的时候会出现通缩，这跟软预算约束有很大的关系。尽管劳动力成本上升，但是有一些企业的成本受劳动力成本上升的影响很小，因为这些企业是软预算约束的，即使亏损了还会继续生产，当这些部门有过剩产能的时候，就会造成通缩。对这类企业扶持的力度越大，通缩的情况可能就会越严重。所以，政策扶持部门和市场部门这样一个结构变化，政策扶持部门越来越大这样一个现象，可以解释中国经济中一些非常特殊的特征。

这种二元结构问题给经济带来的成本很高。

首先，尽管实际利率很高，但是资本回报率在下降。付出的资本成本高而得到的回报低，必然造成另外两个问题：一是企业面临的风险加大，企业的盈利下降；二是企业的债务上升。因为企业的收入不足以还债，所以有一些企业借新债还旧债，债务不断扩大，同时，实际利率还比较高，造成了进一步的债务上涨压力。不仅仅是投资回报率下降，衡量整体经济效率的重要指数全要素生产率的下降也和投资结构有关。对中国 30 多个省份、从 1978 年到现在的全要素生产的数据加以分析就会发现，全要素生产率的增长速度和投资结构有明显的关系，所以上述结构问题带来了非常严重的后果。

为了走出这样一种结构，需要降低政策扶持部门扩大的速度，降低政策扶持部门投资的速度。但是这样做，短期来看会导致增长率下降，而我们又不能容忍增长率下降过多。如果不能容忍增长率下降过多，就必然走不出靠扩大投资来维持经济增速的怪圈。

想走出这个怪圈，首先，可以做的就是容忍增长率的短期下降。从一个增长模式转变到另一个增长模式，会有一个过程，在这个过程中，增长率自然会受到一定影响，如果不允许增长率临时下降，就不可能完成这样的调整。第二，财政政策应该从刺激性的投资转向降低企业成本这个方向。政策扶持部门的投资造成的挤压效应，导致市场部门的企业成本过高，解决办法，一是通过财税手段降低企业成本，比如减税，更重要的是降低社保缴费率，这就可以有效降低企业的劳动力成本，至少给企业一个喘息的机会。二是推进国有企业改革，如果国有企业能够改革，让国有企业占用的资源有效释放到市场中，并且能盘活，让它更有效地被使用，也可以部分解决这个问题。第三，政策扶持部门和市场部门新的二元结构，可以帮助我们设计更好、更有针对性的货币政策。

"混合所有制"辨析

贾康　苏京春[*]

很长时间以来，混合所有制是经济学界多有讨论的概念，对中国而言，也早已出现于中央文件、经济生活和改革话语中，并不陌生。沿学界对其研究脉络不难发现，早在20世纪80年代中后期，我国就已经开始了相关探讨，且研究总体上带有明显的"曲折前行"特点：首先于1998年前后迎来第一次研讨高峰期，待步入新千年后，又于2004年迎来第二次研讨高峰期，其后曾有所降温，但于十八届三中全会后再次引发研讨高潮。[①]

我国最高决策层公开正式提出"混合所有"，是在1993年党的十四届三中全会《决定》中："随着产权的流动和重组，财产混合所有的经济单位越来越多，将会形成新的财产所有结构。"1997年，党的十五大正式提出了"混合所有制经济"。2002年，党的十六大报告中进一步提出"积极推行股份制，发展混合所有制经济"。2007年，党的十七大报告指出"以现代产权制度为基础，发展混

---

[*] 苏京春为中国财政科学研究院宏观经济研究中心助理研究员，华夏新供给经济学研究院课题组成员。

[①] 研究范围在中观视角下主要包括了国营企业混合所有制的可行性（王溯之，1988）以及混合所有制的前景（晓亮，1993）、经济合理性（朱东平，1994）、五种形式（刘烈龙，1995）、与"混合经济"的辨析（侯孝国，1995）、主要类型（龚培兴，1996）、与企业产权制度改革的关系（王大超，1998）、混合所有制的产权特征和效率分析（顾钰民，2006）等；部分研究下至微观，研究了混合所有制公司制企业制度（李正图，2005）、产权平台建设（孙启明，2005）、企业股权结构与公司治理（姚圣娟、马健，2008）、经济竞争模型（张小军、石明明，2011）等；而部分研究也侧重于比较，借鉴了法国体制经验（陈云卿，1995）、发达国家利用其解决国企亏损的经验（佟福全，2001）、制度比较分析（王金存，2002）及发展模式比较分析（陈健、毛霞，2007）等；部分观点相互对立，有观点认为"股份合作制经济是一种混合所有制经济"（刘宇，1995），而有观点则认为"股份制经济并非混合所有制经济"（王文华，2000）。

合所有制经济"。2013年，党的十八届三中全会《决定》中更加明确地对"混合所有制"发展指出了方向、提出了更为详细的要求："积极发展混合所有制经济。国有资本、集体资本、非公有资本等交叉持股、相互融合的混合所有制经济，是基本经济制度的重要实现形式，有利于国有资本放大功能、保值增值、提高竞争力，有利于各种所有制资本取长补短、相互促进、共同发展。允许更多国有经济和其他所有制经济发展成为混合所有制经济。国有资本投资项目允许非国有资本参股。允许混合所有制经济实行企业员工持股，形成资本所有者和劳动者利益共同体。"这一大段文字中，"基本经济制度的重要实现形式"是点睛之笔，把相关重视程度体现在前所未有的高位上。

然而，在广泛且不乏深刻之见的讨论中，各界对与"混合所有制"相关的诸多问题意见仍然迥异。本篇试以多种经济并存是否就是混合所有制、产权混合是否就是实现了混合所有制、如何理解混合所有制和股份制的关系等基本问题为着眼点，试通过驳论与立论，展开对混合所有制相关问题的辨识与思考，以期为现阶段积极发展混合所有制经济的改革举措提供思想认识基础和方案设计逻辑线索。

一、多种经济成分并存是否就是混合所有制？

1978年以前，我国的经济成分单一，总体而言个体经济微乎其微，基本上只有公有制经济，相应的微观主体是国有企业、集体企业和农村集体经济组织。改革开放以来，除公有制经济以外，个体和私营、外商和股份制等形式下的多种经济成分得以共同发展。过去和当下，都有一种观点认为多种经济成分并存就是混合所有制，而我们认为并非如此。对"混合所有制"的认识不能脱离对基本概念的正确把握，因此我们试图依次谈谈对两个相关基本概念——"所有制"和"混合"——的认识，以期实现对此节问题的正确回应。

（一）对"所有制"的认识

从基本概念来讲，所有制指的是人对物质资料的占有形式，落到经济学话语中，所有制通常指人对生产资料的占有形式，即生产资料所有制。"混合所有制"中的"所有制"当然指的就是生产资料所有制这个层面的含义,反映生产过程中人与人在生产资料占有方面的经济关系,是生产关系的核心。所以说到底,与"所有制"相关的问题,还是要把握其作为生产关系的核心而必须充分反映和适应生产力的性质,从而有效匹配和促进生产力发展这一基本认识。

对"所有制"进一步的认识应考虑把握两个重要维度:一是所有权。所有制的实质,是在一种"权利形式"下反映基于资源"稀缺性"与欲望"无限性"的人,对生产资料的占有,其本质上就是排他的"所有权"问题。二是所有制的结构。基于不同所有权归属,所有制被划分为不同种类,按照经济学一般定义,人类社会中所有权归劳动者共同持有的形式就称为公有制,而私有制,其生产资料的所有权归社会成员中的一部分个人(如奴隶主、地主或资本家)所有。然而,在现实社会的具体时空中,通常并不存在单一的所有制,不同的所有制在社会形态中有不同的地位和比重,这构成该社会形态下所有制的结构。在结构格局中的不同所有制之间,当然也会产生相互作用与影响。

基于对"所有制"的以上分析认识,不难得出,"混合所有制"是"所有制"的一种,但其生产资料所有权并不单一归属于某一类特定个人或群体,其最基本的特征在于出现"公"的与"私"的所有权在一个主体内的混合(否则,这一称呼就丧失了其存在的必要性)。若在某种社会形态下存在,则其在该社会形态下的所有制结构中必有不同于其他类别的一席之地。其地位以及其对其他所有制种类之间的相互影响,均属于在"所有制结构"概念下讨论的问题。因此,"混合所有制就是多种经济并存"这一观点的第一个错误,是混淆了"所有制"与"所有制结构"两个不同概念。

(二)对"混合"的认识

"混合"一词本并无玄机,字面意思就是"混在一起",但这其中实际上也包含两个重要层次。第一,对"混合"的判断:是否实现了混合?第二,对程度的判断:混合到怎样的程度?对是否实现混合的判断有助于认识究竟是否可定性为"混合"所有制,而对混合程度的判断则有助于理解是否需要将"混合所有制"继续发展、推进。基于前述对"混合"的分析认识,我们不难知道,"混合所有制"要求的是不同所有权主体在一个企业体内真正实现"混在一起",

绝不是在某种社会形态中互为外体、他体的简单共存，是在某种社会生产关系具体形态下实现对生产资料的混同占有，可认为即是不同所有权主体实现对某一企业的生产资料既各自清晰又共同占有的所有制形式。

有了这样的思考基点，就可以明确认识到，"多种经济并存"决非意味着即实现了"混合所有制"。自改革开放伊始，我国就对多种所有制形式逐步放开，早已实现了多种经济并存，但在股份制的企业组织形式出现之前，总体上看，公的仍归公有、只可与公有结合，私的仍归私有、只可与私有结合，并未影响公和私泾渭分明的对一个个特定企业生产资料的占有，何混之有？既然没有实现"混合"，就更不用提程度了。把"同时存在"等同于"混合"，这是"混合所有制就是多种经济成分并存"这一观点内存的第二个逻辑错误。

二、混合所有制有无必要区分宏观微观？

"联合"可否代表"混合"？

有一种较广泛的观点认为：从广义或者宏观层面而言，混合所有制是多种所有制经济并存；从狭义或微观层面而言，混合所有制就是不同所有制成分联合形成企业。

如果从广义或者宏观层面定义为"多种所有制经济并存"，我们已于前面对此不当界定做出了辨析与澄清，不再赘述。对所谓狭义或者微观层面的认识，我们同样需要做进一步澄清和界定。首先，混合所有制本质上讨论的是社会生产资料所有制问题，而不是作为市场主体的企业联合的多种形式问题，不同所有制成分联合形成企业，并不必然意味着该企业涉及的所有权性质发生改变。最为典型的例子就是以委托—代理的形式联合形成企业或协作联合体，生产管理分工合作、按约定收取报酬和收益，这样的联合，并非就是实现了混合所有制。

倘若从这一角度试图对混合所有制做出界定，那么就必须首先判断哪些"联合"形式属于"混合"，哪些不属于"混合"。承包、联营未必是真正意义上的混合，股份制却有可能实现真正的混合。如仅讲联合，实际上，这种认识中可能暗含一种意味，就是其关注焦点最终可能逃离"混合所有制"概念的根本问题，即重要的是能否实现真正的"混合"，怎样才能在所有权实现形式层面使生产关系变革能动地回应与"解放生产力"层面相关的产权创新问题。

其实混合所有制在学理意义上讨论的就是社会生产资料所有权归属如何"和而不同"于单个企业内部而"混合"起来的问题，不宜把此定位处理得飘忽不定、忽宏忽微。

三、产权混合是否就等于实现了混合所有制的改革意图？

所谓产权，法律概念上，是指包括财产所有权、占有权、支配权、使用权、收益权、处置权等多重权利的总和，是经济所有制关系在法律话语中的表述形式。如从逻辑上推论，当然在混合所有制下，产权一定实现了混合，但产权混合是否就能说实现了混合所有制呢？我们认为还不是如此简单。广义地说，20世纪50年代中国"社会主义改造"中工商企业的"公私合营"也可称为一种混合所有制，而现阶段的"混合所有制"改革，所启动的却是一整套制度框架体系建设，需要落实到现代企业制度和法人治理层面。前些年，中国股份制经济已有明显发展进步，其中不乏国有非国有和公有、非公有股权在市场主体内部的混合，但往往存在国有产权"一股独大"问题和产权规范不落实、不到位问题，所以仍然需要以深化改革来解决。因此，达到了产权于企业体内的混合，也还并不等于就实现了混合所有制的改革意图。

四、如何理解股份制和混合所有制？

从我国改革开放实践过程中认识深化、提升的脉络梳理而来，并基于本篇前述辨析内容，我们已可以清楚地认知，当下所强调的混合所有制，其框架就是过去已被充分肯定的"现代企业制度"的标准化形式——股份制。这一制度可以使公有的、非公有的产权，融合到分散存在的市场主体——一个个企业的内部产权结构里面去，寻求相关利益主体的共赢。相关的一项理论研究任务，是与时俱进地对股份制实现更全面的认知。

（一）马克思对股份制的论述要点

马克思在有生之年，已敏锐地意识到股份制的特异影响和对社会发展的可能贡献。从社会经济生活观察："假如必须等待积累去使某些单个资本增长到能够修建铁路的程度，那么恐怕直到今天世界上还没有铁路。但是，集中通过股份公司转瞬间就把这件事完成了。"① 从生产关系的制度演变观察："那种本身建立在社会的生产方式的基础上并以生产资料和劳动力的社会集中为前提的资本，在这里直接取得了社会资本（即那些直接联合起来的个人的资本）的形式，而与私人资本相对立，并且它的企业也表现为社会企业，而与私人企业相对立。这是作为私人财产的资本在资本主义生产方式本身范围内的扬弃。"② "资本主义的股份企业，也和合作工厂一样，应当被看作是由资本主义生产方式转化为联合的生产方式的过渡形式，只不过在前者那里，对立是消极地扬弃的，而在后者那里，对立是积极地扬弃的。"③ 这些文字反映了马克思对股份制论述中的核心观点。首先，可知马克思虽然还未认可股份制已经将资本主义下的私有制转变为公有制，但他已经明确认知其所产生的社会资本与私人资本相对立的形式，可被认为是由资本主义生产方式转为联合生产方式的过渡形式。第二，结合马克思、恩格斯在《共产党宣言》中的论述，"资本是集体的产物，它只有通过社会许多成员的共同活动，而且归根到底只有通过社会全体成员的共同活动，才能运动起来"，以及公有制是在资本主义"旧社会的胎胞里成熟"的一种社会制度，是"在资本主义时代的成就的基础上建立起来"的基本逻辑，不难看出，虽然仍把股份制归为一种"消极的扬弃"，但是马克思对资本主义制度下出现股份制而对资本主义生产方式发生形式否定、对其具有的资本社会化运用特征，以及其所引发的走向新生产方式的"过渡态"，是秉持积极肯定态度的。

（二）从"消极扬弃"到"积极扬弃"

马克思所指出的资本主义生产方式下生产关系制约生产力发展的基本矛盾和"桎梏"，是生产的社会化和生产资料私人占有之间的矛盾。沿着解决这一矛

---

① 《马克思恩格斯全集》第23卷，人民出版社1972年版，第688页。
② 《马克思恩格斯选集》第2卷，人民出版社1995年版，第516页。
③ 《资本论》第3卷，人民出版社2004年版，第499页。

盾的思路观察，马克思当然会肯定"工人自己的合作工厂"。马克思认为："工人自己的合作工厂，是在旧形式内对旧形式打开的第一个缺口，虽然它在自己的实际组织中，当然到处都再生产出并且必然会再生产出现存制度的一切缺点。但是，资本和劳动之间的对立在这种工厂内已经被扬弃，虽然起初只是在下述形式上被扬弃，即工人作为联合体是他们自己的资本家，也就是说，他们利用生产资料来使他们自己的劳动增值。这种工厂表明，在物质生产力与之相适应的社会生产形式的一定的发展阶段上，一种新的生产方式怎样会自然而然地从一种生产方式中发展并形成起来。"[1] 在此基础上，马克思进而对资本主义社会中的股份制与工人自己的合作工厂进行了对比，即"资本主义的股份企业，也和合作工厂一样，应当被看作是由资本主义生产方式转化为联合的生产方式的过渡形式"，但他跟着加上一个对比："只不过在前者那里，对立是消极地扬弃的，而在后者那里，对立是积极地扬弃的。"这便为我们带来了极为重要的思考线索和空间。

"扬弃"（德文为 aufheben，英文为 sublate）是哲学名词，指事物在新陈代谢过程中，发扬其体内的积极因素而抛弃其体内的消极因素（一如中文"留取精华，弃去糟粕"之意）。不论对于马克思的"消极扬弃"评价做出何种研究者的分析解读，基本逻辑指向至少具有"形式"和"过渡"方向上的肯定，余下的便是如何使形式与内容相合的问题。任何理论观点的提出都带有时代特征与客观局限，马克思对股份制的认识提出于 100 多年前，但在当时社会制度和经济发展背景下，股份制所具有的哪怕是带有"消极扬弃"意味的"社会资本"特征，已为马克思带来了思维灵感。面对这其后 100 余年的历史进程，结合"实事求是"、"与时俱进"的原则，我们完全可以沿马克思的思维逻辑深化认识。100 多年以来，股份制下的市场主体（即股份公司）已经发生了非凡变化。除了早已较普遍地存在本企业员工、产业工人持股和社会上的普遍劳动者、公共机构在股份制企业中持股以外，"国家"特定层级的政府也可持股并酌情做增持、减持的操作，而对宏观经济运行和社会生活产生重要的正面效应。发达国家的

---

[1] 《资本论》第 3 卷，人民出版社 2004 年版，第 499 页。

市场主体（公司）在达到一定规范程度后可以上市，而上市这一环节在英文中叫 go public（走向公共），绝非"私"的取向。无论是股份制中的公共机构持股，还是公司最终走向上市，开启公共募集资金的模式，都表明着即使是称为资本主义制度下的市场主体，也已经呈现内部产权结构多元化而超越简单私有的特征。社会化大生产中的上市公司，亦称公共公司，不仅其持股人在很大程度上是"公共"的，而且其经营状况要接受全社会的公共监督，财务要有充分的透明度，公司发展和社会公众利益实现了更有效的互动与结合。例如：通用汽车公司作为世界上非常有名的标杆式大公司，在 2008 年未改组之前，股权已高度分散，很难说其具体归属于哪个资本家，为数众多的持股人是本企业的员工、产业工人和社会上的劳动者。2008 年金融危机中，由于通用汽车公司遭受重创，美国财政部对其进行注资，改组后的通用汽车公司股权结构为：美国财政部作为最大股东占 72.5% 股权，美国汽车工会的工人退休医疗基金作为第二大股东占 17.5% 股权，通用的债权人占 10% 股权。而时隔数年，2014 年 7 月 15 日查得的情况，是 UAW Retiree Medical Benefits Trust 为其十大股东之首，持股比例为 8.74%，加拿大政府为第二大股东，持股比例为 6.86%，十大股东合计持股比例也仅为 38.29%。另一家著名的通用电气公司，2014 年 7 月 25 日的股权结构中，十大股东居第一位的 Vanguard Group 持股比例为 4.99%，第十位的 Global Investors 持股比例为 0.78%，其"十大股东"合计的占股份额仅为 20.6%。这些情况都客观地表明，股份制使资本的社会化特征不断提高，已在明显地缓解着生产社会化与生产资料私人占有之间的矛盾，有利于生产力的发展。如果说在"资本主义"名号下的这种混合所有制已在发生扬弃"私有"不适应社会化大生产发展的制约因素的积极作用，应如实地认识这种变化，那么把股份制下"以混合所有制"为取向的发展变化，与马克思主义的中国实践紧密结合，更没有丝毫道理对股份制加上"姓社姓资"的诘难，更应淡化"姓公姓私"的标签，更应肯定中国大地上近年来"积极扬弃"式的不断尝试和探索——而这也同时意味着在中国今后几十年联结伟大民族复兴"中国梦"的改革发展过程中，混合所有制取向的股份制，一定会打开"解放生产力，发展生产力"的潜在空间，长远而深刻影响我国现代化进程。

（三）现代市场体系的产权基石

中国支持"现代国家治理"的现代市场体系的产权制度基石，在混合所有制概念上终于可以说清。如上所述，混合所有制可以内在于标准的"现代企业制度"的股份制框架，其中某一企业股权的来源，可以有姓国的、姓民的、姓公的、姓私的。在法治化的环境下，所有利益关系都可以得到合作（"风险共担，利益共享"）中的解决方式，有利于以最低的交易成本形成"共赢"的预期及其实际进程。在混合所有制的相关持股主体互动中，组织和自组织、调控和自调控、管理和自管理、规范和自规范这种现代化治理要素的结合，有助于潜力、活力、创造力的释放，即生产力的解放。中国在"后来居上"的现代化进程中，要更多依靠以这样的产权基石合成一个现代化市场体系，搞活企业，将和平发展、和平崛起之路越走越宽。

按照现代经济理念与实践来理解股份制，结合上文论述，可知对股份制不必、不能贴标签做姓社姓资、姓公姓私的界定。股份制是人类经济文明从产权基石层面规范地形成的以法治化为背景的一套基本制度规则，在高标准、现代化、法治化的营商环境下，其最具多元包容性的形式和可以为企业提供可持续共赢发展的制度安排，就是混合所有制这一形式，它理应成为中国特色社会主义市场经济的重要实现形式，和全面改革阶段在企业改革领域主打的形式。

五、从"股份制"到"混合所有制"：回顾与展望

在邓小平南方谈话之后，1992年党的十四大确立我国经济体制改革的目标模式是建立社会主义市场经济体制，成为全局性的重大突破和历史性决策。1993年党的十四届三中全会做出《中共中央关于建立社会主义市场经济体制若干问题的决定》，勾画了我国市场经济体制的基本框架。1997年党的十五大提出，公有制实现形式可以而且应当多样化，一切反映社会化生产规律的经营方式和组织形式都可以大胆利用。对于股份制，资本主义可以用，社会主义也可以用。在这个判断中，已经区分了所有制和所有制的具体实现形式这两个不同的概念：股份制是所有制的一种实现形式，既不姓"社"，也不姓"资"。党的十六

大要求进一步探索公有制特别是国有制的多种有效实现形式，除极少数必须由国家独资经营的企业外，积极推行股份制，发展混合所有制经济。而党的十六届三中全会通过的《中共中央关于完善社会主义市场经济体制若干问题的决定》，则进一步提出，积极推行股份制，发展混合所有制经济。而党的十六届三中全会通过的《中共中央关于完善社会主义市场经济体制若干问题的决定》，则进一步提出，积极推行公有制的多种有效实现形式，大力发展国有资本、集体资本和非公有资本等参股的混合所有制经济，实现投资主体多元化并首次明确提出：使股份制成为公有制的主要实现形式。从股份制是公有制的一种实现形式到主要实现形式体现了对公有制实现形式认识的深化和飞跃，也铺垫了、准备了十七大、十八届三中全会所强调的"混合所有制"改革，基于这一简要回顾并结合本篇分析，可一言以蔽之：中国当下所说的混合所有制，实际上强调的是在现代国家治理法治背景下，使任何一个市场主体内部，产权可以按照股份制框架下的混合所有制来处理，实现最大包容性和共赢、多赢。混合所有制若能够通过规范的股份制来实现市场法人主体产权结构最大的包容性，那么原来谈论了多年争吵不出来结果的"国进民退"与"国退民进"、"姓公姓私"和"姓社姓资"问题，便都可以淡化了。在"和平与发展"的时代，贯彻"一百年不动摇"的党的基本路线，特别需注重的是以最大的包容性走向共赢。如果从提升人类文明、解放生产力、共享发展成果这样一个宽阔的思维来说，基于"现代国家治理—现代市场体系—现代企业制度—混合所有制"的逻辑链，加之以现代财政制度作为国家治理的基础和重要支撑，配合起来充分发挥市场总体上在资源配置中的决定性作用，正确处理好政府与市场的关系和实质性地推进改革，那么，困扰人们多年而争议不休的国有经济部门改革和国有资产管理体系的重构，以及"民营企业"发展在前、后"三十六条"公布之后的实质性"再破题"等问题，将会有一个豁然开朗的新境界，抓住真问题而化解矛盾的所有的"正能量"，将汇集于实现"中国梦"宏伟愿景的过程之中。我们深信，十八届三中全会关于"混合所有制"认识的突破性表述，将长远而深刻地影响和推动中国的现代化。

主要参考文献

1．《马克思恩格斯全集》第 23 卷，人民出版社 1972 年版。

2．《马克思恩格斯选集》第 2 卷，人民出版社 1995 年版。

3．《资本论》第 3 卷，人民出版社 2004 年版。

4．《邓小平文选》第 3 卷，人民出版社 1993 年版。

5．康芒斯：《制度经济学》上册，商务印书馆 1962 年版。

6．贾康：《混合所有制：从管资产到管资本》，《军工文化》2014 年第 3 期。

7．贾康，《PPP：不只是一个融资机制的选择》，《中国财经报》2014 年 4 月 22 日。

8．贾康：《财税体制改革诠释现代国家治理》，《上海证券报》2014 年 7 月。

9．盛洪主编：《现代制度经济学》上卷，中国发展出版社 2009 年版。

10．顾钰民：《马克思主义制度经济学》，复旦大学出版社 2005 年版。

11．王溯之：《试论国营企业自有资产的性质和归属——兼论国营企业混合所有制的可行性》，《商业研究》1988 年第 1 期。

12．汪良忠：《论混合所有制占主体的市场经济制度》，《财经研究》1993 年第 8 期。

13．梁稳根、谭均云、康就升：《混合所有制企业探微》，《求索》1993 年第 2 期。

14．倪吉祥：《关于我国混合所有制形式的现状、问题和建议》，《改革》1993 年第 3 期。

15．晓亮：《大有发展前景的一种所有制形式——混合所有制》，《党校论坛》1993 年第 11 期。

16．朱东平：《论混合所有制的经济合理性》，《经济研究》1994 年第 5 期。

17．高善罡：《混合所有制问题应受重视——中国社科院研究员晓亮答问录》，《科技文萃》1995 年第 2 期。

18．晓亮：《论混合所有制》，《学术月刊》1998 年第 6 期。

19．张高丽：《混合所有制：公有制的有效实现形式——深圳中兴通讯股份有限公司调查》，《求是》2001 年第 18 期。

20．张平：《混合所有制经济的五个特点》，《中国改革报》2003年12月22日。

21．范恒山：《如何理解大力发展混合所有制经济》，《人民日报》2003年11月。

22．顾钰民：《所有权分散与经营权集中——混合所有制的产权特征和效率分析》，《经济纵横》2006年第2期。

23．张卓元：《论混合所有制的活力与贡献》，《北京日报》2013年12月16日。

24．张卓元：《混合所有制是基本经济制度的重要实现形式》，《经济日报》2013年11月22日。

25．常修泽：《发展混合所有制经济的路径》，《人民日报》2014年4月30日。

26．常修泽：《现代治理体系中的包容性改革——混合所有制价值再发现与实现途径》，《人民论坛·学术前沿》2014年3月下期。

27．崔吕萍：《厉以宁：要把混合所有制对国企民企的好处讲透》，《人民政协报》2014年3月4日。

"法治化"取向下的历史潮流与中国经济社会转轨

贾　康

辛亥革命后，孙中山先生在海宁观潮后曾题写"世界潮流浩浩荡荡，顺之则昌逆之则亡"。我多年前曾在中国历史博物馆看到他的这一墨宝，非常感慨。孙先生这样一个伟大的政治人物，在旧中国面对满目疮痍，设想《建国大纲》而寻求"振兴中华"之时，可以高屋建瓴地从大潮流看到一二百年以后。我们作为研究者，要学习这种前瞻性的开阔眼界，看到什么是不可逆转的客观规律，认清顺势则昌、逆势则亡的历史规律。关于这种只能顺应的世界潮流，我认为现在已可以清楚地归纳为这样几条：第一是工业化。这别无选择，中华民族作为世界上唯一的几千年古老文明没有中断的民族，落伍就是从工业革命开始的。第二是城市化。工业化必然伴随城市化，过去我们曾经荒唐地让几千万人上山下乡，逆势操作，最后得到的是客观规律严酷的惩罚。第三是市场化，即市场取向改革。第四是国际化或全球化，已表现为以"入世"锁定全面开放格局。邓小平同志的判断非常清楚：不改革开放是死路一条。正是有了这样巨大的扭转，我们的路才越走越宽。第五是信息化，或者说是高科技化，也即所谓第三次产业革命浪潮。除此之外，显然还有另外一个重要的不可逆转的要素，即依法治国、法制化、民主化。新生代的主流诉求一定会是在上述这些轨道上综合体现的。

不久前举行的党的十八届四中全会，以全面"法治化"为主题，鲜明强调了"依法治国"、"以宪行政"的总原则，并给出了法治建设的全面指导和推进制度建设的部署。我们知道，要想实现全社会可预期的稳定环境与健康发展，就需要有现代文明范畴里的法治。比如，以经济的视角从法律的角度分析财产权问题，将有一系列的逻辑节点可以展开。首先是国家的根本大法宪法。经济社会转轨中，我国宪法已经过几轮修订，估计还须不断修订。对1982年在彭真同志主持之下修订的宪法，现在很多人是给予高度评价的，但其后仍不可避免多轮修订。最近一轮修订给我印象特别深刻的，就是在原来宪法里表述的"公有财产神圣不可侵犯"的旁边，增加了"合法的私人财产不受侵犯"，我当时就意识到增加这样的表述有进步，但还不到位，以后还得修宪。"公有财产神圣不可侵犯"，在表述上"神圣"两个字只是渲染意义的，关键在"不可"两个字，这意味着公有财产受侵犯的情况下，一定要有惩戒措施跟上；而到了私有财产，只是说合法的私人财产不受侵犯，并没有交代受侵犯怎么办。如果这个表述是在平时文章或者口头言说里出现，无伤大雅，但是写入庄严的宪法，我认为还是不够格的，它没有解决在"私有财产权入宪"这一重要问题上，"受侵犯了以后怎么办"的问题。但是从另一个角度来说，这句话写进去总比没有好，所以要承认上一轮修宪有进步，但是水平尚不太高。现实生活中合法的私有财产受侵犯的情况还是不少。

最近一份报纸第一版上有一个醒目的大标题也有问题，是说"党内不能形成贵族阶层"——看着正确，但它只反映了简单的价值取向。有品位的文章必须接着说这个"不能"后面的一套防范机制是什么，光说"不能"在比较高端的文献里，只是非常初级的"引语"，这时往往并没有在人们的思想材料里增加哪怕一丝的新贡献。如果说党内不能形成贵族阶层，跟着要讨论的就应该是，怎么样让党内形成贵族阶层这个空间被封住，如何进行有效的防范。顺着这个思路，我们马上可以想到习总书记的一句话"把权力关进笼子"，这就有建设性了。共产党是执政党，执政党是有权力的，这个权力就是公共权力，公权由一个一个具体的私人执行，肯定会扭曲，立法的关键是把权力关进笼子，力求最大限度减少扭曲。如果笼子是法律，那么就还要说到一个我们的治国理念——法治，注意不是法制，翻译成英文不是 rule by the law，而是 rule of the law：现代文明要想实现健康的民主化，一定要用"法治"的治理概念，真正"走向共和"。在义理上讲,"法制"(rule by the law)以法律为统治工具,"法治"(rule of the law)则是"法律的统治",表达"法律最大"的思想。"法制"强调法律的工具价值,"法治"强调法律的权威。"法制"是静态的法律制度体系,制度体系有好有坏。"法治"则是一个好的法律制度体系得到有效实施的动态描述。逻辑取向上说,"法治"只有好的法治,没有坏的法治。法治的首要任务是剔除现有制度体系中的"恶法",法治的目标是"良法善治",也就是"好的"法运行在现实秩序中,达到了"好的"效果。

在中国,法治体系的建立,在顺序上、逻辑上首先要动态优化宪法。宪法是根本大法,最上位的法,在经济社会转轨中,看来中国的宪法还需要一轮一轮地修改。宪法下面要有完整的法律体系。这段时间,我国法律体系建设理念上最值得称道的一个进步,是从"法律"和"法规"一体化的发展中形成两个方向,即负面清单和正面清单。负面清单列上去的是不能做的事,这是对企业、对市场主体最适合的"高标准营商环境"的打造,以上海自贸区为代表,首先得到了明确提出,其后十八届三中全会《中共中央关于全面深化改革若干重大问题的决定》提出要全面实施负面清单,对于企业和市场主体来说,"法无禁止即可为"——只要是负面清单上没有的,什么事情都可以做,"海阔凭鱼跃,天高任鸟飞"、焕发潜力、活力、创造力。正面清单则适用于公共权力,即"法无规定不可为"——政府作为公共权力的主体在没有法律规定予以授权的情况下,是没有权力做任何事的,即"权为民所赋"。这一逻辑隐含的实际内容是抑制官员动机中内在的"权力最大化、责任最小化"不良匹配,权责约束清楚到位,把对市场主体的负面清单和对调控主体的正面清单合在一起,显然是比现在状况更理想的法治环境。如此笼罩着、覆盖着的法规体系,第一重要的事项是有法可依,无论是负面清单还是正面清单,最好能够一步一步推到全覆盖。当然这只是一种理想,比较成熟发达的经济体,比如英国、美国,也不敢说自己浩如烟海的法律条文把所有的事情都穷尽了,也需要不断动态地优化,中国作为一个转轨国家更是如此。在有法可依的起点上再往下走,还有人们过去说惯了的"执法必严"、"违法必究",这和现实生活的差距还很大。我认为在有法可依后面其实还先别讲执法必严,中国现在特别需要强调的是在"有法可依"后面马上加上一条：有"良法"可依，其后再强调执法必严。目前尚有很多"法"的水平是相当低下的，甚至可说合法不合理的情况比比皆是，另一方面合理不合法的事情也相当多。改造恶法、不良法，是全民族无可回避的任务。白纸黑字未必代表着公平正义，对于一些有争议的问题，如果简单"依法执行"，并不一定能很好地得到解决。中国要走向现代国家，走向"国家治理现代化"的境界，不建设法治社会是注定没有出路的。习总书记强调"司法腐败是最大的腐败"，是直指这一问题对我们现在执政党"自然法"式合法性意义的严重销蚀和挑战。总书记在司法工作会上提出要清除我们司法队伍中的"害群之马"，取向是"让人民群众从每一个案件中看到公平正义"，这个方向完全正确。但是实际生活中，不可能让中国天文数字的每个案件都真正符合公平正义，我们是要尽一切努力使不公平正义案件判决的比重下降到最低限度。

邓小平在改革开放初期提出，要把党和国家的制度建设问题放到非常高的地位上，制度设计好了，坏人就不可能任意横行，制度设计不好，好人也会被动犯错误。只有制度才有稳定性、长期性和有效性，才能摆脱依靠以领导人的个人精力、注意力、偏好决定党和国家整体运行轨迹的风险。习总书记提出的"依宪行政"下的全套规范制度建设，与之是一脉相承的。但这些在现实中还是会遇到一些很有挑战性的问题，举两个具体的例子：一是上海自贸区。自贸区所需的众多新规则和现行法规都有所冲突，但现实中，针对所有和自贸区所需新规划发生的矛盾，明确了在处理上都要给自贸区让路；二是当年我国加入WTO，所有和WTO规则相抵触的法规都要以"清理文件柜"的方式被清理掉，这与"严格执行法规"的理念看上去有所冲突，但如果要使法治能够达到一个合格的境界，是必须要考虑鼓励先行先试因素和"变法"革新的，必须给出弹性空间和不断推动立法进步。先行先试的意义是积累经验，不能说试验无懈可击、非常完美，就是成功了，而以后出现调整就失败了——可以此视角看待房产税的"两地试点"。习总书记已非常明确地表示，今后的改革要继续鼓励先行先试，要继续鼓励摸着石头过河。

在把握潮流、创造历史的全面改革关键时期，我们要掌握的其实是如何化解矛盾以及跨越种种陷阱，在这个过程中，除"中等收入陷阱"、"转型陷阱"、

"福利陷阱",具体的陷阱形式中,还有已经被很多人意识到的"塔西佗陷阱"。2000多年前的历史学、政治学家塔西佗指出,在社会生活中存在着一个政府公信力的临界点,过了这个临界点,政府的所有决策,即使是正确的,也会无济于事,局面将变得不可收拾。我们在某些局部场合(如"瓮安事件"),已经看到这样的威胁。另外,政治局会议讨论住房问题时,已提出"福利陷阱"问题,虽然我们应该从人民群众最关心、最涉及直接利益的事情做起,但作为调控主体,还必须考虑在眼前利益与长远利益、局部利益与全局利益、根本利益之间,怎么样权衡,否则"福利陷阱"会把我们拖入"中等收入陷阱",最典型的前车之鉴,就是一些拉美国家。一百多年前,阿根廷与美国的人均GDP等经济指标不相上下,但现在美国已经成为头号强国这么长时间,阿根廷则进入"中等收入陷阱"后一蹶不振,智利等国曾大同小异,"民粹主义"基础上的福利赶超,结果不仅是福利不可持续,发展的后劲也全没有了,引出多少社会动荡,多少血泪辛酸。中国经过前面三十几年的发展,有了历史性的新起点,已进入中等收入阶段,但绝不是以后自然而然地就能实现"中国梦",如何真正避免这些陷阱,是有重大实际意义的真问题。要使其中复杂的利益协调相对平稳地进行,需要以法治化建设的进步来提供保障条件。

西方主流意识中的"现代化"是和中世纪切割,在告别"黑暗的中世纪"后进入一个新的境界,转折点是文艺复兴。文艺复兴有很强烈的人本主义色彩,引导形成的主流意识是法国大革命和美国《独立宣言》追求确立的自由、平等、博爱、民主、法治。十八大提炼的三个层次二十四个字的核心价值观里面,实际上包容了所有自文艺复兴以来人类文明不断提升的主流要素。必须承认无论是西方还是东方,某些属于人性的东西是相通的,比如孔孟之道里的"己所不欲,勿施于人"就完全立得住,是普世的,只要明确这个立场,就一定会引到博爱,一定会引到按照人类社会文明发展的取向来处理人际关系。所以从另外一个角度来说,虽然"现代化"这种主流意识带有一定的西方色彩,但却不能简单地认为是西方中心论,不能在文明比较的情况下认为西方的都立得住,东方的都立不住,这是需要具体分析的。东方的一些东西,在我们合理地发掘它的积极因素之后,要使之更好地跟外部世界互动,形成"美美与共,天下大同"

的境界，虽然道路很漫长，但是趋势越来越清楚：在全球化时代、互联网时代，如果不寻求多赢共赢，可能会处处碰壁，甚至头破血流。相反，如果更多地强调"己所不欲，勿施于人"，讲民主法治和相互尊重，那可能就是增加朋友、减少敌人。人们说到的"现代化"横向比较的概念，是不断动态推进的组合，这个动态推进也需要依靠一些基本原理去实现，比如"自由"应是法治限制之下的，否则无法处理个体自由间的冲突；"民主"要走向共和，否则可能引出"多数人的暴政"。共和是承认所有参与主体的诉求都应该得到尊重和表达，然后做理性的讨论，寻求最大公约数。辛亥革命以后，我们中国人苦苦探索，但一直没有走到真正的共和境界。所以我不认为"现代化"是一个可以贴东、西方标签的问题，应该在全球化新阶段东、西方互动的过程中不断提升综合境界。我很赞同冯仑的一个实际上讲共性的比较概括性的表述——人类文明提升的过程可分为几个阶段：公共资源、公共权力的配置即公共事务是在哪个阶段都躲不开的，比较初级的解决形式叫作"宫廷解决"，氏族公社后期开始私有制因素影响公共权力使用之后，带来了冲突，宫廷解决就是宫廷政变式的你死我活，比如中国历史上大大小小几十次的改朝换代，很多的皇帝就是在你死我活之中把对手包括亲兄弟统统杀光，自己才能坐稳江山，这种残酷的宫廷解决显然不符合人类文明的发展趋向。第二个阶段的解决方式叫作"广场解决"，更多的人知情，在广场上大家一起来做"群体事件"式的解决，但是广场解决的实际结果往往达不到一个平衡点，无法解决后，就会由广场解决转变为"战场解决"，当下最典型的就是前些时候在中东和埃及发生的一系列事件演变，广场的派别对抗演变成夺人性命的流血事件。现代人类文明最值得推崇的解决方式是"会场解决"，最典型的是美国酝酿宪法，在费城会场里讨论一百多天，从议事规则一点一点抠起，最后抠出美国宪法。"会场解决"后没有简单的谁输谁赢，或者说输方不注定永远是输方，下一轮可以按规则继续再来，这有点类似于奥林匹克，大家遵从一个中立的公正裁判。中国要真正走向现代社会，不是贴东、西方标签的问题，是在看到前边的探索之后，把各种各样人类文明提升的要素，真正综合在一个现代国家治理的制度联结里，形成一个可持续的制度安排，这其中有很多重要的探索，也有种种细节的问题。一句话概括：我不同意简单的单线文明论，西方中心论，但要承认文艺复兴直接引导了似带有一定偶然性、但实际上决定了其后世界全貌的工业革命，以及和一些特定的因素汇集支撑美国形成一个世界头号强国的全套要素组合。中国的伟大民族复兴，要认同"顺之则昌，逆之则亡"的世界潮流，争取达到把东西方所有的文明要素组合在一起、融合在一起的可持续发展状态。

（原载《公共财政研究》2015年创刊号）

供给侧改革视角下的我国收费制度研究

冯俏彬*

随着中国经济进入新常态,培育经济发展新动能已成为当务之急。与此前不同,当前我国经济不仅体量已居世界第二,而且经济体系已十分复杂,过去以政府为主拉动经济增长的模式已很难适应今日中国经济之发展需要,必须进行深入的结构性改革。为此,2015年中央经济工作会议指出,"要更加注重供给侧结构性改革"。收费清理既是当前政府"简政放权、放管结合、优化服务"的组成部分,也是建立现代财政制度的题中应有之义,是供给侧改革的重要内容之一。

一、文献综述

从中国知网上搜索的结果看,财政领域内以"收费"为题的深度研究成果很少,但关于非税收入的研究成果则十分丰富。资料显示,非税收入这个概念,始见于2001年财政部的一份文件。2003年,另一份财政部文件对非税收入的具体范围做出了界定,即"中央部门和单位按照国家有关规定收取或取得的行政事业性收费、政府性基金、罚款和罚没收入、彩票公益金和发行费、国有资产经营收益、以政府名义接受的捐赠收入、主管部门集中收入等属于政府非税收入"。这比当前纳入一般公共预算管理的非税收入,范围要大得多。理论层面,

---

* 冯俏彬为国家行政学院经济学部教授、博士生导师,华夏新供给经济学研究院课题组成员。

贾康、刘军民（2005）曾按非税收入的不同性质，将其划分为五大类：负外部效益矫正性、成本补偿性、资产资源性、行政司法管理（管辖权）性非税收入以及其他。贾小雷（2015）进一步简化为三类：社会规制性行政事业收入、国有专属资产（资源）所有权或用益权收入，提供公共产品和服务而取得的收入。

加强非税收入的管理是研究的重点。这又分为几个阶段：一是如何治理"乱收费"，在2000年前后对此有过一波讨论高潮。二是如何规范非税收入的管理，讨论的核心是非税收入的征收、管理主体问题。面对当年广泛存在的非税收入的预算外管理，财政界一致的意见是应当逐渐纳入预算管理，如贾康、刘军民（2005）所提出的著名的"分流归位"、"三而二，二而一"的解决方案。另外还有学者注意到非税收入的立法层次问题、收支挂钩问题等（季家友、吴金友，2014）。刘尚希（2013）指出了我国非税收入存在二重性，即一部分是依据公共权力取得，而另外一部分则是依据公共产权取得，鉴于我国庞大的国有资产、资源，非税收入并非越少就越好。他进一步提出了非税收入的管理应当遵循法定主义、统一管理、风险最小化等原则。

再往前追溯，非税收入的前身其实就是声名狼藉的预算外资金。因此，加强非税收入管理的实质是将预算外资金纳入预算内管理。以此而言，将预算外资金易名为非税收入，从某种意义上讲，只不过是为了确立"预算外资金也是财政资金"的身份，进而为将其纳入财政管理做好理论准备。那么，预算外资金又是如何产生的呢？资料显示，预算外资金的前身就是收费。只不过由于时间久远，收费与非税收入之间的关系已有些模糊了。

二、我国收费制度的历史沿革

从相当大程度上讲，收费是改革开放以来市场化改革在政府领域不当扩散的副产品。在漫长的计划经济时代，只有极少数行政机关与事业单位向公众、企业或其他组织收取少量收费，这被称为规费。1978年，中国开始了改革开放的伟大进程。由于家庭联产承包责任制在农村改革中大获成功，因而在1983年启动更加复杂的城市改革、政府改革的时候，"承包"、"包干"的概念也被引入，财政的"分灶吃饭"即为其中一例。由于财政保障能力不足，政府允许一些有条件的单位对外收取费用。刚开始是一些随着政府职能扩大而新设立的机构，财政无钱可支，只能允许其收费以获得必要的运行经费。后来一些实行差额拨款的单位，政府也允许其通过收费补足差额，是为"补差"。再往后，一些主要面向公众的政府部门如民政、公安等，"因为具备收费条件"，也开始收费。由于当时的收费收入并不纳入财政统一管理，而是由各部门的"小金库"，执收单位自收自用，甚至用于发资金福利等，这巨大的"好处"于是很快弥漫开来，迅速扩展到所有能收费的政府部门，这就是在20世纪90年代广为人知的"创收潮"。应当说，对于允许部门收费可能造成的危害，相关部门是清楚的，也因此设定了严格的管理条件，如对收费项目进行审批、发放收费许可证、定期进行检查、严格收费票据等，但是，一旦允许公权力或依托于公权力进行收费同时又缺乏管理监督，相当于打开了"潘多拉魔盒"，很快陷于收费难于收拾的地步。①

为了加强管理，1987年国务院颁布了《中华人民共和国价格管理条例》，一方面对于行政事业收费的概念予以认可，另一方面将其纳入价格管理的范围，由各级物价部门和财政部门共同承担管理责任。资料显示，收费管理权在物价部门和财政部门之间进行了长期的拉锯战，最后以财政部门的胜利而告终。早期，物价部门挟《价格法》的利器，主持清理全社会范围内的乱收费，将收费管理纳入价格管理，形成了以物价部门为主、财政部门参与的管理格局。对此，财政部门一直存有异议，特别是在对于收费项目的设立上。1991年5月，国务院明确"行政事业性收费项目的设立，应以财政部门为主，会同物价部门确定。制定和调整收费标准，应以物价部门为主，会同财政部门确定"，双方之间的形势倒转。1993年，财政部牵头清理乱收费，行政事业性收费管理权限开始进一

---

① 一份关于湖南省邵阳市行政事业性收费情况的调查报告指出，1987年以前，湖南省邵阳市市、区一级，就有180个单位收取303个项目，平均每个单位有1.7个收费项目，多的有16个收费项目。1988年整顿后还有298个，但收费金额却从3000万元上升到4000万元。其中属于工作职责范围内不应收费的项目占总收费项目的50%左右。相当多的行政事业单位都在想方设法以各种理由收取各种费用，并且已从政府部门发展到了党委部门。以至于"开张介绍信要工本费，盖个公章要管理费，迁个户口收手续费，答复问题收咨询费，查阅档案要交查阅费，工作调动要交人才交流费，学生转学要交转学费，个别乡镇政府还要收汽车过街费、过路费，等等。简直是到了交不起费，就办不成事的地步。"

步向财政部门倾斜。1994年，财政部门起草了《行政事业性收费管理条例（草案）》并上报国务院，各省也起草了类似的办法，并陆续设立了收费管理局或预算外资金管理局的试点等。1996年，国家出台了对于预算外资金进行管理的规定。至此，收费的管理权主要归于了财政部门。

很难评价这一场收费权之争中谁对谁错。从现在可见到的资料来看，物价部门对于财政部门管理收费可能带到的各种可能情况都有预见，而且很不幸地大都成为今天的现实。但另一方面，财政部门对于物价部门的指责也是有道理的，因为即使在物价部门承担主要管理职责的时候，也没能扼止住收费四处蔓延、遍地小金库、各单位坐收坐支，能收费的单位福利好奖金多而一些清水衙门则苦巴巴的政府内部收入分配不均的种种乱象。但必须承认，在收费管理权归于财政，且财政部门出于种种原因而不断将其易名之后，收费问题就掉入了财政管理复杂的概念、种类与报表体系中。结果是，曾经十分引人注目的收费现在已"神龙见首不见尾"，少有人能看清其本来面目了。

只有一点是实实在在的。那就是不论以什么名目、不论具体包括哪些内容，这些年收费规模急剧扩张，这是不争的事实。比如，1995年，全国各种收费达3843亿元，相当于当年税收总收入62%。即使到了2014年，包含行政事业性收费在内的非税收入共计21191.69亿元，政府性基金54093.38亿元，两者合计占整个政府收入的39%，而这还不含社会保障收入和国有资本经营红利。

三、理论分析：对我国收费体系的重新分类

经过数十年的变迁，收费的内涵已经变得十分宽广。按2015年国务院《推进简政放权放管结合转变政府职能工作方案》中财政部牵头收费清理的工作安排，收费、基金、具有强制垄断性的经营服务性收费、行业协会的涉企收费等均名列其中，如果考虑到同步展开的与资格资质清理相关的考试考务费，以及还未完全展开的事业性收费，其范围就更加宽大。

（一）按政府身份划分

经过对中央和地方政府发布的《行政事业性收费目录清单》和近年来《全国政府性基金目录》的仔细分辨，按收费背后的政府身份，可将我国现行收费划分为以下两大类。

第一，政府作为社会管理者面向特定群体提供特定服务所收取的费用。按其与权力的紧密程度，可进一步分为以下四类。一是行政性收费，目前，经核定允许收取的全国性及中央部门和单位行政事业性收费为211项，但各级政府另有数量不等、名称不同的本级行政性收费项目。二是各类中介组织收费，主要集中在与各类行政审批有关的查验、评估、报告等方面，由于与政府权力行使甚至一些官员之间有着有关千丝万缕的联系，俗称"红帽子中介"。三是各类事业性收费，特别是庞大的医疗、教育等事业单位收取的费用。四是与各类职业资格取得有关的培训与考试考务费、职业技能鉴定考试考务费，等等。

第二，政府作为公共产权所有者，通过有偿转让、出租各类国有资源、资产所形成的收费。具体包括两个方面。一是各级政府有偿转让国有资源形成的收入，如国有土地使用权出让金收入、矿产资源补偿费等。二是公众有偿使用国家大型基础设施、公共资源等形成的收费，前者如铁路建设基金、民航发展基金、国家重大水利工程建设基金等，后者如高速公路通行费、停车费、景点门票费等。

这种分类方法有助于看清收费后的政府身份，对于国有制居主体的我国而言，可以在一定程度上厘清这部分收费的来源并对判断其是否合理提供依据。

（二）按收入的性质划分

根据财政学基本原理，所有政府收入不外乎四种形式：税收、使用者付费、国有资本（资源）收入、债务，分别简称为税、费、租、债。以此而论，我国的收费可以分成以下三大类。

第一，"准税收"类。衡量一项收费是不是税的标准，主要是看其是否具备税收之实，即是不是用于那些本就应当由税收支持的支出项目，只不过因没有税收之名，故名为"准税收"。上述收费中的行政性收费、政府性基金中有文化事业建设费、地方教育附加收入等就属于这样的准税收。

第二,"租"类。在经济学概念中,"租"是指产权主体因出租、出让资产所获得的收入。在我国,特指政府因出租、出让国有资源(资本)所产生的收入。在现行收费体系中,这一类的收费主要集中在政府性基金之中,如广为人知的土地使用权出让收入、出租收入以及国有企业变现收入等。

第三,"使用者付费"类。所谓使用者付费,是指政府因提供特定服务、面向特定对象收取的费用,具有明确的服务—收费的对称性。在我国,使用者付费的范围十分广阔,除了一般意义上的各类公用事业,如水、电、气、暖等外,医疗、教育等事业性收费,取得各类职业资格资质的培训费、考试考务费、职业技能鉴定费……均可包括其中。

这种分类方式能更好地看清收费本身的性质,进而有助于发现其在管理上存在的问题并提出相应的改革之策。

四、近年来我国收费清理改革取得的进展与存在的主要问题

2013年以来,为了进一步释放经济社会活力,国务院力推收费清理改革,并取得了明显进展。从中央到地方已取消了数百项收费项目,建立并公布了收费目录清单,加快了涉企收费专项治理,将部分收费和政府性基金纳入一般公共预算等,社会对此的总体评价是好的。但是,由于收费沉疴已久,目前仍存许多问题。更重要的是,一些与收费相关的制度缺陷、体制机制方面的问题正在浮出水面。

1. 行政性收费的合法性存疑

行政性收费主要指各级政府机关在面向公民和社会团体提供服务时所收取的费用,大的如各类监管费、管理费,小的如各类注册费、证照费等,遍布政府日常工作的方方面面。之所以说其合法性存疑,是因为这些收费所涉及的项目多为相关部门的本职工作,是政府之所以为政府的根本所在。这些涉及各社会主体、具有普遍性质的公共服务,其所需要的成本与费用已经通过税收进行了收取,理论上没有任何理由重复收取。历史地看,行政性收费出台的背景是改革开放之初政府财政能力严重不足的权宜之计,但现在这一理由已经完全不

成立了。

2. 公共资源交易制度尚不健全

在现在收费体系中由国有资产（资源）转让、出租、变卖形成的收费，其实质是市场交易行为。多年来，我国各级地方政府都已建立了公共资源交易中心和相应的制度，用以规范公共资源的交易，实现公共资源的价值。但现实地看，无论是从公共资源交易的程序，还是交易的结果都还不能完全实现"公开、公平、公正"的要求，公共资源交易中存在大量的设租寻租、暗箱交易的行为，部分公共资源低价流入个人，造成国有资源的大量流失。

3. 公共定价制度付诸阙如

在我国收费体系中，使用者付费的项目的比例极大。相对于行政性收费，这类收费的正当性和必要性都十分显著，是今后收费体系的主力军。目前，这类收费存在的主要问题是公共定价制度不健全的问题。关于公共定价，目前理论研究总体而言比较缺乏，如对于社会公众极为关心的教育、医疗，如何合理确定其价格，少有人说得清楚。二是规制信息不公开、不透明。涉及使用者付费的多为自然垄断行业，其价格标准需要在公共利益与企业收益之间适当平衡，为此政府部门需要全面掌握相关企业的财务信息，并定期按规定、按程序调整。但是，这在实践中少有做到，结果造成两个方面的不合理：一些项目收费长期处于不合理的低价（如水、电、气价和部分城市的交通价格），企业只能依靠财政补贴维持；另一些收费又片面随市场起舞，只调增不调减，公众意见极大。

4. 现代财政管理制度未及覆盖

在我国现行体制下，收费所产生的收入，都属于财政收入的一个组成部分。这一认识虽然在理论上早已厘清，但在实践上却迟迟落不到实处，相关财政管理制度不可思议地陈旧落后。一是"收、支、用、管"集于一体，如政府性基金中的多数项目，采用的是所谓"列收列支"的管理办法，由部门收取、由部门分配、由部门使用，财力部门化十分严重，即使一些项目连续多年出现大额结余，财政部门也很难对其进行统筹。二是一些收费项目还游离于财政管理之外，典型的是各类国有资产收益。三是"收支两条线"未能实质性地全面贯彻。一些收费项目，表面上纳入了"收支两条线"的管理，但在部门的收费总额与当年所获得的预算分配之间，仍然存在着若明若暗的关系。而这既是财政部门不能下狠心彻底清理收费的原因，也是执收部门不能停止收费的根本原因，当然更是历次收费清理始终处于"剪复生、生复剪"的原因所在。

5．行政审批制度过多过滥

尽管经过多轮改革，我国现在行政审批制度仍然十分广泛。这从近期各地陆续公布的权力清单上就可以看出，一级基层政府动辄有上千个审批事项。根据我们观察，一般而言，多数行政审批的背后都有收费，这又包括三个层次，一是相关部门自己收的费，二是委托下属机构、事业单位收的费，三是由附着其上的各类中介机构所收取的咨询评估费等。行政权力过于强大，"无所不批"，"批之必有费"，这种权力与收费之间过于紧密的粘连关系，正是一些不合理收费项目顽固不去、死而复生的制度性根源所在。

五、完善清理收费改革的主要对策建议

综上，我国在收费管理方面的问题，既有理念上的，也有管理上的，但更重要的是制度上的。深层次讲，还是政府、市场、社会三者之间的边界不清，政府职能调整不到位，一方面政府仍然对市场、对社会有过多的包办代替，另一方面在政府与市场之间的自然垄断领域内权责不清、社会组织发育不良等。值此中国经济进入新常态之际，为企业减负、为社会松绑，以释放经济社会活力，激发大众创业、万众创新的必要性和迫切性已十分突出，这为更新收费理念、建立健全有关收费制度提供了难得的"时间窗口"。

1．更新收费理念，推动行政零收费

如上所述，行政性收费的理论基础是缺失的，并不具备收取的正当性。已流传了三十多年的行政性收费理由，如"社会可承受"、"两个特定"、"财政困难"等，现在都已不复存在了。相反，建设规范的市场经济秩序和良好的营商环境，以及进一步扩大对内对外开放，都需要一个更加规范、更加法治的良好政府。应结合行政审批制度改革，深化收费清理改革。一是要树立"不收费为正常，收费为特殊"的理念，明晰税收是政府提供公共产品和公共服务的价格，

在政府相关部门履行其天赋职责时，如无特殊情况，不应再在税外收费。二是继续推进行政审批制度改革，削除各类收费滋生的制度性根源。行政审批过多是当前我国收费项目多、散、乱的主要原因，必须继续推进行政审批制度改革，从根本上消除收费产生的制度性根源。三是渐次推进"行政零收费"。要在对行政性收费进行清理的基础上，推广借鉴上海、深圳等地的经验，全面取消政府提供普遍性服务的收费。[①] 四是作为配套，取消行政性收费后所形成的财政支出缺口，要通过正常的预算安排予以解决。

2．进一步深化与规范公共资源交易制度，将具有"租"性质的收费收入纳入一般公共预算管理

目前，我国公共资源交易制度已初步建立，各地都有公共资源交易中心。但公共资源交易的程序、方法还应进一步规范，"公开、公平、公正"的程度有待进一步提高。从管理上看，国有资源收益、部分国有企业改制、上交等形成的收入等，都属于我国国有资源（产）制度下的特殊收益，归全民所有，应采取措施剥离管理部门与此类收益之间的利益联动关系，适时将其并入一般公共预算。

3．建立、完善公共定价机制，建立针对"使用者付费"项目的规范管理制度

现有收费体系中的各类使用者付费项目，量大而广，情况复杂，但本质上是公共定价机制问题与信息公开的问题。目前，这方面的定价机制非常不完善，在成本核查、信息公开、审计、问责等方面，有很多需要改进之处。一是要加强对公共定价各类技术方法的研究。二是建立收费与成本之间随时间、余额甚至物价变化而动态调整的机制。三是要通过一系列制度建设保证相关信息真实可靠、公开透明，切实增强社会公信力。另外，针对众多事业单位、行业协会、中介组织所提供的服务收费，短期主要应从打破垄断、增强竞争方面着手，以形成合理的服务价格与优质的服务质量，长期而言则涉及事业单位改革和社会组织发展等重大改革问题。

---

① 深圳市福田区作为全国首个创新实验区，从2014年6月1日起实施行政服务"零收费"改革，取得了显著成效。

4．明晰化国家重大工程项目的成本补偿机制

在政府性基金中，有一部分具有"价格"性质的收入，所占的资金比重大，又多与水、电等民生产品有关，社会关注度极高。形式上看，这类政府性基金是加价收入，实质上是国家层面重大基础设施建设项目的成本补偿问题。长期以来，我国类似于南水北调、民航、铁路等重大工程建设项目的资金来源，主要是财政支出和银行贷款，缺口部分通过设施投入使用后的加价收入进行弥补。项目建成后的营运、管理、维护等日常支出，既有来自价格收入部分，也有国家财政补贴的部分，相互之间的数量关系比较含混，难以明白表述。究其实质而言，是财务管理不健全所致。努力的方向是要明晰化国家重大工程建设项目的成本补偿机制。如建设成本这一部分，要将国家投资之外的贷款或债务部分作为收费定价的"天花板"因素，建立债务与价格之间的准确的数量关系并定期进行调整，由此可望建立一个收费与成本之间随时间、余额甚至物价变化而动态调整的机制。针对重大建设项目建成后的营运、维护部分的支出，要按实际发生计入成本，据实定价，明白公示。与此同时，还要通过一系列制度建设，保证成本信息的真实可靠、公开透明。

5．深化财税改革，破除"收、支、用、管"一体化机制

通过近二十年的公共财政改革，现代财政管理的理念、原则、方法，已经深入人心。应当将这些要求全面覆盖到各类收费收入之上，以规范财政收支秩序，提高财政管理质量。一是将收费、政府性基金等授权税务部门收取[①]，财政部门按需安排预算，相关部门只负责"管"和"用"，制度性地分离"收钱的"、"分钱的"和"用钱的"，形成相互制衡的体制机制。二是实质性地贯彻"收支两条线"，执收部门依法收费，财政部门据实安排支出，彻底削除收费收入与预算分配之间的联系。三是全面落实预算法的有关要求，所有的政府收入和支出都要纳入预算。四是做好财政信息公开，加强财政监督。

总之，收费本是财政收入的一个组成部分，世界各国皆同。但我国收费规模如此之大，收费体系如此之复杂，同时收费管理制度如此之陈旧，却是举世

[①] 在2015年12月24日公布的《深化国税、地税征管体制改革方案》中，已明确今后由地税部门负责收取费和政府性基金。

罕见。值此深入推进供给侧结构性改革之际，从源流上廓清我国收费问题的来源，重新对收费体系进行分类清理，建立、健全各类别的收费管理制度，已成当务之急。短期而言为企业减负、为社会松绑，中期而言有利于规范政府收入秩序，深化财税体制改革，长期而言则有利于提升国家治理能力和治理体系的现代化，为全面建成小康的实现、民族复兴的"中国梦"做出贡献。

主要参考文献

1．冯俏彬：《供给侧改革的核心是制度创新》，《瞭望中国》总第 298 期。

2．冯俏彬：《国家治理视角下的政府性基金管理研究》，《地方财政研究》2015 年第 7 期。

3．冯俏彬：《收费清理要抓制度改革"牛鼻子"》，《财经国家周刊》2015 年第 20 期。

4．贾康、刘军民：《非税收入规范化管理研究》，《税务研究》2005 年第 4 期。

5．刘尚希：《论非税收入的几个基本理论问题》，《湖南财政经济学院学报》2013 年第 3 期。

6．毕井泉：《行政事业性收费改革思路》，《价格理论与实践》1996 年第 11 期。

7．季家友、吴金友：《财税体制改革背景下我国非税收入收缴管理改革研究》，《西南金融》2014 年第 11 期。

8．杨寅、刘建平：《行政审批收费改革的经验、境遇与发展方向——以上海市行政事业性收费清理为例》，《华东政法大学学报》2010 年第 6 期。

9．赵少华、刘志义：《行政事业性收费应符合廉政原则——邵阳市行政事业性收费情况的调查》，《中国物价》1989 年第 3 期。

10．许昆林：《当前我国收费改革的思路和对策》，《宏观经济研究》2000 年第 6 期。

市场准入负面清单制度：提高开放水平，着力深化改革

贾康　彭鹏[*]

2015年10月，国务院正式下发《国务院关于实行市场准入负面清单制度的意见》（以下简称《意见》），明确了我国实行市场准入负面清单制度的总体要求、主要任务和配套措施。《意见》中明确提出，按照先行先试、逐步推开原则，将自2015年12月1日起至2017年12月31日，在部分地区试行市场准入负面清单制度，并从2018年起正式实行全国统一的市场准入负面清单制度。在启动这一重大的制度建设进程的同时，《意见》也为未来我国更高水平的对外开放和更深层面的推进改革拉开了大幕。

一、市场准入负面清单管理制度及其意义

最早出现于我国并为人们所关注的相关概念有上海建立自贸区时所设立的自贸区负面清单、中美投资协定谈判负面清单，以及中国对外自由贸易协定（FTA）谈判负面清单等，而以上所列均属于局部区域或外商投资的负面清单。《意见》所要求出台的市场准入负面清单制度，则不同于以前，是适用于全部国土上境内外投资者的一致性管理措施，具备更为普遍的意义。《意见》中对此给出的定义为："市场准入负面清单制度是指国务院以清单方式明确列出在中华人

---

[*] 彭鹏为中国财政科学研究院博士后。

民共和国境内禁止和限制投资经营的行业、领域、业务等，各级政府依法采取相应管理措施的一系列制度安排。市场准入负面清单以外的行业、领域、业务等，各类市场主体皆可依法平等进入。"《意见》要求建立与此制度相适应的投资体制、商事登记制度、外商投资管理体制，营造公平交易、平等竞争的市场环境。

全面实施市场准入负面清单制度，意味着我国境内企业不分国有与非国有、内资和外资，也不再论规模大小，"法无禁止皆可为"，在市场经济中生产经营主体的境界是：负面清单之外"海阔凭鱼跃，天高任鸟飞"；而其逻辑上联结着的，是对于政府来说"法无授权不可为"，而且"有权必有责"，是把政府权力"关进法治笼子"的"正面清单"了。此项制度建设将有望大幅降低投资、创业的门槛，从供给侧充分激发各类市场主体的潜力活力，其最直接的表现在于，负面清单管理必结合"准入前国民待遇"，将市场准入管理模式，从以往的前置审批，转向事中和事后管理。这形成了全新的管理思维和理念，有利于进一步"放开搞活"，解放生产力。具体来说，至少体现在如下三个方面。

其一，政府的管理思维方式，从原先的设置门槛、严进宽管，转变到动态门槛、宽进严管。准入前国民待遇匹配负面清单式管理，意味着市场监管不再依靠资格审查、审批来前置式防抑风险，而是通过动态的、全流程的监督与管理，在市场运行的过程中不断发现和剔除风险。这一方面大大降低了市场准入门槛，另一方面也消除了由于审查、审批容易导致的设租寻租空间，有助于以制度安排在激发创业创新潜力的同时促进反腐和廉政建设。

其二，倒逼政府部门管理能力的切实提升。这主要体现在：(1) 负面清单式管理，要求政府建立、培养和锻炼适应新管理思维和方式的人才队伍；(2) 实施动态的全过程管理，需要大数据等全新技术手段的应用来支持，从而实现有效、实时的管理；(3) 在负面清单管理制度框架下，政府的监管和公共服务本身可以摆脱原有的条条框框，通过政府购买服务等新机制支持政府监管工作。

其三，负面清单管理制度有助于健全我国的社会信用体系。《意见》提出，要健全社会信用体系，完善企业信用信息公示系统，将市场主体信用记录纳入"信用中国"网站和全国统一的信用信息共享交换平台，作为各类市场主体从事生产、投资、流通、消费等经济活动的重要依据。《意见》还要求推动建立市场主体准入前信用承诺制，即要求企业向社会做出公开承诺，若违法失信经营将自愿接受惩戒和限制。信用承诺纳入市场主体信用记录，对失信主体，在投融资、土地供应、招投标、财政性资金安排等方面依法依规予以限制。严重违反市场竞争原则，扰乱市场经济秩序和侵犯消费者、劳动者、其他经营者合法权益的市场主体，将被列入"黑名单"，对严重违法失信者依法实行市场禁入。如此管理框架下，有望推动我国的社会信用体系走向比较健全的状态。

二、负面清单管理制度与更高水平的对外开放

负面清单管理制度代表了与国际最高标准的"法治化营商环境"接轨的市场管理制度建设要求，也代表了我国进一步扩大开放的努力方向。

美国积极推动、十二国参与的"跨太平洋伙伴关系协定"（简称TPP）经过多年艰苦谈判接近达成的新闻，引起了多方关注，而中国将如何认识和应对TPP，也在国内外引发了热烈的讨论。实行市场准入负面清单管理制度，可以看作是中国政府在推进改革中进一步提高全面开放水平，与TPP规则要求互动、对接的一个具体措施。

根据商务部公开的TPP翻译文本，第十六章"竞争政策"中要求缔约各方禁止限制自由竞争的法律；第十七章"国有企业和指定垄断"中要求确保各自国有企业或指定垄断主体不歧视其他缔约方的企业、货物和服务。各方同意各自法院对外国国有企业在本国领土内实施商业活动享有管辖权，并确保行政部门以公正的方式管理国有企业和私营公司。这也就是要求缔约国需要对各种性质的企业一视同仁，从法律制度上保障市场主体充分的自由竞争，而这些实际上都与我国市场准入负面清单管理制度的要求逻辑贯通。

而从第二十五章"监管一致性"的内容来看，该协议旨在推动缔约方建立有效的跨部门磋商和协作机制以促进监管一致性，从而确保TPP市场上的商业主体享有开放、公平、可预期的监管环境。具体来说，该协定鼓励缔约方推行

广泛采纳的良好监管实践，例如针对正在制订的监管措施的影响进行评估，就监管方案选择依据及监管性质进行沟通等；还要求缔约方确保法律法规清晰简洁，确保公众能够获取新出台监管措施的信息，如可能通过网络在线发布，确保定期审议现行监管措施，确定其仍是达成预期目标的最佳途径。相应于这些，《意见》中也对负面清单管理制度的公开透明等方面做出了具体要求与部署，因此与TPP的要求是不谋而合的。

综合地看，实施市场准入的负面清单管理制度，是我国在以全面开放匹配全面改革而求和平发展崛起、实现现代化"中国梦"战略目标的长期努力中，未来可以与TPP互动、加入高规格国际自由贸易规则形成过程的一个良好铺垫，可谓打下了在十八大后历史新起点上"继续大踏步跟上时代"的一块基石，具有重要的支撑性质。

三、负面清单管理制度试点释放的信号和后续展望

实施市场准入负面清单管理制度，与党的十八大以来的全面改革、全面依法治国的精神以及一系列举措相联系。《意见》的颁布，释放了进一步深化改革的明确信号。

在党的十八届三中全会要求以"国家治理现代化"（具体表述是"国家治理体系和治理能力的现代化"）为治国施政的核心理念而全面推进改革之后，党的十八届四中全会又明确地要求"全面推进依法治国"，两次全会的基本精神一脉相承，相互呼应，相得益彰，这是自党的十八大提出经济、政治、文化、社会、生态建设"五位一体"总体布局的大思路之后，必将对中国现代化进程产生长远、深刻的重大影响的顶层规划和路径部署，即在全面改革中全面推进依法治国，在全面依法治国中走向长治久安和伟大民族复兴。

四中全会《中共中央关于全面推进依法治国若干重大问题的决定》指出，社会主义市场经济本质上是法治经济，社会主义市场经济的法治建设"必须以保护产权、维护契约、统一市场、平等交换、公平竞争、有效监管为基本导向"。为贯彻这一导向，现在推出市场准入负面清单管理制度改革的试点，并同

时明确了试点到全国全面实施这一制度的清晰的时间表，正是在上述全面改革路径上的重大举措，释放了强烈的行动信号。

根据《意见》，将选取地方进行试点，并在两年后向全国普遍推开。关于这一过程的后续展望，笔者认为有三个值得特别关注的方面。

首先是在市场准入的负面清单管理制度试点的过程中，如何处理好新机制的落实问题。《意见》中对地方如何指定负面清单给出了操作要领，譬如需要组织专家参与研究、讨论，举行听证会，并且地方负面清单可以存在一定自由度等，可以说已做出了相关的安排和规定。然而在具体落实过程中，还可能会有许多问题需要在实践中去探索。仅以听证会制度为例，目前我国的城市公共管理中早已引入了听证会制度，但是社会上对于听证会的代表选取办法、流程与信息的透明度，乃至听证会的最终效果，却始终存在一定的争议，这一制度似乎也并没有能完全达到提升执政公信力的预期效果。公众舆论中存在的一些质疑，估计在负面清单的制定过程中也不会消失，如何在试点负面清单管理制度的同时，解决好这些问题，切实提升执政公信力，就成为一个现实的挑战和机遇。同时，在试点过程中，给予地方多大的自主性空间和政策自决权力，如何把握好地方特殊性与全国普遍性，以及地方利益和中央意图的协调问题，等等，也会成为重要的课题。

第二个问题即是深化改革取向上，如何通过一项市场准入改革来撬动更为宏大的经济、社会、司法等方面配套改革的问题。比如，在经济改革与司法改革的"结合部"上，还存在各级政府事权分工与司法管辖权配置合理化以理顺体制安排的配套改革任务，有必要加以分析研讨。

十八届四中全会通过的《中共中央关于全面推进依法治国若干重大问题的决定》中明确提出了关于"优化司法职权配置"的重要措施，要求："最高人民法院设立巡回法庭，审理跨行政区域重大行政和民商事案件。探索设立跨行政区划的人民法院和人民检察院，办理跨地区案件。"2014年12月2日以中共中央总书记习近平为组长的中央全面深化改革领导小组第七次会议，已审议通过了《最高人民法院设立巡回法庭试点方案》和《设立跨行政区划人民法院、人民检察院试点方案》，表明即将以改革试点方式把这两项涉及司法管理体制、司法权责划分与运行机制深层次问题的改革，推向实际操作中的先行先试，并寻求"可复制、可推广"的机制和制度。在本次下发的《意见》中也存在中央与地方清单的分置问题，而这一问题又需要放在比照优化司法职权乃至行政职权的大框架下去解决。

这方面所包含的一项使中央、地方事权合理化的改革实质，就是把我国的司法管辖权上提，转变为国家中央层级的高端事权。之所以要以此为取向，制度安排的内在逻辑正是最大限度地排除原区域司法权对审判结果可能产生的干扰因素而追求和维护"法治化"框架下尽可能充分的公平正义功效。

我们可以从市场竞争环境中高发的经济案件的司法审判权的设置为例，做一简要分析。近年间我国经济案件的数量迅速上升，按照过去的事权划分，司法管辖按报案人的属地原则，审判权在地方，但大量的经济案件中所涉及的利益关系，却是跨行政辖区的，由 A 省主持案件审判，利益关系却可能联系到 B 省、C 自治区，甚至到国外。现实生活中，A 省的"地方本位主义"、"地方保护主义"、"近水楼台先得月"的"关系户"因素等，会一拥而上干扰案件审判的公正性。大量的事例表明，我国司法公信力的不足，固然有多方面的原因，但其中来自这种审判权制度安排的"扭曲"因素，是一个重要的方面。年复一年、日复一日的经济案件审理结果中，积累的司法不公因素，也表现在引致为数不少的"上访"事件与"不安定"的社会问题。为了打造"高标准法治化营商环境"，"努力使人民群众在每一个案例中都感受到公平正义"，亟须在"事权划分"上处理好"问题导向"的配套改革，把原属地方的这种司法管辖权向中央层级事权转变，具体形式便是巡回法庭和跨行政区划的法院、检察院的设立及运行。按照国家治理现代化和全面推进法治化的顶层规划而实施的这一类事权调整，需要纳入配置改革的总体设计，并引入不同政府层级的通盘事权划分明细单、一览表的设计，再进而对应于财政分配的运行载体——预算的操作环节所必须依据的"收支科目"上，即在操作形式上落实为具体的各层级政府财政的"支出责任"，这才能进入三中全会所要求的现代财政制度"事权与支出责任相适应"的状态。而通过试点负面清单管理制度为引子，从负面清单的中央、地方分置管理，放大到相应的司法乃至行政职权的分置，不失为一条值得看重的自下而上理清、理顺政府间体制关系的路径。

负面清单从试点到全面推开，需要经历一个过程，到全国推广后，也并不意味着这项改革的结束。负面清单开始制定出来时，可能会比较长，但会经历一个从长到短的压缩过程，这同时也是政府进一步实现职能转变、简政放权，使实际的政府执政能力不断提升、供给侧活力不断释放、改革不断深化落实的过程。

扩大文化产品有效供给　释放文化消费需求

徐林　刘春雨[*]

文化消费需求是居民对广播影视、出版发行、演艺、娱乐、动漫、游戏、会展、创意、工艺美术等产品和服务的需求。"十三五"时期，随着我国居民收入进一步增长，居民需求将继续沿马斯洛需求曲线向上攀升，居民消费结构将从物质需求为主向物质需求与精神文化需求并重、精神文化需求比重进一步提高转变。顺应规律、抓住机会、改革体制、放松管制、丰富产品，就能释放出万亿元级数的文化消费需求，并拉动文化产业从新兴朝阳产业快速成长为新的支柱产业，为"十三五"经济增长提供强力支撑。

一、我国居民文化消费存在巨大的供需缺口

当前和"十三五"时期，我国居民文化消费领域蕴藏着巨大需求。但若无大的体制和政策改进，我国文化产品和服务的供给将无法满足需求。

（一）2014年，我国居民文化消费领域存在最高可达3.5万亿元左右未得到满足的需求

按照世界各国发展进程所呈现的共同规律，在一国人均GDP上升、居民恩格尔系数下降的过程中，居民食品、住房、交通消费支出占消费总支出比例逐步下降，文化消费支出占比逐步增加。当人均GDP＞5000美元、居民恩格尔系数＜40%时，居民文化消费支出占消费总支出比例普遍在20%左右。

---

[*] 刘春雨为国家发展改革委规划司副处长。

按此规律，2014 我国人均 GDP 约为 7600 美元（2015 年已进一步增至约 7900 美元），居民恩格尔系数为 31.0%，其中城镇居民、农村居民分别为 30.0%、33.6%，居民消费率为 37.9%，居民消费总支出为 24.3 万亿元，可知居民文化消费支出的趋势值约为 4.9 万亿元。但实际上，我国城乡居民文化消费支出占消费总支出比例分别仅为 8%、3% 左右，支出仅为 1.4 万亿元，存在约 3.5 万亿元的文化消费需求未得到满足。尤为重要的是，根据 2012 年"居民文化消费与需求状况"问卷调查结果，老龄人口文化消费需求远高于年轻人，我国作为世界上老龄人口最多的国家，文化消费需求潜力巨大。

需要说明的是，居民文化消费支出占消费总支出比例在 20% 左右，是一个以我国城乡区域巨大差距得到弥合为前提的理想化状态。我国与世界其他国家情况有所不同，存在二元结构下城乡巨大差距、各省份之间巨大差距，这些现实困难会使居民文化消费的现实需求一定程度上小于 4.9 万亿元的趋势值，从而使供需缺口小于 3.5 万亿元。从城乡看，2015 年我国虽有 7.7 亿城镇常住人口，城镇人均 GDP 远超过 5000 美元，但也有 6.0 亿农村常住人口，其中有 7017 万贫困人口，农村人均 GDP 远低于 5000 美元，农村居民人均收入也仅相当于城镇居民的 36.6%，农村居民文化消费支出占比难以达到 20%。从区域看，一些经济落后地区人均 GDP 仍然很低，2014 年 8 个省区仅略微超过 5000 美元、4 个省区低于 5000 美元，水平最低地区（贵州）人均 GDP 仅相当于水平最高地区（天津）的 1/4，落后地区居民文化消费支出占比难以达到 20%。

（二）"十三五"时期，若无明显的体制和政策改进，我国文化产业供给仍然无法满足居民巨大的文化消费需求，2020 年供需缺口最大可达 4.8 万亿元左右

我国有历史悠久、丰富多样的文化资源，拥有创造并供给文化产品和服务的优越条件。但从 2014 年数据看，我国文化产业增加值仅为 2.4 万亿元，文化产业增加值占 GDP 比重仅为 3.76%，低于 5.3% 的世界平均水平，更远低于美国 11.3%、韩国 9.8%、巴西 7.9%、俄罗斯 6.0% 的水平。

本篇通过预测 2020 年我国 GDP 和居民消费率，对 2020 年居民文化消费需求的趋势值进行预测。①运用柯布-道格拉斯生产函数模型的预测结果显示，2016—2020 年我国经济潜在增长率年均约为 6.5%，2020 年 GDP 总量约为 92.7

万亿元（2015 年价格）。②根据 GDP 预测结果，运用动态可计算一般均衡模型（CGE）以及投入产出基本流量表，可知 2020 年居民消费率约为 42%、居民消费总支出约为 39 万亿元。③根据居民文化消费支出占消费总支出 20% 的共同规律，可知 2020 年我国居民文化消费需求的趋势值约为 7.8 万亿元。

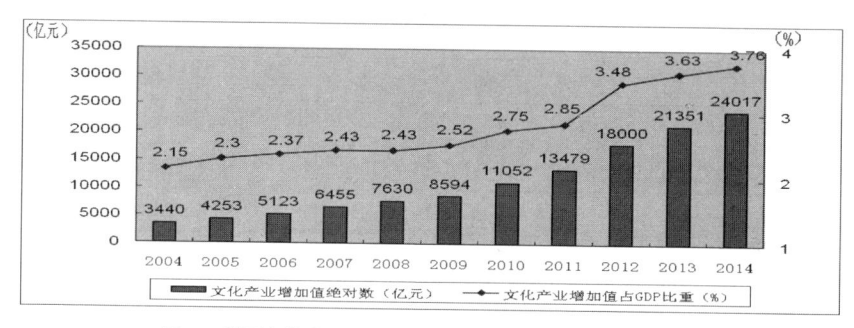

图 1　我国文化产业增加值占 GDP 的比重（2004—2014）

数据来源：中华人民共和国文化部《文化产业及相关产业发展统计年鉴》

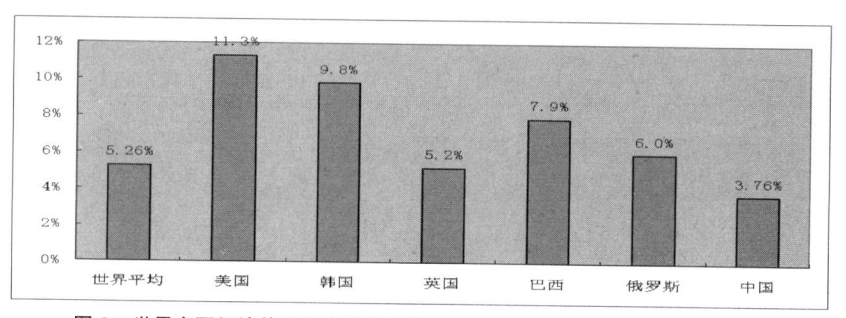

图 2　世界主要经济体文化产业增加值占 GDP 的比重（2014/2012/2010）

数据来源：世界知识产权组织数据，中华人民共和国统计局科研所《世界主要经济体文化产业发展状况及特点》

注：中国为 2014 年数据，美国、韩国为 2012 年数据，俄罗斯、巴西为 2010 年数据

本篇分别建立 2 次曲线模型、灰色预测模型，对 2020 年文化产业供给的趋势值进行预测。具体为：①使用 SPSS 软件，构建 2 次多项式曲线模型方程：$y=2.333-0.082*x+0.018*x^2$，$R^2=0.962$；②使用 GSTA 软件，构建灰色预测模型 GM（1,1），平均相对误差为 5.15%。预测结果显示，若无大的体制和政策改进，2020 年我国文化产业增加值约为 5 万亿元—5.7 万亿元（2015 年价格），

能够满足约 3 万亿元—3.4 万亿元（2015 年价格）的文化消费需求（2014 年文化产业增加值中消费支出占比 60%、资本形成占比 40%，按此比例对 2020 年进行估算）。

表 1　我国文化产业增加值占 GDP 比重的预测（2015—2020）

	2 次多项式曲线模型预测值	灰色预测模型 GM（1，1）预测值
2015	3.94	3.97
2016	4.31	4.23
2017	4.71	4.51
2018	5.15	4.80
2019	5.63	5.12
2020	6.14	5.45

综上预测，2020 年我国文化产业增加值约为 5 万亿元—5.7 万亿元（2015 年价格），能够满足约 3 万亿元—3.4 万亿元（2015 年价格）的居民文化消费需求，但距离约 7.8 万亿元的趋势值，仍有多达 4.4 万亿元—4.8 万亿元的缺口。虽然 7.8 万亿元是一个理想化状态下的趋势值，我国城乡区域差距弥合需要一个长期过程，会使居民文化消费的现实需求一定程度上小于 7.8 万亿元的趋势值，从而使供需缺口小于 4.8 万亿元。

在此情境下，当国内提供的文化产品服务无法满足居民需求时，居民就会寻求国外的文化产品服务，这毫无疑问会扩大我国文化产业贸易逆差；如果存在严格的文化产品进口管制，当国外的产品服务也无法满足居民需求时，居民的文化消费行为就无法实现，生活质量和幸福指数就会受到影响，进而影响全面小康的文化含金量。

二、供需缺口主要归因于文化产业的有效供给不足

当前供需缺口产生的主要原因在于，我国市场和政府所提供文化产品服务是不足的，产品总量、产品质量和产品多样性都无法满足居民持续增长且不断

多样化的文化需求。

(一)市场提供的文化产品服务总量短缺

我国文化产品服务的有效供给总量不足,价格普遍高出居民预期,质量也不能满足居民需求。据调查,49%的居民认为文化设施短缺;60%的居民认为文化消费昂贵;71%的居民认为电影票价格过高;分别仅有14%、23%、18%的居民对3大媒体(图书、网络、电视)表示满意;41%的居民认为,必须丰富文化产品服务的种类和内容,并降低其价格。这归因于:

其一,我国文化产业的市场化不充分,很多地区还存在政府直接干预或垄断,很多行业还属于文化事业范畴,市场这只看不见的手的作用没有充分发挥,市场供给短缺导致价格昂贵。相比之下,美国绝大多数文化产品服务是由市场供给的,比如迪士尼、好莱坞、百老汇等都来自于民间投资,宽松的准入、充分的竞争,促成了充分供给和合理价格,更好满足了居民需求。

其二,我国文化产品服务的技术含量不足、质量不高,难以较好地满足居民需求。比如,2014年电影和电视剧产量分别位居世界第3、第1位,但放映时间并不多,电影票房收入仅为296亿元。相比之下,美国电影占全球产量的比例不到10%,但放映时间占比高达50%,比如2009年《阿凡达》票房高达30亿美元,位居电影历史第1名,原因在于融入了新科技手段,带给了观众新的视觉体验。

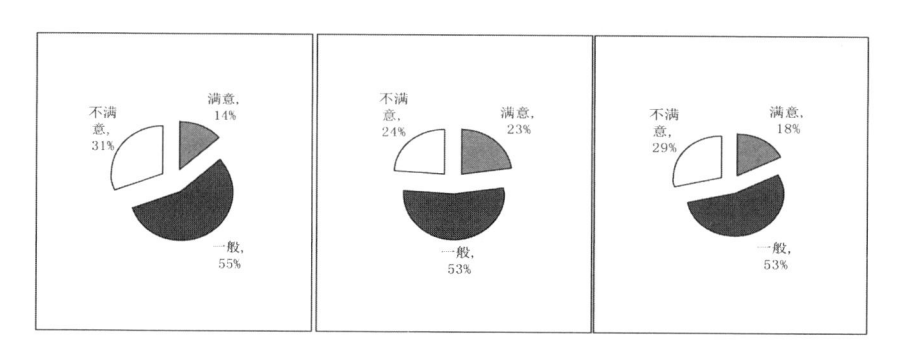

图3 居民对3大媒体(左:纸质,中:网络,右:电视)的满意度

数据来源:2012年中国艺术科技研究所、中国文化管理学会网络文化工作委员会的"居民文化消费与需求状况"问卷调查

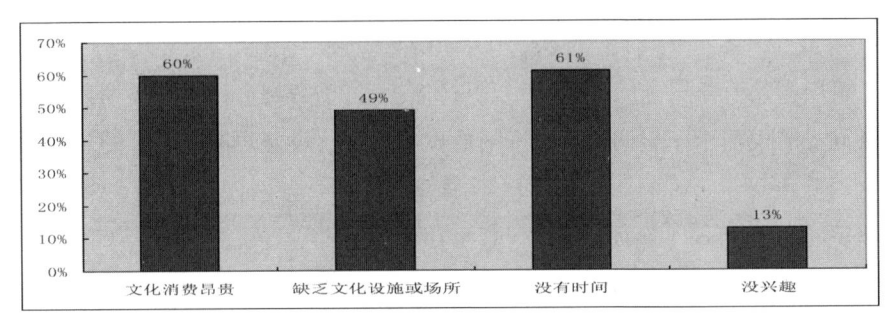

图 4　影响居民文化消费的因素

数据来源：2012 年中国艺术科技研究所、中国文化管理学会网络文化工作委员会的"居民文化消费与需求状况"问卷调查

（二）政府提供的公共文化服务总量短缺、效率不高

其一，对公共文化服务的财政投入过少，向社会力量购买服务的供给方式也处于探索起步阶段，公共文化服务存在较多历史欠账，补短板、兜底线存在较大缺口，尤其在农村、基层和老少边穷地区体现的更明显，不能满足群众基本文化权益的需求。比如，2013 年我国人均藏书量仅为 0.5 册，远低于国际图书联合会人均 1.5—2.5 册的标准；剧团在农村的演出场次仅为 100 万场，每村看不到半场戏；除京沪农村地区基本实现室内放映电影外，其他地区主要是露天流动放映。

其二，现有公共文化服务对居民的吸引力不强，居民喜闻乐见的服务不多，存在有数量没质量、有高原缺高峰的现象，居民看好电视、听好广播、看好电影的需求未得到满足。比如，2012 年"三馆一站"中，年流动人次少于 1 万人的县级公共图书馆占比高达 26%，年服务人口少于 1 万人的县级文化馆占比高达 36%，年服务人口少于 1 千人的乡镇综合文化站占比高达 40%；仅有 32% 的居民对文化活动表示满意，部分文化机构花大力气办的文艺节目，得不到农村居民的青睐。

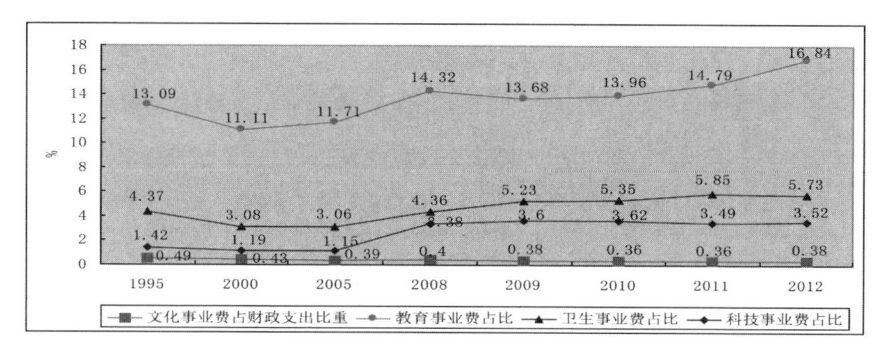

图 5　教科文卫事业经费占财政经费总支出的比例（1995—2012）

数据来源：中华人民共和国文化部《2013 文化发展统计分析报告》

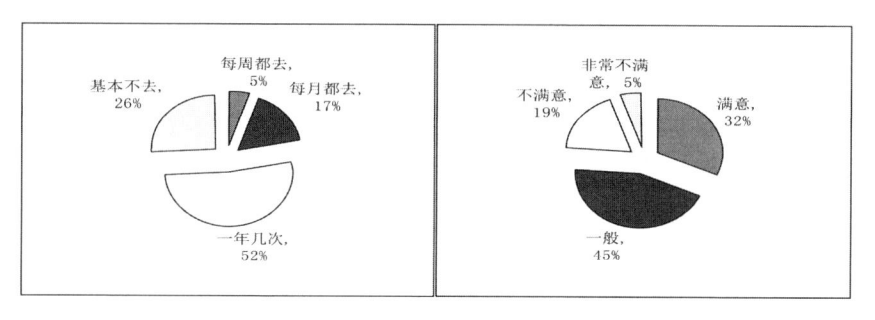

图 6　居民对参观场馆（左）、文化活动（右）的满意度

数据来源：2012 年中国艺术科技研究所、中国文化管理学会网络文化工作委员会的"居民文化消费与需求状况"问卷调查　注：统计数据经四舍五入后，各项之和有可能超过 100%。

三、应通过扩大有效供给居民文化消费需求

（一）通过放宽管制扩大市场供给

放宽对社会资本进入文化领域的准入限制。扩大广播影视、出版发行、演艺、娱乐、动漫、游戏等文化产业的市场开放度，全面放宽民间资本准入，减少行政审批事项，除政府负责的基本公共服务外，其他文化产品服务主要由市场提供。给予非公有文化企业与国有文化企业同等的政策待遇，形成积极正面、公平竞争、优胜劣汰的市场环境。对以乐视等为代表的新兴文化业态和文化企业，给予包容的发展创新环境和科学合理的规范。尽快将生产经营类文化事业

单位转变为企业。适度放开文化领域的外资准入限制，构建以民族文化为主导、吸收借鉴外来有益文化的格局，形成百花开放的繁荣局面。

建立有利于文化产业加快发展的政策扶持体系。加强对文化领域科技创新的财政资金支持，支持文化专用装备、软件、系统的研发应用。结合"营改增"，扩大实行税收优惠的文化产业范围。加快培育文化资本市场，制定文化企业无形资产评估办法，解决其轻资产、融资难的问题。通过政府采购等手段，支持中小微文化企业发展。建立版权等文化产权交易中心，扩大文化产业的要素流动。

（二）通过增量增效优化政府供给

提供符合人民精神文化需求的基本公共文化服务。以人民的基本文化需求和多样化文化需求为导向，围绕看电视、听广播、读书看报、参加公共文化活动等基本文化权益，明确国家基本公共文化服务体系的内容、种类、数量和水平，努力提供优质服务。强化人民精神文化需求研究，建立决策过程公众参与机制和事后反馈机制，及时准确掌握需求，开展菜单式、订单式服务。根据城镇化发展趋势和城乡常住人口变化，统筹城乡公共文化设施布局。

强化对农村、基层、老少边穷地区的公共文化普遍服务。按照国家基本公共文化服务体系，明确农村、基层、老少边穷地区的公共文化服务缺口和历史欠账。依托城乡社区综合服务设施，建设社区公共文化服务设施，强化对"三农"的文化服务，推动广播影视等服务由村村通向户户通、优质通、长期通发展。对老少边穷地区实行精准文化扶贫，解决看书难、看报难、听广播难、看电视难、网络通信难的问题。

第三篇
新供给的基础理论创新探索

供给侧考察：新供给经济学理论"五维一体化"框架与包容性边界探讨

贾康　苏京春

自"新供给经济学"①这一经济学创新研究理念结合全面改革的思路提出以来，在注重从"供给侧"进行的系列研究中，我们还曾从后危机时代的潮流词语"动物精神"出发，结合经济发展现实解读理性供给管理可遵循的逻辑路径②，并在反思中发现"动物精神"与"理性预期失灵"的一致性，继而继续试图深入探析在理性预期学派成果上可从其反面映像考察的理性预期失灵③，而其缓解路径合乎逻辑地指向理性的供给管理。由此回到若干年前已形成的"中国特色的宏观调控要特别注重理性的供给管理"这个着眼点，我们特别注重地构建了从我国体现基本国情的"胡焕庸线"所引出的资源、环境"半壁压强型"和"三重叠加"特点的一整套认识，又顺乎"问题导向"地推进到"要以非常之策破解非常之局"的供给管理战略思路与策略组合设计，使供给侧研究的重大作用进一步凸显。④基于理论比较分析及其现实应用，我们还从经济学古典阶

---

① 贾康、徐林等：《中国需要构建和发展以改革为核心的新供给经济学》，《财政研究》2013年第1期。
② 贾康、苏京春：《中国特色宏观调控的概念与现实——基于理性"供给管理"与"动物精神"的解读》，《人民论坛·学术前沿》2014年3月下期。
③ 贾康、苏京春：《"理性预期失灵"的发生逻辑及其矫正路径——从供给管理视角对政府调控与作为的探析》，财政部财政科学研究所《研究报告》第33期（总第1679期），2014年2月17日。
④ 贾康、苏京春：《胡焕庸线：从我国基本国情看"半壁压强型"环境压力与针对性能源、环境战略策略——供给管理的重大课题》，财政部财政科学研究所《研究报告》第45期（总第1691期），2014年3月4日。

段的供给侧发端"萨伊定律"开始,梳理和综述学派的演变,从而在"供给侧"学派发展过程中发现可较清晰勾画的两轮"否定之否定",明确指认后危机时代的供给侧研究属于学派发展源流的理性回归。①

然而,侧重供给研究的这一派新兴理论探究,并非建立在单一理论源流的基础上,而是需要最开阔地建立在传统经济学、制度经济学、发展经济学、转轨经济学、信息及行为经济学所构成的"五维一体化"理论框架基础上(如图1所示)。本篇试图分别从每个理论维度出发,对其进行沿历史发展脉络的供给侧简要综述考察,进而勾勒出新供给经济学着眼于"集大成"的理论框架,寻求把供给侧研究最重要的两个视点——"物"与"人"有机联通,并由此提供对新供给经济学自身框架与理论边界的总括式解读。

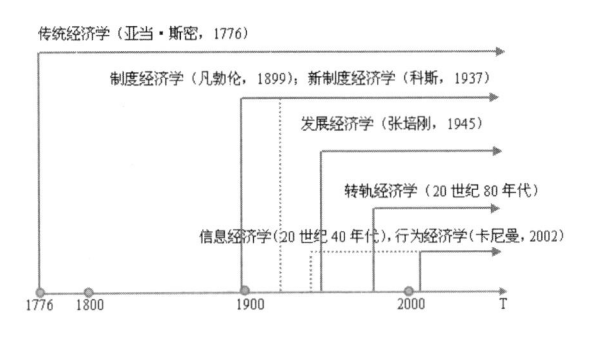

图1 "五维"经济学发展时间谱

一、传统经济学思想脉络的供给侧考察

我们已指出,如果对传统经济学中的供给思想进行梳理,不难发现这一"供给侧考察"的思想脉络呈现出的两轮"否定之否定":从19世纪初"萨伊定律"提出所标志的供给学派开端伊始,历经"凯恩斯革命"阶段对其几近全盘的否定,又迎来20世纪70年代"供给学派"兴起所构成的明显带有"螺旋式

---

① 贾康、苏京春:《探析"供给侧"经济学派所经历的两轮"否定之否定"——对"供给侧"学派的评价、学理启示及立足于中国的研讨展望》,财政部财政科学研究所《研究报告》第77期(总第1723期),2014年5月8日。

上升"新特点的第一次复辟,并接着又继续放低身段于"凯恩斯主义复辟"的浪潮中,直至 2008 年美国次贷危机引发全球金融海啸,供给思想重新以"供给管理"这一带有继续"螺旋式上升"新特点的形式,回归至举足轻重之位。沿着两轮"否定之否定",传统经济学供给思想的发展以历经"古典派"与"新古典派"两阶段的自由主义取向下的供给侧考察为基础,遭受过以凯恩斯和萨缪尔森为代表的第一代凯恩斯主义的批评,后在以伦敦学派、现代货币学派、理性预期学派和供给学派为代表的新自由主义背景下,实现供给思想的首次复辟,接着迎来以新生代经济学者群体为代表的第二代凯恩斯主义浪潮,且此次浪潮中所发展的凯恩斯主义已经在很大程度上带有重要的供给思想要素,也为后危机时代基于美国和多国"供给管理"反思而"破"与"立"的新供给经济学供给思想理性回归,提供了铺垫。

(一)古典自由主义的供给思想

以 1776 年亚当·斯密《国富论》为产生标志的古典自由主义经济理论,大体上经历了"古典派"和"新古典派"两个重要阶段:以萨伊、西斯蒙第、马尔萨斯、李嘉图和穆勒等经济哲学家为代表的古典派,供给思想主要以"萨伊定律"为核心,后得到李嘉图和穆勒的发展,其中不乏西斯蒙第和马尔萨斯对其的批评,然而这些批评在很大程度上带着滥觞时期的阶段性色彩,与其看作是一种批评,不如看作是当时完善经济学理论体系必经的打磨切磋;此后,古典派历经边际革命,以剑桥学派、奥地利学派和洛桑学派为代表的新古典派崛起,尤其是在经济思想史上独树一帜的剑桥学派,其开山鼻祖马歇尔探究的经济学原理中以"静态均衡论(the statical theory of equilibrium)"为核心的静态经济学体系,不仅构建了古典自由主义思想的新基础,而且为凯恩斯、尼科尔森、庇古等后来者开拓了继续攀登经济学理论高峰的道路,并包含了重要的供给思想。

1.古典派的供给思想

(1)萨伊:萨伊定律

作为"供给侧"学派的创始人,法国政治经济学家让－巴蒂斯特·萨伊(Jean-Baptiste Say)在 1803 年出版《论政治经济学,或略论财富是怎样产生、分配和消费的》（或简称《政治经济学概论》）这一著作中提出后人所称著名的"萨伊定律"，构成古典派供给思想的核心。按照萨伊的论述："某人通过劳动创造某种效用，同时授予其价值。但除非有人掌握购买该价值的手段，否则便不会有人出价来购买该价值。所指手段由何组成？回答是由其他价值所组成，即由同样是劳动、资本和土地创造出的其他产品所组成。基于这一事实，我们可以得到一个乍一看来似乎非常离奇的结论，那就是生产为产品创造需求。……值得注意的是，产品一经产出，从那一刻起就为价值与其相等的其他产品开辟了销路。一般来说，生产者在完成产品的最后一道工序后，总是急于把产品售出，因为他害怕产品滞留手中会丧失价值；此外，他同样急于把售出产品所得的货币花光，因为货币的价值也极易流失。然而，想出手货币，唯一可用的方法就是用它买东西。所以，一种产品的生产，会为其他产品开辟销路。"①

尽管西斯蒙第（Sismondi）在其1819年版《政治经济学新原理》中批判萨伊曾阐述的"干涉本身就是坏事，纵使有其利益"②及"萨伊定律"本身，且萨伊的供给侧论证远非完美，但不可否认的是，其生产（供给）产品会引发后续需求的思维，却内含了长久的启发性：实质上，这一"萨伊定律"核心认识的重大贡献在于启发式赋予了经济学研究中"生产和消费、供给和需求的相互影响决定市场容量（和产品价格）"的思考。此外，我们认为，如果将"萨伊定律"关于"供给创造自己的需求"这一论述归为经济哲学原理来思考，那么其对我们认识经济生活现象的帮助远非定律本身所产生时的特定历史阶段那样有局限性，而是随着生产力和生产关系的进步呈现出新的内涵。可以说，萨伊虽仅仅绘出了一个供给侧的视角和论证并不精当的驱动—平衡认识，但却打开、启迪了后续的思想探索空间。供给侧在需求原生性之后的巨大能动性潜力，以及激发这些潜力在调控机制上的极高复杂性、挑战性，足以构成我们追求经济学原

---

① Jean-Baptiste Say, *A Treatise on Political Economy (or the Production, Distribution, and Consumption of Wealth)*, Batoche Books, Kitchener, 2001, Part One: the Production of Wealth, Chapter XV: the Demand or Market for Products, "Which leads us to a conclusion that may at first sight appear paradoxical, namely, that it is production which opens a demand for products".

② 〔法〕萨伊：《政治经济学概论》，商务印书馆1963年版，第199页。

理的严谨对称，以及追求经济学发挥"经世济民"功用的激动人心的领域，并在现代经济生活中以"用户体验"等新概念、新手段为代表，将古典命题中的原理再次印证，实际上为我们加深对"萨伊定律"内涵的深刻原理的认识，提供了供给侧的重要线索。

值得注意的是，卡尔·马克思（Karl Marx）在《资本论》中虽然从诸多方面批评了萨伊的理论体系，但若通盘考察，不难发现他所强调的是劳动（即萨伊认为的供给侧三要素之一）决定价值，两方争论的核心在于是否认为供给侧的劳动要素是决定价值的唯一因素，实际上正是对供给侧理论的深入探讨与升华。

(2) 李嘉图和穆勒：分配理论和发展理论中的供给思想

大卫·李嘉图（David Ricardo）在 1817 年出版的《政治经济学及赋税原理》中，从价值理论出发阐述了分配理论和经济发展理论。分配理论方面，李嘉图认为劳动生产的价值是在劳动者、资本所有者、土地所有者三阶级之间分配，工人获得工资、资本家获得利润、地主获得地租。这一点与萨伊"三位一体"公式理论内核相同，均源自斯密的三种收入学说，但值得注意的是，李嘉图认识到确定分配规则的重要性"确立支配这种分配的法则，乃是政治经济学的主要问题"[1]，尽管这种认识仅建立在攻击地主阶级、维护产业资产阶级这一并不高尚的目的基础上，但在对分配问题的认识中渗透的建立分配法则、改变现有分配结构的思想，实际上为供给侧调节的思想奠定了重要基石。李嘉图经济发展理论中的供给思想内核与萨伊具有高度一致性，受萨伊定律影响，李嘉图认为"某一种商品可能生产过多，在市场上过剩的程度可以使其不能偿还所用的资本；但就全部商品来说，这种情形是不可能有的"[2]，从而形成"生产—消费—购买—生产"的连环，且由于人类消费欲望无止境，使需求成为无限。这些思想可视为对萨伊定律这一古典自由主义供给思想朴素核心的扩展。正如约翰·斯图亚特·穆勒自己所言"我怀疑在这本书中，没有任何一个思想不表现

---

[1] 〔英〕大卫·李嘉图：《政治经济学及赋税原理》，商务印书馆 1976 年版，第 3 页。
[2] 〔英〕大卫·李嘉图：《政治经济学及赋税原理》，商务印书馆 1976 年版，第 248 页。

为来自他的学说的推论",虽然继李嘉图之后,穆勒1848年出版的专著《政治经济学原理》为经济学说史带来首次综合,且不乏突出的自由主义与社会主义思想,但从供给侧考察,其与李嘉图的思想内核高度一致,实质上均是对"萨伊定律"的继承与发展。

2. 新古典派:剑桥学派静态均衡模型与供给侧认识的进步

将穆勒1848年版《政治经济学原理》奉为经济学"圣经"的时代随着边际革命及新古典派的崛起而告一段落。19世纪70年代,对"边际效用"的关注引发了经济学中的一场边际革命,可视为将古典派发展至新古典派的重要转折,其实质是实现了古典派注重生产和供给研究向新古典派开始重视消费和需求研究的过渡。古典派马尔萨斯的需求管理思想加上19世纪70年代的边际革命及20世纪初张伯伦的贡献,共同成为凯恩斯主义及宏观经济学滥觞及长足发展的理论铺垫。普遍共识上看,新古典派包括剑桥学派、洛桑学派及奥地利学派,其中倘若从边际理论视角来看,以里昂·瓦尔拉斯(Leon Walras)为代表的洛桑学派和以卡尔·门格尔(Carl Menger)为代表的奥地利学派显然更具代表性,然而不可否认的是,以马歇尔为代表的剑桥学派不仅是新古典派的独秀一枝,并且正是马歇尔1890年出版的广为流传的《经济学原理》,为传统经济学注入了新思想且产生深远影响,并成就了供给思想在自由古典主义下一个新阶段的重要发展。

尽管阿尔弗雷德·马歇尔(Alfred Marshall)并不被认为是一位侧重于供给侧研究的经济学家,但其利用向右上倾斜的供给曲线和向左下倾斜的需求曲线成功构建的静态均衡分析,实际上为供给思想带来了前所未有的发展。马歇尔在1890年出版的《经济学原理》中详解了其创建的静态均衡分析方法,揭示了均衡价格的形成机制,并提出了需求、供给弹性的概念,分析了需求价格弹性和供给价格弹性,他发现:短期内,需求的上升会带来产量的增加,但这种增加的幅度很小且由于短期内供给方很难迅速调整而伴随出现价格的大幅提升;长期内,由于企业可以随着需求的变化通过进入和退出市场的方式控制生产数量,所以供给会变为影响价格的决定因素。在第五编对市场中"需求和供给的暂时均衡"、"正常需求和正常供给的均衡"、"连带需求与复合需求及连带供与复合供给"等一系列论述中,马歇尔实质上给出了帮助认识市场中供给与需求的方法路径,用构建静态均衡分析的方式指出,只有通过需求与供给的互动,才能对两者形成更具科学性认识的思想,于宏观经济学尚未建立的时代,通过一系列分析肯定了供给在长期经济活动中的价格决定作用,并在此基础上对分配进行了分析。资本主义从自由经济向垄断经济过渡的历史过程无疑给了马歇尔对局部静态均衡最好的认识灵感来源,而随着资本主义向垄断阶段进一步发展,受到马歇尔均衡模型及其边际效用理论的影响,剑桥派杰出人物亚瑟·塞西尔·庇古(Arthur Cecil Pigou)于1920年出版的专著《福利经济学》则在边际效用序数论的基础上开启了专注研究福利与分配的重要分支,认为国民收入总量与社会经济福利正相关,若想增加社会福利,则首先应当在生产方面增大国民收入总量,其次应当在国民分配中消除不均等,这一思想为后来公共经济学及其相关的制度供给奠定了重要思想基础。

(二)供给思想的第一轮否定:第一代凯恩斯主义的批评

托马斯·罗伯特·马尔萨斯(Thomas Robert Malthus)将需求管理思想引入政治经济学体系,而在当时的主流逻辑下,正基于对需求和供给的明确划分,这种划分又恰是马尔萨斯从供给侧转向需求侧的重要桥梁:"……一切交换价值取决于以这一商品易取那一商品的力量和愿望。由于采用了共同的价值尺度和交易媒介,用通常言语来说,社会就分成了买主和卖主两个方面。可以给需求下的一个定义是,购买的力量和愿望的结合;而供给的定义是,商品的生产和卖出商品的意向的结合。在这种情况下,商品以货币计的相对价值,或其价格,就决定于对商品的相对需求和供给两者的对比关系。这个规律似乎具有充分普遍性,大概在价格变动的每一个实例中,都可以从以前影响供求情况变动的原因中找到线索。"[①]基于需求和供给变动决定价格变动的思想,马尔萨斯继续对供需双方进行深入分析,认为供给和需求作为一对概念,需求是更为重要的方面。马尔萨斯的需求管理思想中,将需求划分为需求程度和需求强度,并在此

---

① 〔英〕大卫·李嘉图:《李嘉图著作和通信集》第二卷《马尔萨斯〈政治经济学原理〉评注》,商务印书馆1979年版,第43—44页。

基础上提出了"有效需求"概念,认为当供给与需求相等时所对应的需求就是有效需求。以有效需求为核心,马尔萨斯认为在需求为有效需求时,市场上商品的价格可以由生产的费用来决定;而在需求不等于有效需求时,市场上商品的价格由供求关系来决定。据此需求原理,马尔萨斯提出:"……对于决定于分配的产品价值的增加,最有利的因素是:(1)地产的分割;(2)国内和国外贸易;(3)使社会中占适当比例的一部分人从事私人服务,或者可能以其他方式提出对物质产品的需求,而不直接参与产品的供给。……"① 这种以需求为核心的思想实际上构成对萨伊注重供给思想的异议与批评,更为重要的是,关联于马尔萨斯的需求管理思路,凯恩斯后来举世瞩目地倡导了经济学研究领域的革命。

凯恩斯从不避谈在很大程度上受到马尔萨斯的影响,而整个经济学体系也在20世纪30年代末出现了"凯恩斯革命"。约翰·梅纳德·凯恩斯(John Maynard Keynes)于1936年出版其旷世著作《就业、利息和货币通论》后,经济学进入一个崭新的时代。正如凯恩斯著作的名称所示,其理论建立在货币金融理论的基础上,以承认存在非自愿失业为前提,而以解决就业问题为核心,认为出现失业的原因是有效需求不足。"有效需求"这一概念可以说是凯恩斯主义理论体系中最为重要的概念,宏观上是指商品的总供给和总需求价格达到均衡时的总需求,由消费需求和投资需求组成,从而取决于消费倾向、资本边际效率和流动偏好,相应地产生了凯恩斯理论体系中最重要的三大定律,分别是边际消费倾向递减规律、资本边际效率递减规律和流动偏好规律。凯恩斯的论述由此展开:消费倾向决定消费需求,而由于消费者边际消费倾向递减,所以消费的增加往往少于收入的增加,最终导致消费需求不足;投资需求由资本边际效率与利息率的关系所决定,前者高于后者,投资才有利可图,然而由于存在资本边际效率递减,若利息率不能随资本边际效率的减少而减少,就会导致投资需求不足;利息率决定于流动偏好,两者成反比,流动偏好越强,利息率越高,越阻碍投资,越导致投资需求不足;正是由于消费需求和投资需求两方

---

① 〔英〕马尔萨斯:《政治经济学原理》,商务印书馆1962年版,第61—62页。

面所导致的有效需求不足形成生产过剩危机,并导致了高失业率。凯恩斯这一系列逻辑推演,几近形成了对萨伊"供给创造自己的需求"这一定律的全盘否定,认为自由放任的经济无法自我缓解所面临的危机,应当通过政府干预经济来刺激需求、解决失业、振兴经济。

"凯恩斯革命"之后,以保罗·萨缪尔森(Paul Samuelson)为代表的新古典综合学派又成为凯恩斯主义框架下最有影响力的学派。沿袭凯恩斯的需求管理思想,萨缪尔森明确主张在进行需求管理时采取"逆风向而行"的调控政策,并综合运用财政政策和货币政策来调节总需求,这一套政策主张对全球大多数经济体包括新兴经济体产生了空前重要的影响。

值得注意的是,凯恩斯对"萨伊定律"的否定中也有所保留。在中文版《就业、利息和货币通论》译者导读中,高鸿业教授特别指出:"从表面上看来,本书的基本内容似乎否定了'萨依定律',然而事实上……他并没有如此,而仅仅给'萨依定律'加上一个条件,即:只要执行正确的宏观经济政策,使投资等于充分就业下的储蓄,'萨依定律'是可以成立的。"对此的认识有助于全面、辩证地理解"供给侧"学派历史上所受到的第一次否定。

(三)供给思想的第二轮浪潮:供给学派与新自由主义

脱胎于"自由主义"这一意识形态和哲学思潮的新自由主义,可认为最早发端于托马斯·希尔·格林(Thomas Hill Green)在19世纪70年代英国爆发严重经济危机的背景下提出的经济自由主义复苏形式,核心点是认为自由应当是制度框架内的自由而非放任自流,主张在秉承自由主义传统的同时实施国家干预,但其后这视角上的理论流派发展,主要表现为国家干预的最小化主张。可以说,新自由主义思想也影响了整个20世纪,其理论学派可认为包括以哈耶克(Hayek)为代表的伦敦学派、以米尔顿·弗里德曼(Milton Friedman)为代表的现代货币学派、以小罗伯特·埃默生·卢卡斯(Robert Emerson Lucas)为代表的理性预期学派及以布坎南为代表的公共选择学派,若特别关注供给侧考察,新自由主义的理论体系中尤其包括了以拉弗和费尔德斯坦为代表的供给学派。

1. 新自由主义背景下对供给学派的认识

站在21世纪做理论回望,新自由主义概念下的诸学派在彰显一些伟大思想创新贡献的同时，也不乏被实践证实不成立及深化思辨所诘难的理论缺陷，如现代货币学派主张的总量调节的片面性、理性预期学派面临的"理性预期失灵"①挑战，等等。而在新自由主义背景下，供给学派与伦敦学派、现代货币学派、理性预期学派相比，虽然没有那样严谨的逻辑论证和完整的理论体系，其相关思想却终因其有效性以及在政治层面满足决策者诉求等多重原因而在国家宏观政策实践中得以脱颖而出，成为20世纪80年代里根政府执政以及撒切尔夫人"后国有化"方略的重要指导思想。1981—1982年，美国经济陷入"二战后最严重的经济危机"，里根总统认为供给学派思想"同70年代需求学派掌管的、导致通货膨胀的繁荣，适成鲜明的对照"，并提出著名的"经济复兴计划"，声明要与过去美国政府以需求学派为指导思想的宏观政策决裂，而改以供给学派理论为主导思想，且在1985年第二任期宣布继续扩大原计划。这使得供给学派的理论思想在实践中对美国宏观经济政策产生了空前巨大的影响。

2.供给学派理论综述

按照美国《新闻周刊》20世纪80年代初的总结，"供给学派"的主要代表人物有：马丁·斯图尔特·费尔德斯坦（Martin S. Feldstein）、阿瑟·拉弗（Arthur Betz Laffer）、罗伯特·巴特莱（Robert Barrett）、裘德·万尼斯基（Jude Wanniski）、克莱格·罗伯茨（Paul Craig Roberts）、理查德·蔡克豪瑟（Richard Chickhouse）、罗伯特·霍尔（Robert Hall）、米切尔·博斯金（MitchelBoskin）、罗伯特·门德尔（Robert Alexander Mundell）、米切尔·伊文斯（Michael Evans）、托马斯·萨金特（Thomas J. Sargent）等。此外，当时居于政界的代言人有：80年代的财政部长唐纳德·里甘、行政管理和预算局长戴维·斯托克曼等。这一集学界、政界、新闻界等跨界组合而成的学派，虽然既没有同时代以弗里德曼为代表的货币学派和以哈耶克为代表的新自由主义学派的理论体系所表现的那种系统化，也不似诸多学派具有相当一段时期的酝酿与发展，但却实实在在地对美国经济实践产生了巨大影响。以粗线条梳理，供给学派的主要逻辑和主张包括四大方

---

① 贾康、苏京春：《"理性预期失灵"的发生逻辑及矫正路径——从供给管理视角对政府调控与作为的探析》，财政部财政科学研究所《研究报告》第33期（总第1679期），2014年2月17日。

面。若从细节看，则不难发现供给学派内部始终存在着以拉弗为代表的"主流供给学派"与以费尔德斯坦为代表的"温和供给学派"之间的摩擦与纷争。

(1) "供给学派"的主要观点

可用一条简要的逻辑线索对供给学派的认识进行概括：经济增长—增加供给—增强刺激—利用减税—减少干预。沿此线索，供给学派的主要观点可以归纳为以下四个方面。

第一，经济增长的唯一源泉在"供给侧"。需求管理者认为，增加政府支出可以增加就业和产量，从而刺激经济增长。然而，供给学派认为增加政府支出会抑制储蓄和投资，从而不会增加就业和产量。不仅如此，扩大财政赤字支出还会导致货币供给量过多，物价持续上升，最后酿成恶性通货膨胀，20世纪70年代爆发的"滞胀"危机，根源就是忽视供给而一味强调需求。

第二，增加供给的途径是经济刺激和投资。供给学派认为，增加生产和供给必须通过增加投资和劳动来实现，特别是投资的增加。而投资是储蓄的转化，所以产量的增长间接决定于储蓄量的高低。供给学派把美国同其他主要资本主义国家对比，证明凡是储蓄率高的国家，其生产率增长和经济发展也相对更快，以此得出结论：储蓄是生产增长的重要因素，从而认为美国经济增长缓慢在于储蓄率低，而低储蓄率的结果是由凯恩斯主义需求管理政策造成的。除储蓄之外，决定投资的另一个重要因素是企业家精神。

第三，增加刺激的主要手段是减税。经济增长决定于供给，供给决定于刺激，刺激决定于政府的各项政策措施，包括征税、规章条例、政府支出、货币供给等。供给学派认为，减税是增加刺激最有效的手段，其刺激经济增长的逻辑是：减税可以让劳动者、储蓄者和投资者尽可能地获得最大报酬和利益，这种收入的结果是除去各种纳税和由于政府立法所造成的成本费用以后的报酬净额。对于减税政策，供给学派更注重税率削减，尤其是对累进税制高税率的削减。他们认为：高税率会严重挫伤劳动热情，缩减个人和企业储蓄能力，而储蓄减少将使利率上升；高利率同时会导致企业生产规模萎缩，从而导致经济增长缓慢，商品供给不足。如果加之扩大需求政策，则势必导致通货膨胀加剧，从而进一步导致企业对生产高估因而抑制生产，使资本价格提高因而抑制投资。

减税能够刺激人们工作的积极性和增加储蓄。

第四，增加刺激的外部条件是尽量减少政府对经济的干预。供给学派特别强调市场机制作用，反对政府过多干预经济活动：一是反对政府的过大社会福利支出，二是反对过多的规章法令，三是反对国家控制货币发行量。

(2)"供给学派"的分歧

供给学派的内部分歧主要源于哈佛大学教授马丁·斯图尔特·费尔德斯坦与南加利福尼亚大学教授阿瑟·拉弗之间的摩擦与纷争。基于此，学界对供给学派分歧的程度曾开展过热烈讨论，有论述称两者是决裂的，甚至未将费尔德斯坦划入供给学派当中，也有论述为两者一脉相承，理论思想并未见实质的区别。披览国内外资料，尤其是立足于21世纪对20世纪80年代激烈纷争的回顾，我们认为费尔德斯坦无疑是供给学派的一位重要代表人物之一，但其在一些观点上的确与拉弗存在分歧，然而说不上学派性质的决裂，而是在"大同小异"下的摩擦与纷争。

两者思想中的共同之处主要表现在四个方面：第一，都认同市场的自我调节机制，追求经济自由主义，反对国家过多干预经济；第二，都反对凯恩斯主义经济学，并特别强调和重视"供给侧"的作用，认为消费过多影响储蓄会削减经济增长的动力，且此原因导致美国经济爆发了"滞胀"危机，认为解决危机的良方是从供给侧着手；第三，都认同减税能够刺激投资、增加供给、带动经济增长，并对此进行了论证；第四，都采用了宏观与微观相结合的分析方法，并都更加侧重从微观的角度进行分析。

然而，落到指导政策的理论应用方面，两人不同之处不少，并进行了相当激烈的争论。第一，减税政策的相关理论。拉弗提出了著名的"拉弗曲线"，认为税收收入不一定随税率上升而增加，只有合理的税率才能带来最大的收入。减税是增加供给最主要、最有效的途径，实行大规模减税可以刺激储蓄和投资，从而使生产和税收急剧增加，并开辟新税源，以此减少失业、增加生产、解决通胀问题，从而促使萧条转向繁荣。费尔德斯坦在减税问题的细节上同拉弗有明显分歧，他并不是孤立地考察税收问题，而是将其置于众多影响经济的因素之中。费尔德斯坦甚至公开对拉弗提出批评："早先有这种天真的'拉弗曲线'

理论，认为减税将通过内部作用自行得到弥补，因此没有必要削减预算，现在这一理论已被抛弃。取而代之的是范围广泛和大体上规划周到的一揽子计划变动，它不仅要降低政府的开支，而且还要削减那些使私人部门的财力物力得不到有效使用的障碍。"[1] 第二，对需求管理应用的态度。在对需求理论的态度方面，拉弗以税收结构为基点，分析了凯恩斯主义对储蓄和投资的歧视，认为美国的税收结构利于消费而不利于投资，应当复活"萨伊定律"，肯定供给的重要地位，并对古典自由主义十分崇尚。而费尔德斯坦则认为，供给学派仅仅有能力使经济脱离低潮，即应对经济危机，却无法控制商业周期。供给过剩是不可避免的，而一旦出现衰退和萧条，以需求管理为核心的凯恩斯主义仍将发挥重要作用。第三，对于货币政策。拉弗主张恢复金本位制，认为这才是反通货膨胀的根本政策。而费尔德斯坦则不赞成金本位制，认为应当通过减缓货币供应的增长速度来抑制通货膨胀。

（四）第二代新凯恩斯主义：20世纪70、80年代

20世纪80年代过后，凯恩斯主义迎来复辟浪潮，尽管以萨缪尔森为代表的新古典综合学派"逆风向而行"调节总需求的政策主张仍然具有重大影响，但是以罗伯特·约瑟夫·巴罗（Robert Joseph Barro）、劳伦斯·M. 鲍尔（Laurence M. Ball）、尼可拉斯·格里高利·曼昆（Nicholas Gregory Mankiw）、保罗·罗默（Paul M.Romer）、奥利维尔·布兰查德（Olivier Blanchard）、乔治·亚瑟·阿克洛夫（George Arthur Akerlof）、约瑟夫·尤金·斯蒂格利茨（Joseph Eugene Stiglitz）、珍妮特·露易丝·耶伦（Janet Louise Yellen）等新生代经济学家为代表的第二代凯恩斯主义理论体系，与第一代凯恩斯主义已经产生了明显的变化，在多思想层面构造下，第二代新凯恩斯主义囊括了巴罗的技术模仿模型、鲍尔的货币金融理论、曼昆阐述的新经济学原理、罗默的高级宏观经济增长理论、布兰查德的货币金融宏观理论、阿克洛夫及夫人耶伦的信息理论及发展理论和斯蒂格利茨的信息经济学，等等。由于目前正处于理论百花齐放的时代，所谓第二代新凯恩斯主义的诸多代表性新生代经济学家仍在切实

---

[1] 费尔南德斯：《一项没有仔细协调的预算政策》，美国《华尔街日报》，1981年8月12日。

指导并影响着全球的经济发展、经济增长与经济生活,因而可以认为对于第二代新凯恩斯主义的界定与划分尚属未定,并且随着 2014 年 1 月 6 日新上任美联储掌门人开启耶伦时代而使未来经济学说的新发展更加值得期待。

2008 年,美国金融系统爆发次贷危机,迅速传导引发欧洲诸国陷入严重的主权债务危机,世界经济两足鼎立局面发生巨大动荡,进而引发全球金融海啸和被格林斯潘称为"百年一遇"(实为与"大萧条"相提并论)的世界金融危机,直接导致经济学界对新自由主义的质疑,也伴生了对凯恩斯主义需求管理思路的再次质疑。此次金融危机救市政策的关键性事项上,美国实际上断然摆脱所谓"华盛顿共识",从"供给侧"进行足以影响全局的"区别对待"的政策操作与结构性调整,明确地对本国宏观经济进行了强有力的"供给管理",而不限于所谓的货币总量调节或者需求侧调节,在传统经济学的思想发展经历"萨伊定律—凯恩斯主义—供给学派—凯恩斯主义复辟"的发展阶段后,又切实表现出"供给侧"调控思想对凯恩斯主义的第二次否定,揭示了供给侧经济学沿传统经济学发展脉络应运而生的又一轮理性回归及回归中的"螺旋式上升"。

二、制度经济学的供给侧考察

从发展史来看,制度经济学大体可分为以李斯特、凡勃伦、康芒斯等为代表的制度经济学和以科斯、诺思、威廉姆森等为代表的新制度经济学。然而,旧制度经济学与其称之为"制度经济学",不如称之为"制度学派"更为准确,其研究对象可认为是某特定制度(例如:资本主义经济制度)下的经济及其处于不同阶段所具有的不同特征,制度学派实际上由其先驱乔治·弗里德里希·李斯特(Georg Friedrich List)所成就的德国历史学派发展而来,其性质很大程度上仍然可归属于历史学派,但其最早对法律、冲突、秩序、交易等问题的特别关注,为新制度经济学奠定了重要的思想基础;而以制度为研究对象的新制度经济学实质上研究的是制度对经济行为和经济发展的影响,以及反过来经济发展对制度演变的影响,以交易费用理论、产权理论、企业理论及制度变迁理论为基础,可说开启了经济学研究的新时代。此外,在 20 世纪 80 年代新制度经济学兴起并传入中国以来，以顾钰民为代表的马克思主义制度经济学将马克思研究重点之一的"生产关系"纳入经济制度的研究范畴。因此，本节从制度学派、新制度经济学和马克思主义制度经济学三方面进行制度经济学的供给侧考察。

（一）制度学派

19世纪40年代，以弗里德里希·李斯特强调本国国民经济及创造财富的国民生产力建立在国家规模分工和相互合作等的基础上，后来制度学派逐渐形成于20世纪初，以托斯丹·邦德·凡勃伦（Thorstein Bunde Veblen）、康芒斯-约翰·罗杰斯（Commons-John Rogers）为代表，基于资本主义发展历史阶段的研究，认为"制度"是经济进化的动力所在。

1. 凡勃伦与《有闲阶级论》：制度思想的发端

凡勃伦创立制度经济学的开山之作应是1899年最早出版、影响广泛的针对性著作《有闲阶级论》，自有闲阶级产生的时间（"未开化文化的阶段"）及发展历程开始，凡勃伦从"金钱的竞赛"、"明显有闲"、"明显消费"、"金钱的生活标准"、"金钱的爱好准则"、"服装是金钱文化的一种表现"等内容逐渐延伸至论述的重点"工业的脱离与保守主义"。在书中，凡勃伦论述了对制度及制度演变的思考，认为社会结构的演进实质上是制度的演进，微观个人与自然之间的关系，经历自然淘汰选择出最为适应的方面而形成制度，这种制度反过来又会约束人类发展，强制人类对其适应。①

在此宏观思路的基础上，凡勃伦进一步认为"社会结构要变化，要发展，要同改变了的形势相适应，只有通过社会中各个阶级的思想习惯的变化，或者说到底，只有通过构成社会的各个个人的思想习惯的变化，才会实现。社会的演进，实质上是个人在环境压迫下的精神适应过程"，这反映了凡勃伦将对制度

---

① "人类在社会中的生活，正同别种生物的生活一样，是生存的竞争，因此是一种淘汰适应过程，而社会结构的演进，却是制度上的一个自然淘汰过程。人类制度和人类性格的一些已有的与正在取得的进步，可以概括地认为是出于最能适应的一些思想习惯的自然淘汰，是个人对环境的强制适应过程，而这种环境是随着社会的发展、随着人类赖以生存的制度的不断变化而逐渐变化的。"〔美〕凡勃伦：《有闲阶级论——关于制度的经济研究》，商务印书馆1964年版，第62页。

的理解不仅建立在演进的基础上,而且建立在个人精神的基础上,进而继续提出最为核心的观点"任何社会的机构如果是由所谓经济的制度组成的,就可以看作一个工业的或经济的机械结构……集体是由个人组成的,集体的生活是至少在表面上各不相谋的情况下进行的各个个人的生活……由于应付环境的方式有了变更,生活条件就必须重新分配……情况变更以后,整个集体的生活的便利程度也许会有所提高,但重新分配通常会产生的结果是,集体中的某些成员在生活的便利或充实程度上有所降低",而有闲阶级不仅自己具有保守性,且会造成下层阶级的保守性,并"尽可能地剥夺后者(下层阶级)的生活资料,使之消费缩减、精力消耗到这样的地步,以致更无余力从事于学习和采纳新的思想习惯。在金钱的等级上,财富既然集中在等级的上一端,下一端就必然陷入贫困。无论哪里发生了人民中某一部分陷入极度贫困的情况,对任何革新总是一个严重障碍"。由此可见,凡勃伦对制度的认识与分析在特定历史背景下带有很强的针对性,但是通过对这种特定历史阶段中阶级内部制度不合理因素的存在而导致抑制进一步发展的思路,充分揭示了其对制度与经济发展关系的思考,并通过分配的相关问题反映出其认识到物质财富与其所有权之间是能够分离的。韦斯利·克莱尔·米切尔(Wesley Clair Mitchell)、约翰·莫里斯·克拉克(John Maurice Clark)等都是凡勃伦思想的重要追随者。

2. 康芒斯对凡勃伦制度思想的发展:对"所有权"的重视

制度学派的另一代表人物康芒斯则在凡勃伦思想成果的基础上对该学派进行了发展,他总结出凡勃伦的理论实际上建立在通过"无形财产"概念认识到"物质"与"所有权"有所区别的基础上,而这种分离是探讨制度经济学的前提,或说"所有权"是制度经济学的基础,这为制度经济学一脉的后续发展奠定了十分重要的概念基础。康芒斯认为,"所有权"的概念建立在"稀缺性"概念的基础上,休谟最早提出由于"稀缺性"的存在引发了"利益冲突",马尔萨斯显然也认识并承认由于稀缺性而存在的冲突(人口论),因而康芒斯非常强调"利益冲突"这一概念,由于利益冲突的存在,制度对经济制度发展的重要性才得以体现。

基于此,康芒斯认为:"只有稀少的东西(实际稀少或是预料会稀少),人们才缺乏和想望。因为它们是稀少的,它们的取得就由集体行动加以管理,集体行动规定财产和自由的权利与义务,否则就会发生无政府状态……制度经济学公开地主张稀少性,而不是认为当然,并且肯定集体行动在一个有稀少性和私有财产以及因此而发生冲突的世界里解决冲突和维持秩序的适当地位。"①

康芒斯将"利益调和"这一社会主义者认为制度学派试图维护垄断资本主义制度的工具,看作是集体行动的后果,"又把效率作为一项普遍的原则,因为它用合作来克服稀少。可是合作并不是产生于一种预先假定的利益的协调……协调不是经济学的一种假定的前提——它是集体行动的后果,这种集体行动的目的在于维持那管制冲突的规则"②。而这种"利益调和"解决"冲突"的方法,就是"交易"(被康芒斯认为是"经济研究的基本单位,一种合法控制权的转移的单位")。在凡勃伦对集体认识的基础上,康芒斯认为"集体行动"是另一重要概念,因为制度实际上是"集体行动控制个体行动"③,与凡勃伦强调个人精神不同,康芒斯认为这一概念涵盖无组织的习俗、家庭、股份公司、同业协会等范畴,但是最重要的是法律,并认为法律制度加强了国家对私人企业活动的干预,甚至认为法制先于经济,而这一点,恰恰构成新制度经济学的重要思想基础。

3. 关于制度学派的一些思考

毋庸讳言,制度学派产生和发展锁定的资本主义历史发展阶段背景,决定着其对制度思考程度的浅薄和视角的局限,尤其是康芒斯理论最终落脚于"利益调和",更是揭示了制度学派为资本主义现行制度服务的取向。然而,以凡勃伦、康芒斯等为代表的制度学派确实对经济学理论做出了重大贡献,表现在其将制度这一因素引入对经济发展的分析认识框架当中,并基于"所有权"的概念更加侧重于对法律制度的重视和思考,为新制度经济学的发展奠定了重要的思想基础。值得注意的是,正如传统经济学起源于《国富论》,康芒斯坦言"所读第一本书是亨利·乔治的《进步与贫困》",尽管沿不同轨迹发展的思想总保

---

① 〔美〕康芒斯:《制度经济学》上册,商务印书馆1962年版,第12—13页。
② 〔美〕康芒斯:《制度经济学》上册,商务印书馆1962年版,第13页。
③ 〔美〕康芒斯:《制度经济学》上册,商务印书馆1962年版,第87页。

持着火花的碰撞，但却更明确地告诉我们经济学对"财富"追求的本质，这种本源思想植入现代社会，即可认为是对"经济发展升级换代"的不断追求，并构成供给侧经济学研究基本和重要的目标。

（二）新制度经济学

新制度经济学以及经济分析法学的产生，虽然在一开始被认为是旧制度学派的重新崛起，但是基于旧制度学派的思想基础确实又走出很长一段路，具有里程碑意义。尽管"制度演进"、"所有权"、"冲突"、"集体行动"、"交易"、"法制"等概念在旧制度学派中都曾得到思考，但当时以"点"的形式出现的思想火花最终归于康芒斯笔下的"法制"，而并没有"捅破窗户纸"来揭示真正属于制度及经济发展关系的实质性内涵，直至20世纪40年代新制度经济学的产生，开启了经济学理论的新时代。

1. 以科斯为代表的新制度经济学派

1937年，27岁的罗纳德·哈里·科斯（Ronald Harry Coase）发表了两年前完成的学术论文《企业的性质》，成为新制度经济学的奠基之作。科斯认为，企业存在的原因是"市场的运行是有成本的，通过形成一个组织，并允许某个权威（一个"企业家"）来支配资源，就能节约某些市场运行成本"[①]。由于通过公开市场交易是有成本的，所以资源配置有时不直接通过价格机制来完成，而是取决于与企业相关的资源耗费带来的亏损与在公开市场上进行交易的成本的比较。这一认识与企业的规模（是否增加额外交易）直接相关，企业规模的扩张会在两成本相等时停止。其后在《社会成本问题》一文中，科斯提出"通过企业组织交易的行政成本"未必低于"被取代的市场交易的成本"这一问题，将研究取向落脚在私人产品与社会产品的差异上，认为应"把分析集中在制度中的具体不足之处"来"消除缺陷"，"做产生有害效应的事（如排放烟尘、噪声、气味等）的权力也是生产要素"而"行使一种权力的成本，正是该权力的行使使别人蒙受的损失"。将人们所认识到的生产"外部性"问题内化，进一步推进到以"权力界定"（"产权清晰"及其后的交易）视角作重新解读，实质上是对

[①] 盛洪主编：《现代制度经济学》（第二版上卷），中国发展出版社2009年版，第115页。

设计和选择社会制度安排的一种要求。尽管科斯自己并未将其归纳为一种定理，但乔治·斯蒂格勒等经济学家还是将外部性的存在及纠正与社会效益最大化之间的关系总结为"科斯定理"这一术语，甚至科斯自己都参与到对这一术语的讨论中，奥利弗·伊顿·威廉姆森（Oliver Eaton Williamson）后被学界认为是将科斯定理的重要性带回学界视野之人。

同样作为新制度经济学的奠基人，道格拉斯·塞西尔·诺思（Douglass Cecil North）则重点研究了包括产权理论、国家理论及意识形态理论在内的制度变迁理论：产权理论的核心在于有效率的产权对经济增长有重要作用；基于此的国家理论认为如果国家制度界定的产权能够提供合理使用资源的框架，就能促进社会福利增加，从而推动经济增长，反之则会成为经济衰退的根源；针对经济人"搭便车"现象，诺思认为除产权和国家制度，还与个人的意识观念相关，当经验与思想不相符时，个人就会改变意识观念。因此，可以说诺思的制度变迁理论更大程度上继承了旧制度学派的思想理念。

哈罗德·德姆塞茨（Harold Demsetz）在1967年发表《产权理论探讨》一文，进一步讨论了产权的经济理论要素（如：概念、作用、出现、组合等相关问题），认为"产权是一种社会契约，它的意义产生于这样的事实，即它有助于形成一个人在同他人的交易中能理性地把握的那些预期。这些预期在法律、习俗和社会惯例中得到实现"，而"产权的基本功能是引导在更大程度上实现外部性的内部化动力"。

作为科斯理论的追随者，张五常在1969年发表的《佃农理论》一文中通过对分成租佃制度的研究，得到制定土地私人产权、明晰产权制度、允许土地自由转让才能让生产要素与土地发挥最大效率的结论，深入研究了市场经济条件下契约的本质与交易费用的关系。

2. 新制度经济学的进步为新供给经济学奠定供给侧"人"的研究视角之基础

在新制度经济学关于"制度变迁是一种均衡—不均衡—均衡的动态反复过程、制度变迁的因素分析、制度变迁的方式分析"的研究成果及诺思、舒尔茨的制度供给滞后观念的基础上，贾康、冯俏彬首先探讨了制度供给滞后模型，接着分析了制度供给滞后的原因。[①] 他们认为，首要原因是"制度需求的不均匀而引致的磨合与冲突（及冲突的解决）过程"，第二个重要原因是"以公共选择方式实施规则来达到均质、同一的难度"，第三个原因是"应对产品需求的改变，调整供给也需要较长时间"。该文得到的"制度创新中应自觉引入规范的公共选择"、"'少数理性'和'个人理性'如果能先导地、正确地集中反映制度需求的历史趋势"则会成为发展与进步重要力量的结论，由供给侧分析而联通人的能动作用、非均质的人参与制度变革的机制与路径选择，和制度供给的重大能动作用与历史意义，为新供给经济学的制度供给分析奠定了重要的理论基础。

结合制度学派与新制度经济学的理论综述，不难发现其基于供给侧考察的如下特性。第一，"制度"这一概念与需求侧并不直接相关，却与供给侧直接相连。从制度学派的思想可知，虽然"制度"这一对经济发展产生重大影响的因素，实际生活中与消费者或生产者偏好等需求侧心理原动力及其管理直观上鲜有关联，但与其直接相通的却是供给侧的生产链条、企业组织形式及企业所处的宏观影响与制约（"调控"）机制和环境。发展至以研究企业性质、交易成本、生产的外部性及其消除机制等为核心的新制度经济学，其与供给侧的关联更加明显。换言之，无论通过自然形成、变迁还是人为推动，"制度"实质上都是与供给侧连通的生产关系框架。第二，"制度"这一概念也可顺理成章地揭示供给侧研究的基本视点之一：对"人"的研究及把对"物"与对"人"的研究打通（暗合于马克思的研究哲理——"凡是他人看到物的地方，马克思都看到了人"）。凡勃伦开创制度学派伊始，对"制度"的关注就建立在资本主义特定历史发展阶段大背景下，这一历史阶段的深层定义是人与人之间的生产关系发展而出的非凡特定阶段；康芒斯对基于"稀少"而引发的"所有权"思考并最终延伸至法律制度，归根结底是研究影响人与人之间关系的因子和人与人之间关系的调整；发展至新制度经济学，这一特点则更加直接地表现为一系列相关问题的研究：由人与人之间通过企业组织生产与各自生产效率的不同，推及人与人之间组织生产的制度存在那些缺陷，探究这些缺陷对经济发展带来了哪些影响以及如何克服和消除这些缺陷。

[①] 贾康、冯俏彬：《论制度供给的滞后性与能动性》，《财贸经济》2004年第2期。

(三)马克思主义制度经济学

正如诺思认为马克思实现了"对长期制度变革的最有力的论述"[①],以顾钰民为代表之一的马克思主义制度经济学试图用制度经济学的方法研究和阐发马克思主义经济学,认为马克思主义政治经济学"深刻地揭示了经济制度产生、发展的客观规律"。该学派认为,马克思把社会经济制度看作是个人从事经济活动最重要的制度,把生产资料所有制作为社会经济制度的核心,并将经济制度的分析分为"生产资料所有制"、"具体的产权制度"和"资源配置的调节机制"三个层次。[②] 对马克思主义理论中蕴含的制度经济学内容所进行的研究,实际上是清晰归纳和再次印证"制度"与供给侧研究中在"人"这一基点的连通,即基于"生产关系和生产力"这一社会发展基本矛盾演变而对于经济社会发展规律的深刻认识与考察。

以《政治经济学批判导言》和《资本论》等为代表的马克思主义经济学,其实质是要面对现实社会问题廓清如何客观合理地认识世界之经济、社会变化内在机理(规律性)而引出以未来理想社会("自由人的联合体")为目标导向的改变世界的群体性能动努力。这一哲理层面的主线和"理论密切联系实际"的精神实质,对于人类社会其实也必然具有普适价值,亦可以解释本原的马克思主义何以具有历史性的、长久不衰的思想影响和学术地位,中国人在经历可能要几代人才能最终收功的历史性经济社会转轨(以"人民美好生活向往"为普适性导向)的艰巨豪迈过程中,为什么要把马克思主义的基本制度分析思路与相关领域的一切人类文明之积极思想成果打通,以及马克思主义制度经济学为何在当代完全应当在"中国的奋斗"过程中产生其应有的发展、丰富与提升的新成果。

三、转轨经济学的供给侧考察

就转轨经济学而言,虽有概念和研究者的积极努力和有益成果,但总体发展状态仍显系统性明显不足,但不妨将其看作是制度经济学的一个分支,其研

---

① 〔美〕诺思:《经济史上的机构和变革》,商务印书馆1993年版,第61—63页。
② 顾钰民:《马克思主义制度经济学》,复旦大学出版社2005年版,第19—20页。

究对象与中国等经济体具有天然的对应性。若从逻辑关系上来看,其实际上是将制度经济学的系列成果、特别是关于制度变迁内容具体化和对象化展开后所形成的一门理论,尤特指 20 世纪 70 年代末至 90 年代初中国改革开放、苏联东欧解体后的经济和社会变革阶段上,理论界"与时俱进"地与改革、转轨密不可分的相关研究认识的集合。计划经济通过改革实现向市场过渡之制度变迁的简要概括,在苏东和中国均可以两个"轨"之间的转变而称之,目的非常明确,就是从计划经济一"轨"转入市场经济一"轨",形象地称为"转轨"[①],经济理论上称为转轨经济学。要经历由计划向市场的过渡,所以转轨经济学也称过渡经济学。当然,不同经济体的转轨、过渡实践与相关分析,又可表现出种种大相径庭之处。中国经济目前仍处于"转轨"中,对于经济转轨的起点及终点、选择渐进式还是激进式等基本问题,学界固然见仁见智,但也在凝聚一些基本共识。显然转轨过程中将面临许多攻坚克难的问题(尤其在"渐进"已形成"路径依赖"的中国),亟须设计针对性的过渡方案联结制度安排总体战略构想的动态优化与贯彻实施,力争尽可能合意地渡过转型时期。作为一门与实践紧密结合的理论,其特定追求和基本范式可谓是与供给侧的制度供给问题(制度安排与体制变革问题)形成了核心部分的一体化,并以学术话语做出表达和争鸣。相关理论分析的重要参照框架,前面一个时期最典型、最具影响的范式之争,有"华盛顿共识"与"北京共识"。

(一)华盛顿共识:由针对拉美而影响其他

所谓"华盛顿共识",是国际货币基金组织(IMF)、美洲开发银行和美国财政部这三家位于华盛顿的重量级机构针对 1989 年饱受债务危机困扰的美洲国家提出的经济改革思路与政策的组合,其核心要领是约翰·威廉姆森(John Williamson)提出的包括"财政纪律、公共支出优先权、税制改革、自由化利率、竞争性汇率、贸易自由化、输入性 FDI 的自由化、私有化、放松管制、保护产权"在内的 10 条政策措施。可以看出,这些政策措施都以更为自由化的主

[①] 樊纲:《改革三十年——转轨经济学的思考》,"纪念中国改革开放三十年讲坛"主题演讲,2008 年 6 月 12 日。

张为共性特点。然而，这一首先针对拉美国家进而也在其他新兴的、转轨的经济体产生重要影响的转轨方针政策组合，并没有成功地帮助拉美解决所面临的经济问题及推动经济崛起，有效扭转拉美地区在落入"中等收入陷阱"后的令人沮丧的现实，并随着中国等亚洲国家转型转轨中多样化经验的参照不断产生，越来越多地产生了对于"华盛顿共识"的现实疑虑与思想挑战，至世界金融危机席卷全球之后，一时间很多的评论者甚至认为"金融海啸"实际上已宣告了"华盛顿共识"的失败。当然，从学理层面作中肯分析，"华盛顿共识"所体现的政策供给及其背后所蕴含的制度供给理论与制度转轨设计思路，确有其一系列可取之处，只是如把其"自由化"倾向性与"新自由主义"极端化见解和主张简单合并，很容易形成认识和实践中的偏颇，虽在一些主要方面很合乎某些主流经济学教科书，却难以有力支持指导应对金融危机等事关全局的重大实践。

（二）北京共识：中国发展模式之争

所谓"北京共识"，是由高盛公司顾问库珀针对"华盛顿共识"提出的中国通过努力、创新、实践摸索出适合本国国情的一种发展模式，该模式试图揭示发展中国家在世界立足的三原理，从定位创新价值到将国内生产总值与人民生活质量挂钩再到多渠道快速实现更多的变化和创新，这种为提出人所肯定的"成功模式"无形中传达出其对中国经济发展的信心，但其在基础理论层面的支撑因素还明显不足，并且未能有效回应方方面面对中国随"黄金发展"特征而来的"矛盾凸显"特征的普遍关切。与之相关的"中国模式"概念与内容之争，在中国的内外都相当热闹，也显然密切关联供给侧的"区别对待"（"中国国情"是其最代表性的大概念之一）和制度供给、体制转轨方面的种种热点、难点问题。

（三）思考：两模式的偏颇

无论是"华盛顿共识"还是"北京共识"，对于正处于中等收入发展阶段、面临诸多发展陷阱的中国而言，都难免偏颇之嫌。尽管一方面，中国经济历经较长时期高速发展甚至被称为"中国奇迹"，但距离跻身世界发达国家之林的目标尚远，不得不面临后发经济体和先易后难"渐进改革"路径上的诸多尴尬和严峻挑战，远不及发达经济体通过工业革命捷足先登后一路而上（也遭遇过"大萧条"等严重危机）那样可以按照需求管理"自由化"取向下的简单规则行事。另一方面,中国转轨中的成绩和初步经验方面虽然可以给人以深刻印象,但与形成相对清晰、稳定的"模式"级概念还相距甚远,宁可说作为"真问题"的中国抉择的大考验还在进行中,"攻坚克难"的关键性事件还在后面。[①] 中国制度供给方面事关前途和命运的决定性考验,在于如何以十八届三中全会全面深化改革《决定》为指导方针,不惜"壮士断腕"并运用极高的政治智慧推进实质性的制度变革,尤其是要在改革中创造性地处理好后发的现代化过程中政府与市场关系这一核心问题,以求持续走完实现"中国梦"的成功转轨道路,这也正是转轨经济学与新供给经济学的理论支撑点及相互结合的意义之所在。

若从理论实质看,转轨经济学所追求的研究成果,必然属于制度经济学理论的大框架之下,但其针对性更加鲜明,尤其是突出地标示发展中经济体"由计划经济体制向市场经济体制转轨过渡"、"全面改革"等约束条件,始终环绕"制度"的研究与思考,从而成为我国经济社会发展不可回避的重大理论建设问题。从中国学人努力以"新供给经济学"框架来认识于2008年爆发的全球金融危机中美国果断采取"供给管理"重大实践举措,加之对经济学需求侧研究已有模型、假设、主流范式的综合性反思与批判性接纳,不难得知其力主的应当直面中外思想成果和经济实践而"融汇古今贯通中西"包容性发展的特点,是必然需要跳出容易滑为"贴标签"式展开"两种共识"之争的老套路的。

四、发展经济学(经济发展理论)的供给思想综述

通常认为,新发展经济学以张培刚于1945年出版著作《农业与工业化》为起点,经历了20世纪40年代末至60年代初的第一阶段和20世纪60年代中期以后的第二阶段,是以贫困落后的农业国家如何实现工业化从而摆脱贫困、走向富裕为研究对象的理论。发展经济学是研究经济发展的学科,而首先基于中国经济实践的新供给经济学认同的"理论联系实际"的思维框架,是沿着发展

---

① 参见贾康:《关于我国若干重大经济社会现实问题的思考》,《贾康自选集——理论创新 制度变革 政策优化》上卷,人民出版社2013年版,第239—269页。

经济学脉络承认经济体间非均衡发展而研究实现经济追赶—崛起中的长时段"赶超战略"。经济赶超战略对以中国为代表的新兴经济体而言，属于决定经济发展大方向的至关重要的顶层战略抉择。

邓小平提出的"三步走"式"追赶—崛起—赶超"战略内涵，固然肇始于作为伟大决策人物的综合性（乃至某些直觉性）判断，但在经济发展理论的已有成果中，却不乏与之吻合、呼应或可资梳理、整合与深化认识的思想材料。赶超战略的学理探索，沿着经济发展理论的脉络，按照标志性学说或模型的提出，大致可将相关于经济赶超的西方理论分为六个阶段，这些标志性学说或模型基本上都以同一时期的经济增长特点、理论及模型为基础，可以贡献于经济赶超的独特理论体系。上述西方理论的六个阶段是：美国经济史学家亚历山大·格申克龙提出后发优势理论，美国社会学家 M. 列维从现代化的角度提出的发展后发优势理论，阿伯拉莫维茨提出的追赶假说，伯利兹、克鲁格曼和丹尼尔·东提出的"蛙跳"模型，罗伯特·J. 巴罗提出的独特的技术模仿函数，R. 范·艾肯建立的技术转移、模仿和创新的一般均衡模型。这些标志性学说或模型，以研究者可观察的经济增长特点、可获取的理论成果或模型为基础，形成经济发展理论不应忽视的组成部分或分支，而它们串联在一起，又可启发和形成关于经济赶超的独特理论体系。

（一）后发优势理论

美国经济史学家亚历山大·格申克龙（Alexander Gerchenkron）对 19 世纪的欧洲经济发展特别是较为落后的巴尔干地区和拉丁语系国家的经济发展问题给予了全新的解说，即著名的"落后的优势"理论。他认为：相对的经济落后并非像大多数人认为的那样仅是一种劣势，相反，它有一种相对的潜在优势，即落后国家可以直接学习相对发达国家的优势，拿来为己所用，从而实现跨越式发展。

格申克龙的后发优势理论源于以经济落后的历史透视为研究背景对"现代工业化前提"概念的思考。所谓现代工业化前提，是指当时被广泛认可的在工业化得以开始之前，某些主要的障碍必须被清除，某些有利于工业化发展的条件必须创造出来，实质是认为每一个工业化都必然要基于同样一组前提条件且工业的发展具有一致性。①这种前提认为无论是开拓式前行的发达国家,还是相对落后的发展中国家,其工业化进程都存在不可跨越的发展步骤,只有当这些条件即所谓"前提"踩着发达国家曾经的脚印、经过若干年的成熟发展之后,才能够实现。然而,格申克龙对此持保留态度,其反思引发了其对于后发优势的思考。格申克龙认为,较不发达国家"落后的优势"使其"克服经济进步前提的缺失"成为可能,落后的国家可以引介多种发达国家的工业化模式并对其进行选择、组合,并在此基础上、结合本国的各项条件加以创造,这种创造在世界经济发展中并不具有跨时代意义的历史性,但却可对本国经济的发展起到至关重要的作用。这种克服经济进步缺失的前提、引介发达国家的工业化模式的所谓后发优势,致使后发国家能够在经济上实现赶超,缩短初级工业化的时间,较快实现高水平工业化发展。

格申克龙的后发优势理论可以看作是经济赶超思想的源头,这种通过多经济体、长时间序列、多经济指标的理论阐述,内在倾向是将经济赶超思想纳入科学、严谨、缜密的理论研究之列。尽管格申克龙在论述中一再表明,后发国家实现赶超需要各项成本巨大的付出,与此同时,由于工业化程度、资本条件、金融体系、文化风俗等方面的差异,后发国家并不能靠直接引入发达国家高精尖技术及运行体制来实现赶超,但是已清晰地认为:后发国家依靠综合引介多种发达国家的工业化模式,在本国实际条件基础上进行再创造来实现经济赶超,是相对高效且具备可能性的。

(二)发展的后发优势理论

M. 列维(Marion J. Levy)在格申克龙后发优势理论的基础上,从现代化的角度对其进行了拓展,阐述了后发优势的五大内容②:第一,认识层面,后发国对现代化的认识要比先发国在自己开始现代化时对现代化的认识丰富得多。从发展伊始,后发国家对工业化和现代化的认识程度比发达国家在本国工业化发

---

① 参见〔美〕亚历山大·格申克龙:《关于现代工业化的"前提"概念的反思》,《经济落后的历史透视》,商务印书馆 2009 年版。
② Marion J. Levy, *Modernization and Structure of Societies: a Setting for International Relations*, Princeton University press, 1996.

展开端时的认识程度要高,主要表现在通过发达国家实践经验能够得到更为丰富的认知且在开端时期就重视现代化发展并直接引介发达国家的经验。第二,制度层面,后发国可以大量采用和借鉴先发国成熟的计划、技术、设备以及与其相适应的组织结构。发达国家在其工业化和现代化进程中逐渐形成了诸多行之有效的政策、组织构架和制度设计,这些都能够保障一国工业化和现代化的良性运转,后发国家可以通过引介并创新直接在本国加以运用。第三,技术层面,后发国可以跳越先发国的一些必经发展阶段,特别是在技术方面。比如后发国可以引介先发国在发展中不断发明创造、优化成熟的高新技术,节省高新技术研发产生的大量经费,跨越其研发所需的大段时间,从而在较短期内实现赶超,迅速推进其工业化和现代化进程。第四,路径层面,由于先发国的发展水平已达到较高阶段,可使后发国对自己现代化前景有一定的预测。随着后发国工业化和现代化发展,其向前推进的路径就显得极为重要,在这一层面,发达国家早已度过了选择的岔路口,而已经被证实成功的道路往往就是后发国家继续的发展方向。第五,合作层面,先发国可以在资本和技术上对后发国提供帮助。与发达国家在工业化开端的孤立无援不同,后发国家可以通过外交等手段得到来自发达国家的帮助,从而更快地实现经济赶超。

(三)追赶假说

阿伯拉莫维茨(Abramoitz)在1989年提出了"追赶假说"(the catch-up hypothesis)[1],他认为工业化水平相对落后的国家具有一种潜在的迅速增长的可能性,不论是以劳动生产率还是以单位资本收入衡量,一国经济发展的初始水平与其经济增长速度都呈反向关系。作者认为这种增长力是潜在的(potential),要实现这种追赶需要特别的条件(qualification):第一,技术上要有差距才能实现赶超;第二,在技术差距的基础上,社会体制要相对进步,才有能力实现技术仿效从而实现赶超。此外,作者认为追赶假说中谈到的潜在增长力具有自我限制性,简单来说,是因为后发国家在追赶过程中与先发国家的差距会越来越小,那么这种潜在增长力也会随之减弱。这一理论认识并未由"追赶"推及

---

[1] M. Abramoitz: *Thinking about Growth*, Cambridge University press, 1989.

"赶超",但其分析也无疑至少具有部分的启发性。

(四)"蛙跳"(Leapfrogging)模型

伯利兹(Brezis)、保罗·R.克鲁格曼(Paul R.Krugman)、丹尼尔·东(Daniel Tsiddon)在 1993 年以 18 世纪英国超过荷兰、19 世纪末美国和德国超过英国等发展实践的考察为切入点,提出了发展中国家利用后发优势实现跨越某些技术阶段的"蛙跳"模型。① 模型以最简明的美国—英国制造业为例着手分析,经过"基本模型—短期均衡—某一技术时代动态发展—实现蛙跳"的分析过程,"蛙跳"模型实现如图 2 所示。

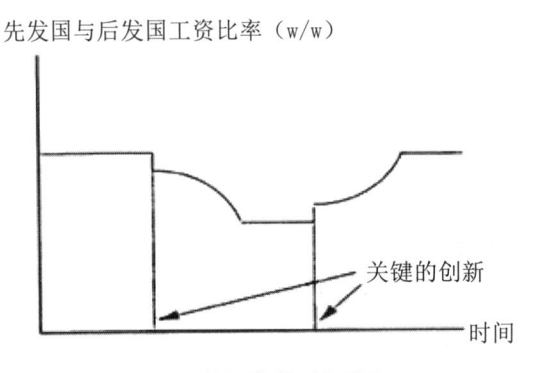

图 2 "蛙跳"模型实现图

某项技术相对落后的后发国家通过贸易成功学习先进技术从而实现"蛙跳"的过程中,会伴随着侵害先发国家的贸易(如表现为先发国的顺差减少或逆差),而这种侵害恰成为理解"蛙跳"模型的有效途径。后发国家实现一轮"蛙跳"的整个过程可分为三个阶段:第一阶段,领先国与后起国之间工资成本差异足够大,先发国技术水平因技术惯性锁定于某一范围,后发国家尚未对先发国家进行技术赶超,w/w* 值(以工资比率作为相对优势的标志性指标)曲线相对平稳,即两方的平均工资率保持于比率(w/w*);第二阶段,通过贸易,先发国产品流入后发国市场,后发国家从先发国家获得"技术外溢效应"(或说"学习效应"),由于存在工资成本差异,先发国更倾向于采用原技术,而后发国则

---

① Brezis, Paul Krugman, Tsidden: "Leap-frogging in international Competition: a Theory of Cycles in National Technological Leadership," *American Economic Review*, 83,1993.

更倾向于采用新技术,而新技术必然需要新工种,由于稀缺性其工资成本必然提高,w/w*值相应减少,曲线逐步下降,待后发国对先发国技术学习到一定程度时,会进入一段时期的平稳状态,但此时后发国还没有实现技术的完全掌握;第三阶段,随着技术进步继续深化,后发国对先发国技术终会实现全面掌握,这种状况会使情况发生逆转,开始进入"蛙跳"上升阶段,因为完全掌握新技术意味着技术在后发国的全面覆盖和普及,此时相关技术工种不再稀缺,相应工资也逐步减少(或说回归),曲线发生较快增长曲线发生陡然上升,接着进入相对平稳期,即准备进入下一轮"蛙跳"阶段。这便是后发国对于先发国通过贸易实现技术模仿的"蛙跳"全过程,从一个重要视角证明了后发国可以发挥后发优势实现赶超发展。

(五)技术模仿函数

罗伯特·J.巴罗(Robert J.Barro)将经济赶超叫作"技术扩散"[①],主要观点是:因为研究成果的模仿和实施比创新更便宜,所以追随经济体倾向于追赶上领先经济体。这里的追随经济体即为经济赶超中所指的后发国,而领先经济体即为先发国。思路是先研究领先国家的创新者的行为,再研究追随国家的模仿者的行为。

在此需要说明的是,笔者在梳理经济赶超理论基础及模型的过程中,认为巴罗的技术模仿函数(或称为领先者—追随者模型)描述经济赶超相对更为科学和严谨,原因有两点。首先,其科学性表现在对技术扩散的研究建立在一系列经典高级宏观经济学理论基础之上,从索洛—斯旺的经济增长模型、拉姆齐模型及开放的拉姆齐模型、内生增长模型及特别关注人力资本的内生增长模型,到技术变革模型,最后发展出技术扩散模型。逻辑路径为:索洛—斯旺模型揭示经济体之间的收敛趋势源自资本的收益递减;拉姆齐模型中阐述了储蓄率及相关行为会改变这种倾向,收敛的快慢取决于贫穷经济体的储蓄占其收入的比例;开放的拉姆齐模型中研究的开放经济体之间的资本流动会加速收敛;技术变革模型发现,如果研发投资具有不变收益,那么长期增长就会实现,但是由

---

① 〔美〕罗伯特·J.巴罗、夏维尔·萨拉-伊-马丁:《经济增长》(第二版),格致出版社2010年版。

于研发技术的扩散性,因此也倾向于加速整个机制的收敛性。其次,严谨性表现在巴罗技术模仿函数运用了较为严格的高级宏观经济学模型来刻画技术扩散的两个主体各自的经济发展动态,并在宏观上对两者进行综合把握,认为虽然在只有研发投资的经济中可能会出现不变收益,实现经济长期增长,但是由于技术扩散行为的存在,也会造成整个经济机制具有收敛性。

领先国家创新者行为模型由以下7个公式组成,可逐次推导出先发国经济的增长率,顺着公式推导的脉络,可以清晰地看到先发国通过技术研发来实现经济增长的过程。

企业所生产的最终产品数量:

1. $Y_1 = A_1 L_1^{1-\alpha} \cdot \sum_{j=1}^{N_1} (X_{1j})^{\alpha}$

A:生产率参数,L:劳动投入的数量,X:非耐用品投入的数量
假定人口不变即L不变,A表示领先国家的技术水平;

X的边际产品与价格决定领先国所使用的各种中间产品的数量:

2. $X_{1j} = X_1 = (A_1)^{1/(1-\alpha)} \alpha^{2/(1-\alpha)} L_1$

将2式带入1式,可得领先国工人的人均产出水平:

3. $y_1 \equiv Y_1/L_1 = (A_1)^{1/(1-\alpha)} \alpha^{2\alpha/(1-\alpha)} N_1$

领先国销售第j种中间品所获得的垄断利润为:

4. $\pi_{1j} = \pi_1 = (\frac{1-\alpha}{\alpha})(A_1)^{1/(1-\alpha)} \alpha^{2/(1-\alpha)} L_1$

国家的利率为:

5. $r_1 = \pi_1/\eta_1 = (L_1/\eta_1)(\frac{1-\alpha}{\alpha})(A_1)^{1/(1-\alpha)} \alpha^{2/(1-\alpha)}$

增长率为:

6. $\gamma_1 = \overset{\cdot}{C_1}/C_1 = (1/\theta)(r_1 - \rho)$

将5式带入6式可得经济增长率为:

7. $\gamma_1 = (1/\theta)[(L_1/\eta_1)(\frac{1-\alpha}{\alpha})(A_1)^{1/(1-\alpha)} \alpha^{2/(1-\alpha)} - \rho]$

追随国家的模仿者行为模型,起始模型与1式构造相同,但A不代表研发技术,而代表追随技术(或称为扩散技术),第二步使用中间产品的数量:

$X_{2j} = L_2 (A_2 \cdot \alpha)^{1/(1-\alpha)} (P_{2j})^{-\alpha/(1-\alpha)}$

作者还对模仿成本进行了一系列缜密的逻辑和模型推理,最终得出结论:

在以引介技术为主的经济赶超过程中，后发国家的模仿成本是不变或缓慢增加的。这一点也充分肯定了经济赶超的可能性、必要性及必然性。

（六）技术转移、模仿和创新的一般均衡模型

R. 范·艾肯（R. Van Elkan）承认存在技术扩散和外溢效应，并建立了开放经济条件下技术转移、模仿和创新的一般均衡模型①，从南北国家之间经济发展程度差异着手，强调经济欠发达国家可以通过技术的模仿、引进和创新，最终实现技术和经济水平的赶超，结果导致南北国家经济发展的趋同。技术模仿所可能带来的生产效率的提高取决于国别之间技术的初始差距，而技术转移、模仿和创新的有效程度取决于后发国家"干中学"（learning by doing）的能力和经验的积累。

已有发展经济学、特别是经济发展理论中关于追赶—赶超的研究，都自然而然、合乎逻辑地关注供给侧的技术创新供给及其相关分析，也涉及制度供给（经验）的便捷性与相对低成本问题。这些对于笃信须站在前人肩膀上对于经济学理论做出创新的新供给经济学研究群体，提供了值得重视的有益认识。

五、信息经济学及行为经济学的供给侧考察：理性预期失灵

起源于20世纪40年代的信息经济学，从微观角度研究信息的成本和价格，并提出不完全信息理论，将理想假设模型与经济运行实际结合起来深化认识。作为一门将人类行为分析与经济运行规律、心理学与经济学有机结合的学科，行为经济学的出现和产生影响仅30余年，如果试图为其认定一个里程碑式的登堂入室的标志，那么不妨以2002年丹尼尔·卡尼曼（Daniel Kahneman）作为一个心理学家荣膺诺贝尔经济学奖开始。然而，正如尼克·威尔金森（Nick Wilkinson）所说"如果我们的研究目标是人们在各种条件下如何配置资源，那么在这个意义上，任何经济学都与行为有关"，行为经学正是将以心理学为基础

---

① R.Van Elkan: "Catching up and Slowing Down: Learning and Growth Patterns in an Open Economy", *Journal of International Economics*, 41,1996.

而认识到人们行为的不确定性,并把其对经济生活的影响带入经济分析当中的理论。行为经济学的理论基础并非完全的创新,可认为是由传统经济学的"偏好"及"期望"理论,加上所谓"心理核算"的方法共同构成。

在对"逆向选择"、"不完全信息"和"动物精神"进行再解读的过程中,不难发现,在信息经济学和行为经济学的框架下,沿着乔治·阿克洛夫(George A. Akerlof)、迈克尔·罗斯查尔德(Michael Rothschild)、约瑟夫·斯蒂格利茨(Joseph E. Stiglitz)、桑福德·格罗斯曼(Sanford J. Grossman)和罗伯特·希勒(Robert J. Shiller)等学者的研究序列,并纳入对博弈论的相关思考,恰勾勒出一条清晰的"理性预期失灵"逻辑线索[1]。基于此,我们认为,所谓"理性预期失灵",主要是指在国民经济实践中理性预期和有效市场理论失效的领域,这一领域包括三个层次:一是基于理性预期假设下的"柠檬"市场,二是基于理性预期假设下的不完备信息市场,三是以"动物精神"为代表的非理性行为。非理性因素的存在有助于我们理解新供给经济学所主张的实施理性的供给管理矫正理性预期失灵的必要性和重要性。若从经济学理论角度对此三个层次进行考察,不难发现,第一和第二个层次实际上属于信息经济学的理论范畴,第三层次则属于行为经济学的理论范畴,信息经济学和行为经济学由此可以共同构成"新供给经济学"的第五维理论基础。

六、新供给经济学的理论边界初探:"集大成"包容性之下供给侧"物"与"人"的有机联通

基于以上"五维一体"的理论综述及思想脉络考察,可以发现,传统经济学在贯穿五维体系的主线上,主要研究范畴是需求和供给的关系及其作用机制;由传统经济学派生而来的多学派经济学理论发展中,制度经济学以制度及制度变迁与经济发展的互动作用为主要研究内容;发展经济学以研究农业国家

---

[1] 贾康、苏京春:《"理性预期失灵"的发生逻辑及其矫正路径——从供给管理视角对政府调控与作为的探析》,财政部财政科学研究所《研究报告》第33期(总第1679期),2014年2月17日。

的工业化或者说后发国家的现代化为主要研究内容；转轨经济学可被认为是具体化的制度经济学分支，以计划经济向市场经济的转变与过渡为主要研究内容；信息及行为经济学则以市场中不完全信息对人预期的影响、人的偏好及心理学特征为基点研究经济发展。有意以"问题导向"而从事"站在前人肩膀上"的创新性研究的中国新供给经济学群体，在把需求侧与供给侧全面打通的努力中，侧重点与创新发力点在于供给侧的全面深入分析认识，立志于在融汇古今贯通中西"集大成"的包容性框架下，把"物"与"人"的分析认识打通。

（一）认识供给侧的"物"和"人"

所谓"供给侧"的"物"和"人"，剖析起来，对于"物"和"人"两大基本视角的划分，可认为不仅源于对经济学大家思想脉络的考察（例如：马克思关于生产力与生产关系基本矛盾关系的唯物史观；亚当·斯密关于人际分工与"看不见的手"使物资配置达于合意的内洽性原理），而且源于对经济社会现象的"通识研究"或广泛认知（例如：保罗·肯尼迪所言大国兴衰的秘密是"技术上"和"组织上"的变化）。实际上，所谓"物"，也必是指"人与物"的关系，即"生产力"层面，由劳动对象、劳动工具而推及劳动者（人或"人力资本"），具体到现代经济发展的核心而言，即"技术"的层面（邓小平所说的"科技是第一生产力"实为由人实现的科技创新供给）；所谓"人"，则实质上必是指"人与人"的关系，即"生产关系"层面，或具体到现代经济发展而言，即如何组织经济活动的形式与制度安排、利益分配；而无论是强调"生产力"（即由"物"切入）的层面，还是强调"生产关系"（即由"人"切入）的层面，归根结底都是居于"生产"的方面，即都隶属于"供给侧"，以回应"需求侧"的原生诉求（人从温饱底线上必生的需要）。反过来认识"五维一体"的理论基础要素，供给侧的"五维一体"考察是在以传统经济学需求和供给研究两轮"否定之否定"演进[①]的主线下，以发展经济学为一大基点——突出于"物"的供给研究，又以制度经济学、转轨经济学、信息及行为经济学为另一大

[①] 贾康、苏京春：《探析"供给侧"经济学派所经历的两轮"否定之否定"——对"供给侧"学派的评价、学理启示及立足于中国的研讨展望》，财政部财政科学研究所《研究报告》第77期（总第1723期），2014年5月8日。

基点——突出于"人"和人际关系的研究,进而作"打通"之努力。

基于"物"的研究告诉我们,由于存在后发优势,欠发达后进经济体可以追赶发达经济体,并通过"蛙跳"、技术扩散、"干中学"等方式方法,实现技术上的乃至组织结构方面的赶超,从而实现经济上的赶超。基于"人"的研究告诉我们,制度作为一个极其重要的供给因素,尤其是产权和交易成本的机制联结状况,直接影响某一经济体的经济发展。在制度变迁即制度安排的供给演变过程中,既会出现制度滞后现象,又会存在制度潜力的能动性空间,计划经济制度作为一种经济组织形式,其相对劣势已然较充分暴露,而作为原属计划经济制度的国家,怎样成功实现由计划经济向市场经济过渡,无论是稍早风行而标榜全面"自由化"的"华盛顿共识"还是稍后期兴起对并未定型的"中国特色"充分肯定而将其推向模式化的"北京共识",都难免失于偏颇。人类社会生产关系的优化提升,仍须进一步肯定其摸索前行的基本姿态,加之信息的不完全和人们行为的不确定性,例如"柠檬市场"、"不完备信息市场"、"动物精神"、"羊群效应"、"王庆悖论"等因素的存在,往往造成理性预期失灵,亟须讨论如何加入"理性的供给管理"的矫正力量。两大基本视点可展开的相关理论研究都表明,以矫正传统主流经济学理论之缺陷为切入点而初具形态的供给侧强调以"理性的供给管理"为核心(在当下中国即以改革为核心)的新供给经济学,决非"为创新而创新"无的放矢,而是在致力于经济学人理应尽责的学科发展建设和对时代要求的积极回应。

(二)从供给侧"物"与"人"的有机联通看中国

如前所述,新供给经济学注重实现供给侧认识的有机联通,即将"物"与"人"的两个视角打通而助益于经济学理论创新。所谓"物"的视角,逻辑脉络是:生产力—生产要素供给结构—技术创新—实现供给优化升级—经济增长。所谓"人"的视角,逻辑脉络是:生产关系—宏微观经济制度—制度供给创新优化—经济增长。将"物"与"人"从供给侧有机联通,即追求通过理性的供给管理,一方面充分促使生产力中的技术创新带来经济升级优化,另一方面充分发挥生产关系中的制度结构优化能动性,从而互动地实现经济增长。理性的供给管理的实质任务,是使制度创新、管理创新和技术创新充分互动而解放生产力、焕发现代国家治理可包容的一切潜力、活力空间，其核心内容落实于在现阶段中国经济社会发展进程中，就是全面深化改革。

三十余年的"中国奇迹"固然是依靠利用人口红利和低廉劳动力等资源禀赋相对优势在开放条件下参与全球分工和竞争，并释放出"后发优势"，但更主要的是依靠改革（包括全面开放对改革的"变法"式倒逼）调动了相关经济资源的供给潜力。市场经济在逐步替代计划经济、降低交易成本、提高经济效率的同时，显示了一系列正面效应，但也伴生了一系列中国特定国情、特定阶段的"矛盾凸显"挑战因素，其制度优化进程还存在严重不对称，即束缚生产力进一步释放供给潜力和不利于增进社会和谐的地方，在"先易后难渐进改革"路径依赖下，好吃的"肉"已吃完而难啃的"硬骨头"啃不下来的情况下，杨小凯生前所强调的制度性"后发劣势"[①]就会成为中国实现其现代化宏伟"中国梦"愿景的巨大拖累和严重威胁。

中国经济社会"矛盾凸显"现实的代表性事项，在"物"的视角可举出资源、环境的"雾霾"式危机因素，正明显地威胁可持续发展；在"人"的视角可举出收入分配、财产配置、公权体系与公民关系领域中一系列违背公平正义的不良现象。这两者都愈益容易导致"经济问题的政治化"而危害现代化进程的全局，而两者间的内在关联十分明显。比如，目前，我国一般产品市场的比价关系和价格形成机制迹已基本完全放开，但要素市场和大宗基础能源、资源市场，仍然存在严重的扭曲，人为压低要素价格，从而粗放地推进经济增长和引致大量的落后、过剩产能，造成不可再生资源低效、甚至挥霍浪费式使用，在源头上加重雾霾形成，并以不合理的对生产者和投资者的显性、隐性补贴，使得经济严重依赖投资和出口，并加剧垄断、非垄断行业企业分配的苦乐不均，使经济结构失衡的矛盾与收入分配、财产配置两极悬殊的矛盾可能越来越突出。因此，我们必须在实质性推进"顶层规划"下的全面配套改革中对经济制度、机制与结构进行治本的调整，从而合理地运用市场和政府力量的结合，

---

① 杨小凯：《后发劣势》，爱思想网站—思想库—学术—杨小凯专栏，2004 年 2 月 12 日，http://www.aisixiang.com/data/2718.html。

实现向较高水平的新常态经济增长路径和可持续升级版增长方式转变,在"物"与"人"的有机联通视界下,有效化解矛盾凸显。

我国宏观调控政策,一方面要在总需求管理上稳健审慎且能预调微调,避免在稳增长努力下压抑"使市场充分起作用"的空间和防止通胀轻易抬头;另一方面,需在货币政策的"稳健"和财政政策的"积极"搭配下,坚持有所区别对待地在我国"三农"、社会保障、区域协调发展、自主创新、节能降耗、生态保护等领域运用理性供给管理结构性对策加大要素投入的升级换代力度,特别是呼应全面深化改革促进相关制度机制创新改进,消除过度垄断,降低准入,打造高标准营商环境和有利于长治久安、合理调节社会收入分配的公平正义制度安排和机制运营体系。在制度供给中加强经济社会中的薄弱环节,化解瓶颈制约,释放自组织、自管理弹性空间,避免"经济问题政治化"的临界点越压越低。增加宏观经济中涉及"物"的与"人"的种种有效供给,只会改进而不会恶化总供需的平衡状态,只会有利于维护"又好又快"的发展局面而不会助长下一期的通货膨胀和经济过热,而且将会渐进增强我国在国际竞争环境中的综合竞争力和发展后劲。这里最为重大的要领是,应"冲破利益固化的藩篱",从根本上通过一系列配套改革举措衔接短期诉求与中长期目标,化解制约我国长期发展和全要素生产率进一步提升的深层制度因素。虽然在中长期内,我国将面临外部国际竞争环境复杂化和国内人口老龄化等问题,势必告别高增长奇迹,但这也并不意味着中国经济没有继续保持10—20年"次高速"较快增长的可能。当前,我国还有很多深层次改革仍未实质性开展,如资源型产品价格形成机制改革、新一轮价税财改革、中小企业融资机制改革充分减少行政审批管制、打破过度垄断的改革,以及户籍制度改革、司法体系改革、行政体制改革,等等,这些改革都能够帮助企业对冲成本上升的压力、增加有效供给、释放潜力提高经济活力,既有利于控制住物价,又有利于维护增长的可持续性。"制度红利"是中国未来十年、二十年最需要着力争取的因素,也是超越西方的凯恩斯主义、新自由主义两端的偏颇,正确发挥出"供给管理"优化结构、促进转轨的合理政府作用而成功地使我国实现现代化的关键条件。

毋庸讳言,在供给端"有保有压"、"有支持有节制"的结构性方略,也有可能给政府体系带来一种"政府万能"的幻觉和轻易滑向过度调控的危险性（甚至带上"旧体制复归"色彩），所以极有理由使承担调控之责的各政府部门，首先是高端战略决策者和核心当局，务必保持清醒头脑，始终把结构对策、供给管理，掌握在符合市场经济配置资源总体决定性机制的"政策理性"范围之内，避免做出那些过多、过细碎的行政干预和"越界"调控，特别应始终强调尽量运用经济手段（经济杠杆）来贯彻结构优化的追求，避免滑入新的产能过剩—不足循环，生成高质量、有效益、能适应市场需求且可以引领市场潮流的供给力量。中国现代化伟大民族复兴"中国梦""制度保证条件"的形成，将主要依靠改革之功效。

值得充分强调，在研究者"理论密切联系实际"的分析考察中，有必要把供给端的重要主体——公权体系和供给形式中的重要内容——制度供给，更充分地纳入"新供给经济学"集大成包容性的理论框架。以政府和立法、司法机构一并构成的公权体系，其所必然实施的制度供给，是客观存在、有弹性空间（即有可塑性）和必有高下之分的。在中国追求现代化的历史过程中的供给管理，除经济部门、产业、产能、产品、技术等结构方面的供给内容之外，最关键的还须着眼于打开"制度红利"这一转轨中最大红利源的释放空间，形成激发经济社会活力、潜力的有效制度供给及实现相关改革决策的较高水准。制度安排层面深刻变革的取向是坚定不移的市场化，但又不能简单限于、止步于市场化概念下的作为。"使市场在资源配置中发挥决定性作用"的基本认识是千难万难之后实现的重大思想解放式突破，但市场的"决定性作用"绝非可以理解为决定一切领域和一切事项。其实，中国独特的市场发育和经济赶超正是改革中最难处理的一项基本矛盾：国际竞争的基本现实已不允许我们再常规地、跟随式地经历和等待以平均利润率机制主导的漫长的市场发育及经济结构优化的自然过程，需要从供给端得到一种比自然、自发的市场配置在某些领域、有限目标下更强有力的机制——政府"理性主导"机制，并使之与市场机制"1+1＞2"式地叠加，才能逐渐接近并最终实现赶超目标。把后发优势与理性的政府主动作为结合在一起，摆脱经济学发展到凯恩斯主义、新古典学派和货币学派的"百家争鸣"仍未摆脱的需求—供给不对称框架，在现实生活中就要着眼于此，形成凌驾于"政府与市场绝对冲突"或"要么政府、要么市场——二者必居之一"旧式思维之上的新思想、新理论、新方法，来指导改革与发展的实践。在尊重市场、培育市场的旁边，供给端的特定作为必须包括政府积极有效地建设市场、组织市场和"合作式"地超越市场平均利润率机制自然过程。"混合所有制"有望成为其重要产权基石，进而推进"现代市场体系"在中国的发育和成型。

总之，未来中国的经济发展迫切需要凝聚改革共识，也强烈呼唤能促进改革的新供给经济学，并在其"集大成"的包容式开阔边界理论框架下探讨"顶层设计"和"系统改革"。三十多年来我国经济社会发展取得了举世瞩目的成就，同时也遗留诸多问题（绝大多数属于棘手问题、难啃的"硬骨头"问题），种种问题无法通过制定若干条政策、政企来解决，必须有全面、系统的改革"顶层设计"，并加以配套、协调的推进。为提升全面改革的可操作性，把握好决定中国现代化命运的重心与关键，从政府职能转变、法治建设、财税配套改革、土地制度、人口流动、改善民生、优化收入分配、公共事务决策等重大现实问题入手，无疑也需要理论的烛照与引导，呼唤着把传统经济学、制度经济学、发展经济学、转轨经济学、信息与行为经济学等熔于一炉的中国特色新供给经济学，真正实现资源、技术方面的"物"与组织、分配方面的"人"的供给侧打通，以及需求—供给认知逻辑的全面贯通和一切相关有益思想成果的兼收并蓄、融汇升华。

主要参考文献

1．Jean-Baptiste Say, *A Treatise on Political Economy*（*or the Production, Distribution, and Consumption of Wealth*）, Batoche Books, Kitchener, 2001.

2．Marion J. Levy, *Modernization and Structure of Societies: a Setting for International Relations*, Princeton University Press, 1996.

3．M.Abramjoritz: *Thinking about Growth*, Cambridge University press,1989.

4．Brezis, Paul Krugman, "Tsidden: Leap-frogging in International Competition: a Theory of Cycles in National Technological Leadership", *American Economic*

Review,83,1993.

5．R.Van Elkan: "Catching up and Slowing Down: Learning and Growth Patterns in an Open Economy", *Journal of International Economics*,41,1996.

6．《马克思恩格斯选集》，人民出版社2012年版。

7．〔法〕萨伊：《政治经济学概论》，商务印书馆1963年版。

8．〔英〕马尔萨斯：《政治经济学原理》，商务印书馆1962年版。

9．〔英〕大卫·李嘉图：《李嘉图著作和通信集》第二卷《马尔萨斯〈政治经济学原理〉评注》，商务印书馆1979年版。

10．〔英〕大卫·李嘉图：《政治经济学及赋税原理》，商务印书馆1976年版。

11．〔英〕穆勒：《政治经济学原理及其在社会哲学上的若干应用》上、下卷，商务印书馆1991年版。

12．盛洪主编：《现代制度经济学》（第二版上卷），中国发展出版社2009年版。

13　贾康：《贾康自选集——理论创新 制度变革 政策优化》上卷，人民出版社2013年版。

14．费尔南德斯：《一项没有仔细协调的预算政策》，美国《华尔街日报》1981年8月12日。

15．〔英〕马歇尔：《经济学原理》，中国社会科学出版社2007年版。

16．〔英〕凯恩斯：《就业、利息与货币通论》，商务印书馆1999年版。

17．〔美〕保罗·萨缪尔森、威廉·诺德豪斯：《微观经济学》（第十八版），人民邮电出版社2008年版。

18．〔美〕凡勃伦：《有闲阶级论——关于制度的经济研究》，商务印书馆1964年版。

19．〔美〕康芒斯：《制度经济学》上册，商务印书馆1962年版。

20．〔美〕诺思：《经济史上的机构和变革》，商务印书馆1993年版。

21．顾钰民：《马克思主义制度经济学》，复旦大学出版社2005年版。

22．张培刚：《农业与工业化（中下合卷）：农业国工业化问题再论》，华中科技大学出版社2002年版。

23．〔美〕亚历山大·格申克龙:《关于现代工业化的"前提"概念的反思》,《经济落后的历史透视》,商务印书馆 2009 年版。

24．〔美〕罗伯特·J. 巴罗、夏维尔·萨拉-伊-马丁:《经济增长》(第二版),格致出版社 2010 年版。

25．〔美〕尼克·威尔金森:《行为经济学》,中国人民大学出版社 2012 年版。

26．黄有光:《谈杨小凯的新框架》,《东方早报·上海经济评论》,2014 年 7 月 1 日。

27．樊纲:《改革三十年——转轨经济学的思考》,"纪念中国改革开放三十年讲坛"主题演讲,2008 年 6 月 12 日。

28．贾康、徐林等:《中国需要构建和发展以改革为核心的新供给经济学》,《财政研究》2013 年第 1 期。

29．贾康:《我看"中国模式"》,载何迪、鲁利玲编:《反思"中国模式"》,社会科学文献出版社 2012 年版。

30．贾康、刘军民:《政策性金融与中国的现代化赶超战略——兼与林毅夫教授商榷》,《财政研究》2010 年第 1 期。

31．贾康、冯俏彬:《论制度供给的滞后性与能动性》,《财贸经济》2004 年第 2 期。

32．贾康、苏京春:《中国特色宏观调控的概念与现实——基于理性"供给管理"与"动物精神"的解读》,《人民论坛·学术前沿》2014 年 3 月下期。

33．贾康、苏京春:《"理性预期失灵"的发生逻辑及其矫正路径——从供给管理视角对政府调控与作为的探析》,财政部财政科学研究所《研究报告》第 33 期(总第 1679 期),2014 年 2 月 17 日。

34．贾康、苏京春:《胡焕庸线:从我国基本国情看"半壁压强型"环境压力与针对性能源、环境战略策略——供给管理的重大课题》,财政部财政科学研究所《研究报告》第 45 期(总第 1691 期),2014 年 3 月 4 日。

35．贾康、苏京春:《探析"供给侧"经济学派所经历的两轮"否定之否定"——对"供给侧"学派的评价、学理启示及立足于中国的研讨展望》,财政部财政科学研究所《研究报告》第 77 期(总第 1723 期),2014 年 5 月 8 日。

36．杨小凯：《后发劣势》，爱思想网站—思想库—学术—杨小凯专栏，2004年2月12日，http://www.aisixiang.com/data/2718.html。

37．苏京春：《避陷阱、求坦途：中等收入阶段的福利赶超与经济赶超》，经济科学出版社2013年版。

（原文精简版刊载于《财经问题研究》2014年第11期）

"理性预期失灵"：立论、逻辑梳理及其"供给管理"矫正路径

贾康　冯俏彬　苏京春

理性预期理论素有"经济学上第六次革命"之称，其代表人物罗伯特·卢卡斯（Robert E. Lucas）曾获得过1995年诺贝尔经济奖。自20世纪70年代以来，理性预期理论作为对凯恩斯主义的重大修正，一直被视为欧美主要国家长期奉行新自由主义的理论源头之一。但2008年全球金融危机以后，包括理性预期在内的自由市场理论受到实践层面的严重置疑，在经济学上，这预示着某种重大理论创新与突破的"时间窗口"已经出现。在中国，一方面自改革开放以来，政府主导特征明显的中国经济已经有30多年的高速增长，主流经济理论对此解释乏力；另一方面，经过多年的刺激政策，中国经济已步入了某种高增长陷阱，各方面对于未来乐观（包括过于乐观因素）的预期正在朝相反方向转向。国际国内的现实都呈现出种种挑战"理性预期"命题的线索和依据。我们认为，从"理性预期"推进到"理性预期失灵"的讨论，是经济学理论创新的需要，同时在政策层面也将十分富有启示。本篇尝试在这方面作出努力。

一、对理性预期理论的简要述评

理性预期学说产生于20世纪60年代初期。当时，西方国家已感受到陷入"滞胀"的压力，凯恩斯主义面临前所未有的诘难。1961年，约翰·穆思（John F. Muth）在美国《经济计量学》杂志上发表了一篇题为《理性预期与价格变动

理论》的文章，首次提出了理性预期的概念。70年代初，芝加哥大学的罗伯特·卢卡斯、斯坦福大学的托马斯·萨金特（Thomas J. Sargent）和哈佛大学的罗伯特·巴罗（Robert Barro）等人对于理性预期学说作了重大发展，形成了理性预期理论和理性预期学派。

所谓理性预期，是指人们对未来事件进行的有根据的预测，而所谓"有根据"，除了心理直觉和经验，更重要的是经济理论的支持。换言之，理性预期概念暗含基于经济理论和经济模型对未来进行预测的认知。这一学派代表人物在继承古典学派理论及观点的同时，强化对"理性预期"研究，在某种意义上成为古典宏观经济学发展至新古典宏观经济学的关键，其假设是：第一，市场竞争中价格和工资是充分灵活的；第二，人们可以充分利用所有可获得的信息来做决策[①]；第三，新古典宏观经济学所强调的预期，是没有系统性预测错误的预期，或可以称为"无偏"的预期，亦即"理性预期"。在政策方面，该学派认为如果存在理性预期，那么政府的经济政策便是无效的。因为人们在看到经济即将发生变化时，就倾向于从自身的利益出发，做出合理而明智的反应，这种反应会使政府的政策达不到预期的效果。基于此，理性预期学派对宏观经济学几乎所有的领域都进行了重新思考和探索，形成了独特的理论体系，其中又以自然率理论、货币中性理论、经济周期理论等最为知名。由此引出的政策推论是：正是由于市场主体的理性预期及相应的行为调整，会化解政府所有管理宏观经济的政策意图；反过来说，凯恩斯主义所主张的政府短期视野内的宏观调控、管理经济的措施，从总体、长期而言是无效的。相对于各类相机抉择的短期经济政策，政府更应当做的是制定具有一致性和连贯性的长期政策规则，以合理引导人们的理性预期。

理性预期理论具有重要的理论启迪价值，乃至被称为经济学发展史上的"第六次革命"，其主要贡献有二：一是将现代经济学建筑在信息论的基础之上，从而使得宏观、微观经济学在特定的意义上被打通、被联结起来；二是将预期引入经济预测模型，并使之可测度、可计算。这两点都称得上是经济学中的重

---

① 〔美〕保罗·萨缪尔森、威廉·诺德豪森：《经济学》，人民邮电出版社2008年版，第607—608页。

要进步与成就。在实践层面，理性预期理论同样产生了重大影响，在长达几十多年的时间内，理性预期理论一直被视为西方国家奉行新古典主义自由经济思想的"源头活水"，从基础理论逻辑层面支撑了其后几十年"新自由主义"经济理念的大行其道。

尽管取得了如此辉煌的成就，对理性预期理论的批评意见也一直存在。概括而言，一是三个"不可能"：理性预期理论关于人们能够做出合理预测的前提之一是"信息完全"，这在现实生活是不可能的；理性预期理论关于人们能够做出合理预测的前提之二是"经济预测知识的匀质分布"，这也是不可能的；另外理性预期理论建立在市场完全竞争自动出清的前提之上，而在很多情况下，这也是不可能的；二是在应用层面，针对其承认风险但排斥不确定性、重长期不重短期、主张政府"无为而治"等推论，认为理性预期理论实际上否定了政府政策的作为空间，因此对于现实复杂世界中无法回避的政府政策优化的指导意义十分有限；等等。

二、理性预期失灵立论：假设、发生路径与机理分析

应当承认，理性预期理论对经济学的发展具有某种里程碑意义，在理论和实践两个层面都产生了重大影响。然而，当我们以理论联系实践、指导实践的时候，很容易发现，诸多假设条件下的理性预期，实际很难得到现实生活的充分对应和印证。在非完全竞争、价格与工资并不充分"灵活"和人们难免囿于信息不对称的局限而又必须有所决策的情况下，其实合乎逻辑地需要讨论和认识的一个相关命题，是"理性预期失灵"问题。在对"逆向选择"、"不完全信息"和"动物精神"进行再解读的过程中，不难发现，沿着乔治·阿克洛夫（George A. Akerlof）、迈克尔·罗斯查尔德（Michael Rothschild）、约瑟夫·斯蒂格利茨（Joseph E. Stiglitz）、桑福德·格罗斯曼（Sanford J. Grossman）和罗伯特·希勒（Robert J. Shiller）等学者的研究序列，并纳入关于博弈论的相关思考，恰好可使我们勾勒出一条趋于清晰的"理性预期失灵"逻辑线索。

(一) 理性预期失灵：概念及其假设

我们认为，应当明确提出与深入研讨"理性预期失灵"。所谓理性预期失灵，是指市场主体在对未来事件进行预测时，由于不完全竞争、不完全信息与不完全理性的影响，不可能给出完全准确的预期并据此调整自己的行动，而这一问题对于政府经济管理的政策优化具有重大的关联和影响。这一命题主要是基于如下三个理论假设：

1. 不完全竞争假设

完全竞争假设对于我们认识资源配置优化中市场何以可发挥决定性作用具有重大的意义，但人类社会中市场经济发展到现时状态，哪怕是最发达、最成熟、最推崇"政府无为而治"的经济体，其真实的情况仍然是非完全竞争。其中冲抵竞争因素的，大体上可分为来自政府主体的行政垄断因素和来自市场发展本身的寡头垄断因素。在不同国度、不同阶段，这些垄断因素的形成原因与组合状态，又各不相同。这虽然带来了"非完全竞争"假设前提下分析框架和分析方法的复杂性，但我们认为，从"理论密切联系实际"的本义出发，经济学人该面对而不是回避这种复杂性的挑战，并由此做出独特的认识贡献。

2. 不完全信息假设

真实世界中信息的不完全性质主要是来自于：第一，信息收集是有成本的，人们不可能无限度地支付成本，因而通常难以获得完全信息；第二，人们处理信息的能力是有限的和各不相同、非匀质的，不可能人人都能同等程度地、"合格地"处理相关信息，特别是就广义而言，知识、经济理论、经济模型也是信息的一种，对于芸芸众生的市场主体，这类信息更是不完全的，经济知识、模型不可能在所有市场主体之间匀质分布，不同个体掌握相关理论和认知规律的程度有明显差别；第三，即使是经过长期专业训练的经济学家，在信息处理中也要面对广袤的未知世界，大多数情况下，经济学家自己也不确切知道真实的经济模型是什么，而且他们对同一事物的认识也往往大相径庭、充满争议。

3. 不完全理性假设

经济史上多次发生的重大危机已经反复表明，驱使人们诉诸行动的，并不仅仅是经过审慎成本—收益计算的理性动机，源于"动物精神"的各类非理性动机——如恐惧、乐观、从众、幻觉等——是驱使人们行动的另一类动机。大多数情况下,人是理性的,经济活动的结果也是大体上可以预测的,但在那些少数却有着重大后果的事件中,非理性和理性一起左右着我们的行动,在特定阶段上甚至是非理性发挥着主导作用,几百年间中外反复出现的以"疯狂的郁金香"(在几百年前的荷兰)和"疯狂的君子兰"(在改革开放后的中国)等等事件为代表的"泡沫"与"泡沫的破灭"所带来的社会震荡。

(二)经济学研究应当致力于提出更加有效地对应于真实世界的假设

在此,我们愿意再稍作展开地讨论一下对于"假设"的理解。在经济学研究中,"假设"有时是指一种未经证明的理论解说,但在更多的时候,"假设"是让我们"把复杂的问题简单化"以便从事研究、推进研究的一种预设前提。换言之,在特定研究情境下,我们视假设本身为常识、为公理,既不需要证明、也不需要质疑。一般情况下,假设来自于研究者对人们日常行为的长期观察而做出的"删繁就简"的判断,而观察既是基于观察者自身的学识和提炼、推理、逻辑等个人能力,更是基于某个特定时代背景下人类在自然科学和社会科学方面的知识总以及它们对于观察者的耳濡目染。随着时代的发展、知识的累积,一些原来可信、甚至被奉为圭臬的假设,很可能时移事易,不再像当初那样基本满足研究、认识的要求,因而需要放松、矫正、推演和丰富化。

以"理性的经济人"假设为例:时刻进行着成本—收益计算即精明无误地追求自身经济利益最大化的经济人,的确是从事经济活动的无数个体之可观察、可抽象概括的基本特征之一。但随着近现代心理学、社会学、神经学、行为科学等的显著进步,对于"人性"、"人的行为特征"的认知更加深入和全面,现在几乎已经没有人认为"理性的经济人"几个字足以成为覆盖全部人类经济行为的"唯一概念"。事实上,从经济人假设产生伊始,就伴随有对这一假设的犹豫和补充。众所周知,亚当·斯密在写出《国富论》的同时,也写出了著名的《道德情操论》;凯恩斯一方面将自己的理论建立在理性经济人假设的基础之上,另一方面也直面"动物精神",且将其视为自己理论的出发点之一。格林斯潘在2008年金融危机以后曾沉痛地说道,虽然大多数经济行为的确是建立理性经济人假设的基础之上的,且它也的确能说明人类大多数的经济行为,但显然它并不能说明全部行为,否则,我们就不会预见不到危机的发生。

因此，我们认为，随着科学和经济学分析认识能力的发展，随着人们对于人性本身的认识更加丰满，一些原来可以大体上被视为常识与公理的假设，现在需要矫正、放松和复杂化，所有的研究者都可以并且应当不断努力提出更加逼近真实的假设，以尽可能弥合理论研究与现实世界之间的脱离。对于"理性预期"所依据的"完全竞争"、"完全信息"和"预测知识匀质分布"等假设，也必须作如是观，进而把我们的理论认识向更好地服务与引领实践的方向推进。

（三）理性预期失灵的发生机制

理性预期失灵的发生机制，在"不完全竞争"假设这一大前提之下，可以分为三个层面：第一，存在某种触发"失灵"的因素，这可称为第一因子；第二，在受到触发后，系统发生两种反应，一是传递，二是交互，系统内各主体之间发生复杂反应，这可称为第二阶段或中间过程；第三，在结果端，反应后的系统输出经显著放大的、数倍于初始之时的效果，产生重大影响。下面试分述之。

1. 第一因子：触发系统的扳机

（1）不完全信息

关于不完全信息对于理性预期失灵的影响，经济学理论已有相对充分的阐述。20世纪70年代，围绕着放松"完全信息"假设，经济学迎来了一次革命，其成果是信息经济学正式成为经济学的一个分支，它表明人们对于不完全信息这一新的经济学假设实际上已经全面接受。除此之外，不完全信息还体现在各国用于宏观经济管理的经济模型方面。自丁伯根在1936年为荷兰经济创建计量模型、1938年为美国创建包含48个方程的经济模型以后，以模型来预测未来经济的趋势并据此调整政策已成为各国宏观管理当局的主要功课之一。在过去半个多世纪的时间里，经济模型已经越来越复杂，如联合国计量经济模型系统总共包括几千个方程，连接着世界上每一个主要国家的计量经济模型，日夜运行以帮助人们获得对全球经济的信息。但即使如此，2008年还是发生了模型未能预测到的全球性金融危机。而且，在危机发生前不久，模型还给出了乐观的预测结果[1]。这表明，即使在信息技术高度发达、知识爆炸的今天，即使是训练有

---

[1] 格林斯潘提道："2008年9月……宏观经济模型在我们最需要它的时候遭遇到彻底失败。事实上，当时美联储、国际货币基金、摩根大通等政府组织与私人部门都发布了乐观的经济预测信息。"（[美]艾伦·格林斯潘：《动荡的世界》，中信出版社2014年版，第6页。）

素的一流经济学家，即使有世界一流的计算机和最复杂的经济模型，专家们对于现实世界和未来情景还是有诸多未知、混沌和误判之处，更不用说千千万万个主要依靠直觉和经验行动的个体了。

（2）非理性因素的要点

相对于探讨较为充分的不完全信息，经济学对于不完全理性，或者说非理性因素的探讨曾几近空白。直到2000年，以罗伯特·希勒出版的《非理性繁荣》一书为标志，非理性因素才正式进入经济学研究的殿堂。甚至在2008年全球金融危机爆发掀起惊天巨浪之后，对于非理性因素的经济学研究仍然是一个十分"小众"的事。正因为如此，此处我们有必要不吝笔墨，略作展开论述。

在经济学意义上，对"非理性"更直接的形象表述是凯恩斯最早形成概念的"动物精神"，但他仅限于描述现象。希勒对"动物精神"一词的来源做过考证。据他说，这一术语起源于古希腊，哲学家乔治·桑塔亚构建了一个以"动物信仰"为中心的哲学体系，他将动物信仰定义为"一种纯粹的、绝对的精神，一种觉察不到的认知能量"，其本质是直觉，不过希勒笔下的"动物精神"极具经济学意义：

"在现代经济学中，动物精神……指的是导致经济动荡不安和反复无常的元素，用来描述人类与模糊性或不确定性之间的关系。"①

根据希勒的见解，动物精神主要表现为五大方面：信心及其乘数、公平、腐败和欺诈、货币幻觉、别人成功的故事。格林斯潘则将对宏观经济运行产生重大冲击的动物精神概括为以下几个方面：恐惧与狂热、时间偏好、从众行为、依赖倾向、互动倾向、家族倾向、竞争倾向、价值观、乐观主义倾向、珍视亲人的倾向、自利倾向和自尊倾向等。② 在此择其要者述之。

关于信心。信心对于经济趋势的影响众所周知。我们都知道经济繁荣有时是因为信心增加，经济衰退有时则源于信心缺乏；当然反过来，繁荣导致信心增加、衰退引出信心缺乏也是成立的。但有趣的是，信心并不是在占有大量信息基础上经过审慎计算后得出的结果，恰恰相反，强调信心、重视信心的时候，

---

① 〔美〕乔治·阿克洛夫、罗伯特·希勒：《动物精神》绪论，中信出版社2012年版，第5页。
② 〔美〕艾伦·格林斯潘：《动荡的世界》，中信出版社2014年版，第7—20页。

往往正是对未来走势信息不足的时候，所以从某种程度上讲，信心本身就是无知的产物，是不知道却必须采取行动的替代品。换言之，"信心的真正含义恰恰是我们会超出理性"[1]，特别是如果我们将严格定义的基于完全信息所做出的决策视为理性的话。

关于公平。公平是一种心理感受，即个体认为自己得到了与他人相比较时平等一致的对待。有一种看法是认为，公平主要是政治学、社会学、心理学概念，而很难成为严谨的经济学概念。但恰恰是这种心理感受，是影响个体经济行为的重要动机之一（例如，在现实生活中，公平感是决定工资水平的最主要的因素），进而影响着整个经济系统和社会稳定。希勒提到一个有趣的例子：一位讲授了30年工资理论的经济学家，后来先后受聘在政府、大公司、大学、基金会等工作，他在总结自己的双重人生时沉痛地说："在现实世界里，制定工资所依据的因素似乎与新古典理论中所说的那些因素迥然不同。在现实世界里，最重要的决定因素似乎就是公平。"[2]

关于"别人的故事"。心理学家认为，人类的思维模式是以故事为基础的，而故事是由各个事件的碎片拼接而成的（如果没有这些故事，生活很可能只是"一桩接一桩该死的事情"），而这些事情之间，可能并不具备随后被大家所认同的连贯性与逻辑性。但一旦成为故事，就走向因果、逻辑的自我增强、自我实现之路，并因其听上去真实、可靠而触发我们恐惧、乐观、狂热、模仿、追随、跟从的"扳机"，并在特定条件下成为成就与摧毁经济体系的重大因素。

关于价值观。价值观是我们看待外部世界、判断自己与他人行为正确还是错误的标准，大多数人的价值观根植于宗教、文化、环境、家庭，一旦形成就极难改变。很明显，价值观不是经过理性计算后自主选择的结果，但对人类行为（包括经济行为在内）的影响至关重要。

综上所述，可以看出种种"动物精神"、非理性因子都潜存在每个人的自身，并显著地影响我们的选择与行为方式。

---

[1] 〔美〕乔治·阿克洛夫、罗伯特·希勒：《动物精神》绪论，中信出版社2012年版，第5页。
[2] 同上。

2. "第一因子偶然触发"后的传递作用

第一因子"扳机"式的触发，表现形态上大都是偶然的，但会现实地、"多米诺骨牌"式地在从事经济活动的个体之间发生有所扭曲后的信息、失真的情绪等的传递，渐次、联动地向后传输，从1，2，3……到n-1，n，使受到影响的主体越来越多。如图1。

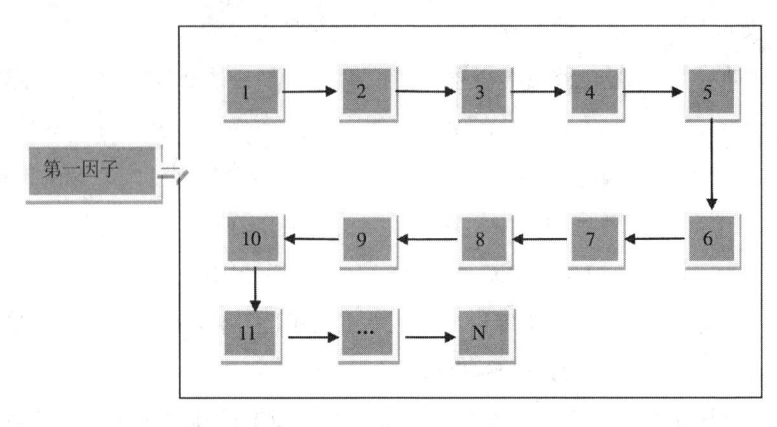

图1

3. 交互作用

在传递的同时，所有客体之间还很容易发生交互反应，以复杂的、无规律的方式激荡着整个系统，相较于启动之初，系统往往呈现出难以想象的放大效果。如图2。

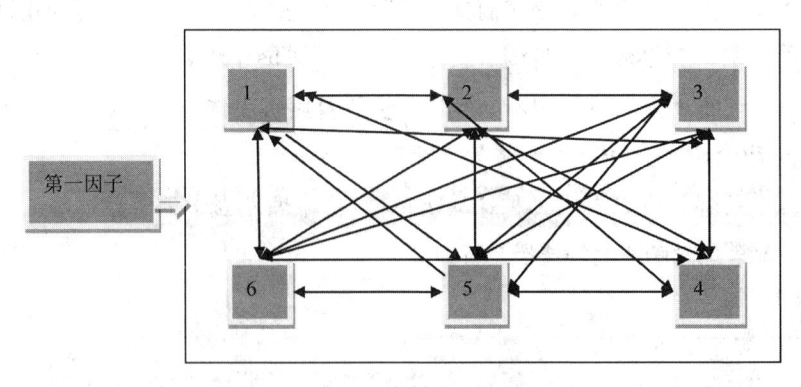

图2

4．乘数效应

以上描绘的理性预期失灵的发生过程，在其他学科的考察中常有所见，如心理学上的从众与羊群效应、流行病学中的传染病模型，甚至物理学中的正反馈与振荡电路等。在经济学中，能对此进行较好描述的则是凯恩斯理论中的乘数原理。

所谓"乘数"，是指由于连锁反应，某一变量的变化引起另一相关变量变化的倍数。依其在不同领域的应用，相应地有不同的乘数概念，如投资乘数、财政支出乘数、货币乘数和外贸乘数等，甚至还有激励乘数、管理乘数等。本篇所阐述的理性预期失灵及其后果的发生和放大机制，也可称为非理性预期乘数。

5．需要以后长期努力才可望趋于成熟的研究：模型与计量

必须指出，相对于能够模型化并相对准确计量的投资乘数、税收乘数等，理性预期失灵的导致因素由于主要是基于某种心理或情感状态，在现有经济学分析中还不能很好地被测度和计量，难以形成量化模型。但这并不影响我们在观察层面对其做出初步总结，更不能因此而无视其存在。如何将许多经济学家过去所坚信的"非理性不能被测量"的信条打破，把由于各类非理性因素所导致的、对经济系统可能产生重大影响的行为纳入经济模型之中寻求其量化，将开启未来经济学数量研究领域的一个重要方向。正如格林斯潘指出的那样，"反复的观察表明，人类诸多基于动物精神的行为其实也是可以预测的、可以量化的……经济学需要创造出新的经济模型，新模型必须将人类之'非理性因素'包括在内"。[①] 但在这个方向上要取得相对成熟的成果，显然还需付出长期不懈的努力。

三、几点相关考察

（一）不完全信息："柠檬"市场"逆向选择"的中国例证

所谓"柠檬"市场（Lemon Market）[②]，实际上就是次品市场，也可以称为阿

[①] 〔美〕艾伦·格林斯潘：《动荡的世界》，中信出版社2014年版。
[②] George A. Akerlof, "The Market For 'Lemons': Quality Uncertainty And The Market Mechanism", *Quarterly Journal of Economics*, 84（3），1970, pp. 488-500.

克洛夫模型市场(1970年经济学家乔治·阿克洛夫发表论文提出这一表述而得名。"柠檬"一词在美国俚语中意为"次品"或不中用的东西)。依托于通俗易懂的二手车市场,关于"柠檬"市场的认知阐述了这样的逻辑:由于市场中总是存在"柠檬"(次品、劣质品),商品的质量并不总是一定的,往往在很大程度上存在不确定性;而买家和卖家针对这种质量的不确定在信息掌握上并不是对称的,卖家往往能够掌握更多的信息;这些导致原来应由需求方选择商品的逻辑出现逆转,转而由供给方选择是否将商品售于需求方,即所谓"逆向选择"的出现;最终的后果,是导致"柠檬"市场出现类似于格雷欣定律(Gresham's Law)中"劣币驱逐良币"的现象,劣质品逐渐将优质品驱逐出市场,从而导致市场中商品质量趋于下降,市场规模缩小。由于商品质量情况的不确定且买家和卖家掌握信息的不对称从而势必导致的逆向选择,可作为"理性预期失灵"逻辑的第一个观察面。

基于信息不完全的"柠檬"市场理论可以有较广泛的应用,特别是对于发展中经济体而言,在发展过程中甚至存在着不可逾越的"柠檬"市场爆发阶段。与二手车市场类似的二手商品市场自不必赘述,就中国改革目前遇到的带有攻坚克难性质的一些具体问题而言,如中小企业融资难问题、大学生就业难问题等,结合"柠檬"原理均可诉说一二。

1. 中小企业融资难中的"柠檬"原理

我国中小企业融资难问题中,融资市场的"柠檬"市场特性非常明显:由于中小企业融资市场中信誉度低的"柠檬"太多,导致银行等大型金融机构不愿意为中小企业提供贷款等融资服务。而且在信贷市场中,金融机构与中小企业间的信息不对称问题相当严重,导致资金供给方会对服务对象进行非常苛刻的选择。在"柠檬"原理的作用下,即便采用对金融机构实施多种压力或是扩大资金池等措施,上述情况也不会从根本上改善。大银行起主导作用的正规金融市场对中小企业的排挤还会体现逆向选择,被挤出的中小企业若选择继续生存,则会流入非正规金融市场,从而在一定程度上助长了"黑色金融"、"灰色金融"势头,并且使融资市场实质上成为真正的"柠檬"(次品)市场。在非正规金融市场,中小企业在继续承受逆向选择的基础上,还要承担放贷人规定的高利率，一大批短期拆借、地下钱庄等非正规金融，会不断重复劣质金融驱逐相对良质金融产品的过程，导致中小企业不断被"黑色金融"吃掉。

2．大学生就业难中的"柠檬"人才原理

我国大学生就业难问题与高等教育规模激增以及人才培养与就业存在结构性问题等息息相关，但除此之外，大学生就业市场实际上也存在"柠檬"特征。在目前的高等教育机制下，大学生个人素质高低不同、良莠不齐的问题比较严重，实际上存在大量"柠檬"人才。在这种情况下，用人单位也就会不断抬高门槛，使就业市场上出现非常明显的逆向选择。近年出现的"考证狂潮"实际上就是市场为了克服"柠檬"特征而进行自我调节的一种表现。

3．地方债中的隐性"柠檬"市场原理

不仅在商品市场有这样那样的柠檬现象，在信贷市场上同样存在"柠檬"现象。以地方债务为例，由于已存在大规模的地方政府融资平台，在我国法律上一般不允许地方发债，强调地方财政量入为出，从而导致地方隐性债务赤字堆积。比照"柠檬"原理，金融机构对这些带有"柠檬"性质的地方政府融资平台虽没有表现出明显的逆向选择，但这并不意味着"柠檬"原理没有起作用，而是由于金融机构在评审的时候将地方政府与中央政府视为一体，从而将其划出了"柠檬"的范围。除了地方债务，国有企业债务也有着与此类似的逻辑，将部分具备"柠檬"性质的国有企业划出"柠檬"范围的主要原因，也是基于企业与政府的"一体化联通"性质的缘故。值得注意的是，不能够由于体制性原因掩盖了"柠檬"市场而导致忽略其存在，而应当与其他可认识到的失灵一起矫正。

克服"柠檬"现象需要努力消除信息分布的不对称，但同时也要看到，市场信息永远达不到真正、完全的对称。为此，需要考虑对于"柠檬"市场的至少四种纠正手段：第一，依靠委托—代理的原理，引入第三方来对"柠檬"进行保证，从而摆脱逆向选择的负面影响；第二，支持企业创立品牌，依靠品牌将自身与"柠檬"进行明确划分；第三，在品牌效应基础上的连锁经营也是有效方法之一；第四，引入和适当扩展许可证制度，将"柠檬（次品）"与质优品进行划分，防止由劣质驱逐良质而导致市场萎缩。

（二）以不完备信息市场为认识基础展开的"格罗斯曼—斯蒂格利茨悖论"

在"柠檬"市场基础上，对不完备信息市场的研究主要经历了两个阶段，这两个阶段共同构成"理性预期失灵"逻辑的观察面。

一是斯蒂格利茨等研究了在不完备信息条件下竞争性市场的均衡问题，对此的经典结论有三："不完备信息市场中，具有完备信息的竞争者可能限制消费者可以购买的数量，这不是出于建立垄断的意图，而仅仅是为了改善他们的信息状况；均衡有可能不存在；竞争性均衡不是帕累托最优"[①]。由此可见，在不完备信息市场中，即使在理性预期假设下，首先理性人不能获得完备的信息从而做出理性选择，其次要受到信息完备的理性人所作选择的影响，也即不完备信息下的静态或动态博弈，从而产生距离完全信息和理性预期假设下理性选择更大的偏差。以我国近20年来的房地产市场为例，若将市场中的微观主体简单分为高风险偏好消费者和低风险偏好消费者，那么在20年前，高风险偏好者会对房产选择投资，而低风险偏好者会对房产选择自住。在这样两种不同的偏好下，双方的行为之间存在博弈，并且前者对风险的偏好直接影响着后者的行为选择。例如：设高风险偏好者可接受的风险偏好值为A，而A决定下的房产价格为P，那么，当A变小时，P会随着降低，即更趋于低风险偏好者所能够接受的价格，从而激励低风险偏好者买房，改变原来由于规避风险而做出的不买房的决定。尽管高风险偏好者和低风险偏好者当时分别达到自己在博弈中的纳什均衡，但却并没有达成帕累托最优，在不完备信息的影响下，随着房产价格的上涨，高风险偏好者与低风险偏好者逐步产生巨大的贫富差距。

二是通过引入价格分析研究不完备信息市场中信息的流动情况。这项研究的结论认为价格并不能够完全反映所有的可利用信息，尤其是信息拥有者的信息，并基于此形成了"格罗斯曼—斯蒂格利茨悖论"：如果均衡价格完全揭示私人信息，那么由于存在"搭便车"的动机，每个无信息的人都不愿意付成本来成为有信息的人，更不必说信息的价格机制。这一悖论有力地反驳了有效市场

[①] 参见迈克尔·罗斯查尔德、约瑟夫·斯蒂格利茨：《竞争性保险市场的均衡：论不完备信息经济学(1976)》，载〔美〕乔治·阿克洛夫、迈克尔·斯彭斯、约瑟夫·斯蒂格利茨：《阿克洛夫、斯彭斯和斯蒂格利茨论文精选》，商务印书馆2010年版。

假说认为个人无法依靠搜集信息而获得超额收益的观点。由于总体而言拥有信息者一定比无信息者能够做出更好的选择,所以无信息者会选择成为拥有信息者。在此过程中,理性人首先不能获得完备的信息从而做出理性选择,其次要受到信息完备的理性人所作选择的影响和自己的信息从无到有对理性选择的影响,最后还要受到自己获取信息所承担的成本对行为选择的影响。

(三)与理性预期失灵发生机制相关的对"动物精神"等非理性行为的考察

与 20 世纪 70 年代起将"完全信息"作为争论的重点不同,2008 年美国次贷危机引发全球金融海啸后,经济学理论界掀起的各色各样复辟和开拓的浪潮中,同样是以阿克洛夫为代表的关于"动物精神"(animal spirits)的考察将争论重点转向"理性"假设。除"动物精神"以外,我们已经注意到的"羊群效应"、"反身理论"及"王庆悖论"同样揭示了经济行为中的非理性,它们成为"理性预期失灵"逻辑的又一个观察面。

1. 动物精神

"动物精神"实质上是经济行为中与理性的经济动机相对应的概念,指非沉稳的动机、情绪化本能式的非理性的行为。凯恩斯首先提出了"人们的积极行为大都基于自发乐观主义(spontaneous optimism),而不是理性预期"的表述,他在试图解释经济偏离充分就业的原因时,认为"我们用于估计铁路、铜矿、纺织厂、专利药品的商誉、大西洋邮轮或伦敦市内某栋建筑未来 10 年收益的这些基础知识并没有多大意义,有时甚至毫无用处",人们的决策"只能被视为动物精神导致的结果",来自人们"想要采取行为的自发冲动",而不是"量化收益乘以其量化概率的加权平均值"[①]。乔治·阿克洛夫和罗伯特·希勒对此表示了完全的赞同,与此同时,发展了动物精神在现代经济学中的含义,认为"它(动物精神——引者注)现在是一个经济术语,指的是导致经济动荡不安和反复无常的元素;它还用来描述人类与模糊性或不确定性之间的关系"。在阿克洛夫和希勒的观点中,对"动物精神"词性的界定应当是中性的,其积极的一面在

---

① John M. Keynes, *The General Theory of Employment, Interest and Money*, London, Macmillan, 1936, pp. 161-162.

于"赋予我们能量",其消极的一面在于我们"被它麻痹"。显然,从创始者凯恩斯到继承者阿克洛夫和希勒,无论采用形象描述,还是采用逻辑提炼,动物精神的实质其实就是非沉稳的动机、本能式情绪化的决策和非理性的行为。几年前,当世界金融危机的冲击波席卷全球之际,美国学者乔治·阿克洛夫和罗伯特·希勒撰写的《动物精神》一书被译成中文,在国内产生了一定的影响。而后,罗伯特·希勒也曾在其金融分析研究中应用"动物精神"的相关理论,认为"最终,人类所能做出的决定都是受个人情绪驱动的,决定的源头很大程度上都是人的潜意识"①。关于动物精神的内涵,创始者凯恩斯并未系统地给出定义式解说,而继承者阿克洛夫和希勒则对此颇具见解,认为其内涵主要包括五大维度:信心及其乘数、公平、腐败和欺诈、货币幻觉、故事。然而,这五大维度若落实到发展中国家的视角,则可以包括信心、公平、未理顺的机制和"钻空子"式欺诈、货币幻觉、示范效应编写的故事等五大因子②。

动物精神的五大因子对经济生活都会产生影响,易引发经济"非理性繁荣",其逻辑路径是:第一,信心和信心乘数的存在,导致一定阶段上微观主体对宏观经济盲目乐观,从而加大消费和投资,使宏观经济看上去更加繁荣;第二,未理顺的机制和较普遍的"钻空子"式欺诈的存在,使宏观经济堆积的矛盾问题得到"维稳"式的暂时缓解;第三,货币幻觉的存在导致微观主体不能够认清名义货币的实际购买力,从而非理性地增加消费和投资;第四,在发达国家示范效应编写的故事的压力下,发展中国家被迫扩大赤字以提高福利水平,使短期内生活状态有很大改善却无可持续性。这种非理性繁荣会带来许多发展问题:第一,信心和信心乘数存在的行业和领域往往与过度投机行为相关,从而催生了宏观经济的泡沫;第二,未理顺的机制和欺诈缓解的宏观经济问题实际上并未得到真正的解决,而是将矛盾后移,可能积重难返,对经济发展构成潜在威胁;第三,货币幻觉的存在会明显冲减社会再生产中的平衡因子,制约宏观经济的长期发展;第四,发达国家示范效应编写的故事导致微观主体无法

---

① 〔美〕罗伯特·希勒:《金融与好的社会》,中信出版社2012年版,第253页。
② 苏京春、贾康:《理性的"供给管理"与"动物精神"的分析解读:概念与现实》,财政部财政科学研究所《研究报告》,2014年第5期。

正视自己的发展阶段,吊高胃口而推行不可持续的福利政策,最终可能将国民经济拖入中等收入陷阱;第五,在这种种扭曲下,往往忽略了公平的真实底线,导致社会问题层出。

2. 羊群效应

所谓"羊群效应"[①],最早是隶属于动物行为和心理的研究范畴,而后纳入心理学或管理心理学的研究范畴,后又为微观经济学所用,用来分析微观主体的行为特点,亦称为"从众效应",是指微观主体经常受到多数人的影响,而跟从大众的思想或者行动,这种效应直接影响消费者偏好,并影响供求理论中所使用的价格偏好产生的行为选择结果[②]与微观主体"理性"的假设偏离。现实生活中,羊群效应现象非常广泛地存在。结合以上对动物精神的认识与分析可知,我国目前某些区域房地产市场价格居高不下、"越调越高",实际上是在未理顺机制情况下,民众受到信心及信心乘数的影响,并形成"炒房团"式羊群效应的投机热潮。这种现象已无法由宏观经济中消费者理性预期和理性行为选择的理论来解释,而是微观主体在"动物精神"和"羊群效应"支配下做出的非理性选择。此外,我国目前对外来品牌的盲目信赖、扎堆购买等也是受到"羊群效应"的影响,而这些行为选择均无法用传统模型和理性预期理论来解释。

3. 从"反身理论"到"王庆悖论"

所谓"反身理论"[③],是指投资者根据所掌握的市场信息来预期走势并采取行动,而与此同时,投资者的行动也反过来影响、改变市场原来可能出现的走势,并且这种相互影响会一直持续,从而永远不可能有人能够掌握完备的信息,从而做出偏离理性的选择。与索罗斯提出的"反身理论"逻辑类似,王庆基于更为宏观的视角提出了"王庆悖论"[④]。新供给经济学论坛50人成员、上海重阳投

[①] Wilfred Trotter, *Instincts of the Herd in Peace and War*, 1916.
[②] W. D. Hamilton, "Geometry for the Selfish Herd", *Journal of Theoretical Biology*, 31 (2), 1971, pp.295-311.
[③] George Soros, "The New Paradigm For Financial Markets: The Credit Crisis of 2008 And What It Means", *New York Review of Books*, 55 (16), 2008.
[④] 《定义"王庆悖论"》,《第一财经日报》2013年7月29日。

资总裁王庆在新供给经济学研究院的会议上提出,由于对未来经济发展的乐观预期和高度共识,人们纷纷把远期收益折现于现时的资本市场,从而引出泡沫化,这反倒可能导致该预期无法实现。这一观点很快被媒体称为"王庆悖论",并且这一论断由于非常贴合资本精英们对于市场的感受,很快被传诵开来。结合本篇的分析视角,可以看出,这正是由于存在不完全信息(即使资本市场精英也不可能掌握完全的信息与充分有效的经济模型)与"动物精神"(可迅速传递、互相激励的过于乐观、"羊群效应"式的从众等),某些个体认为自己基于理性的行动,经过市场发酵(由传递与交互作用产生的乘数效应)后,却产生出与起始预期完全相悖的后果。王庆指出:资产价格作为对未来现金流的贴现会体现对未来的预期,而中国经济尚处于相对低的水平,正在追赶发达经济体,加之有经济建设为中心的政策导向,于是比较容易形成对未来经济发展的水平和路径的高度乐观共识,这种乐观预期会反过来影响资本市场,通过金融市场机制的贴现功能,很容易在短期内推高资产价格,形成资产价格泡沫化,从而导致对未来非常乐观的预期反而不能达到,从而陷入发展的"悖论"。

四、理性预期失灵的矫正路径

基于以上分析,结合我国的实践,达成矫正"理性预期失灵"的目标,仅仅依靠需求端的货币政策、总量调节是远远不够的,应在我国宏观调控中重视理性的"供给管理"。落实到方针政策层面,可从以下四方面考虑。

(一)把握科学发展,注重结构优化

理性的供给管理应当首先在提纲挈领、覆盖全局的阔大覆盖面上,促进科学发展指导下的统筹协调。科学发展观所追求的发展是全面协调可持续发展,强调注重发展的整体性、均衡性、注重当前发展和长远发展结合的可持续性。科学发展所要求的理念、所指引的方向、所追求的目标,实质上主要针对国民经济中不协调、不均衡、"一条腿长一条腿短"的结构层面,远不是单一调控需求和调控总量所能够达成,所以,贯彻科学发展观势必要求宏观调控从供给端发力,通过理性的"供给管理"来优化结构,促进协调均衡,助力科学发展。

统筹协调是处理重大关系的重要科学思想方法和工作方法，也是贯彻落实科学发展观的根本方法，在经济发展层面主要囊括了城乡发展、区域发展、经济社会发展、人与自然和谐发展、国内发展和对外开放五大方面，以及统筹各方面利益关系的层面。而实现统筹协调又特别需要依靠理性"供给管理"之下科学、创新、多方面的制度供给。尽管存在"理性预期失灵"，但是某一经济体的经济发展主流和未来发展趋势总体上还是有望沿着理性的主线展开的，不过很有必要对非理性加以抑制。我国宏观经济方面理性的"供给管理"矫正和"理性预期失灵"化解的实质，就是要更为主动、积极、前瞻性地促进我国经济实现结构优化，打造中国经济"升级版"，在注重经济发展规模数量的同时更加关注经济发展质量的提升，为实现"后来居上"的现代化赶超和人民美好生活"中国梦"服务。

（二）认识"柠檬"市场，加强制度供给

如前所述，"柠檬"市场在我国也存在，有些为显性、有些为隐性，虽然按照阿克洛夫的理解，"柠檬"市场可以分为四个层次，但其实这四个层次归根结底都是强调"柠檬"和质优品的区别，实质上都是在避免劣质驱逐良质而导致的市场萎缩。基于此，结合我国中小企业融资难和大学生就业难等类问题，应当切实加强相关制度供给。在缓解的层面考虑：首先，可基于委托—代理理论在中小企业融资的融资评估阶段为其提供有用的独立第三方支持，例如当中小企业采用知识产权等无形资产进行抵押或者质押贷款时，第三方机构可以为其出具具有说服力的证明以供其融资或担保时使用；其次，应充分利用网络平台，在真实有效的基础上加强信息交流和信号传递的渠道，缓解信息不对称的程度；第三，针对大学生以盲目考证为自己"贴标签"的方式走出"柠檬"范围的做法，应考虑将学生在校成绩单、参加社会活动记录等有效信息纳入用人单位的考量范畴，并优化竞争性面试机制以利于对现有人力资源的有效利用和优化。在矫正的层面考虑：第一，有效转变政府职能，为中小企业营造良好的品牌塑造、企业成长、连锁经营的环境，同时加强监督、引导行业规范发展，建立健全许可证制度；第二，大力推进教育改革，以市场需求为导向调整高等教育的结构，着力提升高等教育的质量，减少大学生中"柠檬"的数量，摆脱

"柠檬"市场的制约。

（三）理顺价格机制，疏通信号渠道

在不完备信息市场下，竞争的逻辑路径会更显复杂，微观主体的行为选择也较理性预期理论假设下更为多样化，而价格体系这一习惯上被视为传递信息从而使资源配置达到帕累托最优的有效手段，在实际上的非完全竞争市场中，已经有诸多细节尚未理顺，更不要说价格体系不能够完全反映信息的情况了。基于此，我们必须首先注重理顺价格机制，让信息能够顺利传递。在此基础上，由于不完备信息下的竞争性市场往往不能够达到帕累托最优，并产生如上文所述的贫富差距扩大等负面影响，所以制度建设和政策手段上应当注重尽量疏通信号渠道，加强信息的流通和共享，建立有效的信息平台，尽量减少由于信息不对称而造成的行为扭曲。

（四）抑制"动物精神"，落实"八字方针"

矫正和化解"动物精神"、"羊群效应"和"王庆悖论"等引起的非理性行为的对策建议可归纳为以下四个层面的"八字方针"：第一，科学发展，统筹协调。在科学发展、统筹协调的大背景及其相关机制约束下，信心及信心乘数催生的虚拟经济投机行为才能够随着国民经济结构的优化调整而减少，机制公平和心理公平才能够在互动、互补中稳步提升，货币幻觉带来的风险才能降低，经济高速增长过程中存留的未理顺机制问题才能得到疏导和化解，国家和社会才能始终清醒地认识到自身的经济发展阶段从而坚持一脉相承的经济发展战略。第二，结构优化，升级提质。虽然受到"动物精神"的支配，但是国民经济运行首先还是基于信息响应对宏观经济产生的理性预期而形成理性行为选择。换言之，某一经济体的经济发展水平和未来发展趋势总体上还是有望合乎理性的预期，但应更为主动、积极、有前瞻性地促进我国经济实现结构优化，打造中国经济"升级版"，在注重经济发展规模数量的同时更加关注经济发展质量的提升。第三，制度供给，机制创新。对"动物精神"进行矫正和化解，应特别强调加强制度供给、推进机制创新，即释放改革红利。这能够有效引导公众的信心及信心乘数合理化，在很大程度上解决机制公平和心理公平的问题，特别是有助于理顺原有机制并减少"钻空子"式的欺诈行为，还有助于在必要时期通过提供真实有效的实时信息在一定程度上帮助公众减少货币幻觉等非理性因素。第四，后发优势，赶超战略。理性的"供给管理"应当特别注重把握国民经济的发展战略，充分认识作为现代化阶段的"相对后来者"对"相对先行者"赶超的必要性、重要性和可行性，注重发挥发展中经济体的后发优势，始终牢牢把握经济建设的中心，结合我国正在进行的"三步走"现代化战略，继续坚定落实经济赶超。

总之，供给侧的结构对策、制度供给，经济社会治理中的政府正确政策与有效作为（包括与其他主体的良性互动），应当为矫正"理性预期失灵"提供路径。但这也必然成为对调控当局的一种挑战与考验。虽然"政策无效"结论在理性预期假设下可以给我们带来一些有益的启示，但是还原于现实生活，面对"理性预期失灵"问题，任何决策当局都无可回避地需要制定必要的政策，并努力地不断优化其政策。只要有政策，就有"区别对待"——没有区别就没有政策，所以相关经济学认知的"复杂性"水平的升级也必定会随之而来，这将使人们对于"供给管理"之道的研讨弥久常新。

主要参考文献

1．Wilfred Trotter, *Instincts of the Herd in Peace and War*, 1916.

2．George A. Akerlof, "The Market For'Lemons': Quality Uncertainty and the Market Mechanism", *Quarterly Journal of Economics*, 84（3），1970.

3．W. D. Hamilton, "Geometry for the Selfish Herd", *Journal of Theoretical Biology*, 31（2），1971.

4．Sanford J. Grossman and Joseph E. Stiglitz, "On the Impossibility of Informationally Efficient Markets", *American Economic Review*, June 1980.

5．张维迎：《博弈论与信息经济学》，上海人民出版社2004年版。

6．〔美〕保罗·萨缪尔森、威廉·诺德豪森：《经济学》，人民邮电出版社2008年版。

7．George Soros, "The New Paradigm For Financial Markets: The Credit Crisis of 2008 and What It Means", *New York Review of Book*, 55（16），2008.

8.〔美〕乔治·阿克洛夫、罗伯特·希勒：《动物精神》，中信出版社2009年第1版，2012年第2版。

9.苏京春、贾康：《理性的"供给管理"与"动物精神"的分析解读：概念与现实》，财政部财政科学研究所《研究报告》2014年第5期。

10.贾康主编：《新供给：经济学理论的中国创新》，中国经济出版社2013年版。

"三驾马车"认知框架需对接供给侧的结构性动力机制构建

——关于宏观经济学的深化探讨

贾康　苏京春

多年以来，围绕宏观经济学理论，从经济学新兴学派（如发展经济学、制度经济学、转轨经济学等）到新兴流派（如货币学派、供给学派、新自由主义等），无一不在重视并研究经济增长动力的相关问题。从全球范围内各经济体发展过程中的宏观经济调控手段看，传统宏观经济学倡导的经济增长"三驾马车"理论一直被奉为圭臬。然而，若细心观察也不难发现，从2008年美国应对金融危机时在宏观调控中采用具有针对性的"供给管理"措施，到中国开启全面深化改革时代、下定决心加快推进从重经济发展规模、数量到重经济发展质量、效益转变的经济结构调整，无一不失为在经济体运行实践中推动经济增长的切实有效措施。这些并未正式出现在教科书中的、看似颠覆金科玉律却在经济实践中切实有效的宏观调控手段，已引发学界的广泛讨论，对"三驾马车"究竟是否经济增长根本动力的讨论也包括于其中。那么，究竟应当怎样更加科学地认识和评价经济增长"三驾马车"理论框架？这一理论的局限性或不合理之处究竟何在且有无指向性启发？我们将就此展开讨论。

一、"三驾马车"认识框架基于需求，但实已体现需求侧管理也必须面对结构性问题

追根溯源，凯恩斯在《就业、利息与货币通论》中强调的还是"有效需求"这一概念，即在总供给与总需求达到均衡时有支付能力的总需求，而由此产生的经济增长"三驾马车"理论中所强调的消费、投资、出口三大动力，自然也相应地指向消费需求、投资需求和出口需求。在短期视角和三部门经济框架下，传统宏观经济学理论认为有效需求总是不足的：消费者边际消费倾向递减会导致消费需求不足，资本边际效率递减和强流动偏好会导致投资需求不足，并认为这是形成生产过剩危机并导致高失业率的直接原因。加入开放经济因素作分析后，传统宏观经济学理论在四部门经济框架下认为，净出口需求受到实际汇率的影响，而影响程度则最终取决于该国出口商品在国际市场上的需求弹性和国内市场对进口商品的需求弹性。总而言之，最终仍落脚在需求侧。

但以上基于需求的认识，并不妨碍我们对经济增长"三驾马车"理论做出一个新视角的定位，即其认识框架实已体现了需求侧管理也必须面对结构性问题，也就是说，光讲总量是不够的，必须对总量再做出结构上的划分与考察。这当然可称为是一种认识深化与进步的体现。从灵感源自马尔萨斯需求管理的凯恩斯主义开始，宏观经济学强调的就是侧重于总需求的有效需求层面，并随着微观经济学理论分析框架的更新而抽象为大家所熟知的 AD—AS 模型。20 世纪 80 年代，以美国经济学家弗里德曼为代表的货币学派强调的实际上就是通过货币总量来调节宏观经济。而以消费、投资和出口为核心的经济增长"三驾马车"理论，则使一直以关注总量为己任的需求管理实已展现出结构性特征。虽然都是基于需求侧的分析，但是从以俄罗斯籍经济学家希克斯的相关研究而抽象产生的宏观经济学模型开始，IS—LM 模型和 IS—LM—BP 模型显然通过产品市场的决定、货币市场的决定以及开放经济的决定为需求管理拓展出更为广阔，也理应继续得到认识深化的结构性空间，其相关研究也使需求管理得以更好地"理论联系实际"来满足宏观调控需要，并合乎逻辑地延展到"供给管理"问题。

二、需求侧"元动力—三动力"的得失悖论

如此,按照经济增长"三驾马车"理论,人们结构化地将消费、投资和出口视为在需求侧总量之下划分出的认识经济增长的"三大动力";从动力的源头追溯,人类社会存在和发展的本原层面的"元动力",当然是人的需求;有需求才会继之有生产活动来提供满足需求的产出,从而产生供给。基于这种"元动力"的认识,才有把需求总量三分的"三动力"(即"三驾马车")的认识。凯恩斯主义的分析表明:由于消费需求、投资需求和出口需求构成的有效需求总是不足的,所以政府应当通过宏观调控手段刺激总需求,同时还不得不具体处理消费、投资和出口间的关系,以此实现宏观经济增长的目标。这一认识框架的内在逻辑,实已指向了对应三方面需求的结构性响应因素——必然的供给的方面纳入研究,但在传统经济学所隐含的(非内洽的)"完全竞争"的假设的支配下,在绝大多数经济学家那里,这种应继续努力探究的供给侧分析认识,却被简化为"市场决定供给结构并达于出清"而无须再作分析的处理。

无论如何,三大动力赋予需求侧管理以结构性特征,使其被注入新鲜活力,得到了新发展。沿着 IS 曲线所表示的投资决定、LM 曲线所表示的利率决定,以及 BP 曲线所表示的实际汇率决定,经济增长"三驾马车"理论推动传统宏观经济学在继 AD—AS 均衡之后,走向 IS—LM—BP 的均衡。相应地,落实到宏观调控政策主张方面,也从原来的强调总量调节合乎逻辑地发展到通过货币政策和财政政策带有结构性地刺激消费、投资和出口需求来实现宏观经济增长的。回归到经济实践中,甚至更加灵活地表现为结构性地调整三大动力中的某一个或者某两个,以此来达到弥补一方或两方的疲软,在权衡中最终均衡地实现经济增长的目标。这一点,我们一方面在全球经济宏观调控范例中可得到印证,比如 2008 年美国金融危机后相继爆发欧债危机,发达国家市场遭受重创,以中国为代表的新兴市场一致感到出口需求严重不足,从而大角度转向拉动内需、加大国内投资与消费来实现宏观经济稳定增长;另一方面还可在学界对宏观经济的讨论中常年关注三大"动力"在短期与长期中作用的比较、正负面效

应、调控手段等等讨论中认识其无可回避性和可观的分量。因此，关于三大动力的分析认识对需求侧管理的贡献已无须赘言。

但更加关键的是，三大动力的认识虽然在一定程度上满足了需求侧管理的宏观调控需要，但是却并不能真正在需求侧实现其认识与逻辑的周延。学界目前非常关注的"三驾马车"是不是经济增长根本动力的问题，其结论的指向性非常明确，基本表现为否定一侧。然而，关于究竟其为何不能成为经济增长的根本动力，则说法不一。有观点认为它只是国民经济核算指标，有短期特征，影响的是GDP需求边（李佐军，2014）；有观点认为需求侧三大动力已跟不上现代经济发展步伐，于是提出经济增长的新"三驾马车"。但是，对于新"三驾马车"包含什么内容，观点又有分歧。有的认为是城镇化、信息化和民生建设（尹中卿，2012），有的认为是原"三驾马车"的引擎升级（邵宇，2013），等等。

我们则认为，"三驾马车"不能构成经济增长根本动力的原因，在于其并不能仅在需求侧继续实现其动力特征与功能。消费、投资和出口三大认识上所称的"动力"，其实已是"需求"这一"元动力"层面不得不再作出其结构分析而派生出的结构化认识框架，一旦脱离了元动力层面而变为合力的部分，它们便已失去了元动力属性和定位，所以严格地作学理的推演，这三个力自然不可能归为"根本动力"，只是"动力"的不同传递区域在人们认识上的一种归类。从研究者在实际生活中应做的需求原动力的回应考察或动力响应机制认知来说，不能不沿需求侧的"结构化"认识进一步推进到供给侧的相应分析认识，这是反映实际生活的经济学理论的题中之意。如果仅局限于消费需求、投资需求和出口需求的层面，便走入了近年学界已普遍不再满意的局限性状态。

首先，仅从需求侧看消费，带有过强的静态特征，这与真实产品市场中种类更新日新月异这一现实大相径庭，许多新消费动力的产生并非因为消费需求发生了变化，而恰恰是对消费的供给发生了变化。一个比较典型的例子是带有换代升级特征的新型消费品的出现：以现已司空见惯而实际才刚起步二十余年的手机产品为例，在还没有被发明出来之前，是完全没有这一块消费需求存在的，在这种新兴产品投放市场后，直接的表现就是供给侧变化使需求侧产生了相应增量，这是仅从需求侧看无由产生和无法观察到的。如果说消费品的静态特征带来的局限性对宏观经济的影响是抑制性的，那么反过来，供给侧变化对消费结构和宏观经济的影响是明显带有激励性的。比如近年来从我们几乎一无所知到几近耳熟能详的页岩气、页岩油，这些大自然中一直存在的物质资料，在科学认识及开采技术没有达到一定水平之前，一直潜伏于广袤的自然界，没有转化为生产力的构成要素，更无从谈及推动经济的发展。然而，一旦这些新能源产品被新工艺新技术供给出来，直接带来的就是供给侧的变化，这种新能源产品对传统能源产品具有一定程度的替代性，可以直接导致消费结构的改变和激励经济运行态势向高涨演化。

其次，仅从需求侧看投资，带有过强的主观特征，按照对投资需求的重视，似乎刺激了投资需求就能够在经济体量上有所体现，而现实的经济实践绝非如此，最典型的例子就是中小企业投资需求强烈而充分，但投资供给却往往跟不上。同样的投资规模，不同的投资机制和投资结构，结果可能有天壤之别，诸如此类例子不胜枚举。资本市场中资源错配、结构性失衡的格局长时期存在，在这种情况下如果再大力刺激需求，那么宏观经济显然易出现长板更长、短板更短的局面，这是有百害无一利的。投资于经济发展的意义，其实主要体现在供给侧，换言之，投资是以其结构完成配置和体现质量与绩效，从宏观经济层面看谈到投资总量一定要随之看其结构，比如科技方面的投资是不是足够，民生方面的投资是不是需要给予侧重，生态环境方面的投资是不是有效，等等，这些只有通过供给侧来实现调整的投资结构性问题，对于特定经济体都至关重要，在某种意义上可说是决定经济运行成效的关键。

第三，仅从需求侧看出口，多带有纯比较优势理论与纯汇率理论主导的色彩，认为出口产品在国际市场中影响力越大则对本国宏观经济增长的拉动作用就越强。这种利用经济学抽象模型演绎的分析无可厚非，但真正落实到全球化背景下的开放经济中，发展中国家通过后发优势赶超发达国家的增长路径显然难以得到全面解释。常识就可以告诉我们，仅仅是实际汇率的变化并无如此大的魔力，先进经济体对后进经济体的"高端选择性供给"往往对于双边贸易的中长期基本格局具有某种决定性意义。此外，越来越多被提及的、由物理学中牛顿"万有引力定律"发展而来的贸易引力模型等新认识，以及全球化时代应运而生的一系列贸易联盟，都在不断通过供给侧改变着全球贸易格局。这些现象，以及出口对一国宏观经济的影响，远非需求侧可触及、可解释。

总而言之，在需求侧对"元动力"的认识发掘推进至"元动力—三动力"，为需求管理带来的"得"与"失"构成了一个悖论：一方面，需求侧的"总量"观与简洁的"三驾马车"认识框架，确实在发达市场经济体一般情况下的实践层面满足了其调控对于"理论指导与支持"的需求；而另一方面，仅在需求侧的由"元动力"派生、演化出的"三驾马车动力"机制，在三者合力"怎样合成"上始终解释模糊，特别是经受不了"世界金融危机"冲击考验之下"水落石出"般的审视和回应不了摆脱种种局限引出建设性对策的要求。这种悖论，只有在引入供给侧分析和供给结构与制度机制分析后，才能得到化解。一言以蔽之，"三驾马车"完全无法被认作拉动经济增长根本动力的道理在于：对需求"元动力"的回应和传导，关键已不在需求侧。

三、悖论认知分析的指向：探究对应于需求侧的供给侧结构性动力机制

由此，我们的核心观点已呼之欲出：消费、投资和出口只是将需求作为经济增长的"元动力"而进一步做出的结构性认知的分析框架。只要沿着"结构性"的角度继续深化认识，就会发现仅在需求侧并不能够真正克服动力认知这一悖论，这强烈呼唤着对与之相对应的供给侧的结构性动力机制的探究。

显然，"三驾马车"所强调的消费、投资和出口需求三大方面的分别认知，只有联通至消费供给、投资供给和出口供给，才有可能对应地成为各自需求的满足状态，其中蕴含着由需求侧"元动力"引发的供给侧响应、适应机制，或称其所派生的要素配置和制度安排动力机制。

在经济增长动力的全景图上，我们当然首先应该肯定需求的原生意义，人活着就会有需求，有需求才有各色各样被激活的动机和满足需求的创业、创新活动。但特别值得注意的是，这些创业、创新活动的定位实已转到供给侧，供给是需求"元动力"（"第一推动力"）之后由响应而生成的最重要的"发动机

与增长引擎。事实上，人类从茹毛饮血时代发展到今天，已看到科技革命产生巨大的生产力飞跃，创造着上一时代难以想象的供给能力；同时这些原来让人难以想象的供给并没有充分满足人类的需求，原因是在于人类作为一个适应环境进化的物种，其需求是无限的。正因为如此，人类社会不断发展的过程虽然离不开消费需求这个动力源，但长期来看，更为主要的支撑因素却不是需求，而是有效供给对于需求的回应与引导。在更综合、更本质的层面上讲，经济发展的停滞其实不是由需求不足，而是由供给（包括生产要素供给和制度供给）不足引起的。一般而言，要素供给（如生产资料、劳动力、技术供给等）是经济层面的，与千千万万的微观主体相关联；而制度供给是政治社会文化层面的，直接与社会管理的主体相关联。人类的长期发展过程正是因为不确定性的科技创新产生的一次次科技革命，带来的一次又一次生产力的提升，并进而推动制度安排的一轮又一轮改革和优化，使总供给能力一次次大幅度提升，从而促进并保持了经济的长期发展和趋于繁荣。人类的供给能力现实地决定着人类的发展水平，也正是因为这种原因，我们可划分人类社会的不同发展时代：狩猎时代、农业时代、工业时代、信息技术时代，以后随着生物技术的不断飞跃，我们还可能会迎来生物技术时代。与之相呼应，人类社会经济形态与制度框架上经历了自然经济、半自然经济、自由市场经济、垄断市场经济和"混合经济"各种形态，包括我国这个世界上最大发展中经济体正在开拓与建设的"中国特色的社会主义市场经济"（贾康等，2013）。我们所处的当今时代，全球化的社会化大生产的一个突出特点，就是供给侧一旦实行了成功的颠覆性创新，市场上的回应就是波澜壮阔的交易生成，因为它会实实在在地刺激需求增长。这方面例子已有很多，比如乔布斯和他主导创造的苹果产品，再比如"互联网电子商务与金融"这种带有一定颠覆性特征的创新。这些动不动就席卷全球的供给侧创新，其真正作用是引导式改变，改变产品市场的数量、机制、构造和联系，当然也改变了需求的种类、范围、激励和方式，体现在宏观经济中一定是形成增长的动力。

其次，我们自然而然、合乎逻辑地应当特别注重供给侧投资的特殊性、针对性和结构特征。需求侧强调的投资需求，概念上还是总量中的"三足鼎立"

的一足（即"三驾马车"中的一驾），而一旦表现为对应投资需求的投资供给，便成为生产能力的形成与供给，成为消费和出口的前提，并天然地要求处理其具体的结构问题——事实证明，这恰恰不是传统概念的需求管理就能够完全处理好的。在市场发挥"决定性"作用的同时，只要不是纯理论假设的"完全竞争"环境和完全的"理性预期"行为，政府的供给管理就必不可少，而且供给管理在实践中往往还会表现为决定性的事项（可观察美国应对世界金融危机的关键性举措）。仅刺激或抑制投资需求，并不能解决好结构性问题，必须同时处理好投资的结构优化政策与机制，达到基于结构优化的投资质量与综合绩效的提升，才形成推动经济增长的动力。比如，当下中国进入"新常态"增长的最关键投资动力源，就包括应当启动以增加有效供给的选择性"聪明投资"（贾康，2014），来实现"补短板、挖潜能、转主体、增活力、提效率、可持续"，以达到投资拉动经济增长的意愿目标。至于外贸的出口净值也决不属于需求管理可直接解决的对象，真正应抓住的，是在全球化进程中的自身结构优化和国家竞争力的不断提升。

消费供给、投资供给和出口供给，实际上构成了供给侧的动力机制，这种动力机制带有非常明显的结构性特征。与需求侧的均质、可通约明显不同，供给侧的产出是千差万别、不可通约的产品和服务，以及各具特色的、必须具体设计、鲜可照搬的制度供给——产品服务供给的升级换代产生"供给创造自己的需求"的巨大动力，制度供给的优化更会带来"解放生产力"的巨大"引擎"与"红利"效果。"物"的供给能力的竞争，呼唤着与之匹配的"人"的利益关系视角的制度供给优化的竞争。而通过上述这种与需求侧"元动力"相对应的供给侧的结构性动力机制构建，我们不难发现经济增长的"动力体系"已浑然天成。

不论是理论工作者还是实际工作者，他们所普遍认可的"创新驱动"，显然是一种关于发展动力的描述和认知，但如果放到需求侧与供给侧的分别考察中，便可知实指供给问题。因为需求是永无止境的，它是"永新"而"无新"的，调控管理所讲的有效需求，只能是指有货币支付能力的需求，即可通约总量状态下的有支付意愿与能力的需求，这无所谓"创新"。唯有到了供给侧，创新才是有实质意义的，才是需要具体细分（即结构化）的，且不确定、千变万化的，因而特别需要制度激励。在一般的经济发展中，供给侧的调控管理均不可回避和忽视；对于后发、转轨的经济体，供给管理的重要性往往还更为突出，比如中国，在特定阶段和历史时期内，以制度供给统领的全面改革式创新驱动，必然成为决定其可持续增长的现代化过程能否如愿实现的"关键一招"。

四、结论：深入认识响应需求侧"元动力"的供给侧结构性动力机制，是经济学理论创新的重大任务

概言之，"三驾马车"的实质是需求管理由本义的"总量调控"开始引入结构性认知框架，作为重视"结构性"的成果，这一认识可以更好满足宏观调控需要，但仍然在理论与实践的互动发展中表现出其局限性。这种把消费、投资、出口的划分看作通过需求管理促进经济增长的"动力"（即"三驾马车"）的表述既有所得，又有所失："得"在确实拓展了需求管理的范畴，"失"在这种"动力"在需求侧难以自我实现。这一得失悖论势必引导我们将探究目光转向供给侧。与需求侧"元动力"相对应的消费供给、投资供给和出口供给综合形成的供给侧产出及相关的制度供给，才真正形成了经济发展中至关重要的供给侧动力机制体系。突破需求管理局限、助力经济增长，亟须推进经济学理论在供给侧研究的创新——在不完全竞争这一更符合真实世界情况的大前提下，认识和把握以物质要素的供给和制度安排的供给所合成的动力源。

现阶段，中国正处在中等收入发展阶段，力求跨越"中等收入陷阱"、实现全面小康和伟大民族复兴"中国梦"历史任务的演进过程中，我们更应以世界金融危机发生之后的经济学反思为重要的思想营养，以宏观经济进入"新常态"为当下背景，切实在"如何实现供给侧的结构性动力机制优化构建"上做好文章、下足功夫，即以调结构、促改革，创新驱动，把握好理性的供给管理。

经济学理论有关经济增长问题的研讨，可以看作一个还在不断深化揭秘的过程，我们基于一直以来对供给侧的关注所带来的分析认识，在本篇中将认识结论定位为：在需求侧"元动力"之上进一步形成的"三驾马车"，其实在动力

全景解释上已无适用性，必需对应、联结供给侧的动力机制构建，因而也必然引出比需求侧分析认识复杂得多、艰巨得多的经济学理论创新任务。

主要参考文献

1．〔英〕凯恩斯：《就业、利息与货币通论》，商务印书馆 1999 年版。

2．〔美〕保罗·萨缪尔森、威廉·诺德豪斯：《经济学》（第十八版），人民邮电出版社 2008 年版。

3．贾康等：《中国需要构建和发展以改革为核心的新供给经济学》，《财政研究》2013 年第 1 期。

4．贾康：《"供给创造需求"新解读与"新供给经济学"研究引出的政策主张》，《铜陵学院学报》2014 年第 3 期。

5．贾康：《"聪明投资"助力稳增长和促改革》，《中国证券报》2014 年 12 月 22 日。

6．李佐军：《"三驾马车"不是经济发展的根本动力》，《中国经济时报》2014 年 12 月 16 日。

7．邵宇：《中国经济的"新三驾马车"》，《第一财经日报》2013 年 7 月 31 日。

8．康怡：《尹中卿采访：新"三驾马车"拉动中国经济》，《经济观察报》2012 年 12 月 15 日。

垄断竞争是新供给经济学的理论基础之一

姚余栋　李宏瑾

美国供给学派具有强烈的政策含义,但并未形成一个完整的理论体系。就其政策主张背后的理论而言,它实际上是秉承了以"看不见的手"作为资源配置核心与决定性机制的自由主义传统。美国供给学派的理论基础似乎仅仅有拉弗曲线(Laffer Curve)。Kydland 和 Prescott(1982)在完全竞争微观研究框架基础上对宏观经济波动进行了研究,逐步形成了完整的实际经济周期理论,他们认为技术进步等实际因素是构成宏观经济波动的主要因素。但在国际金融危机中,Kydland 和 Prescott(1982)的模型受到广泛批评。

在全球经济发展的现实中,不完全竞争的假设更加现实。贾康等(2013)在《中国需要构建和发展以改革为核心的新供给经济学》一文中指出,"至于西方研究者对于'华盛顿共识'的理论支撑——新自由主义,也有积极的反思"。如伦敦市前副市长约翰·罗斯义指出:"新自由主义是错误的经济政策,因为它从根本上拒绝遵循从实际出发的科学规则,用中国话来说就是——它拒绝'实事求是'。新自由主义创建了一种根本不存在的经济模式。他们设想了所谓的'完全竞争'的企业组成的经济体,在这个经济体中,价格可以自由上下浮动、投资只占经济总量的很小比例。而现实的经济却根本不是这样。银行业'大而不倒',汽车、航空、计算机、金融以及医药——都不是依照'完全竞争'模式运行的,而是垄断或者寡头。中国学者固然可以从新自由主义的思想与学术成果中获得营养和启示,但上述直率与尖锐的批评所针对的新自由主义陷入'完全竞争'理论假设而不能在'理论联系实际'时有效矫正还原的弊端,却更值得我们在讨论经济发展问题,尤其是中国问题时充分重视。本篇所持的新供给分析视角,一个重要的理论前提就是把'非完全竞争'及其应引入的政府行为作为始发命题。"[1]

本篇就是沿着新供给经济学思路来探讨,把垄断竞争看作新供给经济学的理论基础之一,试图超越美国供给学派的理论基础。尽管这个探讨仅仅是开始,却也表明发端于中国的新供给经济学有理论基础的广阔前景。

一、垄断竞争革命

传统上,主流的新古典经济学都假定市场是完全竞争的,存在着大量同质的市场参与者,生产要素可以无任何障碍地自由流动,所有的厂商和消费者只能是价格的接受者。同时,作为经济学分析的黑箱,厂商的生产技术也是规模报酬不变,产出随着投入等比例增长。新古典经济学关于市场结构和生产技术的假设,很多情况下更像是物理学中不存在摩擦力的真空状态的理想假设,实际上是为研究提供了一个分析的基准。不过,这些基本的假设实际上并不完全与现实情况相符。

在市场结构方面,微观经济学很早就注意到了市场不完全竞争的情况,马歇尔最早提出完全竞争与垄断的分类。英国经济学家 E. H. 张伯伦认为,实际的市场既不是竞争的,也不是垄断的,而是这两种因素的混合。在他看来,许多市场价格都既具有竞争因素,又具有垄断因素,因此企业家心目中没有纯粹竞争,只有垄断竞争的概念。市场的整个价格制度,是由纯粹竞争市场、垄断市场以及由垄断和竞争力量相混合的各种市场上的价格关系组成的。1933 年,张伯伦出版的《垄断竞争理论》一书首次提出了资本主义市场结构和价格形成的理论。同年,J. V. 罗宾逊出版了《不完全竞争经济学》,两者共同构成了垄断竞争论,成为现代微观经济学的重要组成部分。

垄断竞争一直是经济学家们讨论的热门话题,根据垄断程度的不同,将市场结构又分为完全垄断、寡头、垄断竞争和完全竞争等四个类型。寡头和垄断竞争

---

[1] 参见 John Ross, The Danger of Neo-Liberalism to China, 2012.12.26.

符合大部分市场的情况，而且两者之间实际上也存在一定的联系。例如，在寡头市场中，有一类价格同时竞争的所谓"伯川模型"，其结论是，只要市场上有两个或两个以上生产同样产品的企业，没有一个企业可以控制市场价格获得超额垄断利润，其价格竞争结果接近于完全竞争市场，而这显然是难以让人信服的，这又被称作"伯川之谜"或"伯川悖论"（BertrandParadox）。对此，经济学家们认为，产品的差异可以解释这一现象，因为伯川模型假定企业间的产品是同一的，是完全可以相互替代的，这会引发企业的价格战，从而使价格接近于完全竞争价格。但实际上，企业间在产品上是有差异的，即使是出售同一产品，在服务上也有很大差别，而这实际上也就属于垄断竞争的市场结构分析了。经济学理论已经证明，竞争均衡下的价格和产量可以使得全社会福利最大化，即同时满足生产者利润最大化和消费者效用最大化，从而使生产者剩余与消费者剩余总和最大化，实现全社会帕累托最优。而完全垄断市场的产量低于完全竞争的均衡产量，垄断价格则高于完全竞争的均衡价格，由此导致的全社会福利损失。

事实上，产品差别是导致垄断的原因之一，这恰是张伯伦的理论精髓之处。他认为，垄断与竞争力量的混合来源于产品差别，产品差别是造成垄断的一个决定性因素。一种产品具有差别，就意味着卖者对他自身的产品拥有绝对的垄断，但却要遭受非常接近的替代品的竞争。这样每一个卖者都是垄断者，同时也是竞争者，因此是"垄断的竞争者"。根据产品差别的概念，张伯伦建立了垄断竞争的价值理论。

亚当·斯密以后的一两百多年是市场经济发展的鼎盛时期，那时垄断还是个别现象。当市场进入垄断阶段之后，经济学理论已无法对其进行解释，现实世界中的普遍垄断现象开始引起经济学家的关注。从19世纪初的西斯蒙第、穆勒、麦克库洛赫，到19世纪末和20世纪初的马歇尔、古诺、埃奇沃思、西奇威克，尤其是庇古和斯拉法，他们早已对垄断理论和市场的不完全性作了大量的研究。但问题在于，他们始终沿袭着"斯密传统"，即将自由竞争作为普遍现象而把垄断作为例外来构造他们的理论框架。正是由于张伯伦及罗宾逊等人的工作，使经济学家们摈弃了长期以来新古典经济以"完全竞争"作为普遍情况而把垄断看作个别例外情况的传统假定，认为完全竞争与完全垄断是两种极端情况，提出了一套在经济学教科书中沿用至今的、用以说明处在两种极端之间的"垄断竞争"的市场模式，并在其成因比较、均衡条件、福利效应等方面运用边际分析方法完成了微观经济革命，促进了产业组织理论等经济学科的迅速发展，因而也被称作"垄断竞争革命"或"张伯伦革命"。

二、迪克西特—斯蒂格利茨（Dixit-Stiglitz）模型对宏观经济学的贡献

"垄断竞争革命"不仅促进了微观经济学，特别是产业组织理论的大发展，也对宏观经济学产生了深远的影响。可以说，除了"理性预期革命"外，宏观经济学之所以能够得到长足的发展，主要得益于对垄断竞争理论的分析，迪克西特（Dixit）和斯蒂格利茨（Stiglitz）在1977年发表的《垄断竞争与最优产品多样性》一文，则是这方面研究的代表性论文。在这篇经典的论文中，他们指出，外部效应、规模经济和分配公正，是导致不完全竞争的市场结构的主要原因。为此，他们提出了一个针对规模经济的垄断竞争模型，对不同假设条件下的市场均衡与社会最优的关系进行了对比。他们首先将规模经济问题巧妙地转换为产品种类和产品数量的关系问题：在规模经济的条件下，通过减少产品种类、增加每种产品的产出数量，能够降低企业成本、节省社会经济资源；与此同时，产品种类的减少将使得消费者产品消费种类的减少，从而引起社会福利损失（消费者更偏爱消费的多样性）。由此，他们将规模经济问题变为产品种类和产品数量的关系问题，并且让社会福利性质由消费者效用函数的形式来表示（因为效用函数反映了消费者对产品种类多样化的偏好状况）。

为了反映产品种类的多样化在消费者效用函数中的作用，并体现产品替代对消费者效用、从而对社会福利的影响，迪克西特和斯蒂格利茨构造了效用函数（后被引申为"D—S生产函数"），并分别对固定替代弹性、可变替代弹性和非对称情形下的效用函数及其市场均衡同社会最优的对比进行了讨论。他们的研究表明：在固定替代弹性的情形下，垄断竞争市场的市场均衡和约束最优

完全一致，即具有相同的企业数目、同样多的产品种类和产量；无约束最优拥有比市场均衡和约束最优更多的企业和更多的产品种类，但仍没有企业达到平均成本曲线的最低点。因此，社会最优并不是将产出扩大到穷尽全部规模经济的情形。此外，他们还在固定替代弹性情形下，严密地推导出了人们熟悉的张伯伦 dd 曲线和 DD 曲线。

三、垄断竞争在宏观经济学的应用

在迪克西特和斯蒂格利茨将张伯伦垄断竞争形式化之后，四个领域产生了革命性影响。以迪西特—斯蒂格利茨模型（简称 D—S 模型）为基础，20 世纪 80 年代兴起的新贸易和新增长理论在解释行业内贸易、专业化和无限增长方面获得长足进展，对传统贸易与增长理论做出了具有重大意义的补充。同时，用不完全竞争、报酬递增和市场外部性等理念构建出新的经济地理模型，将空间因素纳入了主流经济学的分析框架中，新经济地理学由此而产生。在宏观经济学领域，D—S 模型也引发了一场重大变革，有人称为"新凯恩斯主义革命"。1936 年凯恩斯《就业、利息与货币通论》的发表标志着宏观经济学的诞生，经希克斯、汉斯等人对凯恩斯的宏观经济理论用 IS/LM 框架加以表述及总供求（AS/AD）分析，确立了 20 世纪五六十年代凯恩斯主义在宏观经济与货币政策领域的主导地位。传统凯恩斯理论像货币主义模型那样，主要集中于回答何种因素决定总需求水平。不过，凯恩斯主义自诞生之初就面临着以哈耶克等为代表的奥地利学派和以弗里德曼为代表的货币学派的批评，而且理论和现实也使人们逐渐抛弃了传统的凯恩斯理论。传统凯恩斯主义的最大问题在于，理论往往仅关注于总体宏观变量之间的联系，并没有考虑微观主体的决策过程及政策对微观主体行为所造成的影响。而且，在传统凯恩斯理论中，经济当事人的预期通常被假定为适应性预期，这主要取决于过去该变量的数值，也就意味着人们并不利用有关将来的信息来谋求最大的利益，不过这样实际上违背了理性经济人的基本假设。1970 年代以来，理性预期学派对传统凯恩斯学派适应性预期和系统性预期误差的内在缺陷及缺乏必要的微观基础提出了强烈批评，这也是著名的"卢卡斯批判"（Lucas

Critique）的关键之处。在实践中，在奉行凯恩斯主义政策的作用下，尽管各国在"二战"后经历了持续增长，但1960年代中后期至1970年代，美国经济陷入了痛苦的"滞胀"，通货膨胀与经济停滞并存，这是传统的凯恩斯理论无法解释的。因此，在学术界，传统凯恩斯理论逐渐失去了其诞生后所戴的光环。

1970年代以后，宏观经济理论越来越强调模型的微观基础，"宏观模型要有微观基础"这一思想逐渐被主流经济学界所接受。由于现实中确实存在着传统凯恩斯理论所强调的现象，这与新古典的完全价格弹性假设相违，而且这些现象也确实存在着微观基础（"菜单成本"就是非常好的例证），因而1980年代以来，很多学者都将注意力投向了为传统的凯恩斯理论寻找微观基础这一工作，希望能够找到某种机制，使得价格的刚性还原为微观个体最优化行为的结果，也就是所谓的"新凯恩斯主义宏观经济学"（New Keynesian Macro Economics）。新凯恩斯主义经济学的特征表现为不完全竞争、不完善市场和不对称的信息，而且经济主体经常关心着公平。因此，在新凯恩斯主义者看来，"实际的"宏观领域具有协调失效和宏观经济的外部影响的特性，而垄断竞争的主动定价特征引起了货币经济学家们的关注。

国内也有很多学者利用垄断竞争的新凯恩斯主义宏观经济学，对中国的宏观经济进行了深刻的分析，例如李春吉和孟晓宏（2006）运用新凯恩斯主义垄断竞争模型来研究中国经济波动问题。模型校准的结果表明，就暂时冲击而言，消费偏好冲击、投资边际效率冲击、技术冲击、名义货币、供给增长冲击和政府支出冲击都能产生明显的暂时经济波动；就冲击的持久性而言，只有消费偏好冲击和技术冲击的持久性对经济波动变化具有较明显影响，但持久的正向消费偏好冲击是不可信的，技术冲击才是经常性的。

四、新供给经济学侧重于垄断竞争的结构性因素

传统凯恩斯主义主要关注总需求分析，对总供给关注得并不多。经济处于均衡状态时，自然决定了价格水平、工资水平、均衡就业量和产出水平。这一思想表明传统凯恩斯主义的理论缺乏微观基础，其宏观经济理论无法与一般均

衡的微观经济理论相协调。新凯恩斯主义理论认为，当价格水平上升后，劳动者并不存在货币幻觉，劳动者能够理性地预期到工资水平将上升，并且会认为当前的劳动成本大于劳动收益，于是劳动者的理性决策是减少劳动供给。但是，劳动者的这种由成本和收益比较后做出的理性决策却不能实现，原因在于，微观的市场是一个不完全市场，工资的调整是要付出代价的。如果劳动者撕毁劳动合同的成本大于减少劳动供给所得到的收益，劳动者就会在价格上升后选择不减少劳动供给，这样劳动供给曲线不发生移动。总之，当价格水平上升后，劳动需求曲线向右上方移动，劳动供给曲线不改变位置，由劳动市场决定的均衡就业量增加，经济中供给方面决定的国民收入增加，由此得到一条向右方倾斜的总供给曲线。虽然新凯恩斯主义与传统凯恩斯主义得到的总供给曲线在形式上是一样的，但形成的原因并不一样。

布兰查德与清泷（Blanchard and Kiyotaki，1987）首先把货币加入垄断竞争模型中，具体考察了垄断竞争所产生的无效率和总需求的外部性。他们也是直接采用了 D-S 效用函数，这样可以对个体需求直接进行加总进而得到总需求。布兰查德与清泷指出，由于垄断力量的存在，厂商和工人所制定的价格和工资会高于完全竞争市场下的价格和工资。由于总需求的外部性，在垄断竞争模式中，就业和产出都不能达到完全竞争的水平，经济中存在着福利损失。同时，在垄断竞争的模型下，厂商和工人都按照相对价格来提供产品和劳动。这时，如果所有厂商和工人同时降低价格和工资率，那么相对价格以及产出和就业水平也就保持不变，但价格水平的降低却可以使得消费者持有更多的货币余额，从而增加了消费者的效用。由于每个代表性个体按照边际成本加成定价，因此总需求的上升提高每个代表性个体的产量以及相应的利润和福利水平。以上这些都表明垄断因素的存在使得交易量被限制在一个过低的水平上，而经济中存在帕累托改进的余地，这也就为扩张性需求管理政策的作用提供了可能性。布兰查德与清泷（1987）以后，对货币因素的分析大多集中在需求方面，对供给方面考虑得比较少。

五、垄断竞争是新供给经济学的理论基础之一

D—S 模型对 1970 年代末以来新贸易理论、新增长理论、空间经济学起到了非常大的促进作用。例如,作为新贸易理论代表的克鲁格曼在他 1979 年发表的经典论文,甚至直接将 D—S 模型应用于国际贸易问题;作为新增长理论奠基人的罗默 1990 年关于人力资本和经济增长的经典论文,其处理方式也是采用 D—S 模型。与上述各个学派一样,新供给经济学认为,垄断竞争是其重要的理论基础之一。正如新凯恩斯主义理论摒弃了传统凯恩斯主义的完全货币幻觉思想,把理性预期思想作为自己理论分析的一个出发点,并坚持利用市场不完全竞争理论,从建立了一系列有微观基础的宏观经济模型。新供给经济学更进一步试图将货币因素引入到垄断竞争的分析框架,重点考虑结构性因素对总供给的影响,并考察货币的深层次功能对实体经济的影响。

目前,这方面的研究仍然在进行和不断完善之中。在宏观经济政策方面最重要的推论是,私人激励和社会激励之间的差异,部分源于总需求的外部性:当一个企业减价时,它提高了真实货币余额,从而提高了对所有企业的产品的需求。最好的宏观经济政策也应当同时是良好的微观经济政策。一种开放的、自由竞争的环境对于经济的重要性是不可替代的,如果各种组织控制了市场而且政府经常按照特殊利益集团的要求进行干预,则不可能找出一种能将经济理顺的宏观经济政策。

新供给经济学在考虑货币的因素的同时,主要是在垄断竞争的框架下,关注于结构的分析。垄断厂商依据边际收益等于边际成本的原则确定垄断产量,这个产量小于竞争均衡产量,由此导致"供给不足",而且市场给予的价格高于竞争均衡价格。减少垄断是新供给经济学的基本主张之一。在标准的 D—S 垄断竞争模型的分析框架下,分析考虑结构因素的总供给及其政策含义。例如,在 D—S 模型中,每种产品的生产都具有不变的固定成本和边际成本,然后结合需求函数和新厂商自由进入的条件,求得每个厂商的均衡产量、均衡价格和产品种类数量。如果放松管制和减少行政审批,新厂商进入的成本下降,厂商数目增加,厂商的均

衡产量会增加、均衡价格会下降。这有典型的新供给经济学意味。

主要参考文献

1．O. J. Blanchard and N. Kiyotaki, "Monopolistic Competition and the Effects of Aggregate Demand, " *American Economic Review*, 77, 1987.

2．Avinash K. Dixit and Joseph E. Stiglitz, "Monopolistic Competition and Optimum Product Diversity", *American Economic Review*, 6,1977.

3．李春吉、孟晓宏：《中国经济波动——基于新凯恩斯主义垄断竞争模型的分析》，《经济研究》2006 年第 10 期。

4．胡怀国：《迪克西特—斯蒂格利茨模型及其应用》，《经济学动态》2002 年第 3 期。

先秦诸子经济思想的现代意义及重要启示

黄剑辉

2008年爆发且至今尚未走出困境的全球性经济金融危机，对中国经济研究工作者的一个很重要的启示就是要高度重视对全球经济史、中国经济史和全球经济思想史、中国经济思想史的回顾和研究，以全球视野、历史眼光及长周期、宽跨度的思维来思考、探究当今的全球化背景下的中国现实经济发展问题，以及中长期的全球经济发展问题，而不能再局限于现有的西方教科书，局限于"三驾马车"的分析方法和政策框架。

近年来，越来越多的国内外经济学工作者形成的共识是，经济学的未来在中国，而中国新一轮深层改革整体呼唤新版国家经济学说。为了积极构建中国自己的经济学，洪崎（中国民生银行董事长，华夏新供给经济学研究院理事长）、贾康（财政部原财政科学研究所所长，华夏新供给经济学研究院院长）领衔的"中国新供给经济学50人论坛"提出的指导思想是"求真务实融汇古今，开放包容贯通中西"，并组织专家学者对中国先秦时期经济思想的现代意义进行了认真研究，为推动中国新供给经济学的创立和发展提供了多方面启示。

一、中国先秦时期经济思想影响深远

中国经济发展有过无比骄人、辉煌的过去。据有关研究，在迄今约5000年的历史时期中，中国经济总量在多数年份居全球首位，且曾在其中1000多年里占全球的30%以上，最高的时候甚至超过了50%。而由盛转衰的转折点是在

1840年，持续时间相对较短。这一兴衰过程背后的经验教训，需要深入考证，系统梳理，以镜鉴未来。

回顾历史，中国曾产生过丰富、深邃的经济思想，特别是先秦时期产生的经济思想，领先于他国，在海内外产生过深远影响，并具有现代意义。

1．儒家孔子的经济思想

一是义利观。其核心主张是"不义而富且贵，于我如浮云"，即财富虽是人人所喜欢的东西，但必须以合乎道德的方法取得，才可以享用。二是生产和商业观。孔子对财富的生产提出要"因民之所利而利之"，主张应顺势利导，不必横加干涉。三是分配和消费观。孔子认为无限度地追求财富是引起社会纷乱的根源。在生产资料分配上，主张按等级地位占有土地，臣民各安其分，不相侵夺；在生活资料上，主张"均无贫"，为后世要求改变贫富悬殊状况提供了理论依据。四是财政观。孔子的财政观，以义利为指导，贯穿着"仁政"思想。在财政收入方面，主张对老百姓不要搜刮太甚，"敛从其薄"；在财政支出方面，提倡节俭，"节用而爱人"。

2．儒家孟子的经济思想

一是恒产论。孟子在中国历史上第一次明确提出了拥护私有财产的理论。二是提出了"井田制"。其核心是将耕地划分为井字形的方块，每井九百亩，每块百亩，中间百亩为"公田"，周围八百亩分给八家作为"私田"，每家一百亩。提出了建立在土地国有制基础上的生产方式。三是社会分工。论述了农业和手工业之间社会分工的必要性，以及其相互之间可交换利益，且充分肯定了脑力劳动和体力劳动之间的社会分工。

3．儒家荀子的经济思想

一是欲望论。他认为"人生而有欲"，反对当时流行的两种欲望观念——寡欲论和道家的去欲论。二是富国论。他消除了前人在"富国"和"富民"问题上的矛盾和混乱，在概念上和理论上把"富国"和"富民"联系和统一起来，主张"富国"与"富民"既相互矛盾又相互统一，关键看采取什么途径来"富国"，若发展社会生产，则二者可同时增加，并主张"强本节用"（"强本"指发展生产，"节用"指节约消费）。三是重农思想。为增加国民财富，主张重点发展农业,并在一定程度上抑制工商业。

4. 道家老子的经济思想

一是无为论。认为人们的行动必须符合自然规律,不能任意行动,人们无须斗争,只需消极地顺乎自然。既然一切社会活动的最高准则是无为,则经济活动也不例外。二是寡欲论。在欲望方面,老子对人们有两种要求:最高要求是无欲,其次是寡欲,无论是无欲还是寡欲,都反对占有财产,并在实际生活中归结为崇俭。

5. 道家庄子的思想

庄子将道家的"无欲"思想推到极端,否定欲望,强调"无欲"。道家反对私有财产制度,对一切生产活动抱消极、憎恶或反对态度。其"无为"思想成为后世"自由放任"思想的来源,产生了极大影响。

6. 墨家的经济思想

一是兼爱、交利论。公开以利作为哲学基础,不同于儒家的义利观,墨家以利为社会伦理的基础,以利不利人为判断义与不义的标准,利于人就是义,不利于人就是不义。二是节用论。主张国家和人民的财富决定于"生财"(生产)和"用财"(消费)的情况和相互关系,主张"固本而用财,则财足"。三是价值观。墨家察觉到商品具有其内在价值,价格的高低以此为依据。

7. 法家李悝的"平籴"思想

其核心思想是国家参与粮食市场活动,贱时买,贵时卖,以达到平稳粮价、安定民生、保障农业的目的。实行以丰补歉,防止谷贱伤农,谷贵伤民。

8. 法家商鞅的"农战"论及变法

商鞅主张以发展农业生产,对其他诸侯进行兼并战争。先后两次变法,在经济方面,废除井田制度,准许土地自由买卖,促进了历史进程,改革了赋税制度,统一了度量衡,奖励耕织。商鞅的改革使秦国的经济、政治、军事力量都后来居上,超过了其他诸侯国。

9. 法家代表人物管仲的思想

管仲在 2700 年前就提出了比较系统的经济思想。一是创办官盐、官铁,并用其收入解决政府开支,而对老百姓实行轻徭薄赋。二是在《牧民》、《立政》

等篇中，提出过"仓廪实而知礼节，衣食足而知荣辱"生产观，强调政府要积极引导民众发展经济。三是在《轻重甲》中，较系统阐述了货币、物价理论。四是在《乘马》、《禁藏》等篇中提出了"俭侈并重"、适度消费的观点；从职业分类的"士农工商"四业分居论，推出了分工理论。

二、先秦诸子思想对推动生态文明建设有积极意义

先秦诸子提倡"天地人合一"，人与自然和谐共生，很早就重视环境问题。在生产领域，先秦诸子提出主张法天因常，尊重自然规律。在消费领域，则主张适度消费、节俭消费，而不是浪费的奢侈消费。同时，根据动植物的繁殖规律，必要的时候采取"时禁"的措施；赋税和分配方面，先秦诸子主张"因顺人性"的特点，采用能够彰显公平合理的国家政策，来弱化社会的矛盾，保证社会生产的几个环节，生产、消费、赋税、分配这四大环节的可持续运行。

先秦诸子的思想有重要现代意义。比如，天人合一的思想对于"现代环境伦理学"的研究有启示；"圣王之制"的资源的保护政策，就是要依法治理环境；先秦诸子对"和"的追求，对社会主义和谐社会的建设有很大的借鉴；主张"节俭"的消费观，主张推行"适度消费"，对当代提倡"简约"生活有借鉴；"推人及物"的逻辑思想，就是要站在自己的角度考虑别人的需要，考虑环境的变化，这样的思想，对当代环境道德建设极具意义。

供给侧改革的理论基础：新供给经济学

金海年

2015年11月，国家"十三五"规划建议稿发布，供给侧改革成为未来五年的新关键词，刚刚结束的中央工作会议将供给侧结构性改革评价为重大创新。其实供给侧改革并非新生事物，早在改革开放之初，邓小平就提出中国社会的主要矛盾是人们日益增长的物质文化需要和落后的生产力之间的矛盾，因此改革就是要解放生产力、发展生产力。可以说，邓小平是新供给经济学的思想鼻祖。而将中国的改革开放放在全球经济发展的规律视角下研究，既需要对真理的好奇和渴求，也需要对现实问题的社会责任感和历史使命感。

经济学理论的重要发展基本上都是围绕着全球经济发展的热点和中心发生的。从亚当·斯密开始，工业革命也将英国这个全球经济中心推上了全球经济学理论研究的中心，美国的兴起又将经济学理论的焦点带到了大西洋彼岸。中国未来的复兴，必然与欧美形成全球经济多极化的新格局，来自中国的经济学理论创新也必将为世界经济学理论的发展做出重要的贡献。

一个代表真理的理论必然是规律的体现。如果这个理论只能解释西方国家，不能解释东方国家，只能解释发达国家，不能解释发展中国家，恐怕还不能反映真正的规律。斯蒂格勒（Stigler）曾经说过，一个合格的经济学理论应该具有三个特点：首先它应该与现实吻合，第二应该有一定的普遍性，第三要能够可跟踪和验证。我们认为，一个好的经济学理论应该符合三个原则：一是归纳性原则，即能够解释普遍的现实；二是检验性原则，即能够得到验证；三是应用性原则，即对实践有指导作用，为国家政策的制定提供依据，能够对未来进行预测。

从经济学理论发展的历史来看，亚当·斯密首先建立了经济学研究的框架，提出了市场的作用，也发现市场不是万能的，但还没很好说清政府的作用是什么。为了应对1929年后的大萧条，凯恩斯理论形成，将宏观经济和微观经济区别开来，提出了政府刺激需求的作用，但存在重视总量忽视结构的缺陷，因而在1970年代美国滞胀问题中让位于新自由主义和供给学派。不过此后形成的华盛顿共识，却从未成功地在其他发展中国家指导现实。显然，西方经济学的基本假设与实际有着较大的差异，对文化和制度的外生性认知，使其理论难以融合东西方不同背景和发达落后不同阶段。传统的供给学派强调更多的还是税收，而发展经济学虽然考虑到全要素的各个因子，却忽视了整合这些要素、真正创造价值的主角——企业。新制度经济学研究制度时也忘记了以经济学研究视角对制度本身进行分类。

新供给经济学并非忽视需求，但发现需求和供给对于经济增长的作用是非对称的。一言以蔽之，新供给经济学是以需求为目的，从供给侧着手。因此，在经济增长过程中，需求是被动的，供给是主动的。从有效需求的有限性和供给的约束可以推导出经济的增长主要来自供给能力的提升和创新。供给是长期动力，需求侧可能仅是临时的刺激。供给的主体就是整合资源、创新、创造价值和财富的企业，也包括供给制度和公共服务的政府。

我们发现，在遇到问题和挑战时，如果从供给侧思考，往往是建设性的，往往更加积极。政府在宏观等式中的位置不应在需求一侧，否则会得出政府支出越多产出越大的悖论。如果把政府换到供给一侧，就能得到政府支出的最优区间，不是越多越好，也不是越少越好，而是以结构合理、机制得当为好。

市场有三个核心功能：价值的反应机制和调节机制、竞争的效率提升和创新促进、优胜劣汰的结构调整机制；政府也有三个核心功能：制度供给功能（权利界定、秩序规则和价值观体现）、外部性供给（公共服务与税收、外部性调节、基础研究与教育、人性关怀）、收敛性调节（宏观调控、收入分配调节、危机应对等）。

如果从供求关系的角度，以供给者角色区分制度，就可以将制度分为软性制度（供给者为整个社会、民族和国家）、强制制度（供给者为政府）和契约制度（供给者为市场主体）三大类，而研究制度就是为了有效供给，亦即改革或制度变迁。

同样的，如果我们回顾人类社会的发展，就会发现石器时代、铁器时代、工业革命、信息时代等阶段，其实都是从供给侧划分的，都标志着供给能力的革命性提升。中国的改革也主要聚焦在供给一侧，从家庭联产承包责任制到国企改革、价格改革。创新从来都发生在供给一侧，企业和企业家是经济增长的主角。蒸汽机、电力、流水线、计算机、互联网、电冰箱、汽车、飞机、手机、航天技术等改变人类生活状态和水平的技术创新，都来自于供给一侧。这些是无法从需求一侧调查得到或主动提出的。

再看中国的情况，我们从来也不缺需求，问题主要都在供给一侧。由于供给的产品存在质量问题、服务问题，中国的消费者就会去日本买马桶盖、去欧洲买高档商品、去新西兰买奶粉。而中国的医疗问题、教育问题，也都是由于供给不足、不均衡造成的，谁都不能压抑医疗的需求、教育的需求、居住的需求、养老的需求，任何人都有追求美好生活的权力，因此解决之道必须是如何保障与提升有效供给。福特从供给侧出发，采用流水线提高劳动生产率，提高工人工资，最终创造了中产阶级，让工人可以买得起汽车，创造了福特车的需求和市场。

怎么理解供给创造需求？它是创造一个新的历史还是一种历史的重复？供给侧的创新和思考问题的角度，就是供给在创造新的需求，创造新的历史。把人看成消费、消耗财富和价值的负担，还是看成创造财富的劳动力和智力资源，也是供给侧思考问题和需求侧思考问题之间最本质的区别。

新供给经济学从供给侧积极思考，2012年就提出了"八双五并重"的政策主张，即双创（创新创业）、双化（新型城镇化和产业优化）、双减（减少行政审批和结构性减税）、双扩（对外扩大开放和融合，对内优化结构和效益扩大内需）、双转（转变人口政策和国有资产布局）、双进（国有、非国有共同进步，完成大混合经济的发展）、双到位（政府和市场职能都要到位，也包括第三部门的作用）、双配套（财政改革和金融改革的配套），五年规划与全球视野的百年战略并重、法治与文化并重、海陆丝绸之路并重、参与 TPP 等秩序和独立建立新规则并重、高调改革国际货币体系和低调进行人民币国际化并重。这些主张和建议已经全部纳入到国家的"十三五"规划和面向2049的战略规划中。

所以，新供给经济学既是面向中国现实的理论，也会是面向全球不同发展阶段、不同文化制度的经济体的理论。新供给经济学的诞生是一个新的起点，这个新理论从中国出发，促进中国的复兴，也必将走向世界，带来一个多极化的、多彩多姿的、繁荣的多元世界！

经济学的"新框架"与"新供给":
创新中的重要联通和"集大成"境界追求

贾康　苏京春

　　沿着传统理论经济学的发展脉络考察微观经济学,不难发现古典经济学分析框架的一大缺陷是不区分总量、平均量与边际量(黄有光,2014),但在经历所谓"边际革命"后,古典经济学步入引进"边际"分析的新古典阶段。然而,尽管如此,这种新分析方法主要研究劳动时间与其他生产要素或产品和中间产品等的数量在边际上增减的收益和成本,仍沿袭市场资源配置思路,与原分析框架相比并无本质创新,因而可将古典经济学与新古典经济学合并看待视为"旧框架"。"旧框架"对分工与专业化这一重要分支重视不够,或者说其这种研究框架不能够解决与专业化经济和经济组织模式相关的问题,而"新框架"或称新兴古典经济学框架以杨小凯等的研究成果为代表,则设计了能深化分析分工与专业化的模式。

　　然而,特别值得注意的是,尽管该模式被创始人认为可与"哥白尼与开普勒对天文学的贡献"相比肩,从而强调它对于传统经济学的颠覆性,且"新框架"也确实摆脱了供求双方的传统分析转向同一经济主体的分析视角,但其实质上仍可被认为是对传统理论经济学微观部分的重要补充。与此同时,我们发现,在经济学的创新发展中,虽然一个是从微观层面发起的研究(即"新框架")、一个是从宏观层面发起的研究(即"新供给"),但是"新框架"提出的最优化分工标准——"提高专业化的经济与减低交易成本之间做最优取舍"(黄有光,2014)——的核心主张,恰与"新供给"研究中力求在理论框架中廓清和打通的"物"与"人"视角（贾康、苏京春，2014）联通，或者说"新框架"实际上应可被定位为对传统理论经济学微观部分供给侧的创新，而"新供给"显然应吸取这一积极成果，将其纳入到自身"集大成"的认识体系之中。我们坚信，这并不是巧合，而是经济学沿时间轴不断曲折式前进发展过程中回应经济实践诉求而势必产生的理论努力的殊途同归和螺旋式上升。本篇首先从两大理论框架的交汇对经济实践的解释出发，论述两个理论的联通，并在此基础上阐述"新框架"为"新供给"所追求的"集大成"理论框架与最大包容性所带来的贡献；接着在肯定"新框架"重要理论地位的前提下，论述其所忽略或无法解释的两个方面——对经济周期成因认识的片面性以及无法解决"交换者间协调"问题，这恰又可以帮助我们认识基于分工与专业化视角的对"新供给"的需求；最后，我们总结了"旧框架"与新框架相结合的相对完整框架，并阐述了在新框架启发下对经济转轨的新认识。

一、回应经济实践诉求的新认识

本篇所强调的新认识，至今并未系统化地出现在传统理论经济学的教科书中：从微观层面而言，传统理论经济学教科书中并未展开关于专业化与经济组织关系的研究；从宏观层面而言，传统理论经济学教科书中并未展开关于供给管理的研究。然而，"专业化与经济组织"和"供给管理"的重要性，却在经济实践中有切实体现并趋于更加显著，很有必要扩展和深化其认识，并纳入经济学理论框架的认知体系之中。

（一）微观起点：专业化与经济组织视角的缺失

在传统微观经济学的分析框架下，以托马斯·罗伯特·马尔萨斯（Thomas Robert Malthus）的均衡思想、瓦尔拉斯（Leon Walras）的一般均衡、马歇尔（Alfred Marshall）的静态均衡为核心的分析框架，建立在需求与供给关系的基础上，并默认对微观主体进行纯生产者和纯消费者的划分，由此来研究如何通过市场机制配置资源实现经济增长的最优化。但是这种分析框架却不能很好解释分工及专业化视角下技术变革和新兴经济组织对经济增长的作用，以及经济实践中生产者与消费者的难以割裂。这就是专业化与经济组织视角的研究被杨小凯等人注重而促使"新框架"产生的原因。

1. 传统微观经济学的分析框架简述

以资源稀缺性和人之欲望无限性的基本矛盾为出发点，经济学脱胎于最初对需求与供给的思考，并沿着从古典派到新古典派的脉络发展。古典经济学分析框架最大的贡献就是分析了自由竞争的市场机制，而新古典经济学的分析框架最大的贡献则是为古典经济学分析框架引入了边际分析。特别值得注意的是古典经济学与新古典经济学中的均衡理论框架。沿其脉络，这一理论框架主要包括了马尔萨斯的均衡思想、莱昂·瓦尔拉斯的一般均衡理论（the general equilibrium theory）以及阿尔弗雷德·马歇尔的静态均衡理论（the statical theory of equilibrim）。

第一，马尔萨斯的均衡思想（1820）。马尔萨斯认为："……一切交换价值取决于以这一商品易取那一商品的力量和愿望。由于采用了共同的价值尺度和交易媒介，用通常言语来说，社会就分成了买主和卖主两个方面。可以给需求下的一个定义是，购买的力量和愿望的结合；而供给的定义是，商品的生产和卖出商品的意向的结合。在这种情况下，商品以货币计的相对价值，或其价格，就决定于对商品的相对需求和供给两者的对比关系。这个规律似乎具有充分普遍性，大概在价格变动的每一个实例中，都可以从以前影响供求情况变动的原因中找到线索。"① 由此可见，在总结自由竞争资本主义阶段经济学思想的基础上，马尔萨斯对均衡的认识源自对需求和供给关系的逻辑推理，并不细致区分总量、平均量与边际量。

第二，瓦尔拉斯的一般均衡理论（1874）及其发展。随着自由竞争资本主义向垄断资本主义过渡，微观经济学研究爆发了边际革命。瓦尔拉斯的一般均衡理论在边际效用价值论的基础之上，将古典经济学朴素认识的需求和供给的关系发展至"交换理论、生产理论、资本形成理论和流通理论"。在需求和供给

---

① 〔英〕大卫·李嘉图著，蔡受百译：《李嘉图著作和通信集》（第二卷），北京：商务印书馆1979年版，第43—44页。

关系的基础上，瓦尔拉斯认为，"在既有的两种商品下，要使有关这两种商品的市场处于平衡状态，或者要使两种商品彼此互计的价格处于稳定状态，其必要与充分条件是两种商品的有效需求与有效供给须各相等，如果不存在这一均等，则为了达到平衡价格，有效需求大于有效供给的商品的价格必然要上升，有效供给大于有效需求的商品的价格必然要下降"①。在此基础上，瓦尔拉斯讨论了两种商品互相交换问题的解法，即本着商品最大效用定理实际上引出了效用曲线，并认为"在完全竞争市场中，两种商品的互相交换是一种活动，通过这种活动，两种商品或两种商品之一的一切持有者，都可以获得他们欲望的尽可能大的满足，其间必须遵守的条件是，在整个市场中两种商品应按照完全相同的交换比率进行买卖"，即"现期价格或平衡价格等于稀少性的比率"②。基于瓦尔拉斯的一般均衡理论，微观经济学理论框架中产生了无差异曲线（等产量曲线）、边际替代率（边际技术替代率）、交换契约线（生产契约线）、效用可能性曲线（生产可能性曲线）、艾奇沃斯盒式曲线等一系列分析方法，加深了微观经济学对需求曲线、供给曲线及两者均衡的研究。

第三，马歇尔的静态均衡理论（1890）。同样是在边际效用理论的基础上，马歇尔则以某一商品的价格轨迹提出并绘制了需求曲线（以产量为横轴、价格为纵轴，一般为一条向下倾斜的曲线）和供给曲线（以产量为横轴、价格为纵轴，一般为一条向上攀升的曲线），并认为若将两条曲线绘制在一起，"当需求价格等于供给价格时，产量没有增加或者减少的趋势，处于均衡状态……单位时间内生产的商品数量可以称为均衡数量，其售价可以成为均衡价格……如有任何意外事件导致生产规模偏离均衡位置，则会立即出现某些作用力使它趋于回到均衡位置"③。

2. 微观层面的经济实践：专业化与经济组织视角的起因

从古典经济学到新古典经济学形成的对均衡的认识，反映了试图通过市场

---

① 〔法〕莱昂·瓦尔拉斯著，蔡受百译：《纯粹经济学要义》，商务印书馆1989年版，第95页。
② 〔法〕莱昂·瓦尔拉斯著，蔡受百译：《纯粹经济学要义》，商务印书馆1989年版，第135—137页。
③ 〔英〕马歇尔著，刘生龙译：《经济学原理》，中国社会科学出版社2007年版，第747—749页。

机制最优化配置资源，从而达到最优化市场均衡结果的追求。然而，特别值得注意的是，传统微观经济学发展框架有两大缺陷而难逃诟病：第一，始终围绕着需求和供给两者的关系，而未注意到专业化与经济组织对经济增长的重要影响；第二，始终遵循纯生产和纯消费的两分，表现就是从一般均衡理论到静态均衡理论，都有商品市场、要素市场乃至更多的对市场的划分，回到经济实践，不难发现其总是带有如下特点：第一，除了需求和供给两者及互动关系的影响以外，专业技术水平与经济组织形式也切实影响着微观经济的发展，最具代表性的就是三次工业革命带来的专业技术的颠覆性变化，以及以股份制等为代表的新兴经济组织形式带来的革命性变化；第二，对于微观市场主体而言，一般很少属于纯生产者或者纯消费者，而多同时以生产者和消费者双重身份出现。如上所述，微观经济学理论框架中的缺陷以及经济实践的诉求，实际上构成了专业与经济化视角的起因。

（二）宏观起点：供给管理视角的缺失

传统宏观经济学遵循传统微观经济学的分析框架，构建了以总需求和总供给为均衡分析核心的理论框架，并在此基础上侧重于"需求管理"的政策研究。而从2008年经济危机发生后的调控实践来看，决定性意义的宏观调控手段却显然属于"供给管理"，而这种调控手段的认识分析并未曾出现在宏观经济教科书中，表现出宏观经济学的理论缺陷，并且这种理论欠缺视角具有与微观层面欠缺视角指向的一致性。

1. 传统宏观经济学的分析框架简述

对应于传统微观经济学以需求和供给两者关系为核心的分析框架，传统宏观经济学也通过首先定义总供给与总需求，绘制并研究了总供给曲线和总需求曲线以及两者可解释的宏观经济发展均衡理论。与微观经济学相比，宏观经济学的理论体系显然更为发散，但其根植于微观经济学的特点非常明显：第一，核心分析框架实质上是微观层面需求和供给模型的总量拓展；第二，在宏观调控上，基于微观层面对需求的研究侧重，而更加注重宏观的需求管理；第三，在研究经济增长中忽略了经济组织与制度的作用，后虽通过制度经济学得到了补充，但是并未纳入较成熟的宏观经济增长理论框架中。

2. 宏观层面的经济实践：供给管理视角的起因

宏观经济学体系的缺陷在经济实践中表现出与微观层面缺陷指向的一致性。以 2008 年金融危机后美国政府的宏观调控为例，美国人抛开前面若干年一再标榜的"华盛顿共识"式的由市场自发解决结构问题、只注重需求管理的思路，转而采用实实在在的"供给管理"手段，如在选择性地不救"雷曼"之后出手救助"两房"、"花旗"、"通用"，明确推行"油页岩革命"、"新能源汽车"等政策倾斜举措等（贾康等，2013）。"供给管理"是与经济学理论框架中的"需求管理"相对应的概念，后者强调从需求角度实施扩张或收缩的宏观调控，而前者则侧重于讨论使总供给发生变化的机制中更多样化的政府作为，并特别注重与政府产业政策等相关联的结构优化，强调在供给角度实施结构优化、增加有效供给的宏观调控（贾康，2013）。关于这种供给管理的展开讨论从未出现在传统宏观经济学的教科书中，却切切实实地为经济主体的经济发展提供了可供选择的优化路径与调节机制。宏观层面的这种理论缺陷与来自宏观经济实践的经验，实际上构成了供给管理视角的起因。

二、"新框架"与"新供给"：理论视角的联通

以上从微观层面和宏观层面对经济学理论缺失的分析，结合经济实践的启示，引发了对专业化与经济组织（即"新框架"）以及供给管理（即"新供给"）的新认识，且两层面缺失视角的指向具有一致性。我们认为，这种一致性并非偶然，而是合乎逻辑地体现了"新框架"与"新供给"两大创新努力在关注视角上的联通，此联通不但以"新框架"对"新供给"包容性下的拓展贡献，帮助我们加深了对"新供给"的认识，而且是以微观和宏观的联通考察，构成对传统理论经济学的发展创新。

（一）"新框架"：专业化与经济组织视角的简述

1. 专业化经济

专业化经济是指生产率变化与行为人的产出范围变化之间的关系（杨小凯、黄有光，2000）。按照杨小凯的逻辑：产出与投入之间的关系就是技术，技术

的最重要标志是生产率。大多数生产都具有规模报酬递增效应,这就意味着全要素生产率随着企业运作规模的扩大而提高,而这种生产率的提高与专业化水平之间的关系在传统微观经济学中并未得到解答。正如亚当·斯密所说分工是经济增长的源泉,而"技术进步也因分工水平的提高而内生地出现"(杨小凯,2003)。专业化经济试图描述的正是生产率与专业化水平之间的关系,即技术与专业化水平之间的关系。

2. 经济组织模式

如前所提及,大多数生产都具有规模报酬递增效应,这就意味着全要素生产率随着企业运作规模的扩大而提高,然而这种生产率的提高与企业内部组织之间的关系未在传统微观经济学中得到解答。此外,资源禀赋约束等概念在传统微观经济学中也被设定为与经济组织无关,而实际上恰恰相反,两者有着非常密切的联系:可用资源多少或禀赋约束与人类社会掌握的知识有关,而人类掌握的知识又与经济组织模式有关(杨小凯、黄有光,2000)。通常分工越复杂,对于整个社会而言掌握的知识就越多,会直接影响经济社会中相对资源结构和禀赋约束。由分工和专业化在很大程度上决定的经济组织模式,与交易费用又直接相关。

(二)"新供给":"物"与"人"的视角的简述

1. "物"的视角

所谓"物",概念上必有别于"人",但经济学研究中凡涉及物,其展开分析也必是相关于"人与物"的关系,即"生产力"层面,由劳动对象、劳动工具而关联和推及劳动者(人,或"人力资本")。具体到现代经济发展针对物的运用与加工的"技术"的层面,邓小平的名言"科技是第一生产力",实指由人实现的科技创新供给对生产力三要素带来的"乘数效应"。基于"物"和"技术"的研究告诉我们,由于存在后发优势,欠发达后进经济体可以追赶发达经济体,并有可能通过"蛙跳"、技术扩散、"干中学"等方式方法,实现技术上的赶超乃至激发组织结构方面的赶超,从而实现经济上的赶超。(贾康、刘军民,2010)

2. "人"的视角

所谓"人",是指处于人类社会关系中的社会成员。经济学视角所考察的"人",实质上是指"人与人"的关系,即"生产关系"层面;具体就经济发展而言，则是指如何组织经济活动的形式与制度安排、利益分配。对"人"的研究告诉我们，制度作为一个极其重要的供给因素，尤其是产权和交易成本的机制联结状况，直接影响某一经济体的发展状态。在制度变迁即制度安排的供给演变过程中，既会出现制度演变的滞后现象，又会存在制度潜力发挥的能动性空间。计划经济制度作为一种经济组织形式，其相对劣势已然较充分暴露，而作为原属计划经济制度的国家，怎样成功实现由计划经济向市场经济过渡，最重大的考验即是调整改变人与人之间生产关系的改革能否达到真正解放生产力的效果。无论是稍早曾风行一时、标榜全面"自由化"的"华盛顿共识"，还是稍后兴起的、对并未定型的"中国特色"充分肯定并将其推向模式化的"北京共识"，都难免失于偏颇。人类社会生产关系的优化提升，仍须进一步肯定其摸索前行的基本姿态，加之信息的不完全和人们行为的不确定性，例如"柠檬市场"、"不完备信息市场"、"动物精神"、"羊群效应"、"王庆悖论"等因素的存在，往往造成理性预期失灵，因此亟须讨论如何加入"理性的供给管理"的矫正力量。（贾康、冯俏彬、苏京春，2014）

（三）两个理论创新的联通

"新框架"基于微观起点创新性地提出的专业化与经济组织的结合考察视角，与"新供给"基于宏观起点创新性提出的"物"与"人"的关系打通认识供给驱动特别是制度供给的视角，实际上显然是联通在一起的。

1．基于"物"视角的联通：物质生产的专业化经济与物之运用的技术进步

"物"的视角指向"人与物"的关系，即"生产力"层面由劳动对象、劳动工具和劳动者结合"科技第一生产力"的创新供给而形成的发展进步。而专业化经济是指生产率变化与行为人的产出范围变化之间的关系，其描述的是专业化水平与生产发展水平之间的关系。"新框架"的专业化经济视角实质上强调的是专业化伴生的技术进步，"新供给"的"物"的视角实质上强调的是国民经济总体进步对技术进步供给的倚重，体现了"新框架"与"新供给"在创新中基于"物"视角的联通。

2．基于"人"视角的联通：经济组织模式与生产关系制度变革

"人"的视角指向"人与人关系"，即"生产关系"或制度供给问题，具体到

经济生活中，即是指组织经济活动的形式与制度安排、利益分配机制。经济组织必涉及组织经济活动的形式以及如何与制度、体制联通，经济组织模式的进步会带来交易费用的降低，即生产力的解放（"现代企业制度"在规模经济、社会化大生产上最具适应性和代表性的具体形式——股份制，便是生动而雄辩的证明）。"新框架"的经济组织模式视角和"新供给"的"人与人"的视角实质上所强调的都是经济发展与制度供给、结构性变革之间的关系，都逻辑地关注不同制度安排下不同的交易费用，区别仅是从微观、宏观不同层面的切入而已，从而体现着"新框架"与"新供给"基于"人"的视角的联通。

（四）"新框架"与"新供给"的包容性

"新框架"与"新供给"的理论视角形成的联通，可使我们进一步认识"新框架"对"新供给"之包容性拓展的贡献，这一拓展是以对"五维一体化"框架与包容性边界"集大成"式的概括为表现，而"新框架"的理论贡献也成为其中的组成部分。

1. "新框架"对"新供给"包容性拓展的贡献

如上所述，传统宏观经济学理论框架仍建立在传统微观经济学理论框架的基础上，基于纯生产者和纯消费者两大假设，从总供给和总需求及其互动关系的角度来研究经济增长。"新框架"对传统微观经济学的补充，主要体现在利用超边际分析（对每一个角点进行边际分析，在角点之间用总效益费用分析）将专业化经济与经济组织模式纳入传统微观经济学分析框架。基于"新框架"与"新供给"理论视角的联通，正如微观层面的供给和需求分析为宏观层面带来总供给和总需求分析，宏观角度对技术进步和制度变革的研究认识，也合乎逻辑地和更坚实地建立在微观层面对专业化与经济组织内化的超边际分析基础上。这构成"新框架"对"新供给"包容性拓展的一项重要贡献。

2. "新框架"在"新供给"包容性拓展中的定位

"新框架"在"新供给"包容性拓展中的定位可从两方面考虑：第一，"新框架"理论产生于20世纪90年代，尽管并不须像传统框架那样特别区分纯生产者和纯消费者，也不须特别划分供给端与需求端，但其所强调的专业化经济与经济组织模式，并不与消费直接相通，而是与生产即供给侧直接相连，其对

"新供给"包容性拓展的贡献若还原到新供给经济学"五维一体化"的框架中，应定位于传统经济学供给侧两轮"否定之否定"的主线上，成为对古典自由主义供给思想的重要提升和充实。第二，值得注意的是，"新框架"理论思想的一个重要应用是发展经济学，它认同工业化是由分工演化引起的结构变化（包括工业份额的上升、投资率和储蓄率的上升等），以此为基础深入研究城市化和工业化问题，并可通过拓展宏观经济学框架进一步研究经济转轨问题，构成新供给经济学"五维一体化"框架中发展经济学—制度经济学—转轨经济学部分的重要补充。

三、"新框架"的缺陷：对"新供给"的诉求

虽然"新框架"对"新供给"的包容性产生了重要拓展，但是其从微观层面出发的特点也带有一定的局限与理论缺陷。结合既有的新供给经济学研究成果，在"五维一体化"理论框架下，除了肯定"新框架"对"新供给"包容性拓展的贡献以外，其两个理论缺陷也从宏观层面对"新供给"提出了进一步的理论创新发展诉求，客观上构成了"新框架"对"新供给"更深一层的启示。

（一）"新框架"的缺陷

1. 对经济周期成因理解的片面性

"新框架"认为造成经济周期与失业的原因是由于某些产品有耐久和不可分性——不可分可能造成产品的供过于求，而与产品耐久性相关的滞销则可能带来失业。这当然可以作为经济周期的一个成因，但导致经济周期的缘由还包括了竞争的不完全性、工会的作用、总需求的变化、信心的变化、储蓄—投资的变化等诸多经济性因素（黄有光，2014）。此外，经济周期的成因除固定资产更新周期之外，还包括以政治周期和心理周期为主的非经济性因素。这些未包含的经济性因素和非经济性因素共同揭示了"新框架"对经济周期成因理解的局限性。

2. 不能解决交换者之间的选择协调问题

"新框架"研究的是不同的行为人生产不同商品的情况，但不能解决交换者之间的协调问题。不同的行为人可能生产不同的产品：如果此时的交易效率很

低（即交易成本很高），那么行为人的最优选择是自给自足；如果此时的交易效率足够高，那么最优选择是进行专业化分工，即不同的行为人生产不同的产品，然后每个人的产量扣除部分自用量以外，其他产量用来交易给他人，这样就是更加有效率的选择。然而，不同的行为人也有可能生产相同的产品，因为他们在生产之前往往不会自发进行沟通，而如果确实选择了生产相同的产品，交易就不能发生，就会造成"产能过剩"和再生产阻滞。

（二）对"新供给"的启发

"新框架"的两大缺陷可启发对"新供给"更深层次的思考。经济周期和协调问题不仅与"新框架"有关，还与"旧框架"有关，属于需求和供给分析框架、专业化与经济组织分析框架都无法解决的问题，这恰恰凸显了对"新供给"的需求。

1. 更全面地认知"旧框架"与"新框架"都无可回避的经济周期问题

在经济实践中，经济活动总会沿着经济发展的总趋势经历周而复始、有规律的扩张和收缩。针对经济周期的繁荣、衰退、萧条和复苏，"旧框架"中包含了"凯恩斯革命—供给学派—凯恩斯复辟—供给管理"（贾康、苏京春，2014）的调控机制发展逻辑，从而证实供给管理是"旧框架"中供给侧经济理论研究的理性回归。"新框架"则是从微观视角解释了经济周期的成因，但这种解释未充分考虑到其他经济性因素以及非经济性因素的影响。不过由于新供给经济学与"新框架"之间存在理论视角的联通性和基本逻辑的一致性，所以"新供给"完全可以在宏观层面对于与分工和专业化相关的经济周期问题提供更优化而全面的认识解决。

2. 更有效地认知"旧框架"与"新框架"都难以解决的顶层规划问题

采用"旧框架"进行分析，市场存在失灵的领域，经济周期正属于市场失灵，信息不对称、公共品等问题也属于市场失灵；采用"新框架"进行分析，不同的行为人之间存在对产品生产进行选择的问题，且这种选择是自发进行的，如果选择不恰当，那么不同行为人之间就不一定能够形成交换，从而无法充分实现效率。不难发现，无论是由于存在市场失灵而导致的某种产品的产量供过于求、供不应求，还是由于专业化分工过程中存在行为人自发选择生产的不协调，归根结底都形成"经济自由化"命题所无法解决的领域。引发失灵和不协调的因素是错综复杂的，但无论由何种原因引发，这种宏观视角下可以视为"顶层规划"的问题（如"有效市场"和"有为政府"的"双到位"结合、合作问题），恰恰是新供给经济学所关注的焦点之所在。

四、重要的总结：理论与经济实践的互动式完善

"新框架"对专业化与经济组织的认识形成对传统理论经济学的重要补充，其所采用的超边际分析模式也是传统理论经济学数理分析方法运用中的创新。然而，经济实践的现实，既不只是与"旧框架"对应，也不只是与"新框架"对应，而是两者以及尚未开拓的研究领域的错综结合。对于发展中经济体而言，尤其期待这种结合的框架为认识经济增长提供更为开阔的视角。

（一）理论发展：传统与新兴相结合的相对完整框架

传统"旧框架"与"新框架"的结合，能够为理论经济学构建一个相对更为完整的框架，在此框架启发下，我们在"新供给"上的创新努力对宏观调控又会生成一些新的认识，可以帮助理解理论与实践的差异，并进一步探索未来理论紧密联系实际可遵循的路径。

1. 相对完整框架的简述

传统理论经济学中，微观经济学的理论基石在于对供给和需求及两者关系的认识，并基于纯生产者和纯消费者的划分，在不同类型的市场中定位供求双方并研究两者的互动关系，效用论的引入丰富了微观经济学对供给和需求的认知，并将更多的影响因子纳入微观经济学的认识框架中。然而，微观经济学的认识焦点在于通过研究资源配置问题来获得效率以实现经济增长，而对经济学的另外一个重要分支，即分工的相关问题，却没有给予充分重视，"新框架"则弥补了这一空缺。经过对专业化经济和经济组织模式的研究，"新框架"更加认同"技术和经济制度的交互作用"（杨小凯，2003）对经济发展的影响，并利用超边际分析方法处理最优决策的角点解，从实现了内生行为人选择专业化水平视角的研究。这两者当然不是割裂的，通过超边际分析实现的对分工和专业化

水平的认知，可以作为资源配置研究的基础部分之一。

2. 对经济转轨的新认识

对转轨经济学的认识，在于从计划经济一"轨"转入市场经济一"轨"，从而被形象地称为"转轨"（樊纲，2005）之阐述逻辑。这种转轨经济学较为主流的认识的关注视角实际上正是在于资源配置这一经济学基本问题的相关制度演化。简言之，计划经济是由计划来进行资源配置，市场经济是通过市场机制实现资源配置，那么经济转轨就意味着资源配置机制的转变。随着"新框架"将分工与专业化视角引入，对经济转轨的认识也更加丰富。传统的转轨认识实际上没有充分反映制度变化的复杂性，而经济转轨只是转轨的一部分，转轨的核心实质是宪政规则的大规模改变（杨小凯，2003）。从经济实践出发，处于经济转轨阶段的经济体实际上也并不仅仅面临着从计划向市场的体制转变，而且面临另外两方面问题：一方面是如何提升技术水平而成为经济增长的引擎，另一方面是如何优化特定经济体成长中各演变阶段上和各经济体"特色"中的经济—政治—社会全套制度，促进经济发展。基于此，可以得到三点认识：第一，按照"新框架"的逻辑，技术是在专业化分工达到一定程度的时候而产生"升级"态的，我们可以将此技术理解为动态创新的技术。后发国家具有技术上的后发优势在某种程度上是可以具有共识的，但在学习、追赶先发国家技术过程中能否使技术实现真正的内化，是与后发国家专业化分工水平的提升直接相关的。第二，对属于经济组织模式方面的制度转轨，发达国家有许多相对先进的制度，但是后来者对先行者的制度进口走到制度供给的层面，实际必须经历较长一段历程（苏京春，2014），且在较确一的技术性后发优势的旁边，大都会遭遇十分不确定的制度性"攻坚克难"问题，如不顺利，则可能引发杨小凯强调的"后发劣势"。第三，上述两点十分有助于理解发展中的转轨经济体在经济实践中并不能机械遵循如教科书中阐述的那样简单回归市场而放任自流的操作（如"华盛顿模式"，拉美转轨跌入"中等收入陷阱"就是失败的典型案例），而是需要其政府理性地采用多重方式优化和加强供给管理，特别是关键性的"全面改革"式制度供给。制度供给成功的红利，合乎逻辑地成为这一转轨经济体的"最大红利"；反之，制度供给的失败，必将导致技术供给的"后发优势"也最终归于制度拖累的"后发劣势"。

（二）小结

本篇首先分别从传统经济学理论微观起点和宏观起点分析框架视角的缺失出发，论述了"新框架"的专业化与经济组织视角和"新供给"的供给管理视角；接着，本篇论述了"新框架"的专业化经济与"新供给"的技术进步、"新框架"的经济组织模式与"新供给"的制度变革之间所实现的"物"与"人"视角的联通，并指出"新框架"对"新供给"的包容性拓展的贡献，补充了传统理论经济学主线上古典自由主义的供给思想；但"新框架"理论并非完美，存在对经济周期成因理解的局限性、片面性，且难以全面解决交换者之间的协调问题，这恰恰表明在分工与专业化视角下对"新供给"形成的启发；本篇进而通过对传统与新兴相结合的完整框架的综合认识，形成理论与实践结合上更为广泛、开阔的分析视角，并积极地运用到经济体发展实践，特别是发展中（后发）经济体的转轨分析中去。不可忽略的是，"新框架"与"新供给"的重要联通及启示，使新供给经济学的理论创新在"五维一体化"框架分析基础上，其包容性拓展更可以体系化。"新框架"与"新供给"的联通，客观地体现了"从实践中来、到实践中去"的哲理，并可进一步有力支持新供给经济学的理论追求，即结合继传统理论经济学之后得以蓬勃发展的制度经济学、发展经济学、转轨经济学、信息经济学及行为经济学等理论，"集大成式"地汇入分工与专业化研究的重要视角及其积极成果，从而实现更为广泛的包容性，以及体现现代经济学发展在供给侧发力打开新境界的大趋势。

主要参考文献

1.〔英〕大卫·李嘉图：《李嘉图著作和通信集》（第二卷），商务印书馆1979年版。

2.〔法〕莱昂·瓦尔拉斯：《纯粹经济学要义》，商务印书馆1989年版。

3.〔英〕马歇尔：《经济学原理》，中国社会科学出版社2007年版。

4.〔澳〕杨小凯、黄有光：《专业化与经济组织：一种新兴古典微观经济学框架》，经济科学出版社2000年版。

5．〔澳〕杨小凯：《经济学——新兴古典与新古典框架》，社会科学文献出版社 2003 年版。

6．〔澳〕杨小凯：《发展经济学——超边际与边际分析》，社会科学文献出版社 2003 年版。

7．贾康：《新供给：经济学理论的中国创新》，中国经济出版社 2013 年版。

8．贾康、刘军民：《政策性金融与中国的现代化赶超战略》，《财政研究》2010 年第 1 期。

9．〔澳〕杨小凯：《后发劣势》，爱思想网站—思想库—学术—杨小凯专栏，2004 年 2 月 12 日。

10．黄有光：《谈杨小凯的新框架》，《上海经济评论》2014 年 7 月 1 日。

11．贾康、苏京春：《"五维一体化"供给理论与新供给经济学包容性边界》，《财经问题研究》2014 年第 11 期。

12．苏京春：《试论现代化先行者为后来者带来的城市化矛盾及对策》，《财政研究》2014 年第 2 期。

第四篇
重大现实问题考察分析

中国特色的宏观调控：必须注重理性的"供给管理"

贾　康

中国在应对世界金融危机中的表现和经济率先回升的成绩，引起全世界注目，而关于中国特色的经济社会发展道路的思考，也成为思想界的热点。20世纪至今波澜壮阔的中国发展实践，带给我们许多启示和丰富的学术研究课题。我们认为，从宏观经济"需求管理"的局限性与"供给管理"的必要性引发的相关认识，具有不可忽视的理论内涵和重大现实意义。

所谓"供给管理"，与经济学理论框架中的"需求管理"合乎逻辑地形成一对概念，后者强调的是需求角度实施扩张或收缩的宏观调控，已为一般人们所熟知，而前者则不然。在凯恩斯主义的"需求管理"概念大行其道几十年之后，主要是在20世纪80年代"里根经济学"时期有过一段"供给学派"为人注重的经历，其所依托的并不太成体系的供给侧经济学（Supply-Side Economics），也并非是强调政府在有效供给形成和结构优化方面的能动作用，而是强调税收中性和减税等"减少干预"、使经济自身增加供给侧的原则。但在中国改革开放的经济实践中，20世纪80年代以后，就先后有一些中国学者在扩展的意义上讨论"供给管理"，侧重于讨论因政府而使总供给发生变化的机制中更多样化的政府作为，并特别注重与政府产业政策等相关联的结构优化，强调在供给角度实施结构优化、增加有效供给的宏观调控。[①] 可以说，这开始体现的已是理论层面

---

① 详见文后参考文献。

的一种"中国特色"。与之相反,西方不论是凯恩斯主义独领风骚,还是货币主义大行其道,不管争论如何"激烈",在注重总量调控而忽略结构调控上,都是一致的。美国人前些年所标榜的"华盛顿共识",体现的是只注重需求管理的思路,因为其大逻辑是结构问题可全由市场自发解决,所以政府调控上的"区别对待"便可忽略不提。但此次金融危机一来,美国调控当局却实实在在地运用起区别对待的"供给管理"手段,比如,对雷曼兄弟公司这个150余年的老店,就是不救,但对于"两房"、"花旗",就一定要救;在外贸上,更是"区别对待"得在结构上锱铢必较、毫不含糊了。我们实施"三步走"现代化赶超战略的中国人,非常需要全面地观察和总结这些现象,深入认识借鉴别国的调控经验并洞悉其实质,进而做好中国自己的事情。

我之所以特别强调中国宏观调控要注重和强化理性的供给管理,主要出自如下四层看法:

一、总量调控不足以"包打天下",在新兴市场经济中更是如此

讲总量调控当然首先要讨论货币政策。"通货膨胀不论何时何地都是一种货币现象"的弗利德曼式"经典表述",实践证明往往产生明显的片面性,易使人们在观察认知时,简单地把物价上涨完全等同于货币过多、通货膨胀,进而又唯一地在对策方略上,把抽紧银根作为解决问题的不二法门、完全手段(与之相应,在经济面临通缩压力的阶段,则只顾及考虑放松银根)。如果具体考察一下我国2008年之前一段时间的物价上涨,可以发现确实带有较明显的"结构性物价上涨"特征(虽然有主张完全依靠需求管理的学者质疑这种表述)。根据国家统计局的分析,从2007年下半年到2008年上半年连续几个季度8%左右的CPI上涨中,食品价格占6.8%左右,房价占1%左右,其余仅占0.2%。对于这种情况,必然引出的理论性分析解释是,这一阶段我国除可能存在银根偏松带来的涨价因素外,还应存在着食品中少数龙头产品"供不应求"、"成本推动"式的涨价因素,调控当局如能够有针对性地着力于较快增加这些产品的有效供给,便有可能相应产生缓解物价上涨势头的调控效果,而无需全面实行"一刀

切"的银根紧缩来求得对物价的控制（当时也确实针对粮、肉的生产采取了针对性的支持措施，其政策效果现在已可以看得比较清楚）。

需要指出的是，上述这种实证情况和相应的"区别对待"调控模式，在十分发达成熟的市场经济国家，虽不能说完全没有其适用性，但应当说具有适应性的现实局面的出现概率较低，因为那里较充分的竞争机制和要素自由流动，往往已自然而然地、自发地消化了较大的结构性不均衡，于是对于调控当局而言，便主要留下了总量调控"需求管理"的任务和"简单的抽紧（或放松）银根方式"（当然，世界性金融危机以"百年一遇"式的形式出现时，也使"供给管理"的任务在美国等经济体中突然浮出水面）。但是，现阶段的中国，作为新兴的市场经济体，其市场的发达、健全程度尚远远不能与发达国家同日而语，上述实证情况和"区别对待"调控模式的适用性局面的出现概率便极高，甚至可以说往往会成为调控实践中应偏重的主导形态。

二、中国经济存在着十分突出的结构问题，客观上需要特别注重结构性对策

由于有上面第一层分析认识，已合乎逻辑地可以得知以优化结构为核心的"供给管理"，应成为中国特色经济学理论完整框架中的重要组成部分，进而应成为经济调控中重要的可选择方式之一，在现阶段中国具有不可忽视的地位。进而我们对现实经济生活加以具体分析，便可进一步清楚地看到，近年世界金融危机不论在发生之前还是之后，在我国不论是存在较明显的流动性过剩压力和通胀压力、还是其迅速演变为流动性不足和通缩压力的情况下，都存在某些领域明显的有效供给不足、投入滞后，即结构性的供需失衡。如能运用政府财力和其他可用财力着重强化经济社会的薄弱方面和"短线"领域，则具有在"反周期"操作的不同阶段、在经济社会转轨的"矛盾凸显期"改进民生、消解矛盾并在"黄金发展期"维持良好发展势头的重大意义，比如：

——我国是世界上最大的发展中国家和最大的"二元经济"体，为解决好"三农"问题，需要在广阔的农村积极稳妥地推进农业产业化、新型工业化和合

理的城镇化,以及基本公共服务的均等化,加快实施社会主义新农村建设。这需要在一个历史时期中投入天文数字的财力。面对新农村建设和基本公共服务均等化,我们的钱不是多了,而是仍然投入不足。大量事情还只能循序渐进、逐步去办。经济低迷时的政策扩张,还可以尽力在这方面多办一些事。

——我国的区域间差异在这些年的发展过程中有所扩大,亟须通过合理的统筹协调来有效地贯彻中央确定的西部大开发战略、振兴东北等老工业基地战略和中部崛起战略等,加大中央政府转移支付的力度,控制区域差距、促进区域协调发展。这也需要为数可观的财力,可用的钱绝不是多了,而是还很不足。

——我国在争取2020年实现全面小康和努力构建和谐社会的过程中,与民生密切相关的一系列公共产品和公益服务亟待增加供给。如实行义务教育全面免费、建立城镇基本医疗保障体系和农村合作医疗体系,健全已有的城市居民低收入保障制度、健全养老个人账户和在全国农村也实施"低保"制度,发展城镇住房基本保障制度,保护生态、治理污染以改进城乡人居环境(如解决2.3亿人尚未得到安全饮水保证条件的问题),等等。这些方面莫不需要大量的资金,可用的钱只嫌其少,不嫌其多。

——我国为有效促进经济增长方式转变,实现可持续发展,必须按照国家中长期科技发展规划的要求走创新型国家之路。为支持从发展基础科研、实施国家科技重大项目到促进科技成果产业化各个方面的自主创新,必须在实行科技体制和管理体系改革、提升绩效的同时,下决心增加科技投入,而当前这方面的资金需要尚未得到很好满足,我们仍然是处于资金制约之下的科技投入相对不足状态。

——我国的社会保障体系还在逐步构建、健全的过程之中,还应继续瞻前顾后适当充实战略性的社保基金以应对人口老龄化带来的支付高峰、填补转轨成本。又如,业已启动的覆盖全民的医疗卫生服务体系建设("新医改"),三年内要求8500亿元左右的新增财力"结构化"地投入其关键领域和环节。

——我国国防和必要的重点建设,仍需可观的资金支持。

总之,在从货币政策的"从紧"和财政政策的"稳健"搭配转入适当宽松的货币政策与扩张性积极财政政策的搭配之后,如果我们坚持有所区别地在

"三农"、社会保障、区域协调发展、自主创新、节能降耗、生态保护等领域运用结构性对策，加大要素投入的力度，促进相关机制创新改进，通过"供给管理"加强这些经济社会中的薄弱环节，即增加宏观经济中的有效供给，就会改进而不是恶化总供需的平衡状态，只会有利于维护"又好又快"的发展局面，而不是助长下一期的通货膨胀和经济过热，而且将会增强我国在国际竞争环境中的综合竞争力和发展后劲。在中国的调控实践中，这应该成为一大特色。

毋庸讳言，在供给侧实施"有保有压"、"有支持有节制"的结构性方略，也有可能给政府体系带来一种"政府万能"的幻觉和轻易滑向过度调控的危险性（甚至带上"旧体制复归"色彩），所以极有必要使承担调控之责的各政府部门务必保持清醒头脑，始终把结构对策、供给管理掌握在符合市场经济配置资源基础机制的"政策理性"范围之内，避免做出那些过多、过细碎的行政干预和"越界"调控，特别应强调尽量运用经济手段（经济杠杆）来贯彻结构优化的追求，避免出现新的产能过剩，形成高质量、有效益、能适应市场需求且可以引领市场潮流的供给。这方面就主要将依靠改革之功了。

三、"供给管理"的地位，应当摆在长期视野中

作为一个转轨中的发展中大国，追求后来居上的现代化，大思路定位必然是实施赶超战略，并在政府职能方面有意识地把需求管理与供给管理相互紧密结合。如果我们在经济周期中的每一个高速增长期，通过积极主动的结构性"填平补齐"，尽量平稳地、有保有压地拉长其时间段，而当每一个相对低迷期来临，则在"反周期操作中"尽量以扩张和结构升级缩短其时间段，那么就是在力求尽量贴近"又好又快"状态的长期持续增长，这正是实施现代化"三步走"战略所追求的中华民族最大利益之所在，正是宏观调控的基本要领。

在近几年的相关讨论中，已有一些研究者敏锐地涉及了在中国资源、环境约束的新时期如何防止"滞胀"这一问题。如果从20世纪70年代后美国典型的"滞胀"情况看，那么有必要提及的一点，是其带有由政府政策的福利主义倾向引致发展活力削弱的特征，这一点经验教训，对于正要加速起飞的中国来

说，也极有必要深长思之。我国新阶段的总纲是构建和谐社会，特别需要关注基本民生、改进福利状况，但也需注重在统筹协调的科学发展观指导下，在福利增进过程中对"度"做出合理把握，积极稳妥地掌控好渐进过程。以为民生问题政府可以包揽，以为政府增收的财力可以不加区别地按平均主义方式分光，于是过早地提出不切实际的高要求、过急推行吊高胃口而不可持续的"均等化"，都有可能给我们带来活力减退与滞胀风险，结果将有损于国家现代化事业和人民群众的长远利益。

所以，以供给管理中的清醒设计、理性方案，做出"托底"保重点、渐次展开的民生改进，追求统筹协调、瞻前顾后的和谐增长，也是我国宏观调控中供给管理所不可或缺的内容，要把它明确地摆在中长期的视野之中。

四、"供给管理"需以经济手段为主，与深化改革紧密结合

进行结构优化调整，需要做的事情很多，其中很重要的一点是，要十分强调和注重通过经济手段来调节，如果只用行政手段、法律手段的话，在市场经济环境下作用会比较有限，副作用也是比较明显的。很多事情政府不一定能看得很准，往往只知道一个方向，比如说要节能降耗，到底什么样的企业能在节能降耗中有竞争力，能够站住脚，这要通过竞争才能知道。实际上，推进大量的结构优化事项，往往政府只需要给一个导向，再加上经济手段（经济杠杆）的规范化设计，比如制定一系列有针对性、体现产业政策和技术经济政策的税收政策或者支持补助的优惠措施，而后让企业自己在竞争中形成优化配置，通过市场来优胜劣汰，就可以收到很好的效果。比如，在税制方面，要达到淘汰落后产能、优化结构的目的，需要充分利用资源税、消费税、环境税的区别对待措施。为推动我国经济发展方式转变，无论是生产领域，还是消费领域，资源要素的相对价格都应该上调，从而使各方面更加珍惜资源，节约使用初级产品，刺激各种主体千方百计地开发节能减耗的工艺、产品和技术。从长远来看，这个经济杠杆不但要用，而且要用好、用充分。

抵御外部金融危机冲击而使国民经济在2009年从"前低"转入"后高"之

后，正是充分利用这些经济杠杆的好时机。从宏观环境来看，经济企稳向好，通货紧缩压力已经不存在，通货膨胀压力又还没有现实形成，这种时候我们应该不失时机地推出资源税税负向上调整的改革。资源税负的合理调整，最终应该达到把一些过剩产能和落后企业淘汰出去的效果。

还需要强调的是，在整合、统筹运用可用财力实施供给管理优化结构的同时，还应运用部分财力支持深化改革和"花钱买机制、建机制"。比如：

——为降低行政成本、转变政府职能、提高办事效能，积极稳妥筹备、在时机成熟时更有力度地推进"大部门归口"的机构改革，需要安排一次性人员分流、安置的经费。

——为有效维护社会公平正义，在深化司法改革方面，应坚决落实"收支两条线"原则，充实公检法系统公用经费矫治公权扭曲，同时加强法官、检察官、警官培训和加强"廉政公署"、"中纪委"式权力制衡、监察机构所需经费。

——"乡财县管"、"省直管县"的扁平化改革推进到综合改革、减少地方行政层级时，要安排所需的一次性经费支出。

在我看来，这些也完全可以和应当纳入中国特色"转轨经济学"和宏观调控"供给管理"的框架之中，深化改革与优化结构的互动，将成为进一步解放生产力、支持"又好又快"发展的持续动力源。

主要参考文献

1．杨沐、黄一义：《需求管理应与供给管理相结合——兼谈必须尽快研究和制订产业政策》，《经济研究》1986 年第 3 期。

2．刘伟、苏剑：《供给管理与我国的市场化改革进程》，《新华文摘》2007年 8 月。

3．贾康：《宏观调控需要理性的"供给管理"》，《21 世纪经济报道》2008年 6 月 30 日。

4．吕志胜：《宏观调控应由需求管理转向供给管理与需求管理相结合》，财政部官方网站。

胡焕庸线：从我国基本国情看"半壁压强型"环境压力与针对性能源、环境战略策略
——供给管理的重大课题

贾康　苏京春

中国正处于承前启后和平发展而崛起为现代化强国的关键历史时期。基于经济学总体反思的新供给经济学理论创新，必须密切联系实际地关注与支持中国的发展升级大局。而这亟须在"问题导向"下更全面、深入地把握与"中国国情"相关的现实挑战。

对于中国基本国情的理解认识，又极有必要注意著名的"胡焕庸线"。此线由胡焕庸教授于1935年提出，这条以黑龙江瑷珲和云南腾冲为端点确定的直线，将中国领土划分为东南和西北二部（故亦称"瑷珲—腾冲线"）。迄今为止，虽已历70年有余，但中国人口密度分布基本格局依然遵循"胡焕庸线"这一条说来神奇的中部主轴。伴随着人口密度分布在此线之两边的极度不均，"胡焕庸线"实际上还可揭示中国能源消耗密度和环境压力的极不均衡状态，并会引发与不考虑该线存在时所进行的分析之结论迥异的认识。换言之，据此线考量所得结论，会凸显中国基本国情引出的资源环境压力与挑战的严峻性，我们可称之为中国发展方面的"非常之局"。

一、对经济社会发展中"胡焕庸线"的再审视

所谓"胡焕庸线"（亦称"瑷珲—腾冲线"或"黑河—腾冲线"），由中

国地理学家胡焕庸于1935年在《中国人口之分布》一文中首先提出,该文囊括了胡焕庸编制的中国第一张等值线人口密度图,并清晰说明:"今试自黑龙江的瑷珲,向西南作一直线,至云南腾冲为止,分全国为东南与西北两部:则此东南部的面积计四百万平方公里,约占全国总面积的36%;西北部之面积,计七百万平方公里,约占全国总面积的64%。惟人口之分布,则东南计四亿四千万,约占总人口的96%;西北部之人口,仅一千八百万,约占总人口的4%。其多、寡之悬殊,有如此者。"①换言之,该线的特征可以描述为:以黑龙江瑷珲(1956年改称爱辉,1983年改称黑河)和云南腾冲两点确定一条直线,该直线倾斜约45度,以此直线为界,线东南半壁36%的土地供养了全国96%的人口,西北半壁64%的土地仅供养4%的人口,二者平均人口密度比为42.6∶1。随着以后年月里人口普查工作的继续进行,相关数据显示,1982年我国第三次人口普查结论为东南部地区面积占比为42.9%而人口占比为94.4%,1990年第四次人口普查结论为东南部地区面积占比为42.9%而人口占比为94.2%,2000年第五次人口普查结论为东南部地区面积占比仍为42.9%而人口占比为94.2%。六十余年间东南部人口的绝对数值已由4亿多增长为12亿多,但其占比数值较1935年只减少了2%(数据口径均不包括台湾省)。到目前,已历70年的发展过程中(包括多轮次的"支边"等),"胡焕庸线"这条"神奇的中部主轴"②对中国人口分布格局所揭示的内容,基本不变!

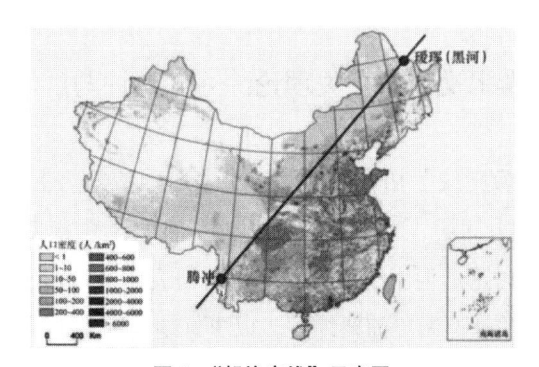

图1 "胡焕庸线"示意图

---

① 胡焕庸:《中国人口之分布》,《地理学报》1935年第2期。
② 参见张林:《不可逾越的"胡焕庸线"》,《科学时报》2010年1月20日。

由此,"胡焕庸线"这一中部主轴不仅仅划分出极为悬殊的人口密度,同时也可为认识我国绝大多数社会居民所面临的随能源耗费、资源使用而伴生的空气、水流质量等资源环境问题,带来重大启发。"胡焕庸线"一直是中国地理学界研究的重要命题,这一来自于中国实践调研的结论,为发源于16世纪并发展至今、强调地理环境对社会发展有着决定作用的地理环境决定论等相关研究,提供了重要线索和例证。然而,这一地理学界的重要结论对于认识中国发展问题的启发和可能贡献,远非"地理"或"经济地理"一般概念所给出的联系与推论空间所能容纳,尤其是在改革开放带来体制转轨、经济起飞、工业化与城镇化高速发展的现阶段,以"胡焕庸线"为重要线索来进一步认识中国基本国情对经济发展的特殊制约和挑战,具有非同寻常的现实意义。在下文的论述中,我们将以"地理"与"经济地理"定位的"胡焕庸线"为思考的起点,力求把空间、环境、能源与经济规划、经济发展战略等不同视角的思考打通,指出中国绝大多数居民的生存空间内所面临的客观存在、无可回避的压缩型—密集式能源消耗压力,以及这种压力与近几十年以重化工业为主支撑的经济起飞和超常规高速发展阶段所产生的能源消耗高峰的叠加,提出应对叠加的严峻挑战所必须设计、采用的发展模式升级与能源、环境战略策略,并说明这是"供给管理"性质的重大课题。本篇的分析路径和论述逻辑,可用图2简要表示。

二、必要的学术交代:相关理论综述式点评与廓清

我们将从"胡焕庸线"切入而引到"半壁压强型"之上的"三重叠加"的能源消耗、环境压力问题,意在如实认识这一视角上中国基本国情的特殊性,并展开对策思路的讨论。但由于涉及"多学科研究",在此还有必要作一廓清:对本研究涉及的相关理论做出简要综述,以更好地勾画理论基础。

(一)本研究定位:交叉学科的集成创新

本篇所述的"三重叠加"中,首先形成依托的是第一重认识,即"半壁压强型"。因此,本研究实是从"经济地理学"交叉式起点这一早已有之的学术平

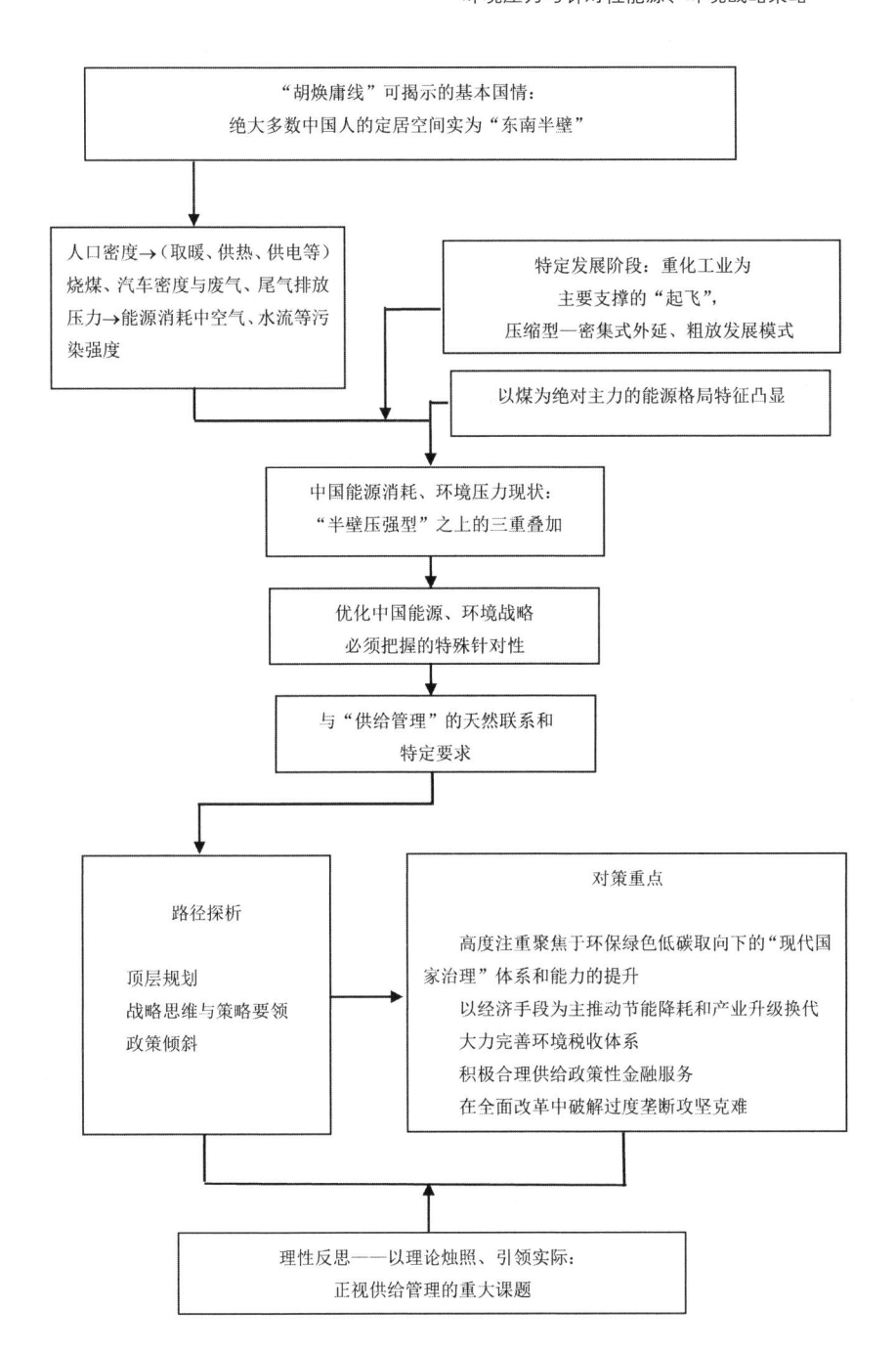

胡焕庸线：从我国基本国情看"半壁压强型"
环境压力与针对性能源、环境战略策略

```
┌─────────────────────────────────────────┐
│   "胡焕庸线"可揭示的基本国情：             │
│   绝大多数中国人的定居空间实为"东南半壁"    │
└─────────────────────────────────────────┘
                    │
      ┌─────────────┴────────────┐
      ▼                          ▼
┌──────────────────────┐   ┌──────────────────────┐
│人口密度→(取暖、供热、│   │特定发展阶段：重化工业为│
│供电等)烧煤、汽车密度 │   │   主要支撑的"起飞"，  │
│与废气、尾气排放压力→ │   │压缩型—密集式外延、粗放│
│能源消耗中空气、水流等│   │       发展模式         │
│   污染强度          │   └──────────────────────┘
└──────────────────────┘            │
            │              ┌──────────────────────┐
            │              │以煤为绝对主力的能源格局│
            │              │       特征凸显         │
            │              └──────────────────────┘
            │                       │
            └───────────┬───────────┘
                        ▼
        ┌─────────────────────────────┐
        │  中国能源消耗、环境压力现状：  │
        │  "半壁压强型"之上的三重叠加    │
        └─────────────────────────────┘
                        │
                        ▼
        ┌─────────────────────────────┐
        │   优化中国能源、环境战略       │
        │   必须把握的特殊针对性         │
        └─────────────────────────────┘
                        │
                        ▼
        ┌─────────────────────────────┐
        │  与"供给管理"的天然联系和      │
        │        特定要求               │
        └─────────────────────────────┘
                        │
      ┌─────────────────┴──────────────────┐
      ▼                                    ▼
┌──────────────┐   ┌──────────────────────────────────┐
│              │   │          对策重点                 │
│   路径探析    │   │                                  │
│              │   │高度注重聚焦于环保绿色低碳取向下的  │
│   顶层规划    │──▶│"现代国家治理"体系和能力的提升     │
│战略思维与策略要领│   │以经济手段为主推动节能降耗和产业升级换代│
│   政策倾斜    │   │大力完善环境税收体系               │
│              │   │积极合理供给政策性金融服务          │
│              │   │在全面改革中破解过度垄断攻坚克难    │
└──────────────┘   └──────────────────────────────────┘
                        ▲
                        │
        ┌─────────────────────────────┐
        │ 理性反思——以理论烛照、引领实际：│
        │     正视供给管理的重大课题     │
        └─────────────────────────────┘
```

图2 论述逻辑框图

台出发，寻求由前人所未见的新认知因素的升华、集成的新观点而服务于对策研究。我国著名科学家钱学森先生所言"地理科学是一个作为现代科学技术部门的科学体系，其性质的主要特点是自然科学与社会科学的汇合"[①]。鉴于此，我们可知地理学与经济学的交叉作为研究中的必然，派生出的主要理论体系包括了经济地理学及新经济地理学、区域经济学及新区域经济学和空间经济学等。与本研究相联系的学术框架主要是经济地理学及新经济地理学。

经济地理学，顾名思义，研究的是经济和地理之间千丝万缕的联系：广义看来，人类最早在生产活动中对地理环境的必要观察，实际上就可以纳入这一研究范畴；狭义看来，经济地理学的名词最早起源于俄国经济学家米哈伊尔·瓦西里耶维奇·罗蒙诺索夫，后在苏联时期得到发展，并结合当时的政治经济环境而更名为马克思列宁主义经济地理学。在对巴尔扎克等人撰写的苏联经济地理这一当时大学经济地理教学的唯一教材进行评述时，我国学界专家也对经济地理学的研究范围进行了界定："经济地理学是研究世界各地区生产分布和生产发展的条件的科学……主要的研究对象有三方面，生产分布、生产发展和影响分布发展的条件"[②]。新中国成立以来，我国可供查询的其他早期相关文献也特别针对经济地理学的研究对象进行了论述，如"马克思列宁主义的经济地理学研究的中心问题是社会生产的配置法则。它研究各种不同社会经济形态下的生产配置法则；研究各国、各地区生产发展的条件和特点"[③]。效仿经济地理学的研究思路，学界对《水经注》、《徐霞客游记》等典籍中的经济地理思想也进行了相关研究，本篇不再赘述。然而，归根结底，经济地理学是研究生产的理论，注重的是空间视角一直可扩展为全世界范围的生产发展。

进入20世纪90年代，以保罗·克鲁格曼为代表的新地理经济学登上历史舞台，在经济地理学的传统区位理论基础上，引入世界贸易和新经济增长理论，创立了空间区位理论和新经济地理学，而其最突出的贡献正如瑞典皇家科学院的颁奖词所总结的那样："在自由贸易、全球化以及推动世界范围内城市化进程

---

① 钱学森：《关于地学的发展问题》，《地理学报》1989年第3期。
② 吴传钧：《巴尔扎克等著苏联经济地理》，《地理学报》1951年第1—2期合刊。
③ 祝卓：《关于经济地理学研究对象的探讨》，《教学与研究》1954年第6号。

的动因方面形成了一套理论"①。此外，沿着《牛津经济地理学手册》中所采用的展开脉络，也可以清晰地观察到经济地理学及新经济地理学从关注生产这一起点出发，逐步迈向对城市与区域增长的关注，进而步入从国际投资贸易视角分析全球经济一体化的发展轨迹②。

然而，本篇发起的研究与上述经济地理学及新经济地理学所研究的框架并无太多交集。"胡焕庸线"作为中国国土特征造成的"半壁压强型"及我们继续考察说明的"三重叠加"，是在经济地理等相关于经济增长的研究领域，客观地紧密结合中国在工业化、城市化进程中国民经济发展所关联的基本国情视角。换言之，本篇发起的研究，目的在于以此基本国情为前提条件，尽可能透彻和到位地考察探索未来的经济增长路径，"胡焕庸线"在认识基本国情方面的展开分析可以说既是一种对经济地理已有成果的延续探讨，也是一种进一步开拓相关视野、结合新阶段、新问题的科研创新。

（二）能源经济学及其与本研究的关系

沿着"胡焕庸线"和"三重叠加"向下探索，将会涉及中国"压缩型—密集式"的经济发展导致能源、环境问题，以及中国能源利用结构中"以煤为主"的问题。这实际上使本研究与环境研究和能源经济学理论研究形成交叉。能源经济学最早起源于威廉·斯坦利·杰文斯的《煤炭问题》，尽管诚如凯恩斯所言，对于边际革命的代表人物杰文斯而言，此书并不能算作出色的著作③，但它确实是首次利用经济学来研究煤炭问题的著作，可认为是能源经济学的发端。作为一项典型的交叉研究，现阶段能源经济学仍在不断发展和完善，从方向上来看，有的分支侧重于能源的开发、利用等，有的分支侧重于能源的市场、产品的价格等，有的分支侧重于能源与经济发展的关系。本研究的重点正是中国能源结构、能源利用与经济可持续发展、环境容量可承受之间的关系。

---

① 段学军、虞孝感、陆大道、Josef Nipper：《克鲁格曼的新经济地理研究及其意义》，《地理学报》2010年第2期。
② 陆大道：《西方"主流经济地理学"发展基本议题演变的评述——为〈牛津经济地理学手册〉中译本所作序言》，《地理科学进展》2005年第3期。
③ 参见〔英〕约翰·梅纳德·凯恩斯：《精英的聚会》第十三章，江苏人民出版社1998年版。

前述"胡焕庸线"导致的"半壁压强型"特征下形成的三重叠加的发展制约，是基于我国经济发展实践中切实存在的矛盾问题而形成的条理化认识，这种发展制约是基于能源经济学已经确定的能源与经济发展之间的关系。林伯强、牟敦果（2009）认为，能源消费量的决定因素主要有经济发展水平、能源资源禀赋、产业结构、自然环境、能源转换效率和能源价格等：经济发展水平越高，能源消耗量越大；能源资源禀赋越好，能源消耗量越大；经济发展结构中工业所占比重越高，能源消耗量越大；自然环境越恶劣，能源消耗量越大；能源转换效率越低，能源消耗量越大；能源价格越低，能源消耗量越大。[①] 其中，经济发展水平高所导致的能源消耗量大与工业化比重高所导致的能源消耗量大相比，两者对经济发展的意义显然是不同的。因此，对能源制约的认识不仅要通过能源消耗量来表达，而且要通过能源消耗的结构来表达。能源经济学认为，经济发展水平越高，对高耗能产品的需求和能源消费产品的需求也越多，最典型的指标是私人汽车拥有量，根据亚洲开发银行（2006）的研究，汽车拥有量与人均 GDP 水平成正比[②]；经济发展结构中工业所占比重越高，经济增长就越依赖高耗能产业，能源消耗量也越大；能源转换效率越高，说明能源相关技术水平越高，而技术水平的创新所带来的能源供给创新也同时会创造对能源新的需求，从而导致能源消费量的增加。

本篇形成的相关认识，与能源经济学的已有成果不发生矛盾，但却是把相关理论要素紧密结合于中国国情的"有的放矢"以引出新的认知：对上文所述中国"三重叠加"的"半壁压强型"发展制约继续展开分析，不难发现，虽然中国经济目前阶段上能源的消耗非常大，然而从人均能源消费量的角度来看，经济发展水平、能源转换效率比中国高的发达国家的人均能耗水平又远高出中国的人均能耗水平。造成这种局面的原因当然也与能源消费结构有关。中国基础能源消费结构呈现突出的"以煤为主"局面，会带来巨大的环境压力问题，但是其成因，正是难以做出太大改变的"资源禀赋"国情和能源价格形成机制

---

① 林伯强、牟敦果：《高级能源经济学》（第二版），清华大学出版社 2009 年版，第 149 页。
② 参见亚洲开发银行2006年报告 "Energy Efficiency and Climate Change Considerations for On-road Transport in Asia"。

改革攻坚难题等"慢变量",所以"以煤为主"的局面很难在短期内摆脱,应当视为一段时期经济发展的基本国情来寻求特殊的针对性。这些就不仅限于能源经济范畴了。

三、对基本国情的认识:"三重叠加"的"半壁压强型"发展制约

(一)实证量化考察:"划线"与"不划线"的迥异

尽管"胡焕庸线"的提出首先与人口密度相关,但是随着国内外学者对它的深入研究,不难发现该划分线下有诸多"巧合":从气象角度看,"胡焕庸线"与400毫米等降水量线重合;从地貌角度看,线东南部以平原、水网、丘陵、喀斯特和丹霞地貌为主,线西北部以草原、沙漠和雪域高原为主;从产业渊源来看,线东南部自古以农耕为主,线西北部自古以游牧为主,该线至今仍是农牧交错带,并是玉米种植带的西北边界。不仅如此,按照中国科学院国情研究分析小组根据2000年资料的统计分析结论,线东南部以占比为43.18%的国土面积供养了占比93.77%的人口,且集中了95.70%的国内生产总值(GDP)。从这些视角给予的启示出发,"划线"与"不划线"的不同考量下得到的迥异结论,足以发人深省。

1. 人口密度

"不划线":若不考虑"胡焕庸线"的存在,基于世界银行《世界发展指标》发布的2012年数据,以平均密度作为衡量标准,中国人口密度仅排名第11位(如表1所示)。中国人口平均密度是141人/平方公里,较美国人口的平均密度32人/平方公里,是在其4倍之上。

"划线":但若考虑"胡焕庸线"两边的不同情况,线东南部所占人口比重为94.2%而所占面积比重为42.9%,为统一口径以方便进行对比,按[135069(万)×0.942]/[960(万)×0.429]进行换算,可得到线东南部的人口密度为309人/平方公里,与美国人口密度相比,这时要高出接近10倍!由此可见,是否考虑胡焕庸线的存在,对中国人口密度相关基本国情的认识至关重要。可以说,作这种考量便直接揭示了中国绝大多数居民所处的区域在人口密度方面的实际

现状。划线后中国东南部的占 94.2% 比重的居民如按生存环境中的人口密度指标，便会相当于表 1 排序中的第 5 位，而不再是第 11 位。

表 1　2012 年全球前 20 名高人口密度国家排名

排名	国家	人口（万人）	面积（万平方公里）	密度（人/平方公里）
1	孟加拉	15,469	14.40	1074
2	印度	123,668	328.76	376
3	日本	12,756	37.78	338
4	菲律宾	9,670	30.00	322
5	越南	8,877	32.96	269
6	英国	6,322	24.48	258
7	德国	8,188	35.70	229
8	巴基斯坦	17,916	80.39	223
9	意大利	6,091	30.12	202
10	尼日利亚	16,883	92.38	183
11	中国	135,069	959.70	141
12	泰国	6,678	51.40	130
13	印度尼西亚	24,686	191.94	129
14	法国	6,569	54.70	120
15	土耳其	7,399	78.06	95
16	埃塞俄比亚	9,172	110.36	83
17	埃及	8,072	100.15	81
18	墨西哥	12,087	197.26	61
19	伊朗	7,642	164.80	46
20	美国	31,391	982.66	32

数据来源：世界银行 2013 年发布的《世界发展指标》

2. 汽车空间密度

汽车保有量（Car Parc）一般是指某一地区社会居民拥有的汽车数量，通过在当地登记的车辆来统计，不包括摩托车、农用车等。根据美国汽车行业权威杂志《沃德汽车世界》（Wards Auto World）2011 年的统计数据，从绝对数量上来讲，美国是目前世界上最大的汽车拥有国，汽车保有量为 2.4 亿辆，而中国次之，汽车保有量为 7800 万辆。按照国际比较惯例，一般是从人均数量上进行比较，那么 2010 年全球汽车平均保有量为 1:6.75（即平均每 6.75 人拥有一辆汽车），美国汽车平均保有量为 1:1.3，而中国的汽车平均保有量为 1:17.2。若简单从此数据来看，中国汽车保有量与世界平均水平及美国水平相比，增长空间似乎还很大。若从汽车空间密度的角度看，如不考虑"胡焕庸线"的存在，鉴于中国与美国领土面积大小几乎相当，粗略计算下来，中美汽车平均空间密度比，应为 2.4:0.78。然而实际上中国的汽车数量的分布大都集中在线东南部，若将这一总量按 94.2% 的人口占比还原至这一面积占比为 42.9% 的国土上，中美汽车平均空间密度比为 2.4:1.71（7800 万辆 × 0.942/0.429），即中国在如此低的汽车人均保有量前提下，东南半壁已达到与美国汽车空间密度近乎相当的水平。

3．能源消耗空间密度

若以煤炭消耗的数据作为比较的依托（为统一口径，我们采用美国能源信息署（EIA）公开发布的 2011 年数据进行比较），美国煤炭消耗总量为 8.56 亿吨，中国煤炭消耗总量为 34.5 亿吨，从总量上来看，中国煤炭消耗总量是美国的 4 倍有余。进一步分析煤炭消耗的空间密度：若不考虑"胡焕庸线"的存在，鉴于中美两国领土面积相当，可大致得出中国煤炭消耗空间密度也大约是美国 4 倍这一结论。然而，由于中国煤炭的消耗主要集中于线东南部，若将此消耗总量还原至这 42.9% 的国土上，便会得出中国煤炭消耗总量的空间密度（可称为国土面积上由人均消耗量合成的此单位面积上的消耗压强）在东南半壁实际已达到美国的 10 倍有余。

此外，从中国科学院得出的占比 43.18% 的国土面积上集中了 95.70% 的 GDP 这一结论进行倒推，也可看出中国平均数据掩盖了线东南部与线西北部之间发展状态的巨大反差。这种掩盖导致中国国情之中许多突出尖锐的问题由于"平均数"处理而得以美化、淡化，许多切实存在的尖锐问题平由于摊到全部国土面积上，而几近钝化于无形。

当然，类似的"局部高密度"问题在其他国家或地区也存在，如美国的纽约市、韩国的首尔区域、墨西哥的墨西哥城区域等，但主要经济体中以近乎居中"一分为二"的轴线而使整个国土上的情况在线两边判若云泥的案例，却极为罕见，这种情况应当归属为"特殊国情"问题。我们把此特殊国情状态称为"半壁压强型"能源、环境问题。（请注意：如果说美国约 40% 的东部国土也居住了大于 40% 的人口，那么且不说其东部人口远不及中国约 19/20 的比重，只需考虑美国总人口规模仅为 3 亿左右而国土面积却与中国大体相当，其"半壁压强"的量度怎么能和有近 14 亿人口的中国同日而语？）

（二）在"胡焕庸线"因素之上压缩型—密集式发展阶段因素的叠加

在"胡焕庸线"这一思考线索的启发下，前面以中国的人口密度、汽车空间密度及能源空间消耗密度等作为代表性指标，可得到中国资源环境问题的真实压力（压强值）较普通指标反映的程度远为严峻的基本结论。而与此同时，我们还需要将另一个重要现实叠加在此项认识之上，即中国近几十年来施行的，以改革开放中经济进入起飞状态为主要标志的"压缩型—密集式"发展阶段带有粗放特征的外延型高速增长，使又一层资源、环境压力也高密度地叠加于"半壁压强型"国情带来的能源、环境问题之上，势必使资源压力、能源消耗、环境污染等问题的严重程度随之升级。人口密度、汽车空间密度、能源消耗空间密度，再加上"压缩饼干式"和粗放式外延型发展阶段中超常规的高峰期密度提升系数，势必引发高压力区和高压力阶段上叠加而成的矛盾凸显。

按照《2005 中国发展报告》[①] 中采用的统计口径（单位：千克油当量/美元），美国 1980 年、1990 年、2001 年的单位 GDP 能耗分别为 0.47、0.23、0.15，日本的数据分别为 0.22、0.10、0.08，中国的数据则为 1.04、1.24、0.49。1980—1990 年间，中国的经济处于起飞阶段，但增长方式多以资源—投资密集式增长为主，单位 GDP 能耗呈现攀升趋势。随着深化改革扩大开放、确立社会主义市场经济体制、转变增长方式等一系列重大变革，中国经济转轨中单位 GDP 能耗逐步降低，具体而言，2004—2013 年十年间，中国单位 GDP 能耗（单位：吨标

---

① 中华人民共和国国家统计局：《2005 中国发展报告》，中国统计出版社 2005 年版。

准煤/亿元）依次为：1.335、1.276、1.196、1.055、0.928、0.900、0.809、0.736、0.696、0.695，呈现出明显的逐步下降的趋势（详见图3），在很大程度上反映了我国经济随工业化、城镇化程度的加深而发生的结构上的转变。然而，我们又不得不认识到，虽然单位GDP能耗的绝对数值在不断降低，但是该数值与国际水平相比仍然很高。应清醒地认识到：进入新千年后，中国已明显降低的水平值才刚刚达到美国1980年的水平值，且是美国同期水平的3倍有余，是日本同期水平的6倍有余。

此外，中国的钢材、水泥消耗总量均在全球前三位之中，且生产中单位GDP能耗均高于发达国家数倍之上。目前我国电力、钢铁、有色、石化、建材、化工、轻工和纺织等8个行业主要产品单位能耗平均比国际先进水平高40%；钢、水泥和纸板的单位产品综合能耗比国际先进水平分别高21%、45%和12%。[①] 对于国土面积与美国相当、能源资源比美国匮乏的中国而言，30多年黄金发展期在压缩型—密集式增长基础上叠加的多方压力与负面效应，主要集中作用于仅占国土面积42.9%的东南部区域之上，并通过"外溢性"方式以空气污染等影响更大范围（如"雾霾"已频繁出现，动辄打击大半个中国及周边区域），对可持续发展的层面势必形成极大压力，亟须正确认识、寻求出路。

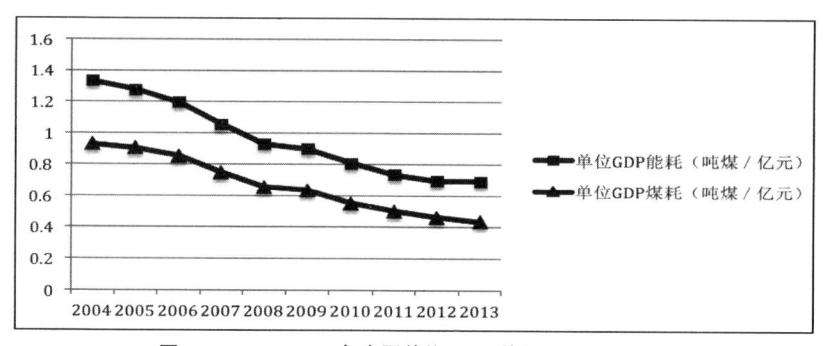

图3　2004—2013年中国单位GDP能耗和煤耗趋势图

数据来源：国家统计局官方网站（http://data.stats.gov.cn）

---

① 温桂芳、张群群：《能源资源性产品价格改革战略》，《经济研究参考》2014年第4期。

（三）中国基础能源"以煤为主"形成的第三层叠加因素

中国基础能源种类主要包括：煤炭、焦炭、原油、汽油、柴油、煤油、燃料油、液化石油气、天然气、电力等等。然而，从多方数据分析中不难发现，尽管种类繁多，但是中国基础能源仍然突出地呈现出"以煤为主"的特征，这也成为中国"半壁压强型"发展制约中不利于环保的第三层叠加因素。

从可得数据看，中国基础能源突出地呈现"以煤为主"的特征，主要可从以下几个方面描述。

1. 总量：所占比重最大

从表2数据可知，2004—2013年十年间，中国单位GDP煤耗虽有明显降低，但同期煤炭消费总量上升了66.83%，煤炭消费总量占能源消费总量之比仅从0.695∶1轻微下降为0.66∶1，仍有三分之二的分量。其占能耗的比重仍为最大，凸显能耗结构中"以煤为主"的特征不变。从相对值来看，如图4所示，煤炭始终居于突出的主力地位；从发展趋势来看，如图5所示，煤炭消费总量近十年来不断攀升，且从变化态势看来，未来一段时间仍有攀升的趋势，石油、天然气消费总量近十年来虽也呈现逐步增长趋势，但增长幅度远不如煤炭消费总量大。在近年原油、天然气进口依存度已明显攀升至近60%的情况下，客观地讲，中国已是"贫油国"状态，未来很长一段时间还看不到改变煤炭主力地位的相关可能性。

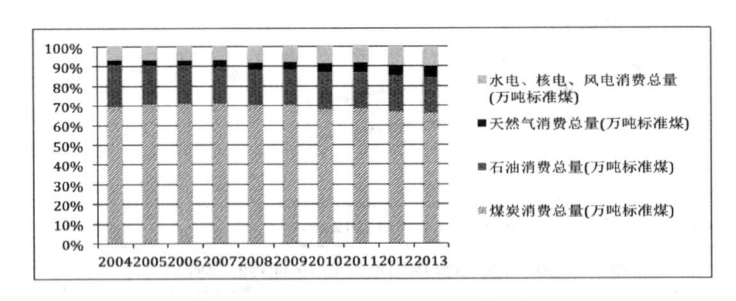

图4 2004—2013年中国能源消费结构柱状图（煤炭消费占比最高）

数据来源：国家统计局官方网站（http://data.stats.gov.cn）

表2 2004—2013年中国能源消费和单位GDP能源消耗数据表

年份	国内生产总值（万亿元）	能源消费总量（万吨标准煤）	煤炭消费总量（万吨标准煤）	石油消费总量（万吨标准煤）	天然气消费总量（万吨标准煤）	水电、核电、风电消费总量（万吨标准煤）	单位GDP能耗（吨标准煤/亿元）	单位GDP煤耗（吨标准煤/亿元）
2004	159,878.34	213,455.99	148,351.92	45,466.13	5,336.40	14,301.55	1.335	0.928
2005	184,937.37	235,996.65	167,085.88	46,727.41	6,135.92	16,047.80	1.276	0.903
2006	216,314.43	258,676.30	183,918.64	49,924.47	7,501.60	17,331.29	1.196	0.850
2007	265,810.31	280,507.94	199,441.19	52,735.50	9,256.76	19,074.54	1.055	0.750
2008	314,045.43	291,448.29	204,887.94	53,334.98	10,783.58	22,441.50	0.928	0.652
2009	340,902.81	306,647.15	215,879.49	54,889.81	11,959.23	23,918.47	0.900	0.633
2010	401,512.80	324,939.15	220,958.62	61,738.41	14,297.32	27,944.75	0.809	0.550
2011	473,104.05	348,001.66	238,033.37	64,728.37	17,400.10	27,840.16	0.736	0.503
2012	519,470.10	361,732.00	240,913.51	68,005.62	18,810.06	34,002.81	0.696	0.464
2013	568,845.21	375,000.00	247,500.00	69,000.00	21,750.00	36,750.00	0.695	0.435

数据来源：国家统计局官方网站（http://data.stats.gov.cn）

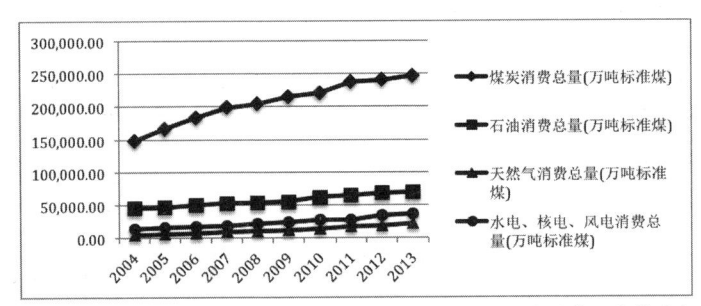

图5 2004—2013年中国能源消费分类别趋势图（煤炭消费仍在攀升）

数据来源：国家统计局官方网站（http://data.stats.gov.cn）

2．进口：攀升速率最快

如表3、图6所示，2004—2012年中国主要能源品种进口数据有如下特点：从绝对值来看，煤炭进口量增长幅度非常大，2004年还低于燃料油进口量，2005年即攀升至与燃料油进口量相当的水平。从2006年开始，煤炭进口量仅次于原油进口量，攀升至中国进口能源的第二位，并且于2011年前后呈现赶超原油进口量的趋势。2012年，原油进口量为27103万吨，而煤炭进口量则为28841万吨，已超过原油成为中国进口的第一大能源。从相对值来看，2012年煤炭进口量为28841万吨，约为2004年煤炭进口量1861万吨的15.5倍，远超同期其他能源进口的增长速率（具体数据：2012年原油进口量约为2004年的2.2倍，柴油进口量约为2004年的2.3倍，其他石油制品进口量约为2004年的4.0倍，燃料油、煤油、液化石油进口量为负增长），成为在种种制约因素和利益对比制约之下进口数量攀升速率最快的能源。

表3 2004—2012年中国能源分种类进口数据表

指标	2004	2005	2006	2007	2008	2009	2010	2011	2012
煤进口量（万吨）	1,861	2,617	3,811	5,102	4,034	12,584	16,310	22,220	28,841
原油进口量（万吨）	12,272	12,682	14,517	16,316	17,888	20,365	23,768	25,378	27,103
燃料油进口量（万吨）	3,059	2,609	2,799	2,417	2,186	2,407	2,299	2,684	2,683
柴油进口量（万吨）	275	53	71	162	624	184	180	233	621
煤油进口量（万吨）	282	328	561	524	648	612	487	618	91
液化石油气进口量（万吨）	641	617	536	405	259	408	327	350	359

续表

指标	2004	2005	2006	2007	2008	2009	2010	2011	2012
其他石油制品进口量（万吨）	384	443	443	689	666	1,153	1,731	1,648	1,548
汽油进口量（万吨）	/	/	6	23	199	4	133	3	/
天然气进口量（亿立方米）	/	/	10	40	46	76	165	312	421
电力进口量（亿千瓦小时）	34	50	54	43	38	60	56	66	69
焦炭进口量（万吨）	1	1	/	/	/	16	11	12	8

数据来源：国家统计局官方网站（http://data.stats.gov.cn）

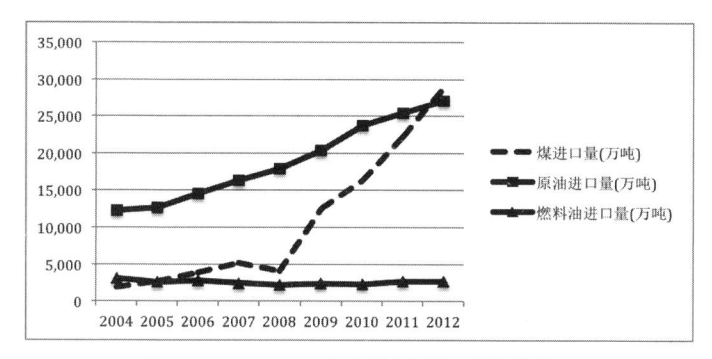

图6　2004—2012年中国主要进口能源趋势图

数据来源：国家统计局官方网站（http://data.stats.gov.cn）

3. 结构：产业中工业煤炭消费占比最高，工业中以发电消费为首

基于相关数据，我们可以得知：第一，工业煤炭消费总量在煤炭消费总量中占比最高。如表4所示，就2004—2012年中国煤炭消费总量的产业结构看，工业煤炭消费占比最高，历年来所占比重都在90%以上，并且呈现逐年攀升的趋势，2011年和2012年，这一比重甚至已经超过95%。

表4　2004—2012年中国煤炭消费总量产业结构表

	2004	2005	2006	2007	2008	2009	2010	2011	2012
煤炭消费总量（万吨）	207,561.29	231,851.07	255,065.45	272,745.88	281,095.92	295,833.08	312,236.50	342,950.24	352,647.07
工业煤炭消费总量（万吨）	191,864.98	215,493.30	238,510.23	256,202.76	265,574.20	279,888.52	296,031.63	326,229.97	335,714.65
工业煤炭消费占比（%）	92.4	92.9	93.5	93.9	94.5	94.6	94.8	95.1	95.2

数据来源：国家统计局官方网站（http://data.stats.gov.cn）

第二，工业煤炭中间消费中，发电中间消费煤所占比重最高。从绝对数值来看，如表5所示，在工业煤炭中间消费中，占据消费用途前三位的依次为：发电中间消费煤、炼焦中间消费煤和供热中间消费煤。从相对数值来看，如图7所示，前三种用途占工业煤炭中间消费的比重接近100%，且发电中间消费煤占比最高，一直保持在70%左右的水平。从趋势来看，如图8所示，供热中间消费煤水平基本稳定、稳中有升，炼焦中间消费煤增长趋势较为明显，发电中间消费煤曲线陡峭、增长幅度很大，且未来一段时期仍将呈现攀升趋势。

表5 2004—2012年煤炭中间消费结构表　　　　　单位：吨煤

年份	发电	供热	炼焦	炼油及煤制油	制气
2004	91,961.60	11,546.60	26,149.60	/	1,316.40
2005	103,263.50	13,542.00	33,167.10	/	1,277.00
2006	118,763.90	14,561.40	37,450.10	/	1,257.10
2007	130,548.80	15,394.20	39,659.00	/	1,491.80
2008	135,351.70	15,029.20	41,461.70	/	1,227.20
2009	143,967.30	15,359.70	43,691.70	/	1,150.70
2010	154,542.50	15,253.10	47,150.40	213.4	1,040.10
2011	175,578.50	16,834.20	52,959.90	345.7	870.5
2012	178,531.00	20,251.20	54,068.40	/	798.6

数据来源：国家统计局官方网站（http://data.stats.gov.cn）

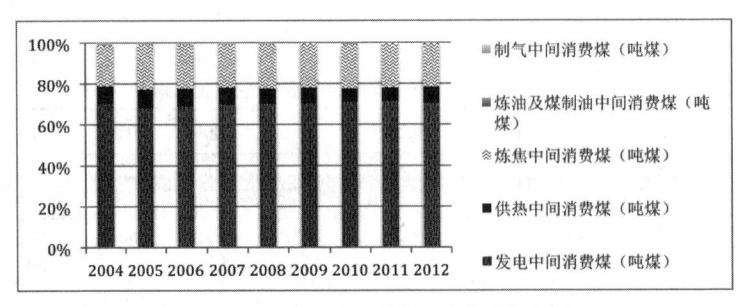

图7 2004—2012年煤炭中间消费结构比例图

数据来源：国家统计局官方网站（http://data.stats.gov.cn）

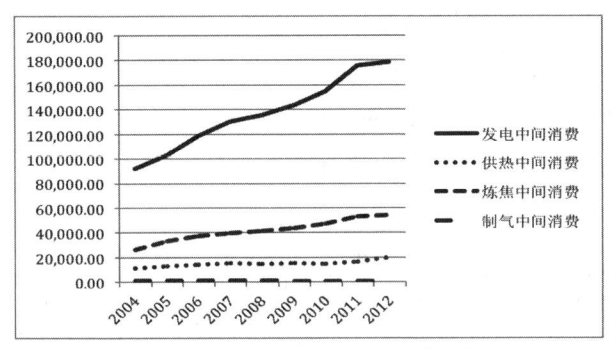

图 8 2004—2012 年煤炭中间消费趋势图

数据来源：国家统计局官方网站（http://data.stats.gov.cn）

第三，炼焦中间消费煤作为煤炭消耗的第二高，其最终目的是将煤炭能源转化成焦炭能源，而焦炭能源实际上百分之百是煤炭能源的间接利用。从我国焦炭能源使用的产业结构来看，主要是用于制造业焦炭消费和黑色金属冶炼及碾延加工业焦炭消费。

4. 能源生活消费中占比"超高"，是绝对主力

如表 6 所示，2004—2012 年中国人均主要能源生活消费数据，与电力、液化石油气等常用能源相比，煤炭消费量明显超出其他能源，占绝对主力地位。值得注意的是，生活煤炭主要是指生活中直接所用的煤制品（如：烟煤、无烟煤等），而不包括生活中所用热力能源和电力能源中间接涉及的煤炭消费，若将此部分还原至包括直接和间接的生活煤炭消费总量当中，占比更会大得多。

表 6 2004—2012 年中国人均主要能源生活消费量数据表

指标	2004	2005	2006	2007	2008	2009	2010	2011	2012
人均能源生活消费量	175.7	194.1	211.8	233.8	240.8	254.2	258.3	278.3	293.8
人均煤炭生活消费量	75.4	77.0	76.6	74.1	69.1	68.5	68.5	68.5	67.8
人均电力生活消费量	22.6	27.2	31.4	37.9	40.8	45.0	47.1	51.4	56.6
人均液化石油气生活消费量	17.8	17.4	19.0	21.2	18.8	19.2	18.3	20.5	20.7

数据来源：国家统计局官方网站（http://data.stats.gov.cn）；换算标准参照：国家发改委，《各种能源折标准煤参考系数表》

因为从表 7 看，2004—2012 年间，我国全部电力生产中，火电生产量占比为 83.0%—78.1% 的区间。按照这一 80% 左右的比例，如果将电力生活消费量折合成煤炭消费量，那么将使煤炭在生活消费中的"超高"占比更加突出（2012 年的数值将为 67.8+56.6×0.8=113.08 千克标准煤）。

表 7　2004—2012 年中国电力生产数据表

	2004	2005	2006	2007	2008	2009	2010	2011	2012
电力生产量	22033.10	25002.60	28657.30	32815.50	34668.80	37106.50	42071.60	47130.20	49875.50
水电生产量	3535.40	3970.20	4357.90	4852.60	5851.90	6156.40	7221.70	6989.50	8721.10
火电生产量	17955.90	20473.40	23696.00	27229.30	27900.80	29827.80	33319.30	38337.00	38928.10
核电生产量	504.7	530.9	548.4	621.3	683.9	701.3	738.8	863.5	973.9
风电生产量	/	/	/	/	/	/	446.2	703.3	959.8

数据来源：国家统计局官方网站（http://data.stats.gov.cn）

总之，中国基本国情下，在由本土资源储量、可用量决定的"资源禀赋结构"中最主要的能源产品是煤，以及"从煤到电"的具有"经济命脉"性质的能源供应链。对此格局，若企图改变，如再提高原油进口比例，已基本上无可操作空间；大力发展本土非煤的可再生能源，属"远水不解近渴"之安排，见效要经过较长期的渐进过程；以新一轮价税财联动改革改变"煤炭成本偏低"的比价关系和价格形成机制，将会有助于加快改变"以煤为主"的进程。但总体而言，在可预见的一个相当长的时间段内，中国"以煤为主"的基础能源供应格局，仍将是难以改变的基本现实，而众所周知，煤的开发、使用全过程对于环境、生态和社会的压力是显然大于、高于原油和天然气等品类的，更高于风电、太阳能电等可再生能源。且不提煤炭采掘中的安全事故问题，仅采掘后的地层塌陷、环境修复问题，运煤过程的洒漏与相关粉尘问题，特别是烧煤（包括火电、炼焦等）废气排放所带来的大气污染、雾霾肆虐问题，解决起来都尤为棘手。这一特点，在此前已分析的"半壁压强"格局、"密集式—压缩式"发展阶段的两重叠加之上，又客观地叠加了第三重环境压力，共同构成了我国能源、环境问题的特殊严峻性。

四、优化中国能源、环境战略必须把握的特殊针对性

如前所述,"半壁压强型"发展制约和它之上的多层压力叠加,是指来源于"胡焕庸线"的、现实存在的、影响中国发展进程的环境制约的第一层加压,加之特定发展阶段上"压缩型—密集式"粗放模式形成的环境压力的第二层叠加,再加之"以煤为主"的环境压力形成的第三层叠加。在这"三重叠加"之重压下,如何有针对性地优化中国能源、环境战略,应对挑战消解压力,可谓意义重大。非常之局,当需非常之策,且势在必行、时不我待。考虑到中国极特殊地面临的这种发展制约,在优化能源、环境战略中,应特别注意规避"发展悖论"与"发展陷阱",基于对中国特殊现状的正确认识和相关事项的全面、深入分析,提出具有针对性的、可以切实践行的能源、环境战略。

比如,关于中国"以煤为主"的能源结构我们已经在上文中做了说明:对环境压力尤其大的煤,在能源消费总量中所占比重最大,在进口能源中攀升速率最快,在生活能源消费量中所占比重"超高"。据美国能源署数据显示,中国煤炭2011年消耗总量为34.5亿吨,是美国的4倍有余,占世界煤炭消耗总量的一多半,这些都是经济发展中的现实。因此,相关问题也接踵而至:为何摆脱不了以煤为主?回应这一问题的过程正是揭示优化中国能源、环境战略中所需要把握的特殊针对性的过程。鉴于中国煤炭消费有90%以上集中在工业,而工业煤炭消费则主要分布于发电、炼焦和供暖(其中,由于炼焦只能用煤,所以不仅是"以煤为主",而且是百分之百地以煤为原料,可以说是煤炭能源通过炼焦这一环节而转换为其他能源)所以在这里我们只需从发电和供暖两大角度、针对能源使用结构来讨论为何无法摆脱煤炭作为最主力能源的现状。

(一)发电方面为何摆脱不了"以煤为主"局面

从发电耗能的结构上来看(详见表7和图9),中国目前水力发电在全部发电产能中占比已远不足20%,核电占比低于3%,并且随着前一段时间国家已经明确不在沿海之外的地方布局建设核电站的政策规定,核电的比重可能还将下

降，与此同时，可再生的风能、太阳能等清洁能源虽然已经在努力开发，风能发电在近三年投入使用以来增长率也十分可观，但毕竟基数很低，从总体能源供应上来看难挑大梁。太阳能发电方面，局面更是几近荒唐：各地迅猛发展的光伏产业在消耗资源、造成一定污染、终于生产出可以产生清洁能源的光伏电池产品之后，若干年间98%以上只能走出口渠道[①]，卖给环境比我们更清洁的外国人造成这种现象的直接原因是按照我国电力部门的体制机制，光伏电池无法入网（其实并不存在技术攻关方面的"硬障碍"问题，而是直接涉及配套改革里面"啃硬骨头"的触及既得利益的体制问题）。

总之，未来可预见的一个时期，我国水电、核电比重可能会继续下降，太阳能电、风电难挑大梁的局面亦无法出现根本改变，电力供应的重担大部分还是要落到煤炭支撑的火力发电上。

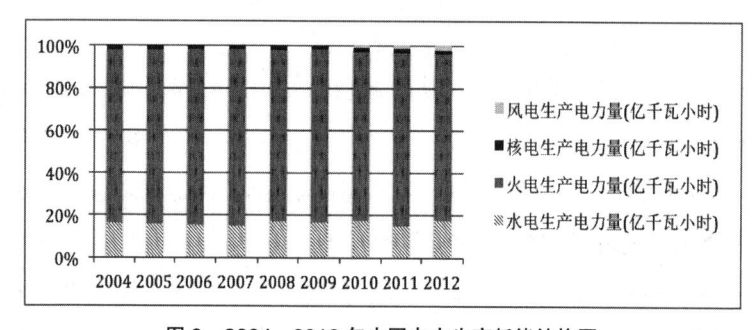

图 9　2004—2012 年中国电力生产耗能结构图

数据来源：国家统计局官方网站（http://data.stats.gov.cn）

（二）取暖方面为何摆脱不了"以煤为主"局面

取暖方面摆脱不了"煤炭为主"，源于中国现阶段的取暖模式和替代能源两个方面。

[①] "由于中国光伏产业链末端光伏发电市场尚未启动，98%的国产光伏组件出口国外。"（《小议我国光伏产业链的薄弱环节》，http://www.windchn.com/solar/wfview000401683.html。）"太阳能电池 98% 出口国外，相当于间接大量出口能源。"（《六行业产能过剩 发改委将进行重点调控》，http://news.10jqka.com.cn/content/614/810/077/61481077.shtml。）

第一，取暖模式：北方城市以集中供暖为主，能源消耗的主要方式是"强制消费"式的煤炭能源；北方农村、南方城乡均以家庭自供暖方式为主，主要依靠煤、木炭和电力，其中电力主要还是间接依赖煤炭能源。虽然南方已有依靠天然气供暖的情况，但面临着价格昂贵而消费不起难以推广的局面。

第二，替代能源的困窘：以"生物柴油"为例。美国供暖采用的生物柴油（Biodiesel）是由动植物油脂（脂肪酸甘油三酯）与醇（甲醇或乙醇）经酯交换反应得到的脂肪酸单烷基酯。然而，这种十分清洁的能源尽管在法律、政策等层面已开始得到有力保障，但目前在我国推行仍存在着突出的矛盾与困难：首先，原材料很难满足需求。生物柴油的生产技术含量并不算高[①]，我国早已能自主生产，原材料一般以地沟油、餐饮垃圾油、油料作物（大豆、油菜籽等）为主。但这样的原料在生物柴油的实际产业链供应中经常断裂，主要原因有三：一是我国目前对废弃的食用油尚无统一回收政策，供给方面经常产生恶意囤积地沟油等原材料的现象；二是养猪等行业对地沟油和餐饮垃圾油的需求竞争；三是地沟油经非法渠道转为食用油出售比卖给生物柴油生产厂家利润更高。除原材料很难满足要求以外，还有经济可行性问题：生物柴油这种具有很高正外部性的能源产品，无论使用物理法还是化学法都面临生产成本过高的问题，若无补贴地在市场中推行，基本没有价格优势。

总之，以上分析都是为了充分论证：在中国，"半壁压强型"格局加上"密集式—压缩式"发展阶段，再加上以"煤炭为主"的能源结构对发展形成了"三重叠加"的能源—环境制约，同时，与之相随的各项排放（废气、废水、废物等）所造成的环境压力，也集中于"胡焕庸线"东南部，即"半壁压强型"发展制约正在持续不断地引发"半壁压强型"排放问题。当我们认识雾霾（大气污染）、蓝藻事件（水污染）等现象时，需要抓住这个真实背景，再做出通盘

---

① 例如："中国科学院兰州化学物理研究所的科研人员利用废弃食用油制备生物柴油的技术获得国家发明专利……该技术主要采用废餐饮食用油为原料，复合催化剂一步反应，反应温度降低到 60 摄氏度，工艺过程简单，反应周期短，反应温度低，能耗低，且生物柴油收率高达 92%。利用该项技术制备的生物柴油可直接替代柴油，也可与柴油按一定比例添加使用，具有优良的环保性能和可再生性。"（白浩然：《废弃食用油制备生物柴油新展望》，《科学时报》2010 年 10 月 18 日。）

分析、深入探究，才能引出正确对策。

五、与"供给管理"的天然联系和特定的要求

在对"半壁压强型"之上的"三重叠加"发展制约形成清醒认识的基础上，优化中国能源、环境战略策略所必须把握的特殊针对性，及其对于"供给管理"的天然联系和特定要求，也就呼之欲出。中国经济学人在世界金融危机冲击之后的学术理论反思之中，已涌现了侧重供给侧研究的研究群体和一批聚焦"供给管理"的成果[①]，亦对于本篇下面的分析认识提供了很有价值的铺垫和启示。

前述的"三重叠加"都关联特定国情之上的结构问题。在这类结构问题必然紧密关联供给问题的基础上，中国目前还存在着缺乏能源开发顶层规划、由于投资总量过度和结构不良导致的产能过剩、很大程度上由于粗放低效造成的能源浪费，以及缓解这些问题迫切需要的制度供给明显不足等问题。

（一）"问题导向"引出的供给侧挑战

突出问题1：能源开发利用缺乏顶层设计、通盘规划

以"电"为例。全国范围内社会生产生活所需的电力资源涉及火电、水电、核风、风电、太阳能电等。前已述及，可预见的将来，中国还不得不以烧煤发出的火电为最主要的电力能源供给方式。相关的战略层面的顶层规划需要包括：(1) 火电与水电、核电、风电、太阳能电等在中长期如何协调配合地发展；(2) 各类电力供给特定领域内的行业发展如何规划；(3) 最为主力的火电发展中的重大关系如何处理：怎样考虑坑口电站（所谓坑口电站，是指在煤的原产地建设的大型电站。它的优势是煤一采出可就地发电，节省煤炭的运送成本，煤产电后可直接输出，但会相应提出对输变电网建设的新要求）、非坑口电站的布局和运煤路网、输电网的布局？——因为我国铁路运输中一般情况下约有50%的运力是在运煤。根据国家统计局发布的2012年国家铁路主要货物运输

---

① 贾康主编：《新供给：经济学理论的中国创新》，中国经济出版社2013年版。

结构数据（源数据详见国家统计局官方网站），国家铁路全年主要货物运输量为322345.58万吨，其中煤货运量就达到168515.29万吨，占比达到52.3%，而运送的煤大部分是运去发电，在发电高峰季节，运力中用于运煤的占比可升高至70%。未来如多建坑口电厂，会减少铁路运输方面的压力，节省一部分相关的投资，但会增加输电网络的投资需要。到底如何筹划布局，涉及大量复杂的专门研究和全局视野下的高水平综合规划设计。

上述这些结构处理问题的有效解决方案，是地方政府和企业集团以"试错法"提供不出来的，只能依靠中央政府组织高水平的专家群体来协力提供。在未能形成通盘解决方案之前，关于如何以财政资金支持相关的开发建设，也是无法形成扎实可靠的决策依据的，因为如果我们无法看出某个电力产能建设项目或电力供应配套项目，作为"棋子"在棋盘全局中的地位、作用及其与其他棋子的相互关系，那么怎么可能合理掌握先后顺序、轻重缓急、资金投入力度等问题呢？在缺乏顶层设计通盘规划的情况下，未来发展中我国能源结构性的矛盾问题势必更加严峻。

突出问题2：产能过剩造成能源浪费后面的体制性原因

产能过剩的实质是投资过度。我国产能过剩在相当大程度上是政府以投资拉动经济增长中过度干预市场和经济运行的必然产物，主要属于"体制性产能过剩"，即我国现阶段产能过剩主要是由于政府在GDP、税收、就业等导向下，通过运用手中的经济权力和政治权力，强力干预市场、大幅度拉低各项要素价格，对企业投资、生产经营活动产生强烈的不当刺激所致。投资过度结构不良造成的产能过剩，势必造成能源的浪费，使本就严峻的能源问题和环境问题雪上加霜。

突出问题3：雾霾等环境威胁愈演愈烈，治理所需的制度供给问题最值得重视。

雾霾是以PM2.5为主要构成因素的大气污染状态，中国2013年遭受雾霾之苦的省市已达30个，京津冀地区尤其严重，年内仅有少数时间不是雾霾天气，"民怨沸腾"而管理部门高度焦虑，实已形成了环境危机局面。尽管目前对雾霾的成因尚无清晰细致分析，但与工业化、城镇化推进中能源消耗的"煤炭依赖"，以及汽车尾气排放显然存在直接关联。可以洛杉矶雾霾和伦敦雾霾为鉴：

美国洛杉矶于1943年第一次遭受雾霾的袭击，并于接下来的50年持续处于一边忍受雾霾、一边坚持治理的状态中。据当时加州理工学院的荷兰科学家分析空气成分得到的结论，洛杉矶雾霾的罪魁祸首是汽车尾气中的二氧化氮和碳氢化合物。英国伦敦于1952年开始连续数日遭受大雾侵害，治理雾霾的工作也与洛杉矶类似，持续了几十年之久，而伦敦雾霾的罪魁祸首主要源自燃煤采暖及以煤为主的火力发电站中煤炭燃烧产生的二氧化硫、二氧化碳、一氧化碳及烟（粉）尘等污染物。据中国国家统计局数据显示，2012年中国废气中主要污染物排放构成为：二氧化硫排放量约为2118万吨，氮氧化物排放量约为2338万吨，烟（粉）尘排放量约为1236万吨。若把洛杉矶雾霾的成因和伦敦雾霾的成因对照到中国现状来看，雾霾不时笼罩中国也就并不奇怪了。

作为一个后发经济体，中国本来有借鉴它国经验、避免重走"先污染，后治理"老路的可能，但为什么却未能如愿，反而表现得甚至"有过之而无不及"？防治环境危机不力，后面的制度供给问题最值得重视。在国情、阶段特征等基本不可选择因素之外，可塑性高的制度机制因素方面现存的重大缺陷，对雾霾等环境问题的恶化难辞其咎，即我国目前环境问题的重大原因来自于机制性的资源粗放低效耗用问题，涉及煤、电、油，恶化空气、水、环境，形成不良传导链条。比如：在我国一般商品比价关系和价格形成机制基本实现市场化之后，国民经济中基础能源这一命脉层面"从煤到电"（又会传导到千千万万产品）的产业链上，却存在着严重的比价关系和价格形成机制的扭曲、非市场化状态和由此引出的"无处不打点"的乌烟瘴气的紊乱局面，并且以表面上的"煤价、电价低廉"助长着粗放式、挥霍式、与节能降耗背道而驰的增长状态和消费习惯，在现实的比价关系和利益相关性的感受之下，社会中的主体几乎谁也不真正把节电、节水当回事！而在我国，节电、节水，实际就是节煤，就是抑制、减少雾霾。

我国现实生活中存在两大悖反现象：一方面，官方反复强调科学发展、包容性可持续增长，但实际进展在部门利益、垄断利益的阻碍下步履维艰，在煤、电方面亟须推进的建立健全以经济手段为主的节能降耗长效机制的改革，一拖再拖；另一方面，公众对环境恶化和雾霾"怨声载道"，但一说到资源税、环境税等改革，却又会由其"加税"特征引发一片反对声浪，甚至有人会跳着脚骂娘，很不认同这种会牵动利益关系的经济调节方式。上述这种政府、民众两大方面的悖反和荒谬状态，导致"科学发展"、"生态文明"迟迟难以落地。我们必须依靠着眼全局、前瞻长远、逻辑清晰、设想周全的改革设计，与以更大决心、勇气、魄力和智慧构成的改革行动来破解悖反，把中国来之不易的现代化发展势头和仍然可能在相当长时期内释放的较高速发展和"升级版"发展的潜力，真正释放出来。

实话实说，节能降耗方面政府以行政手段为主的选择式"关停并转"的操作空间有限，仅适合为数不多的大型企业；以法规划定"准入"技术标准的"正面清单"方式，逻辑上说可约束中小企业，但如果以此为主导操作，一定会产生为数众多、防不胜防的"人情因素"和设租寻租，发生事与愿违的种种扭曲和不公，效果亦不具备合意性。面对国内业已高达 6000 万户以上的海量市场主体，真正可靠、效应无偏的转型升级出路和可充当主力的调控长效机制，是通过改革，以经济杠杆手段为主，让本应起决定性的配置资源作用的市场力量充分发挥公平竞争中的优胜劣汰作用，"内生地"、全面地、可持续地依托社会主体的利益考量自觉践行"节能降耗"，把真正低效、落后、过剩的产能挤出去，进而引发出一个绿色、低碳、可持续的经济社会发展"升级版"。

（二）对"供给管理"的特定要求：使管理调控与特定针对性相合

适应国情、优化结构、协调规划、制度建设等问题，都是有别于"需求管理"的"供给管理"问题。在世界金融危机发生前后，中国不论是在存在较明显的流动性过剩和通胀压力的情况下，还是在其演变为流动性不足和通缩压力的情况下，针对某些领域的有效供给不足、投入滞后的结构性供需失衡，都十分需要运用政府理性的供给管理作用来强化经济社会的薄弱方面和"短线"领域。节能降耗、生态保护、自主创新等，恰是无法通过需求端总量调节来达成目标的，亟须运用结构性对策通过"供给管理"加大某些要素投入的力度和促进相关机制创新改进加强经济社会中的薄弱环节，以改进总供需的平衡状态和提升经济发展的可持续性。优化中国能源、环境战略对"供给管理"的特定要求，至少可从以下几方面来认识。

1. 资源开发和能源结构优化需要中央政府通盘规划中的顶层设计供给

比如，在全面考虑中国资源约束与进出口调节可能性等因素的前提下，对于全国电力中长期供给整体结构中有多少火电、水电、核电和风电、太阳能电等，迫切需要通过高水平的电力供应顶层规划通盘考虑、动态优化。这种顶层规划需要依靠中央政府合理有效的"供给管理"来实现，因为它注定无法依靠眼界相对狭窄的地方政府和分散的企业与企业集团在各自的自主、自发行为层面，通过"试错法"来形成一个具有长期合理性的格局。必须由中央政府牵头来形成优化布局，这正是中国政府体系转变职能中的重大问题，也是正确处理政府和市场关系核心问题的一个组成部分。这种顶层规划客观上需要多方面、多层次的战略一起配合，发挥矩阵型功效。例如电力行业的顶层规划，需要由整体能源战略的顶层规划来覆盖，在对火电、水电、核电和可再生能源的通盘考虑中，还应当特别注重火电与煤炭行业、环保行业发展规划的协调衔接，以及与交通运输网建设、输变电网建设的良性互动等。

2. 消除产能过剩需要政府"深化改革"的相关制度供给

为求尽快解决我国产能过剩导致的资源、能源低效配置和浪费问题，关键在于真正让市场在总体资源配置中起决定性作用，着力通过深化改革和全面配套改革形成的"制度供给"，消除政府不当干预生产要素价格而形成的种种扭曲的体制土壤，推动政府以维护公平竞争和市场"优胜劣汰"机制为其基本定位，恢复正确的价格信号，通过比价关系和价格形成机制的市场化及其"优胜劣汰"功能，消除体制性产能过剩。

3. 解决雾霾危机，倒逼供电供暖"能源清洁化"与重化工业、汽车产业等的技术供给和相关制度供给实现创新升级

为缓解雾霾压力，对煤而言，除已提及的尽量控制和减少煤炭在全部能源组合中的比重，即控制、降低煤炭依赖度之外，显然还必须大力促进煤炭使用、消耗中的清洁化，以供给管理手段激励煤炭能源绿色化技术的开发与利用，以及进一步开发"生物柴油"等清洁能源。鉴于中国很长时期内无法改变"以煤为主"的能源结构格局，更应特别注重以煤转电能、煤液化、零碳排放技术（碳捕获技术）和清洁煤技术等为主的煤炭能源绿色化。重化工行业的节能降耗

减排治污，显然也是治理雾霾的一大重点，相关的技术创新迫切需要得到制度机制创新的支撑来释放潜力与活力。以煤炭资源税"从量变从价"切入的改革及其带来的新一轮价税财联动配套改革，对此将有重大的意义，会通过在全产业链传导的比价关系和价格形成机制调整优化，促使千千万万分散的企业出自利益动机"内生地"千方百计节能降耗和努力开发有利于节能降耗的工艺、技术与产品。另外，大力加强新能源汽车和电动汽车的研发也势在必行，雾霾问题的严峻性正在倒逼汽车行业技术升级和机制变革。中国政府早已向电动汽车的购买者提供每辆车3.5万元到6万元之间的补贴，但囿于充电条件等原因，国内在使用电动车方面的进展不大。近来随着进口电动汽车高调进入中国汽车市场的冲击，亟须我们正视和借鉴这方面以美国为代表的国际经验。美国电动汽车特斯拉集团创立于2003年，短短几年时间已发展为国际电动汽车的领跑者之一。回顾特斯拉的诞生，可发现三个关键要素：一是特斯拉之父马斯克和艾伯哈德对其研发的战略谋划的巨大魄力，二是两大投资人的慧眼识英，三是政府在特定阶段上的大手笔政策性融资支持。① 分析表明，特斯拉有如下特色经营：一是将产品本身定位为高端电动跑车，锁定全球市场空白；二是以英国莲花汽车作为科研技术转化为生产力的桥梁，迅速推向市场；三是营销方面采用饥饿营销、限量供应及顶级名人效应；四是针对市场关注重点明确给出未来预期：如在中国将考虑首先于京沪线配建充电系统。特斯拉的创立和发展模式无疑为正在大力推行创新之路的中国带来了许多启示：美国的政府和学界在金融危机之后虽然并未在理念上如何强调供给管理，但在实践中，美国人供给管理的作为却如此可圈可点！政府在延续硅谷"无为而治"式传统的同时，却实质性地添加关键点上政策性大规模优惠贷款的发力。中国在国内市场经济体制尚未建设到位、创新又尤其需要政府推动和引导的现状下，仅依靠需求端的总量调节显然很难在国际竞争中成功追赶，亟须从供给端发力，以理性的供给管理推动

---

① "2009年3月，特斯拉的家庭用车Model S原型完成。力推新能源战略的朱棣文和奥巴马参观了特斯拉工厂，马斯克拿到了能源部4.65亿美元低息贷款用于Model S量产。2010年7月，特斯拉在纳斯达克上市。2013年第一季度实现盈利，股票一度涨到100美元左右，先前无数质疑的声音都改口称赞它是未来。"参见蒲实：《埃隆·马斯克：无限的创想与意志的胜利》，《三联生活周刊》2013年第39期。

电动汽车等一系列环保产品、产业的创立与成长。在面对"特斯拉"们对全球市场的布局时,我国政府更需要以多种手段引领本土厂商"与狼共舞",在开放式竞争中跟上第三次产业革命的大潮,在着力寻求合作共赢中,以机制创新的组合调动和发挥技术上的"后发优势"的潜力、努力最终实现自主创新、集成创新和引进消化吸收再创新所合成的技术赶超,助力雾霾危机因素的控制和化解。

六、供给端发力的路径探析及对策重点

基于对"半壁压强型"基本国情之上"三重叠加"等的分析认识,以及对优化能源通盘规划、消解产能过剩、创新体制机制供给等供给侧问题的勾画,已引出本篇论题对于"供给管理"的天然联系和特定要求。服务于中国能源、环境战略策略的"供给管理",可考虑以"顶层规划—战略策略—政策倾斜"路径展开:第一,尽快弥补能源开发利用缺乏高水平顶层规划而导致的横向结构战略空白,修正误区;第二,在顶层规划指导下的战略和策略应充分注重协调性和可操作性,细化到切实解决纵向贯彻落实中操作层面的问题;第三,以横向、纵向的供给要素到位为坐标系,有针对性的合理政策倾斜应切实跟进,起到矩阵型调节作用。其后,我们主要的具体对策建议是,政府管理当局应聚焦于环保绿色低碳取向的"现代国家治理"体系、以经济调节手段为主实施节能降耗和升级换代、完善环境税收和政策性金融服务、破解过度垄断,以此来优化供给管理。

(一)路径探析

1. 顶层规划

在国内近年来各界已热议行政架构方面成立能源部或能源委的背景下,目前中国能源开发和使用领域却延续着计划经济色彩极其浓重、以多部门多头行政审批占据主导、管理体系权责不明、能源巨头各自为政、相关部门缺乏有效协调合理联动、监管实效乏善可陈的尴尬局面。更加深入地对这些问题进行考察,可得到如下认识:第一,中国主管能源的行政管理部门脱开了"全景图"

的局部、点对点调控，使管理范围极宽泛，从某规划到某项目和某项价格，从准入到行为，处处扣死，延续着计划经济的强势手段，导致行政审批权大如山，绩效却差（例如："十五"初期行政规划不当导致其后全国持续3年缺电，基于此相关部门在一年里批出2亿多千瓦的巨额电力投资项目，并继续于"十一五"期间审批了2亿—3亿千瓦的规模，至"十二五"才开始着手调整，供需如此大起大落，难现大致均衡状态）。第二，能源不似其他许多产业部门出现决策失误可慢慢回调，"痛苦度"较低。一旦能源决策出现较大失误，且不论中国的现状是责任无人承担，即使有相关主体勇于站出来认错，也需要很长的扭转和调整期，"阵痛"绝非一朝一夕，其造成的能源浪费和低效问题（包括匮乏中的"强制替代"，如企业遇停电改以小柴油机组发电等）更是不计其数——对于中国这样能源—环境约束严峻、又正处于工业化、城镇化加速转轨时期的经济体而言，正可谓能源无小事。第三，在缺乏顶层设计和有效的通盘协调机制的同时，能源管理体系可谓错综复杂——石油、煤炭、天然气、电力、热力等，家家都以"老大"自居，各自为政；产业全链条上煤炭这样的主力能源，其开发、利用、消费事宜与多部门联系紧密，却往往于处理环节上权责不明、相互推诿、拖延无期、互不买账。第四，显然，作为我国主力能源供给的火力发电方面的电厂电站规划、建设，与国土资源开发通盘规划和交通网、输变电网等发展战略规划，必须结合在一起，纳入顶层规划的完全体系，因为只有如此才能在体现全貌的"全景图"下真正处理好结构优化、节能降耗、升级换代和投入支持、行业监管、体系动态优化、持续运转等相关问题。

2．战略思维与策略要领

顶层规划下还必将涉及一系列战略权衡和策略选择。战略谋划层面有所确定后，策略考虑也带有"细节决定成败"的意义和影响力。以电力系统为例，在对电力产业格局制定相对清晰的顶层规划之后，接下来就涉及全套战略部署的确定。比如在火电、水电、核电、风电、太阳能电的通盘部署有了全景图的情况下，如何以火电产业升级换代、提高煤炭清洁化使用水平和能源使用效率等为重心，制定出水平合格的战略设计和相关的明确要领，包括如何加大可再生能源的利用空间，尽快推动太阳能电在财政补贴支持下竞价入网，如何推行煤炭的清洁化使用技术，等等。战略选择还联系到一系列更为具体的策略性、技术性考虑，例如火电中坑口电站的建设，必须根据坑口电站建设所受到的自然条件和配套设施建设等条件约束进行细致比较选择后布局，比如是否选择在某一主力煤矿坑口的那个具体位置上建设主力电厂。就目前我国铁路运力至少50%用于运煤的现状来看，更多兴建坑口电站节省的将是铁路运输能力投资，同时也能够节省一些与之相关的附带投资，但与此同时，又需要增加输电网建设投资，权衡比较之中，对地理、气候等条件和技术因素的考量也要充分地综合在一起。类似的并非简单替代关系的考量和协调，在从战略抉择到策略选取的流程中绝不在少数，这也是从顶层规划的战略通盘布局向带有战略、策略意义的具体项目上面的落实与必不可少的协调。

3．政策倾斜

在顶层设计、战略抉择以及随之而来的策略考量之后，势必还要求在整个矩阵型体系中配之以公共政策有针对性的倾斜支持。政策调节一旦带有"区别对待"、"支持重点"的特征，它与"供给管理"的天然联系便必会凸显，服务于战略权衡、落实策略选择的相关政策将无可回避地呈现出选择式、倾斜式、区别对待式的相应特征。当然，这也是对决策主体、政策当局的考验。

（二）对策重点

在面对未来的新起点上，为把中国今后超常规发展的路径走好使之联通至"中国梦"愿景，就要充分重视从供给端最大限度地化解矛盾、调动潜力和激发创新活力，并避免出现不能承受的风险和较大失误。非常之局须有非常之策，与其他经济体相比，中国一定要有更强有力的能源战略、环境治理与生态保护方面的政府作为，但其中应该抓住不放的是以经济手段为主的机制建设，在使市场决定性资源配置作用得到发挥的同时，更好发挥政府作用，兴利除弊。在具体对策建议上，我们于此提出如下五个方面。

1．高度注重聚焦于环保绿色低碳取向下的"现代国家治理"体系和能力的提升

党的十八届三中通过的《中共中央关于全面深化改革若干重大问题的决定》中"国家治理体系和治理能力现代化"的表述，高度概括了"五位一体"全面

改革新时期的治国理念,其中以现代化为取向承前启后的所谓"治理",实质上指的是一套多主体互动中最大包容性的制度安排与机制联结,其中有管理也有自管理、有调节也有自调节、有组织也有自组织,关键内容是以制度建设释放红利支持邓小平提出的"三步走"现代化战略目标的最终实现。基于这一认识,必须把环保绿色低碳取向有针对性地作为"攻坚克难"的重点之一,贯彻于整个治理体系和治理能力现代化提升的若干年阶段性进程中,在高水平顶层设计通盘规划下,在正确合理的战略思维和策略要领下,形成以环保绿色低碳为取向的转轨升级与现代市场体系、现代财政制度的内在联系和良性互动,包括积极运用财政分配及其政策在供给端不可替代的特殊调节作用,促成具有科学性、合理性和聚焦于环保绿色低碳取向的"现代国家治理"体系建设"换档升级"。

2. 以经济手段为主推动节能降耗和产业升级换代

面对如前所述极为严峻的能源—环境约束与雾霾紧迫挑战的问题,中国亟须十分有效地节能降耗、淘汰落后过剩产能、实现经济社会发展中从产业到消费的升级换代。欲达此目的,非常有必要清醒认识行政手段在市场经济环境下相关作用的有限性,以及法律手段的"慢变量"特点和"基础框架"属性,实践中必须更多地考虑以经济手段为主。我国能源、环境方面的计划与行政审批早已司空见惯,"关停并转"之声多年间不绝于耳,但政府在缺乏合格的顶层设计通盘规划的情况下,通过行政审批做出的碎片化决定,效果远远不如人意,关停并转仅能适用于少数企业,面对现全国总量已逾6000万户的海量市场主体,政府并没有本事正确地去逐一甄别哪些企业是过剩、落后产能的代表而应被关停并转排斥出局。法律的作用主要在于维护、保障企业公平竞争的规则与环境,原则性地规范必要的准入限制,但以法律形式和名义规定的准入量化标准,一旦面对千千万万分散的对象,由政府权力环节铺开去做,便会产生大量的设租寻租扭曲现象,不仅效率低,而且腐败行径会防不胜防,实际结果无法保证基本的公正性和有效性。简言之,一系列客观因素决定了以行政手段为主的措施无法保证科学合理,仅强调法律规定的准入仍难以避免扭曲而无法如愿地收到实效。节能降耗上,政府能够明确给予的往往是方向性的东西,至于市场中千千万万家微观企业到底应该形成怎样的结构、应该采取怎样的技术路线才能真正节能降耗和具有可持续性，只能在通过市场机制发挥充分作用并实现优胜劣汰的过程中才能知晓。把经济手段落实到可操作的层面，主要是指可从供给端"区别对待"并运用与市场机制兼容对接的规范的税收、支出补贴政策和政策性金融手段，比如，在可再生清洁能源的开发利用以及煤的清洁使用和生物柴油等方面推行有针对性创新激励的财政补贴、税收优惠和政策性融资支持，等等。

3. 大力完善环境税收体系

积极通过资源税、消费税、环境税的改革，把全产业链中的比价关系和价格机制引向"内生的"节能降耗激励状态。(1) 资源税方面：从全局资源配置来看，目前我国在一般商品价格已由市场决定的情况下，资源产品的价格，特别是基础能源仍然存在严重的比价关系与价格形成机制的扭曲问题，对经济和社会形成了不可忽视的负面影响，最典型的例子就是"从煤到电"这一基础能源命脉层面存在的体制机制严重扭曲。必须以资源税改革中将煤炭从原来的从量征收转为从价征收为契机，实质性推进理顺全套体制机制的配套改革，使能源比价关系和价格形成机制适应市场经济健康运行和节能降耗的客观需要，使千方百计节能降耗和在竞争中努力开发有利于节能降耗的工艺、技术和产品成为千千万万个企业出于自身经济利益诉求的自觉行动。政府应做的是掌握好改革推进的力度，使大多数企业经过努力可以继续发展，少数企业被淘汰出局（所淘汰的也就是所谓的落后产能和过剩产能）。(2) 消费税方面：以节能降耗为取向推进消费税改革，需对消费税的征收范围、税率、征收环节等进行适当调整，着力发挥其调节经济结构、促进生产和消费低碳化的杠杆作用。(3) 环境税方面：发挥环境税收使污染主体的外部成本"内部化"而促进绿色发展的积极作用，同时合理处置增加企业负担的问题，一方面积极推进现行税种的"绿化"，另一方面研究开征针对二氧化碳、二氧化硫等特别污染物排放的增量税种。在增加环境税收入的同时，可按照追求"双重红利"的原则，在维持宏观税负大体稳定的前提下，考虑适当降低企业的所得税水平，同时免征减征污水处理、垃圾处理等污染治理企业的生产经营性住房及所占土地的房产税和城镇土地使用税等，对环保企业给予激励。

4. 积极合理提供政策性金融服务

第一，加强公私合作伙伴关系（PPP）模式与政策性金融的结合。从现阶段来看，财政需从以往较简单的贴息、政策性信用担保等模式向 PPP 等更复杂的金融机制开拓创新。PPP 实际上必然带有政策金融的性质，在我国以往主要以政策性银行为核心的政策融资领域，今后应更多地借鉴 PPP 模式下国内外已有成功经验支撑的融资模式和管理运营模式，大力支持绿色低碳取向下的适宜项目发展。随着中国多级多元资本体系的建立，证券化融资之路也将进一步打开，可考虑以开设特定目的载体即特殊项目公司（Special Purpose Vehicle，即 SPV）为标杆，在法治化、规范化形式下开展特定项目投融资。第二，营造良好的市场环境，包括改革深化金融体系、发展产业基金，培育创业和风险投资的引导基金或母基金，提供多样化的政策性金融产品，为结构升级提供更加有效的融资服务。第三，在政策性融资机制创新中构建多层次、广覆盖、可持续的小微金融服务体系，在切实改进小微企业金融服务的机制建设中加入绿色、创新的导向。第四，在市场经济环境中积极将政策性金融业务与商业性金融对接，部分政策融资业务可以招投标、贴息等方式交由商业银行等机构承办，充分发挥各自业务优势，实现双赢、多赢。

5. 在全面改革中破解过度垄断，攻坚克难

中国能源领域的特殊性还表现在国有大型能源企业"几家独大"的局面。石油方面的中国石油和中国石化、电力方面的国家电网和南方电网等企业，一方面各自为政、极难统筹，另一方面以"大"为尊、弊端高发，国际竞争力受限。以石油行业为例，中石油、中石化已是跻身世界 500 强的能源巨头，但与国内另外两家中海油、中燃气合并在一起，营业额也才勉强可与美孚石油相当，而利润则远低于美孚。事故、腐败等问题频频出现伴随着创新动机不足、技术进步和服务优化乏力现象；高管超高工资，职务消费奢华，"劳务派遣工"却待遇明显偏低；运营绩效低下、发展创新滞后，伴随着的是节能降耗减排治污的潜力空间不能充分打开。究其原因，核心问题还是在于过度垄断，压抑生机与活力。因此，必须优化制度供给，致力于建立公正、公平、公开的市场环境，降低准入，在能源行业内较充分地引入企业竞争机制，攻坚克难，破解国有大

型能源企业只手遮天局面，增强能源企业的创新力和国际竞争力，寻求全球化背景下以"混合所有制"与世界能源企业的合作共赢和高水平低碳化发展。

七、小结与余论：以理论烛照、引领实际——正视供给管理的重大课题

以"胡焕庸线"揭示的"东南半壁"人口分布格局这一基本国情为初始线索，我们指出了中国能源消耗、环境压力的三重叠加：即在人口密度、汽车空间密度、能源消耗空间密度这种实际存在的"半壁压强型"特征之上，叠加了重化工业为主要支撑、带有明显的"压缩型—密集式"外延型粗放型特征的高耗能经济增长阶段，又叠加了能源格局很长历史时期内无法改变的"以煤为主"环境压力。基于此，我们得出中国亟须有针对性地优化能源、环境全局战略的基本结论，并通过回应"为什么摆脱不了煤"这一问题，引伸到控制煤炭依赖度和提高煤炭清洁化利用水平所必须解决的体制机制问题等的特殊针对性措施，再结合能源结构通盘规划的欠缺、产能过剩的形成、体制机制的不良与环境危机压力的关联逻辑这一线索和供给端共性特征，勾画出本篇论题与"供给管理"的天然联系，并结合优化中国能源、环境战略必须把握的特殊针对性，探讨了对于"供给管理"的特定要求，进而提出了"供给管理"应当遵循的"顶层规划—战略思维与策略要领—政策倾斜"这一贯彻路径，认为其落实于对策层面可从聚焦于环保绿色低碳取向的"现代国家治理"体系、节能降耗和升级换代、完善环境税收、优化政策性金融服务和破解过度垄断五方面着手。

以上"理论结合实际"的考察，合乎逻辑地表现出"供给管理"的特定意义和以相关理论认识的廓清与深化为解决现实重大问题提供烛照与引领作用的客观必要性。中国学者的"新供给经济学"研究近年已在这一领域有所铺垫和有所进展。

毋庸讳言，"供给管理"的理论分析往往明显比需求管理更复杂、更艰难，并且由于需要政府通过"区别对待"的供给端发力来实施，所以在更大程度上

带有政府失误的可能性与不确定性：处理得好，能够有效地帮助达成预期目标，发挥"超常规"发展的支撑效应；但处理不好，也有可能事与愿违，在改革不能够实质性推进的情况下，供给管理的最大风险就是以政策支持为名带来一系列的设租寻租和紊乱、扭曲、不公等不良后果。

尽管如此，我们也不能由于供给管理可能会带来的不良后果而放弃中国追赶—赶超式现代化追求过程中这一可依仗的利器，不应一味地在供给领域畏首畏尾。简单沿着需求管理的思路走，在前述中国"三重叠加"现实国情面前，注定是无望冲破重重约束实现"后来居上"的。从前面几十年间的中国实践看，即使是常常被人们所指责的地方融资平台这样地方政府以潜规则强制替代明规则而实际实施的供给管理，也是根据地方发展战略而联通到策略，以政策倾斜的方式支持超常规发展，虽然其中存在着由于不透明、不规范等带来的一些不可忽视的问题，并容易存在种种设租寻租行为，但是从中国经济发展的主流上来看，这种"跌跌撞撞"中出现的供给管理，仍然在各地确实起到了不少积极的推动作用，并在很多情况下开始倒逼着阳光化制度的产生。在党的十八届三中全会、四中全会全面改革的全局部署之下，我们理应更有信心、更为积极地在中国特色社会主义市场经济发展中，以实质性推进配套改革为核心处理好无可回避的全局性供给管理重大课题，守正出奇、稳妥有力地应对好"三重叠加"式能源、环境挑战，以非常之策，破解非常之局。

主要参考文献：

1．胡焕庸：《中国人口之分布》，《地理学报》1935年第2期。

2．张林：《不可逾越的"胡焕庸线"》，《科学时报》2010年1月20日。

3．〔英〕约翰·梅纳德·凯恩斯：《精英的聚会》，江苏人民出版社1998年版。

4．林伯强、牟敦果：《高级能源经济学》，清华大学出版社2009年版。

5．魏一鸣、焦建玲、廖华：《能源经济学》，清华大学出版社2011年版。

6．吴传钧：《巴尔扎克等著苏联经济地理》，《地理学报》1951年第1—2期合刊。

7．祝卓：《关于经济地理学研究对象的探讨》，《教学与研究》1954 年第 6 期。

8．钱学森：《关于地学的发展问题》，《地理学报》1989 年第 3 期。

9．陆大道：《西方"主流经济地理学"发展基本议题演变的评述——为〈牛津经济地理学手册〉中译本所作序言》，《地理科学进展》2005 年第 3 期。

10．ADB report, "Energy Efficiency and Climate Change Considerations for On-road Transport in Asia", 2006.

11．段学军、虞孝感、陆大道、Josef Nipper：《克鲁格曼的新经济地理研究及其意义》，《地理学报》2010 年第 2 期。

12．白浩然：《废弃食用油制备生物柴油新展望》，《科学时报》2010 年 10 月 18 日。

13．杜祥琬：《中国能源可持续发展的一些战略思考》，《科学时报》2010 年 11 月 22 日。

14．冯俏彬、贾康：《"政府价格信号"分析：我国体制性产能过剩的形成机理及其化解之道》，财政部财政科学研究所《研究报告》，2013（199）。

15．温桂芳、张群群：《能源资源性产品价格改革战略》，《经济研究参考》2014 年第 4 期。

16．贾康主编：《新供给：经济学理论的中国创新》，中国经济出版社 2013 年版。

17．贾康：《中国特色的宏观调控：必须注重理性的"供给管理"》，《当代财经》2010 年第 1 期。

18．贾康：《关于资源税价联动改革的几个重要问题》，《经济纵横》2011 年第 2 期。

19．贾康：《国有经济、国有资产及相关问题的认识与改革探讨》，《财政研究》2013 年第 1 期。

20．贾康：《现代化国家治理必须匹配现代市场体系》，第九届中国证券市场年会上的发言，2013 年。

21．贾康：《以经济手段为主化解环境危机势在必行——抓住我国基础能源配置机制重大问题实施配套改革突破》，政协第十二届全国委员会第二次会议发言稿，2014年。

22．李靖：《我国光伏产业的发展路径与政策空间——基于产业竞争优势的分析》，财政部财政科学研究所《研究报告》，2014年12月。

23．蒲实：《埃隆·马斯克：无限的创想与意志的胜利》，《三联生活周刊》2013年第39期。

直面"中等收入陷阱"真问题

——基于1962—2013年全球数据对"中等收入陷阱"的判断、认识

贾康　苏京春

"中等收入陷阱"自2006年由世界银行在《东亚经济发展报告》中提出以来，已有了许多的相关讨论，并在中国近期的众说纷纭、思想碰撞中，成为一大热点，引发轩然大波。虽然这一概念的表述在其形式上及量化边界上还带有某种弹性与模糊性，但它决非有的论者所称并不存在的"伪问题"。作为一种统计现象，它确实是一种真实世界中的"真问题"，而且应进一步强调：立足于"十三五"时期，放眼于中长期经济社会发展阶段，对于艰难转轨、力求在"和平发展"中崛起的中国来说，这是一个关乎其现代化"中国梦"命运的顶级真问题。无论从历史视角、国际视角、经济发展实践视角还是经济理论视角来看，这一挑战性、考验性问题都无可回避。本篇试作展开分析、考察与论述。

一、中等收入陷阱："中国梦"的顶级真问题

我国经济发展正处于国际比较参照系之下的中等收入发展阶段，同时也处于推进全面改革与全面法治化的"攻坚克难"时期。有关"中等收入陷阱"到底是否存在、如何解读与应对的讨论近来异常激烈，特别是有观点直指中等收

入陷阱概念本身,认为其根本上就是一个伪问题和认识上的"陷阱"[①]。我们对此绝不认同。根据近年来方方面面对中等收入阶段经济体的发展实证情况等相关问题的追踪,我们认为必须强调:从历史视角和国际上各经济体、经济社会发展实践来看,中等收入陷阱显然是一种可归纳、需注重的统计现象,反映着无可回避的真问题。

首先,从历史视角来看,某一经济体的发展轨迹并非总是能够如愿呈现逐步上扬的趋势。自15世纪以来,从西班牙、葡萄牙、荷兰、英国、德国、沙皇俄国,到苏联、日本和美国,纵观每一个历史发展阶段,都有个别经济体独领风骚,从不发达阶段逐步崛起,跻身高收入经济体之林。基于经济学所认识到的资源稀缺性与人类欲望无限性之间的矛盾,全球各国在历史发展脉络中实际上总是呈现出多方力量的角逐,并在相互关系的不断演变中呈现出兴亡盛衰的景象。美国著名国际关系历史学家保罗·肯尼迪曾说:"任何大国的胜利或崩溃,一般地都是其武装部队长期作战的结果;但也不仅如此,它也是各国在战时能否有效地利用本国可用于生产的经济资源的结果。进一步说,也是由于在实际冲突发生以前数十年间,这个国家的经济力量与其他一流国家相比是上升还是下降所致。"[②] 在过去"非和平崛起"时代历史演进的过程中,对于处于特定历史阶段的某一经济体而言,总有先行发达者群体和后来追赶者群体之分,不均衡的"你追我赶"是常态,但到了决定能否进入"第一阶层"的前置区间,通常总会表现出严苛的考验。到了20世纪后期以来"和平与发展"的时代,这种"你追我赶"的非均衡发展仍是常态化的基本现实。

从国际经济实践视角看,近百年来全球从低收入发展阶段走到中等收入发展阶段的经济体为数众多,但从中等收入发展阶段如愿走到高收入发展阶段的经济体却屈指可数。第一次工业革命后,不到两个世纪,第三次产业革命接踵而至:一方面前所未有地大幅提升了劳动生产率,经济发展已在发达经济体步入所谓后工业化的信息化时代,科学技术的发展日新月异;同时先进交通工

---

① 江涌:《中等收入的"陷阱"为谁而设?》,《国有资产管理》2013年第1期。
② 〔美〕保罗·肯尼迪著,陈景彪等译,《大国的兴衰》,国际文化出版公司2006年版,"前言"第35页。

具和通讯工具推动全球经济一体化进程不断加速。在全球经济发展水平绝对量方面得到迅速提升过程中，相对量的考察与排序合乎逻辑地得到各方更多关注，典型的参照系是世界银行根据收入水平对全球各国家和地区进行的分组，包括：低收入（LIC）、下中等收入（LMC）、上中等收入（UMC）和高收入（HIC）。全球范围内多家机构的相关研究均显示，历经一个较长时期的发展之后，仅有极少数国家如愿跻身发达国家之林，而大多数位于中等收入发展阶段的国家仍处于中等收入发展阶段，裹足不前。

许多经济体都曾经历过所谓"黄金增长"的阶段，但最终通过后发追赶进入高收入发达经济体行列的不多，在世界性影响意义上达成"崛起"意愿的国家则少之又少。对此，日本可说是一个通过黄金增长赶超而最终实现崛起的典型代表，而拉美地区则是一个经历黄金增长后仍然裹足不前的典型代表。日本1955—1973年经历经济起飞时期，GDP年均增长率达到了9.4%，实际上，在此之前的1947—1955年，日本GDP年均增长率也达到9.0%，即在1947—1973年这27年间，经历了经济高速增长的黄金时期，1973年之后增长率迅速回落（如表1所示）。对于拉美地区总体而言，其1950—1980年也经历了30年的黄金增长期（如表2所示），但其后却没有如日本等国那样步入高收入阶段，而是经济社会矛盾丛生，发展态势陷于一蹶不振，至今仍徘徊于中等收入发展阶段。

表1 日本GDP年均增长率

年份	年均增长率（%）
1947—1955年	9.0
1955—1973年	9.4
1973—1985年	3.6
1985—1990年	5.2
1990—2000年	1.5

数据来源：浜野洁、井奥成彦等著，彭曦等译：《日本经济史1600—2000》，南京大学出版社2010年版，第241、243页

表2 拉美人均GDP绝对额变动（单位：美元）

国别	1950年	1980年	增长率（%）
阿根廷	1877	3209	71.0
巴西	637	2152	237.8
巴拉圭	885	1753	98.1
巴拿马	928	2157	132.4
秘鲁	953	1746	83.2
玻利维亚	762	1114	46.2
多米尼加共和国	719	1564	117.5
厄瓜多尔	638	1556	143.9
哥伦比亚	949	1882	98.3
哥斯达黎加	819	2170	165.0
洪都拉斯	680	1031	51.6
墨西哥	1055	2547	141.4
尼加拉瓜	683	1324	93.9
萨尔瓦多	612	899	46.9
危地马拉	842	1422	71.3
委内瑞拉	1811	3647	101.4
乌拉圭	2184	3269	49.7
智利	1416	2372	67.5
平均增长率	/	/	101.0

数据来源：Cardoso and Fishlow（1989），按1975年美元计

从经济理论视角来看，某一经济体的发展一般都要经历"马尔萨斯均衡"、"经济赶超"（产业革命）、"卡尔多典型事实下的经济增长"（新古典增长）、"新经济分叉"（内生经济增长）等不同阶段，尤其是后发国家，其所必须经历的"经济赶超"阶段实际上是决定着未来是否能够转入新古典和内生经济增长的关键时期，且学界早已有对于经济赶超规律性的一系列研讨和论证：美国经济史学家亚历山大·格申克龙提出后发优势理论，美国社会学家M.列维从现代化的角度发展后发优势理论，阿伯拉莫维茨提出追赶假说，伯利兹、克鲁格曼

和丹尼尔·东提出"蛙跳"模型，罗伯特·J.巴罗提出独特的技术模仿函数，R.范·艾肯建立技术转移、模仿和创新的一般均衡模型，等等。发展经济学一般认为，经济赶超阶段可能成功、也可能失败，成功者便跻身发达经济体之林，而失败者则落入等而下之、类似于"中等收入陷阱"状态，往往会一蹶不振而于纠结痛苦中徘徊多年。

综上所述，历史视角下的发达经济体崛起之路告诉我们，特定的历史发展阶段内，不可能所有经济体都成为发达者，总有先行发达者和后来追赶者之分，国际视角下的认识则接着告诉我们，1950年以来，仅有约20个国家和地区成功步入高收入阶段（其中真正有世界性影响的更少），而长期处于中等收入阶段的经济体实际上并不是没有经历所谓黄金增长期，比如拉美地区，就在1950—1980年期间经历了30年高速经济增长阶段，但其后却如陷入泥潭陷阱般裹足不前，而日本则在经历27年的高速经济增长后步入高收入阶段，跻身发达经济体之林。以这些考察认识结合发展经济学的相关理论，不难得出这样的结论，即基本的统计现象可引出的概括是：少数得以完成经济追赶阶段的经济体步入了高收入阶段，而多数未能完成的经济体则在较长时期内滞留于中等收入阶段。鉴于此，世界银行于2006年在《东亚经济发展报告》中首度提出"中等收入陷阱"这一名词，并描述性地指出："使各经济体赖以从低收入经济体成长为中等收入经济体的战略，对于它们向高收入经济体攀升是不能够重复使用的，进一步的经济增长被原有的增长机制锁定，人均国民收入难以突破10000美元的上限，一国很容易进入经济增长阶段的停滞徘徊期。"总之，无论从历史视角、国际经济实践视角还是经济理论视角，"中等收入陷阱"这一概念都绝不是耸人听闻或凭空臆造，而是对于沿历史发展阶段，不同经济体经济发展实践中所出现的、真实存在的经济发展现象基于统计数据考察而作的总结，在全球范围内具有较广泛共识，且符合一直以来学界对经济增长路径的认识。对于经历"黄金发展期"又于近年遭遇"矛盾凸显期"且经济发展态势进入"下台阶"的"新常态"的中国，讨论如何避免"中等收入陷阱"这一问题的现实意义是显而易见的。不要以为前面三十几年发展得总体还不错，GDP年均增长近两位数，总量已成世界老二，今后只要一路发展下去就可以衔接高收入阶段和实现"现代化伟大民族复兴中国梦"了,如不能有效化解矛盾、攻坚克难、升级换代式发展,大量"中等收入陷阱"的案例作为前车之鉴绝非危言耸听。要做到"高瞻远瞩"、"老成谋国",保持战略思维的应有水准,至少当前阶段特别需要"居安思危"、见事快、预警清晰,对防范措施作充分讨论与必要部署。

二、经济发展阶段的全球格局

中等收入阶段是一个相对而言的发展阶段,在表述上,发展的"阶段"和"陷阱"当然不可混淆,但是要高度重视二者的相关性。世界银行对国家和地区收入水平进行了分组:低收入、下中等收入、上中等收入和高收入。而分组标准则随着每个财政年度数据的变化而产生相应变化,每年划分指标的浮动情况也从某种程度上反映全球经济水平的发展方向和程度。对某一个国家或地区而言,其组别和排位总是于全球经济体比较视角下即在全球经济体参照系下动态变化的,考察表明某一国家或地区与全球经济体发展而言的相对水平。目前,学界也有人认为,每个国家都要经历中等收入阶段,因而并不存在什么陷阱之说,我们认为这种判断是逻辑混乱的。发展的"阶段"上,"通过"的情况各不相同,基本分类上区分落入陷阱和跨越陷阱两种情形,显然具有现实意义。与福利陷阱、塔西佗陷阱、转轨陷阱等有所不同,中等收入陷阱所指实质上是一种经济体在中等收入这个特定历史阶段上国际比较视野下的相对发展停滞期,但特别值得注意的是,导致经济体避免落入这种停滞期、不小心落入这种停滞期或者最终成功脱离这种停滞期的原因与经济体发展中实际存在的内因和外因具有广泛联系。在认识中等收入阶段之前,我们有必要对目前全球范围内的经济发展格局有一个总体上的认识。

全球范围内多家机构都曾对"中等收入陷阱"问题进行过深入探讨。除世行之外,亚洲开发银行2012年的报告[①]显示,基于1950年至2010年间可追踪

---

① Jesus Felipe, Arnelyn Abdon, Utsav Kumar, *Tracking the Middle-income Trap: What Is It, Who Is in It, and Why?* Asian Development Bank Working Paper No.306, March 2012.

到的各个经济体的连续性数据分析，全球 124 个国家中，有 52 个国家位于中等收入阶段，其中有 35 个经济体的经济在此 60 年期间一直处于并按照其经济指标表现于、未来也将继续处于中等收入发展阶段，即落入了"中等收入陷阱"。"中等收入陷阱"可按照世界银行对全球各个经济体收入组别的划分分为"下中等收入陷阱"和"上中等收入陷阱"两个组别，这 35 个落入"中等收入陷阱"的经济体中，有 13 个位于拉美地区，其中 11 个处于下中等收入陷阱（包括：玻利维亚、巴西、哥伦比亚、多米尼加共和国、厄瓜多尔、萨尔瓦多、危地马拉、牙买加、巴拿马、巴拉圭和秘鲁），2 个处于上中等收入陷阱（包括：乌拉圭和委内瑞拉），无论从绝对数量上观察还是从版图上观察，拉美地区都是落入"中等收入陷阱"的集中区域，因而学界也有人将"中等收入陷阱"形象地称为"拉美化"问题；有 9 个位于撒哈拉以南非洲，这 9 个国家都处于下中等收入陷阱（包括：阿尔及利亚、埃及、伊朗、约旦、黎巴嫩、利比亚、摩洛哥、突尼斯和也门共和国）；有 3 个位于亚洲，其中 2 个处于下中等收入陷阱（包括：菲律宾和斯里兰卡），1 个处于上中等收入陷阱（马来西亚）；还有 2 个位于欧洲，都处于下中等收入陷阱（包括：阿尔巴尼亚和罗马尼亚）。与此同时，有 23 个经济体步入高收入阶段（如附件 1 所示）。经济体要脱离下中等收入陷阱和上中等收入陷阱所需要具备的经济增长条件十分不同：脱离下中等收入陷阱需要的平均年限为 28 年，且平均每年的经济增长速率不能低于 4.7%，而脱离上中等收入陷阱需要的平均年限为 14 年，且平均每年的增长速率不能低于 3.5%。我们认为亚行的相关研究虽有一定启发意义，但由于数据源等问题而导致与经济发展现状差距过大，在很大程度上降低了参考价值。

基于世界银行数据，分别以 1960 年和 2008 年作为时间节点，观察时间横切面上全球各个经济体的数据表现，即可形成如图 1 所示的结果：分别以 1960 年、2008 年 GNI 数据为横轴、纵轴的象限，以 1960 年低收入与中等收入、中等收入与高收入这两条分界线作纵向切割，以 2008 年同样这两条分界线作横向切割，原象限共可分为九个区域。中等收入的区域显然表示出 1960 年处于中等收入发展阶段而 2008 年则已处于高收入发展阶段的经济体。这些经济体仅有 13 个，分别为：以色列、日本、爱尔兰、西班牙、中国香港、新加坡、葡萄牙、中国台湾、毛里求斯、赤道几内亚、韩国、希腊和波多黎各。与此同时，从图1位置居中的区域亦不难看出，1960年濒于低收入阶段和中等收入阶段交界处的中国，在历经48年的发展后，明显由下中等收入阶段向上中等收入阶段过渡，但该区域中更多经济体则始终在中等收入阶段挣扎，呈现出停滞不前的状态。

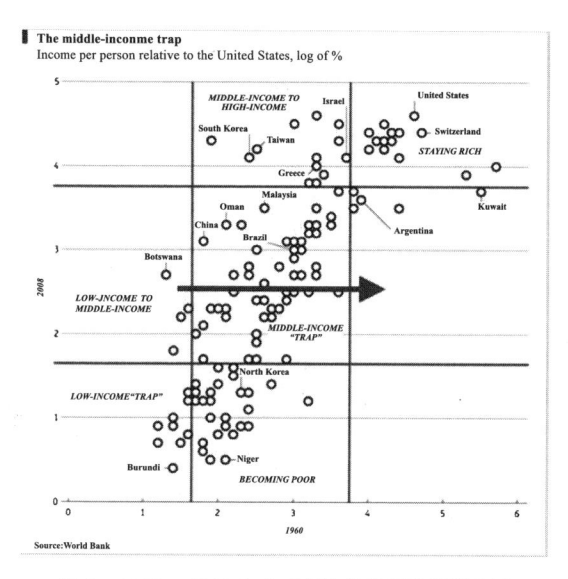

图1　1960—2008年全球经济体发展阶段散点图

我国经济1960年处于低收入阶段与中等收入阶段的交界处，至2008年步入中等收入发展阶段，并于近年来完成了由下中等收入阶段向上中等收入阶段的过渡。然而，历经30多年的黄金增长期后，我国经济增长正在步入"新常态"，亟须前瞻性地考虑"中等收入陷阱"这一挑战，寻求跨越陷阱之路。由中等收入发展阶段走向高收入发展阶段的过程，与我国历史文化中的"鲤鱼跳龙门"颇具异曲同工之意。我们认为，在认识中等收入陷阱产生原因及有待规避问题的过程中，首先应当把握两个基本认识：第一，成功跨越中等收入陷阱的经济体各有各的特长，落入中等收入陷阱的经济体却颇有相似之处。第二，取成功者之长，避失败者之短，但最终的路径选择可能将是带有鲜明个性色彩的。

尽管世界银行以1960年和2008年作为数据面板进行的分析中，确定了13个成功跨越中等收入陷阱的经济体，但通过我们在2014年最新数据基础上进行的跟踪观察，毛里求斯实际上并未步入高收入行列，而是仍然保持在上中等收入阶段，此外的12个经济体可认为均步入高收入行列（详见表3）。

表3 世行总结成功跨越"中等收入陷阱"的13个经济体概况

国别/地区	所处洲	面积（平方千米）	人口（万人）	人均GDP（美元）
以色列	亚洲	22145	775	36051
日本	亚洲	377972	12691	38634
新加坡	亚洲	704	507	55182
韩国	亚洲	99600	5040	25977
中国香港	亚洲	1104	726	38124
中国台湾	亚洲	36192	2344	22597
西班牙	欧洲	505992	4612	29882
葡萄牙	欧洲	91982	1063	21738
希腊	欧洲	131957	1078	21966
爱尔兰	欧洲	70273	458	50478
赤道几内亚	非洲	28051	67.6	20582
波多黎各	北美洲	8875	366	28529
毛里求斯	非洲	2040	128	9478

说明：1."国土面积"指标：以色列国土面积包括戈兰高地；日本国土面积包括琉球群岛（南西诸岛）、大东诸岛、小笠原群岛、南鸟岛（马库斯岛）、冲鸟礁和硫磺岛，不包括南千岛群岛；新加坡国土面积包括填海造陆；西班牙国土面积包括西班牙本土、巴利阿里群岛和加那利群岛，还包括靠近摩洛哥海岸的西属主权地（休达、梅利利亚、戈梅拉岛、胡塞马群岛和舍法林群岛）和位于摩洛哥与西班牙中间的阿尔沃兰岛；毛里求斯国土面积包括罗德里格斯岛、阿加莱加群岛和圣布兰登群岛（又名卡加多斯－卡拉若斯群岛）；葡萄牙国土面积包括亚速尔群岛和马德拉；波多黎各属于美国的联邦自治领地。2."人口"指标（数据均以"万人"为单位作了取整处理）：日本数据截至2015年3月，来自日本国家统计局；韩国数据截至2011年，来自韩国国家统计局；西班牙数据截至2011年7月，来自西班牙国家统计局；中国台湾数据截至2015年3月，来自台湾统计资讯网；希腊数据截至2011年6月，来自希腊官方2011年人口普查估计文件；葡萄牙数据截至2011年1月，来自欧盟统计机构官方网站；以色列数据截至2011年6月，来自以色列中央统计局官方网站；中国香港数据截至2014年底，来自香港政府统计处官方网站；新加坡数据截至2010年6月，来自新加坡统计局官方网站；爱尔兰数据截至2011年4月，来自爱尔兰中央统计办公室官方网站；波多黎各数据截至2012年7月，来自美国人口调查局官方网站；毛里求斯数据截至2010年7月，来自毛里求斯官方人口估计网站。3."人均GDP"指标统一采用世界银行2013年发布的数据，由于世界银行不发布中国台湾的数据，所以中国台湾采用世界货币基金组织2014年发布的数据。

总体看来，这 12 个成功跨越中等收入陷阱的经济体，其分布为：亚洲地区 6 个，欧洲地区 4 个，非洲地区 1 个，北美洲 1 个。这些经济体的国土面积都非常小，除日本以外，人口数量均属于全球范围内人口少或极少国家行列。对于我国这样典型的大国经济而言，很难直接从大多数成功者身上发现可供继续探寻可模仿发展路径的空间。此外，值得注意的是，从世界银行发布的人均 GNI 数据来看，赤道几内亚这一国家人均 GNI 变动趋势可谓大起大落（详见图 2），原本一直是以种植业为主的世界范围内最不发达经济体之一，由于 1996 年在领海内发现大量石油资源而激发经济快速增长，迅速成为撒哈拉以南非洲第三大石油生产国，并于 1997 年突破低收入上限、2005 年突破上中等收入下限、2007 年正式跻身高收入行列，其成功路径可说完全不可复制（后文对成功者路径探析中将不再对赤道几内亚进行分析）。

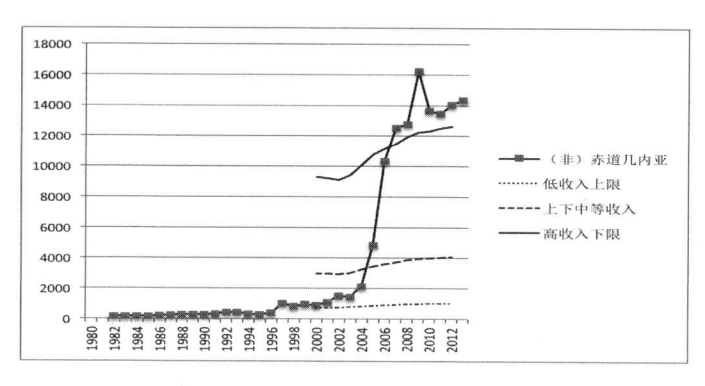

图 2　赤道几内亚 1980—2013 年人均 GNI 变动趋势

三、长期视野中的成功者路径

世界银行对全球经济体收入阶段的划分标准是动态变化的。基于人均 GNI 这一指标，世界银行将全球各个经济体划分为四个发展阶段：低收入阶段，下中等收入阶段，上中等收入阶段，高收入阶段。特别值得注意的是，世界银行对四个组别的划分标准，基于全球经济发展状况变化，每个发展阶段的标准均呈现逐年上升的趋势（详见图 3）。值得注意的是，仅世行一家机构对收入阶段划分所依据的人均 GNI 数据口径就有六种之多,包括:2005 年美元值(constant 2005 US$)、本币值(constant LCU)、现价本币值(current LCU)、阿特拉斯法计算下现价美元值(Atlas method, current US$)、2011 年国际美元 PPP 值(constant 2011 international $)和国际现价美元 PPP 值(current international $)。

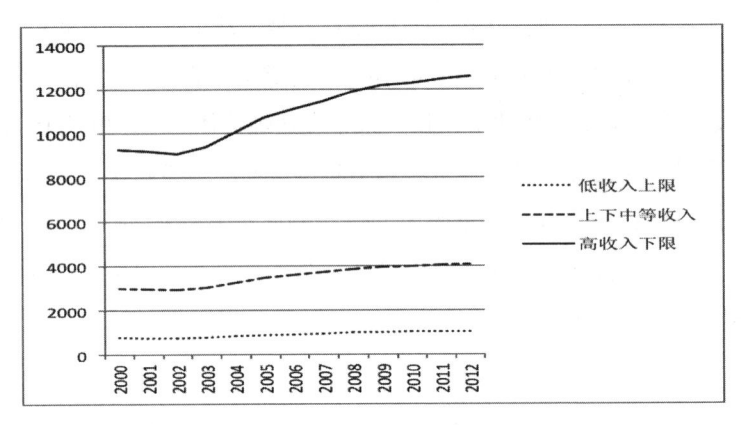

图 3 2000—2012 年按照人均 GNI 划分经济体组别的标准值变化趋势

世界银行基于 1960 年和 2008 年两个时间横切面数据的相关分析,为我们提供了一个可供观察的时间区间信息。早些亚行的相关研究采用其他数据源的主要原因是考虑到世界银行的可观察数据不连续,相关划分标准的数据口径繁多且覆盖时间区间较短,作长期比较十分困难。我们也已观察到,亚行研究团队采用其他数据源分析所得结果合意性受到较大影响。因此,我们认为仍应侧重于采用世界银行数据,总体思路是将缺失数据通过后续补充与估测等方法补齐,然后在一个可供观察的长期区间内作相关研究。世界银行研究团队已得结论为 1960—2008 年期间,仅有 13 个经济体成功跨越"中等收入陷阱",我们可从这一结论出发,在将时间区间从 2008 年更新至 2013 年的前提下,实施以下研究步骤。

(一)确定 1962—2013 年每年的收入划分标准

在可查询的 2000—2012 年世界银行收入划分标准(详见表 4)的基础上,我们首先需要将这一时间区间扩展至 1960—2013 年,加之 1962—2013 年世界各经济体每年人均 GNI 均值是可获得的,所以我们的思路是建立收入划分标准与世界各经济体每年人均 GNI 数据变动之间的关系。

表 4　2000—2012 年全球经济体发展阶段划分标准（单位：美元）

年度 \ 组别	低收入国家 LIC	中等收入国家		高收入国家（HIC）
		下中等收入 LMC	上中等收入 UMC	
2000	[0,755]	[756,2995]	[2996,9265]	[9266,+∞]
2001	[0,745]	[746,2975]	[2976,9206]	[9206,+∞]
2002	[0,735]	[736,2935]	[2936,9075]	[9076,+∞]
2003	[0,765]	[766,3035]	[3036,9385]	[9386,+∞]
2004	[0,825]	[826,3255]	[3256,10065]	[10066,+∞]
2005	[0,875]	[876,3465]	[3466,10725]	[10726,+∞]
2006	[0,905]	[906,3595]	[3596,11115]	[11116,+∞]
2007	[0,935]	[936,3705]	[3706,11455]	[11466,+∞]
2008	[0,975]	[976,3855]	[3856,11905]	[11906,+∞]
2009	[0,995]	[996,3945]	[3946,12195]	[12196,+∞]
2010	[0,1005]	[1006,3975]	[3976,12275]	[12276,+∞]
2011	[0,1025]	[1026,4035]	[4036,12475]	[12476,+∞]
2012	[0,1035]	[1036,4085]	[4086,12615]	[12616,+∞]

数据来源：世界银行：《世界发展指标》（2002—2014），中国财政经济出版社，2002—2014 年版

考虑到每年收入划分标准应是以世界人均 GNI 均值的变动为基础，所以可设世界人均 GNI 均值为自变量、每年收入划分标准为因变量进行观察，可由 2000—2012 年的收入划分标准得到如表 5 所示 1962—1999、2013 年的收入划分标准估计值（估计过程图[①]和相应结果详见附件 2）。

表 5　1962—1999、2013 年收入划分标准估计值（单位：美元）

年度	世界人均 GNI 均值	低收入上限估计值	上下中等收入分界线估计值	高收入下限估计值
1962	482.13	430	1747	5422
1963	507.75	432	1753	5441
1964	543.23	434	1761	5467

---

① 说明：由于 XY 散点图所对应趋势曲线的 R 值大于 0.99，即该关系并不是与线性关系完全拟合，于是并未继续深入开展回归分析，但 R 值均在 0.96 以上，证明两者之间还是存在明显的线性关系，因此以可获得的线性方程来进行数据估计。

续表

年度	世界人均 GNI 均值	低收入上限估计值	上下中等收入分界线估计值	高收入下限估计值
1965	584.32	436	1771	5496
1966	626.38	439	1781	5527
1967	653.79	441	1787	5547
1968	701.87	443	1799	5581
1969	756.45	447	1811	5621
1970	803.72	450	1822	5655
1971	865.60	453	1837	5700
1972	971.97	460	1862	5777
1973	1,174.18	472	1910	5924
1974	1,376.36	484	1957	6070
1975	1,546.06	495	1997	6193
1976	1,628.55	500	2017	6253
1977	1,723.79	506	2039	6322
1978	1,934.36	518	2089	6475
1979	2,287.13	540	2172	6730
1980	2,614.94	560	2249	6968
1981	2,714.84	566	2272	7040
1982	2,568.87	557	2238	6934
1983	2,446.75	550	2209	6846
1984	2,490.20	552	2219	6877
1985	2,572.85	557	2239	6937
1986	2,839.90	573	2302	7131
1987	3,302.49	602	2411	7466
1988	3,893.70	637	2550	7894
1989	4,063.85	648	2590	8018
1990	4,208.75	657	2624	8123
1991	4,337.78	664	2654	8216
1992	4,650.74	684	2728	8443
1993	4,742.95	689.	2750	8510

续表

年度	世界人均 GNI 均值	低收入上限估计值	上下中等收入分界线估计值	高收入下限估计值
1994	4,939.77	701	2796	8652
1995	5,228.61	719	2864	8862
1996	5,461.25	733	2919	9030
1997	5,498.93	735	2928	9057
1998	5,246.48	720	2868	8875
1999	5,254.65	720	2870	8880
2013	10,683.26	1050	4148	12814

（二）成功者跨越"中等收入陷阱"的具体年度、持续时间及 GDP 增长率

除毛里求斯和赤道几内亚以外，世界银行数据库中不可得中国台湾数据，因此长期分析中我们只能对 10 个成功者 1960 年以来的收入阶段进行相关分析（具体数据见附件3），地理分布为：亚洲地区 5 个、欧洲地区 4 个、北美洲地区 1 个。基于对成功者 1962 年以来收入阶段变化的研究结论，我们可以首先总结出成功者跨越"中等收入陷阱"的时间表，其次可以对该时间表下成功者 GDP 增长率进行对比研究，并得出相关结论。

1.成功者跨越"中等收入陷阱"的时间表

成功者跨越"下中等收入陷阱"和"上中等收入陷阱"的持续时间及相应时间区间可依据附件 3 总结为表 6。

表6 成功者跨越"中等收入陷阱"时间表

国别/地区	晋级高收入的年度	跨越"下中等收入陷阱"	跨越"上中等收入陷阱"
日本	1978	1962—1971 年及以前	8 年，1971—1978 年
以色列	1988	1962—1971 年及以前	18 年，1971—1988 年
韩国	1993	11 年，1974—1984 年	10 年，1984—1993 年
新加坡	1984	13 年，1962—1974 年	11 年，1974—1984 年
中国香港	1986		13 年，1974—1986 年
西班牙	1988	12 年，1962—1973 年	16 年，1973—1988 年
葡萄牙	1992	11 年，1964—1974 年	19 年，1974—1992 年

续表

国别/地区	晋级高收入的年度	跨越"下中等收入陷阱"	跨越"上中等收入陷阱"
爱尔兰	1988		17年，1972—1988年
希 腊	1989	1962—1972年及以前	18年，1972—1989年
波多黎各	1999	1962—1971年及以前	29年，1971—1999年
均 值	/	/	15.9年

2. 成功者跨越"中等收入陷阱"的GDP增长率

基于表6所示的时间区间，以世界银行发布的1961年以来世界各国GDP增长率数据为基础，可得到成功者跨越"上中等收入陷阱"和"下中等收入陷阱"分国别各年度GDP增长率具体数据（附件4），从而可总结出表7。

表7 成功者跨越"中等收入陷阱"的GDP增长率[①]（%）

国别/地区	跨越"上中等收入陷阱"的GDP年均增长率	跨越"下中等收入陷阱"的GDP年均增长率（约）
日 本	4.58	9.30
以色列	4.81	8.91
韩 国	9.14	8.78
新加坡	8.12	10.02
中国香港	7.75	
西班牙	2.79	7.42
葡萄牙	3.20	7.88
爱尔兰	3.90	
希 腊	2.57	7.95
波多黎各	3.96	7.70
均 值	5.08	8.50

---

① 说明：由于成功者跨越"上中等收入陷阱"的时间区间是在估计值基础上确定的，所以相应的GDP增长率也是不确定的，而部分成功者跨越"下中等收入陷阱"的时间区间在1962—2013年这一时间跨度中是不确定的，但可以确定的是这些成功者在1962年伊始均正处于下中等收入阶段，所以其自1962年起至晋级上中等收入年度止，这一时间区间内的GDP增长率也可在很大程度上反映其跨越"下中等收入陷阱"的GDP增长率，但这一值是大约值。

(三)中国发展阶段现状判定

以世界银行人均 GNI 数据及我们所估计的收入划分标准为基础,中国(如图 4 所示)晋级中等收入组应在 1997 年,而晋级上中等收入阶段的年度为 2010 年,所以其跨越"下中等收入陷阱"持续时间为 14 年。

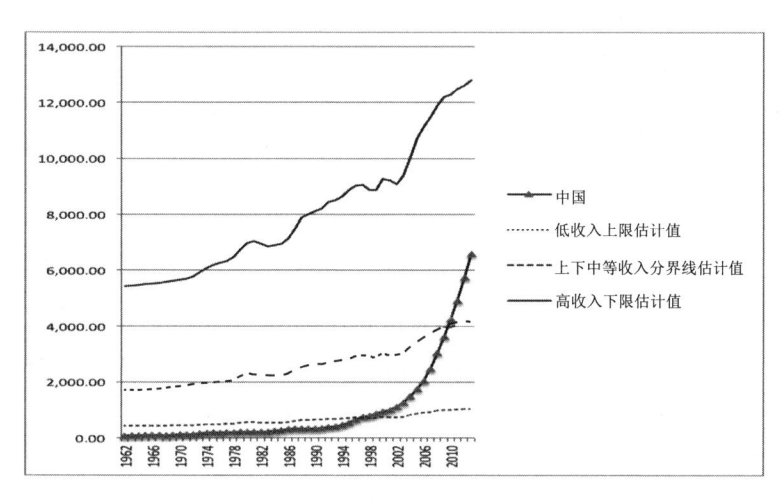

图 4 中国收入阶段变动趋势

中国在跨越"下中等收入陷阱"的过程中,GDP 增长率各年度数值如表 8 所示。不难看出,中国在跨越"下中等收入陷阱"时期的 GDP 增长率(9.87%)高于均值(8.50%),与成功者成员相比,仅次于新加坡(10.02%)。

表 8 中国跨越"下中等收入陷阱"的 GDP 增长率

年度	GDP 增长率(%)
1997	9.30
1998	7.83
1999	7.62
2000	8.43
2001	8.30
2002	9.08
2003	10.03
2004	10.09

续表

年度	GDP 增长率（%）
2005	11.31
2006	12.68
2007	14.16
2008	9.63
2009	9.21
2010	10.45
均值	9.87

数据来源：世界银行官方网站

按照 15.9 年和年增长 5.08% 的平均值计算，以中国 2013 年人均 GNI（6560 美元）为基数，达到目前的高收入下限值（12814 美元）所需的时间为 13 年，但考虑到高收入下限值仍在逐年增长，我们从总量方面不难得出中国跨越"上中等收入陷阱"之路将十分艰难的结论：一方面，经济增长率在未来 15 年左右应至少不低于 5.08% 这一平均值；另一方面，即使 GDP 增长率不低于平均值，考虑到高收入下限值的上浮，中国可能很难在 15.9 年这一平均年限中顺利晋级，而是可能面临更长时期的考验（如波多黎各，跨越这一阶段持续了 29 年）。

四、落入陷阱者的前车之鉴：以拉美和加勒比地区为例

从世界银行 2012 年数据来看（附件 5），当时正处于上中等收入阶段的经济体有 48 个，正处于下中等收入阶段的经济体有 49 个[①]。如上所述，中国于 2010

---

① 2012 年，位于上中等收入阶段的国家按照人均 GNI 降序排列依次为：委内瑞拉、塞舌尔、巴西、土耳其、帕劳、加蓬、马来西亚、哈萨克斯坦、墨西哥、黎巴嫩、巴拿马、毛里求斯、苏里南、哥斯达黎加、罗马尼亚、博茨瓦纳、南非、格林纳达、保加利亚、哥伦比亚、黑山、圣卢西亚、多米尼克、伊朗、白俄罗斯、圣文森特和格林纳丁斯、阿塞拜疆、伊拉克、中国、塞尔维亚、秘鲁、图瓦卢、纳米比亚、多米尼加、马尔代夫、土库曼斯坦、厄瓜多尔、泰国、牙买加、阿尔及利亚、马其顿、约旦、波斯尼亚和黑塞哥维那、安哥拉、伯利兹、阿尔巴尼亚、汤加、突尼斯；位于下中等收入阶段的国家依次为：斐济、马尔绍群岛、东帝汶、美属萨摩亚群岛、科索沃、亚美尼亚、乌克兰、萨尔瓦多、佛得角、圭亚那、印度尼西亚、巴拉圭、格鲁吉亚、密克罗尼西亚、危地马拉、斯威士兰、蒙古国、西岸和加沙、瓦努阿图共和国、埃及、菲律宾、摩洛哥、斯里兰卡、基里巴斯、刚果（布）、尼日利亚、不丹、玻利维亚、摩尔多瓦、洪都拉斯、巴布亚新几内亚、赞比亚、乌兹别克斯坦、尼加拉瓜、加纳、苏丹、越南、印度、所罗门群岛、莱索托、科特迪瓦、圣多美和普林西比、老挝、巴基斯坦、喀麦隆、也门、肯尼亚、吉尔吉斯斯坦、毛里塔尼亚。

年已晋级上中等收入阶段，因此本部分主要对正处于上中等收入阶段的经济体进行判断和分析。

（一）对中等收入陷阱的事实判断：拉美和加勒比地区为典型

按照上文对高收入组成功者的分析方法，我们可对正处于上中等收入阶段的经济体进行相关分析，从而得到关于中等收入陷阱的实证判断。以世界银行人均GNI数据和我们所估计的1962年以来每年的收入划分标准为基础，对目前正处于上中等收入阶段除中国以外的47个经济体进行分析，可总结出表9。可得出的结论是：目前正处于上中等收入阶段的经济体中，有20个经济体在此收入阶段的持续时间已超过16年，一般而言可视为已落入"上中等收入陷阱"。这些国家及相应持续时间为：委内瑞拉（39年）、塞舌尔（34年）、巴西（27年）、土耳其（24年）、帕劳（至少23年）、加蓬（41年）、马来西亚（24年）、墨西哥（36年）、黎巴嫩（22年）、巴拿马（31年）、毛里求斯（24年）、苏里南（36年）、哥斯达黎加（23年）、博茨瓦纳（25年）、南非（36年）、格林纳达（18年）、保加利亚（至少34年）、圣卢西亚（26年）、多米尼克（23年）、牙买加（17年）。以上国家中，若将墨西哥也算为加勒比海沿岸，那么拉丁美洲和加勒比海沿岸的经济体数量共有10个之多，占落入上中等收入陷阱经济体总量的一半。

表9 2012年上中等收入组经济体收入阶段现状

国别	晋级上中等收入阶段的年度	持续时间
委内瑞拉（拉美）	1974年	39年
塞舌尔（非洲）	1985年	34年
巴西（拉美）	1989年	27年
土耳其（亚洲）	1992年	24年
帕劳（大洋洲）	1993年（此为数据起始时间）	至少23年
加蓬（非洲）	1975年	41年
马来西亚（亚洲）	1992年	24年
哈萨克斯坦（亚洲）	2006年	10年
墨西哥（北美洲）	1980年	36年
黎巴嫩（亚洲）	1994年	22年
巴拿马（北美洲）	1985年	31年

续表

国别	晋级上中等收入阶段的年度	持续时间
毛里求斯（非洲）	1992 年	24 年
苏里南（拉美）	1980 年	36 年
哥斯达黎加（北美洲）	1993 年	23 年
罗马尼亚（欧洲）	2005 年	11 年
博茨瓦纳（非洲）	1991 年	25 年
南非（非洲）	1980 年	36 年
格林纳达（北美洲）	1998 年	18 年
保加利亚（欧洲）	1982 年（此为数据起始时间）	至少 34 年
哥伦比亚（拉美）	2007 年	9 年
黑山（欧洲）	2005 年	11 年
圣卢西亚（北美洲）	1990 年	26 年
多米尼克（北美洲）	1993 年	23 年
伊朗（亚洲）	2008 年	8 年
白俄罗斯（欧洲）	2007 年	9 年
圣文森特和格林纳丁斯（北美洲）	2000 年	16 年
阿塞拜疆（亚洲）	2008 年	8 年
伊拉克（亚洲）	2009 年	7 年
塞尔维亚（欧洲）	2005 年	11 年
秘鲁（拉美）	2010 年	6 年
图瓦卢（大洋洲）	2004 年	12 年
纳米比亚（亚洲）	2006 年	10 年
多米尼加（北美洲）	2007 年	9 年
马尔代夫（亚洲）	2006 年	10 年
土库曼斯坦（亚洲）	2010 年	6 年
厄瓜多尔（拉美）	2008 年	8 年
泰国（亚洲）	2010 年	6 年
牙买加（北美洲）	1999 年	17 年
阿尔及利亚（非洲）	2008 年	8 年
马其顿（欧洲）	2008 年	8 年
约旦（亚洲）	2010 年	6 年
波黑（欧洲）	2007 年	9 年

续表

国别	晋级上中等收入阶段的年度	持续时间
安哥拉（非洲）	2011 年	5 年
伯利兹（北美洲）	2000 年	16 年
阿尔巴尼亚（欧洲）	2008 年	8 年
汤加（大洋洲）	2012 年	4 年
突尼斯（非洲）	2008 年	8 年

数据来源：附件 5

（二）落入"上中等收入陷阱"经济体的演变特征

我们可通过收入阶段趋势和 GDP 增长率两个总量特征来观察落入"上中等收入陷阱"的经济体。

如图 5 所示，委内瑞拉 1962 年以来逐步经历了下中等收入发展阶段和上中等收入发展阶段，且在由下中等收入阶段向上中等收入阶段迈进的过程中，经历了"晋级—退出—再晋级"的反复（具体情况为：1974 年晋级，1989 年退出，1992 年晋级，1994 年退出，1995 年晋级）。基于世界银行相关数据进行计算，自 1974 年首次晋级上中等收入阶段以来，委内瑞拉 GDP 增长率均值为 2.36%。

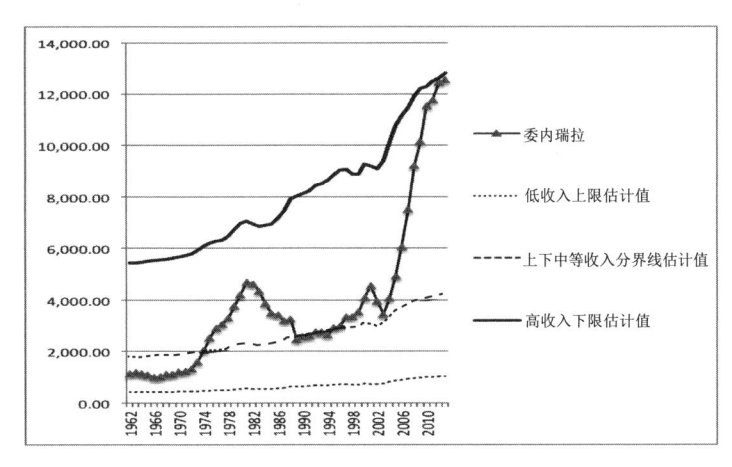

图 5 委内瑞拉收入阶段变动趋势

如图 6 所示，塞舌尔 1962 年以来逐步经历了下中等收入发展阶段和上中等收入发展阶段，与委内瑞拉类似，塞舌尔在晋级上中等收入组时也出现了反复（具体情况为：1982 年晋级，1983 年退出，1985 年再晋级），特别值得注意的是，塞舌尔曾在 2005 年晋级高收入组，但于 2008 年退出，在摆脱上中等收入陷阱的过程中也经历了"晋级—退出"的反复。基于世界银行相关数据进行计算，自 1982 年首次晋级上中等收入阶段以来，塞舌尔 GDP 增长率均值为 3.80%。

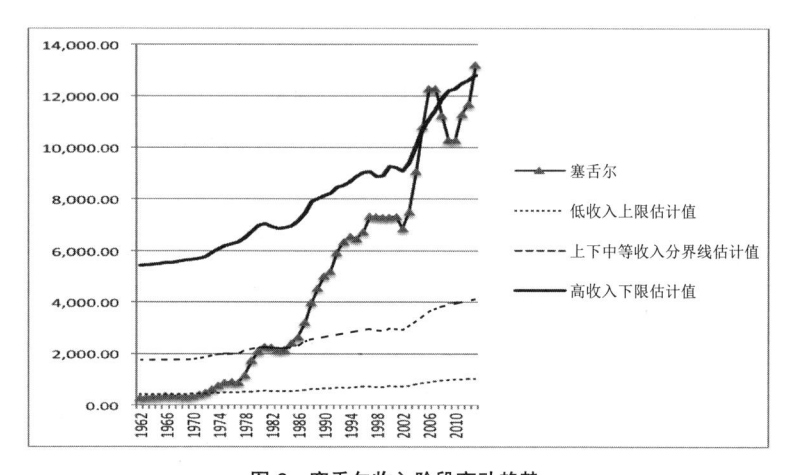

图 6　塞舌尔收入阶段变动趋势

如图 7 所示，巴西 1962 年以来逐步经历了下中等收入发展阶段和上中等收入发展阶段，且与委内瑞拉类似，在由下中等收入阶段向上中等收入阶段迈进的过程中，经历了"晋级—退出—再晋级—再退出"的反复（具体情况为：1989 年晋级，1993 年退出，1994 年再晋级，2003 年退出，2004 年再晋级）。基于世界银行相关数据进行计算，自 1989 年首次晋级上中等收入阶段以来，巴西 GDP 增长率均值为 2.69%。

如图 8 所示，土耳其 1962 年以来逐步经历了下中等收入发展阶段和上中等收入发展阶段，且在由下中等收入阶段向上中等收入阶段迈进的过程中，经历了"晋级—退出—再晋级"的反复（具体情况为：1992 年晋级，1994 年退出，1996 年再晋级）。基于世界银行相关数据进行计算，自 1992 年首次晋级上中等收入阶段以来，土耳其 GDP 增长率均值为 4.17%。

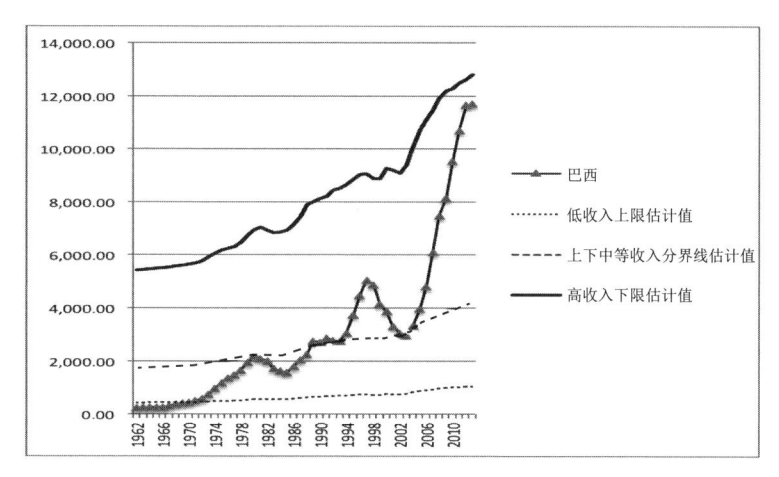

图7 巴西收入阶段变动趋势

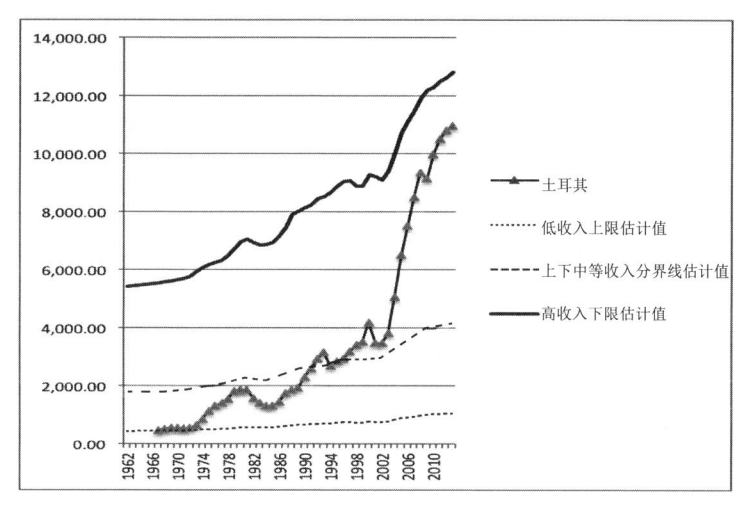

图8 土耳其收入阶段变动趋势

如图9所示，马来西亚1962年以来逐步经历了低收入阶段、下中等收入发展阶段和上中等收入发展阶段，从人均GNI曲线来看，虽然有1次较大起伏，但中间并没有退出的过程，该国在下中等收入和上中等收入阶段持续时间都很长。基于世界银行相关数据进行计算，自1992年晋级上中等收入阶段以来，马来西亚GDP增长率均值为5.67%。

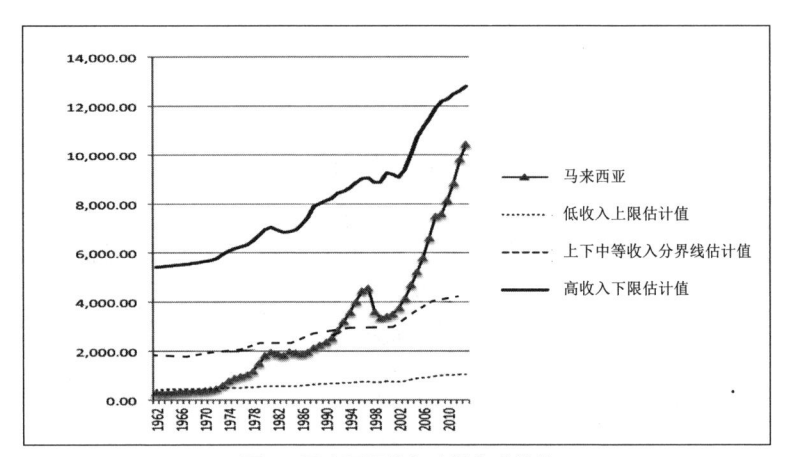

图 9 马来西亚收入阶段变动趋势

如图 10 所示,墨西哥 1962 年以来逐步经历了低收入阶段、下中等收入发展阶段和上中等收入发展阶段,且在由下中等收入阶段向上中等收入阶段迈进的过程中,经历了"晋级—退出—再晋级"的反复(具体情况为:1980 年晋级,1983 年退出,1990 年再晋级)。基于世界银行相关数据进行计算,自 1980 年首次晋级上中等收入阶段以来,墨西哥 GDP 增长率均值为 2.70%。

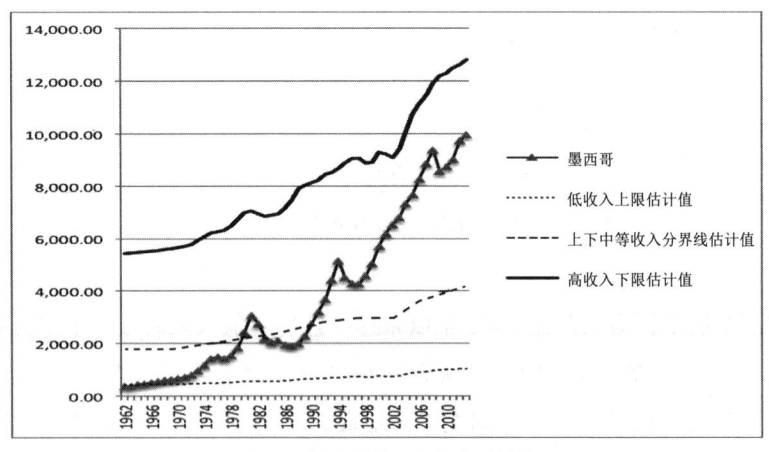

图 10 墨西哥收入阶段变动趋势

其他还有包括黎巴嫩、牙买加等十几个国家的类似情况描述，与前述六国分析类似，为节省正文篇幅，一并放入本篇附件6。

基于以上样本分析，我们不难得到落入"上中等收入陷阱"经济体的总量特征（详见表10），这些经济体在上中等收入陷阱中可观察的持续时间均值为28.15年、年GDP增长率均值为3.10%。我们认为更为有价值的结论有两个：第一，从GDP平均增长率的区间来看，最高点出现在5.67%（马来西亚），这一点至少从总量方面告诫我们，即使GDP平均增长率在此高位，也未能幸免落入"上中等收入陷阱"；第二，目前已落入"上中等收入陷阱"的经济体，其收入阶段变动趋势告诉我们，并非一朝晋级就能够一劳永逸。这些经济体中，在摆脱"下中等收入陷阱"和"上中等收入陷阱"的过程中，都不乏出现"晋级—退出—再晋级"的反复，更有些经济体不止经历一次这样的反复，塞舌尔更是曾经幸运晋级高收入组，而后又退回到上中等收入阶段。这些现象都告诉我们，在直面中等收入发展陷阱这一真问题的同时，还应注意到摆脱其实际上对经济体发展态势的"高标准、严要求"。

表10 落入"上中等收入陷阱"的经济体特征

国别	持续时间	GDP平均增长率(%)	其他
委内瑞拉（拉美）	39年	2.36	晋级上中等收入组有反复
塞舌尔（非洲）	34年	3.80	晋级上中等收入组有反复，曾晋级高收入组
巴 西（拉美）	27年	2.69	晋级上中等收入组有反复
土耳其（亚洲）	24年	4.17	晋级上中等收入组有反复
帕 劳（大洋洲）	至少23年	1.47	
加 蓬（非洲）	41年	2.53	
马来西亚（亚洲）	24年	5.67	
墨西哥（北美洲）	36年	2.70	晋级上中等收入组有反复
黎巴嫩（亚洲）	22年	4.31	
巴拿马（北美洲）	31年	4.99	晋级上中等收入组有反复
毛里求斯（非洲）	24年	4.41	
苏里南（拉美）	36年	1.60	晋级上中等收入组有反复

续表

国别	持续时间	GDP平均增长率(%)	其他
哥斯达黎加（北美洲）	23年	4.67	
博茨瓦纳（非洲）	25年	4.57	晋级上中等收入组有反复
南非（非洲）	36年	2.44	晋级上中等收入组有反复
格林纳达（北美洲）	18年	2.50	
保加利亚（欧洲）	至少34年	1.78	晋级上中等收入组有反复
圣卢西亚（北美洲）	26年	3.21	
多米尼克（北美洲）	23年	1.94	
牙买加（北美洲）	17年	0.18	
均值	28.15年	3.10	

（三）拉美和加勒比地区经济发展的前车之鉴

作为世界范围内落入中等收入陷阱的典型，拉美诸国经济发展至此，并非单一因素所致。从基本概况看，拉美经历了长达300年之久的殖民统治时期，导致各国逐步形成单一产品制，严重扭曲整个经济发展，且整个拉美地区人口具有十分复杂的民族、种族构成，加之复杂语种所构成的交流障碍和风俗文化的隔阂，导致拉美地区经济发展中难免天然隔阂因素。与此同时，政治不稳定是拉美各经济体的普遍特征。主要源自民主政体与威权政体之间的不断更替，加之民粹主义政策与正统宏观政策之间的更替，而民粹主义的胜利，则从根本上影响了拉美宏观经济的战略抉择和发展路径，致使拉美地区普遍未将经济赶超贯彻到底，而是在转向福利赶超后拖垮宏观经济，这是我们认为应指出的拉美地区落入中等收入陷阱最为重要的原因。

福利赶超的直接原因是为了缓解由于社会收入差距不断拉大而造成的社会不稳定，过早、过急地照搬发达国家已经实施的社会福利制度，于是造成在经历马尔萨斯均衡、步入经济赶超阶段且经历了一定时期的发展后，没有能继续坚持下去实现持续稳定发展。总之，没有合理选择继续发展路径、没有成功解决社会矛盾、没有考虑宏观经济的长期可持续发展，而是选择简单、机械地照搬发达国家福利制度的方式来试图解决国内收入差距不断拉大带来的各项社会问题，从而成为宏观经济的巨大拖累而最终导致其落入中等收入陷阱。拉美福利赶超的选择并不是单一方面造就的：第一，拉美国家经历了一段时期经济的高速增长后，社会收入差距不断扩大，导致社会下阶层对福利的要求意愿增强，影响社会经济生活的稳定；第二，所有公民都有"福利赶超"这样的心态，公众最直接、最关心、最期待的就是增加津贴、奖金、实际收入，提高购买力和生活水平，而这种"迎合大众情感的政治主张"落入所谓"民粹主义"，尤其是指简单迎合而不顾长期发展的政治决策；第三，虽然从经济全局尤其是国家经济发展水平、国家财力水平、国民收入等发展与积累的理性角度来考虑，公民这种对福利无限的渴望不能够盲目地、一味地去迎合，但是拉美国家政治上的不稳定加上竞选机制，为了迎合选民的意愿而推崇民粹主义政策的政治领袖乘势当权，导致选民的这种非理性意愿不断地、简单地、不计后果地被满足。在一段时间里面，这种民粹主义基础上对福利的强烈意愿和政治领袖当权的强烈意愿，双方互相激荡、互相加强，共同造就了拉美不当的福利赶超，即所谓"民粹主义基础上的福利赶超"。但当福利赶超难以为继，使高福利从云端跌落尘埃之时，一起跌下来的，还有国民经济发展的后劲；尘埃飞扬中，各种社会矛盾与民众不满又被激化而愈发使局面难堪和不可收拾，困于"中等收入陷阱"便成为无奈之状了。

在经济赶超的过程中，极力避免民粹主义基础上的福利赶超，是拉美地区可给予我国经济社会发展的非常重要的前车之鉴。

五、成功者路径的简说

纵观12个成功跨越中等收入陷阱的经济体，成功的路径可说各不相同。作为中东地区唯一的一个发达国家，以色列在经济优势上突出表现为技术领先。以色列在军事科技、电子、通讯、计算机软件、医疗器械、生物技术工程、农业、航空等领域都具有世界先进技术水平，主要是通过科技强国之路跻身世界发达国家之林。与以色列不同，日本则以1955—1956年作为高速增长期的起点，在"以投资带动投资"政策的主导下，转型为民间设备投资主导型经济，首先经历了以化学、金属、机械产业为中心的重化学工业部门的投资增长带动经济增长，而后在受到明显的资源制约后转向加工组装型产业带动经济增长，并在此过程中运用后发优势技术模仿实现技术进步并最终实现技术超越，加之 1955—1975 年间"昭和遣唐使"项目的推动，不断派出由日本企业家和劳动工会人员组成的海外视察团学习现代化企业管理而形成"日本式"经营，技术超越与制度革新相结合从而最终成功跨越中等收入陷阱。韩国自 20 世纪 60 年代以来，实行了"出口主导型"开放经济战略，从而以出口为动力拉动宏观经济飞速发展，以典型的"汉江奇迹"式的发展并经历学潮、工潮、反腐潮等社会考验后，又经历亚洲金融危机和世界金融危机的考验，终得跻身世界发达国家之林。欧洲地区的希腊、西班牙和葡萄牙则以服务业见长，西班牙工业的支柱产业是汽车制造业，而爱尔兰则以化工、电子工程、计算机软件产业等领域见长，通过典型的出口型经济成为"凯尔特之虎"。波多黎各作为美国的自由邦，经济为出口导向型，主要依靠化工产品的出口贸易带动经济发展。

与此同时，值得注意的是，日本虽然从国土面积和人口总量方面都无法与我国相比，但从人口密度指标上来看，实际上也面临较大的人口压力，且其经济发展路径属于典型的工业化经济赶超并成功崛起，因而其经济腾飞路径在上述各经济体中最为值得我们作深入比较研究。

六、中国：不可忽略时代元素与基本国情

中国人直面"中等收入陷阱"这一真问题，一方面需认识到虽早有大国成功的先例而大多数成功者的经验并不能简单复制，另一方面也需认识到要努力避免拉美地区民粹主义基础上的福利赶超对经济赶超发展的危害。但对中国经济社会发展而言，这些还远远不够。中国现阶段的发展还面临不可忽略的时代元素与不可回避的基本国情，产业革命加速更迭带来的"紧迫压力"、全球经济发展格局的钳制、能源资源与生态环境的制约、人口基数与教育结构的挑战、文化与意识形态的影响以及制度变革探索的成败等方面，都是中国谨防落入"中等收入陷阱"的经济赶超过程中所必须面对的严峻挑战和现实问题。

（一）产业革命加速更迭带来的"紧迫压力"与技术战略储备的生成

每一次产业革命后，世界经济格局都会产生重要变化。爆发于 18 世纪中叶

的第一次产业革命（即工业革命）直至19世纪中期结束，以纺织业为起点，因机械化大生产而带动的相关产业链条上冶金工业、煤炭工业、运输业（主要是铁路和海运）和制造业的发展，使英国一跃成为"世界工厂"。而后19世纪60、70年代，以美国和德国为中心，全球爆发第二次产业革命（即电气革命），围绕重化工业这一核心，房地产、汽车制造、钢铁工业、化学工业和电力等产业得以迅速发展，至20世纪初，美国进入经济发展的"黄金时代"，乘势而上，进一步主导了20世纪50年代之后的第三次产业革命（即信息技术革命），以最前沿的原子能技术和电子计算机与互联网技术，稳固成就全球经济霸主地位。在此过程中，德国、日本、法国等国家也纷纷崛起，技术水平的提高不断提升全要素生产率，从而帮助这些经济体实现了经济长期增长。

我们作为发展中国家，更应基于产业革命是某一经济体经济腾飞重大契机的视角来理智看待"后发优势"。若从经济赶超的视角看来，产业革命更迭的时间区间也恰是后来赶超者可实现超越的时间区间，若在上一次产业革命阶段没能由技术后发优势而实现崛起，被动进入下一次产业革命阶段后，势必要发起和实现新一轮赶超，才有可能达到崛起目标。然而，从三次产业革命兴起的时间上来看（详见表11），我们不难发现其更迭在不断加速，从工业革命爆发到电气革命爆发，期间经历了约120年，而从电气革命爆发到信息技术革命爆发，期间仅经历了约80年。以我们目前所处的信息技术时代发展态势来看，人工智能等新技术革命的到来已隐约可见，产业革命的加速更迭使后进赶超者的发展时间更加紧迫，这种压力是我国经济发展直面"中等收入陷阱"所面临的第一个现实问题，越紧迫则越容易追赶不上，越容易落入中等收入陷阱。

表11 产业革命时间表

产业革命	发源地	兴起时间
工业革命	英国	18世纪60年代
电气革命	美国	19世纪70年代
信息技术革命	美国	20世纪40—50年代

与此同时，另一个特别值得注意的问题，就是在充分发挥后发优势、贯彻经济赶超过程中，我国还必须将新技术方面基于创新的战略储备提上日程。一方面，就国外现状来看，美国、日本等位于全球技术高地的国家，其已经全面实现产业化、凝结在全面推向市场的产品中的核心技术，虽然已经是全球范围内的领先水平甚至是最高水平，但却往往并非代表这些国家技术的真实水平。以日本的汽车制造技术和液晶电视制造技术为例，其产业技术水平已经领先目前市场出售产品核心技术的两代、三代，而出于继续攫取高额利润等考虑，这些高端核心技术目前仅处于蓄势待发的状态，实际上形成一种强有力的技术战略储备。这意味着，对于后发国家而言，赶超的实现可能并非仅仅是追平目前技术水平，而是至少要追平技术战略储备水平。另一方面，就我国自身情况来看，作为一个科技爆发时代的发展中国家，不同领域的科技研发水平是参差不齐的，客观而论，我国毕竟已有一些技术在全球范围内实现领先水平，甚至有的已是最高水平，但由于我国配套技术相对落后等原因，这些技术在应用中往往并不广泛和充分。然而，结合成功跨越中等收入陷阱经济体的经验，我们应当特别注重在这类技术成果方面充分"扬长"，对于达到领先水平的技术，无论是否能够迅速"接地气"，都要首先纳入技术战略储备梯队，积累、结合于利用"后发优势"赶超发达经济体主流技术的升级过程中。

（二）全球经济发展格局的钳制

比较而言，先行发达者一般具有更易得、更开阔的发展空间，以19世纪的英国为例，在开创性地实现机械化大生产之后，英国作为当时最大的工业制品供给国和原棉进口国，一方面能够享受全球各地源源不断供给而来的优质原材料，另一方面能够享受向全球各地源源不断地出口工业制成品的比较优势，取而代之的美、德也是如此。占尽先机的先行发达者往往也是全球经济发展格局的主导者，他们更能够按照自己的意愿发展经济。而对于后发追赶者来说，经济发展的环境往往更为险峻，先进经济体和"霸主"在贸易摩擦中的打压，以及需要按照先行发达者制定的"游戏规则"来发展，使后发赶超者的发展势必于全球经济发展格局中承受先行者的压力和排挤。中国目前的经济总量尽管在绝对数量上无法与美国相较，但在排序上已然跃至"世界老二"位置，作为一个正处于中等收入发展阶段的"世界第二",全球经济发展格局的钳制已今非昔比,种种摩擦、制约因素接踵而至。随着国际竞争进入新阶段,除老大压制外,老三以下者有更多的怨怼因素和麻烦制造行为,原来的"穷兄弟"们也容易离心离德。这一阶段的特定情境处理不好,极易在多面夹击下落入中等收入陷阱。

(三)能源资源与生态环境的制约

经济学所强调的资源稀缺性与生态环境的制约在中等收入发展阶段更具有特殊意味。以成功跨越中等收入陷阱、步入高收入国家的日本为例,在经济赶超的过程中出现由曾引以为豪的重化工业转向加工组装型产业,主要原因就是不得不面对"石油危机"所带来的严重资源制约。从我国基本国情出发,在资源、能源方面由于"胡焕庸线"所表达的基本国情之"半壁压强型",和资源禀赋客观形成的以对环境压力最大的煤为基础能源绝对主力的格局,和前面三十年外延为主的粗放发展阶段,合成了资源、环境压力异乎寻常的"三重叠加"[①]。作为国土面积世界第三、人口世界第一、经济总量世界第二的超级大国,全国经济发展布局沿"胡焕庸线"这一中部主轴呈现突出的空间发展不均衡,所形成的能源消耗、环境压力的"半壁压强型"这一基本国情,对我国在"十三五"及中长期经济社会发展中引发的负面因素决不容忽视。若不能经过以重化工业为主要支撑的压缩型—密集式外延、粗放发展模式而较快进入集约式增长的"升级版",能源资源和生态环境制约势必成为我国经济发展的桎梏,从而导致经济发展停滞;若积极转变发展模式,则势必要经历十分艰难痛苦的转型期,并且要以技术超越和制度变革的成功为基础:一方面在资本投入边际效益递减的同时通过技术水平、制度供给有效性的提高保障全要素生产率的提高,从而对冲下行因素、缓解制约,在较长时期内实现经济较快速增长,另一方面在通过制度变革激发管理创新的同时,降低劳动力之外的经济运行成本,提高经济综合效率,从而更优地实现资本积累而保障长期发展。在基本的发展战略思路上,面对能源资源和生态环境"半壁压强型"之上"三重叠加"的制约这一基

---

① 贾康、苏京春:《胡焕庸线:从我国基本国情看"半壁压强型"环境压力与针对性能源、环境战略策略——供给管理的重大课题》,《财政研究》2015年第4期。

本国情，我们不得不更为侧重较复杂的供给管理，以非常之策求破非常之局。只有处理得当，我国经济才有望实现长足进步和发展，一旦处理不好而"碰壁"，既可能是碰到能源资源导致的发展硬约束，又可能是碰到生态环境导致的发展硬约束，也可能是碰到转型不成功导致的发展硬约束，就极有可能落入中等收入陷阱。在"十三五"规划中，供给管理思路亟有必要得到最充分的重视。

（四）人口基数与结构的挑战

除了资源环境这一基本国情之外，我国在"十三五"及中长期所必须面对的另外一个很现实的基本国情，就是人口众多和老龄化已成"未富先老"之势。人口方面，总结来看大体有如下几点突出问题。首先，我国人口总量世界第一，以人均指标为标准而划分不同经济发展阶段这一标准来看，我国步入高收入阶段注定是"路漫漫而修远"。按照世界银行2013年发布的数据，中国人均GDP仅为6807美元，距离全球人均GDP平均水平10613美元相差3806美元，距离高收入国家人均GDP水平12616美元相差5809美元，距离美国人均GDP水平53042美元相差46235美元，而从总量上来看，位居世界第二的我国GDP已达到9240270百万美元，这意味着：若想让我国人均GDP达到全球人均GDP平均水平，我国的GDP总量需要达到14188070百万美元，仅距离美国16800000百万美元相差无几；若想让我国人均GDP达到高收入国家水平，我国的GDP总量需要达到16791970百万美元，即追平美国GDP总量；而若想让我国人均GDP达到美国目前人均GDP水平，我国的GDP总量则需要达到69345770百万美元，即远远高于美国GDP总量许多倍。人均指标如迟迟不能达到高收入标准，我国经济就会停留在中等收入发展阶段即落于陷阱之内。其次，我国人口结构已呈现明显的老龄化。有学者测算，人口老龄化对于中国整个养老体系形成公共支出压力的高峰，约出现于2030—2033年间，从现在算起，已不到20年的时间。在高峰期出现以后，这种压力的缓慢下降还要有几十年的过程。要看到在这个很长的历史阶段之内，我国养老体系从硬件到服务所有的投入必然发生一系列的压力性质的要求，势必会对经济发展带来很大负担与拖累。再次，由于教育结构不合理而导致的劳动力供给结构问题，也是我们直面"中等收入陷阱"所必须考虑的不利因素。从成功跨越"中等收入陷阱"的经济体经验来看，以色列和日本都是整个亚洲平均受教育年限最高的国家。以色列颇有针对性、优质的高等教育为其科技进步奠定了良好的劳动力基础，且是全球工业国家里平均学历程度排位第三的国家，仅次于美国和荷兰。而日本除了教育的普及和具有较高水平的高等教育以外，还特别重视社会教育的作用，且在其企业制度中特别重视人才培育，一直不断促进并保持着高水平的科技研发能力。总体而言，我国目前教育模式培养出的劳动力与经济发展所需人力资本现实需求还存在着较明显的错配，被动摩擦已在影响就业水平和消费水平，处理不当就会严重制约我国未来经济社会发展。

（五）文化与"软实力"不足的影响

我国的深厚文化积淀如何转为国际竞争中的优势因素，一直是困扰中国人的难题，实际生活中，不少中式文化的消极因素，至今无形中制约着我国的创新力。人们往往不敢为天下先，不善于思辨和冒险创造，社会弥漫"官本位"的思想意识，善于遵循较为森严的等级制度而不敢、不能发表真知灼见，这些文化与传统意识特征，形成"软实力"的不足、感召力的欠缺，实际上制约着全球信息科技革命日新月异变化中我国经济社会的发展。将文化积淀与意识、信仰转变为有利于经济发展的积极因子而非制约因子，我国大众创业、万众创新等政策才可能得到有效落实和发挥作用，"综合国力"中"硬实力"的上升才可能与"软实力"的打造相伴而行，使中国的现代化之梦不至落空。这更是一种深刻的、综合性的挑战。

（六）制度变革探索的成败

制度学派和新制度经济学早已告诉我们"制度"因素在微观经济中的不可或缺，而实际上，在经济发展的宏观视角下，制度供给更是最为重要的因素之一。以18世纪的英国为例，于1776年发明蒸汽机的瓦特在其19岁那年离乡从苏格兰的格里诺克到伦敦寻求仪器制造匠的培训，两年后进入格拉斯哥大学，成为一名"数学仪器制造师"，最终成就了蒸汽机的发明、引发了第一次产业革命的到来这类案例，表明技术的发明和创造总体上决非一个个"黑天鹅"事件，而是与专业化基础和经济组织下的制度结构密切相关，换言之，在英国经济当时的专业化水平与经济组织所构造形成的经济制度运行结构和要素流动机制之下，引领世界技术潮流是迟早的必然事件。制度是造就人才、推动新技术产生的核心要素，可说是创新的最主要动力机制。在经济赶超阶段，制度更是经济运行有效与否的关键。从日本的"昭和遣唐使"政策到西方世界的"新公共管理运动"，实际上都体现了制度变迁对经济发展的重要作用。以成功跨越中等收入陷阱的日本为例，除了技术模仿之外，日本还特别注重法治化市场经济基本制度安排，进而以成本管理、经营计划调查、职务分析等制度的学习，不断提升企业管理和经济运行的现代化程度，从而有效降低运行成本和推动、激励技术模仿过程中的技术创新，从而大大提升了生产能力，成为经济发展的长足动力。其中，十分典型的是以生产工艺为对象的统计性品质管理，结合日本企业的特点，扩展为全公司范围的综合性全面质量管理（TQC，total quality control），即促使公司内所有的劳动者为提高产品质量致力于发现问题和改良工作，而这些实实在在地促使从海外引入的技术在日本得以较充分发展，推动了技术从模仿到超越的实现。

"十三五"时期正是我国"全面深化改革"的攻坚克难时期，在实现"全面小康"的同时必须配之以"全面依法治国"和"全面以严治党"，制度创新的实质性推进，总体上成为进一步打开管理创新和技术创新空间的关键。立足于"十三五"时期，放眼中长期经济社会发展，在十八大和三中、四中全会之后关系到国家前途、民族命运的关键阶段上，能否冲破利益固化的藩篱，克服既得利益的强大阻力和障碍，把"硬骨头"啃下来从而在制度变革的探索中获得解放生产力，进入新常态，打造升级版的成功，直接决定着我国经济社会是否能够相对顺利地跨越中等收入陷阱、跻身发达经济体之林。

主要参考文献

1. Jesus Felipe, Arnelyn Abdon, Utsav Kumar, *Tracking the Middle-income Trap: What is It, Who is in It, and Why?* Asian Development Bank Working Paper NO.306, March, 2012.

2. Jesus Felipe, Utsav Kumar & Reynold Galope, *Middle-Income Transitions: Trap or Myth?*, ADB Economics Working Paper Series, NO.421, November, 2014.

3．Paul Vandenberg, Lilibeth Poot & Jeffrey Miyamoto, *The Middle-Income Transition around the Globe: Characteristics of Graduation and Slowdown*, NO.519, March, 2015.

4．Fernando Gabriel Im and David Rosenblatt, *Middle-Income Traps: A Conceptual and Empirical Survey*, Policy Research Working Paper 6594, The World Bank Operations and Strategy Unit Development Economics, September, 2013.

5．Ismail Radwan, Rzeczpospolita, *Avoiding the Middle Income Trap in Poland*, http://www.worldbank.org/en/news/opinion/2014/08/19/avoiding-the-middle-income-trap-in-poland, August 19th, 2014.

6．Aaron Flaaen, Ejaz Ghani & Saurabh Mishra, *How to Avoid Middle Income Traps? Evidence from Malaysia*, http://blogs.worldbank.org//developmenttalk/how-avoid-middle-income-traps, July 22nd, 2013.

7．江涌：《中等收入的"陷阱"为谁而设？》，《国有资产管理》2013年第1期。

8．〔美〕保罗·肯尼迪 著，陈景彪 等译，《大国的兴衰》，国际文化出版公司2006年版，"前言"第35页。

9．贾康、苏京春：《胡焕庸线：从我国基本国情看"半壁压强型"环境压力与针对性能源、环境战略策略——供给管理的重大课题》，《财政研究》2015年第4期。

10．张德荣：《"中等收入陷阱"发生机理与中国经济增长的阶段性动力》，《经济研究》2013年第9期。

附件1 亚洲开发银行研究组：步入高收入阶段的经济体

亚洲开发银行研究报告中总结的自1950年以来步入高收入阶段的经济体一览表。

表1—1 1950年以来步入高收入阶段的经济体

国别/地区	所处地域	步入上等收入阶段的时间	步入高收入阶段的时间
中国香港	亚洲	1976	1983
日本	亚洲	1968	1977
韩国	亚洲	1988	1995
新加坡	亚洲	1978	1988
中国台湾	亚洲	1986	1993
奥地利	欧洲	1964	1976
比利时	欧洲	1961	1973
丹麦	欧洲	1953	1968
芬兰	欧洲	1964	1979
法国	欧洲	1960	1971
德国	欧洲	1960	1973
希腊	欧洲	1972	2000
爱尔兰	欧洲	1975	1990
意大利	欧洲	1963	1978
荷兰	欧洲	1955	1970
挪威	欧洲	1961	1975
葡萄牙	欧洲	1978	1996
西班牙	欧洲	1973	1990
瑞典	欧洲	1954	1968
阿根廷	拉丁美洲	1970	2010
智利	拉丁美洲	1992	2005
以色列	亚洲	1969	1986
毛里求斯	撒哈拉以南非洲	1991	2003

数据来源：Jesus Felipe, Arnelyn Abdon, Utsav Kumar, *Tracking the Middle-income Trap: What Is It, Who Is in It, and Why?* Asian Development Bank Working Paper No.306, March 2012.

附件2　收入阶段划分标准估计过程

设世界人均 GNI 均值为自变量、每年收入划分标准为因变量进行观察，按照低收入上限值、上下中等收入分界线值、高收入下限值的顺序，估计过程图[①]和相应结果。

表2—1　2000—2012年世界人均GNI均值与低收入上限值（单位：美元）

年度	世界人均GNI均值	低收入上限值
2000	5,393.37	755
2001	5,362.53	745
2002	5,777.43	735
2003	6,593.46	765
2004	7,302.91	825
2005	7,772.64	875
2006	8,326.15	905
2007	8,936.68	935
2008	8,956.20	975
2009	9,363.71	995
2010	9,805.31	1005
2011	10,344.17	1025
2012	10,683.26	1035

数据来源：世界银行：《世界发展指标》（2002—2014），中国财政经济出版社2002—2014年版

[①] 说明：由于XY散点图所对应趋势曲线的R值大于0.99，即该关系并不是与线性关系完全拟合，于是并未继续深入开展回归分析，但R值均在0.96以上，证明两者之间还是存在明显的线性关系，因此以可获得的线性方程来进行数据估计。

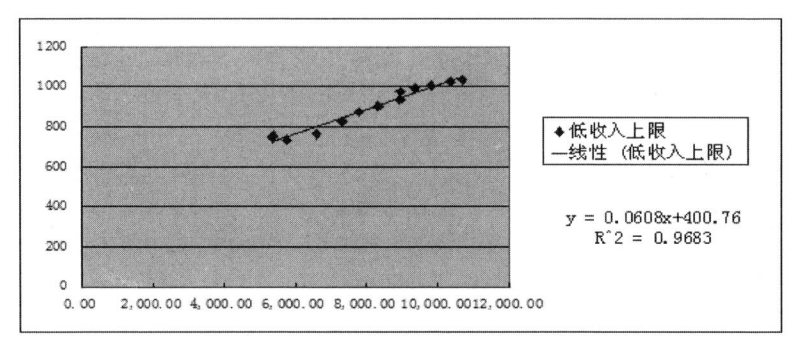

图 2—1 低收入上限 XY 散点图及趋势曲线

表 2—2 1962—1999、2013 年低收入上限估计值（单位：美元）

年度	世界人均 GNI 均值	低收入上限估计值
1962	482.13	430.0734385
1963	507.75	431.631072
1964	543.23	433.7884106
1965	584.32	436.2869463
1966	626.38	438.8439063
1967	653.79	440.5101873
1968	701.87	443.4339325
1969	756.45	446.7520777
1970	803.72	449.6263111
1971	865.60	453.3882255
1972	971.97	459.8558043
1973	1,174.18	472.1500032
1974	1,376.36	484.4424053
1975	1,546.06	494.7604809
1976	1,628.55	499.7758851
1977	1,723.79	505.5666188
1978	1,934.36	518.3693735
1979	2,287.13	539.8175046
1980	2,614.94	559.7483595

续表

年度	世界人均 GNI 均值	低收入上限估计值
1981	2,714.84	565.822272
1982	2,568.87	556.947296
1983	2,446.75	549.5224
1984	2,490.20	552.16416
1985	2,572.85	557.18928
1986	2,839.90	573.42592
1987	3,302.49	601.551392
1988	3,893.70	637.49696
1989	4,063.85	647.84208
1990	4,208.75	656.652
1991	4,337.78	664.4967953
1992	4,650.74	683.5249545
1993	4,742.95	689.1314375
1994	4,939.77	701.0981653
1995	5,228.61	718.6593445
1996	5,461.25	732.8038708
1997	5,498.93	735.095221
1998	5,246.48	719.7462382
1999	5,254.65	720.2427933
2013	10,683.26	1050.302243

表 2—3 2000—2012 年世界人均 GNI 均值与上下中等收入分界线值（单位：美元）

年度	世界平均水平	上下中等收入分界线
2000	5,393.37	2995
2001	5,362.53	2975
2002	5,777.43	2935
2003	6,593.46	3035
2004	7,302.91	3255
2005	7,772.64	3465
2006	8,326.15	3595

续表

年度	世界平均水平	上下中等收入分界线
2007	8,936.68	3705
2008	8,956.20	3855
2009	9,363.71	3945
2010	9,805.31	3975
2011	10,344.17	4035
2012	10,683.26	4085

数据来源：世界银行：《世界发展指标》(2002—2014)，中国财政经济出版社 2002—2014 年版

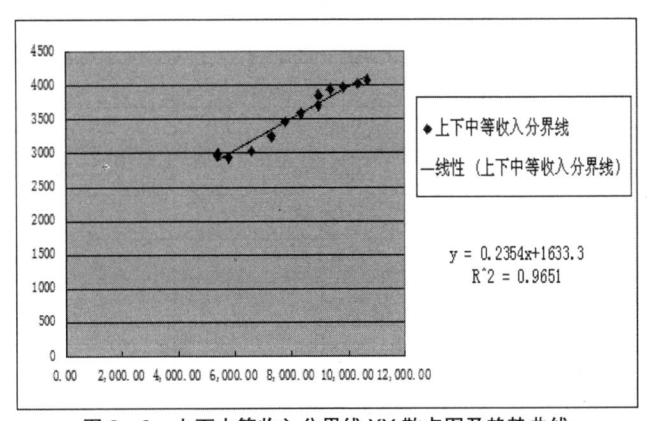

图 2—2　上下中等收入分界线 XY 散点图及趋势曲线

$y = 0.2354x + 1633.3$
$R^2 = 0.9651$

表 2—4　1962—1999、2013 年上下中等收入分界线估计值（单位：美元）

年度	世界人均 GNI 均值	上下中等收入分界线估计值
1962	482.13	1746.793149
1963	507.75	1752.823854
1964	543.23	1761.176445
1965	584.32	1770.850052
1966	626.38	1780.749861
1967	653.79	1787.201219
1968	701.87	1798.521114
1969	756.45	1811.368011
1970	803.72	1822.496211

续表

年度	世界人均GNI均值	上下中等收入分界线估计值
1971	865.60	1837.061254
1972	971.97	1862.101847
1973	1,174.18	1909.701427
1974	1,376.36	1957.294049
1975	1,546.06	1997.242652
1976	1,628.55	2016.660845
1977	1,723.79	2039.080889
1978	1,934.36	2088.649449
1979	2,287.13	2171.690404
1980	2,614.94	2248.856905
1981	2,714.84	2272.373336
1982	2,568.87	2238.011998
1983	2,446.75	2209.26495
1984	2,490.20	2219.49308
1985	2,572.85	2238.94889
1986	2,839.90	2301.81246
1987	3,302.49	2410.706146
1988	3,893.70	2549.87698
1989	4,063.85	2589.93029
1990	4,208.75	2624.03975
1991	4,337.78	2654.412527
1992	4,650.74	2728.084051
1993	4,742.95	2749.79073
1994	4,939.77	2796.122436
1995	5,228.61	2864.114239
1996	5,461.25	2918.87775
1997	5,498.93	2927.749194
1998	5,246.48	2868.322376
1999	5,254.65	2870.244894
2013	10,683.26	4148.139539

表 2—5 2000—2012 年世界人均 GNI 均值与高收入下限值（单位：美元）

年度	世界平均水平	高收入下限值
2000	5,393.37	9265
2001	5,362.53	9206
2002	5,777.43	9075
2003	6,593.46	9385
2004	7,302.91	10065
2005	7,772.64	10725
2006	8,326.15	11115
2007	8,936.68	11455
2008	8,956.20	11905
2009	9,363.71	12195
2010	9,805.31	12275
2011	10,344.17	12475
2012	10,683.26	12615

数据来源：世界银行：《世界发展指标》（2002—2014），中国财政经济出版社 2002—2014 年版

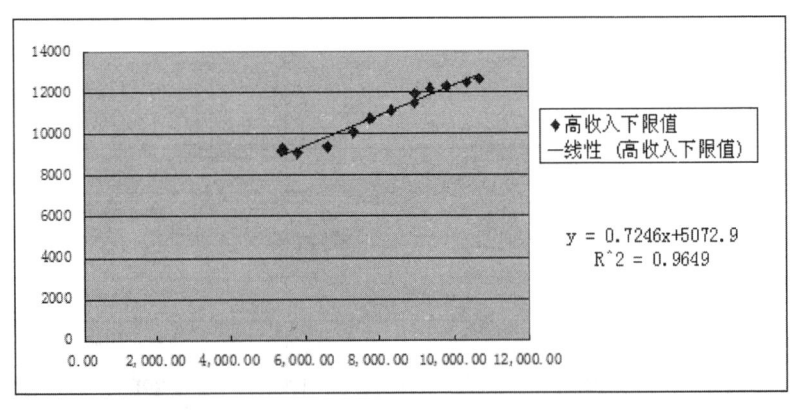

图 2—3 高收入下限值 XY 散点图及趋势曲线

$y = 0.7246x + 5072.9$
$R^2 = 0.9649$

表 2—6　1962—1999、2013 年高收入下限估计值（单位：美元）

年度	世界人均 GNI 均值	高收入下限值
1962	482.13	5422.250618
1963	507.75	5440.814125
1964	543.23	5466.524775
1965	584.32	5496.301732
1966	626.38	5526.774975
1967	653.79	5546.633318
1968	701.87	5581.477821
1969	756.45	5621.022689
1970	803.72	5655.277122
1971	865.60	5700.110726
1972	971.97	5777.189799
1973	1,174.18	5923.70915
1974	1,376.36	6070.207086
1975	1,546.06	6193.175469
1976	1,628.55	6252.947867
1977	1,723.79	6321.96046
1978	1,934.36	6474.540658
1979	2,287.13	6730.154405
1980	2,614.94	6967.685613
1981	2,714.84	7040.073064
1982	2,568.87	6934.303202
1983	2,446.75	6845.81505
1984	2,490.20	6877.29892
1985	2,572.85	6937.18711
1986	2,839.90	7130.69154
1987	3,302.49	7465.884254
1988	3,893.70	7894.27502
1989	4,063.85	8017.56571

续表

年度	世界人均 GNI 均值	高收入下限值
1990	4,208.75	8122.56025
1991	4,337.78	8216.052663
1992	4,650.74	8442.825757
1993	4,742.95	8509.642494
1994	4,939.77	8652.259121
1995	5,228.61	8861.549096
1996	5,461.25	9030.120211
1997	5,498.93	9057.427979
1998	5,246.48	8874.502438
1999	5,254.65	8880.420264
2013	10,683.26	12813.99061

附件3　10个成功者1960年以来的人均GNI数据资料

表3—1　10个成功者1960年以来人均GNI数据表（单位：美元）

	日本	以色列	韩国	新加坡	中国香港	西班牙	葡萄牙	爱尔兰	希腊	波多黎各
1962	610	1,420	110	490		500	410		630	820
1963	690	1,390	120	530		570	430		710	900
1964	800	1,320	130	500		640	470		790	960
1965	890	1,440	130	540		730	520		890	1,060
1966	1,030	1,470	130	590		840	570		980	1,160
1967	1,200	1,460	140	660	710	930	640		1,070	1,240
1968	1,430	1,620	180	750	740	1,010	730		1,180	1,370
1969	1,660	1,700	230	850	840	1,110	790		1,330	1,560
1970	1,810	1,750	260	960	930	1,190	940		1,520	1,750
1971	2,090	1,920	310	1,090	1,060	1,320	1,060		1,710	1,910
1972	2,680	2,270	340	1,320	1,300	1,600	1,250	2,070	1,990	2,100
1973	3,570	2,570	420	1,720	1,750	2,100	1,670	2,540	2,490	2,380
1974	4,350	3,390	540	2,260	2,170	2,750	2,030	2,990	2,840	2,590
1975	5,060	3,910	640	2,820	2,450	3,270	2,170	3,390	3,470	2,660
1976	5,310	3,840	790	2,930	2,900	3,460	2,280	3,280	3,750	2,650

续表

	日本	以色列	韩国	新加坡	中国香港	西班牙	葡萄牙	爱尔兰	希腊	波多黎各
1977	5,840	3,740	950	3,030	3,340	3,660	2,380	3,580	3,930	2,740
1978	7,320	3,910	1,250	3,450	3,930	4,040	2,480	4,120	4,590	2,980
1979	9,280	4,510	1,640	4,170	4,700	5,010	2,810	5,120	5,640	3,390
1980	10,670	5,350	1,900	4,930	5,730	6,230	3,290	6,380	6,490	3,720
1981	10,940	6,070	2,070	5,510	6,360	6,320	3,430	6,780	6,360	3,890
1982	10,380	6,010	2,080	5,710	6,290	5,690	3,230	6,390	5,900	3,770
1983	10,060	5,990	2,200	6,190	5,890	4,870	2,830	5,720	5,270	3,670
1984	10,310	5,980	2,360	6,900	6,170	4,590	2,520	5,610	5,130	3,970
1985	11,360	5,980	2,510	7,030	6,090	4,570	2,530	5,630	5,010	4,280
1986	13,650	6,450	2,930	7,260	7,230	5,410	3,080	6,370	5,350	4,740
1987	17,800	7,610	3,600	8,120	9,070	7,120	4,160	8,220	6,130	5,320
1988	24,470	9,230	4,590	9,590	10,770	9,430	5,640	10,420	7,580	5,830
1989	26,640	9,770	5,440	10,690	11,550	10,720	6,320	11,100	8,300	5,980
1990	27,560	10,860	6,480	12,040	12,660	12,220	7,140	12,560	9,000	6,150
1991	28,290	11,490	7,550	13,450	14,320	13,720	8,190	13,130	9,900	6,360
1992	30,190	12,590	8,290	15,720	16,560	15,660	9,870	14,440	11,220	6,700
1993	33,170	13,070	8,980	17,760	19,490	15,090	10,100	14,600	11,120	7,050
1994	36,590	13,830	10,010	20,780	21,770	14,580	10,450	15,480	11,550	7,340

续表

	日本	以色列	韩国	新加坡	中国香港	西班牙	葡萄牙	爱尔兰	希腊	波多黎各
1995	41,270	15,660	11,650	23,610	23,500	14,970	11,220	16,920	12,310	7,800
1996	42,030	17,410	13,080	25,640	24,020	15,740	12,080	19,080	13,280	8,150
1997	39,230	18,020	13,300	27,750	25,910	16,020	12,350	20,750	13,960	8,430
1998	33,480	17,710	10,120	24,010	24,800	15,650	12,710	21,420	13,650	8,710
1999	32,830	17,400	10,160	23,420	25,800	15,660	12,240	22,590	13,210	9,420
2000	34,980	18,790	10,750	23,670	26,930	15,900	12,140	23,920	13,180	10,310
2001	35,600	19,040	11,630	21,990	26,350	15,580	11,800	23,740	12,950	11,350
2002	33,750	18,350	12,470	21,760	25,270	15,580	11,730	24,340	13,030	11,600
2003	34,010	18,390	13,360	23,110	26,340	18,060	13,230	29,360	15,570	12,530
2004	37,150	19,930	15,650	25,650	28,120	22,120	16,120	36,560	19,400	13,820
2005	39,140	21,220	17,800	28,370	28,890	25,930	18,550	43,570	22,510	14,750
2006	38,570	22,110	19,980	32,080	30,290	27,970	19,330	47,570	24,290	15,210
2007	37,590	23,770	22,460	35,660	32,070	29,920	20,770	50,080	26,110	15,660
2008	37,760	25,970	22,850	36,680	33,950	32,440	22,440	51,150	28,330	16,240
2009	37,470	27,210	21,090	37,080	32,350	32,770	22,840	46,120	29,060	16,540
2010	41,980	29,480	21,320	44,790	33,620	32,130	22,960	43,760	27,580	16,650
2011	45,190	31,170	22,620	48,630	35,680	31,280	22,660	42,060	24,980	17,320
2012	47,830	32,160	24,640	51,090	36,280	30,120	21,150	41,460	23,690	18,370

数据来源：世界银行官方网站

基于上表的相关分析如下：

亚洲地区：日本、以色列、韩国、新加坡、中国香港

以世界银行人均 GNI 数据及我们所估计的收入划分标准为基础，日本（如图 3—1 所示）晋级高收入组应在 1978 年，由于日本 1962 年已经步入中等收入组，所以我们无法准确计算日本在中等收入组的持续时间，但由于 1962 年低收入上限估计值为 430 美元，而日本人均 GNI 值为 610 美元，可知日本其时应处于步入中等收入组的初始阶段。日本步入上中等收入阶段的年度为 1971 年，所以日本跨越"上中等收入陷阱"持续时间为 8 年。

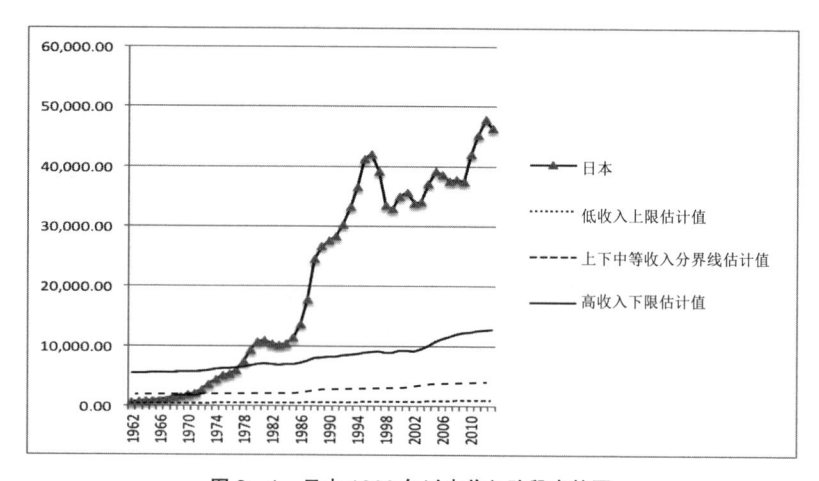

图 3—1　日本 1962 年以来收入阶段走势图

以世界银行人均 GNI 数据及我们所估计的收入划分标准为基础，以色列（如图 3—2 所示）晋级高收入组应在 1988 年，由于以色列 1962 年已经步入中等收入组，所以我们无法准确计算以色列在中等收入组的持续时间。以色列步入上中等收入阶段的年度为 1971 年，所以以色列跨越"上中等收入陷阱"持续时间为 18 年。

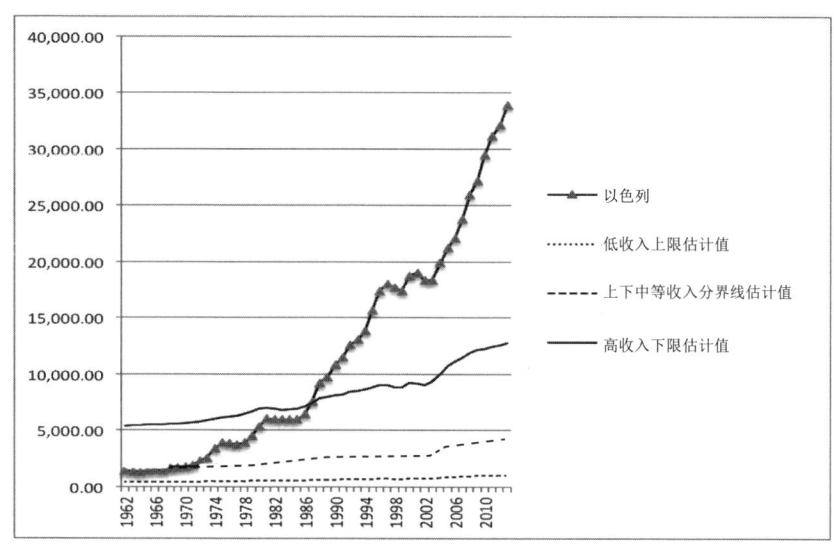

图 3—2　以色列 1962 年以来收入阶段走势图

以世界银行人均 GNI 数据及我们所估计的收入划分标准为基础，韩国（如图 3—3 所示）晋级下中等收入组的年度为 1974 年，晋级上中等收入组的年度为 1984 年，晋级高收入组的年度为 1993 年。由此看来，韩国跨越"下中等收入陷阱"的持续时间为 11 年，跨越"上中等收入陷阱"的持续时间为 10 年。

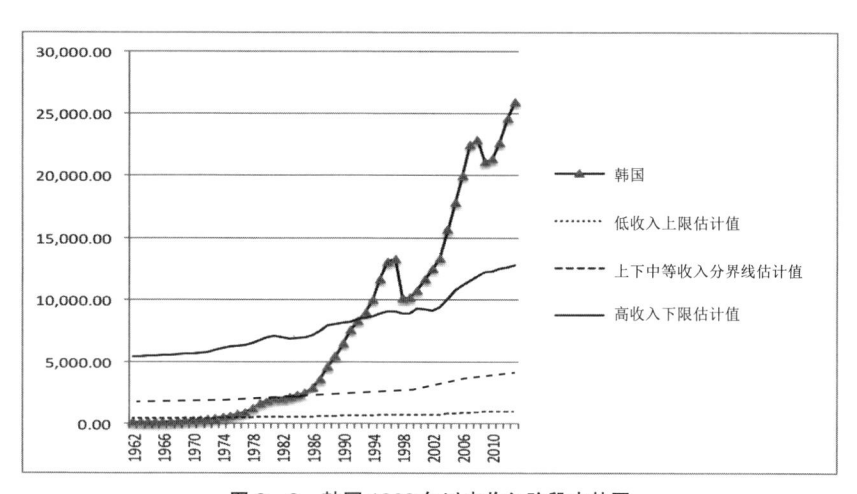

图 3—3　韩国 1962 年以来收入阶段走势图

以世界银行人均 GNI 数据及我们所估计的收入划分标准为基础，新加坡（如图 3—4 所示）晋级高收入组应在 1984 年，由于新加坡 1962 年已经步入中等收入组，所以我们无法准确计算新加坡在中等收入组的持续时间，但由于 1962 年低收入上限估计值为 430 美元而新加坡人均 GNI 值为 490 美元，可知新加坡当时应刚刚步入中等收入阶段，加之新加坡步入上中等收入阶段的年度为 1974 年，可得新加坡跨越"下中等收入陷阱"的持续时间约为 13 年，跨越"上中等收入陷阱"的持续时间为 11 年。

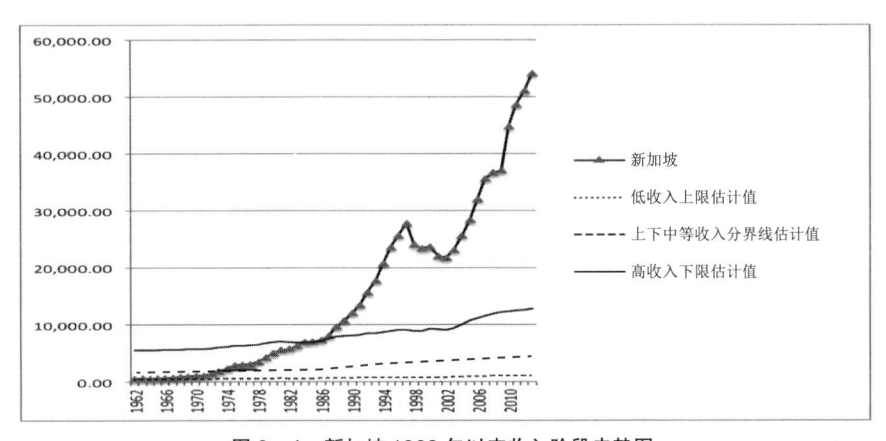

图 3—4　新加坡 1962 年以来收入阶段走势图

以世界银行人均 GNI 数据及我们所估计的收入划分标准为基础，中国香港（如图 3—5 所示）晋级高收入组应在 1986 年，由于中国香港的数据有缺失，又有数据显示 1967 年已经步入中等收入组，所以我们无法准确计算中国香港在中等收入组的持续时间。中国香港步入上中等收入阶段的年度为 1974 年，可得其跨越"上中等收入陷阱"的持续时间为 13 年。

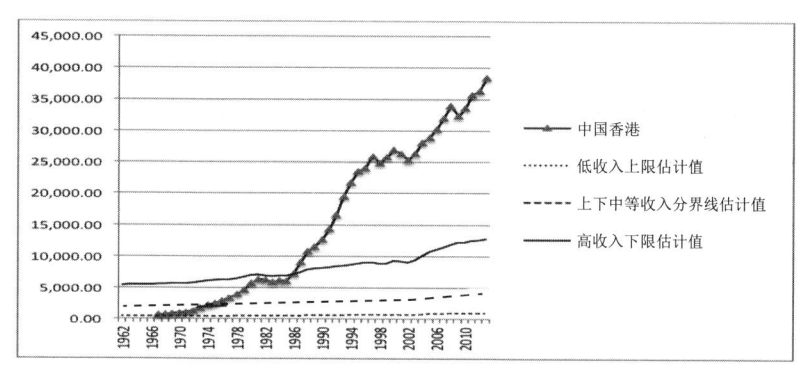

图 3—5　中国香港 1962 年以来收入阶段走势图

欧洲地区：西班牙、葡萄牙、爱尔兰、希腊

以世界银行人均 GNI 数据及我们所估计的收入划分标准为基础，西班牙（如图 3—6 所示）晋级高收入组应在 1988 年，由于其 1962 年已经步入中等收入组，所以我们无法准确计算西班牙在中等收入组的持续时间，但由于 1962 年低收入上限估计值为 430 美元且西班牙仅为 500 美元，因此可将其视为刚刚步入中等收入阶段，加之西班牙步入上中等收入阶段的年度为 1973 年，可得其跨越"下中等收入陷阱"的持续时间约为 12 年，跨越"上中等收入陷阱"的持续时间为 16 年。

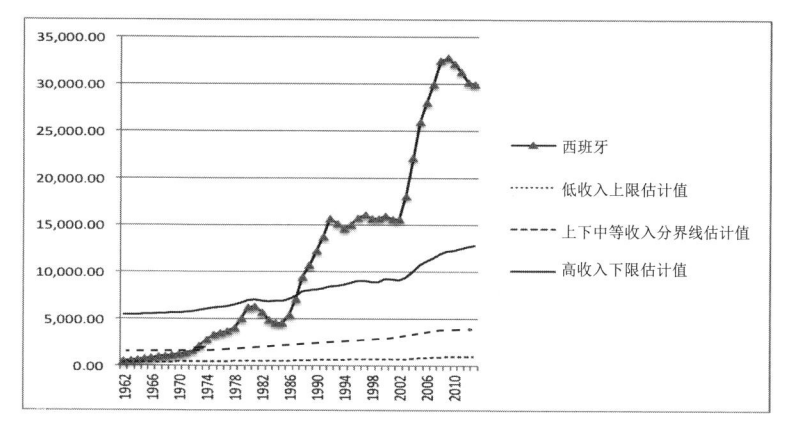

图 3—6　西班牙 1962 年以来收入阶段走势图

以世界银行人均 GNI 数据及我们所估计的收入划分标准为基础，葡萄牙（如图 3—7 所示）晋级下中等收入组的年度为 1964 年，晋级上中等收入组的年度为 1974 年，晋级高收入组的年度为 1992 年。由此看来，葡萄牙跨越"下中等收入陷阱"的持续时间为 11 年，跨越"上中等收入陷阱"的持续时间则为 19 年之久。

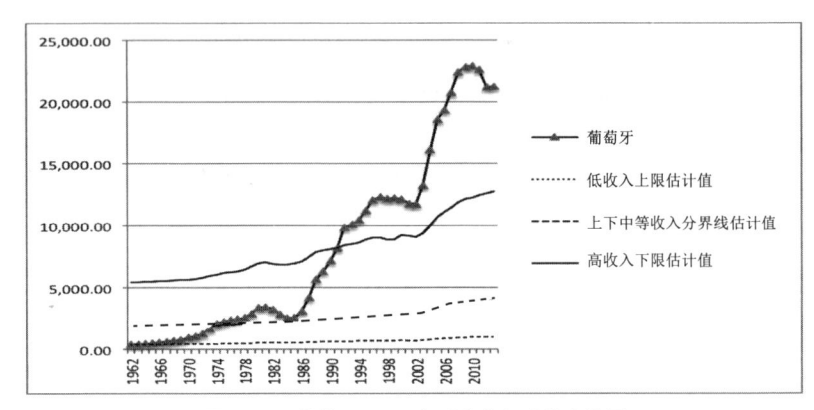

图 3—7　葡萄牙 1962 年以来收入阶段走势图

以世界银行人均 GNI 数据及我们所估计的收入划分标准为基础，爱尔兰（如图 3—8 所示）晋级高收入组应在 1988 年，由于爱尔兰的数据有缺失，有数据显示的 1972 年早已经步入中等收入组，甚至已经步入了上中等收入组，所以我们无法准确计算爱尔兰在中等收入组的持续时间，但由于 1972 年上下中等收入分界线估计值为 1910 美元且爱尔兰为 2070 美元，可认为刚刚步入上中等收入阶段，所以爱尔兰跨越"上中等收入陷阱"的持续时间约为 17 年。

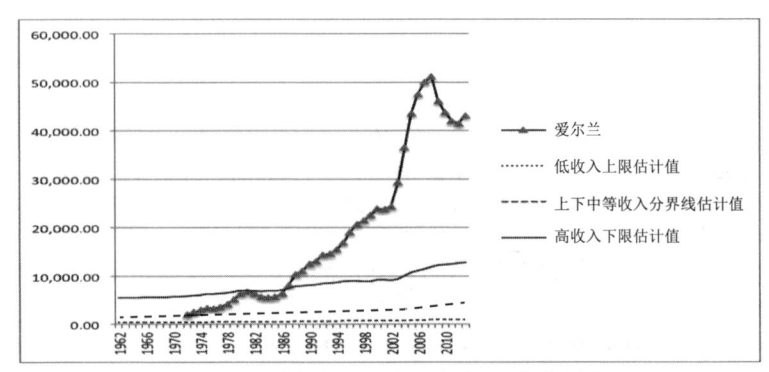

图 3—8　爱尔兰 1962 年以来收入阶段走势图

以世界银行人均 GNI 数据及我们所估计的收入划分标准为基础，希腊（如图 3—9 所示）晋级高收入组应在 1989 年，由于希腊 1962 年已经步入中等收入组，所以我们无法准确计算其在中等收入组的持续时间。希腊步入上中等收入阶段的年度为 1972 年，所以其跨越"上中等收入陷阱"持续时间为 18 年。

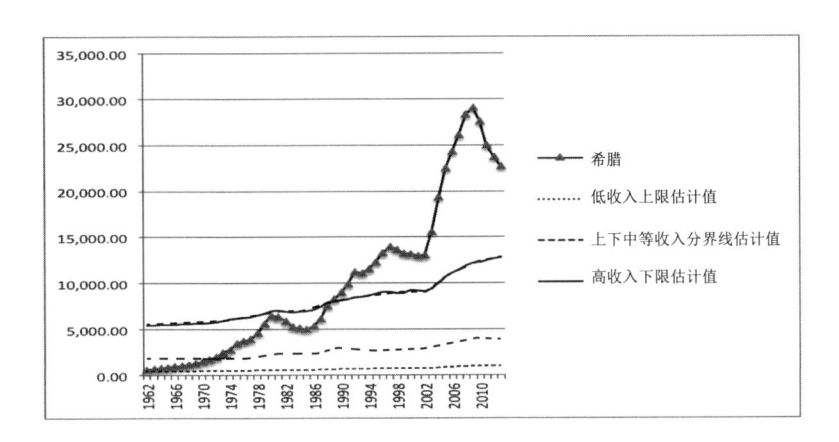

图 3—9　希腊 1962 年以来收入阶段走势图

美洲地区：波多黎各

以世界银行人均 GNI 数据及我们所估计的收入划分标准为基础，波多黎各（如图 3—10 所示）晋级高收入组应在 1999 年，由于波多黎各 1962 年已经步入中等收入组，所以我们无法准确计算其在中等收入组的持续时间。波多黎各步入上中等收入阶段的年度为 1971 年，所以其跨越"上中等收入陷阱"持续时间为 29 年。

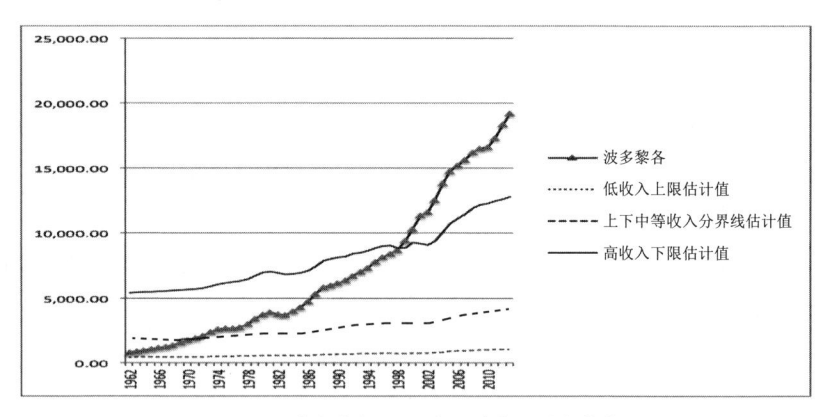

图 3—10　波多黎各 1962 年以来收入阶段走势图

附件 4 成功者跨越 "中等收入陷阱" 的 GDP 增长率数据资料（略）

附件 5　2012 年中等收入组经济体资料（略）

附件 6　其他中等收入阶段国家的分析（略）

（附件 4、5、6 因其数据过多、篇幅过大无法附后，如需数据可联系作者。）

论中国优势

徐诺金

当前我国经济学界存在着一种普遍把我国的高储蓄、高投资以及由此产生的高增长看成是中国问题而不是中国优势的现象。我把这种现象称为"恐高症"。这种"恐高症"对我国的宏观经济政策和实际经济发展正在产生越来越大的影响和危害。我国经济从改革开放以来年均近10%的增速一路下滑到现在逼近甚至突破7.5%的底线,就是这种"恐高症"危害的结果。不从根本上认清我国高储蓄的原因,高投资的必要和高增长的由来,把高储蓄高投资高增长看成是我国经济和社会发展过程中难得的优势,真正珍惜利用好这种优势,使之更好地为我国经济社会更好更快地发展服务,我国经济社会真有陷入中等收入陷阱的危险。本篇运用理论和实证的方法对我国高储蓄高投资高增长的原因进行了分析,认为高储蓄高投资高增长不是中国问题,而是难得的"中国优势",应该倍加珍惜和利用。中国的这种优势并非与生俱来,也不会永远存在。随着产生这种优势的条件发生变化,这种独特的"中国优势"也会随之减弱,甚至消失。目前中国经济正处于优势减弱,但尚未完全消失的机遇期。只要能抓住机遇,加快改革,独特的"中国优势"仍有保持和发展的潜力。

一、中国优势高储蓄的由来

中国的高增长源于中国的高投资,中国的高投资源于中国的高储蓄。要弄清楚中国高投资高增长的原因,我们先要弄清楚中国高储蓄的由来。我们知道,储蓄是消费后的剩余。只有人们的基本消费得到满足后，人们才有可能进行有计划的自愿储蓄。在收入不能完全满足基本消费的情况下，储蓄与消费会始终处于到底是多消费一点还是多储蓄一点的矛盾之中。中华民族虽然有勤俭节约的美德，但在收入还不能满足基本消费的情况下，也不可能饿着肚子进行储蓄。这一点在我国计划经济年代和改革开放初期表现的非常明显。改革开放之前和改革开放之后相当时期内，中国经济面临的最大问题基本上是储蓄率不够高，国民收入能用于投资建设的比例往往与消费发生矛盾。国民经济面临的最大问题是"一要吃饭，二要建设"的问题，宏观调控总是在如何控制消费需求、确保最低限度的投资和如何控制固定资产投资规模、确保最低消费之间进行两难选择。当时，为了增加储蓄，实际中还存在利用思想政治工作和通货膨胀、凭票供应等方式直接或间接强制居民储蓄的现象。所以这个时期我国是处于消费率虽然很高，但消费量却不足，储蓄在挤压消费，储蓄却还远远不够的时期。直到20世纪90年代之前，我国经济总体上还是处于消费率太高、储蓄不足、储蓄满足不了投资需要的状态。1978—1989年，中国的消费率最高达66.5%，储蓄率最高仅为37.9%，而投资率最高达38.2%。从1978到1989年，我国的消费率平均为65.0%，储蓄率平均为35.1%，投资率平均为35.5%，储蓄率比投资率平均低0.4个百分点。反映到国际收支方面，经常面临的问题是进出口贸易经常逆差，即需要引进外资补充国内的储蓄不足。

但是，随着我国改革开放的逐渐成功，我国的储蓄率伴随国民收入快速增长和居民消费的大幅提高而呈上升趋势。从1978到2013年，我国储蓄率从37.9%上升到50.2%。而同期我国的消费增长也很快。1980—2013年我国最终消费年均实际增速为8.9%，其中居民最终消费年均实际增速为8.8%，大大高于其他发展中国家和发达国家的消费增长速度。同期美国个人消费年均增长3.0%，日本为2.0%（1981—2013年），欧元区为1.3%（1996—2013年），俄罗斯为8.1%（2003—2013年），印度为7.7%（2005—2013年）。显然，我国储蓄率的上升不是由于储蓄挤占居民消费的结果。如果说在改革开放的初期，我国由于储蓄率不足以支持投资率，存在直接或间接的强制储蓄和挤占消费的情况，但进入20世纪90年代后，中国的高储蓄基本上应看作是居民消费基本满足后的自愿储蓄，而不是强制储蓄。在我国,储蓄率的明显上升和消费率的大幅下降基本发生在世纪之交的 2000 年前后,即改革开放已经历了 20 多年的时候。由于改革开放政策的成功,我国取得连续 20 多年的快速发展,我国的社会生产力和国民收入迅速提高,居民收入和财富获得了很大的增长,居民的消费能力和社会的供给能力有了极大的改善,居民消费也得到了较好的满足,中国经济基本进入国民收入增加,居民消费增加,但边际消费下降,消费率下降,储蓄率上升,最终消费和投资同时增加,并表现出消费与投资形成了较强的一致性。在我国投资所形成的固定资本增长较快的年份,如 1982—1985 年,1992—1993 年,2006—2007 年,最终消费增长也比较快;固定资本形成增长较慢的年份,如 1989—1990 年,1997—1998 年,最终消费增长也比较慢。这说明我国的投资也没有挤消费,中国的储蓄率上升不是由于投资抑制消费造成的。

是什么引起我国国民储蓄快速上升,总体水平高于世界其他国家呢?根本原因是两个。第一个是改革开放释放的巨大制度红利。十一届三中全会确立以经济建设为中心,实行改革开放。随着家庭联产承包责任制、国有企业改革、价格体制改革、劳动力市场形成、住房制度改革、金融体制改革、财税体制改革、加入世贸组织等制度红利不断释放,制约生产力发展的瓶颈被一个个打破,我国经济快速发展,国民收入不断提高,社会财富快速增长,居民储蓄率随着边际消费率的下降呈上升趋势,企业和政府储蓄随着企业制度改革和政府财税体制改革的成功而快速增长。第二个是中国独有的人口红利。我国的改革开放刚好遇上了我国人口红利的集中释放期。生命周期理论告诉我们,人的一生可以分为净消费期和净储蓄期。在劳动年龄阶段为净储蓄期,在幼年和老龄时期一般为净消费期。因此随着一国人口结构中劳动年龄人口比重的上升,往往会出现储蓄率上升,消费率下降的现象。在 1978 年我国开始实行改革开放的前后,刚好是我国 20 世纪 50—60 年代婴儿潮时期出生的人口进入劳动年龄阶段。从 1982 到我国劳动年龄人口占比最高的 2010 年,我国劳动年龄人口[①]占比从 61.5% 上升到 74.5%,提高了 13 个百分点。同时,由于我国在 80 年代前后开始

---

① 这里采用的是处于 15—64 岁年龄段的人口。

实行计划生育政策，由此带来我国近三十年来人口抚养比的快速下降，从1982年到2010年我国的人口抚养比从62.6%下降到34.2%，下降了28.4个百分点。中国正是由于劳动年龄人口占比的上升和抚养比的下降，形成了中国特有的人口红利，大大提高了中国的储蓄率。世界银行估计，"人口红利"的结构性优势对中国经济高增长的贡献度达到了30%以上。

中国高储蓄的独特之处在于它的难以复制。我们说中国改革开放带来了制度红利，中国人口结构变化带来了人口红利，但中国的难得之处在于这两种红利的历史巧合。制度红利与人口红利同时释放，两者相互结合，相互促进，使得中国的储蓄率真正出现快速上升。应该说，中国是幸运的。中国的改革开放，使中国大量进入劳动年龄阶段的人口从社会包袱（就业压力）变成了人口红利，这一点没有改革开放所释放的制度红利是不可能的。同样，没有人口结构在改革开放前后的这种有利变化，制度改革的红利也不可能有实际这么大。另外，计划生育政策使我国人口抚养比急剧下降，大大提高了我国人口红利水平，也是中国非常独特，他国难以复制的。因此，我们认为，正是中国的制度变革与人口结构的巨大变化的历史巧合，产生了中国独有的制度红利和人口红利以及两者之间的相互促进，才有了中国独有的高储蓄优势。这种优势只具有偶然性，没有规律性。首先，制度红利是偶发性的。中国的改革开放源于计划经济体制下的历史发展和时代要求，随着我国改革开放的逐步深入，制度结构会趋于成熟和稳定，它的边际作用会逐渐减弱。其次，人口红利源于改革开放前的鼓励生育政策和改革开放后的计划生育政策的组合，它要有制度结构的配合和特定人口结构的变化才能存在。因此，我认为我国改革开放这种制度红利和人口结构变化所产生的人口红利以及它们的历史性巧合不具有规律性和长久性，由此带来的红利也不可持续，更不会长久存在。所以，中国的高储蓄优势也不是固定不变，永远存在的。

二、中国优势高投资的必要

中国的高投资源于中国高储蓄的有力支撑，它既是中国经济加快发展的有利条件，也是实现宏观经济平衡的内在要求和客观需要。

投资是经济增长的源泉，是推动经济增长的根本动力，没有投资就不可能有真正的增长。经济增长理论告诉我们，农业社会经济增长取决于劳动和土地，但随着农业社会向工业社会的演进，土地逐渐让位于资本，资本变化是决定经济增长快慢的根本变量。随着技术革命的突破，技术因素受到了重视。根据丹尼森对美国的研究，技术进步对美国经济增长的贡献达到28%。但是，技术是具体化在新的工厂、设备和工具中的。技术只有通过投资，才能内化到生产进程中。在这种内化过程中，国民收入用于真实资本形成（即投资）的份额越大，技术变革的吸收就越快。从这个意义上来说，决定技术变革快慢的关键变量也是投资。制度变量也是影响经济增长快慢的一个重要因素，制度经济学揭示出，不同的制度结构有不同的生产要素组织形式，会产生效率明显不同的经济产出。但制度变量是渐进性的变量，一旦制度趋于成熟和稳定，制度变量对经济增长的影响会逐渐趋于常态。因此，在我们研究经济增长的长期趋势时，制度变量往往没有投资变量活跃。因此，从经济发展的长期趋势来看，推动经济发展的最根本变量就是投资。没有投资，一切都不可能。

中国的高储蓄为中国的高投资提供了有力的保障，这是中国的独特优势，是其他国家梦寐以求而不得的。根据发展经济学理论，一个国家在起飞阶段面临的最大问题是资金不足，储蓄率低。改革开放初期，中国通过对外开放引进外资弥补国内储蓄不足，启动了发展，随后借改革开放所释放的制度红利和人口红利所提供的高储蓄和高投资助推中国经济步入了加速发展的轨道。但许多发展中国家却没有中国幸运，没有制度红利的释放，没有中国的人口红利，所以长期存在着储蓄不足、投资上不去的问题，这不仅制约了这些国家的经济增长，而且往往基于加快发展的内在冲动，容易对外负债过度，形成外债压力，导致经济失衡，引发经济危机，如巴西、秘鲁、墨西哥等拉美国家。因此，储蓄尤其是高储蓄，对一个国家，尤其是处于发展中起飞阶段的国家来说，是非常难得、非常宝贵的，可用来加快发展的有利资源，应该倍加珍惜和利用，将它充分有效地转化成高投资和发展优势。中国有这样一个高储蓄和高投资的时期和有利条件，是中国的幸运和福气。

对一个高储蓄的经济体来说，保持与高储蓄相对应的高投资也是宏观经济内在平衡的需要。宏观经济平衡的基本条件是投资等于储蓄（即I=S）。储蓄率高，投资率就应该高；储蓄率低，投资率也应该低。否则，经济就会处于一种不平衡状态。当储蓄率大于投资率时S＞I，经济就会处于过剩状态，容易产生汇率升值压力，国内流动性过剩，资产价格泡沫。虽可通过对外输出储蓄保持经济的暂时平衡，但这是不可持续的平衡，是建立在外部需求基础上的脆弱平衡，一旦这种平衡被打破，国民经济就会受到冲击。相反，当储蓄率小于投资率时S＜I，就要通过对外引入储蓄才能弥补国内储蓄不足，但这往往容易造成对外负债过度，严重时出现债务危机。

我国经济在改革开放初期，面临的主要问题是投资率大于储蓄率，国际收支经常出现逆差和外汇短缺的压力。但由于我国实施对外开放政策，合理利用外资补充国内储蓄不足，外债管理比较成功，所以我国经济取得了较快发展，发展的过程也比较顺利，成功抵御了20世纪80—90年代那场东南亚金融危机。但进入20世纪90年代特别是21世纪以来，中国的储蓄条件发生了根本性变化，我国出现了储蓄持续大于投资，储蓄持续过剩的状况，结果出现国际收支大额贸易顺差，汇率面临升值压力，外汇储备急剧增加，基础货币大量投放，国内出现流动性过剩，资产价格持续上涨的现象。为了控制流动性过剩和通胀压力，宏观调控不得不以放缓经济增长为代价，处在连续对冲和持续紧缩的状态，结果经济产生下行压力，逐步步入收缩性轨道。我国储蓄率超过消费率发生在2005年前后，储蓄率超过投资率，两者差距的快速拉大也主要发生在2005年以后。从2005—2013年，我国储蓄率平均大于投资率5.0个百分点，最大时两者相差近10个百分点。同期贸易顺差从1020亿美元扩大到2590亿美元，外汇储备从8189亿美元增加到38213亿美元，基础货币投放从6.4万亿元增加到27.1万亿元。资产价格快速上涨。上证综指从2005年的998点一度涨至2007年的6124点。房地产价格接替股市也经历了多轮快速上涨，价格平均上涨3—5倍。为此我国的宏观调控政策被迫以收缩为主，并错误地以控制固定资产投资为主要内容，结果我国的投资率增长总是赶不上储蓄率的上升，两者相差越来越大。在1978—2005年，我国投资增速（资本形成总额实际同比）年均增长11%，投资率平均在 37.1%，储蓄率平均在 38.2%，储蓄率高于投资率 1.1 个百分点；但 2006 年以来储蓄率与投资率之差明显扩大，2006—2013 年投资率平均在 45.8%，储蓄率平均在 50.7%，储蓄率高于投资率 5.0 个百分点。其中虽然由于 2009 年为应对危机出台了四万亿的投资刺激，使当年资本形成增速上升到了 19.1%，资本形成拉动经济增长 8.1 个百分点，但此后投资不断下降，投资对经济增长的拉动作用不断降低，2013 年已降为 4.2 个百分点。当前我国经济增长速度的下行，主要就是由于投资增长的放缓，内外平衡的压力主要源自投资与储蓄缺口。

中国的高投资也是中国人口红利与人口负债平衡的需要，是中国经济实现人口代际平衡的内在要求和最好方式。我们说劳动年龄人口占比上升提供了人口红利，它对应的就是劳动年龄人口下降即人口老龄化的养老负担即人口负债。一般来说，人口红利与人口负债要实现平衡，平衡方式有三种：第一种是传统平衡方式，即养儿防老；第二种是把人口红利借给外国，形成外汇储备和国外投资；第三种是将国内储蓄转化为国内投资，即通过投资形成资本存量，增加未来的供给能力，为人口老龄化做足准备。从这三种方式看，第一种不符合我国人口多、资源少的基本国情，计划生育政策在相当长时间内可能仍要坚持。现代社会也完全没有必要借助人类社会古老的方式去应对老龄化问题。第二种方式对已经步入发达阶段的，如日本、欧洲、美国等国家和地区来说是适宜的，也应该这么做，因为这些国家和地区已经相当发达，没有多少发展空间，相对国外，投资国内已经失去优势。但对中国而言则完全相反。我们仍处于发展中状态，仍是一个发展中国家，还有足够的发展空间，在国内的投资效率远远高于国外。如中国利率普遍高于欧美日，中国的基准利率一般在 3% 左右，而欧美日普遍在 0—0.5% 之间，中国对外投资的收益率（3.3%）远低于国外在华投资的收益率（22%），两者相差近 6 倍。可以说，我国把自己的高储蓄资源充分有效地用于国内投资，是绝对必要的，绝对合理的。近年来，随着我国住房公积金制度、医疗、就业、养老等各项社会保障制度的建立，以各种基金、保险形态存在和累积起来的储蓄资源非常丰富，这些丰富的储蓄是人口红利的表现，如果不能充分有效地转化投资形成资本存量，对未来形成有效的物质保障，我国经济和社会将会陷入跨代失衡，形成当代人对下代的欠账，并由此衍生出种种社会问题。因此，把中国的高储蓄充分用于高投资是绝对必要的，正确的。

三、中国优势高增长的原因

改革开放30多年来，中国经济以年均近10%的速度增长，规模增加了156倍多，经济总量已超过日本，按购买力平价算，已经超过美国，被世界誉为"中国奇迹"。正是这个奇迹，彻底改变了中国在世界舞台上的形象，提升了话语权，也确确实实的改变了国力，改变了中国人民的物质和文化生活，从此中国人民真正抛掉了贫苦落后的帽子，步入了小康社会。但究竟是什么原因创造了这种"中国奇迹"呢？我们应该如何看待这个奇迹呢？这是决定我们如何面对现实，迎接未来的大问题。

我们认为，中国高增长的奇迹不是由于其他神秘而无法解释的原因，而是源于中国利用高储蓄的有利条件进行了有效的高投资。没有中国高储蓄支撑下的高投资，就不可能有高增长，就不可能有中国奇迹。我们的实证研究表明，1978—2011年，中国固定资本存量年均增长13%左右，经济活动人口年均增长2.0%左右，全要素生产率年均增长2.3%左右，高投资所形成的资本存量增长对中国经济增长起到了决定性作用。

投资短期是需求，长期是供给。投资的高低既决定当前经济增长的快慢，更决定未来经济增长的潜力。为了说明这个问题，我们可以区分两个不同意义上的经济增长范畴：一个是从经济发展的角度来理解经济增长，把经济增长理解为潜在经济增长能力的提高；另一个是从潜在生产能力的现实利用程度来理解经济增长，把经济增长理解为潜在生产能力的实际利用水平。这两种定义上的增长是相互联系的。从一般定义上来说，第一种定义上的增长完全由经济增长理论中的要素决定，其中投资率的高低是最关键的决定因素，没有消费的作用空间。而第二种定义上的增长则一方面由第一种定义上的要素决定了最大的增长极限，又由投资、消费、出口三驾马车在内的总需求决定真实的增长水平。其中，投资在第一种增长与第二种增长之间起了重要的连接作用，即投资作为总需求的重要组成部分，在其中作为重要需求决定第二种定义上的增长速度，决定潜在生产能力的利用程度；同时又在长期内形成供给，进一步推动潜在生产能力的提高，即决定第一种定义上的增长快慢。因此，投资变量是决定两种意义上经济增长速度快慢最活跃的因素。从世界经济发展实践来看，储蓄、投资和经济增长三者呈正向相关关系，储蓄率高，投资率就高，经济增长就比较快。相反，经济发展就比较慢。一些成功实现工业化和现代化的国家，大多经历过高储蓄高投资高增长的时期。许多发展中国家，甚至包括一些发达国家当前面临的最大问题就是储蓄率低，投资率上不去，经济始终处于低速状态。美国爆发次贷危机，葡萄牙、爱尔兰、希腊、意大利引发债务危机，就是由于这些国家储蓄不足，消费过度，投资大于储蓄形成对外过度负债。在危机前的 2006 年，美国、葡萄牙、爱尔兰、希腊、意大利的储蓄率分别为 16.4%、12.4%、9.3%、9.1%、9.1%，比投资率分别低 4.2、10.7、18.7、11.3、12.5 个百分点。我国改革开放 30 年的高速发展和人民生活水平的快速提高，就是得益于我国的高储蓄和高投资。中国比别的发展中国家幸运的是中国出现了高储蓄的有利条件，为我们加快发展所需的高投资提供了保障，中国经济才顺利地实现了起飞，进入了自我加速的阶段。但中国的高储蓄是特殊历史阶段的特殊产物，是上天赐予我们的特殊礼物，不是想要就要，想有就有的。机遇一旦消失，支撑高投资的高储蓄条件不再存在，经济加快发展的条件就会消失，经济增长速度就会降低。但如果我们抓住高储蓄的有利条件进行高投资，加快推进经济发展和社会的现代化进程，缩小与发达国家的差距，我们就有可能完全脱离发展中状态，跃过中等收入陷阱，进入更高的经济和社会发展阶段。相反，如果我们不能利用高储蓄的有利条件进行高投资，实现高增长，加快经济和社会的全面发展，我们也有可能因为我国特有的人口结构变化，陷入一种未富先老的状态。工业化现代化的任务可能因我们丧失高储蓄高投资高增长的有利条件，而变得而遥远无期，甚至变得遥不可及。

目前，我们就面临这种现实的挑战，一方面我国经济资本存量不足，投资空间很大。据估计，2010 年底中国的资本存量约 13.8 万亿美元，仅为美国的 30%；人均资本存量为 1 万美元左右，不足美国的 8%，为韩国的 17% 左右。当前人均铁路拥有量为 5.7 厘米，世界排名 100 位以后；人均水电装机容量不到 1

千瓦，人均发电量3483千瓦，分别是发达国家的三分之一和五分之一；教育投资占GDP的比重仅为世界平均水平的一半，远远落后于发达国家。另一方面，我国在人均资本存量远低于发达国家的情况下，却出现钢铁、水泥、采矿等与投资相关的行业"产能过剩"和大量储蓄资源借给欧美等发达国家的情况。更为可怕的是，我国主流经济学家和决策者还普遍认为中国投资率太高，消费太少，储蓄太多，主张刺激消费、减少储蓄、抑制投资。

事实上，中国目前所谓的产能过剩是一种相对过剩，而且主要集中在与投资密切相关的领域和行业，这是投资不足引发结构失衡的微观表现，反映的是投资不足。利用中国高储蓄的有利条件扩大投资，既可以化解这些相对过剩的产能，又可以加快经济发展，加快技术创新，提高资本存量，提高劳动生产率，提高满足人民群众物质文化生活需要的供应能力，是实现经济发展和社会发展，实现人民生活水平提高的双促进。但如果我们按主流派的理论和主张不投资而进行消费，则不仅不能解决相对过剩的产能问题，而且会削弱经济发展后劲，使经济步入下行通道。因为消费是增长的归宿，不是增长的源泉。消费无法带动增长。欧美都是消费率高、储蓄率低的国家，如果消费能带动增长，欧美应是当今世界经济发展最快的国家。可事实恰恰相反，越是消费过度，储蓄不高的国家经济增长速度越低，债务危机也最重。例如，2009年危机前后的美国消费率为85.2%，储蓄率为14.3%；希腊消费率为91%，储蓄率只有9.1%；西班牙消费率达到77.8%，储蓄率为22%；意大利消费率为76.2%，储蓄率为16.8%；葡萄牙消费率为82.9%，储蓄率为9.2%；爱尔兰消费率为68.6%，储蓄率仅有2.4%。我国经济以世界少有的速度连续30多年高增长，原因就在于高储蓄支撑下的高投资。

中国经济的高增长是解决中国经济和社会问题的基础，中国的实力主要源于中国经济高速增长的优势。中国仍然是一个发展中国家，发展是解决中国所有问题的关键。保持比较快的经济增长速度，有利于增强市场信心，有利于调整优化经济结构，有利于稳就业、惠民生。现在我国人均GDP在6800美元左右，大大低于欧美日等发达国家，也低于中等发达国家。但如果改革与发展的路子走对了，到2020年就会超过1万美元，到2049年就有希望进入中等发达国家行列。我们通过发展、通过增量来理顺利益关系，优化利益格局的余地很大，让人民群众普遍受益的空间也很大。我们不能错失高储蓄的有利机会，否定高投资的必要和高增长的好处。应该看到，发展仍是我们增强自信，解决问题的基础。没有比较高的发展速度，经济和社会矛盾会突出，很多问题会比较难以解决。如近几年来，我国经济增速下行引起的结构性风险在出现。地方财政收支矛盾加大，融资平台风险增加，房地产行业风险暴露，银行业不良资产出现双升，影子银行风险膨胀，资本出现流出现象，这些都与我们轻视增长，放弃投资所造成的经济增长优势减弱有关。因此加快发展，实现比较快的增长非常重要。

可惜的是，关于过去30年依托高投资驱动的高增长，我国经济学界存在一种普遍的否定化倾向。要么认为依托高投资的增长是不可持续的，主张扩大消费驱动增长；要么认为这种高增长带来了高污染，没质量，主张速度慢下来，留点好环境。这些看法目前已严重影响到我国的经济政策和经济发展。我国经济从过去30多年年均近10%的增长一路下行到目前的7.5%左右，连下三个台阶（10% → 9% → 8% → 7.5%），且仍面临继续下探7%的压力，究其原因，就是我们对经济增长的重要性，对"投资"的基本性质、投资与消费及增长的关系认识不足，存在极大的误解和混乱。这种错误和混乱在一些著名经济学家的文章和演讲中随处可见。

譬如，关于什么是投资？一位著名的经济学家是这样给我们解释的："从概念上讲，投资就是减少今天的消费，以换取明天更多的消费。譬如今天少吃饭，省下来酿酒，将来喝酒的享受大过今天吃饭，那就是投资。也可以说，投资是把时间引入的消费，所谓投资决定，就是在当下消费和未来消费之间作抉择。在今天消费和明天消费之间，要有恰当的比例。"显然，这位著名经济学家混淆了投资和消费的本质区别与联系，把投资与消费绝对对立，完全把投资理解成了一种时间偏好。我们知道，从经济学上来说，所谓的投资是指增加未来生产能力的投入，核心是增加生产能力，本质是为了未来更多更好的消费，投资是为了增加这种消费的生产能力。在某个时点上，一定的国民收入多少用来消费、多少用来投资（准确地说是储蓄，此处假定投资完全等同储蓄）确实存在此消彼长的关系,这种关系最简单的例子确实可以用农民吃饭种粮来解释。在农民一年的粮食中,多少用来现在填饱肚子,多少用来作为种子用于明年耕种,就类似于我们经济学上国民收入中多少用来消费,多少用来储蓄(投资)。但农民的粮食多少用来吃饭,多少用来酿酒,不是消费与投资的关系,酿酒虽然解释了投资对消费的延期性质,但未抓住"投资是扩大未来粮食生产力"的本质。把粮食用来现在填饱肚子还是用于酿酒将来享用,都是消费,只是消费的形式不同。无论用于煮饭还是酿酒都是吃掉了,是全部用来消费了。没有了储蓄即粮种,这个农民明年就不能进行生产了,即连种粮的种子都没有了。明年他不仅没酒喝了,饭也没得吃了。作为一个理性的经济主体,按常理,农民是不会这样做的。为了明年有饭吃,这个农民粮食再少,也要忍耐现在吃不太饱的肚子,留下种子用来明年种粮,甚至为了明年能真正吃饱肚子,这个农民还有可能想办法多留些种子。如现在宁可饿点,或从邻居借点粮吃,以便多留点粮种用于明年扩大耕种,扩大产量。要是这个农民现在已经吃饱了肚子,这个农民就可以留更多的种子,明年种更多的粮食,以便有足够的余粮可以做酿酒、副食等更多样化的消费,而不是鼓励现在消费,撑着肚子浪费粮食。从这个农民的例子我们可以看到,农民储蓄(即粮种)对投资(即种粮)的意义和投资(即生产)对消费的促进作用。储蓄、投资、消费三者呈正向相互促进的关系,投资从量和质两个方面起着对消费的促进作用。没有农民储蓄粮种,农民就无法进行明年的生产即投资,没有农民的这种投资,明年的消费(即吃饭、酿酒)就成问题。由此可见储蓄和投资的重要性。

现在我们的同志就是看不到投资对消费的真正意义,随意扭曲投资的本质,否定投资的重要,人为地在投资和消费之间制造一种此消彼长的伪命题,并因此鼓吹消费在经济增长中的作用,以致一些经济学家用消费的概念包装真正的投资。如另一位著名的经济学家在谈到投资时,提出了一个所谓"公共消费型基础建设投资"的概念。他说:"公共消费型基础建设投资指的是直接进入未来百姓消费的、具有一定公共产品性质的基础建设投资。这种公共消费性投资不同于一般的固定资产投资,因为它们并不能形成新的生产能力,不带来产能的过剩。更重要的是,这种公共消费型投资并不完全是提供公共产品,比如说高铁和地铁仍然是谁使用谁受益，具有相当的排他性，并不是全体百姓同时受益。公共消费品需要大量的前期投资，从社会福利的角度看，公共消费类的投资尽管商业回报可能比较低，但一旦形成服务能力，可以逐步形成社会福利回报。……这些（投资）本质上属于公共消费水平的范畴。"我们不知道这位经济学家是像前面那位一样对投资与消费的本质产生了混淆，还是有意迎合时下主张消费、鼓励消费的主流，用消费的外衣去推销自己的主张，但他的上述说法明显暴露了他对投资、投资的目的、投资的本质和公共产品、公共消费的严重混乱。如他提出的公共消费型投资是不形成新的生产能力的投资，这就与我们知道的经济学上关于投资是指增加未来生产能力的投入相矛盾。经济学范畴中，没有不形成新的生产能力的投资。不形成新的生产能力的所谓"投资"，就不是投资，而是消费；相反，增加了生产能力的所谓"消费"，其实不是消费，而是真正的投资。他把高铁地铁等基础设施建设用一个"公共消费型投资"的概念包装归为公共消费范畴，认为投资高铁地铁不增加新的生产能力，不形成公共产品，而是公共消费，是增加了公共消费，并因谁使用谁付费而否定它们的公共产品性质，这又明显违背了"什么是公共产品？什么是公共消费？"的经济学常识。因为经济学上公共产品的消费特点就是它的非排他性，而其生产却具有明显的非竞争性，高铁地铁显然符合这种特征。生产上的非竞争性表现为投资周期长、数额大、成本高、风险大、投资回收慢和线路的唯一性，一般主要由政府等公共部门来提供；消费上的非排他性主要表现为它可以让全体人同时受益，在可载人数内，一个人坐车消费并不排斥他人同坐一趟车消费。虽然谁付费谁受益，但高铁地铁的票价往往难以覆盖投资成本，产品难以完全市场定价。显然高铁地铁是典型的公共产品。投资高铁地铁就是增加未来公共产品的供给能力，是经济学上增加未来生产能力的投资，是真正的投资。高铁地铁投资增加的未来提供交通运输的能力，不仅方便居民纯消费性出行，也方便政府、企业、个人上班等商务性的生产出行，还有可能用于企业生产性的能源原材料和产品的运输。无论是哪种情况，投资高铁地铁等基础设施建设增加的都是未来提供"服务"这种产品的供给能力，是增加未来生产能力的投入，是真正的投资，而不是消费，更不是公共消费。这种新增加的生产能力可以为全社会更多更好地提供交通运输服务,增加居民出行方式的选择。所以,高铁地铁等公共产品的投资,最终目的都是消费。没有不是为了消费的投资,更不存在"公共消费型"投资。

至于我国高增长过程中所存在的高污染、高腐败、低效率的问题,其实是没有真正看到问题的根源,是基于对高投资、高增长的不正确认识所引起的,是把高投资、高增长与高污染、高腐败、低效率画等号。其实决定污染大小、腐败程度、效率高低的不是投资率的高低,而是投资体制的好坏。在好的投资体制下,高投资一样可以与低污染、低腐败、高效率并存,甚至可以用高投资去开发技术治理污染,更好地改善环境,降低能耗,提高效率。投资体制如果不好,低投资也会产生高污染。另外,消费也会产生污染,消费也会产生腐败,消费也有可能产生更低的效率。我们也不能把消费带来的一系列问题一并纳入高投资、高增长的是非之中。要正确区分投资与投资体制之间的联系与区别,真正看到高投资、高增长的正向作用,认清我国投资过程中的诸多问题在相当大程度上是投资体制所带来的问题,不是高投资、高增长所带来的的问题。我们应更多地看到中国高储蓄、高投资、高增长的优势和高增长带来的好处,尽可能地珍惜利用好这种高储蓄、高投资、高增长的有利条件,解决经济和社会发展过程中的迫切问题、长远问题,而不是相反去否定它,抑制它。

四、中国优势机会犹存

由高储蓄、高投资、高增长造就的中国优势是在一个特定的制度变革时期,由一个特殊的人口结构变化因素所铸就的,自然会随着制度结构的成熟和稳定以及人口结构变化中有利因素的减弱而逐渐减弱。但中国优势仍然存在,仍有发展和利用的空间。我们既要看到中国优势的减弱趋势,又要看到珍惜、利用和发展中国优势的机会,真正把中国优势珍惜好、利用好、发展好,巩固形成新的中国优势。

首先,我们要看到中国优势的减弱趋势。一是高储蓄优势正在减弱。随着经济社会的发展和人口结构的变化,中国的国民储蓄率在2008年见顶

（53.02%），此后逐渐下降，2011年为50.27%，2013年为49.64%。居民储蓄率与年龄结构动态面板估计结果表明，2015年后，由于人口老龄化加速，国民储蓄率下降速度会加快，可能从2015年的49%下降到2030年的43%。中国人口抚养比已经开始回升，从2010年的34.2%提高到2013年的37.4%，今后的上升速度还会加快（最好有点预测）。二是高投资下降。1993—2009年我国固定资产投资（不含农户）平均增速在23.5%，近年来下降迅速，2010年至2013年从24.5%降到19.6%，2014年前三季度更进一步降至16.1%。三是高经济增速不断下滑。近年来，中国经济连下三个台阶10%→9%→8%→7.5%。2003—2007年我国连续五年保持10%以上的经济增长速度。2008年、2009年，受金融危机影响经济回落至10%以下，增速分别为9.6%和9.2%。2010年，在四万亿经济刺激等因素的综合影响下，经济增长回升至10.4%。但自2011年以来，经济增长持续回落，GDP季度增长从2011年一季度的9.8%逐步回落至四季度的8.7%，2012—2013年则在7%—8%的区间内徘徊，2014年第三季度进一步下降到7.3%，目前经济仍呈较大下行压力。自2012年3月以来，PPI同比已经连续31个月处于负值区间，经济明显处于准通缩状态。

但是，我们认为，中国优势并未消失，中国经济仍有较快增长的潜力。一是体制红利仍有潜力可挖。制度红利是我国改革开放前30年中国优势形成的重大源泉。改革可以提高资源配置效率，提高全要素生产率。未来我们要继续坚持改革开放，不断通过改革开放释放新的制度潜力。十八届三中全会通过了《中共中央关于全面深化改革若干重大问题的决定》，提出了我国未来一个时期政治体制、经济体制、社会体制、文化体制、生态体制五位一体的改革思路。其中，关于今后我国经济体制改革的核心问题是处理好政府和市场的关系，使市场在资源配置中起决定性作用，并更好发挥政府作用。新一届政府成立后，从取消和下放334项行政审批事项，到推进各领域里的制度改革，市场积极性得到了新的发挥。2014年上半年，全国新设市场主体同比增长16.71%，增速比去年同期高8.41个百分点，社会投资和创业热情迸发。这表明，制度改革只要有决心、有力度、有韧劲，它所释放的制度红利将是巨大的。二是人口红利仍有从总量转向结构和质量挖潜的空间。近年来有关中国人口红利拐点的讨论越来越多，有专家认为随着人口红利的终结，中国经济潜在增速将不可避免的下降。这种观点忽视了三个问题。首先，虽然 2012—2013 年中国 15—59 岁劳动年龄人口总量出现下降，但 2013 年末 15—59 岁劳动年龄人口仍有 91954 万人，中国作为世界上人口最多的国家，劳动力资源仍然丰富。目前劳动者就业难与企业招工难并存，说明中国劳动力总量并不短缺，而是存在结构性矛盾，这可以通过结构调整进行化解。其次，人口红利不仅包括人口数量的红利，还包括人口质量的红利。随着义务教育的普及，高等教育覆盖面的提高，中国劳动者素质有了明显提高，人口质量红利将逐步显现。根据人口普查数据，2010 年我国文盲率为 4.08%，比 1982 年低 18.74 个百分点；2010 年每十万人口大专及以上学历者有 8930 人，是 1982 年的 14.5 倍。2014 年预计高校毕业生人数达 727 万人，是 2001 年的 6.4 倍。但这种人口教育结构仍远远低于发达国家。第三，中国正处于快速城镇化进程中，第一产业人口向二、三产业转移的空间还很巨大。根据世界银行数据，美国、日本、法国第一产业就业人口占总就业人口的比例分别为 1.6%（2010 年）、3.0%（2012 年）、2.9%（2012 年）。按 2012 年劳动力总量计算，如果中国第一产业就业人口占比降至美国水平，可以释放劳动力 2.4 亿人；降至日本水平，可以释放劳动力 2.3 亿人；降至法国水平，第一产业可以释放劳动力 2.3 亿人。而第一产业与二、三产业的劳动产出比差 4—5 倍。三是中国经济的市场潜力巨大。2013 年，中国人均 GNI 为 6560 美元，已步入"上中等收入"国家行列，但仍远低于世界人均 10564 美元的水平，仅相当于美国的 12.2%，日本的 14.2%。中国仍是中等收入国家，提升收入的意愿强烈，空间巨大。2013 年中国城镇化率为 53.7%，不仅低于高收入国家超过 80% 的城镇化率，也低于与中国发展阶段相近的上中等收入国家 60% 左右的平均城镇化率水平。我国城乡收入相差 3 倍，以 2012 年数据资料进行估算，我国城市化水平每提高 1 个百分点，约有 1350 万人从农村到城市，带动居民消费支出增长 1.01 个百分点，带动投资增长 1.9 个百分点。四是目前我国还有相当部分的储蓄资源在闲置或低效使用。我国储蓄率仍高于投资率，2013 年我国国民储蓄率为 49.6%，比投资率（47.8%）高 1.8 个百分点。储蓄率大于投资率还表现在经常项下我们是顺差，2012 年是 2154 亿美元，2013 年是 1828 亿美元，最终表现为外汇储备的积累。到 2013 年 6 月末，中央银行持有近 4 万亿美元（准确的说是 3.99 万亿美元）的储备资产，这些资产多为收益率较低的美国国债。按国家外汇管理局公布的收支情况，我国外汇资产的收益率为 3.3%，相比之下，外国对华投资收益率高达 22%。高储蓄本是经济增长的宝贵财富，本应发挥应有的价值。但可惜的是，一个储蓄资源十分丰富的国家，国内利率还远高于国际利率，而对外输出储蓄的收益却大大低于外资在华投资的收益。另外，我们所谓的产能过剩，生产能力利用不足都是储蓄资源闲置和低效使用的表现。据国家统计局测算，2013 年工业企业产能利用率为 79.2%，比 2012 年回落 0.2 个百分点，也低于经济运行比较正常年份和国际上比较公认的 85%—90% 左右的产能利用正常水平。

现在我们的问题是要增强自信，莫把优势当问题。我们认为，对中国这样一个正处于发展中阶段的发展中国家来说，高储蓄下的高投资，以及由高投资而产生的高增长，是中国难得的机遇和优势，也是宏观经济均衡的必要条件。世界银行前首席经济学家林毅夫教授的研究表明，从二战后到现在共有 13 个经济体取得了"维持 25 年或更长时间年均 7% 以上"的高增长率，其共同特征是高投资率和高储蓄率。可惜的是，我们的理论界和实践界对我国的高投资还有不少顾虑和错误的认识，认为消费才是驱动经济增长的优质动力，消费带来的增长才是优质的增长。对投资，尤其是过去由高投资驱动的高增长持全盘否定态度，患有严重的"恐投症"、"恐高症"，基本上是"谈投色变"、"谈高色变"。只要谈投资，很多同志就认为投资效率低，带来严重腐败，导致重复建设，产能过剩。但经济学的规律和这些年的现实实践告诉我们，消费是不能带来真正的经济增长的。经济增长的真正动力是投资。过去投资过程中的问题，不是投资本身带来的，而是投资体制不完善造成的。解决问题的正确道路应该是加快投资体制改革，优化投资主体，让市场在投资中发挥决定性作用，而不是简单的放弃投资。没有足够的投资，经济增速会下降，就业会受到影响，收入增长会放缓，消费扩大也会落空。因此，放弃投资，放弃对高增长目标的追求，是没有前途的。

中国目前还有高储蓄的优势，还有条件进行高投资。珍惜利用好目前这种转瞬即逝的有利条件和优势，中国经济仍有较快增长的潜力，根据我的简单测算,按目前我国主要部门和行业的产能利用率平均在80%以下,经济增长速度基本在7.5%左右去测算,只要像欧美国家一样把产能利用率提高至85%—90%,我国经济增长速度至少在8%—8.5%之间。只要把我国现有的生产能力和储蓄资源充分利用起来,我国经济仍将保持8%以上的经济增长速度。目前的关键是加快推进改革,扩大开放,用改革开放的精神增加制度红利,开发人口红利,形成新的中国优势。

首先,要加快金融体制改革,通过提高金融体系配置资源的效率,促进高储蓄向高投资的转化。加快金融体制改革的关键是完善金融体系及其功能,提高金融在促进储蓄向投资转化过程中的效率。如针对我国储蓄率高、长期储蓄资源丰富的特点,应加快发展多层次资本市场,开发利用长期投资工具,如股权融资,发行30—50年期长期国债、地方债等融资工具,使各种长期储蓄都能配置到长期基础设施建设中去。

其次,要加快投资体制改革,优化投资结构、提高投资效率。简政放权、权责对等是投资体制改革的核心。简政放权,就是要处理好政府与市场、政府与社会的关系,把该管的事务管好,把该放的权力放掉。凡是市场能干的就交给市场干,充分发挥市场的作用。权责对等,是投资体制改革的真正核心。在投资问题上,谁出资谁决策,谁受益谁担责。坚持权责对等,就是要把不出资、不受益、不担风险的权力返给投资主体,防止不负责任的投资决策和投资腐败。一是要优化投资主体结构,尽量减少政府投入,最大限度动员和利用民间投资,鼓励和引导民间投资向实体经济和公共领域转化。2014年4月23日,李克强总理主持召开国务院常务会议,为民间资本列出涉及交通基础设施、油气管网设施等领域共80个项目的"投资菜单"。二是要优化投资产业结构,更多地把投资引入教育、科技、医疗、环保、新兴产业等领域。三是要加强对政府和国企投资的管理,防止腐败和低效投资,提高投资效率。

第三,要围绕农民和农民工市民化,实施"农民工转型工程"和"美丽乡村建设工程",推进以人为本的城镇化和社会主义新农村建设,扩大和用好投资,使投资真正从为"物"服务转化为为"人"服务。

国家统计局公布的中国的城镇化率名义为53.7%,按社科院发布的《城市蓝皮书》中依户籍人口计算实际仅为36%。名义计算的城镇化率每年仅为1%左右升幅，而我国经济增长速度平均为10%，城市建成区面积年均扩张6.0%，所有这些数据都说明，我们过去的城镇化远远脱离了"人"，脱离了农民工这个群体的实际需要。目前城镇化进程与经济发展脱节，经济发展与农民工的客观需要脱节，使农民工问题成为制约我国经济发展和社会和谐稳定的关键问题，如何真正围绕农民工的真实需要推动农民工转型，使农民工从双栖身份转变为现代产业工人，使他们真正融入城市变成实实在在的市民。围绕农民工转型的需要去扩大投资发展经济，可能是解决当前经济和社会问题真正切实可行、行之有效的途径。首先，推动农民工转型可提高国民生产效率，这种效率来自三个方面：一是从第一产业转入第二产业、第三产业的产业效率差；二是从农村转入城市的城乡效率差；三是从农民工向熟练产业工人转化的技术效率差。其次，推动农民工转型可以扩大消费需求。按城乡居民消费水平差计算，2013年城镇居民人均消费是农村居民的2.7倍。按每年推进1%的人口计算，可增加消费1550亿元。第三，我们完全有条件为农民工转型办实事。一是国家储蓄资源丰富，有近4万亿外汇储备资源可供利用；二是农民工近年来收入增长较快。2006—2013年，农村居民人均纯收入年均实际增长9.5%，也积累了较多储蓄资源，他们也愿意用来投入自己的身份转化，按目前他们愿花30—50万元回乡建房的普遍现象来推算，他们愿意付出的代价不低于人均10万，三到四口之家约30—50万；三是国内目前需求不足，产能相对过剩，有足够的生产能力可供利用。

总之，中国优势源于中国改革开放的制度红利和人口结构变化特有的人口红利带来的高储蓄，以及高储蓄支撑下的高投资。高储蓄、高投资造就的经济高增长奇迹，形成了中国特有的"三高优势"。中国的这种三高优势正在减弱，但仍然存在，仍有挖掘和利用的空间。在我们全面建成小康社会，实现"中国梦"的伟大征程中，我们应当以高度的历史责任感，洞悉规律、深耕国情，认清优势、珍惜优势、用好优势、巩固形成新的优势。唯有如此，中国才能越过"中等收入陷阱"，完成从发展中国家向发达国家的历史性跨越，真正实现中华民族的伟大复兴！

如何正确理解中国的城镇化

徐 林

如何理解中国的城镇化,有着多角度的不同看法。有人认为城镇化是扩大内需的工具,有人认为城镇化是房地产投资机会,有人认为城镇化是城市政府持续加大的支出压力,有人认为城镇化是推动改革的契机。不管如何理解,对于一个处在从中等收入向高收入国家迈进的发展中大国,我国当前的城镇化对经济发展的意义,可能更多体现在随着城市规模的不断扩大,城市作为创新和创业发动机的功能应该在制度上得到更好的保障,因为这是中国经济转型和持续增长的发动机。

一、如何理解中国城镇化的发展潜力

城镇化是与经济发展相伴随的结构变化过程,是随着产业结构升级农业劳动力和农村人口由农业向非农产业转移就业,以及由农村向城镇转移居住的过程。从这个角度看,城镇化过程实际上就是经济发展的过程或结构升级的过程。我国是在"十五"计划首次提出实施城镇化战略。为什么要在那个时期提出城镇化战略?主要是因为当时我国正处在充分发挥比较优势促进非农产业快速发展,农业富余劳动力从农业向非农产业加速转移的重要时期,而当时在思想认识和制度方面还存在诸多制约城镇化发展的障碍,需要通过城镇化战略和规划的提出,来消除人们对城镇化认识的误解,并试图解决部分阻碍城镇化正常发展的制度性障碍。原国家计委专门编制了《"十五"城镇化发展重点专项规划》。

我们很难衡量《"十五"城镇化发展重点专项规划》到底在多大程度上引导了中国城镇化进程。国家统计局数据显示，中国城镇化率已经从1978年的18%上升到2012年的52.57%，平均每年提高约1.03个百分点，特别是在过去十年，城镇化率平均每年提高了1.36个百分点。目前中国的城镇化率水平处在世界平均水平。

由于仍实行城乡分割的户口管理体制，我国按城镇常住人口统计的城镇人口中，仍有2亿多进城农民工不能落户并享受城镇户籍居民能够享受的公共服务。因此有人认为按常住人口计算城镇化率高估了中国城镇化水平。如果按城镇户籍人口计算，我们城镇人口占总人口的比例在36%左右。此外还有部分农业人口，因为行政区划调整也被调整为了城镇人口。如何使目前已经在城镇就业居住的2亿多农民工及其随迁家属"市民化"，是中国未来城镇化的一大重要、艰难但又必须完成的任务。学术界也一致认为，我国的城镇化水平相对于非农产业占GDP比重而言是严重滞后的，其根本原因就是我国一直在延续实施城乡分割的要素流动隔离体制。

我国未来的城镇化水平还有很大的提高空间。主要由以下三个因素决定：一是中国城乡居民的人均收入差距还很大，城镇居民人均收入是农村居民人均收入的3.1倍，城乡居民收入的巨大差距，是吸引农村劳动力向城镇转移就业和居住的根本动力；二是农业劳动生产率与非农产业劳动生产率的差距也十分明显，这是农动力从农业向非农产业转移的动力；三是产业结构进一步升级、分工进一步细化导致的非农产业规模扩大、附加值提高和产业进一步聚集，这是吸纳农业劳动力就业的发展空间。上述三个因素，决定了未来中国农业剩余劳动力还会继续向非农产业转移就业，以获得更高的收入，人口也会随着产业聚集进一步高密度聚集，这是未来中国城镇化的动力所在。

通过国际比较我们看到，西方发达国家的城镇化率都在80%以上，有的甚至超过90%，发展中国家中的委内瑞拉、巴西等也已经超过80%，中国目前的城镇化水平与全球平均水平大致相当。考虑到未来中国现代农业的发展，必须走规模化经营提高劳动生产率的道路，不需要那么多的农业劳动力来从事农业生产，中国的城镇化率最终会稳定在70%—80%的水平，但完成这一过程可能还需要 20 年以上的时间。

二、如何看待我国城镇化存在的问题

去年中央经济工作会议强调，要着力提高城镇化质量。中国的城镇化发展到今天，到底在质量方面还存在哪些问题呢？总结各方面分析和论述，一般认为从宏观层面看，中国城镇化存在的突出问题有四个：

一是城镇占地面积过大，土地集约化使用程度不高。目前全国城镇建成区每平方公里人口密度只有 7000 多人，与十年前相比明显下降。中国目前城镇建成区人均建设用地大约为 140 平方米左右，部分城市甚至高达近 200 平方米。这使得过去一段时间我国的新增城镇建设用地快于城镇人口的增加。有专家说中国土地城镇化快于人口城镇化，指的就是这一现象。

二是城市和城镇的空间分布与资源环境承载力之间的矛盾加大，城市规模的扩大往往与环境恶化相伴随，特别是与水资源承载力的矛盾日益加剧，导致地下水超采严重，城市病现象越来越突出，城市可持续发展面临的压力和挑战越来越大。如果按现行城市布局扩张下去，部分城市今后面临的自然承载力不足的压力将进一步凸现，甚至产生灾难性的生态和环境后果。

三是城镇化作为一个伴随经济发展和结构升级的自然历史过程，其正常进展受到现行城乡分割体制的阻碍。城乡分割的体制不破除，意味着城乡要素市场的分割，更意味着各类生产要素在城乡之间的配置不可能实现较高的市场配置效率。这毫无疑问也会进一步阻碍中国城镇化与工业化的相互促进与协调。

四是受现行城市行政等级制度以及建立在等级制度上的公共资源分配体制的影响，不同规模城市之间发展的协调性较差，首位城市与其他城市和城镇之间的差距较大，人口过于向首位城市集中，加剧了一些特大城市的城市病。一些资源环境承载条件较好的中小城市难以吸纳更多的经济资源和生产要素，并在我国城市格局中扮演更重要的角色。

从微观层面看，可能还涉及城市管理、城市规划、土地产权与管理、城市公共交通、城市建筑设计、城市建筑技术、历史文化保护、城市经济活力、城市营商环境等诸多问题。

解决这些矛盾和问题，提高城镇化质量，关键是要通过改革完善体制，推动户籍与人口管理、土地管理、行政管理和财税金融等领域的改革，使更多进城就业的农民工能够根据自己的意愿在城镇落户并享受城市居民的公共服务，使城镇的空间分布和规模结构更加合理，城镇发展的资源消耗更加集约，农民在土地的财产权益得到更好保护，进城农民的承包地和建设用地产权得到更好保护，土地产权的流转和交易更加市场化，使城市的行政管理和公共服务更加高效。使中国工业化与城镇化进程更加协调，城市的空间分布和城市规模结构更加合理，城市可持续发展的能力得到提高。

三、如何看待中国的城市布局和城市规模结构

在城市布局和规模结构方面，大家看到的是大城市规模不断膨胀，市内交通、环境不堪重负，但中小城市尤其是小城镇的发展动力似乎不足。这使得很多专家学者开始研究如何构建更加科学合理的城市布局，形成更加合理的城市规模结构。但这恰恰又是一个在学术界和城市规划领域有广泛争议的问题。到底是大城市好还是中小城市或小城镇好，有很不一样的看法。大多数人都看到城市规模过大带来的诸多问题，因此主张控制特大城市的发展。很多国家在城镇化进程中有过这类尝试。令人遗憾的是，限制大城市扩张的努力收效甚微。我国即便有严格的户口管治，也没能控制住北京、上海、天津、广州、深圳、成都等特大城市的扩张，人口过千万的城市数量还在不断增长，规模在不断扩大。有学者甚至认为，中国在今后一定会出现3000万到4000万人口的超大城市。站在自由市场机制的角度看，这是因为城市随着规模的不断扩大，会有越来越多的领域产生规模经济，分工就会更加细化和专业化，聚集效率和市场效率往往也更高，创业、创新和就业的空间也更大，对经济活动和流动人口就更有吸引力，这是大城市扩张难以得到控制的市场原因。而这恰恰也是大城市的魅力所在，是大城市成为创新和创业发源地的重要原因，对促进经济体系供给效率的提高具有至关重要的作用。

值得关注的是，中国大城市的过度扩张可能还存在某种独有的体制性因素，因为中国公共资源的配置主要是行政权力主导的，相对比较集权，城市具有不同的行政等级，这决定了公共资源首先重点配置在首都、直辖市和省会城市等行政等级更高的城市，这些城市构成了中国的"首位城市"，再往下分配的公共资源十分有限，这使得中国的"首位城市"更容易得到发展，公共服务设施和水平也更高，其他城市与首位城市之间的差距反而更大。国际上有研究表明，公共资源集权分配体制会导致首位城市与其他城市之间的规模差距相比于民主体制下要更大。从这个角度看，一个更加公开、透明、民主的公共资源分配体制，可能更有利于形成合理的城市规模结构。

四、如何看待城镇化进程中的市场力量与政府作用

世界各国城市化表现出的主体形态是城市群的发展与壮大，在中国也不会是例外。国务院颁布的《全国主体功能区规划》，在对全国不同地区资源环境承载力进行全面分析的基础上，参照现有分布格局和未来走势，提出了"三纵两横"的城市化空间格局。这是以自然资源和环境承载能力为标准进行的判断，表明这些城市化地区将是未来中国城市群分布的主要地区。城市集群发展，可以较少的国土空间，聚集大量的产出和人口，有着极高的空间产出强度和人口聚集密度，这主要是市场主导的结果，是市场主体追求资源高效配置的结果。当然，在这一过程中，政府基础设施网络的规划和布局，也起着一定的引导和支撑作用。

中国目前城市群特征比较明显的是长三角、珠三角和京津冀城市群，这三大城市群以2.8%的国土面积，承载了全国18%的城镇人口，生产了全国36.1%的GDP。但这三大城市群与东京大阪城市群、首尔城市圈、美国东北部城市群、伦敦城市群等世界主要城市群相比，在单位国土面积产出强度和人口聚集密度方面，还存在一定差距。国内其他地区城市群的发育正在进行，但总体还处在初级阶段。

考虑到中国土地资源短缺、人口规模大等国情，我们未来城市化的格局，必须走集约利用土地的道路，城市群的发展更可能成为中国未来城镇化的主体

形态。考虑到城市群的最终形成主要是市场力量主导的，受城市之间经济联系的紧密程度左右，政府在决策时一定要谨慎规划城市群的未来，因为一个地区能否成为城市群，除了资源环境承载力作为基础条件外，更重要的是由产业布局和人口分布的密集度，以及城市之间的分工协作关系决定的，未来发展条件或技术发生的新变化，完全可能导致产业布局或人口流向发生变化，并最终导致政府规划的城市群难以形成。从这个角度看，城市群不是规划出来的，更不是人为划定的，而是市场力量和技术力量推动形成的。城市规划者有时很难看清十年特别是二十年以后的事，一些新技术的出现与应用，如何改变未来产业、人口和城市的空间布局，也有一些难以判断的结果。在城市群发展过程中，政府可以做一些顺势而为的事，但必须小心翼翼。政府可以通过合理的预期和基础设施网络布局，促成城市群内部城市和城镇通过现代交通网络和信息网络的连接，形成分工协作、功能互补、相互促进的发展格局，并适当疏散大城市和特大城市的部分功能，缓解单个城市过大带来的城市病压力。

政府公共资源配置体制和方式的变化，可以影响城市布局或城市规模结构。不同城市之间公共服务能力和水平的差距，是影响人口流向的一个重要因素。一般认为，大城市规模经济促成的专业分工细化和相应产生的就业机会，是吸纳人口流入的主要原因，毕竟人口流动首先追随的是就业机会或更高的收入。但这并不意味着政府可以毫无作为，政府为了引导城镇人口在不同规模城市之间的合理分布，至少可以在公共资源的配置方面，适当向中小城市倾斜，特别是向城市群地区的中小城市倾斜，从而缩小中小城市与大城市之间在教育、医疗等公共服务能力方面的差距，增强中小城市的吸引力。政府可以通过进一步改善中小城市交通条件及公共服务设施，并在产业布局方面做出适当的调整，引导生产要素更多地在中小城市聚集和布局，形成更合理的城市规模结构。但这需要处理好市场与政府的关系，政府引导失误也会造成不必要的资源浪费，规划专家们要把握好这一点具有相当难度。

从行政管理体制的角度看，目前中国相对集权的公共资源配置制度和城市行政等级制度，以及建立在等级制度基础上的公共资源分配机制，可能是不利于形成合理城市规模结构的一个制度原因，未来赋予城市更大自治权和管理权，并对财税制度进行必要调整，在此基础上逐步取消城市的行政级别，或许是改革的方向之一，但这是一个值得深入探索的问题。

五、如何看待城镇化与破除城乡分割的二元体制

按照十八大报告精神，农民工市民化是城镇化的核心所在，要让那些已经在城镇就业居住的农民工，能够在自愿基础上成为拥有城镇户口的居民，并享受与城市居民同等的公共服务。实现这个目标，毫无疑问需要对现行户籍制度做进一步改革，总的方向是进一步放开各类城市和城镇的落户条件，这不仅涉及农民工落户问题，也涉及日益增加的城市间流动就业人口的户籍问题。

考虑到中国2亿多农民工分布在小城镇和小城市的比例只有35%左右，65%左右分布在中等规模以上的城市，包括直辖市和省会城市等大城市和特大城市，不同规模的城市都需要为农民工落户创造条件。由于不同规模城市所面临的问题和压力有所不同，允许不同规模城市设置差别化的落户条件，可能是一种必要的过渡，大城市以上的城市落户门槛可以高一些，中小城市的落户门槛相应低一些。但这不意味着大城市和特大城市就可以把农民工落户的大门关上。应该看到，对任何一个城市而言，由于居民收入层次不同，需求层次多样，需要各个层次的劳动力，如果大城市只对高级白领放开，很多一般性服务岗位就没人干了，会导致供给不足，城市居民也会感到十分不便。现在，很多生活在大城市的人一到春节等节假日，就面临无人送水、无人送快递、餐馆缺服务员、菜市场无人卖菜等诸多不便，与现行户口制度导致的农民工不能落户成为居民有密切的关系。

从完善社会主义市场经济体制的要求看，妨碍人口这一重要生产要素在全国统一市场内自由迁徙和流动的户口制度，一定会扭曲生产要素的配置，降低资源配置效率，必须最终完全取消。美国学者布赖恩·贝利在其著作《比较城市化》书中，对比分析了以色列和南非在应对人口大规模潜入城市所采取的不同做法，以色列主要运用综合的经济社会和平衡的城市网络来应对人口大规模迁入城市导致的不适应，而南非采取的是隔离和控制政策，也就是种族隔离政

策,两种政策对经济社会发展结构有着很不一样的影响。站在人的权利保障等更高层次看,经过新中国成立后60多年的发展,我们已经具备了较好的物质技术条件,我们没有理由不做出努力,更好地保障人民随着就业岗位变化而自由流动和迁徙的权利。

当然,户籍制度改革背后的难题是如何解决农业转移人口落户后的公共服务提供,以及由此带来的政府支出压力问题。这相应需要对现行社会保障和财税体制做出必要的改革和调整,也是一个十分复杂并需要做出顶层设计的制度安排。涉及如何建立中央政府、地方政府、企业和个人在公共服务支出方面的成本分担机制。

从发达国家的经验看,中央政府应该更多承担那些福利外溢性较强的公共服务事权和支出,基础养老保障也应该尽快实现全国统筹,以利于人口的合理流动;从财税体制改革看,有必要按照财力与事权相匹配的原则,建立地方政府的主体税种,并进一步完善中央政府和省级政府的转移支付体系。确定转移支付规模必须考虑各地吸纳外地人落户人数以及常住人口基本公共服务支出的需要。比如,中央政府对地方政府保障房建设的补助标准,就应该充分考虑人口流出地和流入地的区别,以及不同地区住房成本的差异。

很多城市政府不愿意接纳农民工落户的主要原因,就是不愿承担农民工落户后公共服务的支出成本。成本分担机制如果更加合理,可以减少城市政府对农业转移人口市民化的阻力和障碍。从成本分担机制看,政府主要承担农业转移人口市民化在义务教育、就业服务、社会保障、保障性住房、市政设施等领域的公共成本;企业主要应落实支付合理的工资、必要的技能培训、交纳"五险一金"等职责;个人主要是承担城镇社会保险个人支出部分以及住房租购、个人就业能力提高等方面的支出。

六、如何看待人口老龄化对城镇化进程的影响

学术界普遍认为,中国的人口红利已经接近尾声,接下来将以加速度进入老龄化社会。老龄化的到来毫无疑问会导致劳动力增长放缓,特别是农村富余

劳动力的减少，以及由此导致的劳动力成本的上升。老龄社会的到来，还会导致储蓄率下降等问题。这使得建立在劳动力成本比较优势基础上的产业结构将面临较大的升级压力。如果产业结构不能顺利升级并形成新的比较优势，非农产业发展的空间将受到限制，城镇化的速度会下降甚至逆转。此外，储蓄率下降也可能导致资金成本的持续上升，还会使得城市建设的融资成本上升、债务负担加重。

应对老龄化对城镇化的不利影响，一是进一步推进市场化改革，强化创新和创业支持，尽可能减少政府对微观经济活动的不合理管制和审批，促进公平竞争，打造更好的营商环境，强化对私人产权的法律保护，大大降低交易成本，使城市化形成的规模经济效应、分工细化效应和创业创新效应能够得到充分发挥。特别是要促进城市服务业特别养老服务业的发展，增强城市经济的活力、竞争力和支撑力；二是加大人力资本投入，通过技术培训和职业教育等不断提高劳动力素质和质量，以此弥补人口红利下降的不足。三是要立足长远，研究完善中国的人口和计划生育政策，积极应对独生子女政策导致的老龄化过早加速提高产生的不利影响。

七、如何认识城镇化与土地制度的改革与完善

土地管理制度如何适应城镇化发展是个重大问题，涉及对未来土地制度的改革、探索和完善。对这个问题，无论是学术界还是相关政府部门都有很不一样的看法。从过去的实践和存在的问题看，我国城镇化过程中面临的土地问题有主要三个：

一是城镇建设用地的供地模式问题。我国目前城镇建设用地集约化程度偏低，城镇人均建设用地在140平方米的较高水平，城镇建设占地与耕地保护之间的矛盾十分突出。在新增建设用地时进一步强化人均建设用地指标约束，是手段之一。但考虑到现有城市建成区用地效率不高，还必须想办法盘活城镇建设存量用地，提高存量建设用地集约化程度。将城镇建设用地供给与城市常住人口规模或户籍人口规模的增长挂钩，开发区用地也应该考虑与产出强度挂钩，

或许是完善建设用地计划管理，提高城镇建设用地产出密度和人口密度的重要机制和办法。

二是如何从农民手里拿地的问题。2012年12月24日全国人大审议的土地管理法修正案草案，删除了现行法第47条中按照被征收土地的原用途给予补偿，以及土地补偿费和安置补助费的总和不得超过土地被征收前三年平均年产值的30倍的内容，这将有利于在土地交易中保障农民的权益。此外，可能还要考虑逐步收缩政府征地范围，将商业性经营开发用地逐步退出征地范围。这样做可能会减少政府的土地收益，推高城市建设用地的成本，城市政府可能会很不舒服，但会有利于土地的集约使用，被征地农民的利益也可以得到更好地维护。

三是进城农民土地产权的保护，以及宅基地和承包地的流转问题。城镇化减少农民后，一方面应该减少农村建设用地占地，另一方面应该有利于促进农业规模化经营。但这需要对农村"两地"的确权和流转交易做出更好的制度安排，使得进城农民的"两地"能够在自愿基础上通过市场流转起来，一则通过流转提高农村土地的配置效率，并达到有效保护耕地、推进农业规模化经营的目的；二则逐步解决进城农民"两头占地"的问题。在满足城市建设用地、整合并盘活农村建设用地、加强耕地保护之间如何取得平衡，各地有一些探索和实践，主要动机还在于在不减少耕地的前提下取得城市建设用地，不管围绕这些探索的争议如何多，仍然值得在实践基础上总结、提炼并推广。土地作为最重要的生产要素之一，如果产权制度不能适应市场经济的基本要求，产权的流动性受到不合理限制，其最终导致的结构性扭曲对农业、农村、农民问题的最终解决，也将是十分不利的。

八、城镇化的重点是结构升级与体制机制的完善

各方面对城镇化有着不一样的解读。一些房地产商看到的是房地产发展的机会；一些地方政府看到的是城市建设和大干快上的机会，是推动当地经济增长的机会；有的认为这是推动改革的良好契机。这些看法都有着各自不同的出发点或利益诉求。由于十八大所倡导的新型城镇化核心是农村转移劳动力的市

民化，是围绕已经在城镇就业的农民工展开的，工作重点是如何进一步推动结构升级和加快体制机制改革完善步伐。

城镇化是经济发展和产业结构升级的结果。非农产业劳动生产率和附加值的持续提高，才是吸纳农村劳动力转移的经济支撑，这个过程也应该是农业劳动生产率不断提高的过程。中国劳动力富余程度的减弱，决定了未来城市化水平的提高更需要靠提高产业附加值来支撑，靠低成本劳动力发展非农产业并以此提高城镇化水平的老路，将难以为继。因此，要持续提高城市化水平，根本的还是要通过结构升级衍生出更多的非农产业就业机会，通过政府简政放权、加强法治和改善营商环境，不断降低交易成本，使城市规模经济形成的创业和创新机会得到高效实现，使城市成为真正的创业和创新平台；通过改革使转移就业的农民工能够成为就业所在地真正的城镇居民，而不是居无定所、妻离子散的流动就业大军。那种靠造城和投资推动的城镇化，最终可能成为缺乏产业支撑和人口聚集的空中楼阁，也不可能产生对经济增长的持续推动力。

面对一些地区出现的造城热和建设用地的粗放使用，通过进一步改革完善土地制度，使城市建设用地的供给与单位面积的产出强度和人口密度挂钩，应该可以在一定程度上避免城镇建设投资过热。如果城市政府征地不像过去那么容易，政府得到的土地增值收益不像过去那么多，农民土地产权及其利益保护得更好，可用于造城的投资资金就不会那么充裕，政府和开发商的投资或许会更加理性，一些地方出现的空城和所谓"鬼城"也就不会那么多了。

从城市建设可持续融资机制的建立与完善看，如何为城市基础设施提供可持续的融资渠道和工具，不仅涉及财税金融体制的完善，还涉及对地方政府债务的监管。在完善城市基础设施建设投融资体制时，我们应该看到，城市基础设施具有一次性投入大、持续使用周期长等特点，建好了不仅当代人使用，子孙后代也会持续使用。通过债务融资进行投资建设，当代人和子孙后代共同承担还本付息成本，体现了基础设施建设、享用和成本分担的代际公平安排。由于我们在制度上不允许地方政府特别是直接承担基础设施投资建设职责的市县政府直接举债或发行债券，很多地方都采用投融资平台公司的方式，从事基础设施项目融资、投资、建设和运营。通过平台实现债务融资，是对现行制度的一种突破。带来的问题是地方政府性债务不够透明，债务期限与项目收益回收期限不够匹配，短债长用的现象比较突出，在一定程度上孕育着流动性风险和债务风险。

解决这个问题，一是要理性规划城市空间和基础设施，面向现实和未来需求，科学规划、分步实施，以保持合理的城市建设投资和建设规模和节奏。目前一些地方城市建成区面积过大、密度过低，导致基础设施建设摊子过大，甚至脱离实际过度超前，导致资源浪费和偿债压力，是难以持续的；二是要完善财税体制，适当强化地方政府的财权和财力，增强地方政府履行公共服务职责的能力，使基层政府逐步摆脱吃饭财政的窘境；三是改善金融服务，为城市基础设施建设融资提供期限更为匹配、成本更为低廉的债务融资工具，特别是包括政策性贷款、市政项目建设债券、项目收益债券、资产证券化等在内的多样化的债务融资工具，同时加强地方政府债务管理，强化债务透明度和市场约束机制，有效防范债务风险。

《中华人民共和国预算法》的修订，应该考虑允许市县政府直接发行债券用于城市基础设施建设。这样做有利于使地方政府债务透明化，有利于规范融资渠道并降低融资成本，有利于建立并健全地方政府信用评级制度和债务管理制度，并强化市场化的政府债务约束机制，约束政府的投资建设行为。

以"一元化"公共财政支持"市民化"为核心的我国新型城镇化

贾康　刘薇[*]

一、城镇化是我国经济社会成长的有力引擎和潜力源泉

改革开放以来的三十余年,我国在"市场化"改革和"国际化"开放中,坚定贯彻经济建设为中心的基本路线,积极调整工业化、城镇化发展方略,工业化、城镇化加速,取得了巨大的成就,有力地支撑了30多年的经济高速增长。我国城镇化率以每年约1%速度增长,2011年人口城镇化率已达到51.27%,城镇常住人口首次超过农村人口,达到了6.91亿。这种城镇化水平的一路上升是前面三十余年我国经济增长的重要内生因素之一。支撑了年均达到9.8%的GDP增长,未来仍有继续支撑经济增长的巨大潜力。

根据揭示工业化以来市场经济条件下城镇化演进一般趋势的诺瑟姆(Ray. M.Northam)曲线来看,城镇化率达到30%后开始加速,达到70%后趋于平稳,城镇化在30%—70%区间为加速发展期。

---

[*] 刘薇为中国财政科学研究院金融研究中心副研究员、硕士生导师。

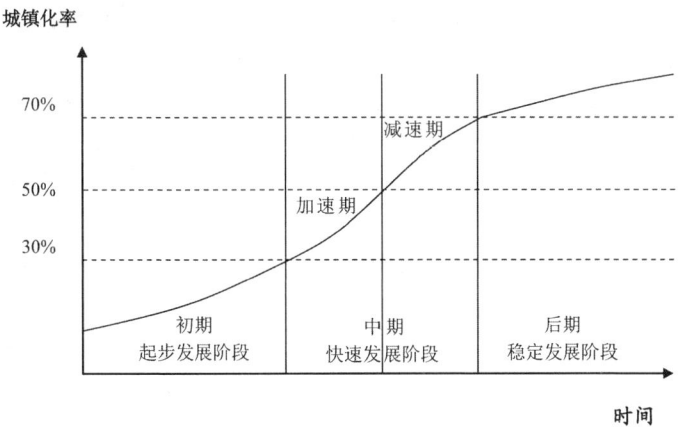

城镇化率的演进轨迹

按此经验曲线，我国的城镇化正处于上升最快的发展阶段，其所代表的"弥合二元经济"的成长过程，已经并将不断地继续释放出中国这个世界第一人口大国的巨量需求，并可得到在世贸组织（WTO）框架下全球市场有效供给的回应，形成一种继续支撑中国经济高速成长的大循环。城镇化蕴含的人口高密度聚集、人力资本培养、收入提高、消费提升，进城农民生活方式和社会地位的"市民化"改变，以及基础设施和公共服务一轮接一轮的升级换代，等等，将成为我国经济增长和社会发展的持久的内生动力。从国际经验看，城镇化作为现代化的必然要求和主要标志之一，要在城镇化率达到75%—80%甚至更高时，其增长速率才会明显趋缓，那么今后伴随着中国现代化进程的推进，城镇化水平的较快提升还有至少二十个百分点的巨大空间。如考虑到目前城镇常住人口中还有1亿多人实为未取得户籍、未完成市民化、不能享受与户籍人口均等化基本公共服务的社会成员，则中国目前的真实城镇化水平应在35%左右，未来的提升空间还要更大些，对经济实现长期高速增长的支撑力量还要更有后劲。

因此，总体而言我国经济社会仍处于加速发展的重要战略机遇期，城镇化可说是支撑我国经济持续增长的最重要的潜能与动力源泉。自从"十五"规划第一次把"积极稳妥地推进城镇化"作为国家重点发展战略，并第一次把"工业反哺农业，城市支持农村，加大对'三农'的支持力度"作为城镇化的目标以来，城镇化在国家规划中的地位不断提升。"十二五"规划明确提出，"积极稳妥推进城镇化，坚持走中国特色城镇化道路"，"把城镇化发展战略放在经济结构战略性调整的重要位置上"。党的十八大报告，又进一步强调："坚持走中国特色新型工业化、信息化、城镇化、农业现代化道路，推动信息化和工业化深度融合、工业化和城镇化良性互动、城镇化和农业现代化相互协调，促进工业化、信息化、城镇化、农业现代化同步发展。"国家层面高瞻远瞩的现代化战略定位和新型城镇化概念的提出，成为我国工业化和城镇化快速发展的指导方针，也为解决我国改革发展进入"黄金发展和矛盾凸显相伴"时期所暴露的一系列经济社会矛盾，提供了重要着力点。积极稳妥地推进以"市民化"为核心的新型城镇化，对于加快现代化进程、支持结构调整产业升级、弥合二元经济、实现城乡统筹发展、提振消费和扩大内需、推进基本公共服务均等化和社会和谐，有重要的现实意义和深远的历史意义。

二、科学发展观指导下的以"市民化"为核心的新型城镇化，肩负着弥合二元经济、实现城乡统筹发展的现代化历史任务

需要强调，在我国30多年城镇化推进过程中，必须高度关注的问题首推城镇化进程中的农民工的"市民化"问题。

目前我国实际城镇化率在35%左右，远远低于发达国家近80%的平均水平，也低于一些与我国发展阶段相近的发展中国家60%左右的平均水平，并低于世界52%的平均水平。在多年城乡分隔、分治的体制框架下，我国以往城镇化的基本特点是以流动就业的农民工为主体，以流动就业为主要形式，并没有很好完成农村人口向城镇人口的"落户"迁徙，也就是城镇发展其实已大大滞后于农村人口转移。真正使进城农民"市民化"，还存在诸多主、客观障碍，如何克服这些障碍，使城镇公用基础设施和基本公共服务、社会福利与保障的提供，对进城农民工消除歧视性政策和非均等化待遇，是新型城镇化和城乡一体化可持续健康发展的内在要求和基本逻辑。按照党的十八大提出的城镇化质量明显提高的要求，需要通盘考虑，在城乡统筹中推进城镇化与新型工业化、农业现

代化的协调发展，其实质和核心内容就是以人为本的农民"市民化"。

具体考察，城镇化是一个涉及经济、社会、空间等多重因素的复杂的人口迁移过程和社会发展进步系统工程，未来几十年间，我国将有3—4亿人口从农村转为在城镇定居。以实现城乡一体化为目标，积极推进集约型可持续发展的新型城镇建设，同时亦促进农业现代化，才能缓解环境、资源制约，和收入分配等方面的矛盾制约，促进人际关系和谐。在"以人为本"的科学发展观统领下，走出集约高效、功能完善、环境友好、社会和谐、城乡一体、大中小城市和小城镇协调发展的城镇化新路，必然要求以"市民化"为核心，即最终消除户籍制度的歧视，使进城务工定居常住人口以及农村居民，享受一视同仁的"国民待遇"，及基本公共服务均等化待遇。这是保证城镇化建设质量、加快实现经济社会全面协调可持续发展的关键内容。

我国的城乡二元结构是历史原因、传统工业化发展战略和城乡分治体制的产物。改革开放以来，努力发展市场机制，但是一定阶段上城乡二元结构尚无法得到根本改变，总体而言区域差距和城乡差距还一度有所扩大，"一条腿长、一条腿短"的局面制约了国民经济平稳快速发展，积累了不少矛盾并趋于凸显。以城乡统筹理念推动新型城镇化，有利于减少城镇化过程中对农民所造成的权益损失，让进城农民工、农村居民能够与城市居民一样得到公平的公共福利和发展机会，最终使大量农村富余劳动力进城并真正融入城市，拥有和城镇居民同等的身份、社会地位、社会保障等各种待遇。因此，引导好中国这种"市民化"为核心的城镇化进程，发挥城镇化红利，需要对阻碍市民化的现行户籍制度及其附属的福利制度、农村土地制度、城市社会管理、社会保障制度、城市规划体制、行政区的协调机制等一系列制度，创建条件进行相应的变革。必须在弥合"二元经济"的历史过程中，以经济实力、财政实力、制度建设、经济手段和其他各种调控手段与政策措施的优化组合，走出一条伴随新型工业化、服务业升级而同时推进新型城镇化、农业现代化，最终达到城乡一体化一元经济和谐境界的"中国道路"。

此过程中的一个明显的现实矛盾，是城市区域吸纳人口聚集的同时，以财政为后盾的公用事业、公共服务对新入居民的有效供给滞后。仅强调理念和政策导向还远远不够,必须在"以政控财、以财行政"的财政分配中,基于客观条件的演变着力支持上述使全社会成员共享"国民待遇"的融合过程走得尽可能快一些和平稳一些。所以,有必要专门讨论财政的支持如何匹配。

三、推进以"市民化"为核心的城镇化,必须以一元化的公共财政作为支持后盾

我国传统体制下成型,改革开放后仍有延续的城乡分治的二元经济结构,形成了以户籍制度为核心,包括二元就业制度、二元福利保障制度、二元教育制度、二元公共投入制度等在内的一系列二元社会制度体系,已产生和积累的矛盾问题妨碍着城镇化质量的提升。随着大批农村人口进入城镇,近年来,农民工占全国非农就业比重迅速提高,2011年农民工总量已达到2.53亿,占非农就业总量的50.7%,首次超过一半。但是,全国80%被统计为城镇人口的农民工都是流动就业,其中举家迁徙的农村人口只占20%左右,这20%举家迁徙进城就业的农民工虽已成为城镇的新居民,但大都还缺少一个户籍身份的认定,他们长期在城镇从事服务业或在工厂打工,逐渐融入了城镇的社区生活,成为城镇居民不可或缺的重要组成部分,但是却因为非市民的身份,在福利、住房、教育、医疗等方面实际仍受到歧视性政策等的诸多限制。

一般考察,使农民工及其家庭成员市民化,需要构建统一的就业、社保、定居等制度,需要处理农民工因其农民身份形成的农地权利的合理传承的制度安排,需要解决农民工参与城市社区治理的市民权利的确认与落实等一系列问题。"户籍"等问题后面物质层面的资源配置,首先是公共服务的相应提升和公用事业的扩容。政府是城镇化的规划主体,公共财政是政府处理城镇化问题的公共资源配置主要手段,按照公共财政的内在逻辑和职能体现,消除我国财政的"二元"特征遗存、构建我国"一元化"的公共财政,是破解二元结构,走向"市民化"为核心的城乡一体与现代化过程的重要的机制化支持后盾。

这种一元化的公共财政应体现在:

第一,按照十八大提出的"加强对政府全口径预算决算的审查和监督"的

精神，构建符合公共财政要求和透明高效配置公共资源需要的全口径预算管理体系，在真正的"全景图"下优化"结构图"，使可用公共资源在优化配置中最充分地支持"市民化"过程。

全口径预算管理（Full-Covered Budget Management，FCBM），就是要对全部政府性收支，实行统一、完整、全面、规范的预算管理，即凡是凭借政府行政权力获得的收入与为行使行政职能所管理的一切支出，都应纳入政府预算管理范围。从公共财政建设角度来看，无论是预算内、还是过去所称的政府预算外或制度外收入等，都必须纳入全口径预算管理。

2003年10月党的十六届三中全会通过的《中共中央关于完善社会主义市场经济体制若干问题的决定》中，明确提出"实行全口径预算"，此后，国务院在《关于2005年深化经济体制改革的意见》中进一步提出"改革和完善非税收入收缴管理制度，逐步实行全口径预算管理"。随着改革的深化，我国已经初步确立了以公共收支预算（政府一般收支预算）、政府性基金预算、国有资本经营预算和社会保障预算为主要内容的政府预算体系，形成了各自相对独立又统一协调联结的有机整体。2012年，财政部门已明确宣布"预算外资金"概念退出历史舞台。党的十八大报告，再次明确强调"全口径预算管理"的原则和要求。在此制度规范框架中，我们应乘势推进一元化公共财政服务于"市民化"的具体机制创新和法律体系建设。

完整的政府预算体系是财政管理制度运行的基本平台。在这个预算体系平台上，应真正废除各级政府和部门的"自筹"和执收执罚中的"收支挂钩"制度，政府部门所有权力环节只能通过财政收入形式获得各种收入，并从事预算法案通过的活动，切断各个政府职能部门的行政、执法同其经费供给之间的直接联系，从而真正实现财政部门统揽政府收支的一元化财政，使其能够真正成为接受立法机构和社会公众委托与问责的主体。要以"全口径预算"为契机，在政府一般预算、政府性基金预算、国有资本经营预算及社会保障预算之间形成统一、对接、协调和均衡体系，建立规范透明的资金往来渠道，必要时也可建立类似的特别预算或专门预算，从而稳步推进政府预算体系的完善与健全。全口径预算管理体系的内在逻辑，正是在建立一套涵盖所有政府收支项目的预算报表体系的基础上，结合推进预算的编制、审批、执行、监督审查的各个阶段的民主化、法治化水平，使公共资源首先真正形成"全景图"，再在越来越充分的公众参与和监督之下，形成资源配置、资金运用中以公众利益最大化为取向的"结构图"。这是包括预算法律制度规范、预算会计体系、预算权配置、预算管理的范围、预算管理模式及预算报告体系等要素在内的系统工程，也是支持"市民化"过程的最合理、最高效的公共资源配置体系。

第二，在新时期进一步强调全面协调发展，服务全局，积极消除歧视性的、非均等化的问题与弊端，不断推进基本公共服务均等化新举措的出台，最终实现基本公共服务城乡一元化体制和运行机制。

在城乡之间提供大体相当的基本公共服务是公共财政的重要职责和"市民化"的必备条件，但是城乡分治下城市偏向型的公共品供给制度已累积地形成城乡差距、农村基本公共服务供应短缺和城乡公共服务不均等现实问题。尤其是，随着城镇化进程的加快，大量农村人口涌入城市，而与之相关的收入分配制度、城乡经济差距、国土开发利用、环境资源开发、社会保障制度、文化教育医疗等改革措施，往往无法匹配和无力跟进，造成了农民工在城镇的非市民化现状，歧视性的、非均等化的问题表现为"半城镇化"、"浅城镇化"问题。这种按照人们的身份和地域来城乡分离式提供公共服务的体制，需渐进消除。在推进基本公共服务均等化过程中，应积量变为质变，致力于消除二元因素，实现城乡之间及整个国家基本公共服务的一元化，即构建面向全体国民、城乡一体、标准统一的基本公共服务体系。这种一元化是城乡居民平等享有基本公共服务和"市民化"为核心城镇化的制度基础和保障。

为实现基本公共服务均等化服务于"市民化"目标，首先，需加快建设统一、规范、透明、合理、有力的财政转移支付制度；其次，应建立与经济发展和政府财力增长相适应的基本公共服务财政支出增长机制，切实增强各级财政特别是县级财政提供基本公共服务的保障能力；再次，建立健全区域基本公共服务均等化协调机制和加强中央政府各部门与省级政府间的协调磋商，逐步使区域间基本公共服务范围和实际标准基本一致，推动相关制度和规则衔接，做好投资、财税、产业、土地和人口等政策的配套协调。

第三，使财政分配与国家主体功能区规划、宏观经济发展和区域发展、土地制度改革等实现全面的协调配合。

新型城镇化的推进涉及主体功能区规划建设、产业结构调整、农村土地流转制度、社会保障制度、户籍制度改革等方面综合的顶层规划和体制机制改革，公共财政在支持新型城镇化建设的进程中，要在科学发展观的指导下，在规划的政策支持和体制改革等方面，积极与国家"十二五"规划和主体功能区规划、国民经济发展战略、区域发展战略等国家规划，以及土地制度改革等，实现全面的协调配合。

按照国家基本公共服务体系"十二五"规划和实施主体功能区规划、区域发展战略的要求，公共财政要大力促进公共服务资源在城乡、区域之间均衡配置，缩小基本公共服务水平差距。其中，为进一步消除相关的体制、制度和政策性障碍，增强以市民化为核心的城镇化发展的动力和活力，公共财政要配合土地、户籍、投融资体制、社会保障等方面体制改革和制度创新，提供改革所需要的基本财力保障和制度配套支持。

土地是城镇化的重要载体，与之相关的重大现实问题，是农村基本农田土地使用权的流转制度，和城镇化必然征用土地的"农转非"全套制度如何合理化。已可看清：在我国农村土地的"集体所有制"无法与市场、法制完整匹配，路子越走越窄的制约条件下，所谓使土地"私有"的方向又至少于政治上在中国不可行，如何处理土地制度这一重大而棘手的难题，是中国统筹城乡和实现民族复兴愿景面临的巨大历史考验之一。我们认为未来的改革大方向，可以按照"排除法"，选择"集体所有"、"私有"之外的唯一余项——国有制，把必保的基本农田和其他所有土地，都纳入"国有"法律框架后，其中对基本农田确立永佃制，在非基本农田用地上则一揽子、一次性、一劳永逸地处理好宅基地、"小产权房"等历史遗留问题（物质利益补偿可以分步按合约实现），进而给予全体社会成员"国民待遇"，其后即有可能进入一个统一市场中土地产权的规范化、一元化状态：就是我国全部土地都是国有土地，其使用权可透明、规范地流转，凡是土地使用权流转环节上的租金，就进入国有资本预算（基本农田另行处理，实际上可不要求或象征性低标准要求务农者上交农地的地租）；凡是其流转和持有环节上应征缴的税收,就进入一般公共收支预算。生产要素包括土地要素的流转、配置,可以均进入无壁垒状态。政府应专注于做好国土开发、土地利用的顶层规划,同时非农田建设用地由一套市场规则和特许权规则来调节其交易或特定用途配置。除基本农田用地"封闭"式流转和发展规模化经营之外,真正把所有土地资源放在统一市场的一个大平台。这个前景,是配套于城乡统筹发展和市民化为核心的城镇化历史过程的一个值得探讨的可选改革方向,如果一旦形成决策思路,公共财政理应支持其方案化实践和推进优化过程。

主要参考文献

1．李克强:《协调推进城镇化是实现现代化的重大战略选择》,《行政管理改革》2012 年第 11 期。

2．贾康、刘薇:《构建城乡统筹发展的财税体制的建议》,《经济纵横》2011 年第 1 期。

3．《国务院关于印发国家基本公共服务体系"十二五"规划的通知》国发〔2012〕29 号,http://www.gov.cn/zwgk/2012-07/20/content_2187242.htm。

4．罗宏斌:《"新型城镇化"的内涵与意义》,《湖南日报》2010 年 2 月 19 日。

5．李铁:《正确处理城镇化发展过程中的几个关系》,《行政管理改革》2012 年第 9 期。

6．钱莲琳:《"全口径预算":健全政府预算体系的突破口》,《地方财政研究》2011 年第 4 期。

7．项继权:《我国基本公共服务均等化的战略选择》,《社会主义研究》2009 年第 1 期。

"政府价格信号"：我国体制性产能过剩的形成机理及其化解之道

冯俏彬　贾康

产能过剩已是中国经济的痼疾。早在1996年，就有关于钢铁业出现产能过剩的议论。此后，几乎每隔几年，有关部门就会在全国范围内发起一场声势浩大的治理产能过剩的"运动"。2013年11月，国务院出台了《关于化解产能严重过剩矛盾的指导意见》，工信部连续发布了三批淘汰落后产能的名单。产能过剩已成为推动中国经济转型升级和结构优化的巨大障碍。产能过剩何以如此之顽固，以至于擅长"集中力量办大事"，素以强势为特征的中国政府对此也束手无策？本篇中经过分析认为，在相当大的程度上讲，产能过剩是中国政府以投资拉动经济增长和强力过度干预经济运行模式的必然产物。"解铃还须系铃人"，要将产能过剩控制在市场和社会所能接受的范围内，就必须遵照十八届三中全会《关于全面深化改革若干重大问题的决定》中"发挥市场配置资源的决定性作用和更好地发挥政府作用"的精神，减除政府不当干预、推动要素市场化改革，形成可以真实反映供求关系与资源稀缺性的合理价格信号，由此引导企业的投资和生产经营行为。

一、文献综述

在我国，关于产能过剩的研究研究成果十分丰富。在2007年，林毅夫曾用"潮涌"现象来描述在发展中国家出现的一轮又一轮的投资过剩现象，为此，他建议修正传统宏观经济学假设，重新构建发展中国家的宏观经济理论。巫和懋、邢亦青（2010）、周辰珣、孙英隽（2013）等在此启示下进行了一些实证研究，证实了"潮涌"现象确实存在。王立国（2010）曾将产能过剩划分为结构性产能过剩、体制性产能过剩、周期性产能过剩三类，他以及其他多位研究者都正确地指出，在我国，产能过剩固然有经济周期方面的原因，但主要还是属于一种体制性产能过剩。

有多位研究者讨论了体制性产能过剩的形成原因。陈剩勇、孙仕祺（2013）认为，广泛存在的产能过剩主要由三个原因造成：一是多年来全能型政府对市场和微观经济领域的强制性干预；二是以GDP增长为主要指标的政绩考核体系和与之相对应的官员升迁激励机制；三是历史传统中根深蒂固的地方本位主义传统。翟东升（2013）认为产能过剩有三方面的原因；一是地方政府对企业投资的诸多不当激励；二是企业投资决策机制不健全；三是中央政府核准审批的管理方法以及事与愿违的各类投资补助。王立国、鞠蕾（2012）认为产能过剩源于地方政府之间的竞争。张日旭（2012）认为，我国当前的财政体制对于产能过剩难辞其咎。还有一种广为流传的观点是，地方领导人为了获得晋升或避免中央政府的惩罚，因此有强烈推动当地经济增长的动机，形成造成过度投资和产能过剩的原因。

在如何治理产能过剩方面，中国企业联合会（2013）提出的对策比较有代表性，基本上浓缩了2013年《国务院关于化解产能严重过剩矛盾的指导意见》之要旨。陈剩勇、孙仕祺（2013）等从更根本的层面上建议，抛弃过往以行政权力对市场进行强制干预为特征的宏观调控方式，改进官员政绩考核体系及晋升激励机制，推进改革、完善市场制度等。

以上研究成果对于我们形成对产能过剩的全面认识提供了有启发、有价值的见解。但是，大多数的研究成果还是停留在对产能过剩的现状、成因、对策的探讨上，部分文章致力于经济学角度探讨产能过剩的形成机理，还有部分研究者致力于从政府干预、政府失灵的角度来讨论产能过剩，但却未见从价格信号和其扭曲的角度展开讨论的研究成果，这不能不说是一种遗憾。本篇拟在这方面做出必要充实。

二、产能过剩的概念、特征与类别

在经济学意义上,产能过剩是产能利用程度的一种状态。所谓产能利用率(Capacity Utilization),是实际产量与实际生产能力之间的比率,用公式表示如下:

$$产能利用率 = 实际产量 / 实际生产能力 \times 100\%$$

产能利用率有产能过剩与产能不足两种状态,一般情况下,若该比率低于 80%,即可视为产能过剩。产能过剩一般有三个特征:一是低产能利用率,二是低利润率[①],三是高负债率。且三个指标之间存在着高度的相关性。

应该看到,在市场经济条件下,某种程度的"偏过剩产能"是正常现象。只有当供给显著大于需求、产能出现明显过剩并且已引发一系列的相关后果时,产能过剩才成为一个各方面关注的重大问题。这种情况的发生,既有可能是需求方面出现重大变化所致——如 2008 年国际金融危机以后,国际市场需求急剧下降,欧美市场在很长时间内恢复乏力——这种情况下发生的产能过剩可称为周期性产能过剩;也可能是因为长期技术创新乏力、经济增长动力不足,形成低端产品供给严重过剩而高端产品供不应求,这可称为结构性产能过剩。在我国,还存在着另一种原因引起的产能过剩,即主要是由于政府过多介入和干预企业投资决策,导致企业投资过度、供给能力严重大于需求而产生的产能过剩,这就是所谓的体制性产能过剩。本篇主要讨论体制性产能过剩问题。

三、企业投资决策的一般理论

研究表明,体制性产能过剩的直观表现是企业投资过度。王立国、鞠蕾(2010)曾对 2005—2008 年间中国制造业的 26 个行业上市公司和行业数据进行过分析,证明在地方政府干预、介入和企业投资过度之间,确实存在显著的正

---

① 据媒体报道,2013 年上半年,中国钢铁业吨钢利润一度只有 0.43 元,两吨钢加起来赚的钱不够买一支冰糕。

相关关系。那么需发问的是：企业为什么会过度投资？

逻辑上讲，如果企业发生了过度投资，应当由两个因素引出：一是企业家对该项目的未来预期收益远高于社会平均利润率，二是投资成本有望远低于社会平均成本。这两者的共同结果都是可以给企业带来超额回报，于是企业家投资热情高涨，过度的热情形成过多的产能供给。

接下来需问：企业家如何进行投资决策？现代财务管理理论认为，企业在进行投资决策时，主要应当参考两个指标：一是净现值，二是内部收益率。

所谓净现值（Net Present Value），是指一项投资所产生的未来现金流的折现值与项目投资成本之间的差值。若净现值为正值，该投资方案可以接受；净现值为负值，投资方案就是不可接受的，且净现值越大，投资方案越好。用公式表示如下：

$$NPV = \sum I_t / (1+R) - \sum O_t / (1+R)$$

其中：NPV 为净现值，I_t 为第 t 年的现金流入量，O_t 为第 t 年的现金流出量，R 为折现率，n 为投资项目的寿命周期。

所谓内部收益率，是指资金流入现值总额与资金流出现值总额相等、净现值等于零时的折现率。只有内部收益率大于，或至少等于企业家设定的基准收益率（通常用银行存款利率表示）时，该投资项目才是可行的，且该指标越大，说明未来收益率越好。

可以看出，无论是净现值法、还是内部收益率法，决定一项投资是否可行的基本逻辑都是收益必须大于投入。虽然不同企业、不同投资项目的具体投入构成各不相同，但对于任何一个项目而言，其初始投入构成都包括土地、设备、人力等方面，同时也要将项目建成后的运行费用考虑在内，如银行贷款的利息、工资支出、设备折旧、税收以及电、水、气等支出。正常情况下，企业家面对着大致相同的费用体系，很少会较长时段持续性"集体失智"、发生整体上的严重过度投资。

在我国，体制性产能过剩之所以发生，主要是由于政府通过各种方式，下拉了上述各项成本的价格信号，从而使企业家面对的不再是比较纯粹的市场价格，而是经过政府干预后形成的新的价格信号（我们称之为政府价格信号）进行投资决策所致。

四、政府价格信号：体制性产能过剩的形成机理

（一）对政府价格信号的几点理论认识

简言之，政府价格信号即政府为了刺激投资而确定（或由其干预而导致）的价格水平。如果从体制性产能过剩这一现象出发，政府价格信号可描述如下：

政府为了实现特定的政策目标，通过其所掌握的各项要素定价权，或定价影响能力，以及其他经济资源的支配权，显著降低特定行业、特定企业投资、运行的要素价格，进而大幅度地拉低相关主体预期中的投资成本和运行成本所形成的价格信号。政府价格有以下几个方面的特征：

第一，通常存在于政府重点发展、扶持的产业之中；

第二，主要涉及土地、银行信贷、自然资源、水、电等要素价格，影响手段也包括财政补贴和各类税收优惠；

第三，量值上显著低于市场价格；

第四，常常引发政策套利和过度投资，故总体上可负面评价为对市场价格信号及其形成机制的不当扭曲。

与正常的市场价格相比，政府价格显著偏低，从而刺激出企业强烈的投资动机，并最终导致企业过度投资和产能严重过剩。政府价格催生过度投资的作用机理可用下图进行说明：

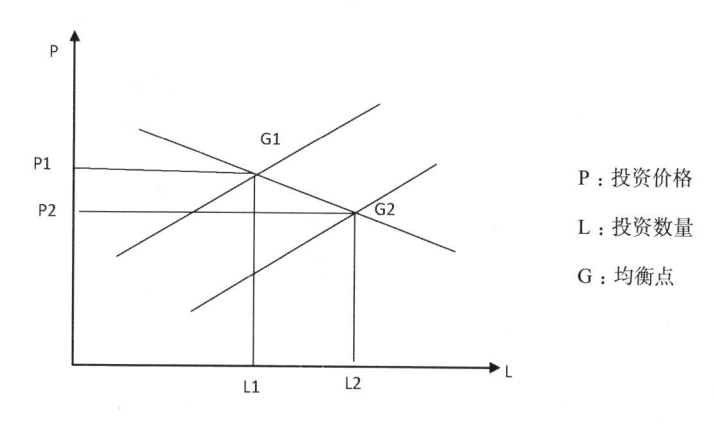

P：投资价格
L：投资数量
G：均衡点

图中的纵轴表示企业投资价格，横轴表示投资的数量，在没有政府干预的情况下，企业依据 P1 进行投资，此时的投资量为 L1，均衡点为 G1。由于政府的介入，投资价格从 P1 下降到 P2，此时需求曲线不动，而供给曲线下移，在 G2 点达到均衡。此时，企业投资的数量从 L1 增加到 L2，出现投资过度。在整体社会层面上，企业投资过度就表现为产能过剩。

应当看到，在某些条件下，政府通过有形之手干预价格、校正"负的外部性"或市场失灵，本是有益之举，也是混合经济的题中应有之义。但是，当政府作用于价格的方向不对、程度过强过大以后，其负面作用就会非常显著。体制性产能过剩就是其中之一。

（二）政府价格的形成过程

陈剩勇、孙仁祺曾以钢铁工业为例，对政府引导企业投资的种种具体手段进行了生动的描述（2013）。参照他们的研究，再从"政府价格信号"这一概念"窗口"看过去，"信号扭曲"的形成过程昭然若揭。

第一，财政补贴。财政支出历来是政府支持产业发展的主要政策工具。在中央政府层面，常常会直接使用财政补贴的方式支持相关产业。以光伏为例，近年来被列入国家战略性新兴产业，属于重点扶持的产业对象，由于光伏初始投资极大，且国内市场中基本上没有自发的需求，因此中央政府对光伏投资曾在一个较长的时期内给予高达 70% 的投资补助，引发全国范围的光伏投资狂潮。在地方政府而言，通常会结合中央的产业政策、宏观调控形势以及本地的要素禀赋，确定本地重点发展的产业目录。对于这些重点产业，地方政府也以多种形式进行财政补贴：一是由财政出资设立的产业发展基金，通过入股、直接拨付等方式对企业在投资环节给予补助；二是达到政府设定的目标（如工业总产值、税收、就业人数等）的企业，政府按企业缴纳税收的某一个比例进行奖励式返还；三是通过技术改造、环保投入等多种方式，直接向企业拨付财政资金，如在有"钢铁之乡"之称的河北省武安市，近几年当地财政平均每年都支出 3 亿元—4 亿元用于"落后产能淘汰补贴"和"环保投入补贴"；四是对某些企业给予银行贷款贴息，等等。无论哪种方式，都使企业面对一套经过政府干预后的新价格信号，有望降低成本，增加收益。

第二，银行信贷。在我国，国有控股商业银行占据着最大份额的信贷资源，这为政府以银行信贷为政策工具引导企业的投资行为，创造出巨大的空间。在中央历次出台的产业支持政策中，一般都有关于银行信贷资金要向重点产业倾斜的规定。[①] 在地方政府层面，尽管其直接掌控的信贷资源不多，但地方政府通过融资平台及其他途径以所谓"过桥贷款"、贷款贴息、"理财产品"等融资方式，同样可以达到引导企业投资的目的。除了间接融资的信贷资源，政府手中实际还掌握着准许发行企业债、促成企业上市权力或强大影响力，这些对于企业也是极具诱惑力与牵引力的直接融资金融资源。

第三，低廉的土地价格。为了吸引企业投资，地方政府通常以廉价甚至"零地价"向企业提供工业用地。有人做过计算，按2012年公布的土地价格均价，每一平方米的商业和服务业用地价格为5700多元，每平方米住宅用地为4500多元，而每平方米的工业用地价格仅为659元，仅相当于商业、服务业用地价格的11%，相当于房地产用地价格的14%。[②] 不仅如此，很多地方案例中还以零地价的方式向企业供地，若将土地整理成本考虑在内，向企业供地的实际价格为负值（即补贴值）。由土地产生的价格效应，往往是所有政府影响投资价格的政策工具中之最巨者，以2004年轰动一时的铁本事件为例，当地政府以土地出让的方式实际上为企业提供了18亿元左右的投资补贴。

第四，低廉的资源价格。在一些资源富集地区，地方政府为了吸引投资，通常会配给企业特定的资源开发权利。陈剩勇等曾提到过这样一个例子，内蒙古自治区曾出台规定，凡在当地投资超过40亿元的企业，每投资20亿元，内蒙古地方政府就可以为企业配备一亿吨煤炭储量开采权，在当年蒙煤400元左右一吨的情况下，一亿吨煤的销售收入可以达到400亿元；投资超过40亿元，企业将获得至少2亿吨的煤炭储量，企业将在未来获得800亿元的销售收入，扣除开采成本以后，企业仅从煤炭一项上就可以获得合计600亿元以上的回报。如此高利，难怪各地企业趋之若鹜。

---

① 反过来，当出现严重产能过剩的时候，政府也常常有命令银行对这些行业收缩或撤出贷款的要求，可参见2013年11月国务院发布的《关于化解产能严重过剩的指导意见》。
② 根据国土资源部《2012全年及第四季度重点城市地价监测成果发布》。

第五，低电价、低水价补贴。对于钢铁、电解铝等制造业而言，生产过程中需要消耗大量的电、水等，相关费用十分可观。为了鼓励企业投资生产，地方政府会出台电价、水价的补贴政策。如贵州某市出台的《2013年工业企业亏损补贴和用电补助办法》中，提出对全市规模以上的电解铝、工业硅、电解锰、铁合金、高碳铬铁、中低碳锰铁、电解二氧化锰等行业，企业按0.03元/千瓦时实施补贴，企业用电枯水期按0.02元/千瓦时补助，平水期按0.04元/千瓦时补助。

第六，税收优惠。为了吸引投资，地方政府还向企业提供各种各样的税收优惠。这又可细分为两种情况：一是地方政府在自己权限内向企业提供税收优惠，如减免所得税、增值税的地方分成部分，减免地方税费等；二是游说中央政府出台区域发展政策来向企业提供减免税，据统计，现有已有各类国家级的开发区、经济区数十个，其中已出台实施的区域税收优惠政策就有三十多项，这实际上相当于动用中央政府的税收"奶酪"来吸引企业投资。

第七，默许甚至纵容企业将应承担的社会成本外部化。钢铁、水泥、电解铝、平板玻璃等传统的产能过剩行业，甚至光伏这样的战略性新兴产业，通常也是高耗能、高排放、高污染的行业，如果管理不当，社会成本很高。理论上讲，应使企业在进行投资和生产经营时将这部分成本考虑在内。但是，为了鼓励企业投资生产，一些地方政府放松环保要求，对企业排放行为睁一只眼、闭一只眼，对污染受害人的法律行为采取不支持、不立案方式，化解了相关企业应负担的巨大社会成本。与此类似，一些地方政府还允许企业不严格执行劳动合同、缓交或少交职工社保等，间接降低企业的成本。

（三）政府价格信号的形成条件

可以看出，政府运用多种方式、经过多种途径给出的价格信号经过高度扭曲，对企业的投资决策、生产经营活动发挥着错误的引导作用，是投资过度和体制性产能过剩产生的渊薮。由此引出的问题是，政府为什么要这么做？何以能这么做？

对于第一个问题，学界早有解答。简言之，主要有三个原因：一是在以GDP为主的政绩考核中交出一份好成绩，二是未来获得更多的税收，三是扩大本地就业。

对于第二个问题，则主要是因为在现阶段，政府权力太大、手中的资源太多，可以借此管束、引导企业。具体可分出如下两大方面：

第一是政治资源。现阶段，政府拥有对企业生产经营活动广泛的审批和检查权力，企业能否设立、设立以后能否开业、开业以后能否正常经营、经营能否赚钱，可以说在每一个环节的决定上，都关乎实权官员的一念之间，生杀予夺，概由政府决定。此外，政府还有社会荣誉的授予权，比如可将人大代表、政协委员这些职位用于奖掖"顺从"的企业家，其间威力，不可小觑。

第二是经济资源。企业生产经营活动所必需的各类资源，其中特别是要素性资源（如土地、信贷、税收、能源等）的支配权、定价权，都掌握在政府手中，可以说大都牢牢地控制着企业的"七寸"。另外，在现行财税体制下，各级政府都有弹性空间在规定的范围和幅度内，灵活掌握税收负担、自主确定财政支出结构，几乎任何一个环节、任何一个方面，都可以成为政府引导企业前进的强大指挥棒。

正因为政府既具有刺激投资的动机，也具备刺激投资的条件，才使政府干预市场、干预企业投资决策成为一种经久不衰的现实；才使"听话"的企业即使面临投资失败压力，也有望得到政府的选择性扶持与关照，避免淘汰出局之厄运；才使企业在进行投资决策、生产经营决策时，不仅仅要研究市场，更重要的是要研究政府、研究政策；才使企业所面对的价格其实不是市场价格，而是叠加上了政府影响后扭曲变形的新价格。这就是政府价格信号产生的机理。

（四）两个实例

在2013年国务院发布的《国关于化解产能严重过剩的指导意见》中，钢铁、水泥、电解铝、平板玻璃、造船等被评为产能严重过剩行业。事实上，除了这五大传统产业，近年来光伏、风电等一些战略性新兴产业也相继成为产能过剩的重灾区。细察这些行业中产能过剩的由来，我们发现，传统产业也好、战略性新兴产业也好，其产能过剩故事的发生、发展、高潮、转折，直至结果，脉络基本一样，原因也基本一样，即都是政府给出了特殊的价格信号、实施了选择性处理方案所致。下面我们分别以钢铁（传统产业）和光伏（战略性新兴产业）为例进行说明。

1. 铁本事件

钢铁工业素有"民族工业的脊梁"之称。中国人追求钢铁工业的发展前后经历近百年,崎岖曲折、颇多坎坷,产能曾长期表现为短缺。但是,在进入20世纪90年代以后,钢铁工业很快就陷入了产能过剩泥淖,历次成为国家治理的重点对象。直到今天,仍然名列"产能严重过剩"的第一名。

我们分别对全国,典型省、市、县各个层面的钢铁产能过剩情况进行了分析,基本结论是,政府扶持过度使市场淘汰机制、出清机制受阻,促成钢铁业本身的"尾大难掉",背后正是"政府价格"引导下的投资过度所致。为了清楚地说明这一点,我们选择"铁本事件"这一广为人知的典型案例进行说明。

江苏铁本钢铁有限公司,是一家成立于1997年的民营企业。当时由于钢铁市场火爆,到2002年,这家公司已迅速扩大到下辖3个分厂、员工数千人、占地18公顷的大企业,当年实现工业总产值3.69亿元、销售收入3.5亿元,成为当地民营企业中的翘楚。

为了适应看来不断扩大的市场需求,铁本公司的实际控制人戴国芳于2002年筹划移址扩建工程。按他最初的计划,是要建一个200万吨宽厚板的项目,占地约2000亩,计划投资10亿元—20亿元,主要以自有资金滚动发展。但是也在这一年,铁本公司所在的常州市准备在长江沿岸辟出3万亩左右的土地作为产业基地,拉动本地经济发展。由于铁本公司产值高、利税大,加之此时国内外钢铁市场十分劲爆,常州市政府决定全力支持铁本扩大项目规模。铁本项目从200万吨逐步扩大到400万吨、600万吨,最后成为目标年产840万吨的大型钢铁联合项目,规划占地也从2000亩一路攀升到9379亩,形成了天文数字般的庞大投资计划。

为了通过国家有关部门的审批,当地政府协同铁本公司将项目化整为零,拆分成22个项目向有关部门报批并获得了通过。与此同时,地方政府在土地、贷款方面向铁本大开方便之门。以土地为例,当地政府向铁本出让的土地名义价格为每亩11万元,而当时常州、扬中两地的工业用地仅开发成本就达每亩15万元—20万元,市场价格高达每亩40万元,按铁本实际占地6541亩计算,相当于地方政府为铁本项目提供了18.9亿元—26.2亿元的投资补贴。再以银行贷款为例,到铁本项目下马时,银行对铁本及其关联公司的授信总额达43.4亿元,以铁本1—2亿元的自有资本金计算,杠杆率高达20—40倍,且将六家银行提供的流动资金贷款20多亿元用于固定资产投资。为运作以上项目,铁本先后成立了7家中外合资企业,累计应缴纳注册资本金1.7972亿美元,但其中仅一家到位了1200万美元,另一家到位了部分资金,其他五家没有任何资金到位,但当地政府竟视若不见,批准了以上公司的设立。

2003年是中国钢铁业的"井喷"之年,同年钢铁行业固定资产投资额较上年增长了180.76%,整个行业高热不止,全国各地涌入钢铁业的企业越来越多。有关部门判断,钢铁业已进入了盲目投资和产能过剩时期,必须重拳治理。2003年12月23日,国家发改委出台《关于制止钢铁行业盲目投资的若干意见》,铁本项目因为体量、规模超乎寻常,且政府与企业纠葛过深过复杂,被国务院列为重点治理的对象,铁本项目被紧急叫停。2004年5月,有关部门宣布相关处理决定,地方官员、企业家丢官的丢官、入狱的入狱,铁本项目至此黄粱梦碎,"收拾残局"的社会成本极为可观。

2. 光伏变局

作为一种清洁能源,光伏产业在全世界都被视为朝阳产业,拥有广阔的市场空间和应用前景。2005年以来,国家将光伏列入战略性新兴产业目录。为了支持光伏产业的发展,政府提供了大量政策支持。一是出台了支持光伏产业发展的各类法规、规划,2008年金融危机之后,全国31个省都将光伏列入了重点发展的产业目录。二是实施"太阳能屋顶计划"(2009),对屋顶装机容量50千瓦以上的光伏发电系统进行补贴。三是实施了"金太阳工程"(2009),对于并网发电和偏远无电地区的离网项目按总投资给予50%和70%的补贴,由于该项目补助力度极大,各地趋之若鹜,成为各方面政策套利的主要进攻对象,该项目共执行了三年多,共计投入财政资金400多亿。四是通过"973"计划、"863"计划、攻关计划、中小企业创新基金等,对太阳能发电技术的研发给予支持。五是银行贷款重点向光伏业倾斜。六是大量的税收优惠,据不完全统计,各地相继实施了消费型增值税、15%的企业所得税、提高出口退税率、进口设备免征关税和进口环节增值税、再投资税收抵免等措施促进光伏产业的发展。此外，各地还通过产业发展基金、低价工业用地等政策手段，支持光伏发展。

在强烈的政策刺激下，光伏产业迅速在全国开花。据报道，全国有几百个城市大力发展光伏太阳能产业，其中有 100 多个建设了光伏产业基地。在政策刺激下，各路资本大举进军光伏，"只要有钱就可以整"，一位企业家如是说，甚至像浪莎袜业、康师傅这样的企业等也纷纷向光伏制造转型。从东海之滨到西北戈壁，从海南到黑龙江，光伏行业很快热浪滚滚。

与此同时，光伏电池产品国内无法解决其入网发电的问题，本已浮出水面，由于电力部门配套改革迟迟不到位，理应"攻关"解决的相关技术问题和运行机制问题等，迟迟未得突破，据统计所有光伏电池成品中，98%以上只有出口一条道（这种把生产光伏电池的资源水泵和环境污染压力留在国内，却把可以产生清洁能源的成品卖给比我们更清洁的外国人的产销循环，其实具有明显的荒唐意味），但很长一段时间内，各方似乎对这些现象后面隐含的不合理因素和危机因素浑然不觉，视若无睹，"一哄而上"、"跨越式"的发展迅速引爆光伏产能过剩。2010 年，全国各地已有各类光伏企业 1000 多家，产值 5000 亿元以上、直接从业人数超过 40 万人，光伏组件产量连续五年高居世界第一名，整个产能达 35GW，远超同期国内外市场需求的总和。

但就在此时，中国光伏企业赖以为生的欧美市场风云突变。由于金融危机的影响，各国财政不同程度地吃紧，相继减少了对太阳能光伏项目的补贴[①]，市场空间骤然收窄，这给"两头在外"的中国光伏企业带来了致命的打击。为了争夺市场，各光伏企业之间打响了价格战。2011 年，各类光伏产品价格急剧下跌，如多晶硅价格下跌 60%、硅片价格下跌 40%—50%、电池片与组件的价格下跌 40% 以上。中国光伏产品在国际市场上的超低价格，很快引来美国、欧盟

---

① 2010 年 7 月 1 日起，德国对屋顶光伏系统和移除耕地农场设施的补贴额减少 13%，对转换地区补贴额将减少 8%，其他地区下减少 12%。8 月，西班牙计划消减太阳能上网电价幅度达 45%，对大型屋顶太阳能光伏装置的上网电价下降 25%，小型的则下降 5%。9 月，捷克出台政策，规定下一年 3 月，建在农业用地上的太阳能发电厂将不再获得政府补贴，预计将减少 700 兆瓦太阳能电站的投资。同月，意大利决定 12 月 31 日开始削减对太阳能光伏项目的补贴。

的"双反"强烈报复①。光伏行业内忧外困,进入全行业亏损期,2012年,国内80%以上的企业开工不足,产能全面过剩。2013年3月20日,国内光伏巨头无锡尚德宣布破产,其创始人施正荣曾高达186亿元的财富,一夜归零。

可以看出,在市场需求一度比较旺盛的情况下,企业家据此扩大投资、增加产能本无可厚非。问题在于,如果这些行业刚好契合地方政府对于GDP、税收、就业的渴求,而且政府将其列入重点扶持范围以后,相关改革未得实质性推进、应变能力不能实际形成,一旦外部变局发生,情况就迅速向相反的方向逆转。究其根本,就是因为政府一方面动用一切可用资源,强烈干扰、扭曲投资价格,形成错误的价格信号,另一方面本应由政府主导的有效制度供给却在改革面前搁浅,不能形成理应追求的综合效应和应变能力。用一名亲身参与其中的官员的话讲,在此等情况下,"企业家不再按照市场信号行动,而是按照政府给出的信号行动"。令人扼腕叹息的结果,是一串正确的概念联结之下,真正的主导链条却并未能有效形成,战略性新兴产业的一场重头戏,主角出师不利。

五、化解体制性产能过剩的关键在于恢复正确的价格信号和提供合理制度供给

2013年11月,国务院发布了《化解产能严重过剩的指导意见》,再一次向产能过剩宣战。但仔细分析《意见》后,我们认为,给人的主体印象,是目前治理产能过剩仍然高度依赖以"关、停、并、转",下指标,定时间为主的行政方式,主要使用的手法不过是当初鼓励产能扩张时的反向操作,仍然是以行政干预治理行政干预的路子,很难走出"打摆子"、"越治越多"的循环怪圈。

基于本篇分析,我们认为,化解体制性产能过剩的关键在于真正让市场在资源配置中起决定性作用,政府以维护公平竞争和市场"优胜劣汰"机制为基

---

① 早在2010年10月,美国商务部就展开了针对中国光伏的"双反"调查,并于2012年10月做出最终裁定,对中国多种光伏产品征收14.78%—15.97%的反补贴税和18.32%—249.96%的反倾销税,预计至少征收5年。2012年9月,欧盟宣布对从中国进口的光伏板、光伏电池以及其他光伏组件发起反倾销调查、反补贴调查,2013年6月4日,欧盟宣布,对中国光伏产品实际"双限",且征收11.8%的反倾销税。

本方针，恢复正确的价格信号，重中之重是要消除政府干预价格的诸多体制性土壤，着力消除比价扭曲，大幅度减少政府干预，使企业同时面对真实成本压力和优胜劣汰的市场竞争机制，在自主经营、自担风险的约束和压力之下，硬化预算，强化创新和升级换代动机，激活潜力，释放聪明才智与竞争能力，以此促进技术创新、资源节约、节能降耗、升级换代和结构优化。为此，迫切需要在三中全会之后的全面配套改革中掀起新的制度变革大潮，在行政审批制度、要素市场化改革、财税体制、干部考核体制等多方面着力实现实质性突破。

1．重新学习市场经济理论、全面认识市场功能

必须认识到，在市场经济条件下，市场能够有效发挥调节作用的范围远远大于市场失灵的范围。比如，在促进生产要素的优化配置、提高经济效率方面，市场天然有优势；在发现机会、促进创新方面，市场主体天生有动力。另外，由于市场体系是建立在无数个体分散决策的基础之上，随时随地处于变化之中，因此极其复杂，其风险分散化机制成为一般情况下消减系统性风险的重要减震器，即使是现在全部的经济学理论相加总，对此也不能完全描述和认识清楚。有必要重新学习市场经济理论、全面认识市场功能，进一步尊重市场、敬畏市场，尊重企业家才能、鼓励企业家投入自担风险的公平竞争，真正发挥市场配置资源的决定性作用。

2．加快推进行政审批制度改革

新一届党中央、国务院成立以来，已先后取消、下放了200多项行政审批事项，但目前仍有1500多项，地方层面更多，因此推进行政审批制度改革仍然任重道远。今后，凡涉及企业投资、生产、经营方面的审批，应当严格贯彻十八届三中全会的《决定》精神，"除关系国家安全和生态安全、涉及全国重大生产力布局、战略性资源开发和重大公共利益等项目外，一律由企业依法依规自主决策，政府不再审批"，同时"强化节能节地节水、环境、技术、安全等市场准入标准，建立健全防范和化解产能过剩长效机制"。

3．大力推进要素市场化改革

市场经济条件下，真实、灵敏的价格信号是形成企业正确投资决策最有力的引导力量。化解体制性产能过剩的关键在于校正当前失真的各项投资要素价

格，为此，必须大力推进要素市场化改革。具体而言，一是要调整现在分类、分城乡的土地政策，使工业用地的价格能反映土地的市场价值。二是要大力推动各类资源型产品的价、税、财联动改革，抓住资源税从量变从价改革契机，适时调整电价、水价并积极推进其价格形成机制的合理化，正确反映资源的供求和稀缺程度，引导现今全国5800万个以上的市场主体（含小微企业）一起注重节能降耗，加快转变生产方式，以经济手段为主"内生地"由利益关系激励产业链上所有相关者千方百计开发有利于节能降耗的工艺、技术和产品，并在竞争中淘汰落后产能——政府除了对于为数不多的大型企业有能力以"关停并转"方式实施排除落后产能的操作之外，其实并无本事、能力去甄别和"关停并转"式淘汰全国以千万计的企业中的"落后产能"、"不当技术路线"的代表；以许多的技术标准作为"准入门槛"来实施区别对待，又会催生出防不胜防的设租寻租、非公平正我的"选择式执法"等弊端，真正在全局和可持续意义上"淘汰落后产能、过剩产能"的有效机制，就是市场公平竞争前提下的优胜劣汰机制。三是要加快推进利率、汇率的市场化改革，形成灵活反映市场资金供求关系的价格信号。四要严格执行有关环保、劳保、社保标准，力求使之贯穿于企业生产经营的全过程，充分注重运用规范的经济手段，通过可预期的"外部成本内部化"，使企业切实负担起应该承担的那部分社会成本。

4．改革干部考核制度，深化财税体制改革

现行以单一龙头指标衡量的经济增长为导向的干部考核制度和财税制度机制是造成体制性产能过剩的重要制度成因。要切实改造和完善发展成果考核评价体系，纠正单纯以经济增长速度评定政绩、以GDP论英雄的偏向。要深化财税体制改革，弱化经济增长与地方财政收入之间的联动关系，逐渐将地方政府的主要收入来源转向为本地居民提供良好的公共服务的收益上来，加快推进资源税改革，及时开征房产税和强化优化环境税（含环境费改税）等等。

5．增强产业政策的科学性和打造其合理实现机制

对于后发国家而言，通过产业政策实现某种有比较优势或潜在优势的行业异军突起，本无可厚非，其他国家也有类似成功的例子。但是，必须看到，产业政策具有高度的"建构"色彩，其实质是创造供给、创造需求、建设市场，

对政策设计者知识、信息等方面的要求相当高。科学的产业政策重在战略、重在前瞻、重在实现机制合理、有效。因此，要站在国际和国内、过去与未来的战略高度上，确定重点发展的产业目录；重点支持那些关系到全行业健康发展的基础条件和制度环境，而非直接介入企业的生产经营活动；要准确识别产业发展的重大转换点，并提前进行政策调整。此外，政府要做好行业预警、行业准入、市场监管等方面的工作，维护好产业发展的大环境。以这些为前提，真正落实产业政策的机制，必须以规范的、对事不对人、透明而可预期的经济杠杆手段为主要引导和调节机制。

六、结语

在本篇中，我们依据体制性产能过剩这一特殊的中国经济现象，提炼出"政府价格信号"这一概念，并认为正是这种经过政府严重扭曲的价格，向企业发出了错误的行动信号，进而导致了严重投资过度和产能过剩。我们认为，"政府价格信号"这个概念，可以生动、准确地描述出体制性产能过剩的由来，当然也就会逻辑地指出消除体制性产能过剩的出路。提出这个概念，决不表明我们对于这个概念及其背后的理念、逻辑的认同。相反，我们认为：市场经济条件下，在涉及企业投资和经营行为方面，政府价格信号总体而言越少越好。结合我国现实情况，要消除政府价格信号导致的体制性产能过剩的土壤，必须以坚定推进的全面配套改革，发挥市场在资源配置方面的决定性作用，大力推进要素市场化改革。与此同时，要更好地发挥政府作用，尽量减少对微观主体、微观经济活动的直接干预，转而通过制度供给与制度变革，发展教育、科技、保护知识产权、维护市场环境、依法行政，为市场运行构建出坚实、稳定的基础和条件。只有这样，才能促进中国经济的顺利转型升级，真正有效地淘汰过剩产能、落后产能和提高增长质量、保持可持续性，一步步实现伟大民族复兴的现代化"中国梦"。

主要参考文献

1．林毅夫、巫和懋、邢亦青：《"潮涌现象"与产能过剩的形成机制》，《经济研究》2010 年第 10 期。

2．陈剩勇、孙仕祺：《产能过剩的中国特色、形成机制与治理对策——以 1996 年以来的钢铁业为例》，《南京社会科学》2013 年第 5 期。

3．林毅夫：《潮涌现象与发展中国家宏观经济理论的重新构建》，《经济研究》2007 年第 1 期。

4．张日旭：《地方政府竞争引起的产能过剩问题研究》，《经济与管理》2012 年第 11 期。

5．翟东升：《解析"中国式"产能过剩》，《宏观经济管理》2013 年第 7 期。

6．王立国、鞠蕾：《地方政府干预、企业过度投资与产能过剩：26 个行业样本》，《产业经济》2012 年第 12 期。

7．周维富：《我国钢铁工业 60 年发展的回顾与展望》，《钢铁业》2009 年第 6 期。

8．孙秋鹏：《宏观调控中的中央与地方博弈分析——以 2004 年—2008 年河北钢铁产业调整中的主体行为为例》，《当代经济管理》2011 年第 11 期。

9．张永伟：《推进光伏产业有序发展的六条建议》，《经济管理》2009 年第 10 期。

10．贾康主编：《新供给：经济学理论的中国创新》，中国经济出版社 2013 年版。

论国土开发城乡顶层规划与供给体系的优化提效

贾康　苏京春

一切规划都是在土地开发利用的基础上进行的，当国土这一"自然垄断"性质的空间独占性资源要素明显表现出制约时，规划水准的重要意义就一定会显得尤为突出。这方面的种种供求错配显然不能简单地以减少需求、牺牲发展来求得均衡，那么人们的思考自然就聚焦在如何通过科学规划来更为集约、更加有效地利用土地资源、腾挪更多发展空间上来。这也是我们作为研究者高度关注规划问题及其供给侧意义的起始原因。

尽管西方规划学在将建筑设计思想、技术发展、管理科学、生态环境等学科和方法引入以城市规划为主的研究范畴之后已经具有相对成熟的体系，但这些理论大都更适用于自然演进过程为主的城市相关规划，对于中国这样后起的发展中大国而言，以这些理论指导实践存在诸多局限，且西方规划学一贯更倾向于严格位于工学边界内思考问题，在城市从起源到发展显然不能摆脱经济学规律这方面，有较多的忽略或力有未逮。正如经济增长与发展过程并不能自动解决收入差距等问题而需要税制、转移支付等人为设计的机制一样，合理的空间布局同样不会随经济增长与发展而自然而然地达成，公权主体（政府）对于国土开发、利用的规划设计，也就势所必然，但确有"高下之分"的考验。对于囊括了诸多正负外部性、公共品性质、不对称信息特征的规划领域而言，市场存在失灵，而试图弥补和校正市场失灵的政府规划，也可能带有"政府失灵"问题。发展经济学理论则可进一步阐明，一般而言，所编制的规划越宏观，这两种失灵的叠加就可能越突出；越是带有经济赶超性质的经济体，其发展过程中宏观层面的高水平规划就越是重要和越是无可回避。

空间经济学和制度经济学以"交易"这一元素为聚焦点，阐述制约城市规划的因子。新古典框架则通过对交易的地理模式、交易效率及分工水平之间关系的研究，阐述了城乡之间人的"自由迁徙"的重要作用。新供给经济学则认为，规划不合理所带来的经济社会问题，一般都带有突出的结构失调特征，仅仅通过需求侧总量调节难收消解之效，尤其是城镇化进程中的相关问题多表现为发展中所面临的瓶颈制约，只有通过供给侧有针对性的管理手段，纳入具有统筹安排全局要素功能的顶层规划覆盖面，才能解决这种结构性问题，从而减少其对经济社会发展的制约；从"事在人为"的积极角度考虑，在国土开发中由于"地皮"独占性所带来的自然垄断因素，客观地要求政府以规划这种"供给管理"手段防范、摒除空间布局优化上的"市场失灵"。当然这也是对一个个具体存在的政府决策集团如何不落入"政府失灵"状态的严峻考验。

自改革开放以来，在"三步走"现代化赶超战略的指导下，中国经济历经三十余年高速增长，已步入上中等收入阶段，在"中等收入陷阱"真问题带来的多方考验中，先行的工业化与相对滞后的城镇化之间的矛盾，不断产生对区域、城乡、城市中心规划水平提升的诉求与压力，而顶层规划必然是供给侧的结构性布局安排且理应先行，"谋定后动"。顶层规划的设计与实施过程，正是供给管理的过程。政府作为顶层规划这一供给管理活动的主体应以"多规合一"方式实现原来不同部门所管理的多项规划。

导论：思考的起点

关注经济增长与发展，人们的视线很难离开"城市"这一概念。由《易经》言"日中为市，致天下之民，聚天下之货，交易而退，各得其所"，可知所谓"市"，正是由"交易"开始而形成的。交易的前提是分工，从农业与畜牧业的第一次劳动分工到商业、手工业与农业的第二次劳动分工，产业的形成激荡前行。与"市"带有突出的经济交易活动特征相比,"城"则更多带有社会成员聚居区特征。从字面上理解,"城"指以武器守卫土地,可见其基本特征首先是来自安全层面。城市与农村相比,显然是产业结构更高级的地方,有更多居民聚集的地方,自然也是更加繁华的地方,同时又是更加讲求安全的地方。不同时期的城市侧重不同的功能,但总体而言,这些功能都体现在经济和社会两个层面。古巴比伦城筑有两重围墙,这是基于防御的需要;埃及卡洪城为长方形,以墙分为几部分,西为贫民区、东北为贵族区、东南为中层区,是为奴隶社会阶级划分所需要;欧洲城市多以庄园为主发展而成,是封建领主制下经济形态运转的需要。在生产要素和相关资源更加充足的地域,经济发展水平不断推动"市"的形成,从而也推动"城"的发展,进而发挥更多的社会职能。基于土地而设计其上各种功能区、设施和生产生活条件建设的方案,这项工作就是规划。人类社会发展到一定阶段之后,政府所牵头的规划事项当首先处理的是中心区的城市规划。

可认为明确地起源于英国维多利亚时期的规划学科,在规划主体、规划内容、规划方法等诸多方面进行了深入研讨。西方的城市规划学在很大程度上为中国城市规划工作奠定了理论基础,在相关法律框架下进行的中国的城乡规划工作,主要包括总体规划和控制性详细规划,依据"国民经济和社会发展规划"且与国土开发、土地利用总体规划相衔接。总体规划的内容包括城镇的发展布局、功能分区、用地配置,综合交通体系,禁止、限制和适宜建设的地域范围以及各类专项规划等,内容则至少要包括规划区范围、规划区内建设用地规模、基础设施和公共服务设施用地、水源地和水系、基本农田和绿化用地、环境保护、自然与历史文化遗产保护以及防灾减灾等大量具体而细致的方方面面之设计。

尽管这些内容可谓"事无巨细",但其特别值得注意的概括性问题还是引发我们的思考:一个统筹全局的"顶层规划",自然是一种"社会工程",正如钱学森教授所言,"范围和复杂程度是一般系统工程所没有的。这不只是大系统,而是'巨系统',是包括整个社会的系统",它"是与环境有物质和能量交换的,是一个开放系统,其复杂性就在于它是一个开放的系统,不是封闭的系统"。① "顶层规划"的用语源于工程学中的术语"顶层设计",本义是统筹考虑项目各层次和各要素,追根溯源而统筹全局,最终在最高层次上寻求问题的解决之道。用在国土开发利用的空间规划上,当然其广义就是罩住其一切要素的通盘设计。"顶层设计"的内涵可说较"总体规划"更丰富,表达更形象:它具有将各个层面、各个视角的规划有机联通的含义。这种整体把握的系统性联通或称贯通,实际上应落实在中国现阶段已经开始注意到并且正在强调与践行的"多规合一",在相关理论探讨的基础上,绝非是简单地将已有的各个层面进行汇总,而是要真正形成"社会工程"的系统化"升华版"规划,这种规划是一种全面的供给活动与供给体系解决方案,依托于对供给侧优化规律的认识来力求高水平地编制和实现。

一、西方规划学理论脉络梳理与反思

现代城市规划学科自以 16 世纪为开端建立以来,关注焦点集中于城市空间布局、改造、重建与景观等工业与技术视角。经历以简·雅各布斯为代表的社会学批判后,西方规划学科加入社会学视角,开始进入综合发展阶段,并随着全球化进程而更加关注世界城市与永续发展问题。然而,如对西方规划学发展脉络做一综述,我们认为其一直未很好解决的问题,就在其浅尝辄止的经济学层面。

(一)源起与发展

从托马斯·莫尔 16 世纪提出乌托邦(utopia)、康帕内拉提出太阳城方案、罗伯特·欧文提出新协和村(new harmony)到傅立叶 18 世纪提出以法郎吉(phalange)的生产者联合会为单位而组成公社,社会主义以"空想"为特征的滥觞时期,思想家便将城市逐渐从社会经济形态中凸显出来,成为一个较为独立的研究对象。霍华德于 1898 年提出"田园城市"理论,将城市作为一个发展中的动态对象,并将其规划作为一个联系城乡关系、适应现代工业发展的系

---

① 吴志强、李德华主编:《城市规划原理》(第四版),中国建筑工业出版社 2010 年版,第 223 页。

统问题进行深入研究。工业化进程加速了城镇化进程,随着大城市的恶性膨胀,昂温于20世纪初提出了卫星城市理念,为疏散人口控制大城市规模建言献策。第一代卫星城以巴黎"卧城"、赫尔辛基"半卫星城"等为代表,第二代卫星城以英国的哈罗和斯特文内奇等8个城镇、瑞典的魏林比、前苏联的莫斯科和列宁格勒等为代表,第三代卫星城则以英国的米尔顿—凯恩斯为代表。卫星城市还与1930年代流行于美、欧地区的"邻里单位"理念相结合,以覆盖更为广袤地域的规划来达成在保障效率的基础上扩大中心城区容量的目标。

20世纪初,主张提升建筑高度、增加人口密度的"新建筑运动"代表人物勒·柯布西耶与主张空间分散理念的赖特在极端不同的规划主张下,同时强调了新技术对城市产生的影响。在柯布西耶等人思想的影响下,1933年《城市规划大纲》(后更名为《雅典宪章》)强调了将城市及其所影响的地区作为一个整体来研究,并强调了其居住、工作、游憩、交通四大功能。二战后,城市设计理念一次又一次与城市规划理论的结合,呈现出"设计需求(解决社会问题的重要方面)—供给响应—供给过剩(设计师过于孤芳自赏并造成财源浪费)—回归朴素规划"的反复。1960年起,城市规划操作方面开始出现以侧重科学为基点的、以系统工程、运筹学、发展模型与控制模型等为主要内容的理性主义规划控制理念。1978年的《马丘比丘宪章》则进一步认为城市发展中应注重人力、土地与资源的有效利用,并开始注意发展与环境的问题。

(二)社会学批判

如果说这可以看作是以建筑设计美学视角对城市规划的优化过程,那么1961年的社会学批判则给予城市规划理论发展更多、更开阔的思考。简·雅各布斯极具批判锋芒地表明了对城市规划供给主体利用这一过程和结果导致利益向当权者一方倾斜的思考立场,从而将城市规划的主体、客体推向探讨的前沿,并将城市发展中许多尖锐问题的相关探讨引致社会、经济和政治制度本质的深刻反思层面。如她所强调的好社区应具有四个条件,包括应能具备多种主要功能、大多数街区应短小而便于向四处通行、住房应是不同年代和状况的建筑的混合以及人口应比较稠密,从以人为本的城市生命力视角颠覆着"现代城市主义"就工学论工学的机械思考和主张。1990年后,大量城市规划研究者们开始注意投入世界城市的相关研究中，与此相伴随的是1970年代以来逐步被认识和重视的环境保护理念主导下的永续城市思想的发展。

（三）一些重要反思

发展实践中不难发现，在西方规划学作为一门问题导向的学科，源起于社会中心区域快速发展中在交通、卫生、供水、住房等领域出现的尖锐矛盾，通过"规划"这样的手段，实现资源配置的组织与协调，从而力争消除或者抑制聚居式发展所产生的消极影响、增加推动有序发展的积极影响。在将建筑设计、技术发展、管理科学、生态环境等学科和方法引入规划范畴之后，规划学已经具有相对成熟的体系。然而，规划学一直以来并未很好解决的问题，恰恰是与经济学规律的有机组合。正如经济规划是作为城市规划"红线"而存在，本来不可分割的城市规划与经济规划，其间往往悬而不决的割裂问题，也正集中体现为中国经济发展实践历经"黄金增长"后的"矛盾凸显"之一。城市的产生可说源自最初的分工与随之而来的专业化，分工使交易成为可能，专业化使交易得以长足发展。分工与专业化的组织安排也开始以一种看得见的制度规则的方式存在，那就是经济生活中所必然形成的城市相关规划与安排，这种较农村更为先进的制度规则代表和推动着人类文明的进步，因为其又是新技术、新业态产生的土壤。如益格鲁—亚美利加这样的先进地区之所以先进，不仅是为后起之秀们提供了产业范式与新技术，而且提供了可供参考的国土空间规划与安排范本。然而，以第一次工业革命为开端的技术飞跃在推动人类经济社会大步前进的过程中，也以生产力进步不断改变着自己曾经诞生于斯的城市面貌、倒逼原有城市规划与安排瓦解式重建，并促成生产关系的演变而改变分工与专业化的原有形态。城市人口的增长，不仅源自产业结构演进而产生的大量人口逐利式聚居，而且源于人口出生率的提高与死亡率的降低，社会问题则往往随着人口在城市中并不均衡的增长而变得更加尖锐。简·雅各布斯的批判，正是建立在对城市所形成的制度究竟将所达成目标指向哪些利益团体的思考之上，而自此，城市制度供给者再也不能继续践行鸵鸟政策，规划学理论自身及其在发展中国家的实践，均亟待有效结合经济学视角和系统论思维，继续深化探索。

二、规划的经济学理论基础

西方规划学所认同的城市规划本质功能,在于消除或抑制发展带来的消极影响,并增进其积极影响。正如简·雅各布斯所问:"在你还不知道城市是如何运行的、需要为它的街道做些什么之前,你怎么能够指导如何来应付交通问题"?而对这一问题的思考正是探索"城市无序的表象之下存在着复杂的社会和经济方面的有序"①逻辑之所在。经济学以自己的视角认识城市相关问题的起始远早于现代规划学,从"城"和"市"初具雏形开始,经济学家们就给予了颇多关注,如色诺芬注意到大小都市生活中分工程度的不同②,威廉·配第论述分工与生产率增长和成本降低的联系③,亚当·斯密对分工的系统分析④,马歇尔对产业集群、分工集聚及报酬递增的研究⑤等。针对现代规划领域,经济学原理已经告诉我们,正如经济增长与发展并不能自动解决收入差距问题那样,合理的规划同样不能随经济增长与发展而自动达成,对于囊括诸多正负外部性、公共品、不对称信息的规划领域而言,市场往往是失灵的。空间经济学和制度经济学以"交易"为焦点,阐述制约城市规划的因子。新古典框架则通过对交易的地理模式、交易效率及分工水平之间关系的研究,阐述城乡之间"自由迁徙"的重要作用。新供给经济学认为,纵观规划不合理所带来的经济社会问题,都带有突出的结构性特征,仅仅通过需求侧总量方面的调节势必收效甚微,尤其是城镇化进程中产生的相关问题,表现为发展中所面临的瓶颈制约,只有通过供给侧"问题

---

① 〔加〕简·雅各布斯:《美国大城市的死与生》(纪念版),凤凰出版传媒集团、译林出版社2006年版,第7页、第15页。
② 〔古希腊〕色诺芬:《色诺芬注疏集:居鲁士的教育》,华夏出版社2007年版,第420页。原文为:"在小城小镇中,譬如像床榻、椅子、犁锄以及桌案都是同一个人做的,而且,这个人时常还要去盖房子;如果他能够雇佣足够多的人来做这些事情,那么,他会极为高兴。而在这里,要一个人来做这十几种手艺,又要做好,是根本不可能的;在大都市,各种特定的手艺都会有方方面面的要求,这样,有一种手艺就足以谋生了,通常甚至只掌握了某一种手艺的一部分就足够了……"
③ 〔英〕威廉·配第:《政治算术》,商务印书馆1960年版,第24—25页。
④ 〔英〕亚当·斯密:《国民财富的性质和原因的研究》,商务印书馆1974年版,第2—9页。
⑤ 〔英〕马歇尔:《经济学原理》,商务印书馆1981年版,第90—114页。

导向"有针对性的管理手段，尤其是统筹安排全局的顶层规划，才能解决这种结构性问题，从而减少其产生社会问题的概率与严重程度，降低其对发展的制约。

（一）政府规划关联于经济学原理中的市场失灵范畴

从霍华德提出"田园城市"这一现代城市规划学开端向前追溯，不难发现其理论源头的代表人物大都属于空想社会主义的群体，从托马斯·莫尔的乌托邦、康帕内拉的太阳城、罗伯特·欧文的新协和村到傅立叶的法郎吉理念，都在规划对象的所有制方面强烈主张公有制这一实现形式。若试从经济学角度考评这一源起，则可更多看出主张者们欲站在更高层面上对有限资源进行统筹安排以实现更加合理规划的追求与意愿。以西方发达国家作为观察对象，工业革命以后，其工业化得到飞速发展，而在此过程中，经济社会问题亦不断凸显，城市人口压力巨大，贫民窟比比皆是，交通拥挤不堪，生态环境不断恶化，从巴黎到伦敦，从欧洲到美国，历经工业化发展阶段的发达经济体，无一不在发展的道路上遇到类似的困扰。由此可见，如同收入分配差距这一问题一样，经济增长亦不能自动解决规划不合理的问题，且在经济发展过程中，收入分配差距的过大往往还能够通过城市中随处可见的贫民窟得以体现。这种市场机制调解的不力的领域恰是体现经济学原理中所强调的市场失灵。无论是城市规划、城乡区域规划，或是都市圈规划等，所提供的成果更多属于公共品范畴，所提供的运转机制则往往囊括诸多正负外部性，加之私人部门往往由于视界较窄、较短和信息不对称等原因，加之空间配置一旦形成不动产再作调改则代价极高甚至不可能，引发"试错"机制难以解决好的"市场失灵"，所以基于经济学原理对规划主体定位，应当主要是政府部门充当规划的牵头人与主持者。当然，从规划的产生到规划的最终落实，全套流程势必是政府机制与市场机制共同作用的结果。与此同时，特别值得注意的是，针对某些特殊问题，政府由于受到利益集团绑架等因素的影响，也会出现失灵，此时以非政府组织（NGO）为代表的第三方主体的介入往往能够成为使相关规划做得更好的促进主体（例如：1923年，美国纽约为了实现多行政区划共同联合的区域规划，跳出政府的公权范畴，以矩阵组织的形式成立了区域规划委员会，即以NGO的身份参与并落实纽约地区的区域规划）。

（二）发展经济学强调的后发优势阐释后发经济体对顶层规划的诉求

借鉴发展经济学视角看待不同要素，土地、人口、资本是作为一定程度上可互相替代的竞争性经济增长要素来认识的，制度、技术、信息等则是作为相互关联的非竞争性经济增长要素来认识的。六类增长要素，都囊括在规划对象区域的运行与发展中间，所不同的是，对于某区域、某个城市而言，土地是不可流动的、不可再生的垄断资源，而人口和资本是可以流动的，制度、技术、信息等则都是具有网络共享特征的，可加以综合运用。实际上，经济发展过程中工业化与城镇化阶段性不匹配时常发生。工业化由技术发明和创新来引领，创新的技术首先应用于生产领域，即首先表现出对工业化的推动，由此而产生的城镇化诉求的实现（满足）过程，往往表现出滞后的特征，这种滞后通常一方面表现为对经济增长产生制约，另一方面则表现为社会问题层出不穷。城市的形成和发展，通常遵循其内在逻辑而呈现一种出生、成长、成熟、平衡（衰退）的生态演变，而经济发展在赶超战略的作用下，则可能"压缩"这一过程。由于主要表现在技术层面的后发优势的存在，以中国为代表的、经济赶超战略推动的、超越一般自然生态演变而带有加速工业化特征的经济体，其工业化过程所经历的时间长度被大大缩短，加之本来就存在的城镇化滞后，所以由于错配而引发的矛盾势必表现得更为突出和集中。

与此同时，发展中国家普遍存在的城乡二元结构，也随工业化的不断深入而依靠城镇化进程来弥合。加速工业化进程中对城市规划前瞻性的高要求，超越一般自然发展、带有共享特征的对非竞争性要素的模仿和学习，表现为经济增长目标更多需要依靠成功的顶层规划来实现，因为通盘规划基本已无试错空间，一旦不成功，十之八九是落入"中等收入陷阱"的命运。

基于发展经济学视角，可认为中国作为发展中经济体和转轨经济体，顶层规划至少有四项基本要求须同步落实：一是顶层规划总体方向应牢牢把握住"以经济建设为中心"，即为放眼于实现现代化全期的经济赶超战略服务，这就要求对都市区、城市群、产业集群的规划基于经济组织的发展、演变规律基础上；二是顶层规划要打足提前量，在对有必要进行规划的相关支撑条件进行全周期科学预测，从而适应后发赶超的工业化与城镇化，降低高速发展过程中基础设施建设等的更新率（当然这需要投融资机制创新——如 PPP 的有力支持）；三是顶层规划应充分加强对技术要素的重视和组合，一方面通过规划营造适于供给侧技术创新的土壤，另一方面将可用的一切新技术覆盖于规划中，将技术红利充分融入发展进程，为未来技术应用留足动态优化的空间；四是顶层规划应把握全球化进程中"经济增长极限"的思想，特别关注自然资源与生态环境的制约，实现人类社会的永续发展。后发经济体可能运用的"后发优势"，在很大程度上关联于其能否通过"高水平顶层规划"的历史性考验。

（三）空间经济学与制度经济学基于"交易"描述城市静态均衡

从经济现象上看，城市产生实际上源自分工形成后生产的聚集作用，并在交易的聚集作用下不断升级。聚集过程形成的中心区被称为城镇和工业区，非中心区则被称为乡郊、野外和农村。这就形成了带有明显结构特征的区域结构、空间布局结构的问题。空间经济学的已有认识是，城镇化是一个城乡资源空间配置问题，资源在空间中的配置结构首先是一种自发演进的有机体，并随着专业化组织与分工的不断升级使城市更具交易的前提条件。福基塔—克鲁格曼模型证明，农业是土地密集型的，所有农民必须分散居住在农村地区，而工业品不是土地密集型的，所以制造业可以集中在城市；以工业品为需求对象，农业与工业不同的空间布局导致城市居民之间的交易成本更低而农民与城市居民之间的交易成本更高。工业生产本来就比农业生产的效率更高，越来越多的制造业者选择居住得更为集中，从而导致城市的出现[1]。盛洪[2]注意到以交易为联通点的空间经济学与制度经济学的联通（如下图所示）：由于城市显然是较农村更具效率的地理区域，在市场理性的作用下，交易行为的聚集空间显然更多集中于城市，而有限的空间在不断集聚的作用下产生拥挤外部性；与此同时，制度经济学认为交易能够带来交易红利，正是无数经济人对这种交易红利的追逐导致人群的集聚，而集聚进一步产生市场网络外部性；以交易为联通空间经济学和制度经济学的基点，最优解产生于拥挤成本与交易红利的均衡，而城市的经济

---

[1] Fujita M. and P. Krugman, *When is the Economy Mono-centric: Von Thunen and Chanberlin Unified*, Regional Science and Urban Economic, 25(04), 1995.

[2] 盛洪：《交易与城市》，《制度经济学研究》2013 年第 3 期。

密度和规模也由此来决定。

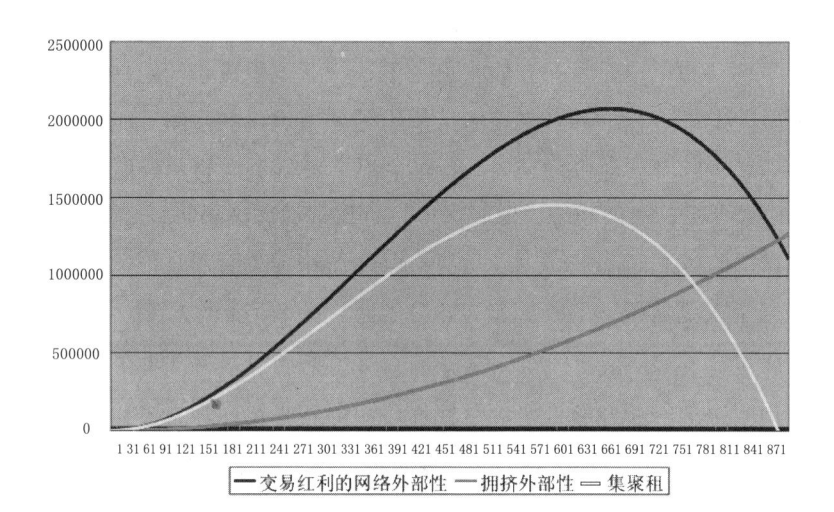

■ 交易红利的网络外部性 ■ 拥挤外部性 ■ 集聚租

（四）新古典研究框架强调城镇化进程中的"自由迁徙"

杨小凯在利用新古典分析框架对城镇化问题进行解析时，认为一个地理集中的交易模式节省交易成本的潜力，取决于分工的水平，因为交易效率不仅取决于交易的地理模式，而且取决于分工的水平，反过来，分工水平也受到交易效率的影响。所以交易的地理模式、交易效率及分工水平具有交互作用。在有关城乡二元结构及弥合过程的解释中，认为随着交易效率的提高，城市和农村将会出现一个非对称的分工的转型阶段，此时城市居民的专业化与生产水平、人均商业化收入水平及商业化程度都比农村居民高，自由迁徙将保证城乡之间人均真实收入的均等化，而随着交易效率的进一步提高，这种用生产力和专业化水平差距表示的城乡二元结构将被充分及平衡的分工所取代，此时城乡两个部门之间的生产力和专业化水平将趋同，城乡二元结构也就随之消失。①

（五）新供给经济学解困：供给优化腾挪城镇化及城乡一体化永续发展空间

以上经典的经济学理论当然为城市的产生及发展奠定了重要的认识基础，但与此同时，我们也不得不注意到相关论述尚不能满足指导实践的实际需要，

---

① 杨小凯：《发展经济学：超边际与边际分析》，社会科学文献出版社 2003 年版，第 274 页。

其中联系到城市运行的关键环节，经典经济学的相关阐述少之又少，而这恰恰是经济学视角下理解以城市为核心的经济增长与发展的焦点所在。如上文所述，观察城市均衡规模的平衡点试图建立在交易红利作用下的网络外部性与拥挤外部性交点，弥合城乡二元结构的关键则在于非对称分工转型阶段后城乡两部门生产力和专业化水平的趋同。至此，最值得注意的要点已不言自明：无论网络外部性还是拥挤外部性，其实在经济运行实践中间都不是一个静态项，而是随着城市规划水平的高低呈现变化；且城乡二元结构弥合过程中两部门生产力和专业化水平趋同，势必要通过城乡之间所谓的"自由迁徙"来实现，而迁徙是否自由的关键，则恰恰在于随城镇化进程人口不断向城市集中的时期，是否能够达成非常合意的规划而在实现城市生活有序运行的前提下提供足够巨大的容纳空间。"交易"、"自由迁徙"所涉及的中心区不动产、基础设施建设，具有较长周期的特点，一旦形成某种格局，还会"自我锁定"某些基本的匹配关系，若以"试错法"的逻辑来解释其结构优化状态的达成，便与实际生活中的客观制约情况相冲突，即"改错"的社会代价将极其高昂，甚至是不可能的——往往只可将错就错在其后的"增量"因素上去"找补"（试观察时隔半个多世纪后，人们以何等沉重的心情回顾北京城建规划"梁陈方案"的夭折和当下不得不作的新一轮"京津冀一体化"规划）。虽然缘起是自发的，到了一定集聚度或趋势表现以后，就一定需要"规则先行"式的社会集中规划。在市场对资源配置起决定性作用的运行机制下，单从需求侧进行考察或者不区分需求及供给两侧进行总体考察，都很难解决这一困惑，而若这一其实来自于土地"自然垄断"属性及"市场失灵"的困惑不能得到解决，那么经典理论探讨所想要达成的经济发展结果也就并不能实现。鉴于此，我们认为必须运用结合发展经济学、制度经济学视角的新供给经济学理论来解困。

新供给经济学所强调的供给侧关注，是建立在市场机制于资源配置中总体上起决定性作用的基础上，进而特别要聚焦关注的是需求侧总量视角下和"完全竞争"理论假设下于非完全竞争的现实生活中难以解决的那些结构性问题。采用新供给经济学的分析视角，不难发现：即使市场机制正常运行，甚至是以可达到的最优均衡水平运行，城市中心区许多供给也不能够满足需求，这是城市发展中常常碰到的问题，也是难以保障城市有序的核心原因，这一矛盾随着特大型城市越来越多，尤其是千万人口规模以上城市在发展中经济体越来越多，"城市病"的种种矛盾也日趋突出而表现得更为不可回避。以汽车这一产品为例，其生产者和消费者构成供给侧和需求侧的两端，按一般理解，汽车的供给数量显然应当与人口数量线性相关，但是汽车的更多使用所带来的除了其产量的需求，更重要的是还带来了对道路、停车场、加油站等公用基础设施的需求，针对这些需求的供给并不像一般产品供给那样可以随机分割并通过市场竞争充分提供。市场机制主导下汽车交易行为的增加，不仅仅对规划当中基于"给了张三就不能给李四"的地皮之上公用基础设施的供给提出了要求，而且也对相关资本供给、能源供给和生态环境可持续供给等等方面提出了一系列相关要求。以汽车为例可以举一反三：通信、管道、水电气网状系统，以及医院学校、产业园区之点状群式布局等等无一例外，都会对城市相关的供给产生综合性的要求，这些领域总体协调成龙配套后不可分割的"一揽子"组合式供给，所运用的基本要素，首先就是基于同一块已既定的国土面积上的自然垄断性质的公共资源——地皮。所以，随城市发展，由社会权力中心牵头人为做出"顶层规划"的迫切性越来越明显，相关种种不动产配置必涉及的工程须依"建筑无自由"原则而放入规划的笼子，越来越成为各国实践中的基本事实；规划水准的高低，也越来越成为经济社会发展中所不能忽视而必须超越"交易"、"迁徙"眼界给予特殊对待和处理的事项；"规划先行"、"多规合一"也就自然而然已成为并将继续成为人类社会国土空间利用领域的主潮流。在规划领域，实际上我们早已经通过各个专项规划试图对国土空间进行统筹使用，例如：国民经济和社会发展规划、城乡建设规划、土地开发利用规划、生态保护规划以及公共交通、市政设施、水利、环卫、文教医疗等专业规划，并由各有关部门承担编制、执行，但在诸多因素的共同作用下，这些基于规划全局可用土地的功能区和公共资源配置框架，必然具有非常明显而复杂的结构关系，如何让这些非均质的千差万别的因素得到合理衔接和搭配，是一个典型的在供给侧有机结合实现通盘结构性优化的问题，也正是一个新供给经济学关注视角下市场机制难以充分发挥作用但又必须与市场机制对接、兼容的领域。显然，通过顶层规划合理安排所涉及的各种要素，为国土的城镇化和城乡一体化永续发展腾挪空间并缴发经济增长活力，这一通盘优化问题已成为必须应对的严峻挑战，对于发展中经济体，其挑战性质实亦关联如何解答矛盾凸显、力求跨越"中等收入陷阱"的历史性命题。

三、从中国看顶层规划的供给管理属性

如上所述，用已有规划学理论用来指导中国经济社会发展实践存在局限性，经济学原理、发展经济学、空间经济学、制度经济学、新古典分析框架等虽然都对城市的产生和发展进行了研究，但还没有基于现代化进程要求提供指导实践的系统化支撑。我们结合基本现状、发展阶段及中国经济发展战略共同决定的基本国情，基于理论与实际紧密结合的出发点，认为应注重新供给经济学分析框架，把政府义不容辞需牵头做好的通盘"顶层规划"及其与市场的有效对接与兼容，作为"理性的供给管理"的重大命题。

中国现阶段城乡发展中的经济社会问题，在很大程度上都带有突出的结构性特征，仅仅通过需求侧总量方面的调节和市场自发的要素流动，在国土空间格局优化上势必收效甚微，尤其是城镇化进程中产生的"城市病"等相关问题，更多表现为中心区及周边发展中所面临的瓶颈制约，这种制约的缓解只有通过供给侧有针对性的管理方略和手段，首先是具有统筹安排全局不同要素功能的顶层规划，来争取充分利用发展空间和提高社会综合绩效。鉴于此，我们试从中国目前规划前瞻性不足的表现及其影响；经济赶超战略实施中城镇化对顶层规划的诉求；顶层规划过程正是供给管理；顶层规划这一供给管理活动的牵头主体应是政府等四个方面，展开中国顶层规划的供给管理相关分析。

（一）中国规划前瞻性不足、水准不高的表现及影响

中国基础设施和与基本公共服务供给在前面几十年的一大教训，是规划缺乏前瞻性与有效统筹，主要体现在以下三个方面。

第一，因"顶层规划"层面提前量和统筹不到位而不得不在短期内重复施工。作为基本公共服务设施的重要组成部分之一，上下水管道系统和类似涵管、光纤等的建设及翻修窘境，近几十年来在全国多个城市最为人们所熟知。这些

多埋藏在地下而与城市道路交通系统并行、共存，一旦涉及建设或翻修，需要对城市道路"开膛破肚"。在统筹规划不到位的情况下，各地被老百姓称为"马路应装拉链"的现象屡见不鲜，每多做一次路面的挖开和复原，必多一次为数可观的固定成本投入，同时每一次整修所带来的停水、停电、交通堵塞、环境污染等问题又必给公众生活带来诸多不便，引发不满和抱怨。与城市道路交通系统并行的地下管道系统通常有自来水、污水、供暖、地热、光纤、光缆等，各种管网系统在地下盘根错节、错综复杂，且分别归属于不同的专业管理部门，哪一个系统出了问题，都扯动别家，避免不了大动干戈。规划与建设的前瞻性和统筹不到位，某一个系统内的问题往往在一次排查、处理后又于短期内重复出现（例如：由于下水管道直径较窄所导致的排水不畅等），而不同系统内出现的问题通常需要分别施工解决，从而表现出"今日为你开膛破腹、明日为他大动干戈"的熙攘景象。至于某处立交桥因净高不足在建成使用不到十年时就不得不炸掉重建、某个地标建筑因设计不周在短短几年内经历"热闹非凡的剪彩，颇费周章的拆除"过程的折腾案例，与上述情况皆属同类。每次建、每次拆和每次再建，都创造统计上表现"政绩"的 GDP，但总合起来绝不是人民之福，实成民生之痛。除以上的市内中心区典型问题案例外，随着中国道路交通的发展，高速公路建设中也明显存在某些前瞻性不足问题。北京最长、最繁忙的干道线路之一八达岭高速，于 1999 年动工，2001 年全线正式通车，总投资 48.85 亿元，全线一期为四车道、二期为六车道。然而，建成没几年光景，便开始出现经常性的堵车，到后来，八达岭高速公路似乎已经不适合称之为"高速"，"一堵九天"的例子使公众视为畏途而又无可奈何。随着人口、经济、旅游活动和上路机动车数量的激增，八达岭高速不得系统化改造显然已无法满足公众需求。当年沈阳—大连间的沈大高速，刚建成时还有人批评"超前了"，没几年却面对拥堵而不得不全线封闭，让施工力量重新进场全程增建车道，历时一年有余，百姓怨声不绝。江苏—上海的沪宁高速，建成没几年就塞车严重，因不敢再用沈大路封闭施工的加宽模式，改为逐段单边双向行驶在另一边加宽的施工方案，同样怨声如沸。有了这么多的教训，亟应反向思考：若在修建当初，能够将建设的前瞻性与财力预算安排更多地体现"提前量"，算总账下来要合算得多！随着中国城镇化水平持续提升，相关建设事项中若继续忽视公共服务设施供给前瞻性的问题，那么同类困扰将有可能继续在各地凸显。实践已反复证明：基础设施和公共服务条件建设中，既要注意防止过度超前、大而无当，又要防止提前量不足、反复折腾，但这几十年最主要的教训是来自于提前量不足的方面，原想可以紧打紧用节省一些，结果是很快落伍，不得不折腾，反倒劳民伤财。

需要说明不时听到有人批评中西部欠发达地区高速路建设超前了，因为"路上空空荡荡，没有几台车"，但需对此从全局规划视野认清：高速路作为准公共产品客观上需要在全国尽快成网，这个网在东部发达地区可以密一些，在中西部欠发达地区可以稀疏一些，然而一定需要成网，由此才能以这种准公共产品性质的基础设施服务于支持欠发达地区加快发展，调控、缩小区域差异，因为"要想富，先修路"正是反映着通路、通高速对于相关欠发达地区加快发展的先导性和支撑性：路刚开通时，主要是外面的车辆去这些欠发达地区收土特产等，但会带入商品经济意识和市场观念、示范作用，其后本地一些"能人"会加快原始积累过程并仿效着经商与创业加工，也会由租车跑生意发展到自己买车做生意，路上跑的车辆也就会越来越多了。

第二，轮次间供给满足需求的区间较短而不得不频繁升级。基本公共服务设施"需求供给双方达到均衡"，意味着该基本公共服务设施恰好满足公众真正所需。如按照时间序列在一定时期内连贯观察，基本公共服务设施的供给相对于需求，大体上呈现这样的轨迹：伊始表现为需求高涨，政府着手组织供给，总规模适度大于需求，或至少使供给与需求达到均衡，其后需求又高涨，下一轮供给侧的条件建设不得不再度开始。若前瞻性较高，从"供给大于需求"过渡到"需求供给双方均衡"的区间持续时间较长，下一轮供给开始的时点可以较晚，在全周期内公众满意度较高，从长期看其综合性绩效水平也较高，但对于每一轮次的集中投入规模要求亦较高。任何供给主体的投入能力都是有限的，所以这种设施条件建设只能分轮次逐步"升级换代"地进行。由于规划水准和前瞻性不足是主要问题，中国目前基本公共服务设施建设项目施工后供给满足需求的时间段较短，这在一定程度上表现了初级阶段国力支撑较弱，而同时也往往反映着前瞻性不到位，从现象上表现为短期内便需要扩建或重建，并以公众满意度的损失等造成社会代价。首都机场扩建工程二十几年内不得不上马三次，是典型案例之一。

第三，部分地域配套事项明显滞后，使综合效益无法如愿发挥。转轨时期基本公共服务设施前瞻性欠缺的另一个突出表现是配套要素到位相对滞后。例如，某些城市近年目标规定下的棚户区改造和保障房建设能够按时竣工，但部分地区供暖、燃气等配套系统并未随之落实。在廉租、公租房小区内，群众子女入托和入学、老人赡养以及就近就医等问题，也未得到配套解决。再如，在一些边远县、乡镇和欠发达地区，政府"金"字号工程既已落实，各项补贴转入"人头卡"内，而群众因缺乏金融网点而难以取现的情况也时有发生。所以在基本公共服务设施落实的概念内，需要有关于必需配套事项的长远打算和足够的前瞻性分析与安排，才能因地制宜、发挥建设项目的正面效应，真正满足民生所需。

基础设施和基本公共服务条件建设缺乏前瞻性带来许多问题：首先，重复建设造成的资金浪费。在同一时点下，提升前瞻性的基本公共服务设施供给与不提升相比，是需要更多的资金规模予以支持的；然而若将较长时期作为比较区间，提升前瞻性后的供给，可避免重复建设带来的固定成本费用叠加，且有助于提升公众满意度，从综合绩效的角度考虑应更具明显优势。

其次，对社会公众生活带来的不便与不满。主要表现一是反复施工对公众生活带来的负面影响；二是供给滞后使公众满意度降低，不满情绪上升。再次，为"寻租"增加机会。基本公共服务设施的供给中，如高速公路、市政建设、"住有所居"的保障性住房工程等等，往往需引入合作或外包等方式，在广纳社会资金为公共服务建设所用的过程中，也于一定程度上带来了设租寻租的风险。虽然中国在加强监管、优化招投标管理方式等方面已做出不少努力，但透明化、规范化程度往往仍难令人满意，非规范的不良行为问题与每一轮供给环节仍存在设租寻租空间相关而处于高发状态，加之已形成的利益集团存在强大的关系网，并且易和强硬的行政权力联通，资金绩效管理体系往往难以有效形成，还有可能引致前瞻性不足与寻租机制相互激励，"越寻租—前瞻性越差—越不规范—越易寻租"的恶性循环。

(二)经济赶超战略实施中的城镇化迫切要求顶层规划

以上规划前瞻、统筹不足的问题,实际上正是经济赶超战略实施中城镇化滞后于工业化的突出表象之一。城市诞生伊始,大都是"孤岛"式的存在,城市的较小规模决定着对规划没有过高的要求,且城市之间看似都是规划者可轻易利用的广阔空间。然而,城市作为经济增长的引擎,会以粒子加速器式地见证要素利用中乘数效应的实现、反复实现和更快实现,引擎动力带动下的经济社会产生的量变和质变,促使城市群落的生态问题快速显见。城市绝非一个封闭系统,而是一个开放的巨系统:城市发展所需要的要素不仅来自其系统内部,而且来自外部,这个外部开始是指相邻区域,后来随着全球化时代的到来而重注新内涵,扩展至更大得多的地理范围;城市发展所产生的无论正外部性或是负外部性,都产生着至关重要的影响,这种影响可以是将固体垃圾排入城市周边的农村,可以是将雾霾吹进海洋对岸的国度,也可以是将技术扩散至落后的城区或将创新的产品交换至农村。与现代城市规划起源时期不同,这种内部颇具成长性、外部广泛联系性的城市生态系统,恰已构成了中国城镇化进程的最重要背景,而中国在此阶段上显然已不适合再走发达经济体曾经走过的、在较落后技术基础上、在较缓和交互影响背景下所践行的规划老路。

此外,中国极为特殊的基本国情所形成的多方约束,也决定着经济赶超战略下的中国城镇化必须从顶层通盘把握。

首先,中国城镇化进程面临作为最大发展中国家弥合二元经济走向"共富"过程的严峻现实挑战。由于自然和历史原因,中国是世界上最大的多民族城乡二元经济体,改革开放以来,虽力求通过首先允许一部分地区、一部分人先富起来而走向共同富裕,但意愿中的"共富"进程明显滞后,并由于主要的制度变革尚未到位,城乡二元特征仍然十分明显,区域差距和居民收入及财富差距有所扩大,最发达的东南沿海、北上广中心城市景象堪比发达国家,而广大的中西部一些地区则形似贫穷落后的非洲国家。如何将城乡、区域差距和居民收入差距、财产差距保持在各方面能够承受的范围内,已形成一种严峻的挑战,并将深刻地影响、联动发展进程中的供给环境与机制优化问题。

其次，中国城镇化进程中必须考虑"半壁压强型"的巨大能源、环境、空间压力约束。在"胡焕庸线"①所提供的重要认识线索下，中国高度集中于东南沿海一带的人口密度、汽车空间密度及能源空间消耗密度等，形成了明显的"半壁压强型"资源、能源耗用及相伴随的环境压力，再加上前些年"压缩饼干式"和粗放式外延型经济发展阶段中超常规的高峰期密度提升系数，又再加上中国资源禀赋条件决定的基础能源"以煤为主"伴生的异乎寻常的环保压力，势必引发高压力区和高压力阶段上基础能源禀赋结构叠加而成的中国"升级版"可持续发展面对的矛盾凸显，其所形成的"非常之局"，使得以供给管理"非常之策"调整结构、优化供给环境、释放增长空间的任务，越发迫切和不容回避。

第三，"中等收入陷阱"历史性考验阶段。"中等收入陷阱"作为一种全球统计现象，是真实世界中的"真问题"，更是一个在中国"十三五"及中长期经济社会发展过程中关乎现代化"中国梦"命运的顶级真问题。基于1962—2013年全球数据，对成功跨越"中等收入陷阱"经济体的路径进行研究，可得到相关结论：成功者跨越"下中等收入陷阱"期间GDP增长率均值则至少为8.50%，跨越"上中等收入陷阱"持续时间均值为15.9年，这期间GDP增长率均值为5.08%；中国前面跨越"下中等收入陷阱"持续时间为14年，GDP增长率均值为9.87%，表现不错，但今后在"十三五"及中长期将面临跨越"上中等收入陷阱"的严峻考验。国际经验还表明，中等收入经济体成员在试图摆脱"下中等收入陷阱"和"上中等收入陷阱"的过程中，不乏出现"晋级—退出—再晋级"的反复。我国如何避免这种问题，顺利走出中等收入陷阱的潜在威胁，又伴随有国内外一系列矛盾纠结和棘手难题，特别是渐进改革"路径依赖"之下制度性"后发劣势"的可能掣肘。这是摆在决策层及全体国民面前一道严肃的历史

---

① 由胡焕庸教授于1935年提出，其以黑龙江瑷珲和云南腾冲为两点确定的直线，将中国领土划分为东南和西北二部（故亦称"瑷珲—腾冲线"）。该线倾斜约45度，以该线为界，当时东南半壁36%的土地供养了全国96%的人口；西北半壁64%的土地仅供养4%的人口，二者平均人口密度比为42.6∶1。随着以后年月里人口普查工作的陆续进行，相关数据显示，60余年间东南部人口的绝对数值已由4亿多增长为12亿多，但占比较1935年只减少了2个百分点（数据口径均不包括台湾）。截至目前，已历70年的发展过程中（包括多轮次的"支边"等），"胡焕庸线"这条"神奇的中部主轴"对中国人口分布格局所揭示的内容则基本未变。

性考验课题，并对优化供给环境和机制提出了重大要求。

我们认为，中国中等收入发展阶段所强调的规划，即"顶层规划"，与西方所研究的规划学范畴并不完全重合，其所强调的应是比城市规划、区域规划更高层次的通盘规划安排，是在囊括事无巨细的规划学所研究范畴基础上加入更丰富的经济学认识、带有国情针对性和追赶—赶超战略目标的全套开发安排，实际上也是一种"以非常之策破解非常之局"的重要的制度安排与设计方案供给。区域规划一般分为以城市为中心的区域规划和以整治落后地区、开发资源为目标的区域规划，相关的国土规划、主体功能区规划、都市区规划、城市群规划等类型，实际上从要素、对象、关系等方面显示城市规划的内容层次。而与先"自然发展"、再针对性规划的西方发达经济体不同，中国目前城镇化所处的时代背景和国情约束势必要求总体上的规划先行，这里所指的规划绝非仅停留在城市规划或者区域规划层面，而是综合各个维度需要覆盖一切相关因素的顶层规划。而且，这种规划绝非各特定子规划由各部门制定后简单捏合就能"内洽"的，特别应当注重其打通各项的逻辑联系，在规划学基本原理基础上，特别注重经济学相关理论成果的融汇。在所有相关因素的通盘考虑下，我们认为，政府应力求从供给侧优化视角搭建大系统控制框架，为达到"多规合一"的高水平提供可行路径。

（三）顶层规划过程正是供给管理过程

基于新供给经济学的分析框架，"规划"的实质可被重新定义为，是从国土开发利用的空间结构着眼，通过组织供给、运筹有效供给来处理生产力结构（产业集群、物流条件等）和社会生活结构（功能区、公共服务基础设施体系和不动产配置等）中区别对待和通盘优化协调的过程与方案，即通盘供给管理的过程与蓝图。规划中必然涉及、覆盖产业结构、技术经济结构、功能区间的结构、企业布局和产业集群结构、物流中心与网络结构等生产力结构，一旦其基于国土空间布局的厂房、路网、地下管网等不动产的落地及相关要素的投入得到实现，就自然而然地再难以随时随意实现自由流动与调整。在城市产生和发展的自然过程中，这种空间上的选择起初都是市场主体本身决策，且在规模效应、聚集效应等的作用下，市场主体的规模结构、产业的技术结构等都在不断发生变化,同时,市场个体在生产、交换、分配、消费过程中形成的空间布局结构伴随需求的产生以及供给的回应而形成初级阶段的试错式调整,在城市发展过程中还随经济增长自发形成富人区与贫民窟的分隔等等,但很快会有试错不能解决的难题出现,人口激增后环境恶化;个体理性却自发地形成了布局上的集体无理性,城市中各类不动产布局失当的矛盾问题不断累积,在社会实践中通常便以不得不出手的政府运用带强制性的旧城改造、城区扩大、城市重建等规划活动来做出重新安排,进而实现生产要素的有序供给,减少发展过程中的成本与制约,这实质上就是一种供给管理中掌控空间布局结构的过程。这一点在发展中国家的特殊性更为突出,因为发展中国家已可得到借鉴先行国家相关经验教训的"后发优势",可以自觉有意识地从一开始就把这种空间上的结构选择主体明确为政府;在实践操作中表现为地方为达成经济发展目标所进行的招商引资等,是在政府已经通过的国土开发等相关规划基础上进行的;与此同时,产业的培育、技术进步的推动、经济区域的协同发展、企业空间位置布局可能产生的聚集效应等,实际上都建立在当地政府相关规划的基础之上。不仅如此,与生产力结构相关的市政基础设施结构也必须被囊括在规划范畴之内,从住宅区布局到交通、供电供热、给排水、文教卫生、生态环境等配套系统的建立健全,越来越带有包罗万象的特征。这就对全局视角下的顶层规划提出了更高的要求。从中国与国际经济社会发展实践来看,不论多么细致的专项规划,若不能实现供给侧的多种规划有机结合及合理衔接、匹配,必不能达到供给优化的目标。

回顾新供给经济学对"供给管理"的定义及其内涵的阐发,作为与经济学理论框架中"需求管理"相对应的概念提出的这一概念,合乎逻辑地强调于供给侧机制中多样化而理性的政府作为,特别注重与政府产业政策、区域政策等相关联的结构优化,强调增加有效供给的宏观调控[①],也包括有针对性的财政政策、货币政策供给以及制度供给。顶层规划的过程是供给管理的过程,顶层规划正是应当作为供给管理的重要手段来加以认识和定位。

---

① 贾康、苏京春:《新供给经济学》,山西经济出版社2015年版,第66页。

(四)顶层规划这一供给管理活动的牵头主体应是政府

西方社会、也包括中国学界不乏对于政府充当规划主体角色的怀疑与抨击。"我发现整个 20 世纪,不仅仅是现代文明摧毁了前世留下的大多数建筑结构,在我们和过去之间挖掘了一条宽宽的鸿沟,而且更糟的是,在每一个大陆,我们都采用了一种毁灭性的文化,这预示着我们将丢失更多。"① 作为纽约市地标保护委员,安东尼·滕(Anthony M. Tung)明确表示在权利、贫困、政治等因素的影响下,以政府作为规划主体造成城市保护无力。不仅如此,西方规划学某种意义上正是起源于对政府作为城市规划主体无力亦无意解决大量贫民窟等社会问题的质疑。如彼得·霍尔所言,"城市规划运动早期的许多远见,尽管不是全部,都源于在 19 世纪的最后数十年和 20 世纪初盛极一时的无政府主义(anarchism)运动……当这些理想付诸实践时,往往是讽刺性地通过他们所憎恨的国家官僚机构来实施的"②,甚至认为城市规划就是具有无政府根源的性质。但其后的各国实践,却大同小异地走上了不得不依仗政府作用处理规划问题,即由政府运用其强制力在牵头形成规划后予以实施,是已形成的全球主要经济体的通行做法。

与西方发达国家相比,中国更是如此不同,在由计划经济转向市场经济的同时,全面践行经济追赶—赶超战略,在社会主义市场经济体制认识中将市场由"基础性"升为"决定性"作用的进程中,国民经济黄金增长期的工业化飞速推进,同时暴露出城镇化的滞后及其水平的低下。这种经济发展显然是超越自然过程的发展。基本国情势必将供给优化手段中的顶层规划推上至关重要的位置,也势必将顶层规划的供给主体锁定为政府牵头。

顶层规划是市场失灵领域的供给,这一失灵决非表现在需求侧无力,而是基于土地的自然垄断和不动产布局调整的极高成本而无法便捷形成供给的回应机制及其优化结果,表现为结构性问题的瓶颈制约,十分有必要由政府进行针

---

① 〔美〕安东尼·滕:《世界伟大城市的保护:历史大都会的毁灭与重建》,清华大学出版社 2014 年版,第 1 页。
② 〔英〕彼得·霍尔:《明日之城:一部关于 20 世纪城市规划与设计的思想史》,同济大学出版社 2009 年版,第 3 页。

对性的供给管理来统筹协调。综合来看,"城市病"等如仅以市场作为基础、以企业主体为依托,会因为眼界过于微观而落入竞争式试错的僵局,无法解决总体布局的高水平合理性问题,如基础设施规划的协调性与打足"提前量"问题、水、电、气等多种网管的"准公共产品"式充足配置问题……因此,顶层规划的制定是在多种综合要求之下成为政府(针对跨区域规划则更多是指中央政府、针对跨国规划则是指各国政府协调)必须牵头承担的重要职能。当然,在顶层规划下,势必有更多细分的城市规划、专项规划、专业规则等,表现形式必然是一般已成既成事实的"建筑无自由(少自由)"式的管束、审批之类。当然,这些顶层规划框架设计及供给优化原理下的布局,也必须与市场机制的充分发挥作用兼容和对接,其规划实施过程,也越来越需注重 PPP(公私合作伙伴关系)式的通过市场机制、更多发挥市场主体作用来进行公用设施建设等的机制建设。

四、从国际典型案例看规划供给管理的实践及实现路径

国际和历史双重视角下,世界诸多著名城市区域的规划都颇具借鉴意义。其中,以巴黎 19 世纪中期和 20 世纪中期两次大型城市整顿为优秀典范,尤其是 20 世纪颇带"奥斯曼"回归性质的交通系统规划,更是成为现代城市规划的标杆案例。同样以城市规划闻名全球且时常作为教科书案例的巴西利亚,则长期面临两极评论的争议。就经济追赶进程中以科学的区域规划推动赶超的已有案例来看,我们认为对中国经济社会发展颇具借鉴意义的典范,当数日本的全综系列规划。综合看来,无论城市规划、都市圈规划或是区域规划,国际案例可证实"多规合一"的顶层规划作为供给管理的重要手段,能够通过实现供给侧的优化来化解经济增长和发展过程中已经产生或即将产生的诸多结构性问题。

(一)从规划到顶层规划的巴黎供给管理案例:奥斯曼规划及"奥斯曼"回归

正如爱德华·格莱泽所言,"纽约是一场有些混乱但十分精彩的爵士乐即兴演奏会,杰出的音乐家们对于他们身边正在发生的事情只给予了最微不足道的

关注，而巴黎则是一首精心创作的交响乐"①。巴黎这座城市的规划工作多年来被全球各界奉为典范。沿时间纵轴看，现在呈现于眼前的有序巴黎得益于两次大型综合规划工作，一是19世纪拿破仑三世统治时期奥斯曼男爵主持的对巴黎的重建，二是1966年戴高乐时期保罗·德罗维耶主持的对巴黎的改造。其中，后者更是对现代城市规划树立了标杆。

1850年之前，巴黎无论城市风貌还是治理秩序均乏善可陈，甚至有成千上万的贫困人口拥挤于狭窄街道和古老建筑中。奥斯曼主持对巴黎的重建，总结来看有四个关键要素，即法治框架、旧格局的破除、迎合时代感的交通体系重建、公共空间的创新。巴黎很早就有关于土地利用的法规，且在1589年制定了建筑法规，相关规划设计（比如：建筑的高度限制）都必须在法治框架下进行，尽管有批评认为这对整体重建工作带来限制，但这也使得相关工作在可循边界内得以顺利开展。为了破除旧格局，奥斯曼拆除了圣日耳曼德普莱街区的修道院监狱且砍伐了卢森堡公园的一部分树木，将这些区域纳入整体规划方案。在电梯还没有出现的年代，奥斯曼大量使用了当时较高的建筑，并通过修建更宽、更直的街道来适应公共汽车和蒸汽火车的发明使用。布洛涅森林公园等公共空间的创新，为市容市貌加分不少，同时也为居民提供了追求更为健康生活方式的环境条件。

1966年的改造发生在饱经二战之苦后的巴黎，与奥斯曼花了17年的长时间代价不同，保罗·德罗维耶仅用7年就完成了改造。此次规划充分体现了对前瞻性的考虑以及于大区域内综合地、整体地体现了各专项规划的有机结合。巴黎此次改造的特点可总结为四个方面：第一，未来人口的预测。在规划之前，规划组对人口进行的预测是预计20世纪巴黎地区的人口将从900万增加到1400万—1600万之间。第二，待建区域的划定。在人口大幅膨胀预测结果基础上，规划组认为应当划定一个巨型区域，作为改造巴黎的待建区域。第三，建设模式的选择。在巨型尺度上，规划组没有严格模仿霍华德·阿伯克隆比在大伦敦模式中创建的卫星城模式，而是采用斯德哥尔摩式的卫星城模式，在更大的区域、

---

① 〔美〕爱德华·格莱泽：《城市的胜利》，上海社会科学院出版社2012年版，第142页。

以更大的尺度来开展。紧邻内城西侧的拉德芳斯作为最大的一个卫星城,至今都是巴黎都市圈内最著名区域之一。第四,交通系统整体布局。由于准备在大区域范围内创建巨型卫星城市,交通系统的整体布局成为整个规划是否能够成功的关键,实际上,这也正是此次巴黎改造的亮点和核心所在。由于规划地域广袤、涉及人口众多,保障城市运转效率的关键在于公交是否能够实现高效,巴黎规划并建成的是当时世界范围内最为先进的高速交通系统,具有通勤铁路的特点,可以在短时间内长距离地运输旅客,从而使巨型区域规划之下的卫星城之间及其与内城中心成功融为一体。巴黎的整体改造规划中,交通系统建设方面开支巨大,公路总费用达到 290 亿法郎、中心区公共交通 90 亿法郎。[①] 与此同时,大区域规划下新住宅的建设、办公楼、购物中心等的匹配,为经济社会发展产生了巨大的不动产溢价乘数效应。

(二)产生于顶层规划的巴西利亚:静态与动态理性看待两极评价

不同于巴黎的"交响乐"气质或纽约的"爵士"个性,巴西利亚与这些城市相较,处处透出浓重的跃进式色彩。尽管巴西利亚于 1987 年 12 月 7 日已被联合国教科文组织确定为"世界文化遗产",但是对其总体规划的评价却因其近似准柯布西埃的特性而经常得到近乎两极的评价。对巴西利亚的负面评价主要集中在这座城市的规划建造过于"乌托邦",仅利用三天时间就敲定规划方案,而且没有进行相关的人口预测、经济发展分析、土地使用规划,甚至没有模型和制图。秉承功能主义的方针,整个城市整齐划一且丧失人文生气,与城市居民拉开了距离。此外,交通运输、阶层固化等细节问题的不良处理,也为城市规划带来了一些负面评价。然而,持赞赏态度者认为,对巴西利亚规划的评判更应放在其时所处的历史背景中,巴西利亚为当时巴西加快内地开发和经济社会发展贡献巨大,且不可否认的是,在卢西奥·科斯塔对其的规划之中,土地利用分工明确,功能清晰,布局合理,便于组织居民生活。作为城市设计史上的里程碑,巴西利亚几乎是在"一张白纸"上对居民区、行政区、建筑物等做出

---

① 〔英〕彼得·霍尔:《明日之城:一部关于 20 世纪城市规划与设计的思想史》,同济大学出版社 2009 年版,第 360 页。

通盘设计规划,还匹配建立国家公园、阿瓜斯·埃曼达达生物保护区、依贝格和加瓦萨瓦多自然保护区、圣巴尔托罗摩和德斯科贝托环境保护区等自然景观,集中体现了城市和谐并全面彰显了城市总体规划的强大与有效。

从较狭隘的两极评价中跳出来看巴西利亚的规划,我们不难得到,这一原本只有20万人口的城市,经过总体而言成功的城市规划吸引了大量人口,迅速成长为巴西四大城市之一,是依靠顶层规划实现的。这种规划并非像世界许多城市那样主要进行旧城区的改造,而是在近乎"白纸"式的土地开发区建造一座行政中心功能为主的新城。正如世界遗产委员会评价所言,"城市规划专家卢西奥·科斯塔和建筑师奥斯卡·尼迈尔设想了城市的一切",巴西利亚的规划正体现了经济发展规划、国土规划、功能区规划、生态环境规划的有机结合,是所谓"多规合一"的现实版典范。然而,与此同时,值得我们注意的是,相比旧城区改造规划,巴西利亚新城的创建显然具有更大的空间优势,基于此进行的科学布局与想象力的发挥,在极小程度上受到限制,这是全球许多待改造城市都并不具备的先决条件。此外,没有哪一次规划能够一劳永逸,随着新城的成长,人口、车辆、住房以及诸多配套设施的需求和供给系统势必更加错综复杂,比如现阶段看,巴西利亚的交通规划,已经由于过多的车辆而与当初所建高速公路期待的高运转效率出现了矛盾,诸如此类的发展矛盾未来还可能在方方面面出现。

（三）多轮顶层规划下的日本：经济赶超下城镇化的典型范例

全球人口承载量最大的城市区域之一,是中国近邻日本的首都东京。东京及其周边所承载的人口规模高达3600万之多,但这个在全球范围内不多见的大首都、超大型城市,同时也是全球生产效率最高的城市区域之一。对于拥有全球最多人口数量的中国而言,同样经历经济赶超并最终成为发达经济体的日本,其东京都市圈规划的成功经验非常值得思考借鉴。

通盘看,日本共进行了五轮"全综"规划,每一轮都是典型的顶层规划,通过供给管理有针对性地化解发展中不断产生的结构性问题,焕发整体经济社会增长和发展的活力。第一,1947—1973年期间,日本经济经历高速增长的黄金期,年均增速在9%以上。1960年前后,日本重化工业高速发展,沿海工业带形成。基于"国民收入倍增计划"中提出的"太平洋工业地带构想"引发太平洋沿岸与非太平洋沿岸之间的矛盾。1962年，以地区间均衡发展为目标，日本开始进行全国性综合开发计划（简称"一全综"），通过规划东京、大阪、名古屋、北九州四大工业基地在地方层面的扩散，试图达到缩小收入差距、区域差距、实现国土均衡发展的目标。第二，1969年，日本通过第二次全国综合开发计划（简称"新全综"），在发展相对稀疏的地区，规划建立了大工业基地、大型粮食基地和大型旅游基地，推动劳动密集型工业产业向太平洋沿岸集中。"新全综"囊括通盘的网络规划（包括信息通信网、新干线铁路网、高速公路网、航空网、海运网等），产业规划（包括农业基地、工业基地、物流基地、观光基地等）和生态环境规划（包括自然保护、人文保护、国土保护、资源适度开发等）。通过信息网络和交通网络成功连接"城市点"，实现了"城市面"的战略性整体开发。第三，1977年日本以"三全综"主要对居住问题进行顶层规划，以同时推动历史及传统文化复兴、自然与生产生活和谐、抑制人口与产业向大城市集中等为规划内容，建立新的生活圈，为第三产业的健康发展培育良好环境，地方经济得以振兴。第四，1987年，日本的"四全综"以分散型国土开发规划和交通网络规划相配合，以顶层规划有效缓解了东京发展极化问题。"四全综"是加速日本"后工业化"进程浓墨重彩的一笔，在国土规划的基础上要求：全面铺设交通网，建立"全国一日交通圈"；全面铺设通信网，切实提高各个中心的连接能力；全面铺设物流网，以高效的物流服务加强中心之间的连接；在广域、圈域内同时建立社会治理网络，全面防范社会安全问题。可以说，"多规合一"的顶层规划推动和保障了日本多中心的过渡和实现。第五，日本1998年全国综合开发计划是由"硬件"建设向"软件"建设转变的标志，在既成规划网络和布局基础上，以行政、居民、志愿者组织、民间企业为合作规划主体，进行了生产生活环境的全面提升。

（四）顶层规划下所完成的供给管理是经济增长与发展的关键之一

以上典型国际案例首先证实，无论是在老牌发达国家法国的首都巴黎，还是通过后发追赶最终成功实现赶超的日本，或是同为发展中国家巴西的首都巴西利亚，无论是城市规划还是区域规划，关键时点所开展的重大规划，供给管理的主体都是政府。殊途同归的选择再次向我们印证了一个结论，那就是中国在以经济建设为中心的历史阶段,尤其是经济赶超战略践行中攻坚克难的发展阶段,顶层规划的牵头主体只能是政府,这一点应毋庸置疑。

本篇所选取的巴黎、巴西利亚和日本三个典型案例,其顶层规划供给管理过程最终达成的具体目标各不相同。从巴黎的案例来看,供给管理的具体手段是以政府为主体进行的城区重建和改造,其有效地、针对性地解决了战后工业化建设进程中大量移民和农村人口无处安居、住房短缺、配套设施不齐全、缺乏改建空间、土地资源利用率不高等一系列当前发展已经存在及后续发展可能面临的经济社会难题,尤其保罗·德罗维耶主持完成的城市改造,是一个典型的立足于更高层面、针对更大区域、融汇了各个专项规划的供给管理解决方案,最终将人口、不动产、资源能源、土地等诸多要素进行了空间上的重新分布,并通过专项规划成功建立了空间分布相对分散要素的联通机制。与巴黎的旧城改造不同,巴西利亚则较为极端地体现了通过顶层规划这一供给管理过程,能够从供给侧完成"城"的建造和"市"的搭建:在"城"的建造方面,巴西利亚独特的建筑风格得到世遗组织的褒奖;在"市"的建造方面,则颇具极端色彩地突出印证了新供给经济学所强调的"供给创造需求"能够成为现实,在规划这一供给管理过程完毕之后,相关链条上的要素得以在短时间内涌入、运行、互动、发展。中国最值得重视的通过顶层规划供给管理实现发展优化的典型案例当属日本,同样顶着经济赶超战略实施中先行工业化与滞后城镇化错配的压力,日本坚持通过五轮"全综"系列规划逐步理顺了供给侧发生结构性问题的关键要素,"全综"这一名称及其实际内容,也就是我们所强调的"多规合一"的顶层规划。沿时间纵轴综合来看日本的各次顶层规划,其接续之间呈现出鲜明的螺旋式上升特点,这也印证了通过供给管理对解决供给侧结构性问题、真正实现供给侧优化的动态特点与动态平衡规律性。

特别具有价值的细节,是针对人口要素的处理。无论是巴黎极大扩充自身辐射区域后通过高效率的通勤交通维持原中心城市的高效率、日本通过建立交通网络实现人口要素流动的畅通,还是巴西利亚并不完美的公路规划致使城市运行出现阻滞而遭到诟病,交通运输系统无疑都是城市运转效率的保障,同时也是区域发展、大城市功能优化的前提条件。从国际经验来看,四通八达、密度足够且立体化的网状公共交通以及交通运输体系建立和运营过程中，以现代化交通工具提供人口与要素便捷流动功能的落实，是提升城市承载能力的重要基础支撑条件。

五、"多规合一"顶层规划的供给管理对策建议

我们一直所强调的规划，首先就是从地上地下大系统的空间结构入手，通过组织供给来处理生产力结构和社会生活结构中区别对待和通盘协调问题的解决方案，实质上就是形成综合要素供给体系必须前置的规划供给，以其带出供给管理的全过程。基于此，中国现阶段必须先行且走向"多规合一"的顶层规划至少应考虑环境、层次、逻辑和模式四个方面。落实到供给管理的对策建议层面，依次为：实现法治框架下的规划先行，开展多轮针对结构性问题的顶层规划，把握"多规合一"内在联系逻辑，锁定不同发展阶段每轮顶层规划的主要矛盾等四个方面。

（一）环境：实现法治框架下的规划先行

规划必须从全局、长远视野注重经济社会发展的生态演进，发展中经济体更应注重践行经济追赶—赶超战略过程中城镇化与加速工业化匹配方面特别应当打出的"提前量"。这种前瞻性之意并非在于所有规划都要在精确科学预测下做到丁一卯二严丝合缝，而是科学打出有弹性的"提前量"。这就要求顶层规划一方面做到避免规划中缺乏前瞻性导致很快出现严重供给短缺所引发的试错式沉没成本，另一方面做到可放可收。例如巴黎虽然在 1966 年规划前期进行了人口预测，从而划定了巨型规划区域范围，但实践中，1969 年突然爆发的经济危机和人口变化使原计划不得不重新调整，8 个新城中的 3 个被取消[①]，其余的也相应缩小了规模，这样的调整并没有对整体规划造成过大的影响或阻滞，通盘规划只是缩小规模，而大部分综合功能仍然得以实现。

---

① 〔英〕彼得·霍尔：《明日之城：一部关于 20 世纪城市规划与设计的思想史》，同济大学出版社 2009 年版，第 361 页。

经济社会发展尤其是其高速发展进程中，最大程度上避免"试错—改错"巨大社会成本的有效手段就是"规划先行"，所有项目建设都应当建立在具有前瞻性，力求高水平的科学规划基础之上，法律所规定的规划权的行使决不能独断专行、率性而为、朝令夕改。顶层规划关系一个经济体通盘的经济增长和社会发展，尤其可说是关系到发展中经济体能否实现赶超战略目标，具体内容涉及一个经济体国土范围内从城市到农村的所有区域，在落实中涉及土地开发利用、生态环境、文教卫体、交通、市政、水利、环卫等各行各业各个方面。

（二）层次：打开制度结节，开展先行的多轮顶层规划

现阶段，中国尤其应当在多轮顶层规划开展之前打开行政审批制度结节，达成"多规合一"的合意结果。截至目前，"行政审批制度改革"显然已经涉及更深层的系统性体制性问题层面，要从"减少审批项目的数量"推进至"真正使审批合乎质量要求"，真正达成法治化、系统化、标准化、信息化、协同化、阳光化，就必须结合"大部制"改革，实现政府职能机构的协调联动。除了提高行政法制程度，顺应精简机构的要求之外，更要扩充动态优化设计，以后择时启动整个"大部制"框架下的、行政审批的国家标准化工作，而后联通"规划先行，多规合一"相关工作的开展。多年来相因成习的由不同部门分头来处理的国民经济发展规划，形式上可以具体化到国土开发、城乡建设、交通体系、环境保护、产业布局、财政跨年度规划等，都应该纳入"多规合一"的综合体系，并基于全国统一的行政审批信息数据库和在线行政审批平台里的有效连通，矫治多部门管规划、"九龙治水、非旱即涝"的弊端，提高政府决策的信息化和整合水平，并实现业务流程的优化再造。这样一个系统工程，设计不可能毕其功于一役。

经济社会是不断发展变化的，城市规划和区域规划，某一次的规划都做不到一劳永逸。尤其就中国的经济社会发展现状而言，所有发展中出现的矛盾和问题亦不可能通过某一次顶层规划全部解决，势必要通过动态处理结构性问题的多轮顶层规划逐步落实、解决。但每一轮顶层规划都应当建立在基于现状对未来进行力求科学预测的基础上，应积极利用先进信息技术（例如：云计算和大数据）进行国土开发功能预测、人口预测、产业发展及结构变动预测、资本

增长及流动预测、各项需求的预测等，对人口数量和结构、产业总量和结构、环境压力和制约等做到心中有数，再将这些合理地打上"提前量"，纳入城建、交通、文教卫体、市政、水利、环卫等方面规划的考虑，从而最大限度上避免沉没成本的发生和指导各种要素有序流动与功能互补、提高增长质量、社会和谐程度以及发展可持续性。

（三）逻辑：基于要素分类对"多规合一"的内在把握

立足于中国目前所处的中等收入发展阶段，沿经济增长与经济发展这一线索思考，如何通过顶层规划实现供给侧各项要素安排的统筹协调、结构优化，是"规划先行、多规合一"的目标所在。经济增长要素可分为竞争性要素和非竞争性要素，前者包括土地、劳动力和资本，后者则随第三次科技革命的爆发在以往所强调的技术和制度基础上，增加了信息。除了这些经济增长的动力要素以外，某一经济体发展过程中还存在制约要素，主要包括财政三元悖论制约、社会矛盾制约、资源能源制约、生态环境制约等。顶层规划，显然就是将以上经济增长要素与经济发展制约要素全部纳入系统考虑的一种通过供给管理实现供给侧优化从而促使经济活力最大化的手段。竞争性要素具有效用分割式专享和仅供有限使用的特点：土地要素总量固定、可流转其使用权但不可流动其形态；劳动力要素可流动、有变化，但其变化具有代际特性与职业粘性；资本要素可变化且可流动，但"一女无法二嫁"。特别值得注意的是，在经济增长中，土地要素对经济增长产生贡献的效应往往与交通网络有关，交通网络越发达，土地要素对经济增长做出有效贡献的能量（经济上可量化为"级差地租"）就越大。科技创新与制度供给，则大体或完全属于效用不可分割，受益无竞争性的"公共产品"。随着经济发展，无论采用发展经济学中所强调的弥合二元模式的城乡一体化这一说法，还是采用规划学中所强调的区域性、大都市圈或城市群这一说法，都是体现城市自身形态的升级，而这一升级于经济增长的要素支持效应方面，实际上就是特定国土空间上环境承载能力、多元要素流通能力、合意配置能力等等实实在在得到的提升。除了数量增长以外，国内外经济学家持续追踪的研究已经不断印证和揭示着非常竞争性要素的重要作用，以技术、制度和信息构成的非竞争性要素更多决定着质量增长的实现。技术的发明创造即人们所称的创新,其主体正是劳动力(人力资本)要素,在国内外学者对城市的相关研究中不难发现一个共识,那就是人与人思想交流碰撞中产生的智慧火花通常是创新产生的先决条件,而顶层规划下制度的通盘安排实际上决定着这种碰撞产生的概率,信息互联互通的程度则决定着多大范围内的智慧可以出现碰撞和同一范围内的智慧可能产生碰撞的次数。最后,经济发展的相关制约要素则决定着经济增长要素在多大程度上能够顺利发挥作用,顶层规划中应当尽量通过合理的供给侧安排缓解经济增长制约。

我们现所强调的"多规合一",实际上包括国民经济和社会发展规划、城乡建设规划、土地利用规划、生态环境保护规划以及文教卫体、交通、市政、水利、环卫等专业规划,即专门规划涉及的方方面面。从专项规划上看"多规合一",城市通盘规划中的交通规划决定着城市的运转效率。由于能够切实缩短空间距离,城市交通规划同时也是都市圈、城市群规划是否能够形成的关键所在。城市生态环境规划目标在于通过规划实现人工生态、自然生态、环境保护与经济发展的有序组合和平衡,在稳态中实现城市和谐、高效、持续发展。城市生态环境规划在工业化时期,首先是体现制约特征,因为生态环境达标是劳动力再生产和社会成员生存与发展的基本条件,是不能击穿的底线,在后工业化时期,则颇具更高层次追求特征(如人文、生态视角的"望得见山,看得见水,记得住乡愁")。

(四)模式:锁定不同发展阶段每轮顶层规划的主要矛盾

经济社会发展的不同阶段,其所面临矛盾的紧迫性会有所不同。"多规合一"的顶层规划下,每一轮顶层规划都应当首先锁定解决当时面临的主要矛盾。经济发展实践从国外经验来看,首先应当解决的矛盾,就是在原有产业布局基础上进行均衡性区域规划。就中国现状看,东南沿海以长江三角洲、珠江三角洲为代表的工业地带已然形成,东、中、西部发展不均衡、城乡发展不均衡。顶层规划首先应当考虑的是工业化相对落后地区增长极的培养,工业化中等发达地区城市点的扩大以及工业化发达地区城市辐射力的增强,这势必要求通过国土规划、产业布局规划、交通规划、环保规划及专项规划的合理衔接、合理搭配,形成有效合力。中国广袤的土地上,经济发达程度还没有达到所有城市点能够广泛实现便捷连接的阶段，势必要针对工业化程度不同的区域进行规划中重点的区别对待。

针对工业欠发达地区，可启动依托当地资源禀赋建立差别化工业基地的规划项目，工业化水平的提升势必吸引更多人口入驻目标城市，因此目标城市应根据工业、产业发展规划预测未来的人口增长、收入增长，并针对劳动力数量、人口结构及居民收入的预测，有针对性地配以交通、文教卫体、市政、水利、环卫等方面的专项规划。

针对工业化的中等发达地区，可启动以几个"城市点"共同带动"城市面"的一体化规划发展。这一轮顶层规划，是基于由几个"城市点"所划定的大区域共同构成"都市圈"，而其最终追求的发展目标则要形成"城市群"式的均衡发展。以中国现阶段经济社会发展的案例观察，"京津冀"一体化就是这一阶段必须优化顶层规划的典型。北京"大城市病"已非常突出，其周边的河北地区在全国范围内却在某些方面甚至属于落后区，显然有协调化、均衡化的必要和可用空间。这一类型的顶层规划，应特别注重"网络"和"网状结构"这一概念的应用和落实。交通运输网络是"一体化"规划中的首要关键，地铁、公路、城际铁路等的供给全面跟进，能够实实在在地缩短附属中心与原城市中心之间的空间距离。就中国目前通信网络、物流网络已然近乎全面建立且正趋健全的状况看，是否能够如愿建立高速便捷的交通运输系统，落实到居民交通成本的降低，是"一体化"式顶层规划能够合意实现的必要条件。空间经济学和制度经济学原理所阐述的交易费用成本和红利，对于原本住在大城市的居民而言，红利是远远大于成本的。此外，就发展经济学所强调的发展和改革释放的红利而言，大城市的居民能够更快、更多、更好地享受，也是人口集中于大城市的重要原因。然而，对于人口已达2300万以上的北京市而言，城市运转中所面临的问题绝非再建几条环路可以解决的，势必要突破现有格局，建立"大首都圈"，以北京市、天津市为点，以外围的河北省为一体，在顶层规划中疏解首都非核心功能，确立卫星城式的"副中心"所在地、所承担职能等，在既有信息网络、物流网络的基础上，首先通过高速交通运输体系的落成提升"京津冀"区域空间上的整体性、缩短"副中心"、边缘区与主城中心的空间距离。与此同时,应当在"副中心"等区域全面落实国土规划、产业规划、功能区规划、公共交通规划、住宅区规划等一系列规划有机结合的顶层规划,完成新城建设。在这一点上,中国"京津冀"一体化进程其实颇具与巴西利亚建设相类似的优势,河北地区作为北京和天津两大直辖市的外围,一直以来发展相对落后,固安等连片开发的快速发展与原有开发不足直接相关,也显示了超常规改进的潜力,疏解首都非核心功能给出旧城改建的较大空间有利于科学、合理的顶层规划下城市群综合功能的实现。在新城建设的过程中则应当特别注重为未来发展预留动态优化的空间,同时可在预算约束线以内尽量高水平地加入对建筑设计规划、自然生态规划与人文保护规划的创新。

针对几大片工业化发达地区,应在着力推动产业结构转型、优化升级的过程中灵活掌握因地制宜的都市圈、城市群规划模式,以最大程度提升这些地区的辐射面,提振大都市圈以及大都市圈构成的城市群模式下聚合效应的产生。如前文所述,现代城市的产生和发展是生产力不断集聚的结果,城市在诞生伊始数量少,相互之间影响小,而随着城市自身规模扩大、数量增多,已形成或未形成都市圈的几个甚至更多数量的城市,在地理区位、自然条件、经济条件、贸易往来、公共政策、交通网络等多重作用因子下,会逐步发展形成一个相互制约、相互依存的统一体。中国目前较为典型的城市群包括沪宁杭地区、珠三角地区、环渤海地区等,这些区域已经形成的"一体化"态势,需在进一步发展中高水平制定区域层面贯彻总体发展战略的顶层规划,至少应把在区域内会产生广泛关联影响的产业发展、基础设施建设、土地利用、生态环境、公用事业协调发展等方面的规划内容有机结合。

六、结语:供给侧优化的实现与经济增长潜力、活力释放

以供给管理优化推动"规划先行、多规合一"的顶层规划的功能实现,至少能够从以下几个方面进一步激活中国经济的增长空间。第一,产业布局优化能够通过聚集效应提升要素投入产出效率。第二,城市承载能力的提升能够切实缓解城镇化中"城市病"因素的制约,一方面能够容纳更多生产要素的共存,

另一方面能够给予相关生产要素之良性互动的合理空间，从而使全要素生产率的提升成为可能，比如主体功能区的合理配置、产业孵化园区的建设和高新科技的勃兴等。第三，"多规合一"能够消除"九龙治水、各自为政"的低效、不经济弊端，使要素安排更为合理，各项运转费用节省，制度运行成本降低，提升经济社会综合效率，并给予多元化观点碰撞带来创新以更大空间，以更好的环境条件允许市场机制和投资活动充分发挥作用，增进经济活力。第四，优化能源结构、减少资源浪费及减少代际负外部性。顶层规划能够有效促进能源资源使用结构和方式的优化，最大程度提升前瞻性并减少能源资源浪费来缓解发展中的能源、资源瓶颈制约，并降低代际间负外部性。最后，减少治理成本、缩小贫富差距及经济社会发展成本的降低。"多规合一"能够实现以更加良好的城乡一体化布局降低社会治理成本，并有助于缩小贫富差距、避免助推收入阶层固化、减少社会安全隐患、提升公民幸福感等，以最大程度提升供给体系的能力、质量和效率，减少经济发展中社会矛盾摩擦所带来的负面影响。

主要参考文献

1. 贾康、苏京春：《新供给经济学》，山西经济出版社 2015 年版。

2. 吴志强、李德华主编：《城市规划原理》（第四版），中国建筑工业出版社 2010 年版。

3.〔古希腊〕色诺芬：《色诺芬注疏集：居鲁士的教育》，华夏出版社 2007 年版。

4.〔英〕威廉·配第：《政治算术》，商务印书馆 1960 年版。

5.〔英〕亚当·斯密：《国民财富的性质和原因的研究》，商务印书馆 1974 年版。

6.〔英〕马歇尔：《经济学原理》，商务印书馆 1981 年版。

7. Fujita M. and P. Krugman, "When is the Economy Mono-centric: Von Thunenand Chanberlin Unified", *Regional Science and Urban Economic*, 25（04），1995.

8．杨小凯：《发展经济学：超边际与边际分析》，社会科学文献出版社2003年版。

9．〔加〕简·雅各布斯：《美国大城市的死与生》（纪念版），凤凰出版传媒集团、译林出版社2006年版。

10．〔英〕彼得·霍尔：《明日之城：一部关于20世纪城市规划与设计的思想史》，同济大学出版社2009年版。

11．〔美〕安东尼·滕：《世界伟大城市的保护：历史大都会的毁灭与重建》，清华大学出版社2014年版。

12．〔美〕爱德华·格莱泽：《城市的胜利》，上海社会科学院出版社2012年版。

13．盛洪：《交易与城市》，《制度经济学研究》2013年第3期。

经济"新常态" 股市新起点

王 庆[*]

2014年5月,习近平总书记指出,"我国发展仍处于重要战略机遇期,我们要增强信心,从当前中国经济发展的阶段性特征出发,适应新常态,保持战略上的平常心态",这是政策最高层首次使用"新常态"一词来描述中国经济。中国经济的"新常态"到底新在哪里,有何显著特征呢?在"新常态"下,作为经济的"晴雨表"的中国股市又将如何表现?

回答这些问题,应该首先从了解何为中国经济的"旧常态"入手。笔者认为,中国经济的"旧常态"可理解为2007年以前的状态,主要有三个特征:一是经济增速较快;二是通胀率很低;三是资产价格上行压力持续。理解这些特征的一个重要出发点就是中国的高储蓄率。对于中国经济系统整体而言,如果储蓄是给定的话,它的使用方式实际上只有三种:第一是形成境内的有形资产,第二是形成境外的有形资产,第三是形成境外的金融资产。中国高储蓄支持形成境内有形资产,就是较高的投资水平;高投资虽然支持高增长,但是长期以来,中国高经济增长伴随的不是相对较高的通胀而是相对较低的通胀。对此可以从总供给和总需求的框架中来理解。投资扩张导致总需求曲线向右移动,产生通胀压力上升;但投资形成产能扩张后会使总供给线也向右移动,从而缓解通胀压力。换言之,供给方的快速反应帮助形成高增长伴随较低通胀的局面,这一点是考察中国宏观经济与成熟市场经济体很不一样的地方,而供给方相对

---

[*] 王庆为上海重阳投资管理有限公司总裁、合伙人。

较快的反应能力的基础是高储蓄的存在。

虽然政策上鼓励对外直接投资，但是由于获得境外有形资产难度较大，所以境外投资更多地体现在购买境外金融资产上。在外汇资本账户管制的情况下，中国对外金融资产集中体现为官方外汇储备的积累，从经济系统整体看，对外金融资产积累，同时也形成对内流动性的创造。换句话说，从国家整体来讲有对外金融资产，但是就每个居民和企业个体而言，并没有形成境外金融资产，而是把他们手中外汇卖给央行，然后由央行进行对外投资，这就造成了内部流动创造，产生流动性过剩的现象。

一方面境内有大量有形资产，另一方面境内又存在了大量的流动性创造，具体体现在货币增速很快。然而，国内资本市场不发达，尤其体现在证券化投资产品供应比较弱（包括股票和债券市场），这样金融性投资的需求和供给出现了不对称，构成资产价格的上升压力。

于是，中国经济的"旧常态"的根本特征表现在较高经济增长、相对较低通胀和资产价格上行的压力。

然而，从中长期看，储蓄率并不是给定的。影响储蓄一个很重要因素就是人口结构。中国的人口政策对中国社会产生了深远的影响，在宏观经济层面集中表现为对国民储蓄率的影响。在其他国家，人口老龄化是一个上百年的演进过程，然而在中国几十年内就完成了。由于有储蓄能力的人群占总人口的比重在相对短的时间内发生很大的变化，在宏观经济层面将会表现为国民储蓄率经历一个迅速上升和随后较快下降的过程。

此外，在中国经济的"旧常态"下，政策制度环境里最突出的特点表现为"金融压抑"。从政策制定者角度，在"旧常态"下，实现经济增长和控制通胀并不是一件难事，政策的关注点是如何抑制资产价格快速上升的压力，以及相伴而生的对金融系统完全性的威胁，于是产生了"金融压抑"的必要。具体体现在通过对利率、汇率、金融机构、金融产品的管制，使得资金使用上受到诸多限制，目的是防止由资金自由使用引起的对资产价格上行压力必然带来的泡沫以及可能对金融系统稳定性的威胁。

近年来中国人口结构正在发生深刻变化，构成中国经济"新常态"形成的经济系统外的外生因素。中国人口结构的拐点正在出现，引起储蓄率停止上升甚至开始下降，进而会导致境内有形资产、境外有形资产、境外金融资产积累放缓、投资增速放缓、GDP 增速放缓。由于投资增速放缓，使经济的供给反应不再那么迅速，使得经济出现相对较低的增长伴随着相对较高的通胀，这是中国经济"新常态"的一个很重要的特点。

在境外金融资产积累方面，储蓄率下降会减缓境外金融资产积累，加之资本账户管制，外汇储备的积累和流动性创造也会相应减少。近年来我国外汇储备积累速度明显放缓，由外汇占款产生的流动性创造也相应减少。同时伴随着中国资本市场进一步发展，有价证券以及可用于投资的房地产供给的大幅度增加，使资产价格上行压力也相应减弱。

所以，中国经济"新常态"主要特征应该表现为 GDP 增长速度放缓，相对较高通货膨胀率，资产价格上行压力减弱。

由于宏观经济变量发生上述变化，使"金融压抑"的必要性降低，同时在储蓄率放缓、投资增长速度放缓的情况下，要实现同样速度的经济增长必须提高投资质量，提高储蓄转化为投资的效率，进而要求提高金融中介的效率。然而，这种效率的提升在原有的"金融压抑"下是无法实现的，于是就有了"金融创新"的诉求，主要体现在金融机构的多元化、金融产品的多样化、金融产品定价的市场化。在实践中的一个重要现象就是，最近几年"影子银行"及其产品的大量涌现，以及利率市场化进程加速。因此，"金融创新"成为中国经济"新常态"下的政策制度环境的一个重要特征。

上述是对中国经济从"旧常态"到"新常态"演变过程的逻辑描述。然而，在中短期内，中国经济的现实变化却并不是这样一个可以充分预见的"有序过程"。在这个意义上，2008 年以来的全球金融危机以及中国在应对危机过程中的强有力的政策反应，构成了中国经济从"旧常态"向"新常态"有序过渡的扰动。

中国经济近几年来的表现，相当程度上反映了这些周期和政策性因素与新旧常态转换结构性因素的叠加影响。具体体现在，投资增速在政策刺激下的短暂飙升和随后的快速回落；投资的快速上升加剧了产能过剩，从而使通货膨胀压力非但没有上升，反而在短期内减弱，甚至出现通缩苗头；专注于维护金融系统稳定，使金融创新推进的并不彻底，表现在尽管金融机构和金融产品层面的创新比较充分，金融产品定价方面的市场化却相对滞后，具体突出表现为在投资产品中广泛存在的"刚性兑付"现象。

股票市场是经济的"晴雨表"。在中国经济从"旧常态"向"新常态"的过渡过程中发生的上述深刻变化，不可避免地给股市带来巨大的冲击。

首先，近年来股票市场整体的估值中枢的下移，反映了投资者对经济增长可持续性的担心；代表"新经济"的创业板受到热烈追捧，而代表"旧经济"的主板被一并冷落抛弃，反映了资本市场对中国经济转型的直观理解；股市票市场风险溢价的持续攀升放映了投资者对中国经济能否在不发生系统性危机的前提下顺利实现新旧常态切换的担心。

其次，在后危机时代，政策当局着眼于消除反危机政策的后遗症（如杠杆率攀升）而维持一个中性偏紧的货币政策环境。同时，不彻底的金融创新助长了在金融产品中普遍存在的"刚性兑付"预期。二者的合力作用客观上推升了全社会的无风险利率，构成对权益类风险资产的巨大压力。鉴于股票是唯一没有"刚性兑付"预期的金融产品，系统性风险被集中地、显性地、过度地反映在了股票市场里，成为"风险洼地"。

笔者认为，近几年来中国股市的低迷表现，正是具有前瞻性的资本市场领先于实体经济和制度政策环境的变化而做出调整的结果。随着全球经济逐渐摆脱危机的影响，以及危机应对政策效应的减弱，中国经济从"旧常态"到"新常态"的演进过程也将愈益显现出更多的规律性和可预见性。此外，以"市场在资源配置中起决定性作用"为导向的一揽子经济政策的实施将有助于中国经济更快地稳定在"新常态"上。鉴于此，笔者认为，从一个中长期的视角，经济的"新常态"将成为股票市场筑底回升的新起点。

首先，经济"新常态"的逐渐确立有助于根除至今仍弥漫于相当一部分投资者中间的过度悲观情绪，提升投资者整体的风险偏好。其次，经济"新常态"下，随着实体经济的投资回报率回归常态，企业对资金需求和债务杠杆的使用也趋于理性，从而帮助降低全社会真实的无风险利率。第三，随着体现在各类非股票类金融产品价格中的"刚性兑付"预期被打破，虚高的市场名义无风险利率也会下降。第四，基于倒逼高负债企业去杠杆的考虑，尽管货币政策利率在短期内还不会明显下调，但其进一步上升的空间也相当有限，下行的概率大于上行的概率。第五，在"新常态"下，随着国际收支失衡状况的已经得到根本缓解，为以"沪港通"、QFII/RQFII/QDII扩容等为代表一系列资本账户开放措施的实施提供了有利的宏观经济环境，而这些政策措施的落地将对A股市场带来全面深远的积极影响。最后，随着国内房地产价格拐点的终于出现，房地产的投资属性开始降低，以及信托理财产品等类固定收益产品违约风险的逐渐暴露，权益类资产在居民资产配置中的相对吸引力会得到明显提升。

2015年股市大震荡的透视与反思

贾康　苏京春

股市的基本功能是为企业提供直接融资的市场，并成为在生产要素流动中优化资源配置的机制。社会主义市场经济需要股市，但也必须面对其相关的风险防范问题。新近一轮我国A股市场的大震荡，显然向人们显示了不寻常的风险。

其实A股市场的上涨，从前期低点上至少已持续一年多，以万得全A指数进行观察，此间最大涨幅达到289.29%，而同期道琼斯工业指数最大涨幅仅为26.12%。到了近半年，从民众、经济学人、多位首席经济学家到操盘机构、主流媒体，均不乏"改革牛"、"政策牛"、"转型牛"、"资金牛"等利好声音，有的观察者相当有前瞻性地早早喊出"5000点不是梦"，而后是果然不负众望，上证指数历经一路走高，于6月12日达到5178.19的高点。

而2015年6月12日之后至7月9日的18个交易日里，A股市场单边下跌的最大跌幅达35%左右，短期内大盘经历暴涨、暴跌、保卫战等一系列震荡，其冲击力非比寻常，不少人称之为"股灾"。

回顾一下历史，"太阳底下无新事"，自400多年前股票交易市场登上历史舞台，集体非理性的股市狂升狂泻，早就一轮接一轮地上演，从未消失。更广义地说，从英国"南海泡沫"、荷兰"疯狂郁金香"、1929—1933年西方世界"大萧条"，到2000年纳斯达克泡沫、2008年次贷危机和格林斯潘所说"百年一遇"的世界金融危机，已在金融和经济、社会领域一而再、再而三地向我们展示了经济生活中间人们的所谓"动物精神"（凯恩斯语）及其形成的危机因素在某些特定阶段兴风作浪的能量。在股票市场上，此种精神总是机制性地与股市动荡相生相伴，在各经济体的各经济发展阶段，已屡见不鲜。我国改革开放后股市运行以来，短期犹如过山车般的剧烈涨跌，也已经历多轮。但这一轮"股灾"式大震荡风波给我们敲响的警钟，其意义远非仅是又一次"重复历史"，这是发生在中国要进入"新常态"而实现"全面小康"、打造升级版而对接"中国梦"的"四个全面"之框架已成的大幕徐徐开启之时，关键时期的股市状态其实直接、间接地关联改革发展中的市场经济建设和引向"中国梦"的战略意图。很有必要将这一事件与通盘的中国经济社会转轨一并考察，深长思之。

"股灾"之际，几天之内历经所谓"1000多支股跌停，1000多支股涨停，1000多支股停牌"，大起大落直敲朝野痛点，分分秒秒考验股民心脏，必须承认这种情况与一个健康的市场相去甚远，在常言的"股市震荡"中已属于登峰造极。固然经此巨变会有不少股民痛感股市风险的"杀伤力"而受到"自我教育"，但一旦风潮过去转入相对平稳的新阶段，社会性的记忆会像以前一样又从这方面迅速淡化。"公众是健忘的"，而研究者的努力，则在于不要使一次次"学费"可能带来的理性认识迅速淡化，特别是，应凝练可供未来各方注重的有价值的认知和可供管理当局参考的建设性的意见建议。鉴于此，我们试从现象、原因、后果和对策四个层面对本轮"股灾"进行透视与反思，以此求教于方家。

一、关于现象特征层面的透视与判断

（一）"国家牛市"等于"人造牛市"

本轮A股巨变的众说纷纭中，"国家牛市"一词一度成为焦点、网上一炮而红。从现象上看，这轮我国股市走牛确带有权威性信息和确定性政策助推的所谓"国家牛市"特点，从官方的权威媒体在股市达4000点位后的"牛市刚开始"说、"这轮牛市可走三年"说，到一系列"政策利好"的助推，不必赘述。

"国家牛市"的大众解读，便是把走牛看作以国家意志助涨的牛市，但这其实就等于在说"人造牛市"了，这里的"人造"非指由一般股民来造，而是指有特别能动性影响的公权主体,依其意愿(当然不乏良好愿望)来造。这种意愿的表述带有"希望走成慢牛"的理性特征,但能否如愿成为慢牛而非演变成"疯牛",就可能是另一回事了。"国家牛市"的支撑在于国家公权主体的导向是"牛市才好",过分地激励一部分参与者的"多头"主观能动性所造成的"牛市"表现,我们正是在此意义上把它称之为"人造牛市"。这一导向在股市走高的过程中曾得到广泛认同,小股民(散户)普遍认为会以此方式享受到国家的"分红"激励,因为国家正在通过其参与,将股市确定性地推向牛市(一人可开20个交易账户的新规定、"4000点牛市刚刚开始"的代表性声音等,也都与此相印证),所以也就十分积极,甚至争先恐后地加入到这一"人造牛市"的交易过程之中(以2015年4月后新开户的1000多万新股民为代表,此时尤其是缺少足够的风险意识)。所不同的是,大家在谋求入市赚取利益期间,并未充分意识到"人造牛市"的可持续性,"如何收场"等前瞻性风险防范问题,被抛到视界之外了。

牛市好还是熊市好?一般的股民都认为牛市好,但就股市的行情而言,不论表现的是"牛市"还是"熊市",实际上都是人的交易行为,即由所有股民"用脚投票"的参与所造成,只要市场是健康的,客观上造出什么样的市,均是"市场晴雨表"运行结果。某一时段内股市的是"牛"还是"熊",并不代表股市的"好"与"坏",而是在其波动中发挥资源配置的作用,如果这个市场的波动机制是适应市场经济可持续发展客观要求的——通常认为是规则透明、周全合理、公平参与而严禁内幕交易,等等,那么这个股市就是"好"的,反之才是"不好"的。因此关于股市功能的"好"与"坏",同"牛"或"熊"的短期阶段性表现无关。至于在股市上投资获利机会的好与不好,有经验的投资者倒是很看重熊市中的"抄底建仓"吧?

(二)"人造牛市",实为"癫躁猴市"

在颇为激荡人心的"人造牛市"中,关于各路走牛因素有一系列命名:"改革牛"(改革成功预期)、"资金牛"(银根放松)、"政策牛"(政府态度明朗以政策助涨)、"消息牛"(不同行业、领域迭出利好,促板块轮动),大体看来都不无道理,但稍作揣摩,则不难发现:诸配角的"牛"一齐上场,唯独还缺主角的"牛"——经济下行中"基本面的牛"支撑不足,这便导致"基础不牢、地动山摇",即"人造牛市"所造成的其实极难是"慢牛",实际上的表现便是"猴市"特征,在股指上蹿下跳的"癫躁猴市"中,人们领教了行情频繁变脸、市场剧烈震荡,直至几天之内,会有"1000多只股涨停,1000多只股跌停,1000多只股停牌";再老练的行家也不禁心旌摇荡甚至目瞪口呆,市场上的大量散户、一般股民越来越脱离长短线分析等基本思考,奔向近乎纯"对赌"特征的火线。

从理论上说,股市作为经济"晴雨表"的功能就长期而言是成立的,只要经济有成长性,股市的表现自然而然应在长期随之扩大规模、指数上升。换言之,经济发展中股市应于相当长的历史时期内表现出具有"内生牛市"特征。但此处所说的"长期",却是要超出一般而言五年左右的时间概念、放到更长时间段才能看清。倘若放到百年视野上,按照2011年11月10日美国《财富》杂志上刊载的《巴菲特谈股市》一文中的论证,1899—1998年100年间,美国股市长期平均年复合回报率约为7%,以此而言,自然是"长期慢牛"的表现。但是如果按照"国家牛市"的逻辑来试图于短期搞出一个"人造牛市",实际结果前半段的表现只能是价值高估的"癫躁猴市"——本轮行情中,A股暴涨暴跌,上证指数一路像"过山车","玩的就是心跳",便是猴市居先。

(三)速成熊市,政府无奈救市

"人造牛市"因为缺乏"基本面牛"而实际上带有"猴市"特征,但更实质的内在过程是在上下蹿跳中耗尽走牛的动能、接着以大震荡为客观规律开辟道路,某个临界点一旦到达,便速成熊市,"疯牛"转瞬无影,直至近乎以"日"为单位接连下跌,6月15日—7月8日期间诸交易日的上证指数呈现出:5062点、4857点、4973点、4800点、4442点、4509点、4659点、4474点、4078点、3788点、4001点、3736点、3442点、3171点、3049点、2792点、2588点,指数几被腰斩,短短三周内股市蒸发的市值约达21万亿元,"猴市"迅速转成几近崩盘的熊市,最终逼迫政府无奈地超乎常规应急式出手救市。到了7月上旬的节骨眼上,这个局面是非救不可的,因为这种"股灾"如不刹住,完全有可能连带引出金融和经济生活的全局之灾,甚至裹挟系统性风险的"经济问题政治化"——所以，无奈的救市在某种意义上说，不仅是势在必行的经济决策，而且也是政治决策，绝非几句"书生之见"可以否定其必要性的。

本轮股市调整中，政府的救市手段可说"不遗余力，多管齐下"（但亦出现部门信号不一，态度有别）：6月27日，央行决定自28日起有针对性地对金融机构实施定向降准，同时下调金融机构人民币贷款和存款基准利率；29日，中国证券金融公司出面表示强制平仓金额不到600万元，风险总体可控，同日证监会新闻发言人张晓军出面表示，前期股市上涨积累了大量获利盘，近期股市下跌是过快上涨的调整，但回调过快也不利于股市的平稳健康发展；30日，中国基金业协会在倡议书中表示机会往往是跌出来的，呼吁不要竭泽而渔，更不要盲目踩踏市场，中国基金业协会私募证券基金专业委员会发布倡议书，全面唱多，同日，证券业协会表示各证券公司已向住所地证监局报送自查报告；7月1日，中国金融期货交易所发布消息，平息市场上关于南方基金香港公司、高盛等外资机构做空A股市场的传闻，同日，证监会进一步拓宽券商融资渠道，允许其通过沪深交易所、机构间私募产品报价与服务系统等发行与转让证券公司短期公司债券，并允许证券公司开展融资融券收益权资产证券化业务，《证券公司融资融券业务管理办法》同日正式发布实施，允许展期且担保物违约可不强平，且沪深交易所结算费用下调三成；2日，证监会决定对涉嫌市场操纵行为进行专项核查；3日，上交所发布数据，表示包括华泰柏瑞沪深300ETF、华夏上证50ETF在内的四大蓝筹ETF再获130亿净申购，并确认汇金入场申购ETF出手护盘，同日，证监会表示将减少IPO发行家数和筹资金额，中国证券金融公司同时大幅增资扩股，维护资本市场稳定。7月4日，21家证券公司联合公告表态支撑多头……其后，行政色彩极浓的举措更是毫不含糊："国家队"机构半年内允许买不许卖；国资委、财政部加入表态行列；公安部强势介入清查"恶意卖空"……对于政府行政性方式出手救市的相关问题，我们在此无意作更加展开的叙述和讨论，一个基本认知就是，政府为避免市场落入"毁于一旦"的局面，"该出手时就出手"显然必要，但救市"无奈之举"的性质，却无可争议：仅以指数水平为标的不得不进行"暴力救市"，非常时刻确是应了急，但距离培育长期健康市场的目标而言，行事特征恐怕天差地远了。

二、基于市场相关因素的第二层透视与分析

从市场相关因素考察，本轮"股灾"显然有多种原因导致，初步总结，主要包括："动物精神"及"理性预期失灵"所主导的市场行为非理性；大肆投机伴随大规模融资配资；楼市下行催大资金量；资金池容量既定致使大资金量加大振幅；金融当局"分业监管"框架下的市场引导信号紊乱、协调低效，等等。

（一）行为非理性导致蜂拥入市后的"羊群效应"

金融、资本市场上人们的"动物精神"往往会有较极端的表现，此次又再被证实。我们曾在学术研讨中将类似问题概括为市场主体的"理性预期失灵"命题，即人们基于利益追求对未来事件进行预测时，由于不完全竞争、不完全信息与不完全理性等原因，不能给出较准确预期并据此调整自己的行为，而形成非理性极端化行为模式。早在凯恩斯那里就已经注意到的群体行为中可能体现出的非理性，相关突出案例在现实生活中与房市、股市上的"羊群效应"与"泡沫生成"机制有内在关联，媒体也极易推波助澜，特别是中国媒体在敏感时刻、敏感问题上的"非多样化"取向，也激化了本轮"股灾"前后非理性行为的产生。行情震荡的暴涨暴跌中，以入市主体作为观察对象，可说无论懂股票和不懂股票的、长期炒股和新近入市的、已有一定规模累积资本和没有多少累积资本的，大都突显动物精神，蜂拥入市热度飙升，恐慌来临哀鸿遍野，使得短期操作中的"羊群效应"成为显著特征。

（二）大肆投机伴随大规模融资配资杠杆

在动物精神、理性预期失灵的作用下，随着股市走牛乃至暴涨，越来越多的资金涌入，且在公众、百姓间相互激励形成对未来股市继续暴涨的强烈预期，投机心理升级为暴富狂想，而一众人群恰有高杠杆融资配资机制可得，大涨时，"疯牛"般大潮中伴随股市融资配资规模激增。

这种大肆投机伴随大规模融资配资的高杠杆，可说是本轮"股灾"直接可观察的重要原因。股市融资配资体量越来越大、杠杆越来越高，总规模也就越来越逼近客观必然存在的临界点，一旦股市掉头向下，初期阶段下跌股票所对

应的部分高杠杆融资配资就被强行平仓，从而引发资金量骤然减少，一下子撤空一部分可观的支撑力，而"血本无归"的个案在大量股民中引发恐慌，导致股市加快下行，并在此过程中导致越来越多的融资配资强行平仓，波及面愈发广泛、程度愈发纵深，陷入越跌越强平、越强平越跌的恶性循环，踩踏成灾。

（三）楼市下行也催大资金量

从宏观视角来看，如此大量的资金在如此短的时间内一拥而入，不能说没有任何前奏。2014 年来，大部分城镇楼市下行，买房热、炒房热近乎全然转冷，用于投资的一众资金实际上早就从房市转为股市。前些年地价、房价的几轮上涨，实际上已经将资产价格不断推高，一方面直接提高了实体经济的运行成本，另一方面也培养、催生了投机心理。从流动情况来看，从银行贷款到金融机构的资金，很大比重流向非实体经济，相关调研中可发现，不在少数的实体经济主体利用银行抵押、质押贷款等将资金以企业运营名义借出，却并未用于自身运行，而是转而投向资本市场，试图以此来攫取高额利润。在房地产市场疲软而无先前魅力吸引资金，且资本投资渠道单一的情况下，大量资金在别无去处的前提下自然会受逐利本性强烈驱使而转入股市，助长炒作动能迅速逼近市场可承受的临界值。

（四）政府尽职框架非成熟和资金池容量既定，致使大资金量吹大泡沫加大振幅

速成熊市且有"崩盘"之势后，政府组织力量救市是无奈的，也是必要的。冲击响应机制方面，大资金强势迅急进入也势必会带来一定的副作用，例如：使市场长期的可预期性受到极大损害，政府强力规定的"只许买不许卖"，甚至直接挑战了法治和契约精神。股市中现有规则的一些技术、管理层面的规则规定（包括股票市场与股指期货市场的联结机制、T+0 还是 T+1 的选择等等）本来就各有利弊、见仁见智，应有伴随 A 股市场逐步走向成熟过程中系统性的动态优化，然而一到"救市"的非常时期，这些便均属"措手不及"了。在拐点之前，我们可以指责有关部门政策失误、技术和管理层面的经验不足、处事效率不高等，但在整个政府哲理与尽职框架尚未与市场机制对接、理顺的情况下，这些批评指责都是不触及本质的。如前文所述，股市随经济发展内生长期慢牛，

对实体经济发展具有直接融资和优化配置的推动作用，这也要配之以市场上资金也较充分的弹性，在与市场较为内恰的制度框架下运行。然而，我国对融资和再融资是进行较多管制的，换言之，资金池的容量在短期是近乎既定的，在这种情况下，资金量迅速放大而资金池容量有限，势必要表现出一下子吹大泡沫，达到市场某个临界值之后急转直下，以特别极端的加大振幅方式来进行自我调节。

（五）金融当局"市场分工监管"框架下的市场引导信号紊乱、协调低效、进退失据，不利于收敛市场失稳状态

我国业已形成的金融分业监管"一行三会"框架，客观上可说坐实了"分工框架"，但未必能相应做实"协调机制"——特别是非常时期的应急协调机制。此轮股市大震荡演进中，"猴市"特征已十分明显的情况下，不同监管部门的口风和步调却远非协调一致，最使市场人士纠结的是某个周末，不同部门陆续传出的不同取向的信号，使已极度敏感的市场氛围几次改变方向，一些市场策略分析师"先后撕掉了三份分析报告"，散户、小股民面对朝秦暮楚的变化讯息"一日三惊"，当时最需要的"清晰引导"，却表现为进退失据，监管当局的协调努力比较低效、紊乱，不利于收敛市场失稳状态。

三、针对负面后果的第三层透视与小结

本轮"股灾"从后果来看，负面效应非常明显：一是在短期内毁掉了一批"中产阶级"，导致财富分配洗牌式重置；二是非理性繁荣迅速转为衰退并且与"中等收入发展阶段"易出现的"塔西佗陷阱"隐患交互影响，累积矛盾形成激荡；三是股市杠杆导致实体经济受创，催化挤出效应；四是"人造牛市"致使庄家型利益集团强化割据，市场风险与政治风险可能"牵手"；五是救市"多管齐下"引致多维脆弱性，深度裂痕不易弥合。

（一）短期内毁掉一批"中产阶级"，财富分配洗牌式重置

时间很短的股市涨跌大震荡，实际上毁掉了我国的一批"中产阶级"，个人财富值发生"翻天覆地"变化、"奥迪进去奥特曼出来"的股民不在少数。"股

灾"前一段时期的股市暴涨刺激了社会上群体投机的不良取向，追求一夜暴富的幻想、狂想，导致行为选择上一些人、一部分资金放弃实体经济而持续不懈地"全仓"投向虚拟经济，其后的暴跌又几乎于顷刻间使不少位于中产阶级的股民原来的"纸上富贵"化为乌有，伤及"老本"，丧失中产阶级地位，从而成为财富阶层洗牌式重置。经济网的一份"股民伤情报告"提供的数据是：6月间原持有市值50万元—500万元的个人账户有21.3万个"消失"，500万元以上个人账户也有近3万个不见踪迹，当月15日大跌开始前，约有300万个新账户在高点开户入市，可料其中绝大部分资产前景不妙。

（二）非理性繁荣速至衰退并与"塔西佗陷阱"隐患交互累积矛盾

在非理性繁荣急剧升温过程中，社会投机心理一波一波不断被激发，直接后果就是越来越多的人产生暴富狂想，一方面千方百计融资配资蜂拥入市，另一方面丧失踏踏实实的工作心态，放弃全身心投入实体经济、以技术创新和劳动致富的模式——试想在辛苦工作一年而无法与炒股几日收入相比的前提下，谁还会心如止水、踏实工作呢？一旦心态变了，对政府的诉求也会变化，无形中大量散户的认同是"赚了钱源于自己的本事，赔了钱属于政府的百般不是"。在中等收入阶段难以避免的"塔西佗陷阱"式隐患因子，与随"股灾"而来的政府公信力的缺失交互影响，实际上对个体行为选择造成了很大的负面引导，公信力的雪崩式下滑有可能还会形成后续激荡，因为不少人原抱有"赚一笔是一笔"、抓住眼前利益的极强烈心理预期，一旦落入短期内失去可观财富的状态，在患得患失的投机心理状态下，有可能转入经济问题社会化、政治化诉求的轨道，影响社会稳定。

（三）股市杠杆导致实体经济受创，催化"挤出效应"

在股市暴涨阶段，融资配资规模不断飙升直接吹大泡沫，杠杆不断攀升，一方面可能推高实体经济"融资难"中的运行成本，另一方面会直接对实体经济运行所需资本造成较多"挤出效应"，即从实体经济领域"资本搬家"，形同"抽血"。于是，相当一部分无缘挂牌上市公司的实体经济很难直接从股市走牛中获取相应的成长机会，更会使同时作为股市主体和实体经济主体的公司与个人，不可避免地将部分可变现固定资产和营运资金卷入，一旦转为股市泡沫破裂、强制平仓等后果出现，当然会对实体经济造成直接、间接的损害乃至重创。

（四）"人造牛市"致庄家型利益集团强化割据，市场风险与政治风险可能"牵手"

"人造牛市"这种实为"猴市"且迅速演变为"熊市"的演变中，最占有相对优势来获利的，是有经验丰富的操盘团队和握有操控实力的"庄家型"利益集团，并形成了政府与庄家呼应式互动、对散户一遍遍"剪羊毛"的社会感受。经济网的报告中给出的数据是只占开户数微不足道比重的4300余户亿元以上者，所持市值占比高达66.8%——不排除这些顶级大户中也有些市值严重缩水，但能够成功"逃顶"使大量现金"入袋为安"的占比，肯定大大高于千千万万小股民，客观效应既拉大了"两极分化"，又加强了"庄家型"机构大户、利益集团的割据，难以达成有益于经济社会发展的合意结果，不仅不能如愿刺激消费、拉动实体经济发展、去杠杆等，而且还制造出了新的一些难题。市场风险的背后，可能是与政治风险连线牵手。

（五）救市"多管齐下"引致多维脆弱性，深度裂痕不易弥合

政府无奈救市时，措施"多管齐下"，在其必要性和积极作用之外，也确实会带来负面效应，引致市场多维脆弱性：一是通过大量资金投入来强力操作，进一步突出强调了政府的强势角色和强力作用，与市场发挥"决定性"作用的改革路线形成悖反；加大市场扭曲，削弱优化资源配置功能；二是"暴力"出手稳定市场也会给一些留守及有经验的投机者带来契机，跟随政策变化进行短炒，导致长线、价值理念投资行为被挤出，股票市场运行中操作特征更加超短期化；三是走在了违反市场经济运行规则、法治及契约精神的非常之策上，虽属救急的短期操作，但损害市场信心与信誉，从长期视角、宏观视角、体制机制视角看，所刻划的深度裂痕，过后也不易弥合。一系列救市举措过后，股市如何自我稳定、如何增强对经济增长的支撑、对实体经济的拉动作用如何发挥好、对股民的风险教育如何实施等等，仍困难不少，许多问题并未得到实质性解决。有论者甚至指出，突如其来的股市暴涨暴跌，或许会干扰我国人民币国际化（以资本项目下可兑换为关键）和利率市场化的改革进程。

四、旨在优化对策的第四层透视、反思与建议

（一）达成长期慢牛的根本之策在于以实质性改革支撑成长性与培育健康化市场、活力型企业

股票流通市场的基本作用是为了有利于实体企业在其中筹措长期资金，以优化资源流动配置促进实体经济健康发展。实现改革深水区的"攻坚克难"以支撑实体经济企业的健康成长、持续发展，才是我国股票市场呈现长期利好的根本之所在。没有基本面的"经济牛"和实质性的"改革牛"，仅靠所谓"政策牛"、"资金牛"、"消息牛"等等，势必都是短期的支持和易于泡沫化的因素。在经济增长步入"新常态"、全面深化改革必须攻坚克难、经济结构调整要经受阵痛、对外战略调整积极启动方兴未艾的复杂时期，本轮"股灾"所经历的前段短期快牛（"疯牛"和"癫猴"），并非是为我们的经济发展阶段所需要和所能正常承受的。总结与反思中，一方面亟须扭转在看待股市时先入为主的"支持走牛而使百姓满意"这种本末倒置的思维倾向，另一方面亟须实质性地抓住抓好改革攻坚克难、解放生产力而助益实体经济和股市成长性这个"牛鼻子"，从而可以市场的力量为主培育健康企业，通过技术创新、升级、产业结构优化等实实在在的进步，达成国民经济的良性发展，稳固经济增长的根本，从而才能够在长期时间视界内、在股票市场上生成长期慢牛的健康表现。

（二）清除结构错配的根源在于化解市场安排中的机制性纠结扭曲

我国资本市场和股票市场体制运行与结构格局中是存在纠结扭曲的，诸如对债市、股市融资和再融资过强的行政"一刀切"式管制，尽管在初衷上确有安全、稳定等积极意图，但会产生很大负面影响，实体企业往往不易获得实实在在的发展机会，股市也不易在一定程度上实现自我稳定和自我调节。与此同时，一方面资本市场层级、种类、产品仍较单一，大体量的资金流主要在房地产市场和股票市场两大领域之间流动；另一方面，随着资本价格不断推高，不论明沟暗渠，"借壳"与否，实际上资金都不易较低成本地真正到达实体经济部分。为清除这种结构错配，需在大格局上化解机制纠结扭曲，于问题导向下针

对性地增加有效制度供给，而不是仅仅侧重于流动性的总量调节与一般性的面上鼓励。理顺资本市场体系与结构（包括债市）和企业上市机制等制度建设前提下，辅以货币政策等的合理配合，才能如愿达成合意结果。

（三）对冲市场主体非理性的关键在于政府理性地发挥引导作用和资本市场体系建设作用，优化改造"分业监管"框架

若从人性趋利角度来看，股市所具有的较高风险、较高收益特征，显然对一部分投资和市场主体充满吸引力，往往成为动物精神、理性预期失灵等主导下群体非理性行为的集中地，一定意义上也属必然。对冲这种非理性的关键，就在于积极管理引导相关人群的预期、培育健康的投资心理，通过当局的积极引导使投资者行为尽可能理性化。从暴富狂想与非理性选择、塔西佗陷阱（实与民粹情绪相伴相生）等因素的激荡来看，我们在长期视角中应更注重引导股民形成正确的财富观，适当减轻民众投机心理，除了正确的舆论导向、知识普及、风险警示宣传等市场预期管理之外，通过资本市场的改革为资金构建更好的容纳场所，使长线健康投资成为可能，也需正确总结经验优化政府监管、调控体系来清除监管错配。我国"一行三会"的分工监管如何优化改造，已是此次动荡之后反思中的应有命题。

（四）政府发力重点和应急举措需尊重市场逻辑，优化游戏规则，严打违法违规行为

如华生教授指出，从西方股市几百年历史来看，早已形成以市盈率、市净率、换手率作为衡量股市泡沫尺度的一般模式，如忽视通盘权衡判断，将股市简单作为一个短期眼界下能否让老百姓赚钱的场所来理解，极易陷入"一厢情愿"，而与市场规律南辕北辙。政府的职责主要应定位于尊重市场、依法监管，让市场的配置功能正常发挥而能够总体上在资源配置中起决定性作用，配之以多种手段的优化引导（特别是经济利益导向的机制，如"持股一年以上给予个人所得税免征优惠"）于规则合理公正的前提下监管到位，便可使投资者利益得到最大限度保护，也会最大限度地减少"无奈救市"局面出现的可能性。当然，股市无万全之策，假如不得已之下强力救市的事态再次出现，救市中政府发力的重点和基本立场，仍应是最大限度地维护市场规则和法治契约，这时盯着指

数救市，当然情有可原，但非常时期"救市"的决策思维，其实不应是某个指数水平或只是以权重股的操作速"达标"，而应是市场功能得以维持的底线。所以，应借助合理的综合性分析，在操作中聚焦于市场不至失效的界限，而求系统性"维稳"的结果，借鉴国际经验设置"熔断机制"等，值得肯定。

在此，关联两个敏感词的认识很有必要提及，一是关于"恶意做空"：投资者做多做空皆为利益驱使，在准确认定到底某一动作是"恶意"还是"善意"上，几乎是不可能的任务，国际实践中即使对索罗斯式"金融大鳄"们的兴风作浪，也无以罪名认定成功而借此予以惩处的先例。监管当局的思维逻辑与核心概念，还是应当回归"违规与否"的命题，依法打击内幕交易等违规行为。二是关于"阴谋"：应当说监管当局之外的其他入市者"暗中策划"式的股市操作决策及相关操作要领，必以"商业秘密"形式普遍存在，与其于"股灾"发生后将其归之于这些主体的"阴谋"使然，不如直接诉诸当局的违规调查（以示严格市场规则）并同时检讨市场规则的漏洞与欠缺（以求"亡羊补牢"）。动辄按照运动式粉碎敌对势力的思维方式摆出姿态或处理股市波动问题，并不符合塑造监管理性、体现监管水平的市场经济时代要求。索罗斯兴风作浪后的名言是援引谚语"苍蝇不叮无缝的蛋"，当局的市场建设在开放条件下，唯有选择"制度自强"：政府发力的重点始终要放在以制度、规则、手段的合理化封堵可能的漏洞和缝隙之上。

对我国基础设施与基本公共服务供给条件前瞻性的分析认识

贾康　苏京春

中国作为刚进入中等收入发展阶段不久的发展中经济体，城镇化既有形成长期经济、社会成长动力源的"引擎"作用，又在基础设施和基本公共服务供给条件等方面提出了严峻的挑战。站在新的历史起点上，于弥合"二元经济"的长期发展进程中，我们需及时总结改革开放前面三十多年的经验教训，对今后几十年内势必展开的若干轮次、若干阶段的基础设施建设与基本公共服务供给条件升级换代方面做出前瞻性考虑，尽量提升供给绩效而减少和避免失误举措。

一、对于存在问题的简要考察

基础设施和与基本公共服务供给条件建设方面的一大特征，是对总体建设规划的水平，具有相当高的要求，因为不论是交通、上下水、供电、供暖，还是通信、通邮、涵管等，都必须合理形成一种网络系统，而桥梁、隧道、学校、医院、商场等，则应作为这种网络上的节点而合理布局（俗称"网点"）。一个城镇区域的"顶层规划"，至少应有一百年以上的眼界，否则便是不合水准的低劣方案。因此，各地"顶层规划"下的基础设施和基本公共服务条件建设，应当与规划配套地具有较充分的前瞻性，要适当打好"提前量"。我国这方面的条件建设，在前面几十年的主要教训是缺乏前瞻性，主要体现在以下三个方面：

（一）因"顶层规划"统筹不到位而不得不在短期内重复施工

作为基本公共服务设施的重要组成部分之一，上下水管道系统和类似涵管、光纤等的建设及翻修窘境，近几十年来在全国多个城市最为人所熟知。这些多埋藏在地下而与城市道路交通系统并行、共存，一旦涉及建设或翻修，需要对城市道路"开膛破腹"。在统筹规划不到位的情况下，各地被老百姓称为"马路应装拉链"的现象屡见不鲜，每多做一次路面的挖开和复原，必多一次为数可观的固定成本的投入，同时每一次整修所带来的停水、停电、交通堵塞、环境污染等问题又必给公众生活带来诸多不便，引发不满和抱怨。我国与城市道路交通系统并行的地下管道系统通常有自来水、污水、供暖、地热、光纤、光缆等，种种系统在地下盘根错节、错综复杂，且分别归属于不同的专业管理部门，哪一个系统出了问题，都扯动别家，避免不了大动干戈。规划与建设的前瞻性不到位，某一个系统内的问题往往在一次排查、处理后又于短期内重复出现（例如：由于下水管道直径较窄所导致的排水堵塞等），而不同系统内出现的问题通常是需要分别施工解决，从而表现出"今日为你开膛破腹，明日为他大动干戈"的熙攘景象。至于某处立交桥因净高不足在建成使用不到十年时就不得不炸掉重建、某个地标建筑因设计不周在短短几年内经历"热闹非凡的剪彩，颇费周章的拆除"过程的折腾案例，与上述情况实属同类。每次建、每次拆和每次再建，都创造统计上表现"政绩"的 GDP，但总合起来绝不是人民之福，实成民生之痛。

除以上的市内中心区典型问题案例外，随着我国道路交通的发展，高速公路建设中也明显存在某些前瞻性不足问题。北京最长、最繁忙的干道线路之一八达岭高速，于 1999 年动工，2001 年全线正式通车，总投资 48.85 亿元，全线一期为四车道、二期为六车道。然而，建成没几年光景，便开始出现经常性的堵车，时至今日，八达岭高速公路似乎已经不适合称之为"高速"，"一堵九天"的例子使公众视为畏途而又无可奈何。随着人口、经济、旅游活动和上路机动车数量的激增，八达岭高速显然已无法满足公众需求。当年沈阳—大连间的沈大高速，刚建成时还有人批评"超前了"，没几年却面对拥堵而不得不全线封闭，让施工力量重新进场全程增建一条车道，历时一年有余，百姓怨声不绝。

江苏—上海的沪宁高速，建成没几年就塞车严重，因不敢再用沈大路封闭施工的加宽模式，改为逐段单边双向行驶在另一边加宽的施工方案，同样怨声如沸。有了这么多的教训，是应反向思考：若在修建当初，能够将建设的前瞻性与财力预算安排更多地体现"提前量"，算总账下来要合算得多！随着我国城镇化水平持续提升，相关建设事项中若继续忽视公共服务设施供给前瞻性的问题，那么同类困扰将有可能继续在各地凸显。实践已反复证明：基础设施和公共服务条件建设中，既要注意防止过度超前、大而无当，又要防止提前量不足、反复折腾，但这几十年最主要的教训是来自于提前量不足的方面，原想可以紧打紧用节省一些，结果是很快落伍，不得不折腾，反倒劳民伤财。

（二）轮次间供给满足需求的区间较短而不得不频繁升级

基本公共服务设施"需求供给双方达到均衡"，意味着该基本公共服务设施恰好满足公众真正所需。如按照时间序列在一定时期内连贯观察，基本公共服务设施的供给相对于需求，大体上呈现这样的轨迹：伊始表现为需求高涨，政府着手组织供给，总规模适度大于需求，或至少使供给与需求达到均衡，其后需求又高涨，下一轮供给的条件建设不得不再度开始。若前瞻性较高，从"供给大于需求"过渡到"需求供给双方均衡"的区间持续时间较长，下一轮供给开始的时点可以较晚，在全周期内公众满意度较高，从长期看其综合性绩效水平也较高，但对于每一轮次的集中投入规模要求亦较高。任何供给主体的投入能力都是有限的，所以这种设施条件建设只能分轮次逐步"升级换代"地进行。由于规划水准和前瞻性不足是主要问题，我国目前基本公共服务设施建设项目施工后供给满足需求的时间段较短，这在一定程度上表现了初级阶段国力支撑较弱，而同时也往往反映着前瞻性不到位，从现象上表现为短期内便需要扩建或重建，并以公众满意度的损失等造成社会代价。首都机场扩张工程十几年内不得不上马三次，是典型案例之一。

（三）部分地域配套事项明显滞后，使综合效益无法如愿发挥

转轨时期基本公共服务设施前瞻性欠缺的另一个突出表现是配套要素到位相对滞后。例如，某些城市近年目标规定下的棚户区改造和保障房建设能够按时竣工，但部分地区供暖、燃气等配套系统并未随之落实。在廉租房、公租房

小区内，群众子女入托和入学、老人赡养以及就近就医等问题，也未得到配套解决。再如，在一些边远县、乡镇和欠发达地区，"金"字号工程既已落实，各项补贴转入"人头卡"内，而群众因缺乏金融网点而难以取现的情况也时有发生。所以在基本公共服务设施落实的概念内，需要有关于必需配套事项的长远打算和足够的前瞻性分析与安排，才能因地制宜、发挥建设项目的正面效应，真正满足民生所需。

二、前瞻性不足负面影响的简要总结

基础设施和基本公共服务条件建设缺乏前瞻性带来的主要问题，至少主要表现在如下三个方面：

第一，重复建设造成的资金浪费。在同一时点下，提升前瞻性的基本公共服务设施供给与不提升相比，是需要更多的资金规模予以支持的；然而若将较长时期作为比较区间，提升前瞻性后的供给，可避免重复建设带来的固定成本费用叠加，且有助于提升公众满意度，从综合绩效的角度考虑应更具明显优势。

第二，对社会公众生活带来的不便与不满。主要表现一是反复施工对公众生活带来的负面影响；二是供给滞后使公众满意度降低，不满情绪上升。

第三，为"寻租"增加机会。基本公共服务设施的供给中，如高速公路、市政建设、"住有所居"的保障性住房工程等，往往需引入工程承包、公私合作伙伴（PPP）模式或采取产品和服务外包的方式，在广纳社会资金为公共服务建设所用的过程中，也于一定程度上带来了"设租"、"寻租"的风险。虽然我国在加强监管、优化招投标管理方式等方面已做出不少努力，但透明化、规范化程度往往仍难令人满意，非规范的不良行为问题与每一轮供给环节仍存在"设租"、"寻租"空间相关而处于高发状态，加之已形成的利益集团存在强大的关系网，并且易和强硬的行政权力联通，资金绩效管理体系往往难以有效形成，还有可能引致前瞻性不足与寻租机制相互激励，"越寻租—前瞻性越差—越不规范—越易寻租"的恶性循环。

三、四条对策建议

我国现阶段正值提高城镇化水平、全面推进基本公共服务均等化、逐步扩大社会福利覆盖范围及稳步提高各项福利水平的历史进程中，在基础设施和基本公共服务条件建设方面应特别注重从以下四个方面考虑，提升供给的前瞻性与绩效水平。

（一）以全口径预算约束为财力后盾，创新投融资"乘数"机制，支撑建设的前瞻性

提升前瞻性决不意味着盲目提升基本公共服务设施的供给水平，而是力争做到在较长的时间段内、在可预见的前提下，以可供支配的全口径预算财力作为约束条件和财力后盾来提升建设的前瞻性，量力而行、尽力而为。考虑可用财力规模的同时，特别应当积极考虑投融资中如何提升"四两拨千斤"式乘数、放大效应，拉动民间资本、社会资金跟进，打开机制创新的潜力与放大能力空间。

（二）以高水平战略规划指导顶层设计，预留长期发展的动态优化空间

提升前瞻性是要以目光远大的科学预测为基础，以高水平的全局顶层规划为依据，因而作为转轨时期的发展中国家，我们需要以各政府辖区动态优化的发展战略目标为方向，以科学合理、远见卓识的顶层规划方案覆盖建设全局，避免动辄挥金如土、大动干戈地反复折腾，尽可能地为长期发展预留动态优化空间。应主推"打出适当提前量的优化建设"，实质性地减轻中长期的财政压力，同时减少公众不便和不满。要切实利用供给前瞻性，在落实民生改善工程中提升公众满意度。

（三）以统筹为原则，提升配套前瞻性的实现手段

以统筹为基调和原则，意在强调在基础设施和基本公共服务条件建设中注重矩阵型组织管理，在财力为预算约束的前提下通盘安排全面供给的框架和内容，力求科学细化、因地制宜。一些已有进展的实现手段，如城镇建成区的全覆盖"共同沟"方式（所有地下管网、线路等均入此沟），应充分予以重视，加快推广。

（四）以公开透明为前提，发展"参与式"预算，提升资金使用的前瞻性和有效性

为促进我国基本公共服务设施供给的资金利用率逐步提高，应注重"政务

和预算信息公开"制度建设的推进，鼓励浙江温岭等地"参与式预算"形式的理财民主化机制构建和发展，探索更多地依公众诉求进行建设项目优化等级划分和轻重缓急安排，并丰富和发展多种具体的资金监管方式。资金使用的透明度是提升资金利用前瞻性的重要相关因素。以北京机场高速路为例，根据2008年2月审计署公布的数据，该高速路从1993年建成首次通车到2005年底，收费累计达到32亿元，且剩余收费期内还将收费达到90亿元，而机场高速的总投资额仅为11亿6500万元，公众对于这种既已还清贷款还要强制收费之事非议颇多。这一事例虽直观地表现了首都机场高速路收费定额前瞻性的缺乏，然而更为实质性地体现出的主要问题，是公众对不透明资金管理与使用的不信任，这种不信任和不满，最终导致在强大舆论压力下将原来每次10元的收费降为单向和每次5元。其实如能将机场高速收费收入较充分地透明化、阳光化，以及把用途细化，该资金完全可以正大光明地"滚动"式用于其他相关基础设施（例如首都第二机场相连高速路）的建设。若各项基本公共服务设施投建之初都能够具有前瞻性地考虑到资金回笼和支出的审计监督和信息透明度，那么预期的可得资金便可正大光明地支持后续的滚动开发建设，从而加快我国基本公共服务条件的提升和民生的改善。

主要参考文献

1. 贾康：《"铁公机"投资中政府的超前意识》，《上海国资》2010年第3期。
2. 贾康、孙洁：《公私伙伴关系（PPP）的概念、起源、特征与功能》，《财政研究》2009年第10期。
3. 商灏、贾康：《公众提出质疑和建议是公共财政民主机制的必然表现》，《华夏时报》，2010年3月13日第30版。
4. 贾康：《依托公正民主的决策监督机制，开创财政统筹兼顾新格局》，《财政监督》2008年第15期。
5. 贾康：《公共服务均等化要经历不同的阶段》，《中国人口报》2009年11月27日第3版。

治理雾霾促进环保需充分运用经济手段，破解"两大悖反"

贾 康

改革开放以来中国经济社会取得长足进步，目前仍具有一定的"黄金发展"特征，但物质资源环境制约和人际利益关系制约互动交织而成的"矛盾凸显"，已带来潜在增长率"下台阶"和对于发展可持续性的明显压力。近年来的"雾霾"问题是我国生态环境中大气污染危害升级的突出标志。促进环保提升生态文明程度，合乎逻辑地成为党的十八大以来"五位一体"总体布局最高层面战略部署的重要组成部分。

一、必须高度重视雾霾所代表的环境威胁与挑战

我国改革开放新时期中，较早已有"避免重走发达经济体先污染后治理老路"的认识，并由最高决策层明确地提出了资源节约型、环境友好型这一"两型社会建设"方针，又提升到统领全局的"全面、协调、可持续"科学发展观，以及十八大以来"五位一体"建设生态文明的"国家治理现代化"治国理念。但面对当前现实我们不得不承认，由于种种原因，迄今为止我们并没有走通"避免先污染后治理"之路。严峻的挑战是，2013年以来，动辄打击大半个中国且已造成"国际影响"的雾霾，实已带有环境危机特征，引起了民众广泛不满和政府管理部门高度焦虑，形成了对于我国经济社会生活的现实威胁，亟待化解。一些雾霾严重的城市实施控煤、控车、控油、治污等污染防治措施，确有

必要，也有成效，但离实现使公众放心地呼吸上清洁空气的目标尚远。而一味采用车辆限行限购、工厂停工停产等简单化行政手段进行治理，不仅容易引发社会矛盾，而且治标不治本。短期强力打造"APEC蓝"、"阅兵蓝"只能是权宜之计。那么，雾霾到底应该怎么治理？环保的长效机制应当怎样构建？

环境问题成因中最需注重、最为可塑的是制度机制因素，

二、相关改革的重大意义必须挑明

正视环境危机挑战，我们一方面需要清醒地认识到，我国消除雾霾危害这一目标的实现，还需待以时日，因为在"先污染后治理"的既成事实轨道上再来解决此种问题，已不可能一蹴而就；另一方面，必须以最高重视程度，正确树立中长期减排治污、消除雾霾等环境危机因素的可行思路与务实的方案框架。

这里首先有一个"对症下药"的视角，即雾霾愈演愈烈的成因到底是什么？关于我国雾霾等环境危机因素的细致成因分析，固然还需要展开大量的科研工作，但目前全局框架下基本的判断却已经可以形成：这明显地与我国具体国情中的如下几个要点息息相关首先，我国近95%的人口聚居于仅占42%左右国土的"瑷珲—腾冲线"（亦称"胡焕庸线"）之东南方，使能源消耗、环境污染压力呈现"半壁压强型"；第二，我国基础能源主要依靠国内储量丰富的煤炭——随着燃油国内供给明显不足等因素在近年浮出水面，加之水电、核电、风电、太阳能电所遇的各自制约，目前全国电力供应中的约80%已是烧煤发出的火电，而煤的清洁化使用难度高，大气污染等负面效应十分突出；第三，前面几十年我国特定发展阶段上形成了在经济起飞中以重化工业支撑的超常规粗放式外延型快速发展模式，单位GDP产出中的能源消耗系数相当高，污染因素集中度高而不能有效化解。以上这些，可称为我国能源—环境压力方面客观存在的"三重叠加"，我们极有必要据此如实认识理解相关环境挑战的严峻性质。

接下来，还特别需要指出，在上述基本国情和"三重叠加"中，有关人口分布、自然资源禀赋、发展阶段特征等基本上不可选择的因素之外，还有可塑

性高的制度机制因素密切相关，而在这个方面我国存在重大缺陷，对于雾霾等环境问题的恶化难辞其咎。也就是说，我国目前环境问题的一个重大原因，来自于机制性的资源粗放低效耗用状态，它涉及煤、电、油等能源耗用相关的制度安排问题，使大气、水源水流、生态环境恶化，形成了经济、社会生活中危及人们生存质量的不良传导链条。比如：在我国一般商品比价关系和价格形成机制基本实现市场化之后，在国民经济中基础能源这一命脉层面"从煤到电"（又会传导到千千万万产品）的产业链上，却一直存在着严重的比价关系与价格形成机制扭曲、非市场化状态和由此引出的"无处不打点"的乌烟瘴气的分配紊乱局面，特别是助长着粗放式、挥霍式、与节能降耗背道而驰的增长模式和消费习惯，在现实的比价关系和利益相关性的感受之下，社会中的主体几乎谁也不真正把节电、节水当回事！而节电、节水，在我国实际上就是节煤降污，就是抑制和减少雾霾。以首都北京为例，改革开放初期至今，民用电价格上涨了2倍多一些，但同期百姓"居家过日子"必须消费的蔬菜（如西红柿、黄瓜、大白菜）价格却是上涨了百倍以上！那么现实生活中，什么值得精打细算，什么几乎可以忽略不计，不是再清楚不过了吗？家庭生活中如此，企业方面，几十年间用电与其他料、工、费的比价关系也同样如此——可试想一下，三十多年来企业工作人员差旅费支出水平的变化不也要高出电价上涨上百倍？利益对比的普遍情况，必然引导与影响企业、居民的能源消费习惯与行为特征，这是一种不容回避的基本事实。

我们面对这种倾向于粗放化、高能源消耗、高环境压力因而可能发展过程不可持续的挑战与威胁，必须抓住可塑、可选择的机制与制度安排问题不放。下一阶段极有必要积极推进从资源税改革切入、逼迫电力价格和电力部门系统化改革，并进而引发地方税体系和分税制制度建设来助益市场经济新境界的新一轮税价财联动改革。这一主题，其实过去已在若干角度上被方方面面所关注和议论，但还缺乏一种"捅破窗户纸"或"打开天窗说亮话"式的正面审视，没有挑明并加以通盘连贯处理，亟待在"配套改革"概念上形成"路线图与时间表"式可行方案设计。

三、现实生活中政府、民众两方面存在"两大悖反",必须依靠配套改革中形成经济手段为主的长效机制来化解

我国现实生活中,存在两大悖反现象:一方面,官方反复强调科学发展、包容性可持续增长,但实际进展是在部门利益、垄断利益的阻碍下步履维艰,为此必须做的与煤、电相关而形成经济手段为主节能降耗长效机制的改革,一拖再拖——如电力部门改革十多年前就已形成的"5号文件",在关键的使电力产品通过竞价入网机制回归商品属性,从而产生选择性、竞争性的改革,寸步未动;另一方面,公众对环境恶化、雾霾打击等的感受,日益趋向"民怨沸腾",但一说到资源税、环境税等改革,却又会由其"加税"特征引发一片反对声浪,甚至有人会跳着脚骂娘,很不认同这种会牵动利益关系的经济调节方式;上述这种政府、民众两大方面的悖反状态,导致"科学发展"、"生态文明"迟迟难以落地,显然必须依靠着眼全局、前瞻长远、逻辑清晰、设想周全的改革设计,与以更大决心、勇气、魄力和智慧构成的改革行动来破解悖反,贯彻绿色发展战略,从而把中国来之不易的现代化发展势头和仍然可能在相当长时期内释放的较高速发展和"升级版"发展的潜力,真正释放出来。

为治理雾霾,促进环保和低碳,循环经济发展,当然需要多种手段并用,但实话实说,节能降耗方面政府行政手段为主的选择式"关停并转",虽仍然被反复强调,但其操作空间有限,仅适合为数不多的大型企业;以法规划定"准入"技术标准的"正面清单"方式,逻辑上说可以用来面对中小企业,但如果以此为主来操作,且不说会受到环保机构必然遇到的"管理半径"、"人员充足率"的制约,并且一定会产生为数众多、防不胜防的"人情因素"和设租寻租,发生事与愿违的种种扭曲和不公,效果亦不具备较高的合意性。长期可靠、效应无误、值得推崇的转型升级出路和可充当主力的调控长效机制,是通过改革,以经济杠杆手段为主,让本应决定性配置资源的市场力量充分发挥公平竞争中的优胜劣汰作用,把真正低效、落后、过剩的产能挤出去,实际化解"两大悖反",进而引发出来一个绿色、低碳、可持续的经济社会发展"升级版",带来

蓝天碧水和清新空气。充分实行的这种杠杆调节一是全面的，即产业链上全覆盖；二是内生的，即生产者、消费者从自身利益出发产生节能降耗的动力；三是长效的，即是可持续、可预期的。

四、相关配套改革的一个关键和两个要领

新一轮价税财配套改革的一大关键，是抓住可用时机推出将资源税"从量"变"从价"机制覆盖到煤炭的改革。2014年12月1日起，全国煤炭资源税由从量计征改为从价计征，这正是抓住了我国煤炭市场价格走低的宝贵时间窗口，形成了新一轮税、价、财联动改革的关键起点。将资源税从价计征的机制覆盖到煤炭，将有望在今后的市场经济运行中进一步理顺我国基础能源比价关系，冲破利益固化藩篱，使充分反映市场供求关系的能源资源价格形成机制顺应市场经济，在配合地方税体系建设等财政体制深化改革任务的同时，成为一只威力巨大的看不见的手，在今后的市场经济运行中形成法治化框架下有规范性和可预期性的经济调节手段为主的制度体系与运行机制，促使全中国现已达6000万个以上的市场主体（含微型企业和个体工商户）和近14亿居民，从自身的经济利益出发，根据市场信号和政策参数"内生地"积极主动地节能降耗，企业会千方百计开发有利于节能降耗的工艺、技术和产品，家庭和个人会注重低碳化生活，这样群策群力以可持续的转型发展打造"中国经济升级版"，促使国民经济与整个社会，走上一条可以越走越宽的连通"中国梦"愿景的绿色、低碳新路。这时政府可做、应做之事，主要在于把握好两个要领：第一，要掌握好力度，于上述配套改革中使大多数企业在比价关系变化面前，经过努力可以继续发展，少数企业被淘汰出局——可酌情渐进地做多个轮次，每次出局的便是所谓应被淘汰的"落后、过剩产能"；第二，当比价关系变化传导到最终消费品时，及时适度地提高低保标准，使最低收入阶层的实际生活水平不下降，而中等收入阶层会自觉调整消费习惯，趋向于低碳化生活。总体上，如掌握好这样的关键内容和两大要领，这个新时期必做的新一轮价税财联动改革就可望成功。

这种配套改革为当代中国迫切所需，势在必行。纵有千难万难，我们也应群策群力，攻坚克难，力求突破，这才不枉负我们从未如此接近的中华民族伟大复兴的召唤，以及我们必须把握的十八届三中全会后以全面改革实现"国家治理现代化"的战略机遇期。

PPP：制度供给创新的正面效应和政府管理构架

贾康　陈通

PPP 是英文 Public-Private-Partnership 的缩写，过去直译为"公私合作伙伴关系"，其机制创新在近年于国内引起前所未有的高度重视之际，有关管理部门已将 PPP 意译为"政府与社会资本合作"，成为文件中的规范用语。

关于 PPP 的基本概念和定义表述，学者还有见仁见智的争鸣，但基本共识已比较清楚，它所指的是在基础设施、公共工程与公共服务领域由政府与非政府主体合作共赢式的供给机制。具体的运作形式，包括 BOT（建设—运营—移交）、TOT（移交—运营—移交）、ROT（重整—运营—移交）、BT（建设—移交，即政府按揭式工程采购），以及 RC（区域特许经营，即连片开发），等等。虽然 PPP 的雏形可以上溯到几百年前欧洲就已出现的政府授予公路养护者的"特许经营权"，但其在经济和社会生活实践中的大发展及其概念的明确化与大流行，还是 20 世纪后半期随着新公共管理运行的兴起，在发达经济体与新兴经济体的进一步创新发展中出现的。把原来已习惯地认为应由政府负责和兴办的架桥修路等公共工程以及医院、学校、航空港、垃圾和污水处理场等公共服务设施，改为与市场机制对接、吸引政府之外的企业和社会资本同政府在平等合作关系框架下一起办，其创新的特点显而易见。

一、PPP 模式六大方面的正面效应

从表征看，PPP 首先形成了投融资机制的创新，可以将大量非政府的民间资

金、社会资本引入公共工程与服务领域，但其实它又决不仅仅限于投融资模式层面的创新，它还以风险共担、利益共享、绩效升级方面的鲜明性质形成了管理模式的创新，并天然对接混合所有制改革和法治化制度建设，具有国家和社会治理模式创新层面的重要意义。所以，应当恰如其分地和全面地理解与评价PPP这一制度供给的伟大创新：它是从投融资模式，到管理模式，再到治理模式贯通的新型制度供给，特别是对于在新历史起点上面对全面建成小康和现代化的"中国梦"目标，力行全面深化改革和全面依法治国的当代中国，PPP更具有不容忽视的重大现实意义，它至少将产生如下六大方面的正面效应。

（一）缓解面对城镇化、老龄化历史进程的财政支出压力，使政府更好地发挥作用

对于正在走向"伟大民族复兴"的中国，PPP的正面效应首先体现为：从政府主体角度看，减少财政支出的压力，提高财政资金总体使用绩效和政府履职能力。中国正处于快速发展的城镇化和迅速到来的人口老龄化过程中，未来几十年内将有约4亿农村居民要转入城镇定居，并将新增近2亿60岁以上人口的老龄医疗与生活服务供给需要，静态算账至少需60万亿元以上的公共工程投入，如做动态测算，这方面的投入将更是大得难以想象。政府再沿用"单打独斗"式思路去应对相关的城镇化、老龄化挑战，注定是没有出路的，但如能有效地调动业已雄厚起来的民间资金、社会资本，以与政府合作方式形成共同供给机制，将有效缓解上述财政支出压力。

（二）在公共服务供给中形成"1+1+1＞3"的机制，使进入中等收入阶段的社会公众可持续地受益受惠

政府履职尽责和实现现代化战略目标，最终是"为人民服务"，使社会公众得实惠，并使这样的受益受惠可持续。从我国社会公众主体角度来看，在公共服务水平逐渐提升而确有受益的过程中，相关的问题亦不可回避、不能忽视：过去政府提供服务中存在的工程超概算、施工期拖长、质量出毛病、运行管理中服务不热情、不周到等弊病，已与进入"中等收入阶段"后公众要求更美好生活的"公共服务升级"诉求形成了明显的反差，影响到社会生活的和谐和群众的"幸福感"。恰是PPP的机制创新带来了一种使政府、企业、专业机构于

合作中形成"1+1+1＞3"的公共服务绩效升级效应，因为这一合作机制，是将政府的规划与政策相对优势、企业的运行管理相对优势和专门机构的特定专业领域相对优势结合在一起，形成风险防范与处理能力的最优组合，来针对性地防控与化解项目中的相关风险。这就可望有效地克服过去司空见惯的那些弊端，可持续地使社会公众受益，从而提升公众的满意度、幸福感。这一点在实践案例中已有极好的体现，并将助益于跨越"中等收入陷阱"的全局性战略诉求的实现。

（三）为一大批作为市场主体的企业打开进一步生存、发展的空间，使现代市场体系更为健全和成熟

在我国已经壮大并在资金力量日益雄厚起来的民间资金、社会资本持有主体中，一大批有强烈发展意愿，并在偏好类型上适合PPP的企业，会由此打开他们新的生存与发展空间，并形成在我国本土和实行"走出去"（如"一带一路"战略）之中许多的PPP项目上，境外社会资本的参与和多方合作互动，这对于发展健全我国的市场经济有积极的促进作用。应当强调，所有参与PPP的企业的基本动机与行为定位，仍然是"在商言商"，是以市场主体"投资取得回报"的模式，来形成其物质利益追求与"社会责任"的统一，但企业方面必须接受PPP"盈利但非暴利"的原则约束。所以客观地说，不是一切企业都适合于同政府合作参与PPP，比如风险投资、创业投资、天使投资类型的社会资本，偏好"快进快出"和"以敢冒高风险博取高回报"，通常不是PPP的适宜参与者。有意愿和政府合作锁定较长期虽不很高但"可接受"回报水平的市场主体，其实"大有人在"且资本规模可观。这些企业家偏好于较长期，甚至极长期可预期、可接受的投资回报，愿意通过参与PPP提高生活质量并获得发展其他事项（包括收藏爱好、文化活动和从事公益慈善等）所需的时间与闲暇，这是市场体系成熟、健全的表现，在中国特色社会主义市场经济的发展中也不例外。

（四）联结、对接意义重大的"混合所有制"改革，促进企业改革与全面改革的实质性深化

在中国现在特定的发展阶段上，PPP还有一项非常重要的、战略层面的制度创新意义：它直接呼应了十八届三中全会在现代国家治理、现代市场体系方面

的要求，即混合所有制改革。

中国现代市场体系建设面临的一项"攻坚克难"的改革任务是企业改革，包括使国有企业消除不当垄断和使非国有企业突破前后两个"三十六条"发布后仍未突破的"玻璃门"、"旋转门"、"弹簧门"，使国企、民企两方面都健康地"活起来"。在PPP的推行与发展中，恰恰可以通过其与"股份制—混合所有制"的天然贯通来实现这一目的，因为形成一个PPP项目在产权方面没有任何选择上的局限，是在法治环境下形成的多产权主体间的契约。最典型的即以SPV（special purpose vehicles）的形式组成特殊项目公司来运营PPP项目，公司内所有股权都有清晰归属，每一份标准化的股权属于明确的股东，认定以后不会产生无法处置的纠纷（少数纠纷可通过法律途径解决），大家可以在这样稳定的、可预期的法治环境下，实现利益回报的共赢。而且，SPV的股权结构，在天然具有混合所有制特征的同时，又天然地倾向于不使国有股权"一股独大"，因为政府股权参与的动机是发挥"四两拨千斤"的乘数效应来拉动、引致民间资本大量跟进，乘数越大，相关政府工作的业绩评价会越好，因此社会资本、民营企业的股份在PPP中通常会成为股权结构里的"大头"，甚至是绝大多数。显然，这方面的突破式发展，也将有效淡化贴标签式、吵得热闹但不会有结果的"国进民退还是民进国退"争论，深刻、长远地影响中国的现代化进程。

（五）促进"全面依法治国"的法治化建设，培育契约精神和催化专业、敬业的营商文明

PPP与十八届四中全会关于"全面依法治国"、"依法行政"的指导方针具有天然内在的契合，客观上必然要求加快法治建设、打造高标准法治化的营商环境。因为一个个PPP项目，都需要有可预期的法治保障使作为合作伙伴的企业产生对长期投资回报的确定性与认同感，否则是不会自愿签署合作协议的。政府方面的"强势"会在PPP实施中得到约束：不论政府在前期还有多少"主导性"和"特许权在手"的强势地位，一旦签约PPP，就要以与企业相同的"平等民事主体"身份依法定规范认定契约，并按照"法律面前人人平等"的原则遵守契约；假如政府违约，也要经由法律程序"公平正义"地加以校正和处理。这对于实质性地转变政府职能、优化政府行为和全面推进法治化，不啻是一种

"倒逼"机制。PPP的发展，对法治、契约和上述所有这些营商文明的培育都将是一种催化剂，对于降低交易成本、鼓励长期行为和促进社会和谐进步，具有国家治理现代化和包容性发展层面的全局意义。

（六）有利于在认识、适应和引领"新常态"的当前与今后的一个阶段，对冲经济下行压力，优化支持经济社会发展后劲的选择性"聪明投资"，增加有效供给

面对现阶段的经济下行，需要特别强调投资的作用。中国投资领域的关键问题不在于总量和增速，而在于结构、质量与综合绩效。走向经济新常态，迫切需要把握好有助于支撑全局的"聪明投资"。PPP所关联的投融资项目，都属于有利于调结构、惠民生、护生态、防风险、增绩效的选择性项目，又配合了促改革与稳增长，是利用混合所有制创新将"过剩产能"转化为有效产能（诸如钢铁、建材、施工机械与设备的制造等行业和领域），会形成一大批"聪明投资"对冲下行压力，以有效供给来增加长远发展后劲，因此，它是在供给侧助益适应和引领"新常态"。

二、政府管理构架及其动态优化

从国际实践看，PPP效果与国家治理体系的治理能力正相关。国家治理能力相对较弱的经济体，PPP的发展面临更多挑战，具体体现在PPP吸引力不足，成功率较低。PPP管理客观地需要更多制度供给。社会资本的逐利性是其天然属性，不可回避。引入PPP模式，在商言商仍是企业的基本立场。如何保障社会资本盈利而不暴利，避免国有资产流失，是政府在角色转变后的重要职责。

完善的PPP管理构架应该包括信息发布平台、PPP项目筛选体系、PPP项目顾问机制、PPP项目监管系统及产权交易平台（详见图1）。功能板块信息共享互通综合管理，资源内外生自由流动，实现对PPP模式全生命周期的前瞻性管理。各级政府构建PPP综合管理体系是充分发挥市场作用、促进PPP模式平等互利、政府与社会资本利益共享风险共担的重要保证。

PPP：制度供给创新的正面效应和政府管理构架   607

政府 PPP 全生命周期管理构架规划

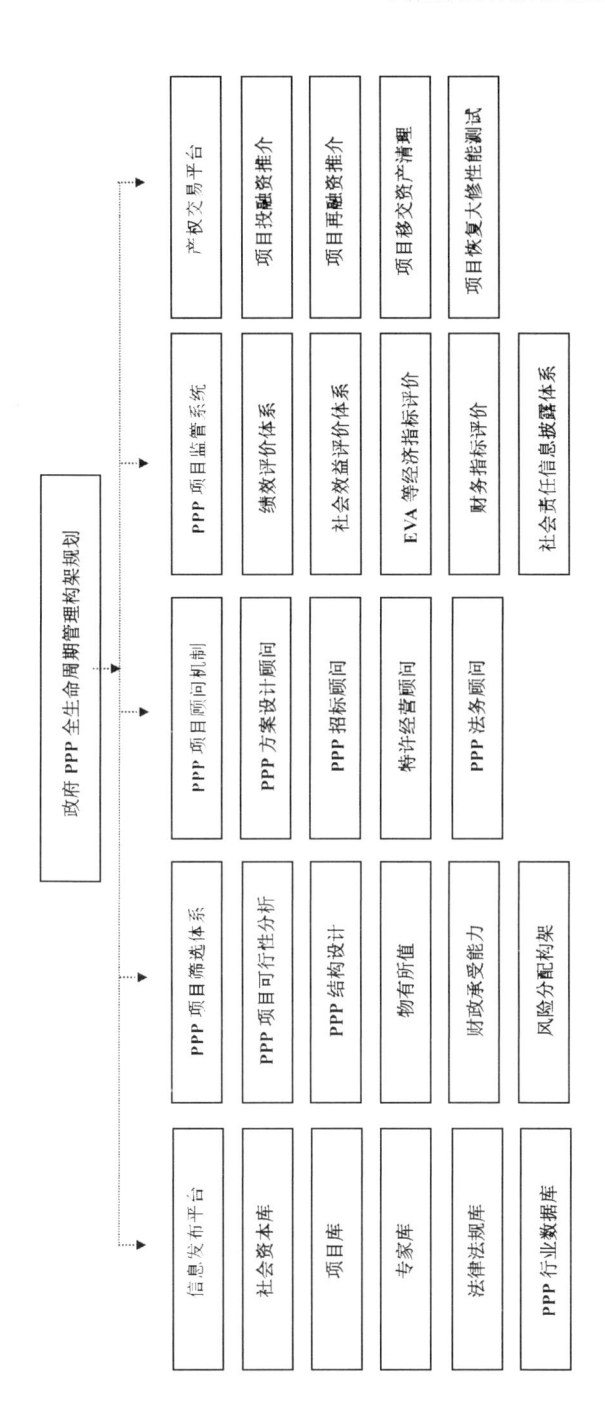

信息发布平台	PPP 项目筛选体系	PPP 项目前期机制	PPP 项目监督系统	产权交易平台
社会资本库	PPP 项目可行性分析	PPP 方案设计顾问	绩效评价体系	项目投融资推介
项目库	PPP 结构设计	PPP 招标顾问	社会效益评价体系	项目再融资推介
专家库	物有所值	特许经营顾问	EVA 等经济指标评价	项目移交资产清盘
法律法规库	财政承受能力	PPP 法务顾问	财务指标评价	项目恢复大修性能测试
PPP 行业数据库	风险分配构架		社会责任信息披露体系	

图 1　政府 PPP 全生命周期管理构架规划图

政府 PPP 管理要贯穿于 PPP 项目全生命周期（其时间节点详见图2）。在项目识别阶段，政府通过"信息发布平台"对接各方社会资源供需，群策群力甄别优质 PPP 项目。在项目准备阶段通过"PPP 项目筛选体系"进一步通过定性、定量指标确定项目的预期效果及各阶段边界划分，为竞争性磋商奠定基础（详见图3）。在项目采购阶段，规范的"PPP 项目顾问机制"可以使各方得到咨询服务支持。在项目的运营阶段，"PPP 监管体系"实时掌握项目的最新进展和财务状况，以利及时调整补贴标准和对社会资本的违规行为提出整改意见。在项目移交阶段政府可通过"PPP 产权交易平台"对移交项目进行性能测试、再融资等提供规范和保障。

总之，PPP 这一制度供给伟大创新的正面效应非常值得注重、发掘与期待。全面深化改革新时期，决策层和管理层对 PPP 的高度重视、明确要求及立法、示范、培训安排的紧锣密鼓，以及各界对 PPP 的高度关注和积极交流互动，已表现出这一制度供给伟大创新在中国将迎来前所未有的发展机遇。在我国《预算法》修订后，地方政府负债中部分存量的替代机制和今后部分增量的供给机制也都可以并需要与 PPP 机制创新对接；"新产业革命"时代中国"地方竞争"中"非梯度推移"地可匹配于东、中、西部的"连片开发"等创新事项，也会使 PPP 在中国实践中有望展示异乎寻常的亮色。当然，鉴于 PPP 对法治化条件与专业化要素的高标准要求，PPP 操作在实际生活中不可能一哄而起、一拥而上。但应强调：新时期迫切需要积极地消解畏难情绪和观望态度，引导与鼓励"实干兴邦""事在人为"的创新取向；把"想干事、会干事、干成事、不出事"的各界人士，以高水平长期规划和"亲兄弟明算账"的契约，结合成生龙活虎的 PPP 团队，在创业创新发展中打造无愧于时代的业绩。

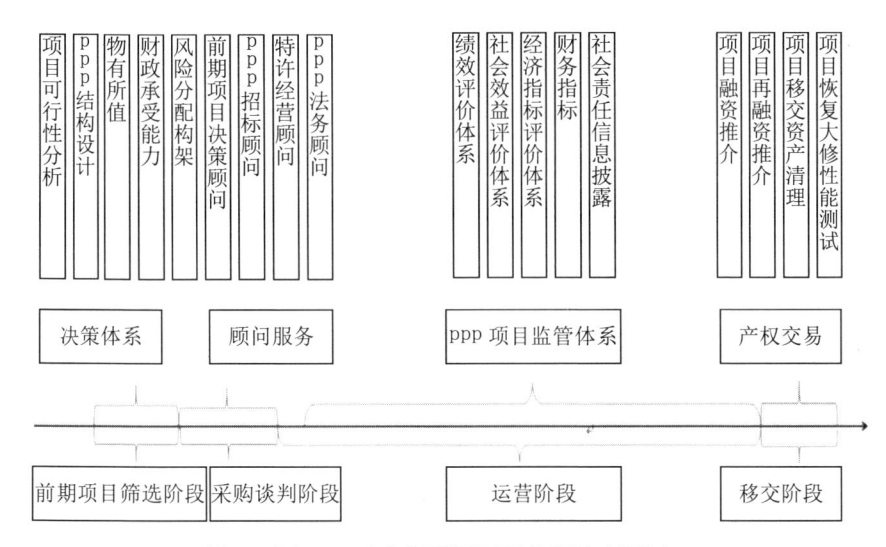

PPP：制度供给创新的正面效应和政府管理构架　　609

决策体系：项目可行性分析 | PPP结构设计 | 物有所值 | 财政承受能力 | 风险分配构架 | 前期项目决策顾问

顾问服务：特许经营顾问 | PPP招标顾问 | PPP法务顾问

ppp项目监管体系：绩效评价体系 | 社会效益评价体系 | 经济指标评价体系 | 财务指标 | 社会责任信息披露

产权交易：项目融资推介 | 项目再融资推介 | 项目移交资产清理 | 项目恢复大修性能测试

阶段：前期项目筛选阶段 | 采购谈判阶段 | 运营阶段 | 移交阶段

图2　政府 PPP 全生命周期管理构架规划时间节点

ppp 项目前期决策体系

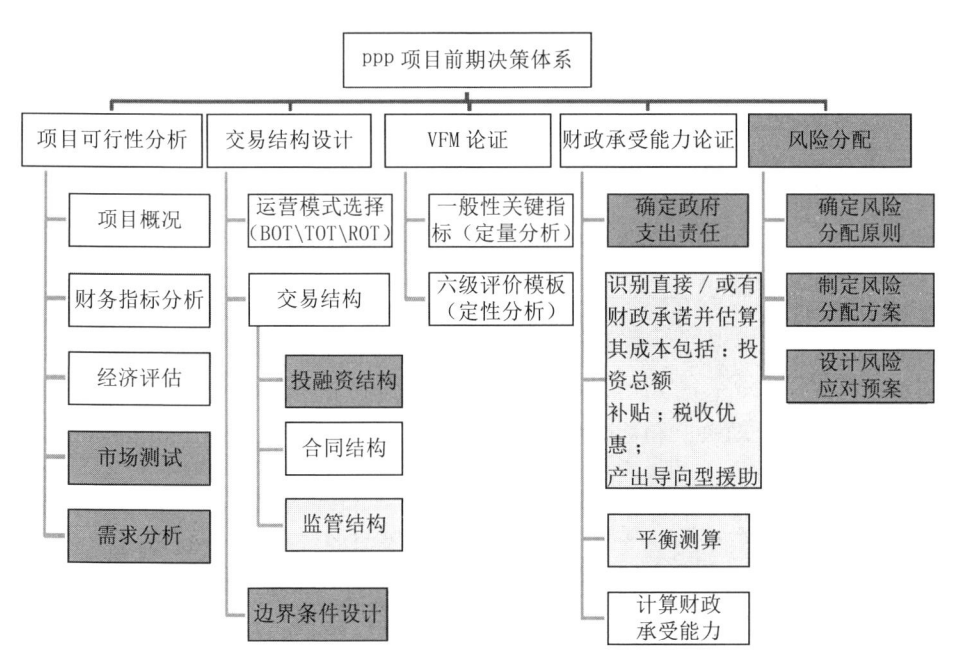

- 项目可行性分析
  - 项目概况
  - 财务指标分析
  - 经济评估
  - 市场测试
  - 需求分析
- 交易结构设计
  - 运营模式选择（BOT\TOT\ROT）
  - 交易结构
    - 投融资结构
    - 合同结构
    - 监管结构
  - 边界条件设计
- VFM 论证
  - 一般性关键指标（定量分析）
  - 六级评价模板（定性分析）
- 财政承受能力论证
  - 确定政府支出责任
  - 识别直接/或有财政承诺并估算其成本包括：投资总额补贴；税收优惠；产出导向型援助
  - 平衡测算
  - 计算财政承受能力
- 风险分配
  - 确定风险分配原则
  - 制定风险分配方案
  - 设计风险应对预案

图3　政府 PPP 项目筛选体系

注：深灰色和浅灰色部分需要根据竞争性磋商进程不断调整变化

PPP 模式理论阐释及其现实例证

刘 薇

引言

党的十八届三中全会《中共中央关于全面深化改革若干重大问题的决定》对全面改革进行部署，强调市场在资源配置中发挥决定性作用，提出了基本经济制度的重要实现形式是混合所有制。实际上强调了公有和非公有的经济成分混合实现最大的包容性，在法治保证的现代股份制形式下，使公有的、非公有的产权，融合到市场主体——一个个企业的内部产权结构中，促进和实现有效供给，寻求相关利益主体的共赢。PPP 机制创新正是混合所有制实现的重要途径和手段，将为全面深化改革以及全面小康社会实现做出重要贡献。

为贯彻落实党的十八届三中全会关于"允许社会资本通过特许经营等方式参与城市基础设施投资和运营"[1]的精神，财政部于 2014 年 9 月下发《关于推广运用政府和社会资本合作模式有关问题的通知》（财金〔2014〕76 号，下称"76 号文"），着力推动政府和社会资本合作模式（Public-Private Partnership），力求拓宽基础设施建设、公共服务项目和新型城镇化建设投融资渠道，提高公共产品供给质量和效率，促进政府职能加快转变，完善财政投入及管理方式，尽快形成有利于促进 PPP 模式发展的制度体系。随后，国家发改委于 2014 年 12 月

---

[1] 《中共中央关于全面深化改革若干重大问题的决定》和《关于〈中共中央关于全面深化改革若干重大问题的决定〉的说明》，http://news.sina.com.cn/o/2013-11-15/210428723442.shtml。

发布《关于开展政府和社会资本合作的指导意见》(发改投资〔2014〕2724号)及《政府和社会资本合作项目通用合同指南(2014版)》,财政部发布《政府和社会资本合作模式操作指南(试行)》(财金〔2014〕113号),并公布第一批PPP示范项目,这些政策的出台为推动PPP模式建立了良好的上层制度安排,彰显了国家在推动PPP模式方面的决心和力度。

2014年11月,亚太经合组织(APEC)第二十二次领导人非正式会议宣言提出:"尤其认可推广基础设施公私合作伙伴关系的努力,包括汇集基础设施公私合作伙伴关系示范项目。"中国财政部部长楼继伟10月22日在第21届亚太经合组织财长会新闻发布会上表示,应进一步通过PPP等融资方式吸引长期融资和撬动民间资本,解决目前亚太地区巨大的基础设施融资缺口。国家层面对PPP模式的战略性定位和自上而下的大力推动,引起了各级地方政府和社会各界的热烈讨论和积极实践。

推广PPP机制创新对于加快新型城镇化健康发展、实现国家治理现代化、提升国家治理能力、构建现代财政制度具有重要意义。在基础设施及公共服务领域通过PPP机制引进民间资本、社会资金参与供给,一方面可以减轻政府压力,更好发挥职能作用的同时,使社会公众得到更高质量的公共工程和公共服务的有效供给;另一方面将为日益壮大的民间资本、社会资金创造市场发展空间,使市场主体在市场体系中更好地发挥其优势和创造力。然而,地方在推广运用PPP模式过程中障碍重重。比如,PPP模式尚缺乏国家层面的统一的法律规范和操作指南,目前公布的文件法律层级较低,这种指导性、原则性意见难以保证社会资本利益;为了有效化解地方融资平台债务风险,财政部强调,各级财政部门要鼓励和引导地方融资平台公司存量项目以TOT(转让—运营—移交)等方式转型为PPP项目,但是在化解存量地方债过程中如何对由政府投资的工程和基础设施项目进行估价,避免国有资产流失的风险却无从下手;以及如何避免PPP模式的滥用,等等,亟待理论界和实务界加强研究、沟通和实践。

一、PPP 模式的基本问题分析

PPP 不仅是一种融资模式，更是一种体制、机制和管理方式的创新，是政府和社会资本之间的基于公共工程和公共服务供给的长期合作共赢的制度安排。本节从理论分析入手对 PPP 起源、概念与内涵、特征、融资等进行分析和探讨。

（一）PPP 的起源

PPP 模式的起源可以追溯至 18 世纪欧洲的收费公路建设计划，但其在现代意义上的形成和发展，主要归于新公共管理运动中以引入私人部门积极参与为核心内容的公共服务供给的市场化改革。20 世纪 70 年代，英美国家为解决经济萧条情况下财政资金不足问题，积极引入私人部门参与公共项目建设运营，同时将 PPP 模式运用于公共政策领域，并为规范、推进该模式出台了一系列的政策、法规，极大地促进了公私合作伙伴关系的发展。80 年代中期，中等发达国家出现债务危机，为推动经济继续发展，1984 年，时任土耳其总理厄扎尔首次提出 BOT（建设—运营—转让）的概念并用该方式建设阿科伊核电厂，然后被其他发展中国家效仿。香港商人也把这个概念带入了中国，由香港合和实业公司在深圳投资建设的沙头角 B 电厂项目就是一个典型的 BOT 项目，随后 PPP 模式相关的特许经营、运营和维护以及租赁合约等形式都得到了应用，其中以 BOT 特许经营的应用最为广泛。在新公共管理运动将私人部门引入公共服务领域的基础上，1992 年，时任英国财政大臣的拉蒙特提出私人融资计划（Private Financing Initiative，PFI），成为公共服务领域引入市场化竞争后进一步推动政府与私营部门合作的重要模式，并于 1997 年在全社会公共基础设施领域较全面地推广。20 世纪 70 年代至今，世界各国在城市和区域重大设施的项目上陆续尝试实施 PPP 模式，PPP 模式逐渐成为国际市场上实施多主体合作的一项重要项目运作模式。

（二）PPP 概念与内涵

英文 Public Private Partnerships（简称 PPP）有多种译法。如公私伙伴关系、公私合作伙伴模式、公私机构的伙伴合作、民间开放公共服务、公共民营合作制,等等。在欧美和世界上其他地区,尚未达成一致的准确解释,其相关实践正在发展中。

联合国发展计划署 1998 年对 PPP 的定义是:PPP 是指政府、营利性企业和非营利性组织基于某个项目而形成的相互合作关系的形式。通过这种合作形式,合作各方可达到比预期单独行动更有利的结果。合作各方参与某个项目时,政府并不是把项目的责任全部转移给私营部门,而是参与合作的各方共同承担责任和融资风险。欧盟委员会对 PPP 的定义是:PPP 是指公共部门和私人部门之间的一种合作关系,其目的是为提供传统上由公共部门提供的公共项目或服务。[1] 美国 PPP 国家委员会对 PPP 的定义是:PPP 是介于外包和私有化之间并结合了两者特点的一种公共产品提供方式,它充分利用私人资源进行设计、建设、投资、经营和维护公共基础设施,并提供相关服务以满足公共需求。[2]

皮乐逊和麦克彼德(G. Peirson,P. Mcbride,1996)认为,PPP 是指公共部门与私营部门之间签订长期合同,由私营部门实体来进行公共部门基础设施的建设或管理,或由私营部门实体代表一个公共部门实体(利用基础设施)向社会提供各种服务的一种模式。阿姆斯特朗(Armstrong)认为,PPP 是一种合作关系,包括合同安排、联合、合作协议和协作活动等方面,通过这种合作关系来促进公共政策和计划的实行。E. S. 萨瓦斯对 PPP 的定义是:广义界定,指公共和私营部门共同参与生产和提供物品和服务的任何安排。合同承包、特许经营、补助等符合这一定义。其次,它指一些复杂的、多方参与并被民营化了的基础设施项目。再次,它指企业、社会贤达和地方政府官员为改善城市状况而进行的一种正式合作。[3]

世界银行认为,PPP 是私营部门和政府机构间就提供公共资产和公共服务签订的长期合同,而私人部门须承担重大风险和管理责任。亚洲开发银行的定义是,为开展基础设施建设和提供其他服务,公共部门和私营部门实体之间可

---

[1] The European Commission. Guidance for Successful PPP[R]. 2003.56
[2] The National Council For PPP, USA. For the Good of the People: Using PPP to Meet Americas Essential Needs[R]. 2002.6
[3] 参见〔美〕E. S. 萨瓦斯:《民营化与公私部门的伙伴关系》,中国人民大学出版社 2002 版,第 105 页。

能建立的一系列合作伙伴关系。楼继伟部长 2013 所做的关于《推广 PPP：贯彻十八届三中全会精神的一次体制机制变革》的报告中指出："广义 PPP 是指政府与私人部门为提供公共产品或服务而建立的合作关系，以授予特许经营权为特征，主要包括 BOT、BOO、PFI 等模式。"狭义 PPP 与 BOT 的原理相似，都由"使用者付费"，但它比 BOT 更加强调公共部门的全过程合作。从上述众多机构和专家从不同视角给出的 PPP 概念可看出，尽管对 PPP 没有形成一个完全一致的表述，但可发现 PPP 的一些共同特征：第一，公共部门与私营部门的合作，合作是前提，每个概念中都包含合作这个关键词。第二，合作的目的是提供包括基础设施在内的公共产品或服务。第三，强调利益共享，在合作过程中，私营部门与公共部门实现共赢。第四，风险共担。

基于对 PPP 的认识，并结合上述观点，贾康、孙洁（2009）提出[①]，PPP 是指政府公共部门与非政府的主体（企业、专业化机构等）合作过程中，使非政府主体所掌握的资源参与提供公共工程等公共产品和服务，从而实现政府公共部门的职能并同时也为民营部门带来利益。其管理模式包含与此相符的诸多具体形式。通过这种合作和管理过程，可以实现在不排除并适当满足私人部门投资营利目标的同时，为社会更有效率地提供公共产品和服务，以及使有限资源发挥更大的效用。从开阔的视角看，PPP 实质上是一种联通全社会内部公共部门、企业部门、专业组织和社会公众各方的准公共品优化供给制度，其现代意义上的形成和发展源自新公共管理运动中公共服务的市场化取向改革。"交易费用理论"和"委托—代理理论"等实际成为推动这一改革实践的理论力量，并随着 PPP 的广泛应用和不断深化而在理论层面清晰地呈现出政府市场从分工、替代走向合作的基本脉络及升级趋势。因此，从中国经济实践看，PPP 不仅仅是一个新融资模式，它还是管理模式和社会治理机制的创新。如果掌握得当，PPP 有望大有作为地形成解决我国城镇化、老龄化等重大问题的重要机制，并通过股份制为主的形式与我国今后阶段大力推进的混合所有制改革创新，形成天然的机制性内洽与联通。当然，PPP 作为制度供给的创新，其顺利运行和长久发展，特别

---

① 贾康、孙洁：《公私伙伴关系（PPP）的概念、起源、特征与功能》，《财政研究》2009 年第 10 期。

需要强调现代文明演进中的法治建设和契约精神建设的相辅相成。[①]

(三) PPP 模式的基本特征

PPP 管理模式的运行具有以下三个重要特征：伙伴关系、利益共享和风险分担。

1. 伙伴关系

伙伴关系是 PPP 的首要特征。伙伴关系强调各个参与方平等协商的关系和机制，这是 PPP 项目的基础所在。伙伴关系必须遵从法治环境下的"契约精神"，建立具有法律意义的契约伙伴关系，即政府和非政府的市场主体以平等民事主体的身份协商订立法律协议，双方的履约责任和权益受到相关法律、法规的确认和保护。

2. 利益共享

PPP 项目一般具有很强的公益性，同时也具有较高的垄断性（特许经营特征）。建立利益共享机制，即政府和社会资本之间共享项目所带来利润的分配机制是 PPP 项目的第二个基本特征。PPP 项目的标准至少包括两个，即政府公共投资的项目，和由社会资本参与完成的该政府公共投资项目，包括建设和运营。PPP 项目中政府和非政府的市场主体应当在合作协议中确立科学合理的利润调节机制，确保社会资本按照协议规定的方式取得合理的投资回报，避免项目运营中可能出现的问题造成社会资本无法收回投资回报或者使得政府违约。并且以"风险共担，利益共享，合理利润"为基准优化利益调节机制。[②] 表现为价格的利益分配，一般不宜用涨价方式实现必要的利益调整，需要政府综合考虑以其他方式（如补助方式）做出必要替代。

3. 风险分担

伙伴关系不仅意味着利益共享，还意味着风险分担。PPP 模式中合作双方的风险分担更多是考虑双方风险的最优应对、最佳分担，尽可能做到每一种风险都能由最善于应对该风险的合作方承担，进而达到项目整体风险的最小化。要

---

① 贾康、苏京春：《PPP：制度供给的伟大创新》，财政部财政科学研究所《研究报告》第 183 期（总第 1829 期）。

② 贾康、孙洁：《公私合作伙伴关系理论与实践》，经济科学出版社 2014 年版，第 43 页。

注重建立风险分担机制。财政部"76号文"里提出了明确的风险分担原则，即"风险由最适宜的一方来承担"，旨在实现整个项目风险的最小化，要求合理分配项目风险，项目设计、建设、融资、运营维护等商业风险原则上由社会资本承担，政策、法律和最低需求风险等由政府承担。

（四）PPP项目融资与特点

1. PPP项目的特点

PPP是包括诸如BOT、BT、BOO等与定义相符的诸多形式的管理模式，从项目融资的角度看，PPP与BOT、BT、BOO等可以并列看待。PPP项目是政府与非政府主体就提供公共基础设施或服务签订的长期合同，非政府主体在其中承担重要的融资及项目管理责任。PPP项目的特点主要是：第一，风险转移。公共部门和私营参与方共同分担风险。政府通过PPP项目将项目建设、融资、运营等风险转移给有管理和承担能力的社会资本参与方（投资方），值得注意的是，风险最终的承担者仍是政府，因为最终项目归政府所有，所有权是政府的。第二，合作双方通过合同进行风险分配，如果有具体的法律规定，也可作为依据。一般PPP项目合同周期是25—30年。第三，社会资本合作方为公共基础设施提供资金，并/或运营该基础设施，或提供公共服务。第四，社会资本合作方希望收回投资并获取合理回报。第五，政府保留承担财产、服务的责任以及终止合同的权利。某些情况下，政府从维护公共利益出发，可以终止合同，当然提前终止合同需要给社会资本合作方支付一定的赔偿。第六，可提高公共服务供给效率。

2. PPP项目融资

2014年9月国务院颁布的《关于加强地方政府性债务管理的意见》（国发〔2014〕43号，简称43号文）明确了政府对地方债务治理的框架，在允许地方省级政府发债的基础上，明确将逐步剥离地方融资平台公司的政府融资职能，推广使用政府与社会资本合作模式。10月28日，财政部印发《地方政府存量债务纳入预算管理清理甄别办法》，明确提出要大力推广PPP模式，通过PPP模式将政府债务逐步有选择地转为企业债务。在融资政策的基础上，财政部拟采取公司制PE形式设立中央财政PPP融资支持资金，为PPP项目开发、准备阶段和融资过程提供资金支持。这些政策出台，进一步说明 PPP 在缓解政府财政支出压力，发挥项目融资功能方面的重要作用。

（1）PPP 融资模式

从广义上来说，PPP 融资模式是建立在契约基础上的合作伙伴关系，从世界银行对 PPP 的分类来看，主要包括外包类、特许经营权类、私有化类三个体系分类，包括传统的 BOT/TOT/BT 等模式，但不限于这几种模式（如图1）[①]。

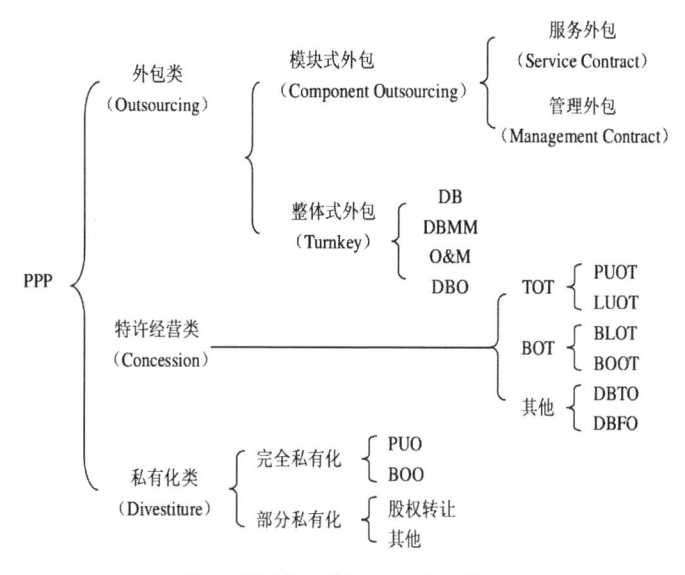

```
PPP ┬ 外包类         ┬ 模块式外包            ┬ 服务外包 (Service Contract)
    │ (Outsourcing) │ (Component Outsourcing)│ 管理外包 (Management Contract)
    │               │
    │               └ 整体式外包 ┬ DB
    │                 (Turnkey) │ DBMM
    │                           │ O&M
    │                           └ DBO
    │
    ├ 特许经营类 ─┬ TOT ┬ PUOT
    │ (Concession)│     └ LUOT
    │             ├ BOT ┬ BLOT
    │             │     └ BOOT
    │             └ 其他 ┬ DBTO
    │                    └ DBFO
    │
    └ 私有化类    ┬ 完全私有化 ┬ PUO
      (Divestiture)│            └ BOO
                  └ 部分私有化 ┬ 股权转让
                               └ 其他
```

图 1　世界银行关于 PPP 的分类

PPP 模式基本的结构并不复杂（如图2），主要由政府授权的公共部门、民营部门、金融机构等组成。当然在实际的操作中会因为项目的不同而涉及更多的参与者，如保险公司、律师事务所、投资咨询公司等。其中 SPV（特殊目的载体）是整个项目运行和融资的核心。

---

① 世界银行：《1999—2000 年世界银行发展报告》，中国财政经济出版社 2000 年版，第 21 页。

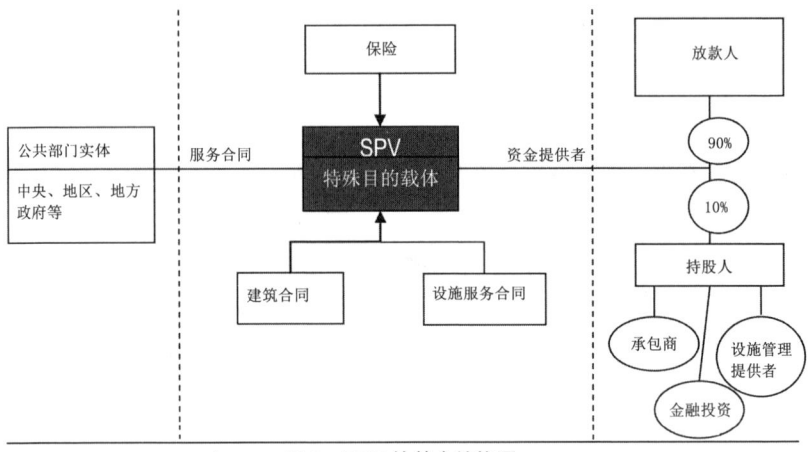

图 2 PPP 的基本结构图

（2）PPP 与 BOT 的区别

BOT 模式是我国在 20 世纪 80 年代开始在基础设施和市政公用事业领域最早采用的政府与非政府主体合作的主要模式之一，有必要分析其与 PPP 之间的区别于联系。

如前所述，从机制创新的视角，PPP 管理模式包含 BOT、TOT 等具体的形式，但在实践中又是有区别的。

PPP 分散了部分风险。公共品与服务项目融资、建设、运营等的大部分工作，与政府直接提供公共品与服务相比，PPP 有助于地方债务的治理。

BOT 即建设—经营—转让，是指政府授予私营企业一定期限的特许专营权，许可其融资建设和经营某公用基础设施，在规定的特许期限内，私人企业可以向基础设施使用者收取费用，由此来获取投资回报。待特许期满，私人企业将该设施无偿或有偿转交给政府。

但从合作关系而言，BOT 中政府与企业更多是垂直关系，即政府授权私企独立建造和经营设施，而不是与政府合作，PPP 通过共同出资特殊目的公司（SPV）更强调政府与私企伙伴关系、利益共享和风险分担。

PPP 的优点在于通过机制安排，在项目初期已实现风险分配，政府承担部分风险，减少了私人承担的风险，降低了项目融资难度，有助于项目融资成功。

当项目发生亏损时，政府与非政府主体共同承担损失。但缺点在于增加了政府与社会资本合作的难度以及包括债务负担在内的潜在风险。BOT 优点在于政府不用去直接投资项目，避免项目投资失败的风险，缺点是投资风险大，特许经营期不确定性风险增加，私营资本可能望而却步，且不同利益主体的利益不同，缺乏协调机制。

二、PPP 模式的国际经验与启示

从国际经验看，PPP 代表着一种公私部门为取得共同的成功而承担巨大风险的关系。重要的是，公共和私营部门共同努力，集中于项目和成果以及共同的长远价值的合作，风险共担，而不是追求自身利益最大化。

（一）PPP 的英国实践与经验

英国是较早采用 PPP 模式的国家，英国采用的 PPP 模式主要分为两大类，一类是特许经营；另一类是私人融资计划（PFI、PF2）。PPP 项目中，凡是由使用者付费的称为特许经营；凡是由政府付费的就称为私人融资计划。目前，PPP 模式在许多国家都有应用，不同国家所应用的领域与模式也不尽相同。本节着重探讨 PFI 的情况。

1."私人融资计划"（Private Finance Initiative，PFI）

欧盟公共采购指令下的其他契约性 PPPs 中（而非特许经营中），一般会邀请私人参与方为公共当局执行和管理公共设施项目。这一模式最具典型性的案例是设立"私人融资计划"（Private Finance Initiative，PFI），是指以获取最大化价值的公共服务为基本原则，在公共产品和公共服务（公共设施等）的设计、建设、维护管理及运营上充分、有效地运用民间资金、技术、知识及管理能力，以民间为主导提供公共产品的运营方式。[①] 在这类模式中，并不是采取由工程或服务的使用者支付费用的方式给予私人参与方报酬，而是采取常规的公共参与方支付的方式，支付的费用可能是固定的或者也可能以可变动的方式计算。

---

① A Report on PFI and the Delivery of Public Services [R]. Rics, 2005, 5: 2–3.

1992年11月英国正式发起PFI（在此之前已经在某种程度上使用了私人融资），首先在中央级政府中运用，后来扩展到地方政府和国民医疗服务制度（National Health Service，由公共部门运营和资助的健康服务）。英国应用PFI的项目涉及的领域非常宽广，在交通运输、卫生保健、教育、文化、行政设施、情报信息、国防等领域广泛开展PFI模式的建设项目。英国财政部对其国内的PFI/PPP项目有非常详尽的统计。自1992年正式实施PFI以来至2010年2月，英国共完成667个项目的签约，共涉及金额560余亿英镑。其中大部分项目都已经完成融资封闭并进入实施运营阶段。英国的PFI项目取得了显著的成效，89%的项目按时完成，没有任何一个项目使政府的建设成本超支。而在引入PFI项目之前，有统计数据表明，70%的项目不能按时完成，73%的项目超出预算。

英国PFI项目运作和政府管制最具规范性和代表性。PFI/PPP这一类复杂公共合同的缔结必须通过政府采购法律规定的基本甄选程序来确定私人部门合作伙伴及其提出的方案。此外，由于PFI/PPP项目具有多样化、创新性及复杂性等特征，针对PFI/PPP项目的甄选程序必须确保相关的甄选标准具有确定性以便进行横向比较，保证竞争性的同时又具有足够的弹性以确保不会让私人部门创新性的解决方案得不到正确的评价而减损PFI/PPP的功能。其中，竞争性对话是被使用的一个新程序，引入该程序是为了给复杂的合同提供更灵活的程序，程序的引入是PFI项目的需求也是欧盟自身推进欧洲交通基础设施PPP项目发展的政策需求。英国是使用竞争性对话程序的典型国家。英国的竞争性对话程序如下表1所示。

表1 竞争性对话程序（在英国普遍适用的一个方法）

	竞争性对话
公告阶段	在欧盟公报上公告
选择阶段（或者资格审查阶段）（技术和/或职业能力；经济和财务标准；第45条的标准）第44—52条	相配性（suitability） （资格条件） 从符合资格条件的供应商中选择候选人参与投标

续表

	竞争性对话
授予阶段（选择最低价或者最具优势的投标 [MEAT]）第 53 条	对话阶段： 例如从 3—6 个参与者中选择框架性建议书（经常没有或有有限的财务信息） 当局选择 2—3 个参与者来递交进一步的建议书 同 2—3 个被选择的参与者之间就建议书展开讨论 被选择的 2—3 个参与者递交详细的财务和技术建议书 如果需要的话，进行进一步的讨论
	由这 2—3 个投标者递交最终投标书
	澄清、补充或者微调最终投标书
	选择最低价的投标书或 MEAT（并且告知所有的投标者）
投标后阶段	同"首先投标者"进行澄清和确认的阶段
静止（standstill）阶段	√
签订合同阶段	√
合同签订之后阶段	合同授予公告

上表阐明了竞争性对话在英国与私人融资基础设施项目有关的实践中经常运作的方式。

另外值得注意的是，英国非常注重对监管体制进行相应的改革，主要包括完善法律、建立监管机构和加强社会监督。英国采购方面的法律根据实际情况不断发展，将 PFI/PPP 等项目纳入政府采购的规范体系并衍生出以竞争性谈判制度为核心的 PFI/PPP 法律制度。以竞争性谈判为核心的一系列政府采购规范构成英国 PFI/PPP 法律制度的核心，在竞争性和弹性方面均具有较好的平衡。

2. PFI 的运用形式与基本特点

英国 PFI 的运用形式主要分为以下类型：

（1）服务外包模式，私营部门仅仅负责提供公共部门所需的服务，公共部门不需要进一步的资金投入，包括以下几种执行模式：OM（Operate-Maintenance）——运营—维护模式；DB（Design-Build）——设计—建造模式；Turn Key Contracts——交钥匙合同模式。

（2）基于公共设施的服务承包模式，私营部门负责项目的运营，包括以下几种执行模式：DBFO（Design-Build-Finance-Operate）——设计—建造—融资—运营模式；LDO（Lease-Develop-Operate）——租赁—开发—运营模式；BOT（Build-Operate-Transfer）——建设—运营—移交模式；BOOT（Build-Own-Operate-Transfer）——建设—拥有—运营—移交模式。

（3）私营部门永久性提供模式，私营部门拥有项目的所有权，包括以下几种执行模式：BOO（Build-Own-Operate）——建设—拥有—运营模式；BBO（Buy-Build-Operate）——购买—建设—运营模式；私营化模式。

（4）合资公司模式，公共部门和私人部门共同进行项目投资，共同享有项目收益的模式，包括以下几种具体执行模式：公私合资的股份公司模式；公私联营的公司模式。

归纳起来，英国 PFI/PPP 的基本特征是：

第一，公共部门与私人部门达成长达 15—30 年乃至更久的长期的合同关系，约定由私人部门参与提供传统上应当由政府提供的公共物品，特别是需要大量资金和复杂建设技术的道路、桥梁、地铁等基础设施，也包括监狱、公立医院和学校乃至国防等其他方面。

第二，在 PFI/PPP 合同项下，私人部门根据情况可能负责设计、建造、融资、运营和管理有关项目资产以按照合同中设定的标准和数量提供公共产品或者服务。

第三，公共部门负责识别所需的公共产品和服务并订立明确的标准，根据该标准甄选私人部门合作伙伴，并根据私人部门对合同项下义务的履行情况，即是否按照预先的质量及数量标准提供了公共产品和服务，向私人部门支付相应费用。

第四，私人部门设计、建造、融资、运营和管理有关项目资产并提供公共服务和产品的成本及期待的投资收益将通过公共部门支付的费用得到补偿，最终项目资产的所有权根据合同约定可以继续由私人部门保有或者移交至公共部门。

第五，通过将提供公共产品和服务有关的风险在公共部门和私人部门间分担，PFI/PPP 最终的目的是利用私人部门的资金、技术和管理的优势并借助市场竞争的作用确保公共产品和服务的采购更加物有所值（Value for Money，

VFM），保证公众和纳税人的利益。

目前，为了降低项目风险，提高公共部门权益，保证项目的成功率，英国将 PFI 进一步改进为新型私人融资（PF2），两者最大的区别是在 PF2 中私人部门对基础设施不再运营，同时提高特殊目的公司（SPV，是针对项目而设立的一个特殊目的公司，我们通常称为项目公司）的注册资本金，政府持有一定股权。

（二）PPP 的加拿大实践与经验

加拿大是国际公认的 PPP 运用最好的国家之一。2013 年上半年，加拿大 PPP 国家委员会委托 VISTAS 咨询公司就加拿大 2003—2012 年间实施的 PPP 项目，对就业、收入和税收等方面的经济影响进行了评估，在 2013 年 12 月发布了《加拿大 PPP 十年经济影响评估报告（2003—2012）》〔10-Year Economic Impact Assessment of Public-Private Partnerships in Canada（2003-2012），以下简称《报告》〕。

《报告》认为 PPP 模式在加拿大得到了各级政府的大力支持，发展良好。目前，加拿大 PPP 市场成熟规范，项目推进有力，各级采购部门经验丰富，服务效率和交易成本优势显著。自 1991 至 2013 年，加拿大启动 PPP 项目 206 个，项目总价值超过 630 亿美元，涵盖全国 10 个省，涉及交通、医疗、司法、教育、文化、住房、环境和国防等行业。[①]

2008 年，加拿大政府组建了国家层级的 PPP 中心（P3 Canada），即加拿大 PPP 中心。该中心是一个国有公司，专门负责协助政府推广和宣传 PPP 模式，参与具体 PPP 项目开发和实施。在推广和实践 PPP 方面发挥了积极重要作用。同时，加拿大政府还设立了总额 12 亿美元的"加拿大 PPP 中心基金（P3 Canada Fund）"，为 PPP 项目提供占投资额最高 25% 的资金支持。截至 2013 年第一季度，该基金已为加拿大 15 个 PPP 项目提供资金支持近 8 亿美元，撬动市场投资超过 33 亿美元，成效显著。加拿大各级政府在制定基础设施规划方面表现积极，不断完善 PPP 项目采购流程。《报告》指出，十年间，加拿

---

① 本节数据来源：中国清洁发展机制基金管理中心——加拿大 PPP 十年经济影响评估，http://www.cdmfund.org/newsinfo.aspx?m=20120903150547653144&n=20140506150808957578。

大 PPP 项目的建设、运营与维护提供了广泛的就业机会，有效增加了国民收入、国内生产总值（GDP）和各级政府税收，从多方面对经济发展起到了积极影响。

2003—2012 年期间，加拿大共有 121 个 PPP 项目完成了融资方案，进入建设或运营阶段。《报告》从直接、间接和诱发性影响（注：后者指直接或间接的就业者花费工资收入产生的影响）三个方面，分析和评估了这些项目对就业、国民收入、国内生产总值与经济产出四个经济指标的影响。

从 PPP 项目运营周期看，在建设阶段为建筑、供水、电力、项目管理和工程等行业直接创造就业机会，同时拉动原材料生产、机械和设备制造等相关行业。2003—2012 年，这 121 个 PPP 项目在建设过程中的资本投入共计 384 亿美元，创造了 37 万个等效全职就业岗位，拉动国民收入增长 230 亿美元，对加拿大国内生产总值贡献超过 338 亿美元，提高经济产出 682 亿美元。各行业中，值得我们关注的是，医疗保健行业的贡献最大，直接吸引了资本投入 178 亿美元，创造了 10 万个等效全职就业岗位，带来了国民收入 63 亿美元，对国内生产总值的贡献达 81 亿美元。

PPP 项目运营与维护阶段的资金投入和效益产出也十分可观。这 121 个 PPP 项目在这十年间的运营与维护投入共计 128 亿美元，创造等效全职就业岗位 14 万个，拉动国民收入增长 92 亿美元，对加拿大国内生产总值贡献超过 143 亿美元，提高经济产出 238 亿美元。各行业中，仍然是医疗保健行业的贡献最大，直接花费了运用与维护费用 49 亿美元，创造了 3.9 万个等效全职就业岗位，带来了国民收入 31 亿美元，对国内生产总值的贡献达 35 亿美元。

《报告》认为，这 121 个 PPP 项目在建设、运营与维护阶段，十年间累计创造了 52 万个等效全职工作岗位，带动国民收入增长 322 亿美元，对加拿大国内生产总值贡献超过 480 亿美元，提高经济产出 920 亿美元。对经济的影响体现在直接影响、带动供应链上相关产业发展产生的间接影响，以及因创造就业带来收入增加产生的诱发性影响等。

PPP 项目也是联邦和省级政府税收收入的主要来源之一。在 2003—2012 年期间，这些 PPP 项目相关企业和员工缴纳的税收总额约为 75 亿美元，其中，联邦政府取得税收收入近 52 亿美元，省级政府取得税收收入超过 23 亿美元。这些 PPP 项目减少了政府资金投入，在顺利完成项目目标的基础上实现了物有所值①。根据省级采购主管部门评估，2003—2012 年期间，这 121 个 PPP 项目的融资方案实现的物有所值价值约 99 亿美元。

从实践看，PPP 模式对加拿大国家、地区和城镇的经济发展与进步起到了积极的催化作用。面对基础设施老化、人口增长与预算限制等挑战，加拿大政府借助 PPP 模式整合、利用市场主体的资金、专业技能和经验，在政府资金有限的情况下，有效扩大了基础设施投资总额和公共服务范围，使民众生活质量得到切实改善。具体表现为：通过 PPP 项目，数百万加拿大民众享受到了快捷的交通环境、先进的医疗服务、完备的市政设施、优质的公共教育和可靠的司法系统，以及音乐、体育等文化娱乐场所，与此同时，减少了交通拥堵、意外伤害和疾病造成的损失和浪费，提高了劳动者素质和教育水平，改善了社会治安和公共安全，从而促进了加拿大整体社会的生产效率和质量。

（三）经验和启示

1. 各国非常重视立法支持

制订完善的法律、法规是私营部门资本进入基础设施和公共服务供给领域的保障。PPP 项目不仅投入大，而且期限长，私营部门资本在进入这样的项目时会考虑进入后的风险，如果没有相应的法律、法规作为保障，就会成为他们进入基础设施的一个障碍。由于 PPP 涉及面较为广泛，建议应由全国人大制订政府与社会资本合作的基本法，以提高社会资本参与的积极性，进而推动我国 PPP 项目的发展。

2. 对 PPP 加强管理

从国际经验看，通过 PPP 模式建设基础设施和公共工程是一个成熟的模式，但是 PPP 模式具有复杂性，这个复杂性的主要表现是一个拟采用 PPP 的项目必然涉及多方利益，如公众利益、投资者利益、公共部门利益等，如何协调多方利益是成功实施 PPP 的关键所在。要想成功实施 PPP 模式，必然需要建立一个

---

① PPP 项目的物有所值评估是指，比较公共基础设施项目中采用 PPP 模式的成本和采用传统公共项目实施模式的成本，两者之间的差值称为物有所值。

较为行之有效的保障机制。从英国、澳大利亚等国家推广PPP的经验看，政府应通过设立相应的管理部门来加强对PPP项目的管理。英国是由设立在财政部下的基础设施局负责PPP项目的实施的，该局负责出台PPP的政策、法规，同时也对基础设施项目进行审批，决定是否采用PPP模式。

3. 给予相应的政策支持

PPP项目离不开政府给予的多方面的政策支持，如财政、税收、金融等，对于采用PPP模式的项目应当给予相应的政策支持，只有明确的政策支持，才能吸引更多私营部门的资金投入到公共工程项目。一个PPP项目都有一个较长的周期，不同的时期会需要不同的政策支持，如一个基础设施项目在建设期、运营期和转让期都分别需要不同的税收政策给予相应的支持。

4. 重视世界金融机构的PPP经验

应当积极借鉴世界各国经验，特别是借鉴世界金融机构的宝贵经验，加强与其合作。如世界银行在PPP方面已经积累了相当多的宝贵经验与成果，目前亚洲开发银行在积极推广PPP模式，积极借鉴、吸收这些机构已经取得的宝贵经验与成果，有助于提高我国PPP模式的成功率，有效促进城镇化进程、转变政府职能。

三、PPP模式在我国的发展实践

20世纪80年代，在基础设施、公用事业领域我国就已经出现一些PPP项目，其作为一种管理模式登上改革历史舞台是与我国城镇化、市场化、国际化步伐加快密不可分。城镇化过程涵盖了包罗万象的基础设施、公共工程升级换代的要求，对于仍处于"转轨"过程中的我国政府，无疑产生了巨大的财政压力，这种现实生活中的财政压力如果上升到理论层面，实际上又包含制度运行成本过高的问题，而市场取向改革和对外开放，恰恰提供了运用市场机制和借助国际经验与国内外资金降低交易费用与综合成本的可能。随着我国城镇化、市场化进程继续推进，全面开放条件下和理论创新指导下服务实践的PPP模式，势必会迎来更大和更广泛的发展空间。

(一)从政策层面看,有关 PPP 方面的法律和政策不断完善

我国 PPP 模式的法律法规及相关政策的制定大概始于 20 年前。自 20 世纪 80 年代以来,我国就积极探讨如何采用 BOT 方式吸收外商投资于基础设施领域,为了规范此类项目的招商和审批,1995 年 1 月,由对外经济贸易合作部发布了《关于以 BOT 方式吸收外商有关问题的通知》,并由此形成了我国最早的 PPP 相关的政策法规。1995 年 6 月 20 日我国政府公布的《指导外商投资方向暂行规定》、《外商投资产业指导目录》以及国家外汇管理局 1995 年发布的《关于境内机构进行项目融资有关事宜的通知》和国家计委、国家外汇管理局 1997 年联合发布的《境外进行项目融资管理暂行办法》对包括 BOT 项目在内的有关项目融资的问题做出规定。1995 年 8 月,国家计委、电力部、交通部又联合发布了《关于试办外商投资特许权项目审批管理有关问题的通知》,并明确提出了"外商投资特许权项目"这一概念,进一步规范了外商投资特许权项目的相关问题。随着中国加入 WTO,我国对外开放的步伐进一步加大,同时对于国内基础设施项目中民间资本的引入也更加重视。2001 年以后,我国开始出台相关文件在公共基础设施领域向国内民间资本开放。2001 年 12 月 11 日,原国家计委发布了《关于印发促进和引导民间资本的若干意见的通知》,更是指出要"逐步放宽投资领域,除国家有特殊规定的以外,凡是鼓励和允许外商投资进入的领域,均鼓励和允许民间投资进入","鼓励和引导民间投资以独资、合作、联营、参股特许经营等方式,参与经营性的基础设施和公益事业项目建设"。2002 年 12 月,建设部发布《关于加快市政公用行业市场化进程的意见》,以正式文件形式确定了允许外资和民营企业同时在供水、供气、供热、公共交通、污水处理、垃圾处理等市政公用设施项目中公平竞争。2003 年 10 月,中共十六届三中全会发布《中共中央关于完善社会主义市场经济体制若干问题的决定》,文件指出"要清理和修订限制非公有制经济发展的法律法规和政策,消除体制性障碍,放宽市场准入,允许非公有资本进入法律法规未禁止的基础设施、公用事业及其他行业和领域"。2004 年 4 月,建设部宣布《市政公共基础设施特许经营管理办法》从 5 月 1 日起开始实行。同时,2005 年 2 月,国务院发布了《关于鼓励支持和引导个体私营等非公有制经济发展的若干意见》,为社会资本进入基础设施产业创造

了有利条件。

2010年5月，国务院又发布了《关于鼓励和引导民间投资健康发展的若干意见》，进一步拓展了民间投资的领域和范围，并鼓励和引导民间资本进入基础产业和基础设施领域、市政公用事业和政策性住房建设领域、社会事业领域、金融服务领域、商贸流通领域、国防科技工业领域，鼓励和引导民间资本重组联合和参与国有企业改革，推动民营企业加强自主创新和转型升级，鼓励和引导民营企业积极参与国际竞争，为民间投资创造良好环境，并加强对民间投资的服务、指导和规范管理。2013年11月召开的十八届三中全会提出"允许社会资本通过特许经营等方式参与城市基础设施投资和运营"，2014年9月财政部发布《关于推广运用政府和社会资本合作模式有关问题的通知》，拓宽了城镇化建设融资渠道，促进了政府职能加快转变，完善了财政投入及管理方式。

随着我国PPP模式发展进程的加快，相关法律、法规及政策不断完善，鼓励了民间资本进入基础设施、公共服务供给的积极性，为PPP模式的规范提供了保障，从而为PPP模式的进一步发展奠定了实践上的可行性。

（二）从PPP项目发展情况看，项目数量和价值增长较快

1. PPP项目数量增长较快

我国PPP项目早在1990年就开始实施，截至2011年，据亚行的不完全统计共有1018个项目采用PPP模式。1990年仅有1个项目采用PPP模式，1992年仅仅有2个项目，到了1997年达到70个项目采用PPP模式，2002—2008年间一直保持较高水平。2007年高达103个项目采用了PPP模式。

2. PPP项目价值

自1990年至2011年，我国PPP项目总价值为1164亿美元（如图3）。1997年为最大的一年，2003、2005、2006和2007均保持一个较高的价值水平。这与2003年十六届三中全会提出公用事业引入民营资本的决定有关。

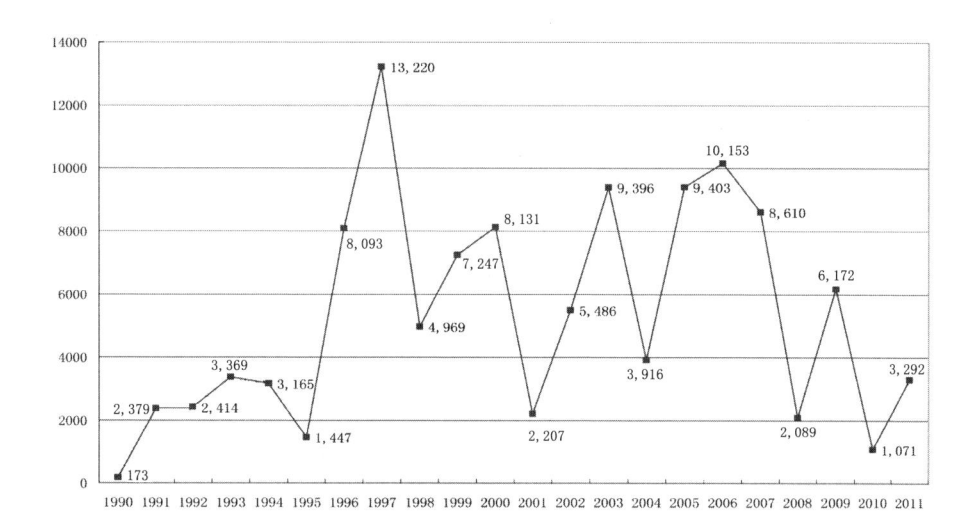

图3　1990—2011年历年PPP项目价值

数据来源：亚洲开发银行研究报告

3．PPP项目主要分布在三个领域

我国的PPP项目从数量来看，主要分布在三个领域：一是能源409个项目，占40%；二是水务和污水处理有375个项目，占37%；三是交通运输有230个项目，占23%。通信仅仅有4个项目（如图4）。

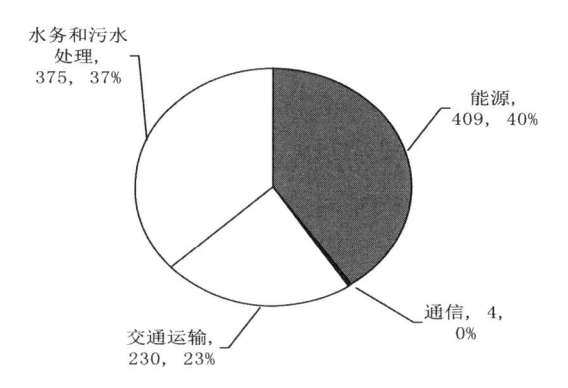

图4　1990—2011年PPP项目数量分布图

数据来源：亚洲开发银行研究报告

我国 PPP 项目从价值分布来看，主要集中在四个领域：一是交通运输占 43%；二是能源项目占 37%；三是通信项目，虽然只有 4 个项目，但项目价值占 12%；四是水务和污水处理占 8%（如图 5）。

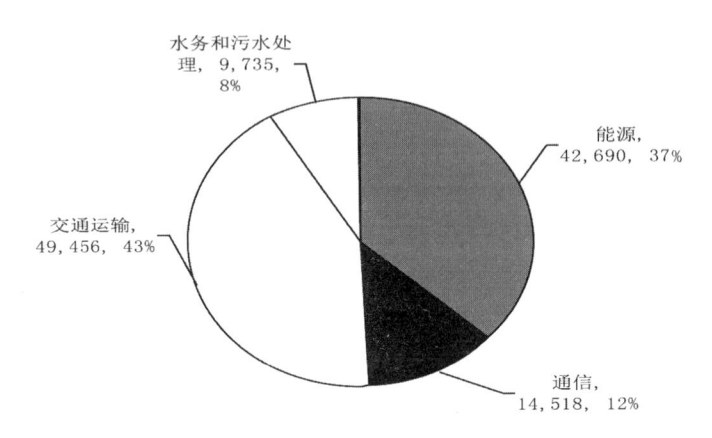

图 5　1990—2011 年 PPP 项目价值分布图

数据来源：亚洲开发银行研究报告

（三）经验总结

与许多发达国家相比，我国 PPP 实践 30 年的时间虽不长，但它却为我国 PPP 模式的进一步发展提供了宝贵的经验或教训，并成为我国进一步发展 PPP 模式的重要依据。在我国，PPP 模式相关的特许经营、运营和维护以及租赁合约等形式都得到了应用，其中以 BOT 特许经营的应用最为广泛。1998 年后，受东南亚金融危机的影响，我国的 PPP 项目建设受到一定程度的影响，出现了一个短暂性的低谷。到 2003 年，随着党的十六届三中全会的召开，"让民营资本进入公共领域"的政策提出使我国 PPP 项目建设迎来了一个新的高潮。

很多典型的 PPP 模式发挥了示范效应。比如北京地铁 4 号线项目建成后，北京地铁 16 号线也开始采用 PPP 模式进行运营建设，并再次创新了融资方案，引入了保险资产股权投资 120 亿元，几乎全部覆盖了建设期成本。在借鉴了北京地铁 4 号线的经验后，北京地铁 16 号线的建设也十分值得期待。

历经30年的摸索，目前我国已形成了很多利用PPP模式进行公共项目建设的案例。除泉州刺桐大桥、北京地铁4号线项目以外，我国采用PPP模式进行建设的项目还有上海莘奉金高速公路项目、南京地铁1号线南延线项目、南京长江三桥项目等，这些项目大多取得了预期的效果，其形成的经验或教训将成为我国未来进行PPP项目建设的重要参考，也使得我国PPP项目建设在实践上更具可行性。

四、PPP模式推广运用策略

推广运用PPP模式，是我国促进经济转型升级、推进新型城镇化建设的必然要求，也是加快转变政府职能、提升国家治理能力的机制创新，更是深化财税体制改革、构建现代财政制度、完善现代市场经济体系的重要内容；同时，也是公共部门对契约理念的尊重和对契约约束力的认同，有助于对全社会契约精神的培育。

无论从国际经验还是国内发展实践看，PPP模式发展潜力巨大。从项目投资情况看，2013年中国PPP项目的累计总投资为1278亿美元，和同类型新兴市场比有较大的差距。2013年新增的PPP投资额仅为7亿美元，而2013年城投债的发行量则高达9512亿元，若PPP模式成功替代城投主导的融资模式，其发展空间巨大。从企业方面看，30多年来，民间有一大批企业资金力量越来越雄厚、日益强化发展意愿，希望在PPP的模式之下打开一个新的发展空间。PPP项目适合一些偏好于取得长期、预期性高的稳定回报的企业，这类企业实际上在现实生活中为数可观。从环境看，PPP模式所体现的共赢、多赢的机制，从决策层到财政部门，再到地方政府层面的相关各方，越来越得到认同。中国将继续全面开放，在工业化、城镇化、市场化、全球化、信息化进程中，以PPP模式推动社会资本、民间资金与政府间的互动与有效合作，有着十分广阔的前景。

具体而言，推广运用PPP模式需着重考虑以下几方面：

（一）加快PPP法律法规体系建设

PPP概念下的新型公私合作模式客观上必是要求高度的法治化、规范化和追求契约精神。在中国推进 PPP 的进程中，应当特别注重现代文明进程中的法治建设、契约精神培育。党的十八届四中全会已对于我国全面推进"依法治国"做出了顶层规划，"法治化"与 PPP 的机制创新正好形成了紧密联系，客观上也对于克服法治化程度低的现实问题，提出了迫切的任务。

实践中，PPP 项目的运作是非常复杂的，完备的合同体系和良好的争议解决协调机制是项目长期顺利进行的重要保障。PPP 项目通常投资额巨大，合作周期漫长、在运营期间会经历若干届政府官员交替，为使民间资本、社会资金不受到不公平的待遇和不确定性的压力威胁，需要通过法律法规来规范和实现保障。同时，由于 BOT 等 PPP 项目的最终资产属于政府所有，法律同样也会保护政府最终所得到的资产的完整性。因此，在 PPP 创新和发展中，必须加快法律法规建设，争取先行完善政府制度约束。同时注重制定法律、法规保障非政府主体的利益。公共产品与服务项目通常前期投资额高，回报周期长，影响项目的因素多，收益不确定性大，非政府主体在参与这些项目时会考虑进入后的风险。如果没有相应法律、法规保障非政府主体利益，PPP 模式难以有效推广。通过立法等形式，对非政府主体利益予以保障，才能吸引更多民间资本进入。目前，我们已经看到相关部门立法和制度规定层面的一系列积极进展，应继续大力推进，按照四中全会精神，为我国 PPP 机制的长效运行奠定良好的法治基础。

PPP 模式在我国已运行了相当长的时间，但明显缺乏国家层面的法规制度，由于部门法规的法律层级较低，地方性的或行业性的管理办法或规定权威性不够，在实践中的指导意义值得担忧。亟须从国务院层面考量制定统一的基础性、规范的法律体系，明确界定部门之间的分工、协调、审批、监管等诸多问题，以及对 PPP 项目的立项、投标、建设、运营、管理、质量、收费标准及其调整机制、项目排他性及争端解决机制，以及移交等环节做出全面、系统的规定，规范 PPP 机制的健康发展。

进一步完善现有的法律法规对 PPP 项目的支撑。从实际情况看，当前我国支持 PPP 项目的法律非常多，法律体系和法律环境相对完备，PPP 项目由政府和社会资本构建合作关系的本质特征，也要求对相关的国家和地方各个层级的法律法规融会贯通，这是达成PPP项目合作协议、维护政府和社会资本双方合法权益的法律基础所在。此外，司法保障体系规范PPP项目也非常重要。一是通过行政法体系保障项目的建设和运营；二是PPP协议具有民事合同的特征，违约行为出现时，应该遵循民事法律规范得到民事的救济和经济的救济；三是刑事保障，所有参与方依法行政，依法履责。

（二）培育契约精神，积极推动法治化契约制度建设

除了法律法规体系的保障，PPP还需要对契约精神培养。"契约"一词来自拉丁语contractus，所指是契约交易，在西方发源很早，后伴随宗教传播逐渐形成契约意识。PPP运行中强调的契约精神，实际上是其置身于政府与非政府主体合作的经济行为中所强调的自由、平等、互利、理性原则。这是对于传统的政府单纯行政权力意识的一种冲破，要求形成以"平等民事主体"身份与非政府主体签订协议的新思维、新规范。PPP模式中，政府部门、私人部门和公众之间存在多重契约关系：第一，政府部门与公众之间存在契约关系，这种契约关系以政治合法性为背景，以宪法为框架，由政府在宪法范围内的活动为公众提供公共产品与服务，针对公众的需求履行承诺；第二，政府部门与私人部门之间形成契约关系，这种契约关系以双方就具体项目或事项签订的合同为基础，由政府部门与私人部门通过合作来提供公共产品与服务；第三，参与PPP的非政府的企业和专业机构、社会组织之间形成契约关系，在PPP总体契约中承担公共产品与服务的提供，回应公众的诉求。

PPP直观形式上主要关注的是后面两层契约关系，尤其重要的是第二层。作为制度供给的创新，PPP更广泛的发展应以法治化的较高水平为前提，以诚信的商业文化和契约精神为铺垫。必须清醒认识PPP所带来的挑战与风险，各级政府和公权部门需要加强自身的制度约束，提高对契约精神和契约约束力的认同，引导全社会培育契约精神。

（三）创新金融支持模式，多方合力支持PPP机制推广

一方面，财政部加快推进完善PPP融资支持政策。一是设立中央财政PPP融资支持基金，考虑对列入示范范围的重点项目支持前期开发阶段的资金需求，通过债权、担保、股权等形式，为难以获得市场融资的PPP项目提供资金支持，

在项目开发成功之后,由投资人把前期垫付的费用补偿回来,回到资金池里面,相当于资金形成一个循环使用。二是尽快抓订完善现有专项资金管理办法,将 PPP 项目纳入支持范围。三是建立 PPP 项目投资交流机制。

另一方面,金融机构要积极创新融资管理方式和融资产品,更好地匹配 PPP 项目需求。运用商业银行贷款、信托、基金、项目收益债券、资产证券化等金融工具,建立多元化的项目融资渠道,根据项目建设内容匹配相适应的融资方式,降低融资成本,提升资本运作效率,发挥 PPP 模式的优势。

(四)建立规范系统的监督管理机制,防范财政风险

PPP 项目的监督管理不同于一般项目的管理。PPP 项目都是公共投资项目,涉及公众利益,政府要维护公众利益,对项目的全周期运行负有监管责任。地方政府在 PPP 模式中,既是履约的一方,又是监管方,对非政府主体参与方的利润进行调节,代表公众利益的同时保证非政府主体参与方能够得到合理收益。

运用 PPP 模式推进公共服务项目的供给,必须要考虑的是如何防范财政风险。当前的预算方法采用的是收付实现制的分项预算,仅是提供关于当前收入和支出的相关数据,这些数据并不能完全说明资本融资和资本支出,也不能体现公共服务提供的全部信息。大的改革方向是预算方法采用权责发生制。近期财政部已经就《政府会计准则——基本准则(征求意见稿)》向社会公开征求意见,积极推进编制权责发生制的政府财务报告,有助于强化政府对 PPP 项目的监管职责。至少当前应考虑运用国际公共会计准则 32 号(IPSAS 32)的原则对包括 BOT 在内的 PPP 项目进行监管,以防范财政风险。[①] 国际公共会计准则 32 号是国际公共部门会计准则委员会于 2011 年 10 月发布的《服务特许权协议:授予方及年度改进标准准则》,服务特许权协议指授予方和运营方之间的约束性协议,该协议下,运营方代表授予方使用服务特许资产提供公共服务,协议期间内,运营方提供的服务获得补偿。公共部门遵循 IPSAS 32 的条件下,PPP 的资产负债必须进入政府的资产负债表而不是进入企业的资产负债表来反映。当

---

① 刘薇:《GPA 框架下公用事业领域政府采购和 PPP 模式研究》,财政部财政科学研究所《研究报告》第 123 期(总第 1769 期)。

政府 PPP 项目服务的内容、对象和价格确定，且政府在合同期满后拥有这个项目的经营权，譬如 BOT，或政府拥有 PPP 的控制权后，该项目的资产和负债就应该反映在政府的资产负债表。政府付费条件下，一方面减少政府资产负债表中的现金，另一方面减少应付给开发商的应付账款；而在用户付费条件下，一方面减少政府会计报表中的应计收入，另一方面减少应付给开发商的应付账款。因此，IPSAS 32 使得政府采购事项基于收付实现制基础上，真实反映了政府相关部门的资产、负债水平，从而为政府管理控制财政风险提供可靠的会计信息。

主要参考文献

1．《中共中央关于全面深化改革若干重大问题的决定》和《关于〈中共中央关于全面深化改革若干重大问题的决定〉的说明》，http://news.sina.com.cn/o/2013-11-15/210428723442.shtml。

2．〔美〕E. S. 萨瓦斯：《民营化与公私部门的伙伴关系》，中国人民大学出版社 2002 年版。

3．贾康、孙洁：《公私伙伴关系（PPP）的概念、起源、特征与功能》，《财政研究》2009 年第 10 期。

4．贾康、孙洁：《公私合作伙伴关系理论与实践》，经济科学出版社 2014 年版。

5．黄前柏：《国内首个 BOT 项目的前世今生》，《新理财——政府理财》2014 年第 7 期

6．A report on PFI and the delivery of public services [R]. Rics, 2005, 5: 2-3.

7．世界银行：《1999—2000 年世界银行发展报告》，中国财政经济出版社 2000 年版。

8．《中国清洁发展机制基金管理中心——加拿大 PPP 十年经济影响评估》，http://www.cdmfund.org/newsinfo.aspx?m=20120903150547653144&n。

9．Jhon Ernst:*Whose Utility-The Social Impact of Public Utility Privatization and Regulation in Britain*, Open University Press, 1994.

10．刘薇：《GPA框架下公用事业领域政府采购和PPP模式研究》，财政部财政科学研究所《研究报告》第123期（总第1769期）。

11．贾康、苏京春：《PPP：制度供给的伟大创新》，《财政部财政科学研究所研究报告》第183期（总第1829期）。

政府购买公共服务的制度体系建设与政策建议

刘 薇

2013年9月，国务院办公厅发布《国务院办公厅关于政府向社会力量购买服务的指导意见》，就推进政府向社会力量购买服务提出指导性意见。党的十八届三中全会《中共中央关于全面深化改革若干重大问题的决定》提出"加大政府购买公共服务力度"，2014年《政府工作报告》明确提出"推进政府向社会购买服务的改革"的要求。2015年出台的《中华人民共和国政府采购法实施条例》（以下简称《条例》）第二条中进一步明确了政府采购服务包括政府自身需要的服务和政府向社会公众提供的公共服务，首次赋予这一要求明确的法律效力。从政府采购的国际实践看，服务采购在各个国家政府采购中占相当大的份额，但多年来我国政府采购法侧重于采购货物、产品和工程服务等实体产品，对于服务的采购规定不够清晰。《条例》有针对性解决了政府采购法中对政府购买服务的模糊界定，明确了政府购买服务的法律地位，并进一步规范了政府采购服务的相关行为，这对提高公共产品供给质量和效率，激发社会资本活力，促进政府职能加快转变，完善财政投入及管理方式，建立现代财政制度等都有十分重要的意义。同时，我国正在加入世界贸易组织《政府采购协议》（GPA）的进程当中，《条例》的出台对于我国加快该进程，在法律制度方面进一步与《政府采购协议》的相关规定接轨具有重要的促进作用，从制度层面推动并表明我国加入GPA谈判、遵守该协议规定的态度和决心。

一、政府购买公共服务的发展背景

政府购买公共服务是指政府利用财政资金,通过发挥市场机制作用,把政府直接向社会提供的一部分公共服务事项,按照一定的方式和程序,以购买的方式交由具备条件的社会力量承担,政府根据服务的数量和质量向其支付费用。即政府是公共服务的提供者,是义务主体;政府改变以往直接作为生产者、提供者的角色,改为通过向社会力量购买的方式,由相应的社会力量来提供公共服务,而政府主要履行出资义务和监管职能。《条例》第二条正是借鉴国际政府采购实践和国际惯例,从广义的视角明确界定了"服务"的范围和内涵,阐释了政府采购法中"服务"概念。

政府购买公共服务起源于20世纪60年代的西方市场经济国家,80年代以来,主张社会广泛参与的政府购买公共服务开始应用到美国、日本、欧盟等国家和地区。实际上,西方国家早期的政府采购仅限于政府部门使用的通过政府预算的货物、工程和服务项目。随着政府职能的转变和实施公共政策的需要,政府采购范围也不断扩大,并向政府购买服务发展,逐步将涉及国计民生的市政工程、铁路、电力、通信、港口、机场等公共基础设施建设项目纳入购买范围,凡是涉及国家利益和社会公共利益的项目,即使是向私人融资或者由私人企业承办,都必须实行政府采购。

近些年,我国上海、南京、北京等地方政府陆续开展购买服务工作,深圳、天津、无锡、广州和宁波等地也开始政府购买公共服务的试点,2012年以来,国家先后印发《国家基本公共服务体系"十二五"规划》、《国务院机构改革和职能转变方案》等政策文件,对进一步转变政府职能、推进政府购买公共服务提出了新的要求;2013年9月,国务院办公厅发布《国务院办公厅关于政府向社会力量购买服务的指导意见》,明确了到2020年在全国基本建立比较完善的政府向社会力量购买服务制度;2013年11月十八届三中全会提出了《中共中央关于全面深化改革若干重大问题的决定》先后四次提到"政府购买服务",引发全社会的广泛关注;2014年,约80%的地方政府把"政府购买服务"写进其工作报告中；政府购买服务全面开展。尽管我国政府购买公共服务已经全面启动，但是相关的法律制度、体制机制尚不健全，采购规模较小，采购范围和主体过窄，总体而言，与完整意义上的政府购买服务还有较大差距。

二、《条例》明确政府购买服务的法律地位的意义和影响

（一）为提高公共产品供给质量和效率，建立现代财政制度奠定立法基础

推广政府购买服务是党的十八届三中全会确定的加快转变政府职能、创新社会治理、改进政府提供公共服务方式的一项重要举措，也是深化财税体制改革、建立现代财政制度的重要内容。现代财政制度是与国家现代化建设相适应的制度，是适应动态财政治理需要的法治化财政制度。政府购买服务法律地位的明确，必将推动政府采购法律制度体系的完善，促进政府部门职能的成功转型。政府购买通过在公共服务领域引入竞争机制，逐步打破政府垄断，把市场管理手段、方法、技术与专业化的优势引入公共服务之中，让市场主体和第三部门充分发挥生产优势，而政府将职责聚焦于确定购买公共服务的范围、数量、标准、选择公共服务提供者，并监督公共服务生产过程，评估公共服务的效果，必将大大提高公共产品供给质量和效率，使公共服务供给更高效灵活。

（二）为政府采购范围的拓宽和规模的扩大打开新境界

政府采购范围和规模是衡量一个国家政府采购制度是否完善和健全的重要标志。从2013年的数据看，我国政府采购规模占GDP比重不到3%，而欧美发达国家基本在10%—15%左右。无论是政府运转所需的服务还是公共服务仍主要由政府直接提供和生产，全国服务类政府采购规模从2003年的104.5亿元增长到2013年的1534.4亿元，增加了近14倍，但在整个政府采购规模中的占比仍然不足10%，服务采购规模较小。从采购范围看，西方国家政府采购公共服务涵盖了大多数公共服务领域，比如教育、职业教育和特殊教育，公共卫生，养老服务，残障服务，社区服务，文化与传统保护，就业促进，保障性住宅和其他社会问题解决；城市规划、交通、环境和其他政策咨询方面等。在欧盟国

家,凡是属于政府事权范围内的采购事项都要实行政府采购。尽管自 2003 年实施政府采购法以来,我国政府采购的实施范围从货物类采购向工程类、服务类采购扩展,从满足机关单位办公需要向为社会提供公共服务扩展,但是由于长期以来政府采购重点放在货物和工程方面,对服务的采购重视不够,采购结构不合理。此次《条例》明确界定了政府购买服务的内容范围,对推动政府采购范围的拓宽,政府采购结构的优化,采购规模与国际接轨,都将有积极的促进作用。

(三)从制度层面有力推动政府采购开放谈判,提升政府采购应对国际化的能力

我国加入世界贸易组织《政府采购协议》的谈判自 2007 年底启动以来已进入关键阶段,在国务院 GPA 谈判工作领导小组的统一领导和组织协调下,我国政府已经提交了第六份出价,按时履行了各项承诺。面对有 200 多年政府采购法制发展史的西方发达国家,政府采购制度才刚起步的中国在加入 GPA 谈判进程中压力巨大,欧盟等参加方多次要求中国政府完善政府采购法律制度,实现政府采购制度与 GPA 的接轨。与此同时,我国政府在参与中美、中欧高层对话机制下政府采购议题谈判时,参与我国与有关国家地区自贸区协定、亚太经济合作组织(APEC)、经济合作与发展组织(OECD)等双边和多边机制下的政府采购磋商和交流中,这些国际交流与合作都要求加快改革我国政府采购法律之间的协调、监管的有效性等诸多矛盾和问题。此次《条例》出台,彰显我国与 GPA 的透明度、公平、公开、程序合理、第三方监督等规则接轨的积极态度,有助于从制度层面促进我国政府采购体系的完善,并对推动政府采购实践和政府采购市场应对国际化的新趋势产生重要的现实意义。

三、全面推进政府购买公共服务的具体建议

全面推进政府购买服务是加快转变政府职能,建设精简、高效、服务型政府的重要手段之一,也是应对经济新常态,提高公共产品供给质量和效率,激发社会资本活力,建立完善现代财政制度的必然选择。

（一）以规范的 PPP 模式推进政府购买公共服务

从全球趋势看，政府采购正逐步由政府规范实体采购向规范选择实体的"购买公共服务"方向发展。政府角色的转变体现在政府采购指令范围在缩小的同时，逐步重视对政府购买指令的规范，特别是对日益增多的政府和社会资本合作模式（Public-Private Partnership，PPP）、基础设施特许权模式（Build-Operate-Transfer，BOT）等的应用和管理显出越来越规范和重视。从国内情况看，近些年随着行业准入逐步放开，调动了社会资本的积极性，使其可以通过竞争进入基础设施建设、市政公用事业等领域，特别是通过 PPP 项目管理模式实现政府、社会、企业等各方"共赢多赢"，促进可持续发展。

政府和社会资本合作模式是政府和社会资本之间的基于公共工程和公共服务供给的长期合作共赢的制度安排，是一种机制和管理方式的创新。在规范的 PPP 模式中，政府公共部门与民营部门、外资机构在合理分工、优势互补的基础上进行合作，民营部门、外资机构更多地负责项目和服务的融资以及具体生产与经营，政府公共部门主要负责项目和服务标准的制定以及生产经营过程的监督。因此，在政府提供基本公共服务的过程中，利用 PPP 模式积极引入民营部门、外资机构参与，不仅可以吸引社会资本，还可以利用民营部门、外资机构先进的技术和灵活高效的管理机制，提高公共产品和服务的供给效率和质量，优化内部投资结构，提高资金的使用效率，降低政府债务水平，促进多方共赢机制的建立。

以规范的 PPP 模式推进政府购买公共服务，需要重点考虑推进以下事项：第一，以《条例》出台为契机，着重从体制机制方面形成一套有利于促进 PPP 健康发展的制度体系，培养一个高效、规范、透明的 PPP 市场，提高 PPP 推广运作的规范性。第二，合理分担风险，通过科学的风险分担制度安排，将不同风险分配给最有能力承受此风险的一方，从而分散和降低公共工程项目和服务的整体风险。第三，建立规范系统的监督管理机制，防范财政风险。完善法律、建立监管机构和加强社会监督，包括积极推进编制权责发生制的政府财务报告，至少当前应考虑运用国际公共会计准则第 32 号（IPSAS 32）的原则对包括 BOT 在内的 PPP 项目进行监管，发挥政府作为"监管者"的职责作用。

（二）以完善的制度机制提高政府购买公共服务绩效

从操作层面看，政府购买公共服务的核心内涵是公共服务提供的契约化，政府与社会组织之间构成平等、独立的契约关系。这种平等的市场主体法律关系的实现需要依托于健全的管理制度机制。完善管理制度机制，提高政府购买公共服务绩效需要考虑：

第一，建立完善政府购买公共服务的法律制度，严格规范政府购买行为。建立完善的购买程序，明确相关主体间责任关系，确定购买范围、方式、内容及评估标准，为购买过程中出现的问题提供弥补的机会。政府购买程序正当合理的程度直接影响到购买的效果。合理规范的购买程序可以节省时间与资金成本，减少政府随意购买行为。

第二，落实《条例》关于"就确定采购需求征求社会公众的意见，验收时应当邀请服务对象参与并出具意见"要求，建立采购需求回应机制，尽可能了解公众的真实需求，并积极回应公众的需求，根据购买需求制定购买范围和购买计划，减少公共资源浪费。

第三，加快建设全国统一的政府采购管理交易系统，通过信息化技术手段，推进政府采购标准化建设，提高政府采购效率和政府采购活动透明度，促进形成全国统一的政府采购电子化无形市场。健全应急预案体系，建立统一高效的应急信息平台，对服务购买出现的问题及时采取补救措施。

（三）健全政府购买公共服务监督与评估制度和风险防范机制

从制度上加强顶层设计，以结果导向设计并完善监督评估机制。第一，围绕质量、价格、效率等核心要素，设计科学合理的采购结果评价制度和指标体系；坚持抓大放小的原则，适当提高政府采购的限额标准和公开招标的数额标准；鼓励采购人根据项目特点采用竞争性谈判、询价等非公开招标方式大力推进电子采购，着力提高采购效率；清理、优化程序性审核与管理事项，取消代理机构资格行政许可，实行政府采购计划备案管理，优化政府采购进口产品审核程序。第二，努力推进放管结合的政府采购监管模式，建立常态化的监督检查工作机制，探索建立全国联动的监督检查机制；积极推进代理机构管理从"进入控制"向"执业评价"的转变；逐步培养相对固定的政府采购监督检查专业化队伍；依托主管部门和审计部门形成监管合力。第三，坚持"管采分离"和"管办分离"的基本原则，依法保留集中代理机构的法定代理权；财政部门依法加强对政府采购活动的监督管理。第四，着力提升政府采购透明度，不断完善政府采购信息公开的配套制度和细化规定，努力将政府采购信息公开的范围扩大到采购预算、采购过程、采购结果、采购合同及履约情况等方面，重点加强政府采购监督检查结果的信息公开和政府采购结果评价的信息公开。

（四）重构政府采购制度体系，与国际惯例和规则接轨

我国的政府采购制度建立之初基本接受了GPA所倡导的以节省采购资金、建立强制性市场竞争机制为核心的制度设计。十多年来的实践表明，以政府采购法为统领、以部门规章为依托的政府采购法律和管理制度体系所确立的公平竞争、管采分离和成本效益原则，已深入到政府采购活动的全过程，确立了依法采购的市场规制，大大规范了政府支出行为和政府采购市场交易秩序，促进了统一规范、有序竞争并对外开放的政府采购市场逐步形成，推动了建设法制、责任、廉洁和服务政府的进程。对实现国家经济社会目标发挥了重要的作用。但是，在经济全球化发展的背景下，我国《政府采购法》已经凸显其历史局限，仅仅靠《条例》去细化完善是远远不够的，必须看到，当前的政府采购制度与行政体制改革要求及国际上比较成熟的政府采购制度相比，还有非常大的差距。政府采购无论是在规模还是在结果评价及活动的规范上，与国际惯例和GPA新文本尚有较大的距离。这不仅会严重影响政府采购功能的发挥，也会影响中国采购开放谈判的进程。

以党的十八届三中、四中全会精神为指导，借鉴GPA规则和国际经验，奠定GPA规则在国内实施的制度基础，亟须重构政府采购制度体系，重点关注以下四个方面：

第一，健全既符合国际规则，又具有中国特色的政府采购法律制度体系。现行政府采购法律制度设计，以节约财政资金和预防腐败为主要目标，过多强调"完全市场竞争"和采购程序限定，忽视了对采购需求、履约验收和结果评价的管理。结合GPA谈判进程，重构我国政府采购法律制度体系，重新确定政府采购制度的适用范围，以采购实体及项目性质作为标准，执行国家统一的政

府采购制度和政策。

第二，完善公平交易核心机制，以"物有所值"（value for money 或 best value）价值目标为采购核心理念，质量、价格和效率的统一为政府采购制度设计的核心要素。要重塑我国政府采购制度的公平交易核心机制，制度设计从程序导向型向结果导向型转变，以政府采购合同为采购活动的基础，实现明确需求条件下的合理报价交易规则，将政府采购制度功能聚焦到"物有所值"目标。一是明确需求特点、采购方式、评审方法、合同文本及评价方式的纵向对应规则。所有采购方式中的程序设计都要符合"先提供或获得明确完整需求，后竞争报价"的原则要求。二是明确采购人的需求责任，通过法律制度规定强化采购人在采购活动前或采购活动中提供或获得合理需求的责任，推动采购人加强需求研究管理。三是改革现行评审制度，创新政府采购方式，鼓励采购人根据采购项目特点和实际需要，合理选择最优的政府采购方式和评审制度。

第三，完善政府采购政策功能体系，强化政策的执行机制和实施效果。中国经济进入新常态，为适应新常态，政府对扶持中小企业、加强社会保障、支持节能环保、促进科技创新、化解债务风险等方面的定向调控和政策倾斜力度将进一步加大，也对政府采购政策功能的运用方向、实施效果以及运作方式提出了新的要求。适应推动服务业发展的需要，健全和完善服务类政府采购制度政策，大力推进政府购买服务，研究通过服务需求标准制定、附加合同约束等手段，实现经济和社会政策目标。推广应用非招标采购方式，提高政府采购扶持政策执行的灵活性和效率；进一步丰富政策工具，明确采购标准、份额预留、评审优惠及企业或产品清单的政策用途，开展安全性审查、政府服务对等开放规则、采购价格限制等新型政府采购政策工具和隐性"壁垒"的运用。将各项政策目标纳入政府采购的法律规范要求，清理和明确各项经济社会目标排序；在赋予采购人一定自主权的同时，在相关法律规定中明确其执行采购政策的法律责任，并对采购人执行采购政策的情况进行考核。

第四，建立和完善政府采购管理机制。建立健全政府采购预算制度；建立适应 GPA 相关规定的招投标程序，并加强对招标代理机构或采购代理机构的管理，适应国际政府采购市场开放的需要；建立政府采购审查与仲裁机构，完善申诉机制,明确申诉的有效时间、答复期限以及成功解决申诉问题的补偿机制等;加强政府采购的监督管理和政府采购过程中争议的解决,确保跨国采购的各种纠纷得到公平、公正、公开地解决。

主要参考文献

1.《中华人民共和国政府采购法》2002年6月29日第九届全国人民代表大会常务委员会第二十八次会议通过,http://www.people.com.cn/GB/jinji/20020629/764316.html。

2.《中华人民共和国政府采购法实施条例》(国令第658号),http://www.gov.cn/zhengce/content/2015-02/27/content_9504.htm。

3. Harry Robert Page, Public Purchasing and Material Management, Mass. D.C.Health & Company, 1998.

4. 刘尚希主编:《政府采购制度研究文集》,经济科学出版社2000年版。

5. 刘薇:《GPA框架下公用事业领域政府采购和PPP模式研究》,财政部财政科学研究所《研究报告》第123期(总第1769期)。

代跋　为何今天中国要进行供给侧改革

贾　康

"供给侧"可算是 2015 中国经济年度热词。刚刚闭幕的中央经济工作会议指出，推进供给侧结构性改革，是适应和引领经济发展新常态的重大创新，是适应国际金融危机发生后综合国力竞争新形势的主动选择，是打造经济升级版的必然要求。很多人可能对"供给侧"了解并不多，为什么今天的中国经济要强调"供给侧"改革呢？

一、主流经济学存在一个共同失误

"供给侧"在经济学领域虽然并不是一个新鲜的词，但一直没有受到足够重视。我在 2013 年和同道者发起成立"华夏新供给经济学研究院"和"新供给经济学 50 人论坛"，对经济学界对"供给侧"的认知变化感触颇深。

在过去的需求管理理论中，掌握好投资、消费和进出口这"三驾马车"就认为可处理好经济运行的动力问题。金融危机冲击下，在一线承担决策责任的一些领袖人物发出这样的疑问：为什么没有经济学家稍微清晰一点地对我们做出预警？这个反思中，首先要看到已有经济学理论的不足，应比较直率地指出：主流经济学的认知框架其实是不对称的。

古典经济学、新古典经济学和凯恩斯主义经济学存在着一种共同失误，他们在理论框架里假设了供给环境，然后更为强调的只是需求端、需求侧的深入分析和在这方面形成的政策主张，他们都存在着忽视供给端和供给侧的共同问题。

仅将"三驾马车"放在需求侧看待，这一认识并不完整。比如，仅从需求侧看消费，就带有过强的静态特征，许多新消费动力的产生并非因为消费需求发生了变化，而恰恰是对消费的供给发生了变化。比如以手机产品为例，在其还没有被发明出来前，是完全没有这一块消费需求存在的。在这种新兴产品投放市场后，直接的表现就是供给侧变化使需求侧产生了相应增量，这仅从需求侧无法观察到。

在经济学中，供给与需求是同时存在的一对关系。总体而言，需求管理是总量管理，侧重于在反周期概念下，各个年度短期视野内调节经济生活中银根的松和紧、施行总量的刺激或收缩。供给管理更多地着眼于中长期和全局的发展后劲，考虑不同角度的结构优化，区别对待、突出重点、兼顾一般、协调匹配等，而且需要引入制度供给问题，把物质生产力要素与人际生产关系变革打通来寻求优化方案，显然，供给管理的复杂程度远远高于需求管理。

二、"新常态"需要新动力机制

从应对亚洲金融危机和世界金融危机冲击的实践来看，我国在"反周期"总量调控为主的需求管理轨道上，继续可用的调控手段和作用空间已明显受限，仅以短中期调控为眼界的需求管理已不能适应客观需要，亟须注重在整个经济体系的供给侧。

当前，按照"新常态"概念看，经济运行中"新"显然已明朗化，但是"常"还没有实现，需要在运行中完成探底，在整个经济企稳后对接"增长质量提升"，而且尽可能长久地形成中高速增长平台。为了处理好新阶段"动力机制转换和优化"问题，需要考虑"怎么促使微观经济主体潜力和活力充分释放"，需要建构经济增长的新动力机制。

在传统的需求管理还有一定作用和优化提升空间的同时，我们迫切需要释放新需求，创造新供给，着力改善供给环境、优化供给侧机制，特别是通过改进制度供给，大力激发微观经济主体活力，构建、塑造和强化我国经济长期稳定发展的新动力。

我所在的中国新供给经济学研究群体已努力进行了多年的供给侧研究。我们认为中国最根本的改革开放大政方针下的转轨，首先是作为一种制度供给，支持了前30多年所取得的成就，但进一步深化改革的任务又异常艰巨。当前，我国经济仍面临严重的供给约束和供给抑制，是我们在改革深化中所必须解决的、实质性供给侧创新的"攻坚克难"。

三、通过供给侧改革释放中国经济潜力

支持经济增长特别是长期增长的要素，所谓"动力源"，在理论上分析主要是五个方面：劳动力、土地和自然资源、资本、科技和管理创新、制度。主要的国际经验都表明，各个经济体在进入中等收入阶段之前，前面三项对经济增长的贡献容易比较多地生成和体现出来。一般经济体在发展过程的初期与"起飞"阶段中，强调所谓"要素投入驱动"，体现为粗放发展，是和这有关的。在进入中等收入阶段之后，后面两项即制度、科技和管理创新方面，可能形成的贡献会更大，而且极为关键。时下热议的所谓"全要素生产率"，主要就是指后面这两项能够给予的新支撑。

所以，中国新时期的增长动力构建，实际上是工业化、城镇化、市场化、国际化、信息化，加上政治文明概念下的民主法治化发展过程中经济生活供给侧的五大要素，需合乎规律地优化形成升级版的混合动力体系。结合我国实际情况，这几大要素都存在明显的供给约束和供给抑制，需要通过全面的制度改革化解制约，特别是使后两项要素更多贡献出对前三项要素的动力替代效应，进一步释放经济社会微观主体的潜力，提高经济增长活力，也即所谓的"供给侧结构性改革"与"提高全要素生产率"，落在提升供给体系的质量和效率上。

作为一个转轨中的发展中大国，我们要追求"追赶—赶超"、后来居上的现代化。过去我们更多依靠"后发优势"，现在必须努力转为更多地争取供给侧发力的"先发优势"，这样一个大思路定位必然是守正出奇，在充分尊重市场在

资源配置中总体决定性作用的同时,要在政府职能方面有意识地把总量型需求管理与结构型供给管理相互结合,特别是把理性供给管理作为"十三五"及中长期中国经济升级发展、可持续发展的内在要求和重要组成部分,并紧密结合"有效制度供给"这一改革的关键。

附录　主编及作者简介

主编 贾康，现任全国政协委员、政协经济委员会委员，中国国际经济交流中心、中国税务学会、中国城市金融学会和中国改革研究会常务理事，中国财政学会顾问，北京市、上海市人民政府特聘专家，福建省、安徽省、甘肃省人民政府顾问，西藏自治区和广西壮族自治区人民政府咨询委员，北京大学、中国人民大学、国家行政学院、南开大学、武汉大学、厦门大学、安徽大学、天津财经大学、江西财经大学、西南财经大学、西南交通大学、广东商学院、首都经贸大学等高校特聘教授。1995年享受政府特殊津贴。1997年被评为国家百千万人才工程高层次学术带头人。1988年曾入选亨氏基金项目，赴美国匹兹堡大学做访问学者一年。多次参加国家经济政策制订的研究工作和主持或参加国内外多项课题，出版多部专著，撰写数百篇论文、数千篇财经文稿。多次受中央领导同志之邀座谈经济工作（被媒体称为"中南海问策"）。担任2010年1月8日中央政治局第十八次集体学习"财税体制改革"专题的讲解人之一。孙冶方经济学奖、黄达—蒙代尔经济学奖和中国软科学大奖获得者。国家"十一五"、"十二五"和"十三五"规划专家委员会委员。曾长期担任中国财政部原财政科学研究所所长。2013年，发起成立"华夏新供给经济学研究院"和"新供给经济学50人论坛"（任院长、秘书长）并积极推动"PPP研究院"（任院长）等交流活动，致力于建设有中国特色的智库和跨界、跨部门学术交流平台。

华夏新供给经济学研究院 华夏新供给经济学研究院是由贾康、白重恩、王庆等 12 位学者发起设立、经政府管理部门批准成立于 2013 年 9 月的民间智库组织,现任理事长为民生银行洪崎董事长。研究院旨在推进"以改革为核心的新供给经济学"的研究,秉承"求真务实融合古今,开放包容贯通中西"的精神,基于全球视野和时代责任感,以"责任、专业、团结、创新"为文化,以"人才是核心,研究是基础,社会效益是追求"为理念,践行勤勉奋进的"梅花精神"和开放包容的"牡丹精神",打造学习型组织和创新型团队,通过构建跨界合作的"中国新供给经济学 50 人论坛",努力建设具有高学术品味和国际影响力的中国特色新型智库。已有百位经济学家、实业家、金融界精英和媒体人士加盟的新供给研究院的研究团队,通过新供给双周学术研讨会、《中国 2049 战略》圆桌、新供给金融圆桌以及新供给年度重点课题研究等活动,致力于经济学理论的不断发展创新,对中国改革开放予以理论阐释和提出积极建言,持续推动中国经济改革和发展实践,为中国和世界经济繁荣和社会进步竭尽所能。

中国新供给经济学 50 人论坛 "中国新供给经济学 50 人论坛"(以下简称"论坛")是由中关村华夏新供给经济学研究院(以下简称"研究院")内部设立和管理的经济学术研究平台,由中国经济学界、实业界具有较强学术功底和颇具社会影响力的成员组成。

论坛以全球视野和时代责任感,秉承勤勉奋进的"梅花精神"和开放包容的"牡丹精神",坚持"求真务实融汇古今,开放包容贯通中西"的基本理念,以战略性、法制性、国际性、实践性思维,致力于通过构建跨界合作的新型研究平台,对中国改革开放予以理论阐释和提出积极建言,夯实中国经济学理论基础,特别是新供给经济学理论创新,以经济学理论的不断发展创新持续推动中国经济改革和发展的成功实践,为中国和世界经济繁荣竭尽所能。

第一届论坛成员是国内外有影响力的经济学家、企业家和相关行业专家等。为了突出论坛的广泛性和跨行业特点,论坛设立特邀研究员和特邀媒体合作伙伴,注重其所在行业的影响力。为了培养青年人才,论坛设立特邀论坛成员,侧重于培养具有较大发展潜力,年龄在 40 岁以下(不包括 40 岁)的青年学者。论坛专职工作人员具备高素质和忠实勤勉有奉献精神,均为获得经济学等相关学科博士学位的优秀人才。

其他作者（以文章出现先后为序）

徐　林　国家发展改革委规划司司长
李万寿　协同创新基金管理有限公司董事长
姚余栋　中国人民银行金融研究所所长，华夏新供给经济学研究院课题组成员
黄剑辉　中国民生银行研究院院长，华夏新供给经济学研究院课题组成员
刘培林　国务院发展研究中心发展战略和区域经济研究部副部长
李宏瑾　中国人民银行营业管理部副研究员
滕　泰　万博兄弟资产管理（北京）有限公司总裁，万博经济研究院院长
刘世锦　国务院发展研究中心原副主任
洪　崎　中国民生银行股份有限公司董事长
王广宇　华软资本管理集团股份有限公司董事长，中国新供给100人论坛理事会副理事长，华夏新供给经济学研究院副理事长
金海年　诺亚（中国）控股有限公司首席研究官
程　瑜　中国财政科学研究院研究员
陈　龙　中国财政科学研究院公共收入研究中心研究员
陈　通　中国财政科学研究院博士
张丽云　中国民生银行研究院研究员
徐诺金　中国人民银行郑州中心支行行长
白重恩　清华大学经济管理学院副院长
苏京春　中国财政科学研究院宏观经济研究中心助理研究员，华夏新供给经济学研究院课题组成员
冯俏彬　国家行政学院经济学部教授、博士生导师，华夏新供给经济学研究院课题组成员
彭　鹏　中国财政科学研究院博士后
刘春雨　国家发展改革委规划司副处长
刘　薇　中国财政科学研究院金融研究中心副研究员、硕士生导师
王　庆　上海重阳投资管理有限公司总裁、合伙人